백낙청 회화록

1968~1980

1

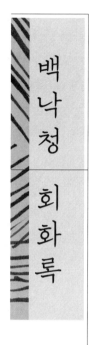

백낙청 회화록

1968~1980

1

백낙청 회화록
간행위원회 엮음

창비

간행의 말

　청사(晴蓑) 백낙청(白樂晴) 선생의 고희를 기념해 선생이 한국 및 해외의 지성과 나눈 회화(會話)의 기록을 모아 간행합니다. 계간 『창작과비평』을 창간하며 한국 문화운동에 첫발을 디딘 후 1968년 1월부터 2007년 6월까지 40년에 걸쳐 선생이 참여한 대담과 좌담을 기본으로 하고 토론과 인터뷰 등을 곁들인 이 다섯 권의 회화록은 20세기 중후반 한국 논단에서 치열하게 논의된 주요 쟁점들이 망라된 우리 지성사의 생생한 사료집입니다.

　대화라는 형식은 한 사람이 일방적으로 진술하는 수사법과 대립되는 방법으로서 예부터 진리발견의 절차로 주목되어왔습니다. 그리고 좌담은 동아시아 근대 저널에서 독자들에게 순발력있는 대화의 흥미를 안겨주는 부담없는 읽을거리이자, 참여자들의 대등한 의견교환을 통해 각자의 입장을 명료하게 전달하는 형식이어서 널리 활용되어왔습니다.

　돌이켜보건대, 영문학자이자 문학평론가일뿐만 아니라 『창작과비평』 편집인 그리고 민족문화운동과 그것을 한층 발전시킨 분단체제극복운동을 수행하는 이론가요 실천가인 선생은 자신이 직접 조직하거나 또는 초대받은 대담과 좌담을 통해 1960년대 이래 우리 사회의 핵심적인 담론생산의 현장에 깊숙이 간여해왔습니다. 대담과 좌담이라는 회화 형식이야말로 항상 논쟁의 현장에 머물길 원하는 '젊은' 논객인 선생의 식견과 경륜이 효과적으로 발휘되는 의사전달 통로가 아닐 수 없습니다.

이 책을 엮기 위해 자료들을 검토하면서 간행위원들은 회화록이 지닌 세 가지 차원의 가치에 주목하게 되었습니다.

첫째로 선생 개인의 자전적인 기록으로서의 가치입니다. 선생 스스로 자신의 생애와 행적을 서술한 것은 물론 아니지만, 대담과 좌담에는 그가 40년간 공개적으로 표명한 언행이 시기순으로 정리되어 있어 선생의 이론적·실천적 궤적이 일목요연하게 드러납니다. 제5권 권말의 상세한 연보와 대조해 읽는다면 선생의 사상적 편력을 이해하는 데 매우 유용한 자료가 될 것입니다.

둘째로 선생과 더불어 우리 시대의 문제를 놓고 고뇌하며 실천의 길을 걸어온 한국 지성의 집단 전기적인 기록으로서의 가치입니다. 선생의 대화 상대자(국내 125인, 해외 8인)는 이른바 진보진영에 국한되지만도 않고 우리 사회의 발전에 다방면에서 공헌해온 분들인데, 그분들의 언행 역시 여기에 고스란히 담겨 있습니다. 그분들이 시대의 변천에 어떻게 대응해왔는지를(때론 변모해왔는지를) 지켜보는 것도 우리 지성사를 읽어내는 의미있는 일이 되겠습니다.

셋째로 선생이 해외의 저명 지식인들과 함께 한국인의 이론적·실천적 고투를 전지구적 시각에서 성찰한, 우리 담론의 세계화의 기록으로서의 가치입니다. 세계사적 변화에 대한 주체적·실천적 대응은 선생이 1960년대부터 한결같이 추구해온 지향인데, 외국의 지성들은 그와의 대화에 참여하여 한국인의 과제가 그들 자신의 사회, 더 나아가 전지구적 과제와 어떻게 연관되어 있는지를 규명하고 연대의 가능성을 확인할 수 있었습니다.

이 책의 체재는 수록된 자료들을 연대순으로 배치하는 것을 원칙으로 삼았습니다. 그리고 분량을 고려해 편의적으로 다섯 권으로 나눴는데, 가급적 그 시기구분을 한국의 정치사회적 변동의 획기와도 연결해보려고 애썼습니다. 각권의 끝에 실린 간행위원들의 해설은 바로 그 획기의 시대적 의미와 대화 내용의 한국 지성사적 위치를 규명하고 있습니다. 선생과 오랜 기간 교감하며 같은 길을 걸어온 간행위원들이 분담한 권말의 해설들은 선생에 대한 회고와 수록내용 비평이 어우러진 또 하나의 흥미로운 대화록입니다.

끝으로 40년간의 자료들을 수집 정리해 다섯 권의 알찬 책으로 간행하는 데 도움을 주신 분들의 고마움을 기억하고 싶습니다. 먼저 선생의 대화 상대자 여러분께 대화록 간행취지에 공감하시고 원고게재를 쾌히 승낙해주신 데 대해 깊은 감사를 드립니다. 또한 그간 노고를 아끼지 않은 창비 편집부의 실무진에 각별한 마음을 전합니다. 회화록 전체의 목록을 작성하는 일에서부터 묵은 잡지들을 뒤지고 시청각 자료를 점검하여 원고의 정본을 만드는 일까지의 전과정은 사료집 편찬의 어려움을 실감하는 작업이었습니다. 이 과정에서 선생 역시 원고를 전부 직접 교감(校勘)하는 번거로움을 기꺼이 감당해주셨는데, 그 덕에 자료의 신뢰도는 한층 높아졌다고 자부합니다.

근대학문의 분화된 지식의 경계를 넘나들며 현실과 소통하는 길을 일찍부터 닦아온 이 회화들의 간행이 앞으로 선생이 여러 층의 새로운 독자와 더불어 대화를 계속 이어가는 계기가 될 수 있기를 간절히 바랍니다.

2007년 10월
백낙청 회화록 간행위원회

차
례

일러두기

1. 1968년 1월부터 2007년 6월까지 백낙청이 참여한 좌담, 대담, 토론, 인터뷰 등을 시대순으로 배열하여 총 5권의 회화록으로 엮었다.
2. 각 꼭지에서 참가자들의 이름 배열과 직함은 발표 당시의 것을 따랐고, 각권 말에 참가자 약력을 따로 실었으며, 확인가능한 회화의 일시와 장소는 밝혀두었다.
3. 독자들의 이해를 돕기 위해 각 꼭지 제목을 더러 바꾸기도 했으며, 이 경우 원제를 밝혀두었다. 본문에 중간제목이 없는 경우는 그대로 두었다.
4. 원문의 명백한 오탈자는 바로잡았고, 문장은 가급적 원본 그대로 두었다.
5. 외래어 표기는 현지음을 존중하는 원칙에 따랐다.
6. 책을 엮으면서 편자가 필요하다고 판단되는 경우에 편자 주를 각주로 달았으며, 발표 당시의 주는 가급적 본문 안에 괄호로 묶어 남기되 예외적인 경우는 따로 밝혔다.

작가 선우휘와 마주 앉다
문학의 현실참여를 중심으로

선우휘(작가, 조선일보 편집국장)
백낙청(문학평론가, 서울대 문리대 전임강사)
1968년 1월 26일 사상계사 회의실

백낙청 오늘 선우선생님을 모시고 말씀을 나누게 돼서 기쁘게 생각합니다. 문학의 현실참여에 관해서는 그간에 여러가지 얘기가 있었고 특히 지난해 연말께 되어 세계문화 자유회의 쎄미나에서 '작가와 사회' 토론이 있은 이후로 여기저기서 논란이 있었던 것 같습니다.

선우선생께서도 관심을 많이 표명하신 것 같은데, 여러가지로 얘기가 얽히기는 하였습니다만, 제가 읽은 바로는 선생님의 주장은 문학이라는 것은 써먹는 것이 아니다, 그것은 일종의 좋은 의미의 장난 비슷한 것이고 어떤 행동의 도구가 될 수 없는 것이라는 요지의 말씀이었고, 또 요즈음 지식인이나 문단의 풍조에 대하여 몇 가지 의구심을 표명하신 것으로 압

■ 이 대담은 월간 『사상계』 1968년 2월호에 「작가와 평론가의 대결—문학의 현실참여를 중심으로」라는 제목으로 수록된 것이다.

니다. 그리고 특히 한 가지 꼬집어서 하신 주장은 한국의 현 실정에서 싸르트르(J.-P. Sartre)를 추종하는 작가의 현실참여라는 것은 결국 프롤레타리아혁명에 도달하게 된다는 것이었지요. 따라서 참여문학을 말하는 사람들이 싸르트르를 추종하지 않는다거나 추종하더라도 프롤레타리아혁명에 달하지 않는다는 선명한 답변을 요구하셨는데요.

아직 거기에 대하여서 답변을 못 받으신 셈이죠?

선우휘 네.

백낙청 저는, 제 자신이 싸르트르의 추종자라고 생각지를 않으니까 제가 구태여 답변을 한다는 것이 우습습니다만, 저도 개인적으로 그의 문학이나 문학이론에서 배울 점이 있다고 생각을 하고 있었으니까, 이런 데 대해서 저의 해명을 시도해보겠습니다. 제가 보기에는 싸르트르의 문학이론이라는 것은 오히려 선우선생님의 이론, 다시 말해서 문학은 도구가 아니고 어떤 면에서 일종의 장난이다 하는 그런 이론하고 오히려 부합되지 않는가 하는 생각이 듭니다. 싸르트르가 「문학이란 무엇인가」라는 논문에서 규정한 바에 의하면 문학의 본질은 자유(自由)라는 것입니다.

그 자유란 어떤 행위의 도구가 될 수 없고 어디까지나 작가의 내면적인 자유에서 나와가지고 또 읽는 사람의 자유에 호소한다는 것이에요. 그래서 문학이라는 것하고 연장 혹은 도구하고를 싸르트르가 아주 명백히 구별해서 이런 말을 합니다.

연장이라는 것도 어떤 의미에서는 우리들의 자유에서 주어진 것이다, 다시 말해서 우리가 장도리나 해머를 가지고서 궤짝을 만들 수도 있고 사람을 때릴 수도 있고 집을 지을 수도 있다는 거지요. 하지만 그것은 우리가 무엇무엇을 하기로 한다는 어떤 가정을 한 후에 그 가정에 따라서 필연적으로 결정되는 것이고 그 연장 자체가 우리들의 자유에 호소한다거나 우리의 자유를 표현해주고 있는 것은 아니라는 겁니다. 거기에 비해서 문학은 그것 자체가 하나의 자유의 행사이고 너그러움의 행사다, 이런 말도 하는군요. 그렇기 때문에 도구와는 엄연히 구별된다, 이런 말을 했던 것 같습니다. 그러면 이제 그것하고 싸르트르 개인의 정치적인 견해라든가 또는 그의 행동강령하고는 어떤 연관이 지어지는가 생각해볼 때, 첫째로 는 문학의 본질이 자유니까 문학은 자유에 대한 억압을 물리침으로써만 존재할 수 있고 그것이 존재한다는 사실만으로 모든 속박에 대한 하나의 반항(反抗)이 된다는 것입니다. 작가가 자유로워야지 문학을 할 수 있고 독자도 자유로워야지 그 문학을 이해할 수 있으니까 그런 문학의 가치를 주장하고 그런 문학을 만든다는 것이 곧 억압적인 사회에 대한 비판 및 저 항과 직결된다는 것이지요. 특히 싸르트르의 입장에서는 모든 것을 상품 화하고 도구화하는, 그가 살고 있는 기존사회 즉 서구 자본주의사회를 부 인하고 한층 자유로운 사회를 지향하는 노력이 안되려야 안될 수 없다는 것입니다.

이러한 그의 문학이론의 일부로서 참여론(參與論)이 있는 것 같고, 또 하나는 문학이라는 것은 일종의 장난이니까 사태가 급할 때는 그런 장난 은 집어치우고 차라리 망치나 총칼이라도 들고 나서는 것이 중요한 일이 아닌가 하는 식의 발상이 있는 것 같습니다. 이 부분은 오히려 문학이 장 난이라는 이론에 입각해서 문학을 경시한다고 할까 그런 입장으로 발전 하는 듯도 합니다.

한국의 지식인의 입장에서 볼 때 저는 우선 싸르트르가 문학의 본질이 자유며 도구가 아니고 바로 그런 속성 때문에 문학이 사회에 어떤 영향을 미치고 현실에 참여할 수밖에 없다는 것을 이론적으로 밝혀준다는 것이 상당히 도움이 되는 것 같습니다.

그다음의 문제로서, 그러면 기성사회를 어떻게 보느냐, 그리고 이 사회 를 좋은 의미에서 부정하고 지양하는 것이 과연 프롤레타리아혁명을 통 한 공산주의사회의 실현인가, 이런 문제에 도달하게 되면 싸르트르 자신 도 과거에 분명히 선을 그은 바가 있습니다만 설사 싸르트르가 안 긋고 있는 경우에도 우리 스스로가 그으면 그만입니다. 따라서 적어도 제 식으로 이렇게 싸르트르에 접근할 때에는 싸르트르의 문학이론 즉 그의 참여문학론에서 출발하면 프롤레타리아혁명에 필연적으로 도달한다 하는 말은 나오기 어려울 것 같습니다.

선우휘 사회참여 문제가 우리 사회에서 떠들어진 지는 오랜데 작년 말에 있은 하나의 쎄미나가 또 한번 격발작용을 일으켰어요. 불연속선처럼 이어져왔어요.

한때 떠들어지다가는 또 잠잠해지고 잠잠했다가는 또 일어나고, 그 불씨가 꺼질 것 같다가는 다시 일어나고 하는 과정을 밟아왔는데, 문학의 사회참여라고 하면 우리나라에서 늘 싸르트르가 문제되는 것은 싸르트르를 중심으로 한 실존주의 문학을 받아들인 때에 아울러서 그 참여론을 받아들인만큼 그것은 당연하다고 봅니다. 물론 여러가지 참여방식에 있어서 참여는 싸르트르의 독점물이 아니다, 다른 참여론도 있다고 합니다. 그런데 제가 알기에는 6·25 당시 부산 피난지에서 실존주의라는 것이 단편적으로 소개되었고 그 후 이것이 여러 사람들의 연구대상과 관심거리가 되면서 거기에 따르는 사회참여의 얘기가 이제 말씀드린 것처럼 불연속선처럼 이어오고 있습니다. 그런데 어떤 사람들은 뭘 그걸 새삼스럽게 논의하느냐 하지마는 이게 결국은 한번도 정리를 하였다 할까 결론을 얻지 못하고 내려온만큼 이제 어떤 정리랄까 결론을 얻지 않아서는 이것이 10년도 갈 수 있고 20년도 갈 수 있다고 생각합니다. 그동안 한두 차례 단편적으로 발표한 저의 의견이 싸르트르의 도구가 아니다 하는 것과 일맥상통하는 것이 아니냐, 그리고 하나의 장난이란 것과 도구설을 곁들여서 위급할 때에는 장난 같은 것은 말아야 할 것이 아니냐는 싸르트르의 의견을 말씀하는데 그 점은 저도 대체로 찬성입니다. 싸르트르가 언젠가 후진국, 말하자면 저개발국가 같은 데서 달리 할 일이 많은데 예술은 무슨 예술이냐 하는 말을 한 적이 있다고 기억하고 있습니다. 그런 의견에 저도 공감을 느끼는데 제가 말하자면 장난이라고 한 것은 단순히 어린애 장난이라는 것이 아니지요.

말하자면 인간의 생존의 기본적인 의식주로 따질 때에는 역시 문학이라는 것은 그다음에 가는 문제가 아니냐 그런 식으로 보면 배부른 후의 문제라고 할까 먹고 입고 난 뒤에 인간이 필요로 하는 것이다 할 때에 이것을 장난이라고 할 수 있을는지 모른다, 또 이 장난이라고 하는 것은 인간의 기본적 생존조건이 갖추어진 연후에는 오히려 그것밖에 할 것이 없다고 보는 그런 뜻의 장난입니다. 그렇게 볼 때 문화전반의 활동을 장난이라고 할 수도 있습니다.

한 사회의 이상(理想) 상태는 문학의 사회참여를 논하지 않아도 되는 상황이어야 합니다. 장난으로만 문학을 할 수 있는 상황 말입니다. 그런데 제가 이 싸르트르를 추종하는 경우에 프롤레타리아혁명까지 갈 수 있다는 의견에 동조한 데는 조건이 있습니다. 제 나름으로 그 하나는 무엇인가 하면은 공산주의체제에 있어서는 프롤레타리아혁명까지 가느냐 안 가느냐는 문제가 안되니까 이것은 어디까지나 비공산주의적 사회체제에서 논해지는 거다. 또 하나는 사회참여의 형태가 여러가지 있지마는 싸르트르를 끝까지 (이 점이 중요합니다) 추종할 때에 프롤레타리아혁명까지 간다는 것입니다.

왜냐하면 싸르트르가 표명한 실존주의 철학이라든가 또는 그의 문학관을 —그는 분명히 문학이 어떤 정치의 예속물이어야 한다든가 하는 얘기는 물론 않고 있습니다. 그의 저서에 나타난한 공산주의와는 일선을 긋고 있는 것이 분명합니다.

그런데 근래 싸르트르의 어떤 정치적 발언이라든가 사회적 활동을 볼 때에는 반드시 그렇게 볼 수도 없지 않으냐 하는 의문을 느낍니다. 싸르트르가 실존주의 철학이나 문학관에서 표방하던 초기의 의견이 그 후에 많은 변화를 가져온 것 같습니다.

그것은 싸르트르 자신이 말한 것처럼 제2차대전 이후에는 한국전쟁이 하나의 계기가 되었다는 것입니다. 그리고 그 무렵에 프랑스에서 있었던 공산당에 대한 탄압, 이 문제가 있었고 그다음에 싸르트르가 장편 『자유의 길』을 쓰다가 결국 중단을 하였는데 중단의 원인이 어디에 있느냐 하면 싸르트르가 공산당을 보는 눈이 달라졌다, 이렇기 때문에 자기는 집필을 중지할 수밖에 없었다는 것입니다. 또 가장 최근에는 그가 자기의 문학관이나 행동철학을 단적으로 나타낸 것이 재작년에 보부아르(S. de Beauvoir)와 함께 일본에 와서 두 달 동안 강연도 하고 좌담회도 하고 하는 그때에 표명되었는데, 이때 그는 분명히 강연회에서도 그랬고 질의서에 대한 문답에서도 작가에게 기초를 주어야 하는 것은 맑시즘이다, 이런 얘기를 하고 있어요.

명백히, 그리고 결국 자기가 생각하기에는 새로운 어떤 가치를 인간에게 부여하는 것은 맑시즘이다, 이런 얘기를 하고 있습니다. 이를테면 이 사람이 그 초기에 나타낸 경향과는 달리 우리가 말하는 좌경적으로 그것도 단단히 좌경하고 있지 않은가, 그렇게 볼 때 만약 우리의 작가들이 싸르트르의 문학관 동조에서부터 시작해서—물론 문학이론 그 자체에만 국한되고 싸르트르의 정치적 발언이나 행동을 안 따라간다면 모르지만, 그건 논리적으로도 아주 불가능한 일일 줄 압니다.

그러니까 싸르트르를 끝까지 충실하게 추종하게 되면 결국 프롤레타리아혁명까지 가는 것이 아니냐, 말하자면 그가 작가의 역할을 기존사회의 모순을 파헤쳐야 한다는 데 둔다고 할 때 그러면 그다음에 오는 것은 무엇이냐를 생각하지 않을 수 없습니다. 특히 우리나라와 같은 특수한 상황에서는 이 점을 깊이 생각해야 하지 않을까요?

백낙청 네. 그러니까 싸르트르의 문학이나 문학관을 우리가 비판적으로 소화해서 받아들이지 않고 요즈음 특히 좌경하고 있는 싸르트르의 모든 행동을 우리 지식인들이 맹종한다면 우리 지식인들도 그에 못지않게 좌경하리라는 것은 명백한 논리적 귀결이겠지요.

　그런데, 제가 보기에는 다른 작가나 사상가보다 싸르트르의 경우에서 우리가 그의 작가로서 및 사상가로서의 특징을 알아가지고 비판적으로 받아들이는 것이 특히 중요하다고 생각됩니다. 싸르트르가 전세계의 지식인들에게 많은 영향을 끼치고 있는 이유는 여러가지가 있겠습니다만 그중에 하나는 싸르트르는 복잡한 정치적·역사적 문제들을 아주 선명하게 도식화하는 타고난 재능이 있는 사람이기 때문인 것 같은데 바로 여기에 문제가 있습니다. 선우선생님께서도 싸르트르의 정치적 발언 같은 것을 '주책'이라는 말로 특징지으신 적이 있는데 싸르트르는 어마어마하고 복잡하게 얽힌 문제를 다루는 사람으로서는 과연 주책스러울 정도로 사태를 선명하게 처리하고 도식화하는 재능이 있고 바로 그 때문에 지식인들에게 특히 어필하는지도 모르겠습니다. 저는 그것을 일단 '주책'이라는 말을 들을 법하다고 인정하면서도 싸르트르의 경우에 있어서는 그것을 그 특유의 하나의 방법론이라고 보고 싶습니다. 그러니까 싸르트르는 좀 역설적인 얘기 같지만 끊임없이 주책을 떪으로써 자기 나름으로의 성실성을 지키고자 하는 사람이고, 우리가 주책스럽게 보는 언동의 끊임없는 연속이야말로 그로서는 하나의 구도자(求道者)다운 행적, 장 주네(Jean Genet)를 두고 한 그의 유명한 구절을 빌린다면 '순교자(殉敎者)이며 희극배우(喜劇俳優)'다운 자세를 이루는 것이라고 하겠습니다. 그런데 싸르트르의 이러한 면모에 대한 통찰이 전연 없이 그가 하는 말 한마디 한마디를 그야말로 금과옥조처럼 받아들여서 우리 사태에 적용한다고 하면 싸르트르 자신도 아마 웃고 말겠지요.

　선우휘　네. 그 점 저도 동감입니다. 이제 그 사람이 자기 자신의 그런 언동에 대해서는 주책스러울 만큼 하는데 그것은 자기도 잘 알고 할 것이다. 말하자면, 보통 사람도 어떤 계산이 있는데 계산이 전연 없다고 생각하면 싸르트르를 어떤 도학자처럼 보는 흠이 있습니다. 그 사람의 경력을 보면 제2차 세계대전 때에 기후측정병인가 아마 그런 병역에 종사했던 모양입니다. 그리고 결국 그 후에 포로가 되었다가 독일점령지구 안에 남아서 그 사람이 한 것이 물론 저항운동입니다. 심야총서 같은 데 희곡도 써서 발표했던 것 같고 그중에 한 가지는 그 독일점령 하에서 그렇게 방대한 서적이 아무 거리낌 없이 발표된 것은 그 사람이 독일의 철학자 하이데거 (Heidegger)를 많이 인용했기 때문입니다. 그러니 결국은 독일점령 당국도 그것으로 넘어가고 만 거지요. 이러한 것을 볼 때 그 후 이 사람의 정치적 발언에 있어서도 심지어 노벨상 수상을 거부한 그 자체도 그 뒤에는 어떤 단순치 않은 의도가 있었을 줄로 생각합니다. 그런데 싸르트르 그 사람에 대하여서는 탓할 것이 없다고 봅니다. 왜냐하면 싸르트르는 프랑스라는 데서 태어나서 프랑스 문화의 전통 속에서 자랐고 그 정치정세 속에서 그 사람 나름으로 어떤 정치적인 안목이 생기어서 그 사람이 어떤 발언을 하건 어떤 행동을 하건 자기 나름의 성장의 과정을 밟아서 된 것이니까 우리가 그것을 나무랄 것은 조금도 없지요. 그와같은 관점에서 우리나라의 문학인이나 지식인들이 싸르트르를 전적으로 추종하는 것을 못마땅하게 생각합니다. 우리의 지식인은 우리의 지식인대로 싸르트르와는 달리 태어난 곳이 한국이고 또 한국의 문화적 전통과 정치풍조에서 자라고 또 프랑스와 다른 특유한 상황의 연속 속에서 살아왔다면 마땅히 그것은 싸르트르와는 달라야 되겠어요. 물론 지식인의 어떤 보편성이라는 것이 중요한 문제이지마는 일종의 독자성이라는 것이 필요한 것이 아니냐, 또 한국의 문학인이나 지식인들이 어떤 특이한 독자성을 나타낼 때에 역설 같습니다마는 보편적인 어떤 공명을 불러일으킬 수 있지 않느냐 하는 생각을 합니다.

백낙청 이제 그 '장난'이라는 말로 되돌아가보지요. 아까 잠깐 설명하셨습니다만, 저도 선생님이 문학이 장난이라고 쓰신 것을 읽었을 때 물론 선생님이 아무 장난이나를 얘기하신 것은 아니고 특수한 의미로 쓰셨다는 것은 짐작이 갔습니다. 그러나 약간 놀랐다고 할까요, 의외로 생각했던 것은 우리나라의 지금 현재 문화풍토에서, 특히 적어도 한동안은 주도권을 잡고 있다시피 한 문인들 가운데서, 문학을 모든 현실적인 문제하고 절연시켜서 작가의 시민으로서의 상식적인 책임감 같은 것은 물론이요, 문학 자체가 어떤 현실문제에 관심을 표명하고 문학 나름으로 그와 대결해야 할 필요성조차 전혀 외면하는 경향이 널리 퍼져 있지 않았습니까? 그런데 제가 알기로 선생님은 문학인으로서나 언론인으로서나 그러한 경향과는 달리 활약해오셨는데 갑자기 장난이란 말을 듣고 나오시니까 선생님의 본의 아니게나마 우리 문단의 고질과 같은 경향을 오히려 보강하는 결과가 뒤따르지 않겠는가 하는 생각을 하게 되더군요.

선우휘 이제 장난이라는 말에 대하여 좀 해명을 해야 되겠습니다. 이 장난이라는 말이 오해를 살 수 있는 말이긴 합니다. 그런데 제가 문학은 좋은 의미의 장난이다 한 것은 이제 우리의 비근한 예를 들어보면 알 수 있을 것 같습니다. 4·19가 터졌다 하면 문학인이나 문학활동이라는 것이 거기 무슨 기여를 할 수 있느냐, 또 6·25 같은 전쟁이 터졌다, 이때에 소설가나 시인이 거기에 직접적으로 어떤 공헌을 할 수 있느냐는 것입니다. 문학은 그런 경우에 무력합니다. 가난한 사람을 눈앞에 보고 문학이 당장에 주린 배를 채워주지 못합니다. 문학은 인간 생존의 아주 기본적인 일면에서는 효용성이 없습니다. 한 편의 소설이 시민생활에 주는 효용성은 모기약의 설명서만 못하고 한 편의 시는 어떤 정치적인 집회에서 외치는 한마디 구호만도 못한 것이 사실입니다. 그렇게 말하는 것을 문학의 가치를 낮게 여긴다고 해서는 안됩니다. 그렇게 생각하는 것이 오히려 문학의 진정한 가치를 찾는 데 도움이 될 겁니다.

장차 인간의 기본적인 모든 문제가 해결되었을 때 인간이 할 일이란 무엇이냐? 그것은 예술적인 일일 수밖에 없다고 봅니다. 그럴 때 문학은 장난이라는 의미에서 벗어나 인간이 추구할 수 있는 가장 고상한 작업이 되지 않을까? 그러니까 장난이란 말을 무슨 어린애들 장난처럼 오해하는 것은, 오해하는 그 사람이 단순한 탓이라고 봅니다. 그래서 저는 우리의 문학인들이 문학은 장난이라는 생각에 철해주었으면 합니다.

백낙청 네. 물론 정말 무의미한 장난 이야기였다면 선생님께서 문학은 장난이다라고 구태여 그렇게 강조하지도 않으셨겠지요.

그런데 지금 인간의 모든 기본적인 요구가 충족되었을 때 이것이 가장 함직한 장난일 수 있다고 말씀하셨는데 거기에는 물론 동감입니다. 그러나 그 이전에는 어떨까요? 물론 아주 시급한 경우, 당장 굶어죽는 경우에는 문학이 쓸 데 없고 당장 누가 총을 들고 쏴 죽이러 오는데 셰익스피어를 가지고 막아봤자 막아지지는 않겠지만, 그러나 우리의 삶이라는 것이 꼭 그런 위급한 순간의 연속만은 아니고 그렇다고 이런 모든 위급한 문제가 해결되었을 미래라는 것은 너무 요원한 것이 아니겠습니까. 그렇다면 극단적인 위기와 상대적인 평안이 뒤범벅된 지금 현실에서는 문학이 장난으로서든 아니든 어떤 기능을 가져야 할까요?

선우휘 글쎄. 제 생각은 이렇습니다. 문학에서 사용하는 것은 일상용어 아닙니까. 말하자면 어디까지나 일상용어를 구사하는 것이 문학인데 그렇게 언어로 따져볼 때 문학과 관계지을 수 있는 다른 사회과학 분야, 즉 정치학이나 경제학이나 사회학 등 지식의 전문화라 할까 세분화랄까 그로 말미암아 17세기 인문주의 시대처럼 일상용어로써 모든 것을 표현하지는 못하게 되었습니다.

그러기 때문에 그럼 오늘날 문학은 무엇을 하여야 되느냐. 그건 일상어의 사수일 줄 압니다. 그러기 위해서는 두 가지 할 일이 있다고 봐요. 하나는 문학이 다른 지식에게 빼앗긴 용어, 그 용어의 가치를 좀더 높여야 한다는 거예요. 그리고 문학은 정치학이나 경제학이나 사회학과 다르다는 것, 그러니까 경제학이나 정치학이나 사회학이 하지 못하는 문학만이 할 수 있는 분야를 확인해야지요. 그러면 문학은 이데올로기의 부연도 아니고 사회학의 하나의 방편이나 도구가 아니라는 것이 뚜렷해집니다. 거기서 문학의 뜻은 더 커집니다. 지식의 세분화로 말미암아 현대인이라는 것이 종합적인 어떤 사고와 통찰을 못 가지게 되는데 누가 해야 하느냐 하면 그것은 문학일 수밖에 없습니다. 그러면 문학이 이것을 어떻게 하여야 하느냐 이것은 앞으로의 큰 과제가 되고 있습니다. 그러니 문학은 어떤 장난이기는커녕 도리어 앞으로 더 큰 역할을 하게 되는 것이 아닌가 합니다.

백낙청 근래 신문에 쓰신 글에서도 대개 그런 생각을 피력하신 것으로 압니다. 동시에 요즈음 문단의 풍조니 그런 것에 대해서 여러가지 의구심을 표명하신 것으로 알고 있는데요. 그중에 제가 한 가지 개인적으로 불만이 있어 이 자리에서 털어놓겠습니다. 선생님이 쓰신 용어 가운데 '사회과학파'라는 명칭이 있었지요. 거기에 젊은 평론가들을 한데 묶어서 비판하신 것 같아요, 제 인상으로는. 그런데 저는 거기에 상당히 불만이 있습니다. 왜냐하면 하나는 실제로 제가 알기로는 하나의 파(派)라 할 것이 없는데 있는 것 같은 인상을 주는 것이 부당하다고 생각되고요, 또 하나는 '사회과학파'라는 말이 사실은 분명한 뜻이 없는 것 같아요. 제 자신의 경우 평론을 하면서 사회과학적인 지식을 빌려 써보려고 한다거나 또는 사회과학적인 접근방법의 중요성을 강조한 일이 있다면 그것은 첫째 문학활동도 여하튼 한 가지 사회활동이니까 문학활동 하는 사람이 문학활동이 무엇인지, 사회활동으로서 문학이 어떤 것인지를 좀 알도록 하자 그런 것이고, 또 하나는 이제 선생님 말씀하신 대로 이 현대사회의 복잡한 세계를 문학이 정리하고 종합하려면 그것은 물론 작가가 피부로 느끼고 상상력을 통해 재창조하는 것이 제일 긴요한 일이지만 이것이 어느정도 지적(知的)으로 정리가 되어야지 가능하다는 것입니다. 그런데 현대에서 우리의 복잡한 삶을 지적으로 정리하는 가장 중요한 수단 중의 하나가 사회과학적인 탐구방법이라고 생각합니다. 그래서 제 주장은 어디까지나 사회과학과 문학이 다루는 모든 분야의 상호연관성을 염두에 두고, 사회과학적인 지식이 문학에 도움을 주고 또 문학은 사회과학에 도움을 주도록 해나가자는 것인데요, 이것은 하나의 상식이라고 생각합니다. 여기서 중요한 것은 작가나 평론가가 이런 상식을 받아들이고 있느냐 안 받아들이고 있느냐, 또 어떤 사람이 말로는 그것을 받아들인다고 하면서 사실은 그것을 정말 받아들이기보다는 오히려 거기에 관련된 전문용어나 휘둘러서 행세를 하려는 거냐, 또는 사회과학적인 통찰과 식견에서 문학을 위한 도움을 얻어오는 것이 아니고 문학을 사회과학의 한 종속분야로 예속시키려는 것이냐, 이런 것을 가려내는 것이 정말 문제의 촛점일 것 같습니다. 그러지 않고 사회과학적 지식이나 방법에 대해 상식적이거나 몰상식적인 관심을 갖는 일체의 문인들을 '사회과학파'로 묶어버리면 이것은 문제규명에 전연 도움이 되지 않는 처사가 아니겠습니까.

선우휘 이제 그 점은 이렇게 얘기할 수 있죠. 지금 사실 우리나라 문학의 주류가 무어냐 하면 분명치가 않은데 어떻게 보면 아직도 상당히 샤머니즘적인 흐름이라는 것이 남아 있습니다. 일례를 들면 어떤 작품에 토속적인 것이 나오는데 무당이 굿을 해서 나오는 괘와 한의사의 진맥에서 나오는 처방이 같다던가 말예요. 현대의 어떤 예리한 두뇌나 전기계산기나 알아낼 만한 것들이 무당의 괘에서 나온다는 것은 얼마나 황당무계한 일입니까. 이런 경향의 문학이 상당한 발언권을 가지고 있는데 여기에 대해서는 사회과학파란 막연한 용어이지만, 사회과학에 관심을 가지고 모든 지식을 섭취한 위에 문학을 보다 풍족하게 한다 하는 경향은 하나의 긴급한 과제라고 봅니다. 그 점에 대해서는 저도 이의가 없어요. 그런데 제가 거기에 대하여서 어떤 의구를 느끼는 것은 그런 가운데 아주 생경한 술어가 많이 튀어나오는 점입니다. 일례를 들면 어떤 단편 하나를 놓고 얘기하는데 '보수반동적이다'라고 단정하는데 이런 평론은 아직까지 들어본 적이 없어요. 그런 생경한 용어를 나열하면서 사회에 대한 어떤 관심을 불러일으키려고 하는 것은 좋지만 보수반동적이란 용어를 사회과학의 전문용어가 갖는 뜻으로 쓰고 있다고 할 때, 그와 반대되는 용어를 내세우는 것이라면 그저 들어 넘길 일은 아닙니다.

우리의 1920년대의 카프문학의 용어구사와 상통되는 점이 있어요. 그러나 그때의 상황이나 시대조류로 볼 때 당시의 카프문학은 그럴 만한 충분한 존재가치를 가지고 있었습니다. 새로운 것으로 받아들일 수 있었고 정치적으로도 해볼 만했어요. 그러나 해방 후 우리는 좌우익투쟁이라든가 6·25 같은 전쟁을 경험했습니다. 또 상당수의 작가와 시인들이 해방 직후에 이북으로 넘어갔는데 그럼 그 사람들이 그 후 어떻게 되었는가도 잘 알고 있습니다. 그 사람들의 대부분은 박헌영(朴憲永) 일파의 숙청선풍에 휩쓸려 죽음을 당하기도 했는데 이태준(李泰俊)이 같은 사람은 시골에 있는 작은 인쇄공장에서 교정을 보기까지 낙박(落泊)했습니다. 그런 생생한 경험을 알고도 우리 문학인들이 추상적인 이데올로기를 무비판적으로 받아들여 거기 안주한다면 그것은 역사에서 아무 교훈도 못 받았다는 탈을 면할 길 없어요.

그래서 싸르트르의 경향, 그러니까 그의 초기의 문학이론이 어떻든 현재까지에 이른 변화의 과정이라든가 현재 그가 표방하는 행동철학으로 볼 때 사회과학적인 관심이 깊은 우리 문학인들이 싸르트르를 추종한다는 것에 위구를 느끼지 않을 수 없어요.

제가 그 '문학은 써먹는 것이 아니다'라는 글을 두 차례 발표하고 난 뒤에 이런 말을 전해 들었습니다. 선우휘씨는 너무하다, 우리가 이 상황 하에서 더 뭐라고 말할 수 있겠느냐? 그럼, 이 상황에서 말 못할 것이 무엇이냐 하면 쉽사리 생각할 수 있는 것은 사회주의 리얼리즘입니다. 그러면은 이 문제를 저는 기회 있으면 당국에도 얘기하고 싶은 것이 있는데 그것은 적어도 문학의 세계에서만은 모든 문제를 웬만큼 표면화해서 토론하여야만 된다는 것입니다. 제 말은 지금 이 나라의 정치상황이 그런 문학적 주장을 할 수 없게 되어 있으니까, 그래서는 안된다는 것이 아닙니다. 얼마든지 이질적인 문학이론이 나와서 그것과 어떤 대화를 가져야 한다는 것입니다. 사회주의 리얼리즘만 하더라도 그것이 어떤 가치를 가지고 있느냐? 이것을 따져야 된다는 것입니다. 그것이 참여이기도 합니다. 그렇지 않고 단순히 이 정치상황이 이렇다, 그러니까 할 말도 못하는 것이 아니냐, 그러니까 당신은 매카시즘적이 아니냐? 그래서 내가 그럼 '너는 빨갱이가 아니냐?'……

이렇게 되면 문학토론도 아무것도 아니고 그저 승강이가 되어버려서 피차가 지적으로 빈곤하다는 것밖에 드러낼 것이 없습니다.

백낙청 그런데 그 선우휘씨 너무하다, 이 상황 하에서 우리보고 무슨 말을 하라고 하느냐, 하는 말을 한 사람이 누구인지 또 무슨 의도로 그런 말을 했는지 저는 모르겠습니다마는 그런 말을 할 수 있는 세 가지 경우를 저는 생각할 수 있을 것 같습니다. 하나는 말할 것이 정말 어마어마한 게 있어가지고 말하게 되면 큰일이 나기 때문에 말 못하는 경우가 있겠는데, 그런 경우가 정말 얼마나 되는지 모르겠습니다만, 제가 그 경우를 여기서 대변할 필요는 없고요. 또 한 가지 경우는 사실은 말할 것이 그렇게 대단한 것도 없는데 우리나라에서 표현의 자유가 다분히 제한되어 있으니까 그것을 기화로 내가 자유만 있다면 굉장한 것을 얘기할 수 있을 텐데 자유가 없어서 못한다라는 식으로 행세하려는 친구들의 경우인데, 아마 이런 사람들의 수도 적지는 않을 것입니다. 이것 역시 제가 여기서 대변해줄 필요는 없는 것인데, 그밖에 제3의 경우가 있다고 봅니다. 그것은 이 상황에서 응당 말해져야 하고 또 실상 말해질 수 있을지도 모르는 이야기를 가진 사람으로서 현실적인 여러 제약도 없지 않고 또 오해를 받을까봐 필요 이상의 겁도 집어먹고 있어서 말을 못하는 경우가 상당히 있을 겁니다. 지금 선우선생님도 당국에 당부를 하시면서, 우리가 적어도 문학에 있어서만은 모든 문제를 자유롭게 얘기할 수 있어야 한다고 하셨는데, 이것이 아직은 어느정도 하나의 이상론이요 당위론이 아니겠습니까. 그러니 선생님이 무슨 문제를 제기하신 데 대해 그것을 곧 매카시즘적이다라고 나오는 것은 선생님의 의도를 오해하고서 토론이 더 진전할 여지가 없게 만드는 일이라고 하겠지만, 이런 문제에 부닥쳤을 때 불안감에 사로잡히고 매카시즘 공포증에 걸리게 되는 것은 어느정도 이해는 해야 할 문제일 듯합니다.

그리고 이제 카프시대 얘기를 하셨는데, 요즘 냉정하게 카프시대를 돌이켜보면, 그것을 하나의 시도로서 어떻게 평가하느냐 그리고 그 언저리에서 나온 몇몇 작품들을 어느 정도 평가하느냐 하는 것은 별문제로 치고, 실제 그 당시의 비평적 발언 같은 것을 읽어보면 상식 이전의 얘기가 대부분입니다. 예를 들어서 유명한 얘기입니다만, 팔봉(八峰) 김기진(金基鎭)이 문학이라는 것은 일종의 건축인데 집을 지으려면 서까래도 있고 기둥도 있어야지 뻘건 지붕만 갖다놓고서 그걸 어떻게 집이라고 하겠느냐, 하는 정도의 심히 온당한 주장을 했다가 날벼락을 맞고서 그 동네에서 쫓겨날 뻔한 일이 있지요. 이런 것이 상식 이전의 일이라는 것은 지금쯤은 어느정도 널리 인정되었다고 봅니다.

물론 상식 이전의 사람이라는 것은 어느 시대나 있는 법이고 지금 선생님이 지적하신 투의 난폭한 평론을 하는 평론가들이 있는 것은 제 자신이 알고 또 개탄하는 바입니다만, 이 문제에 관해 한 가지 제가 강조하고 싶은 것은 우선 카프시대하고는 시대가 달라서 우리가 옥석(玉石)을 분별하려고 노력하는 한, 이런 사람들이 절대로 그때처럼 문단 전체를 휩쓸지는 못할 것이라는 점이고요, 또 하나는 이런 난폭한 평론이 횡행하는 이유로는 이 사람들의 개인적인 잘못도 있겠지만 이런 방향으로의 토론이 너무 오래 억압되어 있었기 때문에 그런 문제에 관한 온당한 비평이 자라날 소지가 없었고, 심지어 이런 문제에 언급하는 것 자체만으로도 무슨 대단한 투쟁이나 하는 것 같은 인상을 남에게도 줄 수 있고 스스로도 도취감을 맛볼 수 있게 되어버렸다고까지 말할 수 있습니다.

선우휘 아 그건 있지요. 그러니까 문학인은 남의 자유를 얘기하기 이전에 자기 자유를 획득해야 될 것입니다. 생활이 어려울수록 더 용기를 가지고 발언을 해야지요. 아니 그건 용기가 아니고 당연한 것이죠. 그것이 바로 참여가 아니겠습니까. 그런데 말할 수 없는 상황이니 어떻게 말할 수 있느냐 하는 따위의 뒷공론만 하는 것은 분명히 도피경향이지요. 그러자면 아예 말을 꺼내지 말아야 합니다. 일제시대만 보세요. 춘원 이광수(李光洙)는 나중에 가서 친일행동을 해서 규탄을 받기도 하였지만 그래도 무언가 정면으로 현실을 받아들였어요. 그 나름으로 발언하고 반항했습니다.

그 당시 전혀 발언 않고 침묵을 지킨 사람도 있습니다. 물론 자제도 하나의 태도표시이긴 합니다. 그러나 현실에서 도피한 것도 사실입니다. 해방 직후만 하더라도 당시 문학동맹이라 해서 이북에 간 임화(林和)나 김남천(金南天)이 주동을 하여가지고 좌익적 문학이론이 아니고는 거의 잡지나 신문에 글 한 줄도 쓰지 못했어요. 그 후에 상당수의 문학인들이 이북으로 가고 말았습니다. 그래서 여기 남아 있던 사람들이 이럭저럭 문학활동을 해오다가 6·25가 났습니다. 6·25 때는 물론 종군 작가단이란 게 있어서 많은 사람들이 참가는 했지만 그보다 많은 사람들은 주로 부산에 있으면서 꼼짝을 안했어요. 그렇다고 저는 작가들이 군복이나 걸치고서 일선으로 나다녀야 했다는 것은 아닙니다. 그렇지만 전쟁이라는 것이 이념이야 어떻든 자기는 전쟁이라는 것을 원칙적으로 반대하기 때문에 전쟁을 외면한 것이라면 그 나름의 절실한 작품이 나왔어야 합니다. 죽도 밥도 아닌 것이 질색입니다. 자유당 말기에 있어서도 매한가지입니다. 그렇다고 자유당 말기에 문학인이 반드시 야당적인 발언을 하였어야 옳았다고 하는 것은 아닙니다. 그런데 기껏 나타났다는 것이 만송족(晩松族)*입니다.

참가하는가 하면 그런 따위의 참가니까 기가 차다는 거예요. 4·19 후에는 중공식(中共式)으로 말하면 백가쟁명(百家爭鳴)이 되어서 이 소리 저

---

* '만송'은 이기붕(李起鵬)의 호이며, 만송족은 이승만 정권 말기 이기붕에게 아첨했던 어용 문인들을 비꼬는 말 — 편자.

소리 못할 소리 없이 혼란만 일으켜놓고 5·16이 나니까 자라목처럼 일제히 쑥 들어가버렸어요. 이렇게 볼 때 참여란 말은 하기가 부끄럽다는 겁니다. 그러고는 이제 와서 불투명한 말을 늘어놓다가 말할 수 없는 상황이다라고 슬쩍 몸을 피하는 것은 도무지 이해할 수가 없어요. 우습다는 겁니다. 작가들은 흔히 우리가 역사적인 엄청난 경험을 했는데 왜 좋은 작품이 나오지 않느냐, 하면 누구나가 그것은 아직 작품을 쓸 만한 자유가 없어서 그런다고 합니다. 나는 그것은 99%의 변명이라고 단정합니다. 한마디로 얘기해서 역량부족이지 자유가 없는 탓은 아니에요.

백낙청 그러니까 제가 아까 말한 둘째의 경우, 즉 사실은 자유가 주어져도 뭐 그렇게 할 말도 많지 않은 사람이 특수한 사정으로 자유가 제약된 것을 기화로 도리어 휘두르고 다니는 경우가 의외로 많다는 말씀이시군요.

선우휘 네. 그러니까요 저는 아까 백낙청씨가 사회과학파라는 한 묶음으로 치는 것은 이건 당치가 않다고 하셨는데, 이제 말씀을 듣고 나니 앞으로는 거기서 백낙청씨만은 빼겠습니다.(웃음) 앞으로 백낙청씨가 보다 높은 차원에서 독자적 보편성을 갖는 어떤 이론을 만들어놓으면 초사회현실파라 할까 만강의 찬의를 표명하겠습니다.

백낙청 글쎄요. 감사한 말씀인데요.(웃음) 하지만 저로서는 제 개인을 뭐 사회과학파에서 제외하여주시는 것보다 그 사회과학파라는 상당히 모호한 용어 자체를 철회해주셨으면 하는 거지요. 그리고 사회과학적인 관심의 중요성, 이런 데에는 어느정도 동의를 하시면서 문학평론을 하거나 창작활동을 하거나 그런 관심을 정말 진지하고 분별있게 활용하는 사람, 적어도 그런 방향으로 성실하게 노력하는 사람하고 그렇지 않은 사람을 구별할 수 있도록 하자는 겁니다. 그래서 한쪽은 초사회과학파(超社會科學派)도 좋고 무슨 파도 좋구요, 다른 한쪽은 실상 사회과학도 아무것도 아니지요. 그러니까 사회과학이라는 막연한 경향, 막연한 인상으로 이렇게 묶어서 하시지 말고……

선우휘 물론 인상비평이라는 것은 나쁩니다. 그런데 우리나라의 싸르트리앙이랄까 그런 사람들 가운데는 그를 맹종하고 마치 교주(敎主)처럼 모시는 사람들이 없지 않아 있습니다. 그런 사람들에게 말하고 싶은 것은 싸르트르는 그렇게 대단한 사람이 아니라는 거예요. 또 대단한 사람이라 해도 언젠가는 좀 독자적인 제 얘기를 하면 어떠냐는 겁니다. 일례를 들어 싸르트르의 모든 언동에 대해서 항상 박수만 보내는 사람들은 이렇습니다. 월남전에 반대한다. 대체로 지식인들은 찬성하지를 않습니다만 그런 경우 싸르트르가 반대했다, 세계 최고의 지성이 반대했다, 그러니까 나도 거기에는 반대이다. 그리고 만족을 느끼는 경향이 있어요. 그러지 말고 월남전이라는 것이 하나의 엄연한 우리의 현실이면 이 현실을 우리로서는 어떻게 보아야 되느냐? 한 차례 생각하여보라는 겁니다. 또 한 가지, 문학인이 할 일이 이 사회의 어떤 모순을 파헤치는 데 있다는 것 그 점은 찬성입니다. 그런데 그런 경우의 현실이라는 것을 어떻게 규정하느냐가 문제예요. 휴전선 이남의 남한만을 우리의 현실로 국한하느냐 이북 지역도 넣어야 하느냐를 저는 문학인이 다루는 경우에 적어도 휴전선 이북, 북한 지역까지도 우리의 현실로 고려에 넣는 것이 옳다고 봅니다.

50년의 시간적 간격은 있지만 문학인의 자세를 이렇게 따져봅시다.

제정러시아 말기에 러시아의 문학인들은 그 대부분이 제정러시아의 현실이 지닌 모습을 파헤치고 어떤 새로운 혁명을 갈구했습니다. 인텔리겐찌야라는 말이 거기서 나온 말이 아닙니까. 또 다른 하나는 혁명 50년 후에 이르러 스딸린 치하에서 창작의 자유를 잃고 있다가 해빙과 더불어서 레닌그라드를 중심으로 해서 자유의 폭을 넓히는 것을 주장하고 있는 문화인들의 태도, 이 두 가지 태도를 아울러서 생각할 수 있는 것이 아니냐? 그렇게 제정러시아 말기의 지식인과 현대의 자유를 갈구하는 소련의 지식인들을 아울러 고려하고 우리 스스로를 생각할 때 한국 지성인의 고민은 더 큰 것 같습니다. 서방측의 사회면, 거기서는 그 사회체제에 반항만 하면 됩니다. 그와 반대로 공산주의사회에서는 거기에만 반항하고 자유를 찾으면 됩니다. 그러나 우리 경우는 어쩌면 그 두 가지를 다 아울러 해야지만 되잖겠느냐? 조선 때부터 일제를 통해서 지금까지 남아 내려온 여러가지 좋지 못한 잔재 또는 이 자본주의사회가 지닌 모순, 여기에 대해서도 반항하고 어떤 권력적인 압력에 저항해야 하는 동시에 또한 북한지역에 대한 고려에서 공산치하에서 획득해야 할 자유, 거기에 대한 반항 그것까지 아울러 생각한다면, 참신하고 독자적인 참여이론이 나와서 거꾸로 선진국 지성인들에게 상당한 깊은 인상을 주고, 공감을 얻을 수 있으리라고 생각합니다.

백낙청 한국에서의 '현실'을 선생님은 편의상 이남과 이북으로 갈라서 말씀하셨는데, 사실은 그뿐만이 아니죠. 한국 바깥의 세계라는 것도 '한국 현실'의 일부를 이루고 있고요. 한데, 작가가 겪는 현실이란 것은 실제로 자기가 몸으로 느끼고 살고 있는 전부가 아닙니까? 한국의 현실이 이남의 현실과 이북의 현실이 있다 할 땐 사실은 작가에게 느끼는 것은 자기가 이남에 살면서 느끼는 이남의 현실하고, 또 이남에 살면서 이북이 저런 형태로 공산치하에 있다는 것이 이남에 사는 자에게 파급되어올 때에 그것을 느끼는 현실, 또는 세계가 이남에 파급되어오는 현실—그런 것이니까요. 이 복잡한 현실을 철저히 살고, 절실히 살고, 그것을 정직하게 표현하면은, 그것으로서 작가는 작가의 임무를 다한 것이고, 이남이니 이북이니 하는 일반화된 개념을 창작 자체에 개입시키는 것은 어떤 형태를 취해야 하는지 얼핏 생각이 안 나는군요.

선우휘 그것에 대해서 내가 비근한 예를 들죠. 요전에 어떤 문학인이 이런 단상을 쓴 것을 본 일이 있습니다. 무장간첩 출몰지구에 갔다가 욕을 본 모양이더군요. 그야 유쾌할 리가 있겠습니까? 아주 불쾌했을 겁니다. 그런데 인권이 이렇게 취급되어서야 어떻게 되겠느냐—이런 얘길 하고 있어요. 그건 그런대로 탓할 것이 없습니다. 그런데 제가 말하고 싶은 것은 한 발자국만 더 나가서, 그럼 그렇게 욕을 봐야 할 사태는 왜 생겼느냐 하는 점도 생각해야 한다는 겁니다.

백낙청 전 그 단상을 못 읽었습니다만, 그야말로 형사에 대한 증오에만 그치고, 대국적인 논의랄까, 거기에 대한 이해가 빠졌다면 그것은 불충분한 보고이고, 정직한 작품이라곤 못 보겠죠. 그렇지만 다른 한 가지는, 작가란 자기가 보고 느낀 것을 그대로 생생하게 그려내는 거니까요. 생생하게 느낀 것을 쓰지 않고, 형사에 대한 일반화한 증오로 일관되었을 때 그것이 나쁜 것이지, 그렇지 않고 과장이나 설익은 결론을 맺음이 없이 느낀 그대로 보고만 한다면 자연히 독자로 하여금 그 원인까지도 생각할 수 있는 근거를 제시해주지 않을까요.

선우휘 작가는 자기가 느낀 것에 대해서 생생하게 그리기만 하면 된다고 할 순 없습니다. 상상력이라는 것이 있잖습니까? 상상력은 작품만 던져주고 독자에게 맡긴다?

백낙청 제가 뭐 생생하게 느낀다는 것은 생생하게 상상하는 것을 포함해서 말하는 것입니다.

선우휘 아, 상상력까지 포함해서?

백낙청 네, 그렇습니다. 그럼 의견이 같아지는지도 모르겠는데요. 아까 말씀하신 '단상'의 경우에, 자기가 어떤 불쾌한 경우를 당했을 때 말입니다. 불쾌한 것을 과대하게 말한다거나 그것이 전부인 것처럼 말하는 것은 좋지 않지만, 반대로 이건 대국적인 견지에서 보면 무장간첩이 나타나서 그런 거니까 불쾌한 감정은 감춰버리자, 하고 마는 것 역시 정치적으론 현명한 처사일지 모르지만, 작가로서는 어떤 피상적인 판단에 사로잡힌 것이 아닌가 하는 겁니다.

선우휘 저는 여기서 참여에 곁들여서 참여의 성격이라고 할까, 문학인의 무엇인가를 보는 눈, 일종의 통찰력을 좀 얘기하고 싶은데요. 독일에 고트프리트 벤(Gottfried Benn)이라는 시인이 있었습니다. 그 사람이 쓴 저서에 『이중생활(二重生活)』이라는 것이 있어요. 나찌 때 토마스 만(Thomas Mann)이니 슈테판 쯔바이크(Stefan Zweig)니 이런 사람들은 다 망명하지 않았습니까, 그런데 이 사람은 망명을 안하고 나찌 치하에 남았습니다. 남았다가 나중에는 나찌에 실망을 하고 말았는데 처음에는 토마스 만이나 이런 사람들처럼 전적으로 배격할 수만은 없었다는 거예요, 자기는 초기에 희망을 걸 수가 있었다는 겁니다. 전후 망명작가들이 돌아와 굉장히 벤을 공격했어요. 그런데 독일에서는 어떤 경향이 있었느냐 하면 고트프리트 벤을 상당수의 독일인들이 동정을 하고 그에게 공감했다는 것입니다. 즉 무어냐 하면 망명의 문제 즉 토마스 만이나 슈테판 쯔바이크 같은 사람은 우리말로 하면 지조는 지켰지만 그는 국민들에게서 떠났다. 하지만 고트프리트 벤은 지조는 지키지 못했을지 모르나 우리와 함께 살고 더불어 고민했다는 겁니다. 연전에 『친일문학론(親日文學論)』이란 책이 나와 일제시대 때 친일문학을 한 사람들에 대한 비판이 있었는데 저는 이런 생각이 듭니다. 정치적인 무엇에 대하여서는 우리가 좀더 통찰이 깊어야 되지 않느냐, 가령 6·25 때 도강파, 비도강파라고 해서 한강을 건너간 사람은 애국자이고 남아 있었던 사람은 비애국자라는 그런 단순한 판가름 문제, 그리고 현실참여에 있어서 권력에 반항한다고 할 때 전투적인 형태로 하느냐 토마스 만처럼 망명을 하여야 되느냐 또는 그런 속에서 가능한 최대한도의 참여에 머무르느냐, 이런 것 저런 것 모든 경우를 생각하고 모든 가치를 따져봐야 할 겁니다. 단순한 판단은 말아야죠. 요즈음 발표되는 작품들에서 느끼는 것이 그것입니다. 옛날 대중소설에서 사장(社長) 하면은 이것은 비서나 건드리는 놈으로 되거나, 검사(檢事) 하면은 정치적으로 부당하게 구형하는 악인으로 규정하거나 이런 것은 문학인이 기본적으로 가져야 하는 통찰력이 결여돼 있는 탓이 아닌가 생각합니다. 요즘에는 미국의 서부활극 같은 데에도 그렇게 선악을 나타내지 않습니다. 악인에게도 웬만큼 필연성은 주어서 30%의 동정은 보내는 것인데 초기의 서부활극처럼 소설에서 좋은 놈, 나쁜 놈을 분명히 갈라가지고 어느 놈은 좋은 놈, 나쁜 놈 하는 것은 어떨까 합니다.

문학비평이 작품을 누르는데 한마디로 '보수반동이다' 하는 따위도 그런 것이지요.

백낙청 그러니까 어떤 의미에서 보면 작가가 하는 작업이라는 것이 우리 일상생활에 만연하여 있는 상투형(常套型)에 대해서 끊임없이 싸우는 것이 아닙니까. 그런데 지금 선생님 말씀대로……

선우휘 나는 그 점이 현재로서는 참여에 앞서는 자기확립의 첫걸음이 아닌가 생각합니다.

백낙청 예, 그런데 우리나라 작품에서 인물묘사만 보아도 상투형들이 지배하고 있다는 것은 다시 말해서 좋은 작품이 많지 않다거나 아예 없다는 얘기인데요. 그런데 그 대책이 무엇입니까? 선생님은 작가이시니까.

선우휘 저로서 백낙청씨에게 권하고 싶은 것은 그런 고정관념을 깨뜨리는 비평작업입니다. 얼마 전 부산에서 유괴사건이 났을 때 어느 신문에서 그 계모가 청부살인을 한 것이다, 이렇게 오보를 낸 일이 있어요. 그게 인권을 침해했다는 문제도 크지만 저는 거기서 무엇을 느꼈느냐 하면 젊은 세련된 두뇌를 가진 편집기자가 딱 그렇게 계모의 짓으로 단정적으로 할 수 있었던 것은 그 머릿속에 계모라는 것은 전처자식을 학대하는 것이다, 장화홍련전 때와 꼭 같은 관념을 가지고 있지 않은가, 그거예요. 문학에서도 그런 점이 상당히 많이 나타나 있습니다. 그러니까 그런 고정관념을 깨뜨려 부수는 것이 현재 우리가 할 수 있는 참여의 첫걸음이 아닌가 생각합니다.

백낙청 그 점은 저도 동감입니다만 제가 평론을 하니까 얘기인데 평론이라는 것이 남을 많이 비판하는 직업이 아닙니까, 그런데 나쁜 것을 비판만 한다는 것은 할수록 더 무의미하다는 것을 느껴요. 더군다나 우리나라에서는 작품을 비판하면 이것이 인신공격으로 오해를 받아가지고 마찰이 생기니까 그런 데서 오는 피로도 있지만, 그것보다도 그냥 상투형을 상투형이라고 말한다거나 좋지 않은 작품을 좋지 않은 작품이라는 말은 암만 해보았자 끝이 없는 작업인 것 같습니다. 결국은 우선 작가들이 상투형이 아닌 그런 것을 창조해놓은 연후에 비평가들이 그것을 적극적으로 평가하면서 그렇지 못한 것을 까야지 비평하는 보람도 느끼고 남에게 먹혀들어가기도 할 것 같습니다.

선우휘 그런데 이런 게 있는 것 같아요. 좀더 구체적인 얘기를 합시다. 뭐냐하면은 이번에 『신동아(新東亞)』엔가 손창섭(孫昌涉)씨의 「환관」이라는 단편이 나왔습니다. 간단히 얘기하면 그 당시의 서민으로서는 도저히 권력에 가까워질 수 없다, 그래 생식기의 어떤 부분을 제거함으로써 고자가 되면은 고자로서 중국에 가서 고관을 할 수 있고 권력을 누릴 수 있다, 그래서 셋이 제거를 했는데 하나는 죽고 다른 둘이 성공을 해서 벼슬을 하였다, 그중에 하나는 자기 동생을 시키려다 안돼서 자기가 스스로 환관이 돼서 또 출세를 하였다. 손창섭씨 단편으로서는 근래 보기 드문 매끈한 단편입니다. 그런데 어떻게 끌고 갔는가 하면 거기서는 그런 행위를 부정적으로 비웃고 하였어요. 세상에 원, 권력이 아무리 좋다 한들 그걸 제거하고까지 탐이 나? 이렇게 탓하고 있어요. 그런데 대개의 우리 소설에서 돈이라는 것은 더러운 것, 돈 없으면 양심적이고 돈 있는 놈은 나쁜 놈, 물론 아직도 그런 공식이 우리 사회에는 해당됩니다. 그런데 저는 우리가 소설 자체가 전진해야 하는 동시에 사회가 전진하기 위해서는 그런 비판과 아울러서 거기 그치지 않고 어떤 의미에서는 권력이나 돈 문제가 더럽다 깨끗하다로만 그치지 말고 어떤 인간의 악착 같은 의욕, 삶에 대한 의욕이라 할까 그런 각도로 보기도 했으면 해요. 그러니까 한 인간이 그것을 제거하여서까지 권력을 가지려고 하는 그 자체를 긍정적으로 보는 것도 필요하지 않을까, 좋다 나쁘다가 아니라 말입니다. 이런 생각을 하는데 어떻게 생각하십니까?

백낙청 그건 재미있는 생각입니다. 그런데 그렇게 뒤집어서 보는 안목이 완전히 구체적인 작품으로 되어 나왔을 때는 참 훌륭한데요. 그렇지 않고 비평하는 친구가 앉아서 손창섭씨 써놓은 것을 가지고서 이것 참 재미있는 단편이기는 한데 이거 뭐 상투적이 아니냐, 이걸 좀 바꾸어서 누가 써보면 어떠냐, 하는 정도로 비평을 해보았자 그 비평 자체가 아주 상투적인 발언으로 끝나버리거든요. 별반 실효가 없다는 것입니다.

선우휘 그러니까 앞뒤를 바꾸어놓은 것에 지나지 않는다?

백낙청 그렇죠, 그것마저도 일종의 공식이죠. 말하자면 남보다 수가 한 수 높은 놈이 앉아가지고서 남이 뭘 해놓으면 아 ─, 그거 뭐 ─

선우휘 아─ 제 말은 우리가 종래의 소박한 가치관을 한번 바꾸어놓아볼 필요가 있지 않은가? 그것도 상투이고 이것도 상투이지만 어느 쪽이 더 우리가 앞으로 채택할 수 있는 가치관이냐? 정치가 하면 자식들 권력욕에 사로잡혔다, 뭐 이런 식으로…… 권력욕이라는 것은 과연 그렇게 나쁜 것이냐. 그렇게 한번 생각해보기 전에 권력이라는 것은 더러운 것, 돈이라는 것은 더러운 것, 이렇게 모든 것을 아주 단순 소박하게 규정해버리지 않는 것이 나는 소설의 세계에서 우선 한발자국 되지 않느냐. 그것도 상투적이긴 하지만 그런대로 고쳐야 앞선 것이 아닌가?

백낙청 물론 저도 거기에 동감인데요. 그걸 고치는 길은 그렇지 않은 작품이 있어야지 실효있는 얘기가 출발할 수 있다는 것입니다. 그래서 저는 완벽한 작품은 아니지마는 선생님이 지금 지적하신 것과 같은 수많은 상투형들을 그래도 한꺼풀은 벗긴 작품이 얼마 전에 나온 방영웅(方榮雄)의 『분례기(糞禮記)』라는 작품이라 생각해서 상당히 높이 평가했는데요, 선생님은 거기에는 그렇게 동의하지 않으신 것 같더군요.

선우휘 나는 동의 안합니다. 동의 안하는 것은 안한다고 그래야지. 어떤 사람이 읽지도 않고 백낙청씨 같은 신예 평론가가 좋다 하니까 다 좋겠다 하는 그런 경향도 있는데,(웃음) 아마 그 자체가 기성작가들이 스스로 자신없음을 폭로한 것이라고 보아요. 자기 나름대로 평가를 해야지 하나의 평가가 나오면 거기 따라간다는 자세, 그렇다고 그런 경향이 싫으니까 나쁘다, 이건 아닙니다. 저는 하필이면 『창작과비평』에서 내세웠느냐는 겁니다. 제가 보기에 그 작품은 김동인(金東仁)의 「감자」라든가 또는 계용묵(桂鎔默)의 「백치(白痴) 아다다」라든가 또는 김유정(金裕貞)의 어느 단편의 세계와 조금도 다를 것이 없어요. 새로운 것이 뭡니까? 문장이 기본적으로 안돼 있는 데가 많구요. 제가 볼 때는 그 작가가 알고도 일부러 그렇게 시도해보았는지는 모르겠는데 역시 소설이 미의식(美意識)이라는 것은 생각해야지요. 미의식을 일부러 손상시켰다고 할까 그런 것을 느껴요. 단적인 일례를 들면 나중 대목에 가서 똥예가 풀밭에서 똥을 싸고 풀잎으로 밑을 씻어서 버리는 대목이 나오는데 지금까지 동서고금 주저앉아 똥 싸고 풀로 밑을 씻어서 내버린다는 얘기는 그 작가가 처음 썼을 거에요.(웃음) 그럼 지금까지의 동서의 모든 작가들이 그걸 쓸 줄 몰라서 안 썼느냐, 그게 아니라 그건 최저한도의 어떤 미의식에서 그걸 안 쓴 것으로 보아요. 말하자면 쎅스 장면을 묘사하더라도 『채털리 부인의 연인』만 해도 상당히 자제력을 가지고 썼다고 보는데, 물론 생식기의 이름도 그대로 나오지만 그렇다고 해서 쎅스가 끝나고 난 뒤의 뒤처리 같은 것에 대해서는 안 쓰고 있지 않습니까? 미의식이거든요. 그런 점 같은 것이 내가 받아들이기 힘든 점이에요. 또 하나는, 그 세계란 무엇이냐, 포크너(Faulkner)가 말하기를 정신이상자라든가 백치 이런 사람을 그림으로써 현대의 어떤 때묻지 않은 순수한 인간을 그렸다 하는 건데 똥예라는 인물을 형상화하는 데 있어서 그런 비슷한 것이 나타나 있는지는 몰라요, 물론 그걸 작가가 의식했는지 안했는지는 몰라요. 그런데 아까 가치관에 대해서 말한 것처럼 나는 평론가의 입장에서는 그러한 세계가 작품으로 완성되었을 경우에도 잘 완성된 작품이 아니라 오히려 결점이 많아도 전진적이라고 할 수 있는 작품을 내세우는 것이 좋지 않을까 생각합니다. 『분례기』에서는 우리의 현대적인 문제를 다루고 있지는 않잖아요? 그런 점에서 나는 그 작가의 장래를 주목하는데, 그다음 『주간한국』에 「호도껍질」이라는 것이 나왔습니다. 그것은 완전히 도시로 옮겨진 얘긴데요. 거기에서도 화백이 어떤 여자가 보는 소피 소리를 듣고 그지없는 음악으로 느낀다는 대목이 나와요. 물론 그것이 환상적인 작풍의 풍자라고 할는지 모르겠지만 그 작가는 좀더 정진하여야 할 겁니다.

백낙청 그런데 그 미의식이라는 개념을 작품 개개의 성격에 맞추어서 생각해야 하지 않을까요? 『분례기』에 너절한 장면이 많이 나타나는데 하나하나가 모두 변호할 만한 것은 아니지만, 적어도 『분례기』라는 작품에서는 그런 장면들이 전체적으로 어떤 미적 내지 예술적 기능을 하고 있다고 봐요. 사는 것 자체라고 그러면 너무 거창한 말이 되겠습니다만 우리나라 사람들이 사는 것, 특히 시골사람들이 사는 데에 있어서 한없이 너절하면서도 도외시할 수 없고 또 실제로 어떤 생생한 것이 담겨 있기도 한 이런 요소들을 있는 그대로 그리려는 노력의 일부로 나타났다고 보고요. 저로서는 그런 장면들이 반드시 불쾌하게 느껴지지는 않았습니다.

선우휘 제가 거기에 대해서 반농담으로 한 가지 말씀드리겠습니다. 『창작과비평』에서 염무웅(廉武雄)씨가 「선우휘론」이라는 것을 썼는데 주간인 백낙청씨 이론과 꼭 같다고는 생각하지 않지만 크게 다른 것은 아니라고 생각하는데 거기에 작가의 성분과 경력과 작품관계가 나와요. 선우휘라는 작가의 경력은 이러이러한데 그래서 그의 작품은 이러이러했다는 투입니다. 말하자면 소시민적인 사람이니까 소시민적인 작품을 쓴다. 저는 이것을 가장 안이한 공식적인 평론이라고 생각하는데 이러한 논법을 백낙청씨에게 그대로 되돌려드리겠습니다. 말하자면 백낙청씨는 우리나라 수준으로 곱게 자라나고 또 대학교도 세계적 명문 미국 하바드를 나와서 서구적인 교양을 가진 탓으로 오히려 그런 작품세계에 어떤 향수를 느낀 탓으로 좀 점수가 많이 간 것이 아닌가 생각하는데 어떻습니까.

백낙청 네, 저도 그런 얘기를 많이 듣고 있는데요.(웃음) 이것에 대해서 저는 선우선생님에 대한 해답 겸, 또 한편 다른 사람들에 대한 해답 겸, 또 제가 주간하는 잡지에 실린 염무웅씨 글을 거론하셨는데 그에 대한 변호 겸해서 한마디 말씀드리겠습니다. 우선 염무웅씨 글을 제가 읽은 바로는 그 글에서 작품을 대하는 태도가 작가의 성분에 대한 평가를 자동적으로 작품에 대한 평가로 전환시킨 것 같지는 않아요. 작품평가는 평가대로 평론가의 감성과 비판의식을 가지고 하되 그것을 더욱 폭넓게 이해하고 또 독자에게 전달하기 위한 한 방편으로 배경분석을 하지 않았는가 생각합니다. 그래서 어떤 작품을 제가 평가하는 것에 대해서도 선생님이 옆에서 보시고 어떤 근거 하에서 그 평가 자체가 틀린 평가라고 판단하시고서 그 판단을 설명하고 전달하는 방법으로서 제 경력을 드는 것은 좋은데요.(웃음) 그런데 제가 방영웅씨의 작품에서 너절한 요소들을 좋게 평가하는 것은 제가 너절하지 않아서 너절한 것에 대한 향수를 느껴서 그런 것은 아닙니다. 제 경력이 과연 그렇게 날씬한가는 별문제로 치고요. 또 『분례기』를 너절한 사람들의 너절한 얘기로만 평가하는 것도 아니지요. 저는 오히려 그것이 상투형만 좇는 사람들이 흔히 지나쳐버릴 정도로 너절한 사람들 이야기를 하면서 그것을 끈질기게 물고 늘어져서 파헤친 결과 언뜻 보기에 너절하지 않은 것 같은 사람들에게도 내재하는 어떤 세계까지 터치하지 않았는가, 우리가 피상적으로 말할 때는 어떤 역사의식이라든가 사회의식 같은 것도 개재돼 있지 않지마는 그런 것이 어설프게 끼어든 것보다도 훨씬 더 예리하게 우리 시대의 단면이라고 할까요, 전부는 아니죠. 물론—그런 것을 포착하지 않았는가, 저로서는 상당히—

선우휘 인간의 원형 원래적인 것, 그 사람이 가진 경향이라든가 모든 후천적인 것을 제거하고 남는 그 무엇이 있지 않습니까. 그런 인간형이 그런 비문화적인 세계에서 그려졌는지는 모르지요. 그런데 아주 더러운 것,

아주 낡은 것, 또는 약한 것, 또는 가난하고 구질구질한 것, 이런 것을 그릴 때 이것이 예술이다 하는 경향이 아주 짙어요. 강자의 오만보다도 약자의 비운이, 거드럭거리는 부호보다는 어떤 가난 속에 좀더 리얼리티가 있는 것 같고 인간의 어떤 섬세한 감정도 흐르는 것 같고 가해자보다 피해자에게 약하다든가 가난하다든가 하는 데 더 예술평가의 비중을 주는데 그런 경향은 한번 곰곰이 생각해봐야 될 줄 알아요. 왜 강자를 그리는 것은 예술적이 못되느냐 또 부한 자라든가 가해자 이런 것을 그리는 것이 왜 예술이 될 수 없느냐? 아까의 논리를 빌리자면 이것도 상투적이고 저것도 상투적이지만 현대적인 의미에서 한번 재평가하고 앞으로 나가야 되지 않느냐…… 하고 생각합니다.

백낙청 강한 자의 입장을 그려주는 예술은 예술이 아니다라는 것은 물론 말이 안되죠. 단지 강한 자를 묘사하는 것이 약한 자를 묘사하는 것보다 예술적으로 성공하기가 쉬운가 어려운가 하는 문제는 있습니다만. 그런데 『분례기』에 대해서 특히 『창작과비평』하고 연관시켜서 선우선생께서 생각하시는 것은 그런 것이 아닙니까. 즉 저희가 평론이나 편집 하는 사람의 개인적인 주장을 통해서는 새 풍토를 마련하겠다고 의욕적으로 떠들어대는데, 실제로 작품을 내놓는 것은, 우리 문단에 가장 낡고 복고적인 그런 요소가 많은 작품을 내세우니 도대체 어떻게 된 일이냐, 그런—

선우휘 그런 얘기가 되죠.

백낙청 그 점은 이렇게 해명하면 어떨까요. 저희가 『분례기』 같은 작품을 낡고 복고적인 것이라서 내놓았다기보다 그런 요소가 섞여 있음에도 불구하고 저희들 판단으로는 상투형을 깨뜨리는 훌륭한 작품이라고 보아서 내놓은 것이니까요, 그 점은 안심해주십사는 말이지요.(웃음)

선우휘 그럼 마음을 놓지요. 그리고 문학의 참여문제와 밀접히 관계가 되리라고 보는데 이북에서의 참여형태를 한번 생각해볼 필요가 있겠어요. 거기서는 정치적인 문제가 나면 문학인들은 반드시 공동명의로 메씨지를 내고 작품창작에 있어서도 과제문학이라고 할까 아주 현실과는 밀착된 문학활동을 합니다. 물론 폭로나 반항은 아니지요. 제가 한 일년간 일본에 가 있었는데 그러나 참여는 참엽니다. 거기서 가능한 한 이북에서 나온 문학작품을 찾아 읽었어요. 그네들의 경향을 알기 위해서 국민학교 인민학교 교과서부터 당사(黨史), 해방전사(解放戰史), 시, 소설 닥치는 대로 다 읽어보았습니다.

　한마디로, 안되겠더군요. 해방 후 남한에서 이북으로 간 시인, 소설가의 작품은 아주 희귀합니다. 그 사람들이 불쌍한 생각이 들던데요. 월북 작가들은 공산사회 건설의 초기 단계에서 작가나 시인이 무엇을 해야 하는가에 대해서 무식했던 겁니다. 소련을 보아도 알 일입니다. 혁명 50년에 겨우 그 모양 아닙니까, 아직도 과업문학 단계를 못 벗어나고 있어요. 벗어나려고 몸부림은 치고 있지만 말입니다. 그러니 이북 같은 데는 불문가지(不問可知)지요. 시는 구호처럼 옥타브만 높고, 슈프레히코르(Sprechchor)가 판을 치고 있어요. 소설은 노동영웅이니 영웅전사니 우리 같으면 기관지에나 실을 수 있을 그런 것투성이입니다. 무용이니 음악 같은 부문은 모르겠는데 문학만은 정말 안되겠던데요. 그래 제가 그런 걸 보고 느낀 것은 해방 후 이북으로 상당수의 문학인들이 넘어갔지만 그 사람들은 그 사람들 나름으로 당국의 주목을 받는다거나 자유를 제약받는 한이 있어도 여기 남아 있어서 문학활동을 하였던들 숙청 같은 비운도 당하지 않고 그 문학도 좋아져서, 우리 문학에 상당한 공헌을 했지 않을까 하는 아쉬움입니다. 여기서는 몇년 전에 남정현(南廷賢)씨의 「분지(糞地)」사건*도 나고 그랬는데, 그래도 여기서는 떳떳이 재판정에 나가서 문학인들이 변호를 할 수 있었다든가, 이런 상황에서 적잖이 제약되어 있는 것은 사실이지만 그래도 지금까지 해방 후 20년 동안에 나온 문학작품을 보면 그 예술성이라

---

* 1965년 3월 『현대문학』에 발표된 소설 「분지」가 북한의 『통일전선』에 전재됐다는 이유로 그해 7월 작가를 반공법으로 구속한 사건 ― 편자.

할까 문학성은 이북의 것이 댈 게 못 됩니다. 비교가 안돼요, 우리가 월등합니다. 그런 점으로 미루어보아도 문학이 지나치게 현실과 밀착하는 것은 도리어 삼가는 것이 좋겠어요. 그래야 문학이 예술성도 지킬 수 있고 밖으로부터의 간섭을 튕기고 보다 더 자유로울 수 있으리라고 봅니다.

백낙청 그런데 '참여'라는 말 자체가 적합하지가 못하다는 생각이 들 때가 왕왕 있습니다. 참여란 말을 넣으면 꼭 무슨 운동장이나 길거리에다 사람을 모아서 줄을 세워놓고 그 대열에 끼는 사람은 참여고 거기에 안 끼는 사람은 참여가 아니다, 그래서 언제든지 참여란 말을 들으면 나가서 데모를 한다거나 정치적인 활동에 직접 가담하는 것이 되는데요. 물론 그럴 필요가 있을 때 빠지면 작가도 욕먹어 싸지요. 하지만 우리가 문학의 참여니 하면서 말하고자 하는 것은 그런 것이 아니지 않습니까. '참여'라는 용어가 이 문제에 대한 소아병적 사고를 유발하는 데 한몫하는지도 모르겠습니다.

선우휘 글쎄. 그 점은 전 이렇게 생각합니다. 어떤 큰 정치적인 사건이 일어났을 때 데모를 한다고 합시다. 이때 두 가지 태도가 있다고 보아요. 하나는, '문화인 데모 자체가 무의미하다. 나는 차라리 그러한 데모에 쏟을 수 있는 에너지를 내 작품을 만드는 데 쏟는다', 이 경우하고 또 '자기 에너지를 작품창작에 쏟지도 않고 아무것도 안하면서 문학인은 데모에 에너지를 소모하는 것이 아니다', 이런 경우하고는 근본적으로 다를 것입니다.

백낙청 결국 참여라고 하면은 상투적인 얘기입니다마는 작품을 통한 참여를 우리가 주로 다루어야 마땅할 듯한데요.

선우휘 네, 그렇죠. 결국은 작품이 문제죠, 남는 것은 작품입니다. 이건 문학의 유일무이한 철칙이지요.

백낙청 그것은 역시 작가가 관심을 어떻게 갖는가 하는 문제가 제일 중요한 것 같아요. 그리고 그의 관심을 올바르게 유지하기 위해서 어느 정도의 식견을 쌓고 어느 정도의 예술적 정진을 하며 일단 유사시에 어떤 행동을 하는가, 이런 문제인데요. 관심을 올바르게 유지한다는 것도 너무 막연한 얘기입니다만 하여간 우리가 산다는 것이 혼자 사는 것이 아니고 다른 사람들하고 함께 사는 것이고 삶의 모든 부분이 유기적으로 연관되어 있다는 사실에 대한 정확한 인식과 그에 따른 책임감 같은 거지요. 그리고 우리가 문학적인 가치라 하는 것이 사회적인 가치와 불가분하게 연관되어 있고 그 상관관계에 있어서 서로 변하고 변화를 일으키는 가변적인 것이라는 그런 의식, 그러니까 그 상관관계를 잘 살펴서 좋은 방향으로 변화시켜야겠다는 생각, 이런 것이 —

선우휘 문학지에서 그걸 느끼는데, 문학지 하면 이것은 문학 얘기밖에 안 나와요. 문학인이라 하면 다른 얘기는 알 필요도 없고 다른 종류의 사람들하고는 만날 필요도 없다 하는 이것 때문에 우리 문학이 자꾸 좁아지고 약해지지 않는가, 그러니까 문학의 관계학(關係學)이라 할까 거기 대해서 관심이 많아야 합니다. 제 개인의 경우만 해도 그렇습니다. 저는 솔직히 얘기해서 문학을 하는 사람들하고 만나서 얘기하고 술 마시는 것보다는 문학 안하는 사람들, 가령 종교가라든가 법률 하는 사람이라든가, 이런 다른 직업인들하고 얘기할 때에 도리어 인스피레이션까지는 안 가지만, 상당히 자극을 받습니다. 일본학자가 메이지(明治) 백년 동안 사회를 분석하는 데 말예요, 그때그때의 문학작품에서 이 대목 저 대목 끄집어내가지고 그걸 가지고 자기 전공분야의 논리를 전개시키고 있어요. 어느 시대에는 어떤 소설에 어떤 장면이 나오는데, 거기서 어느 인물과 어느 인물은 어떤 대화를 주고받았다, 그것이 당시 사회의 인간관계를 말한다, 그래 가지고 쭉 자기의 이론을 뒷받침해가고 있단 말예요. 그러면 작가들은 어떤가 하면 소설을 쓰고 난 맨 뒤에 가서 나는 어느 누구누구의 무슨 책과 무슨 책, 어느 교수의 어떤 논문을 참고로 하였다, 그렇게 적고 있습니다. 우리 문학도 좀더 입체적이 되기 위해서는 관계학이라고 할까, 관계될 수 있는 종교, 역사 등등과 피차간에 연관을 가질 필요가 있지 않을까, 그렇게 됨으로써 문학 자체도 풍요해지고 다른 사회과학 부문도 문학과 관계를 가짐으로써 좀더 맛이 나지 않을까, 그런 생각을 합니다. 그럼 이제 마무리를 하죠. 결론적으로 얘기하면 이제까지 백낙청씨와 한 얘기는 언젠가 한번 나누어야 했을 성질의 것이 아닌가 합니다. 농반 진반 삼아 말하면 결국 오늘 우리가 여기서 대담한 것은 우리들의 창작활동에서 볼 때 어쩌면 에너지를 낭비했다고 볼 수 있을지도 몰라요. 왜냐하면 이 대화를 하는 시간에 나는 가서 몇 장의 소설을 더 썼으면 낫지 않았는가, 백낙청씨도 또 평론을 썼으면 낫지 않았을까. 그런데 결국 문제는 문학인은 역시 작품을 써야 한다, 그게 역시 시작이고 마지막이고 어떻게 보면 그게 전부가 아니겠습니까.(웃음)

백낙청 그렇습니다. 오늘 좋은 말씀 많이 해주셨는데 앞으로 선생님이 작품을 통해서 하실 말씀에 더 큰 기대를 걸면서 오늘은 이만 해두지요.

근대소설·전통·참여문학

김동리(소설가, 서라벌예대 교수)
백낙청(문학평론가, 서울대 문리대 전임강사)
백철(문학평론가, 중앙대 문과대 교수)
전광용(소설가, 서울대 문리대 부교수)
선우휘(소설가, 조선일보사 편집국장)
1968년 6월 5일 『신동아』 회의실

선우휘 여러 선생님들을 모시고 소설 60년 씸포지엄을 갖게 되어 기쁘게 생각합니다. 우선 주제 집필자인 전선생께서 수정이나 보충하실 것이 있으면 하시고 그것이 끝나면 선생님들께서 몇 가지 문제제기를 하셨으면 합니다.

전광용 저는 개화 초기 신소설에 대해 작품 전체의 특징, 계몽성, 그리고 작가들이 창작에 대해 어떤 의식이 있었던가를 살펴보았고 그다음 춘원(春園)의 민족의식 앙양에 대한 것, 20년대에 들어와 김동인(金東仁), 현진건(玄鎭健), 염상섭(廉想涉), 이분들에 의해 현대적인 단편소설이 어느정도 정립이 되는 기초를 만들었나 하는 것과 한때 세상을 풍미한 경향문학(傾向文學) 내지 프로문학을 어떻게 보아야 되느냐 하는 것하고 30년대에

■ 이 토론은 『신동아』 1968년 7월호에 수록된 것으로, 신문화 60년 기념 씸포지엄 중 소설 분야에 대한 토론이다.

들어와 소설의 예술성과 본질적인 문제를 추구하는 유능한 신인들이 많이 나왔고 활발히 움직였는데 그 새 세대론에 대한 것도 좀 언급했습니다. 그리고 해방 후, 양대사조의 대립, 6·25를 전후한 시대서부터 60년대에 걸쳐서 지금까지 내려온 기성문인의 몇 배 되는 신인들이 나와서 퍽 활발하게 움직이고 있는 형편입니다. 8·15 이전의 소설이 단편 위주로 된 것이 근래에 와서 전작소설이 상당한 양이 나오고 해서 어떠한 역작도 기대할 시기가 오지 않았나 생각되고, 그다음 소설의 형식·내용에 연관된, 다시 말해서 무엇을 쓰느냐, 어떻게 쓰느냐 하는 논의가 한때 있었기 때문에 그러한 문제를 한번 얘기하면 어떨까 하는 것과, 그다음 고전과 현대문학의 관계에 있어서 계승할 값어치가 있는 유산이 있으면 그것을 현대문학 면에 어떻게 계승할 수 있는가? 그리고 한때 사회참여가 상당히 얘기되었는데 개화기의 계몽주의나 춘원 때의 민족정신의 앙양이나 그외의 경향문학이나 8·15 직후 과거의 단일(單一)문학에 대한 항의의식이 반공(反共)적인 면으로 일어났는데 이것도 오늘날의 입장에서 볼 때 하나의 현실적인 참여가 아니냐, 그러면 새로운 사회참여라는 것은 무엇이냐 하는 것입니다.

그다음으로 좋은 작품이 나왔을 때 그 이론적인 뒷받침이 있어야 되는데 흔히 그 기본론보다는 시평(時評) 정도에 그치는 경우가 많은 것 같습니다. 이보다는 창작에 어떤 자극이 될 만한 본격적인 비평이 있었으면 좋겠다는 것과 맨 끝에 작가의 작품활동과 현실생활의 연관 문제 등 이런 것에 대해서 언급을 해놓았습니다.

선우휘 감사합니다. 그러면 백철 선생님부터 여기에 특별히 제기하고 싶은 것이 있으시면……?

신소설은 이인직이 효시

백철 이 주제논문을 읽고서 좀 불만인 것은 너무 써베이해버려서 어떤 문제를 제기하는 면이 약하지 않은가 하는 생각을 했는데 그러나 끝에 가서 전교수가 총괄해서 문제를 몇 가지 제기했습니다.

　내 생각으론 주제론자가 제기한 몇 가지의 조건들, 가령 우리나라 소설의 역사를 볼 때 장편소설이 발달되지 못하고 단편소설이 주로 발달되었다는 것, 그다음에 문학작품에 있어서 내용성과 형식성의 관계 문제, 근대적인 문장습득 문제, 나아가서 전통과 현대문학의 관계 등인데 이러한 문제들을 가지고 위로 올라가서 우리나라 소설이 시작되었을 때의 기원(起源) 문제에서 검토하는 방법이 어떨까 생각합니다.

　선우휘　우리가 서구의 문학사조를 받아들일 때 대개 일본문단을 거쳐서 받아들인 것이 아닐까요?

　백철　우리나라의 신소설(新小說)은 이인직(李仁稙)이 결국 주도자인데, 이인직이라는 사람 자체가 근대소설에 대한 확실한 의식을 가진 사람도 아니고 일본말에 대해서도 충분하지 못했고 다만 문장을 쓰는 재능이 있어서 일본에 가 있는 동안 당시 『미야꼬신문』에 연재되는 연파소설(軟派小說), 화류계의 비련애화(悲戀哀話) 등을 통해서 소설공부를 했다는 이야기입니다. 특히 본격적인 소설을 썼던 나쓰메 소오세끼(夏目漱石) 등을 받아들이지 못하고 신파적인 소설을 모방한 거지요. 그때 일본에서도 신소설이란 말을 했거든요. 그렇기 때문에 그런 신소설을 갖고서 우리가 신소설의 기원으로 잡느냐, 그렇지 않으면 1917년에 이광수(李光洙)의 『무정(無情)』에서 기원을 잡느냐 하는 이야기들이 나와 있는데 왜 두 가지 기원설이 나오느냐, 적어도 그에 대한 설명이 필요하다고 봅니다.

　김동리　작품에 대한 성격 면으로 볼 때에는 춘원의 『무정』이 근대소설의 시작이고 시는 주요한(朱耀翰)의 「불놀이」가 근대시의 출발이라고 봅니다. 그렇지만 그것은 보다더 완전한 의미의 근대적 성격이라는 점에서 그렇고 좀 불완전한 대로 시는 육당(六堂)의 「해(海)에게서 소년(少年)에게」, 소설은 이인직의 『혈(血)의 누(淚)』로 잡아도 좋다고 봅니다. 그 이유는 신소설이 일본의 신소설의 좀 저급한 것을 모방했다고 볼 수도 있지만 작자가 소설을 쓴다는 의식 밑에서 썼고 문체가 옛날 『춘향전(春香傳)』 『심청전(沈淸傳)』 따위보다는 생활어에 접근되어 있고 또 그 테마에 있어서 작가가 뚜렷한 주제의식을 느끼고 만들었다는 점으로 볼 때 근대소설에 접근된 요소를 많이 가지고 있어요.

선우휘 그러니까 백선생의 의견하고 다른 것은 아니군요. 김선생께서는 결국 저속하지만 『혈의 누』가 근대소설로서의 시초라고 할 수 있다, 물론 본격문학으로 보자면 1917년의 『무정』이 될는지 모른다는 의견이시군요.

백철 그런데 요새 근대화란 말이 많이 쓰이는데 근대화라는 것은 우선 서구화의 뜻이 있지 않겠어요? 서구문학을 원전에서 배워오지 못하고 남이 번역해서 이루어진 것을 다시 옮겨올 때는 큰 거리가 지는 법인데 춘원의 경우에는 그래도 외국어 실력도 있었으니 근대소설을 직접 배웠다고 볼 수 있습니다. 우리나라의 시와 소설이 저쪽의 텍스트를 확실히 배우지 못하고 작품실천에 나갔기 때문에 정말 우리 것으로 만들기가 힘들지 않았던가 합니다. 내가 우리 소설의 기원을 보는 데 있어서도 춘원의 작품을 더 중시하고 싶어하는 이유입니다.

선우휘 그런데 이런 점이 문제될 것 같아요. 춘원이 상당히 똘스또이(Tolstoi)에 도취하지 않았습니까? 그러면 춘원이 똘스또이 문학을 받아들이는 데 '러시아어' 문학 자체에서 받아들였느냐 하면 그것은 아닙니다. 제가 보기에는 일본번역이나 영문번역을 읽었을 것입니다. 그러면 일본에서 당시에 똘스또이를 어떻게 받아들였느냐 하면 노문(露文)으로 받아들이기에 앞서 역시 영역이란 중역에서 받아들였어요. 요즘에 와서는 『닥터 지바고』의 경우가 있지요. 그러니까 외국의 근대문학을 받아들이는 데 있어서 언어와는 그렇게까지 관계지어지는 것은 아니지 않을까 생각합니다. 그러니까 아까 김선생도 말씀하신 것처럼 근대소설이라고 할 때 이조

말기의 문명 정도로 보아 이인직부터 시작해도 되지 않느냐 하는 의견에 반대할 근거는 없다고 봅니다. 백낙청씨의 의견은 어떠세요?

백낙청 글쎄요. 백철 선생 말씀대로 밝힐 것만 밝혀준다면 아무거나 마찬가지겠지요.

선우휘 그러면 어떻습니까, 이인직의 것을 신소설의 출발점으로 하되 그것은 근대소설의 형태로서 받아들인 것으로 인정한다, 그리고 아까 백 선생의 의견을 들어서 역시 좀더 본질적인 근대소설을 받아들인 것은 춘원의 『무정』으로 해야 할 것이 아니냐는 정도로 하지요.

김동리 그렇지요. 효시(嚆矢)로 해놓고 좀더 본격적인 것은 『무정』이다……

선우휘 그러면 이제 무엇을 어떻게 해야 하느냐 하는 문제, 이것은 우리나라뿐만 아니라 세계적으로 문제될 줄 압니다. 즉 내용과 형식의 문제인데……

'전통'에 대한 오해로 자가당착

백철 무엇을 어떻게 할 것인지 하는 문제는, 내용에 있어서 사회성 문제와 사회참여 문제도 나왔으니까 그런 문제에 가서 결론을 내는 것이 좋지 않을까요? 여기서는 전통 문제를 다루는 것이 어떨까요.

선우휘 그러면 고전과 현대문학의 관계부터 다루지요. 우리가 근대소설을 서구에서 받아들였다고 하지만 그러면 전혀 고전의 영향이 없었느냐…… 그런데 서구의 문학에는 대개 뚜렷한 전통이 있지 않습니까? 새로운 것이 나와도 그 전통을 깨치는 데에서 다시 전통을 이어왔습니다. 우리는 과연 우리가 신소설을 시작할 무렵 과거의 『춘향전』 『구운몽(九雲夢)』 기타 『장화홍련전』 등등의 형태를 쓰다가 서구의 것을 받아들였느냐 아니냐 하는 문제도 한번……

백철 그것을 못했지요. 우리가 『춘향전』 『구운몽』 등을 텍스트로 놓고서 저쪽을 공부했으면 방법론은 더 좋았을 것입니다. 나는 질적으로는 신소설보다도 『춘향전』이나 『구운몽』이 낫다고 생각합니다.

선우휘 그런데 어떻습니까? 전통이라는 문제가 단순히 형식문제만이 아니고 서구적인 양식의 소설을 받아들여서 어떤 사회문제의 소설을 쓰는 경우에 단적인 예를 들면 계모문제를 다룰 때에 『장화홍련전』의 영향을 받고 쓴 것이 아닌가 하는 흔적이 많다고 보는데……

백철 그러나 권선징악(勸善懲惡)의 주제는 우리 고대소설만이 아니거든요. 일본도 그렇고 유럽도 그렇고, 과거소설의 공통적인 소재가 아닙니까? 그러니까 그때에 아마 내가 보기에는 『미야꼬신문』의 화류(花柳)소설도 권선징악이었을 것입니다. 『장화홍련전』이라든가, 『흥부놀부전』이라든가를 의식하고 썼다고는 나는 생각하지 않았는데.

선우휘 그런데 어떻습니까? 신소설에 있어서 이것은 김선생의 작품의 경우에도 문제가 되리라고 보는데 선생께서 어떤 소설의 테마를 다룰 때 말하자면 우리나라의 과거의 어떤 인습이라든가의 문제에 대해서 반발하건 동조하건 간에 상당히 영향받고 쓴 것이 사실이 아닐까요?

김동리 인습도 어떤 의미에서는 전통적인 요소하고 결부되어 있지요. 그래서 나는 인습이라고 하는 것은 어떤 고루한 폐습을 의미한다고 보는데 우리 민족의 어찌할 수 없는 생활을 통해서 느껴지는 어떤 더 본질적이라고 할까, 그런 것에 대한 이해와 동정을 가지고 주로 반발보다는 이해있는 풍자를 하고 싶지 그렇게 적극적인 반발을 할 생각은 없어요.

선우휘 그러면 김선생님에게 두 가지 물어보고 싶은 것이 있어요. 하나는 「무녀도(巫女圖)」고 하나는 「황토기(黃土記)」인데 「무녀도」에서는 기독교와 샤머니즘의 세계와의 대립이라고 저는 받아들였는데 그 경우와 또 「황토기」에서 어떤 지맥에 의한 인간의 생성, 이것을 생각할 때에는 「무녀도」의 경우에는 좀 어떻습니까? 보다 비판적인데……

김동리 무당이라는 것이 말하자면 미신이지요. 미신이니까 개화사상으로나 계몽주의적인 견지로 보아서는 어디까지나 배격해야 되는 것이지요. 그런데 이것이 가지고 있는 미신적인 폐습보다는 이 무(巫)가 가지고 있는 한국민족과의 정신적 관계를 근원에까지 올라가서 생각해야 합니다. 그래서 나는 「무녀도」를 쓸 때에는 이 동양적인 것하고 서양적인 것의 대결을 생각했던 것입니다. 그러니까 무당을 통하여 고유적인 한국정신의 본질을 찾기로 하고, 그런 화신으로 무녀 '모화'를 내세워놓고 이것을 기독교적인 것하고 한번 대결시켜본 것이지요.

선우휘 거기에 대해서 백낙청씨 좀 말씀해주실까요?

백낙청 전통문제에 관해서는 우리 신문학이 출발할 때에 그 개척자라고 할 수 있는 이인직이나 최남선(崔南善), 이광수 이런 분들의 태도에 근본적인 문제점이 있었던 것 같습니다. 이인직의 경우만 보아도 지금 백철 선생께서 질적으로 따지면 우리나라의 구소설만큼도 오히려 못하지 않느냐고 말씀하셨는데 그 점에는 저도 동감입니다. 그러면 결국 그 문학사적 공로라는 것은 주로 우리 생활어에 가깝게 썼다는 것이 되겠는데, 원래의 『혈의 누』의 문장이라는 것은 지금 우리가 흔히 아는 텍스트와도 또 다르다고 하지 않습니까?

전광용 아니 그것이 이렇게 되어 있습니다. 『혈의 누』가 『만세보(萬歲報)』에 실린 것은 한자 옆에다 한글로 음을 붙였습니다. 예를 들면 한자를 써놓고, 훈으로 '도달했다'는 것을 '다다랐다' 하는 식으로, 그리고 그다음 해에 단행본으로 나왔을 때 좀 수정이 되었어요. 거기에는 그 옆에 붙인 것을 없애고 그대로 한글로 썼습니다.

백낙청 그러면 1906년에 나온 『혈의 누』라는 것은 작품내용으로 보아서는 우리나라 구소설의 걸작에 비해 떨어지고 또 우리말을 순화한다는 어문학사상의 의미에서도 공헌한 바가 크지 않은데 이것이 획기적인 것으로 생각되었다는 것은 그 작가와 동시대인들이 과거와 현재를 생각하는 태도 자체에 어떤 허점이 있지 않았나 하는 것입니다. 온고이지신(溫故而知新)이라는 말을 했다는 육당의 경우에도 그렇습니다. 「해에게서 소년에게」라는 시는 질적으로 보아서도 우리나라의 국문 또는 한문으로 된 옛시 가운데 가장 우수한 것들에 비하면 떨어지고 문장으로서도 좋은 한국말이라고 하기 힘든데 이것이 획기적인 업적으로 내세워지고 받아들여졌다는 것 역시 전통 자체에 대한 그 생각에 어떤 잘못이 있지 않았나 생각됩니다. 춘원의 경우는 좀더 복잡합니다만, 춘원의 「부활(復活)의 서광(曙光)」이란 글에 이런 말이 나옵니다. "우리는 예술도 문학도 가지지 못한 가련한 민족이다." 그래서 춘원의 세대에 와서 비로소 그런 것이 주어졌다는 얘긴데, 제가 보기엔 첫째 우리나라가 문학의 전통이 빈한은 하겠지만 예술이나 문학이 전혀 없었던 민족은 결코 아니고 정신생활이 없었던 민족은 더욱 아닙니다. 거기다 또 한 가지 우리가 묻게 되는 것은 우리나라가 정말 문학도, 예술도, 정신생활도 없었다면 춘원만한 작가나마 어떻게 나올 수 있었을까 하는 것입니다. 이렇게 춘원의 태도에서도 전통에 대한 이해부족과 일종의 자가당착마저 엿보입니다. 그러면 이들 개척자의 세대에서 이런 허점이 보이는 이유는 무엇인가 생각해볼 때, 첫째는 당시 우리나라의 상황이 몹시 후진적이었던 것은 사실이니까, 선진국의 문물을 받아들이는 일을 맡은 그들이 그 일 자체의 주요성이나 그것이 주위사람들에게 끼치는 영향을 느끼면서 일종의 자아도취에 빠진 것을 들 수 있겠습니다.

선우휘 자기혐오를 하고······

백낙청 그렇지요. 자기혐오를 겸한 자아도취지요. 그래서 이것은 우리나라에 없었던 것인데 내가 가지고 들어온 것이고, 이것이 제일이고 이제까지는 그것이 없었으니까 모두가 아무것도 아니었다 하는 식의 정신적 혼란이 일어난 거지요.

또 하나는 전통의 개념 자체에 대한 오해인 것 같은데 이것은 오늘날에도 상당히 널리 퍼져 있다고 하겠습니다. 전통이라는 것은 여러가지로 정의할 수 있지만 일차적인 의미로는 우리에게 주어진 전승된 삶 전체가 전통이라 보아야 되겠지요. 물론 문학에서는 전승된 삶 중에서 문학작품의 유산이 중심이 되겠지만 그것은 어디까지나 전승된 삶 전체의 유기적 부분으로서 파악되어야 할 것입니다. 그렇지 않고 작품만을 따로 떼어 전통을 생각하는 경우, 예컨대 우리나라의 고전이 서양의 여러 고전들에 비해 작품으로서 떨어지는 것은 사실이니까 자연 자기혐오에 빠지게 되고 또 서양문학의 일면을 배워 들여오는 것만으로도 자아도취에 빠지게 되는 것이 자연스러운 결과가 아닌가 하는 것입니다. 이런 폐단은 국문학의 고전을 새로 선전하고 추켜세우는 것만으로는 없앨 수 없는 것이고, 근본적으로 문학을 우리 삶과 현실의 유기적 일부로 파악하고 그 삶의 절대성과 존엄성을 시인하는 데서 출발해야 하리라 믿습니다.

춘원은 개척자로서 뚜렷한 존재

백철 춘원의 경우는 우리나라 전통에 대해서 직접 작품의 형식성으로서는 아니지만 우리나라의 과거사상에 항상 관심을 갖고 있었다는 점에서 전통성을 의식했다고 봅니다.

선우휘 그런데 나중에 그분이 사상적인 문제와 더불어 혼란이 온 것 같습니다.

백철 예, 흐리게 되었지요.

선우휘 춘원의 초기작품인 역사소설이나 『흙』을 전후한 계몽적 성격을 가진 소설을 보면 그때의 주장이라는 것은 어떤 철학적 기반이 뚜렷한 것 같아요. 그런데 대부분이 나중에 친일화되면서 일본의 신또오(神道)까지 손을 댔는데 『사랑』의 마지막에 안빈 박사가 여러 등장인물들을 만찬에 초대해놓고 훈계 같은 것을 했지요. 첫째 임금에 충성할 것, 둘째 어버이에게 효도할 것…… 하고 나가는데 그것을 보면 완전히 혼란을 일으킨 것 같아요. 그것을 보면 춘원은 하나의 비극적인 것을 몸소 경험하지 않았는가 생각합니다.

김동리 그것하고 문학적인 문제하고는 좀 다르겠지요. 그런데 문학정신이라는 점에 있어서 춘원이 대단히 안이했던 것만은 사실입니다.

선우휘 그 안이했다는 점을 좀 밝혀주셨으면 좋겠습니다.

김동리 나는 젊었을 때는 춘원 소설 같은 것은 아주 대중적이고 별로 가치 없는 것으로 생각했어요. 그런데 그다음에 읽어보니까 확실히 문장이 좋았습니다. 그러면 이만한 문장이면 그냥 재능만 가지고는 안된다는 생각이 있었어요. 그분이 여러가지 교양도 풍부했지만 근대소설에서는 테마에 있어서의 독자성이 부족했다고 봅니다.

초기의 작품은 육당과 비슷한 개화사상에 입각한 민족주의, 그다음에 기독교적인 요소가 들어 있다가 나중에는 불교 쪽으로 갔지요. 기독교나 불교나 또는 반봉건적인 개화주의, 그것이 사상으로 나쁘다는 것은 아니지만 자기의 독특한 인생관에서 자기 인생을 그리려는 태도가 결여됐고 될 수 있는 대로 좀더 사회적으로 계몽과 교훈을 주어서 민족의식을 고취시키겠다는 그러한 평범하고 상식적인 공리주의, 그다음엔 민족주의라는 것이 현실적으로 곤란에 부딪히고 자기 자신의 심경까지 흔들렸는지 모르지만 나중에는 민족주의에서 인도주의로 넘어갔지요. 그래서 그것이 기독교, 불교로 흘러갔습니다.

그런데 적어도 그는 언어의 전통에 대해서만은 소질적으로 타고난 사람이에요. 전통이라는 것을 문장, 언어, 기타 이렇게 볼 때에 춘원은 문장이나 기타보다 언어 쪽에 상당히 전통을 섭취하는 능력이 풍부했던 사람 같아요.

한마디만 더 하겠습니다. 하여간 문학적으로 볼 때에는 가장 아끼는 분중의 한 사람이지만 나중에 일본사람들과의 관계……그것도 그분 자신은 자기 개인의 행복과 이익을 위해서보다 민족을 위해서 했다고 변명을 했고 우리도 그것은 그렇다고 믿어요. 사람은 누구나 생각 한번 자칫 잘못하면 엄청난 실수도 저지르게 되는데, 그러한 실수가 문제가 아니고 그런 것이 근본적으로 어디서 나오느냐 이것이 문제지요. 그렇게 볼 때 나는 그이가 지조가 어떠니 사상이 어떠니 그렇게 말하고 싶지는 않고, 결국 좀 작더라도 자기 것이라고 믿어지는 것을 좀더 철저하게 파고들어갔으면, 모든 이상주의적인 영웅이랄까 공명심 같은 것을 다 버리더라도 최후까지 지키고 붙잡고 늘어질 자기의 인생, 자기의 문학이란 것을 철저히 생각하고 철저히 갖고 나갈 수 있지 않았을까 생각합니다. 결국 그는 작가정신이라고 할 창작정신이 좀 안이하였다 이렇게 봅니다.

백낙청 저도 춘원의 작가정신에 안이한 면이 있다는 점과 그렇다고 그를 대중작가로만 간단히 처리해버릴 수도 없다는 점에 대해서 모두 동감입니다. 여기서 일반적인 얘기를 하나 덧붙인다면 우리가 우리의 문학사나 정신사를 역사적으로 생각할 때 춘원은 중심적인 인물이 되지 않을 수 없지만 이제 우리는 문학을 함에 있어 좀 세계적인 수준에서 작품 본위로 논할 때가 왔다고 봅니다. 그렇게 볼 때 춘원의 세대만 가지고 얘기하더라도 염상섭 같은 작가가 작가로서 낫다는 사실을 새로 평가해야 할 것 같습니다. 염상섭의 「표본실의 청개구리」를 얘기하는 것은 아닙니다. 우리가 염상섭을 얘기할 때 「표본실의 청개구리」를 얘기하는 것 자체가 작품을 세계적 수준에서 평가하는 것보다도 우리의 문학발달사 아니 차라리 외국 문예사조전래사라고 하는 것이 좋겠지요. 문제는 염상섭 한 사람에 대한 평가의 정확성 여부보다 그에 대한 부정확한 평가가 우리가 우리 문학을 보는 태도 자체의 어떤 타성과 연관되어 있다는 것이지요. 그런 의미에서도 한 소설가로서 그가 같은 세대의 춘원이나 동인보다 우수하다는 점이 좀더 널리 인정되었으면 합니다.

선우휘 그러면 춘원의 소설이 일반적으로 소설 60년사 가운데에서 많은 독자를 가지고 작품이 나오는 그때그때 문제가 된 근거라는 것이 어디에 있습니까?

백철 내가 춘원을 근대소설의 선구로서 크게 보고 싶은 것은 올바른 근대소설의 표본을 보여준 점입니다.

주제로 보면 김동리 선생의 말처럼 시사적인 것으로 되고 정말 자기 것을 파고들지 못한 미진성은 있어요. 그러나 춘원이 근대소설에 크게 가르쳐주는 것이 있다고 보아요. 근대소설이라는 것은 어떤 역사적 배경을 가지고 나온 것이냐 하면 자본주의사회를 배경으로 한 것인데 그런 소설의 본성격을 잘 알고 있는 것 같습니다. 소설은 역시 장편소설이 되어야 한다는 것도 가르쳐주었고 이런 의미에서 개척자로서는 큰 길을 열었다고 생각하는데 그 뒤에 창조파가 등장하여 춘원을 비판하면서 문학을 너무 시사적인 수단으로 썼으니까 우리는 그렇게는 못한다 해서, 인생을 그대로 본다든가 리얼리즘 문학을 하는 일은 더 근대적인 작업이긴 했지만 그 대신에 춘원이 개척해놓은 패턴은 그대로 받아들여서 발전시켜가지 못하고 도리어 소설의 영토를 축소했다는 느낌이 있어요. 신변적인 것으로 되어버리고 말았어요. 물론 근대소설 가운데에 신변소설이 없는 것은 아니지만 그러나 근대소설의 본질적인 것이 신변소설은 아니고 역시 사회소설인데 사회소설을 그 사람들이 쓰지 못했습니다. 그렇기 때문에 그런 면으로 보면 개척자로서의 춘원의 위치는 더 뚜렷해지지요.

각 시대의 챔피언들

선우휘 그러면 다음으로 넘어가겠습니다. 우리나라에서 60년을 문화사적으로 볼 때에 대체로 구분되는 때가 있지요. 가령 내추럴리즘, 리얼리즘이다 하는 것, 그리고 카프시대인가요, 그 시대의 그런 사회적 필연성이 있었는지, 그렇지 않으면 외래적인 것만 받아들인 것인지 좀 말씀해주십시오.

백철 글쎄 문학사적으로 보면 주제론자도 그렇게 갈랐는데 우선 20년대를 보면 두 개의 소설계보, 자연주의 계통의 소설과 프롤레타리아 계통의 소설을 구분해 보아야 하겠고 다음은 30년대로 넘어가서 구인회(九人會)시대, 다음은 35년대의 신세대작가의 시대라 할까, 우선 해방 전의 소설사는 그런 몇 가지 계단으로 나눠지는 줄 압니다.

선우휘 그러면 이것은 하나의 색채를 넣기 위해서인데요, 그 시대 그 시대를 대표하는 한두 사람 챔피언을 들어주십시오.

백철 챔피언은 잡기 좀 힘들지만 20년대에 자연주의파로는 역시 김동인, 염상섭, 현진건, 전영택(田榮澤), 나빈(羅彬) 다섯 사람을 같이 묶어보면 어떨까요?

선우휘 그러면 카프시대는?

백철 카프시대는 역시 이기영(李箕永)이라고 생각하는데 이기영, 김남천(金南天)······

김동리 작가로서는 그런데 카프의 중심이 임화(林和)였지요······

백철 지금 소설 얘기니까······

선우휘 이런 경우에는 평론도 곁들이지요.

김동리 이론으로서는 프롤레타리아에서는 김팔봉(金八峰), 박영희(朴英熙) 이분들이 선봉에 섰고 임화는 일본에서 나와서 뒷시기의 이론의 선봉이지요.

백철 이론으로서는 물론, 처음에는 김팔봉이 시작했고 박영희와 함께 중심인물이었지요. 28년대로 오면서는 임화, 김남천 등이 패권을 잡은 셈이고······

선우휘 그리고 이태준(李泰俊)이가 챔피언인 때는 어느 때입니까?

백철 상허(尙虛)는 30년대로 넘어가서지요. 32년까지는 거의 이름이 없었어요. 프롤레타리아문학이 왕성한 시대니까요.

선우휘 그래서 저는 구분해서 넘어가면 이 문제에 들어갈 수 있을 것 같습니다. 사회참여 문제…… 여기에 민족문학 경향 또 반공적인 것이라 든가 요즘 새로운 경향이 있는데 저는 아까 춘원의 평가에 있어서 문학적인 평가는 김선생이나 백낙청씨나 비슷합니다. 그런데 춘원이 문학이라는 것을 모르고 그런 문학을 했느냐 하면 저는 그렇지 않다고 보아요. 문학이 무엇인지 알면서 역시 자기가 할 문학은 널리 잡아 계몽문학이라고 해서 한 것으로 해석하고 싶은데 지금 와선 계몽문학은 문학적으로는 타기(唾棄)할 것으로 치는 경향이 있는데 저는 그렇게 생각하고 싶지는 않습니다. 계몽이라는 말 자체가 문제가 되지, 그때 춘원문학은 춘원문학대로 가치가 있었다고 보아요.

김동리 춘원이 문학의 창조성에 대해서는 확고한 신념을 가지고 있습니다. 「문학이란 하(何)오」라는 글 속에 자기 독창적인 것이 아니고 남의 것을 종합참고해서 한다는 말이 있습니다만 문학에 있어서의 학문적인 것과 창조적인 것이 있는데 그것이 혼합된 것이 아니고 새로운 예술의 창조로 나아가야 된다는 것을 내놓은 것이 있습니다. 그러니까 출발에서부터 그 점을 명확히 하고 들어가면 좋겠습니다.

선우휘 그러면서 춘원이 자기는 되도록 기교를 피하려고 한다는 기록이 있는데 거기에 춘원의 문학정신이 있다고 봅니다. 사회참여 문제와 결부시키면 춘원이야말로 하여간 어떤 비극적인 우여곡절을 겪었건간에 지금으로 말하면 가장 사회참여한 작가가 아닙니까? 그렇기 때문에 민족문학이다, 계몽문학이다 해서 많은 젊은 작가들이 좌우명으로 삼기도 하는 것 같은……

김동리 사회참여를 적극적으로 한 사람이라고 볼 수 있습니다. 그런데 아까 백선생께서 춘원이 사회소설을 쓰고 그 뒤에 사회소설은 없다고 말씀하셨는데 그것은 춘원이 창시자라고 그때에 있던 사람이 사회소설을 많이 썼다는 것을 강조한 말씀인 줄 알고 있지만 저는 그렇게는 보지 않습니다.

모든 작가는 자기의 체질이나 문학관 여하에 따라서 보다더 적극적인 사회의식을 가지고 쓸 수도 있고 보다더 개인적이거나 주관적인 것을 쓸 수도 있다고 봅니다. 그렇다면 특히 사회참여를 강조 안해도 될 텐데 왜 이것이 문제가 되느냐 하면 이렇게 해도 좋고 저렇게 해도 될 때에는 한 국가 민족이나 인류 전체가 적어도 큰 파란 없이 현실을 유지하고 역사가 계속된다고 믿을 수 있는 데서 그것이 가능하다고 보았겠지만 지금은 어떤 국가 민족의 존멸(存滅)이나 인류 전체의 운명에 파탄이 날지도 모른다는 극한상황이 앞에 가로놓여 있다, 가령, 수소탄이니 대륙간탄도탄이니 하는 것으로 예를 들 수 있는데 그런 것이 앞으로 예상되는 3차대전에 사용되지 않는다는 보장은 없습니다.

가정해서 여기서 지구가 깨지고 인류가 반감(半減)해도 나와 나의 문학은 영원할 수 있다는 한만(閑慢)한 생각을 가질 수 없지 않느냐 하는 데서, 지구와 인류의 전체적인 운명을 생각하는 일이, 어느 작가에게나 선행하지 않겠느냐 하는 데에 이 문제의 현대적인 포인트가 있지 않은가 합니다.

사회참여, 문학의 정의

백철 나는 참여문학에 대해서는 그 본질을 휴머니즘이라고 봅니다. 인간의 역사가 정상기였을 때는 잘 나타나지 않다가도 어떤 외부적인 현실적인 위기와 부닥칠 때에 거기에 반발하는 행동으로서 사회에 대한 비판을 한다든가 항거를 한다든가 하는 현실이 일어나는데 사회참여도 그런 휴머니즘을 바탕한 사회운동 같은 것이 아닐까요. 그런 점으로 보아서 나는 괴테(Goethe)의 경우는 해당되지 않는다고 생각하는데 왜 그러냐 하면 괴테는 재상을 하는 정치가였으니까 그만큼 순조로운 환경 속에서 일하는 것이니까 그 사람의 사생활이 사회참여라고는 볼 수 없을 것입니다.

그 시대의 위기적인 현실이 인간에 대하여 부당한 조건이 될 때에 그

조건을 제거, 극복하기 위한 사회적인 행동이 아니면 무의미할 거예요. 그 점에선 일정시대의 우리 문학, 가령 춘원의 경우에도 참여문학이라고 할 수 있겠지요. 심지어 프롤레타리아문학도 일제에 반항한 점에선 참여가 될 수 있었고, 또 근래에 와서는 우리 정부가 부정부패한 일에 대해서 반발하는 것도 물론 하나의 사회참여가 될 수 있지만 오늘 한국의 현실에선 공산주의에 반대하고 싸우는 문학이 사회참여 문학으로서 크게 생각되어야 될 것 같습니다. 작년인가, 모라비아(A. Moravia)가 왔을 때에 요즈음 유럽 작가들이 시대에나 사회에 대한 책임문제, 행동문제를 얘기하는데 그 문제를 어떻게 생각하느냐 하니까, 모라비아 말은 한 시민으로서 행동으로 참가하는 것은 작가의 자유지만 누구나 다 시민으로서 가두(街頭)에 나설 필요가 있다고 생각하지는 않는다. 역시 작품을 통해서 어떠한 사회에 대해서 책임감을 느낀다든가, 혹은 비판을 가한다든가, 고발을 한다든가 이런 것이 필요하지 않을까 하는 말을 합디다. 그런 점으로 보아서 우리나라의 사회참여는 역시 약소민족의 문학사이기 때문에 어떻게 보면 하나의 전통정신이라고도 볼 수 있고, 또 그것을 현대문학에 살리는 데도 충분히 활용할 의미는 있다고 생각합니다.

김동리 사회참여가 휴머니즘하고 관계가 없는 것은 아니지만 그냥 휴머니즘이라고 단정해서는 곤란하지요. 휴머니즘 가운데서 가장 중요한 요소를 든다면 인간성 탐구와 인간성 옹호라고 하겠는데 그 가운데에 사회참여가 관련된 부문은 인간성 옹호 쪽이겠지요. 그러니까 르네쌍스 때는 신이나 교회의 어떤 절대적인 권위와 계율에서 인간성을 옹호한 것이 되고, 그 뒤에는 자본주의의 전횡(專橫)적인 금권에서 인간성을 옹호한다는 것이 되었고, 현대에 와서는 나찌나 '볼셰비끼'의 독재에 대해서 인간성을 옹호한다는 것이 소위 휴머니즘의 명맥 속에 흘러오고 있어요. 그렇게 본다면 우리가 사회참여 문제를 따로 말할 것이 없지요. 왜냐하면 르네쌍스 시대부터 계속적으로 이 문제는 제기되어온 셈이니까요. 그와같이 막연한 사회참여야 춘원에도 있었고 위고(Hugo)에도 있었고 단떼(Dante), 괴테에도 있었지요. 그뿐입니까, 고대에까지 올라가지요.

백철 우리 모든 인간에게 근원적으로 인간적인 것이 잠재해 있는 것은 사실이에요. 그러나 우리가 문학사 전체를 휴머니즘 시대라고는 보지 않습니다. 휴머니즘 시대라고 지정해서 의식적으로 이름을 짓는 시대가 왜 있느냐. 르네쌍스 시대라든가, 1935년대의 나찌스의 비인간적인 야만적인 태도에 대해서 행동주의와 휴머니즘을 말한 것이 왜 특정하게 나타나느냐 하는 문제입니다. 일반적으로 인간성을 탐구하고 이야기하고 하면 우리가 휴머니즘 이야기를 따로이 할 필요가 없지요. 문학사적인 조건이라든가 역사적인 조건이 거기에 많습니다. 특수한 역사적 현실적인 상황에서라야 휴머니즘 운동이 일어나지 일반적으로 말하자면 문학이라는 것은 본래 인간성을 탐구하는 것이라고 하면 휴머니즘 문제가 다시 나올 수 없고 사회참여 문제도 얘기할 필요가 없어지지요.

김동리 작가가 장관을 지냈든지 정치를 했든지 반항을 한 것이 아니면 사회참여가 아니라 하는 의견엔 찬성할 수 없는데요. 사회참여는 휴머니즘이다, 괴테는 사회참여가 아니라 한다면, 그럼 괴테의 문학은 휴머니즘이 아니라는 결론이 되는군요. 그런데 나는 괴테의 문학을 휴머니즘이라고 봅니다. 그는 생활로서 사회참여를 했고, 문학으로서는 안한 편이지만 역시 휴머니즘의 문학으로 규정할 수 있다, 이겁니다.

백철 그것은 지금 어느 편이 좋다는 얘기는 아니에요. 반드시 사회참여하는 문학이 좋다든가 괴테 문학이 나쁘다든가 그런 얘기가 아니에요. 문제는 괴테의 문학을 휴머니즘의 문학이라든가 행동주의 문학이라고 하진 않으니까 분명하게 구분해야지요.

선우휘 제가 보기에는 김선생님의 경우는 광범위하게 해석을 하시고 백선생님의 경우는 그것을 좀더 특정적으로 규정지었으면 좋겠다는 말씀이지요? 거기에 대해서 백낙청씨 한번 말씀해주세요.

백낙청 김동리 선생이 '인간성의 옹호'와 '인간성의 탐구'를 구별해서 말씀하셨는데 저는 '인간성'이라는 것이 상황과는 별도로, 상황과는 분리되어 고정불변한 것인가 어떤가에 달려 있다고 봅니다. 인간성을 상황과 관련시켜서만 이해할 수 있고 규정할 수 있는 것이라면 인간성을 옹호한다는 것은 동시에 인간성이 옹호되어야 할 필요가 있는 상황에서의 인간성에 대한 탐구를 겸한 것이며 그것을 탐구하는 유일한 방도가 아니겠습니까?

김동리 그러나 문학상의 문제가 될 때에는 그것이 구별되는데, 예를 들어 인간성의 탐구라면 『햄릿』 『안나 까레니나』 『스타블로깅』 따위 작품상의 성격창조 같은 것을 그 실례로 들 수 있고, 인간성의 옹호라면 그러한 창조를 가능케 하는 사회적인 상황을 요구 내지 전취(戰取)하려는 운동이 되겠지요. 물론 양자는 밀접한 관계를 갖고 있지만, 각도에 따라서 구별도 가능하다고 봅니다.

인간성의 탐구와 옹호

백낙청 그러니까 한쪽은 인간성을 옹호하는데 다른 한쪽은 인간성을 탐구한다고 하는 구별이라기보다는 한쪽에서는 인간성의 옹호와 탐구를 분리시켜 생각하면서 그런 전제 위에서의 탐구에 치중하는데 다른 한쪽에서는 그 두 개를 연관시켜서 생각할 것을 주장한다는 차이가 아닐까요?

김동리 물론 그렇게 볼 수도 있지요. 그러니까 옹호라는 것은 탐구를 위한 전제라고 볼 수 있겠지요. 사회적으로는 '옹호'가 필요하고 개인적으로는 구체적인 표현(작품행동이지요)을 통해서 탐구를 한다 이겁니다.

백낙청 그러니까 참여문학이라는 것을 적극적으로 이해해줄 때 그것은 탐구를 일단 중지하고 옹호만 하자는 문학이 아니고 탐구와 옹호를 언제든지 불가분의 것으로 생각함으로써 비로소 탐구도 되고 옹호도 된다는 입장이라 할 수 있겠지요.

백철 이런 말이 나오는 것은 우리의 현 문단에서 잘 쓰이고 있는 사회참여의 의의라든가 혹은 작품의 성격이라든가 이런 문제가 지금 김동리 선생이 말씀하는 근원적인 문제를 경시해버리고 너무 시사적인 문제로 흐르고 있기 때문이 아닌가 생각됩니다.

김동리 그런데 사회참여가 휴머니즘이라는 것은 나는 납득이 안되고, 인간성 옹호와 일면 관계가 된다, 예를 들면 지금 소련작가들은 사회참여를 하고 있습니까 안하고 있습니까?

백철 못하고 있지요.

김동리 그러면 사회참여를 못한다는 소련작가들의 문학적 성격은 어떻게 규정합니까?

백철 그러니까 그것은 비(非)휴머니즘이지요.

김동리 사회참여라는 것은 그 시대의 어떤 사회적 권위에 대해서 적극적으로 반발하는 것도 참여고, 적극적으로 지지하는 것도 참여지요. 그래서 지금 백선생은 레지스땅스와 사회참여와 휴머니즘을 혼동하시는 것 같은데 그래서는 논의의 촛점이 흐려집니다. 역시 레지스땅스만이 사회참여가 아니고 그 국가민족을 건설적으로 또는 긍정적으로 이끌어나가려고 나와도 사회참여요 반발 내지 저항도 역시 참여라고 봅니다.

선우휘 백철 선생의 사회참여 해석을 놓고 보더라도 지금 소련에서 사회참여하는 작가가 없느냐 하면…… 있습니다. 해빙(解氷)경향이라고 해서 사회참여하는 작가도 있고 체형(體刑)까지 받은 작가도 있지 않았습니까? 또 레닌그라드를 중심으로 해서 자유를 부르짖고 나서는……

백철 그런 말이 아니라 공산주의사회에서 사는 사람들이 사회참여를 하는 것을 나는 사회참여라고 안 봅니다.

김동리 구체적으로 숄로호프(Sholokhov)는 사회참여를 했습니까 안했습니까?

백철 그것은 사회참여가 아니지요.

김동리 나는 사회참여라고 봅니다. 그러니까 이것은 견해차이지요.

선우휘 인간성이 문제되어서 인간성의 옹호, 인간성의 탐구 문제가 나오는데, 거기 대한 김선생의 해석은 제 생각에는 상당히 아프리오리(a priori) 당위적으로 보아 사회적인 것이 순수한 인간성을 해친다고 보는 것하고, 또 같은 뜻이면서 각도가 다른, 백낙청씨가 말씀한 상황이라는 것이 제 생각에는 사회참여를 얘기할 때에는 가장 중요하다고 봅니다. 그래서 상황이 이렇다 저렇다 하는 데 따라서 작가의 참여도도 달라지고 사회참여를 하느냐 안하느냐 하는 것도 규정이 날 줄 알아요.

그다음에 아까부터 시사성이라는 말이 많이 나오는데 이 용어는 위험이 따른다고 보아요. 만약 상황을 얘기한 소설을 시사성 짙은 소설이라고 할 때에 시사성 없는 순수소설은 상황도 전연 없고 개성있는 인간이 다루어지지 않은 경우인 것을 극단적으로 생각하게 됩니다. 그러기 때문에 현대에서 가장 얘기되는 것이 쎅스를 추구한다는 것예요. 쎅스란 것은 상황이나 역사, 개성도 필요없는 것이거든요. 원래적인 것이 쎅스니까 그렇게 생각해나갈 때 시사적이라는 말이 좀 위험하다고 봅니다. 왜 그러냐 하면 현실문제를 다룬 것에 대해서 저것은 시사성 있는 작품이다, 현실문제를 다룬 작품은 과연 영원성이 없느냐 또 문학성이 없느냐 할 때에 저는 무슨 뜻인지 모르게 됩니다.

김동리 지금 이야기한 시사성이라는 것이 현실의 밑바닥까지 파고들어가서 본질적으로 캐낸다는 뜻이 아니고 그때그때 나타나는 사물을 수박 겉핥기로 연관하기 쉽게 취재한다는 뜻에서의 시사가 아닐까요?

선우휘 또 그와는 반대로 순수라는 용어가 잘못 쓰인 것이 있어요. '순수'라면 현실적인 문제를 전혀 노터치하고 따라서 현실사회도 전연 무시하고, 이런 경우로 인간의 원래적인 것이 샤머니즘적인 것으로 취급될 경우에 딱 부딪힐 위험성도 없지 않다고 생각합니다. 요즘 사회참여라는 것은 궁극적으로 체제에 반대하느냐 안하느냐, 이 논의가 어떻게 문학에 영향받느냐, 하는 것이 중요한 문제라고 생각합니다. 여기에 포함될는지 모르지만, 요즘 60년대의 평론가라는 젊은 작가들이 소설을 평하는 것을 제가 규정짓는다면, 루카치(Lukács)가 말한 일종의 '동반자(同伴者)문학'이라고 볼 수 있어요. 현실의 모순을 폭로하는 데 그치는 것이 아니라 이것이 사회주의리얼리즘에서 요구하는 동반자의 문학이거든요. 그러니까 사회주의리얼리즘이 동반자 문학가에게 요구하는 것은 너희들은 혁신을 부르짖지 않아도 된다, 너희들은 사회의 모순을 지적하고 폭로해라, 그러면 너희들의 역할은 다 끝나는 것이다, 하고는 혁명 성취 후에는 이들에게 무엇을 요구하느냐 하면, 동반자 문학가로서의 역할이 끝나서 할 일이 없어지니까 — 또다시 혁명된 사회를 폭로할 필요는 없으니까 — 한마디로 그것은 자살해야 된다는 것입니다. 러시아혁명 후에 자살한 예쎄닌(Esenin)이나 마야꼬프스끼(Mayakovskii)처럼 당연히 자살해야만 논리적으로도 옳다는 거예요.

우리나라의 현실참여에서 현실을 폭로하는 것이 문제가 될 때 자기가 찬성하건 안하건, 자기 의도가 그렇든 안 그렇든 동반자문학이 되어버린다면 이것은 무서운 일입니다.

백철 그건 그렇습니다. 작품세계의 어떤 리얼리티로 보아서, 작가나 평론가들이 어떤 정치의식을 가지고 그런 일을 하는 것과 자연발생적으로 현실에 부닥칠 때에 인간적인 입장에서 반발하는 것과는 구별해야 된다고 생각합니다. 지금 사회참여의 문학이라는 것은 역시 인간적인 입장에서 하는 것이지 정치의식을 가지고서 사회참여를 하는 것은 아닌 줄 아는데요. 혹시 작가 가운데 그런 사람이 있을지는 모르지만 대체로 내가 알기에는 인도적인 입장에서 반발하는 것이지, 정치의식을 가지고서 폭로하면 어떤 결과가 온다는 목적의식을 가지고 하는 것 같지는 않아요. 그래서 현대 젊은 작가들이, 공산주의의 비인도적인 그런 것이 나올 때에는 공동

책임을 져야 된다는 문제를 내가 들어서 얘기하는 겁니다.

선우휘 지금 현재 그렇게 되어 있지 않습니다. 이것은 싸르트르(Sartre)의 사회참여 이론을 받아들인 때부터 문제가 되는 것이지만 우리나라에서 사회참여 운운하는 것에는 하나의 보편적 전제와 공명하는 경향이 있어요. 좀 쇠퇴되었지만 프랑스의 실존주의적 경향이 그 하나이고 미국의 뉴레프트파가 다른 하나입니다. 그 사람들은 지금 정치적 행동으로 월남전에 반대하고 흑백문제에 인권옹호를 들고 나서고 있습니다. 이것은 세계적인 현상입니다. 그러면 우리나라의 지금 젊은 평론가들이 그것을 다 인식하고 하나의 연관성 있는 보편적인 데에서 저는 발언하고 있다고 보아요. 그리고 이제 백철 선생 말씀처럼 그것을 의식 안하고 정치적인 것을 도외시하고 휴머니즘의 입장에서만 한다면 (전 다 알고 있다고 믿습니다만) 이건 더 위험하기 짝이 없습니다. 더 밀고 나가면 극단적으로 말해서 공산주의혁명까지 가는 것이지요.

백철 그러니까 공산주의가 비인도적인 행동을 하는 데 있어서 더군다나 우리나라의 현실적 상황이라는 것은 작가들이 무의식으로는 있을 수 없지 않아요?

선우휘 그리고 세계의 반쪽 저쪽에서는 인습적인 자본주의 자체를 악으로 생각하거든요. 그러니까 공산주의적인 사회적 리얼리즘문학이 선이요, 휴머니즘으로 규정합니다.

백낙청 선우선생께서는 현실적인 모순을 폭로한다는 것을 너무 가공할 방향으로만 해석하시는 것 같은데요. 현실의 모순을 폭로한다고 해서 반드시 공산주의를 전제하고 폭로하는 것도 아니고 또 현실의 모순을 폭로한 결과가 필연적으로 공산주의가 된다는 법도 없습니다. 만약에 그렇다면 현실의 부정부패를 떠드는 사람은 누구나 다 반공법에 걸려들어야 하지 않겠습니까?

선우휘 싸르트르만 하더라도 자기는 자본주의를 부정하고 맑시즘에서만 인류의 광명을 본다는 사람입니다. 또 미국의 뉴레프트의 경향이……
저는 그 정치경향을 말하는 겁니다. 그 사람들은 정치적 주장을 앞세우고
있어요. 그러니까 우리의 일부 문학인들이 그런 경향과 일맥상통하고 있
느냐 없느냐를 문제삼자는 겁니다.

김동리 그야 원론적인 것과 현실적인 것이 다르겠지요. 지금 우리나라
에서 사회참여라는 것을 너무 편협하게 사회악을 고발하는 쪽으로 생각
하고 있는데, 가령 38이북에서 작가들이 집권자들이나 사회 이면을 고발
하는 문학이 가능하다면, 결과적으로 이남에 플러스하다는 것이 될 것입
니다. 그와 반대로 이남에서 하는 것은 이북에 플러스된다는 이론이 성립
되겠지요. 하지만 그렇다고 해서 그러한 정치적 내지 사회적인 영향 문제
와 문학상의 문제를 혼동할 수는 없을 줄 압니다.

선우휘 한국의 작가들이 한국의 현실을 보고 그 모순을 파헤치는 경우
에 있어서도 우스운 결과가 될 겁니다. 왜냐하면 우리의 현실 자체가 북한
이나 중공이라는 공산권의 존재와 그 위협에 대한 하나의 대응으로 나타
나고 있는 까닭입니다. 그 대응적인 점을 생각하지 않고 이 사회 자체만
가지고 그 모순을 파헤칠 때 그것이 결과하는 것에 대한 책임은 어떻게 되
는 것입니까? 아니 책임이야 어떻든 현실 자체를 잘못 파악하니까 문제가
되는 겁니다.

또 한 가지 우리는 외국의 것을 받아들이는 데 무엇을 받아들이더라도
우리의 것으로 받아들여야 되지 않겠느냐 하는 것이지요.

이제 다음 문제로, 신문화 60년 동안의 비평 문제로 언제 가장 본격적
인 비평이 나온 때가 있느냐 이것도 소설하고 관련해서 말씀해주십시오.

평론은 선도적 역할을 해야

백철 나는 나 자신 비평가이기 때문에 비평가 입장을 깎아내려서 얘기

하는 것은 아니지만 아무래도 좋은 창작과 함께 비평이라는 것이 완성된다고 생각하는데요. 지금까지 우리나라 작품이 시나 소설이든간에 외래의 것을 받아들일 때에도 하나의 기성복적인 조건으로 받아들여 충분히 우리 것으로 소화하지 못한 것은 비평가도 책임을 져야 하지만 작가 자신의 문학관·교양·지식 문제하고도 다 관련된다고 생각합니다. 과거에 프로문학 등이 기계적으로 외국의 이데올로기 문학을 받아들인 것에 대하여 최재서(崔載瑞), 김환태(金煥泰) 등이 반발하고 문학작품 자체를 대상해서 비평해야 되지 않겠느냐 하는 주장을 세운 일이 있습니다.

김동리 문학비평이라는 것이 아무래도 문학작품을 대상으로 하는 것이기 때문에 작가와 작품에 영향되는 점이 아주 많지요. 그런데 내가 생각하기에는 비평문학이 근본적으로 생각해야 할 점이 하나 더 있지 않은가, 그것은 쉽게 말하자면 근대문학이라는 것을 주관주의적인 것과 객관주의적인 것으로 대별해볼 수 있는데, 어떤 작가는 보다더 주관적이고 어떤 작가는 보다더 객관적일 수 있다 이겁니다. 여기서 비평가는 아무래도 움직이는 면을 중시하기 때문에 사회성과 결부시켜서 보는 편이 많습니다. 그럴 때에는 결국 객관적인 문학에 대해서 화제를 발견하기 쉽고 대상도 거기에서 찾게 되는데 이것이 작품이 어떤 일면에 편중되는 결과를 낳지 않을까 하는 점입니다. 외국에서는 이것이 르네쌍스에서 출발하여 계몽주의를 거쳐, 소위 고전주의, 낭만주의, 사실주의 그리하여 세기말을 겪고, 현대의 불안과 혼돈 극한의 풍토 속에 이르기까지, 객관주의와 주관주의는 변증법적인 발전을 통하여 그 한계성과 조화를 전통적으로 이룩했다고 보겠습니다. 우리의 비평문학은 어딘지 객관주의를 취하는 경우 주관주의가 말살되고 주관주의의 경우는 객관주의가 너무 말살되는 편이 아닌가 생각됩니다. 작가들이라고 비평을 외면하거나 배격할 필요도 없고 그렇게 할 권리도 없지만, 하여간 경원(敬遠) 내지 백안시(白眼視)하는 경향이 심한데 이것은 작가들의 편견도 물론 있겠지만 근본적으로 평가기준의 취약성에도 원인이 있지 않을까요?

선우휘 저는 소설 쓰는 입장에서 사실 비평에 대해 상당히 민감하게 반응합니다. 왜 그러냐 하면 어떤 경우이든 간에, 그 평론이 자기의 작품세계를 이해 또는 공명해주었건 말았건 간에, 그것이 훌륭한 평이건 유치한 평이건 참고가 되는 까닭입니다. 그런 견지에서 저는 평론가들에게 기대고 싶은 생각이 많습니다. 그러니까 좀더 선도적인 역할을 해도 좋지 않겠느냐, 그러기에 저는 평론에 대해서 대단히 못마땅한 때가 많습니다. 아까 김선생의 말씀에 일맥상통하는 줄 아는데 너무 주관적인 평은 곤란하다, 그런데 너무 객관적인 평도 저는 찬성 안해요. 역시 평론가의 어떤 각도나 입장이 선명해야지, 지나치게 객관적인 것은 어떤 기준이 없어서 그럴 것입니다. 그 대신 자기의 주관, 자기가 동조하는 장르 외의 작품에 대해서는 전연 그것을 부정하는 비평태도는 좋지 않아요. 예를 들면 이것은 가령 프롤레타리아문학 하는 사람들의 평론기준인데 봉건적인 것, 자본주의적인 것 또는 반동적이라고 판단하는 경향의 작품에 대해서는 처음부터 부정하고 들어가는 거예요. 이것은 평론도 아무것도 아니고 좌익테러라고밖에 생각할 수 없습니다.

백낙청 그렇습니다. 반면에 성실한 비평을 하려는 노력에 가해지는 폭력적인 오해나 왜곡도 적지 않아요.

작가의 생활안정이 중요

선우휘 이제 마지막으로 창작행위와 사회문제를 조금 얘기하고 끝냈으면 좋겠습니다. 우선 리포트를 쓴 전선생 먼저…… 원고료에 관한 것은 싸다 비싸다가 아니라 그 작가의 생활문제가 창작에 어떤 영향을 미치느냐 이 점에 대해 말씀해주십시오.

전광용 내가 아주 속된 비유를 나타낸 것을 길게 쓸 수 없고 우리나라에서는 돈 얘기를 하면 구질구질하게 생각하지만 이런 기회에 한번 안 스치고 간다는 것은 눈 가리고 아웅하는 식이기 때문에 냈는데, 1910년대, 20년대까지는 굶어도 문학을 한다는 의의를 가지고 살 수 있었습니다. 마치 독립지사가 파산을 하더라도 조국의 광복을 보면 한이 없겠다는 그 정신적인 이념하고 통하고 있었지요.

그런데 요새 글쓰기 때문에 생활도 간데없고 옷도 너덜너덜한 것을 입고 다니면 옆에서 아 그 사람 대단한 일 한다 생각하지 않고 본인마저 왜 하느냐고 자기 자신이 회의를 느끼고 흔들리고 있다 말이에요. 하필 문학과 예술이라고 현대과학이나 기존적 여건을 무시하고 기적이 나타날 수 있겠는가, 그러니까 작가의 생활문제도 검토되어야 할 시기가 아니냐, 예를 들어서 처음에 4·19 날 때까지는 다 어떻게 살 줄 알았습니다. 그랬던 것이 5·16이 난 후에 제일 학대를 받은 것이 글 쓰는 사람하고 학교 선생입니다. 그 뒤에 아직도 복구를 못했습니다.

선우휘 원고료 자체는 물가고와 안 맞아요. 그런데 옛날에 일선에서 활동하던 작가나 문인들보다는 발표기관도 많아지고 좀더 나아진 것은 사실 아니에요?

전광용 그것은 선우선생의 얘기고 다른 직업을 안 가진 글만 쓰는 사람 기준으로 얘기해야지요.

선우휘 물론 그게 옳지요. 옛날도 지금도 또 앞으로도 상당한 기간 우리나라에서 글만 써가지고 먹기는 힘듭니다. 일본작가 외에는 다른 외국 작가도 워낙 이름이 나기 전까지는 다른 직업 없이 창작만 해가지고는 먹기 힘듭니다.

전광용 그렇기 때문에 잡지나 다른 신문이 종이값이나 조판료는 밀리거나 떼어먹을 수 없고 원고료는 조금 주어도 괜찮고 경우에 따라서는 떼어먹어도 괜찮다, 이러한 자세부터 고쳐져야 합니다.

한국에 문인이 많다지만 사실 문인이라고 말하려면 직업적 문인이 되어야 합니다. 그런데 우리나라에 소위 문학을 전업으로 삼고 생활하는 사람이 손을 꼽을 정도고 다 학교나 신문사에 직장을 가지고 있어서 직장이 아르바이트인지 문학이 아르바이트인지 모릅니다. 한국에는 전부 아르바이트하는 문인들입니다. 이것이 외국에도 그런 사람이 많이 있다든가, 또 발자끄(Balzac)나 도스또예프스끼(Dostoevskii) 같은 사람은 빚에 쪼들려서 썼지만 걸작을 썼다든가 하는 문제와는 근본적으로 다르지요.

선우휘 거기에 대해서 조금 이론이 있는데 과연 젊은 작가들이 작품을 소화하기 어려워서 일 년에 작품을 한두 편만 쓰느냐, 그 젊은 사람들이 역량이 부족해서 그렇게 되느냐 할 때에 저는 충고하는 뜻에서 후자에다 역점을 두고 싶어요.

김동리 그 점은 물론 그런 면도 있지만 근본적으로 발표기관이 없다는 것이 원인이라고 보는데요, 지금 절대 수(지면)가 모자랍니다. 그러니까 일단 그 사람이 쓸 수 있는 지면을 제공해주고 볼 것입니다.

저도 소설 쓰는 데 한몫 끼어 산 지 30년 되니까 신인들에게 한마디 한다고 해도 될 거예요. 외람되지만 저는 좀 정신들 차리라고 말해주고 싶은데요, 요즈음 문학지나 종합지에 나오는 신인들의 작품수준이 대단치 않은 것 같아요. 한번 나온 작가는 책임상 몇년 동안은 미친 듯이 작품다운 작품을 쓰기 위해서 노력할 의무가 있지 않느냐 이거예요.

까다로운 현대의 창작여건

선우휘 이제 마무리를 해야 되겠습니다. 소설 60년 동안에…… 제가 보기에는 소설은 역시 많이 나아진 것 같습니다.

김동리 문장은 현저히 나아졌고요. 그렇지만 전체적인 가치가 시간과 정비례해서 나아진다고 볼 수는 없겠지요.

선우휘 그리고 마지막으로 우리 소설이 60년을 지냈는데 앞으로 70년

80년을 내다보면서 어떻게 기대하고 싶다하는 것을 한말씀 해주셨으면 합니다.

백철 제가 근래에 열린 펜회의 토론에서 들은 얘기인데, 현대소설과 근대소설이 어떻게 다르냐? 근대소설은 시사적인 것, 보도적인 것을 가지고서 작품이 될 수 있었지만 20세기에 와서는 그런 시사성은 매스컴이 더 잘 아니까 소설은 그것을 해서는 안된다는 거예요. 그럼 현대소설이 생존할 길은 어디냐 할 때 그것은 철학에 접근하는 것이 좋지 않겠느냐는 것이에요. 대작가는 자기 철학을 가져야 되지 않을까 생각합니다.

김동리 그럴수록 자꾸 소설 쓰기가 어려워지고 작가로서 자꾸 말려들어가게 마련입니다. 철학적 부담을 주지 말아야 돼요. 자꾸 그렇게 해놓으면 작가들이 작품을 어떻게 써요?(웃음)

백철 그런 얘기에 두려움을 느낄 필요는 없지 않을까요?

김동리 재주껏 모두 재미있게 써라, 이렇게 얘기해야지요. 결국 현대는 소설 쓰기가 굉장히 까다로운 조건에 있지요.

백철 그리고 작가들이 더 쉴 사이 없는 노력이 요청되는 줄 압니다. 좀 안이한 것 같아요.

김동리 부족하고 생각도 좁습니다.

백철 학문이나 작가나 다 노동하듯 하지 않으면 안됩니다.

전광용 이제 현대소설이 점점 모르는 단계에 들어간다고 했는데 그것은 갈 데로 가 있는 나라의 경우 얘기고, 우리 경우는 이렇게 서사시적인 대하소설의 단계를 한번 마음 놓고 길게 펼치고, 그리고 어떤 숭고한 경지에 가는 것이지 지금 아무것도 안되어 있는데 지금부터 당장 어떠한 철학자가 된 것처럼…… 그러면 꽉 막혀서 나가지 못할 것입니다.

선우휘 앞으로 여러가지 매스미디어…… TV, 라디오, 영화 그리고 활자문화, 말하자면 소설이라는 것이 쇠퇴해진다고 말들 하는데 저는 반대 의사입니다. 그런 단계를 한번 거치면 나중에는 오히려 활자문화로 다시 돌아오지 않느냐, 다소 쇠퇴하더라도 소설이라는 것이 영화나 TV나 이런 매스미디어에 겁을 먹어가지고 거기 따라가려고 하지 말고 소설 본위의 어떤 것을 완전히 잡아가지고 자신있게 나가면 좋겠다고 생각합니다.

김동리 그런데 생활에 현대적인 위기가 올수록 가능한 한 쉽게 살려는 '이지고잉'(easy going)한 일반적인 경향이 있지 않습니까? 그런 면에서 볼 때 문학의 독자가 매스컴—라디오, TV, 영화 같은 쉬운 방향으로 받아들여질 가능성은 있어요. 그러나 정말 좋은 작품은 보고 싶을 때 다시 책을 끄집어내서 볼 수 있으니까—다른 것이 따르지 못할 특징이 있으니까, 그렇게 멸망에 대한 예비적인 실망까지는 가질 필요가 없다고 보아요.

선우휘 오랜 시간 대단히 감사합니다.

시집 『농무』의 세계와 한국시의 방향

김우창(서울대 문리대 전임강사, 영문학)
김종길(고려대 문과대 교수, 영문학)
백낙청(서울대 문리대 조교수, 영문학)
1973년 5월 25일 『신동아』 회의실

시단의 답답한 사정

김종길 이번에 신경림(申庚林)씨가 시집 『농무(農舞)』*를 냈습니다. 다 아시다시피 그의 첫 시집인데, 이 『농무』를 계기로 『신동아』에서 한국시의 장래, 앞으로의 방향 등에 대해서 좌담을 가져보자고 해서 모인 것이 오늘의 모임인 것 같습니다. 그런데 『신동아』 측에서 저희들에게 각별히 부탁을 하나 한 점이 있습니다. 특히 최근에 주목받고 있는 시인들 중의 한 사람이 신경림씨이고, 여러가지 포괄적인 문제점을 또한 많이 안고 있

■ 이 좌담은 『신동아』 1973년 7월호에 「시인과 현실」이라는 제목으로 수록되었으며 부제는 '신 경림 시집 『농무』의 세계와 한국시의 방향'이었다.
* 『농무』는 1973년 3월 월간문학사에서 초판이, 1975년 3월 창작과비평사에서 증보판이 간행됐 다 — 편자.

는 시인들 중의 한 사람이 신경림씨이긴 합니다만 『신동아』 측에서는 신경림의 시가 성공했다든가 실패했다든가 하는 평가 그 자체보다는 이것을 계기로 해서 오늘의 한국시가 왜 부진한가, 왜 대중들로부터 외면당하는가, 왜 진로를 못 찾는가 하는 점을 얘기해보자는 것이고, 그런 제문제들이 어떻게 보면 신경림의 시를 이야기함으로써 자연스럽게 드러날 수 있다고 생각했던 것 같습니다. 그래서 이렇게 하면 어떻겠습니까? 우선 신경림의 시 자체를 이야기하고, 그것이 한국시의 전통과 어떻게 연결되는가를 살피고, 그리고 그것의 앞으로의 방향을 얘기하고 하는 식으로 말입니다.

사실 요즘 우리 시단을 평하는 말로 흔히들 답답하다는 표현을 많이 씁니다만, 이 답답하다는 내용은 몇 가지로 요약되고 풀이될 수 있을 것 같습니다. 제가 60년대 전반에 1년 남짓 신문에 시 월평을 써본 일이 있는데, 그때도 늘 되풀이해서 비슷한 얘기를 했었고, 그것을 그만두고 난 뒤에도 사뭇 마찬가지 느낌이었습니다. 어떤 의미에서는 막다른 골목에 들어와버리지 않았느냐 하는 생각이 들었어요. 그러한 전체적인 상황은 대체로 지금까지도 계속되고 있는 것 같고, 제 생각으로는 아직도 어떤 만족스러운 해결이 확실하게 보이고 있다고는 말할 수 없을 것 같습니다. 저 자신 그런저런 이유 때문에 요즈음 나오는 시는 별로 읽고 있지 않습니다만, 신경림의 시 같은 종류의 시가 시단에 하나의 새로운 유파(流派)라고 할까, 하나의 무슨 가능성을 제시할 수는 있을 것 같기도 해요.

69년 말이던가 동아방송에서 주최한 문학관계 좌담회에서도 얘기했습니다만, 60년대에 나왔던 몇몇 유파들 가운데 신경림의 시 같은 종류의 시가 근년의 우리 시단에서 하나의 흐름을 이루고 있는 것은 확실한 것 같아요. 그런데 이 흐름은 사실은 50년대 후반부터 김수영(金洙暎)씨가 출발시킨 것 같고, 그다음에 작고한 신동엽(申東曄)씨, 그리고 이성부(李盛夫), 조태일(趙泰一) 같은 시인들이 발전시킨 것이지요. 지금 우리가 얘기하는 신경림은 이성부나 조태일보다 시단 경력으로 보아서는 더 앞서는 것 같은 데, 뒤늦게 시집을 냄으로써 그 흐름의 새로운 기수로 등장하는 느낌입니다. 그러니까 이 흐름은 50년대 말부터 시작해서 60년대를 거쳐서 70년대 초까지 근 15년, 즉 반 세대쯤 이어오고 있는 셈인데, 이렇게 우선 생각나는 이름들만 들더라도 그들은 말하자면 모두 실력이 있는 시인들이라고 할 수 있어요. 이것은 여기 백선생이 계시지만, 『창작과비평』을 통한 백선생의 공로라고 할까, 기여가 컸다고 봅니다. 다만 이 흐름에서 김수영씨는 사실은 체질이 좀 다른 시인이고, 신동엽씨 이후는 거의 보조가 같다고 볼 수 있는데……

백낙청 지금 김종길 선생께서 60년대 시인들과 신경림씨와의 계보관계 비슷한 것을 얘기하셨는데, 거기 대해서 우선 저 나름의 의견을 말씀드리고, 그다음에, 물론 그런 시인들과의 계보관계가 분명히 있지만 그의 작품이 쉽고 재미있게 읽힌다는 사실 때문에 오히려 간과되기 쉬운 신경림씨 시의 독보적인 성격 같은 것을 강조해볼까 합니다.

우선 신경림의 작품 배경에 김수영이라든가 역시 60년대에 작고한 신동엽 같은 분들의 활동이 있었고, 또 60년대 말기와 70년대 초기에 들어와서는 조태일, 김지하(金芝河) 등 젊은 시인들이 종래 우리 시단의 인습 같은 것을 많이 깨뜨리고 시의 가능성을 크게 넓혀주었다는 사실도 들 수 있겠습니다. 즉 신경림씨 혼자만이 아니고 여러 사람이 함께 추구하고 있는 과업의 일환으로 신경림의 작품이 나왔음을 뜻하는 것이겠지요.

사실 김수영과 신동엽은 상당히 좋은 대조를 이루는 시인이지요. 김수영은 도시적인 시인이고 신동엽은 훨씬 더 농촌적 토속적 체취가 강한 분입니다. 기법상으로도 김수영이야말로 어떤 의미에서는 난해시의 대표라고도 할 수 있는데, 그리고 우리가 읽기 쉬운 시를 원하면서도 읽기 힘든 시가 무조건 다 엉터리 시는 아니라 할 때 저는 누구보다 먼저 김수영씨를 생각하게 됩니다마는, 이렇게 난해하다는 점에서도 김수영씨와 신경림씨는 구별되며 신동엽씨와의 유사점은 확인된다고 하겠습니다. 그럼에도 불구하고 신경림씨와 신동엽씨는 상당히 다르다는 점, 김수영씨와 오히려 가까운 면이 신경림씨에게 많다는 점을 강조하는 것은, 우선 신동엽씨는 주로 서정적인 시인인데 신경림씨는 뭐라 할까요, 시가 단편소설 같은 성격을 띠고 있지요. 훨씬 객관적이라고 할 수 있고, 그런 의미에서 지적 컨트롤이 훨씬 강하고 선명한 시인인 것 같습니다. 외견상 김수영씨하고 많이 다르면서도 이런 점에서 많이 통하고, 또 언어에 있어서 김수영씨는 어려운 말을 많이 쓰는데 신경림씨는 어려운 말을 잘 안 쓴다는 차이가 있지만, 신경림씨의 언어에 대한 감각이 신동엽씨에 비하면 훨씬 현대적인 것 같아요.

참여시인들의 활약

김우창 언어 자체로 보면 신경림씨가 신동엽씨보다 더 어려운 것 같아요. 스타일이나 문맥 같은 것이 신동엽씨의 시와는 달리 그냥 쭉 흘려 보아서는 얼른 알아볼 수 없는 구절이 많은 것 같아요. 가령 단상에서 낭독을 한다고 할 때, 시라는 것이 반드시 의미만으로만 전달되는 것은 아니니까, 신동엽의 시는 금방 이해가 될 성싶은데, 이것은 얼른 이해가 안될 것 같아요.

김종길 신동엽씨의 시는 종래의 우리 시의 서정의 양식을 그냥 물려받은 점에서 좀 쉽게 읽혀질 수가 있고, 또 시의 밀도가 희박하다는 점에서도 읽기 쉽지요. 그런데 신경림씨의 경우, 언어에 상당히 밀도가 있어요. 결코 말은 어렵지 않고 구문이라든가 논리가 비약한다거나 난삽한 것도 별로 없는데 좀 뻑뻑하게 되어 있지요. 시 자체는 역시 서정시라고 해야 하겠는데, 단 서정의 양식이 종래의 우리 시에서 보통 하던 것과는 상당히 다른 새로운 양식 같아요. 아마 그 때문에 좀 쉽고 자연스럽게 받아들여지지 않는지 모르겠어요.

백낙청 제가 신경림이 어떤 의미에서는 김수영에게 더 가깝다고 할 수 있다는 것도 그런 뜻입니다. 우선 김수영은 초기의 서정적인 기분을 많이 탈피해서 우리 문학에 흔한 서정시들과는 근본적으로 성격이 다른 시를 작고하기 전 5, 6년 사이에 많이 썼지요. 신동엽은 우수한 서정시인이지만 전통적 서정양식에서 근본적으로 벗어난 것은 아니지요. 그래서 신경림이나 김수영씨가 둘다 종래의 서정양식을 탈피하고 있다는 점에서 비슷하고, 언어에 있어 현대적인 밀도를 갖추고 있다는 점에서도 서로 통한다는 말입니다. 이것은 물론 신경림과 신동엽 사이에 누구나 상식적으로 판단이 되는 유사점이 많다는 것을 전제로 하고 하는 이야기지요.

그런데 이렇게 김수영·신동엽 두 분과 신경림의 관계를 말해놓고 보면 이런 생각이 납니다. 즉 구태여 신경림이라 할 것 없이, 어떤 한국 시인이 김수영처럼 밀도있는 언어를 구사하고 종래 우리 서정시의 양식을 탈피하면서 동시에 신동엽이 가진 독자에게 친숙한 맛이라든가 농민적 토속적 체취라든가 하는 것을 견지할 수 있다면 그것은 상당히 주목할 만한 성과가 아니겠는가 하는 것입니다.

김종길 제가 김수영씨가 이 흐름에 있어 첫 시작을 연 시인이면서도 상당히 다른 종류의 시인이라고 한 것은 주로 사상이라고 할까 현실 가운데서 생활하는 태도라고 할까 그런 점에 있어서 그렇고, 신경림, 신동엽, 이성부, 조태일 등이 비슷하다는 것도 그런 의미에 있어서 그렇다는 것이었어요. 김수영의 경우는 미국의 비트시인들과 매우 흡사한 것 같아요. 김수영씨가 의식적으로 비트시인들에게 흥미를 가지고 번역하고 소개를 한 자료가 신문이나 잡지에 어느정도 나와 있는지는 궁금합니다만, 그것을 쉬운 정치적인 용어로 말한다면 무정부주의적인 제스처라 할 수 있는데, 한편 신동엽 이후 신경림에 이르는 몇몇 시인을 무정부주의적이라고는 할 수는 없을 것 같아요. 그들에게는 확실한 일종의 방향이라 할까 그런 것이 밑바닥에 깔려 있는 것 같아요. 두 방향 중 어느 것을 더 취하느냐 하는 것을 묻는다면 정견발표 비슷한 것이 되는데(웃음), 두 가지 다 문제가 있지 않나 싶어요.

사실은 시단에 등장한 연대로 보아서는 신경림이 이성부, 조태일 들보다는 앞서는 시인이라는 말은 아까도 했습니다만, 이번 시집을 보니까 맨 마지막 부분, 즉 5부가 『문학예술』에서 추천을 받을 무렵의 초기작들이고, 65년경부터 다시 쓰기 시작했더군요. 그런데 등장할 때의 시풍은 종래의 우리 시의 일반적인 그것을 대체로 이어받은 것이고 별다른 특색은 없는 시인 같았어요. 그 무렵에 같은 『문학예술』지를 통해서 등장한 박성룡(朴成龍), 민재식(閔在植), 허만하(許萬夏) 같은 신인들이 그때로 봐서는 훨씬 인상적이었지요. 그런데 7, 8년 공백기를 두고 65년경부터 다시 시작했을 때의 신경림은 상당히 다른 새로운 자세와 새로운 방법을 보인 것 같아요.

서정성의 초극(超克) 문제

백낙청 초기시의 문제는 구태여 논의하지 않더라도 신경림, 이성부, 조태일 이런 사람들에게 어떤 같은 방향이 있는지 없는지 저는 모르겠습니다. 오히려 있다고 말하기가 힘들지 않을까 하는 생각입니다. 단지 김수영씨의 무정부주의적인 면모라고 할까 초현실주의 등 서양의 여러 전위예술의 영향을 많이 받은 점에 대해서 저 자신으로서는 좀 착잡한 반응을 갖게 됩니다. 한편으로는 김수영의 경우, 초현실주의적 경향이라는 것이 단순히 하나의 유행이라든가 그런 것만이 아니고 그 나름으로 독자적인 어떤 지적 내지 시적인 탐구의 일부를 이루는 점에서 일단 평가하고 인정하게 됩니다마는, 다른 한편 그것은 역시 우리한테 생소한 면이 많고 많을 수밖에 없다는 점에서 어떻게 해서든지 청산되고 또 다른 무엇으로 지양되어야 하지 않겠느냐 하는 생각을 갖게 되는 것입니다. 그런데 그것을 김종길 선생께서 지금 열거하신 몇몇 시인들이 어떤 동일한 노선을 갖고서 청산했다고 생각되지는 않습니다. 각기 자기 나름으로 여러가지 모색을 하고 있을 터인데, 신경림씨가 거둔 성과를 제가 높이 평가하는 것은 단지 초현실주의의 영향뿐 아니라, 뭐라 할까요, 한국시를 민중현실 및 민중감정과 격리시켜온 과거의 여러가지 행태를 일거에 청산하고 있다는 느낌을 받기 때문입니다. 즉 우리 시가 서양의 초현실주의적인 또는 비트적인 물을 먹어서 민중과 멀어지든, 아니면 지금 현재 민중현실과 격리된 복고적인 것을 탐구하기 때문에 민중의 감정과 멀어지든, 또는 자기의 순전히 개인적인 감정이나 심경에 집착하기 때문에 민중과 멀어지든 간에, 민중과 멀어지게 만드는 이런 여러가지 면이 신경림의 시에서는 훌륭히 청산되어 있다는 것입니다.

　신경림씨의 업적을 평가하는 한 방편으로 이런 구체적인 예를 들어 말할 수도 있겠지요. 아까 제가 조태일과 김지하를 우리 시의 가능성을 크게 넓혀준 젊은 시인들로 들었습니다마는, 신경림이 거둔 성과는 이 두 사람의 것과도 또 다릅니다. 세 시인을 두고 그 문학적인 우열을 여기서 가리자는 것은 아니고, 현재 이야기의 문맥에서 볼 때 조태일 같은 시인은 역시 서정적인 테두리 내에서 머물고 있는 점이 많지요. 물론 이 시인은 그 나름의 세계를 갖고 또 매우 우렁차고 튼튼한 음성을 들려주는 것이 사실이고 그것은 신경림으로서도 못 따르는 면이라 하겠습니다. 김지하의 경우, 시집 『황토(黃土)』에서는 굉장히 섬세한 서정시인의 일면을 보여주고 있습니다. 또 섬세한 일면 이외에 김지하 역시 그만이 갖는 우렁차고 튼튼한 음성을 『황토』에 실린 여러 시편에서 들려주고 있습니다만, 그러나 김지하가 서정적인 테두리를 넘는 것은 『황토』에서 이루어진 서정적 감정의 세계를 가지고 그것을 좀더 객관적인 세계로 넓히고 굳혔다기보다 그와는 전혀 다른 세계, 즉 저 유명한 두 편의 담시(譚詩)의 세계로 비약했다고 보겠습니다. 순전히 시적인 성과만으로 볼 때 이 시인의 시세계 내부의 이러한 대조적인 요소들이 어떤 통일성 같은 것을 이룩할 날을 기대해볼 만하고, 여하튼 신경림씨의 시집에서처럼 종래 서정시들과 분명히 구별되는 무엇이 단단하게 이루어진 것은 매우 독창적인 성과라고 생각합니다.

김우창 백선생께서 꼭 우열을 가리기 위해서 말씀하신 것은 아니라고 하지만, 신경림씨가 지금까지의 여러가지 시 쓰는 방법을 완전히 지양하고 새것으로 출발했다는 것은 좀 문제가 있을 성싶군요. 여러가지로 보아서 전연 새로운 것이 반드시 좋은 것이냐 하는 문제가 있는 것 같아요. 왜냐하면 얼른 듣기에 인간의지에 역점을 두고 한 사람이 일거에 걷어치울 수 있다는 그런 인상을 받는데, 새로 출발하기 위해서는 과거에도 잘되었든 잘못되었든 무엇인가는 있어야 하고, 전부가 안된 시만 있었다는 것은 좀 이상하지 않겠어요? 거기에는 그렇게 된 사정이 있을 것이니까, 그런 사정을 지양하는 스타일도 필요할는지 모르지요. 그러니까 김지하의 경우, 현실비판적인 것과 서정적인 면도 있는 단절된 스타일을 볼 수 있다고 하셨는데, 통일된 것만이 좋은 것도 아닐 테니까, 양쪽을 다 포함해서 왜 옛날에 이렇게 썼느냐, 왜 그러한 점이 나왔느냐 하는 것이 또 하나의 문제이니까, 양쪽 다 지양을 해서 새로운 스타일을 보여주고 거기에 대해서 답변도 해주는 그런 시가 가치 면에 있어서 뛰어난 것이 아닌가 생각합니다.

백낙청 신경림씨가 '일거에' 무엇을 청산했다, 벗어났다 하는 말은 제 표현이 잘못되었는지 모르겠습니다마는, 그가 과거에 하던 것을 의지로써 딱 청산했다는 것은 물론 아니고, 지난날의 모든 것이 덜 떨어진 것이었다 하는 태도를 말하는 것은 더더구나 아닙니다.

우선 시집 『농무』만 보더라도 제5부에 있는 초기시들은 상당히 서정적이고, 다른 사람들이 많이 쓰는 시와 전연 다른 시도 아닌데, 얼마간의 공백기를 두고 시풍이 많이 달라졌다고는 하지만 제5부의 작품들과 아무런 연속성이 없다고까지는 못할 겁니다. 특히 제3부에 실린 과거를 회상하고 옛날에 죽은 아내를 생각하고 하는 시들은 초기시에 없던 튼튼함을 분명히 지녔으면서도 굉장히 애절한 개인적인 사연과 감정에 차 있습니다. 그래서 이 시집만 보더라도 신경림 자신이 원래 자기 바탕을 일거에 타기한다거나 하는 일이 없이 면면히 성장해온 과정을 그 안에 담고 있는 것이고, 단편소설처럼 된 시도 넓은 의미에서는 서정시라고 부를 수 있는 것이고—우리가 소설에서 서정적 소설이라는 것을 말할 수도 있듯이 말이지요—그래서 일거에 무엇을 척결해버렸다는 것은 결코 아니고, 단지 제가 얘기하고자 한 것은, 시라는 것이 시인 개인의 어떤 주관적인 세계의 표현에만 그침으로써 넓은 층의 독자들에게 감명을 못 주는 것이 우리 시단의 큰 병폐처럼 되어 있는 마당에 이를 탈피하고자 하는 노력이 하여간 일단 하나의 결실을 이루었다는 것이지요. 이런 인상을 강조하는 표현으로서 '일거'라는 말을 썼던 것입니다.

시에 있어서의 '우리'의 정체

김우창 한마디만 질문하겠습니다. 백선생께서 쓰신 『농무』의 발문에 시란 사람이 사람에 대해서 하는 말로써 통할 수 있어야 된다, 또 시는 '우리'를 이야기하여야 한다고 말씀하셨는데, 그 점에 대해서는 원칙적으로 동의합니다. 그러니까 그 점에 대해서 무얼 반박하기 위해서가 아니라, 내용을 좀더 분명히 하기 위해서 물어보는 것인데, '우리의 얘기를 주로 한 것이다'고 말할 때, 구체적으로 '우리'라는 것이 누구인가 하는 질문입니다. 실제로 많은 시인들이 겪고 있는 고민 중의 하나가 '우리'가 누구인지를 잘 모르는 것이라고 생각하는데, 그 '우리'가 누구냐 할 때에 무엇인지 얼른 오지가 않아요.

백낙청 '우리'라는 사람들의 명단을 제출하라는 말이신데(웃음), 우선 이런 식으로 한번 해명 비슷하게 해보지요. '우리'라는 말에 해당되는 사람이란 우선, 한국에 살면서 한국의 현실과 그 일부로서의 한국문학에 대해서 관심을 지님에 있어서 '우리'라는 말을 쓰고자 하는 의욕이 있는 사람이라야지 '우리'라는 말에 해당이 될 수가 있겠지요. 무슨 말장난 같습니다만, 실지로 글을 쓰는 분이나 시를 논하는 사람들 중에는 '우리'라는 말에 큰 관심이 없는 분들이 많은 것 같아요. 그냥 하나의 문장을 기술하는 편의상 필자라는 말 대신 '우리'를 쓰는 경우야 얼마든지 있고, 또 몇몇 소수의 사람들끼리만 서로 특권의식을 확인하는 낱말로 '우리'가 쓰이기도 하지요. 그러나 한국인으로서 한국현실에 살고 있고, 한국의 역사에 함께 걸려 있다는 의식을 가지고, 이렇게 함께 걸려 있는 사람들 모두가 '우리'라는 연대의식을 가지고 문학을 대하고 현실을 대해야겠다는 의욕과 의지가 있는 문사들은 많지 않을는지 모르겠습니다. 이런 의욕과 의지가 우선 있어야겠다는 뜻에서, 그리고 이런 의지의 유무가 문사·비문사의 차이보다 더 중요한 기준이 된다는 점을 염두에 두고 저는 '우리'라는 말을 썼던 것입니다. 물론 그 의지만 갖고서 충분한 것은 아니지만……

김우창 사회학적인 관점에서 볼 때 '우리'가 누구냐 이런 것은 어떨까요?

백낙청 그러니까 화이트칼라라든가 블루칼라라든가 이런 식의 분류를 요구하시는 건가요?

김우창 시집 『농무』를 읽을 수 있는 독자가 누구인가, 이 시가 읽기 쉽다고 할 때, 어떤 관점에서 구체적으로 누가 이 시를 읽을 수 있겠느냐 하는 아주 초보적인 질문입니다.

백낙청 이 시의 독자가 많을 수가 있고 많아야 마땅하다고 주장하면서도 저 자신 당장에 많으리라고는 예상하지 않습니다. 우선 현실적인 얘기로, 이런 시집 찍어봤자 몇백 부 이상 못 찍었을 것이고, 광고도 별로 안되었을 것이고, 이런 엄연한 사실들을 들 수 있겠습니다. 다음에 도대체가 많지 않은 기성의 시 독자들 가운데는 상당수가 이 시집을 보면 공연히 시 같지 않다는 느낌을 가질 수도 있으리라고 짐작됩니다. 그리고 보면 실지로 이 시집을 손에 들고 그것을 볼 기회를 갖게 한정된 사람들 가운데에서도 시 같지 않아서, 너무 쉽고 너무 보통 시집에서 보는 묘한 뭐가 없는 것 같아서 이것을 평가 안하는 사람도 많을 것이고, 그다음에 습관적으로 시를 안 읽는 사람들은, 그런 습관 때문에 신경림 시집이건 누구 시집이건 모르고 지나기 십상이고, 이런 의미에서 독자가 많지 않을 수밖에 없습니다.

하지만 신경림 시집의 경우, 이런 현재의 사정만으로는 잘라 말할 수 없는 것이, 대다수 시집하고 독자와의 관계에 있어서도 다르다고 봅니다. 즉 보통 시를 읽는 사람들보다도 시를 안 읽는 사람들이 훨씬 더 많은 현실에서, 이런 다수인들에게 이런 시를 읽고 생각할 수 있는 기회가 주어진다면 현재 소수 시 독자들간에 훨씬 많이 읽히는 시집보다도 더 잘 먹혀들어갈 객관적인 소지가 이 시집 안에 있다는 점입니다. 따라서 현실의 독자도 얼마 안되고 그 좁은 테두리를 벗어나면 잠재적인 독자도 거의 없는 대다수 시집들과는 달리, 『농무』는 많은 잠재적 독자들을 가지고 있고 약간 장기적으로 본다면 실제로 많은 사람들에게 읽힐 수 있으리라고 믿습니다.

김우창 가령 김지하의 담시(譚詩) 같은 것은 얼른 생각에, 이것은 돈벌이가 되겠다는 인상을 가졌는데, 가령 장터에 가서 돈 받고 읽어도 장사가 될 만하지 않을까 한다면, '우리'라는 것이 꽤 분명하다는 얘기일 것 같습니다. 『농무』에서 단순히 사회학적인 의미에서만이 아니라 시라는 입장에서 주인공이 되어 있는 사람들이 이것을 읽고 자기들을 확인할 수 있겠는가 하는 문제가 있습니다. 그러니까 나로서는 김수영씨에 대해서보다는 얼른 공감이 안 갑니다. 가령 방영웅(方榮雄)의 『분례기』 같은 것의 경우도 도시에 살면서 월급 타먹고 넥타이 매고 다니는 사람으로서의 '나'하고는 먼 경험이면서도 '아, 이 세계도 있을 수 있다'고 공감할 수 있는 세계라는 느낌이 드는데 말입니다.

'우리'와 허구

김종길 신경림의 시를 보면 '우리'라는 말도 나오지만 역시 '나'라는 말이 더 많이 나오는 것 같아요. 그런데 그 '나'가 종래 우리 시단의 서정시에 있어서의 '나', 즉 대체로 시인과 구별이 안되는 그런 '나'가 아니고, 여기서는 아까 단편소설 비슷하다는 말이 나왔지만 그야말로 픽션 속에 나오는 '나' 같은 그런 성격을 띠고 있어요. 전체 가운데의 일부로서의 '나'라고나 할까요. 그런 의미에서 시를 보면 알 수 있지만, 이 시집에 있어서 '우리'란 주로 시골사람들, 농촌사람들, 그 가운데서도 '가난하고 억울하고 원통한' 사람들이라고 볼 수 있지요. 그런 문제에서 신경림의 시는 뭐라 할까 상당히 사회성을 가지고 있어요. 또 상당히 사실적이고, 우리 시단의 보통 서정시보다는 훨씬 허구성이 높지요.

나 자신 시골출신이고 시골사람들의 딱한 사정도 어느정도 알 수가 있는데, 솔직히 말해서 이런 시는 뭔가 직접적으로 호소해오질 않아요. 김수영의 시는 나로서도 직접 공감할 수가 있는데, 신경림의 시와 같은 시는 어디에 무대를 가설해놓고 동원이 되어서 구경을 가는 듯한 그런 느낌을 주어요. 그러니까 이것은 좋은 뜻으로든지 나쁜 뜻으로든지 작위성이 상당히 강하다고 봐요. 이 시집에는 내가 보기에 1부의 작품들이 시로서 가장 밀도가 있는 작품들 같은데, 2부의 작품은 쓰인 연대를 보면 그 시기에 있을 법하지 않은 얘기들이 쓰여 있어요. 시 가운데의 '나'는 대부분의 경우 시인 자신이고, 시는 시인의 현실적인 경험과 어떤 관련이나 대응을 갖는 법인데, 그것이 희박해요. 경험이라는 것은 특정한 시간과 공간 속에서의 경험이니까 그 특정한 시간과 공간이 시 가운데 다루어진 경험과 역시 무슨 관련을 갖는 것이 아니겠어요? 그런데 이 시집의 특히 2부에 들어 있는 작품들은 그런 의미에서 허구성이 강하다는 얘깁니다. 허구성이 강하다는 것이 시로서 나쁘다든가 그런 것은 아닙니다. 다만 단편소설 비슷하다고 백선생이 말씀하신 그 원인이 내가 얘기한 그런 것과 관련이 있지 않느냐 생각합니다.

백낙청 분명히 관련이 있지요. 그러니까 단편소설적이다, 또는 극적이다 하는 의미에서 '허구성'이 강하다고 한다면, 저는 거기에 전적으로 동감입니다. 다만 현실감이 부족하다는 얘기하고는 다르겠지요. 그리고 신경림의 시를 읽을 때 어떤 무대나 그런 데에 강제동원되어 나가는 느낌이 든다는 말씀은 알 듯도 하고 모를 듯도 하군요. 물론『농무』의 세계는 저 자신의 일상생활과도 상당히 거리가 있는 것이 사실입니다마는, 신경림씨가 일단 이런 세계를 시로 그려놓았을 때, 저 자신은 이것이 역시 '우리'라는 말에 적용되는 어떤 공통의 세계다 하는 느낌이 별 저항 없이 오는 것 같습니다. 그런 의미에서 저는 신경림의 시가 꼭 그 시의 소재가 되어 있는 사람들에게만 자기 것으로 느껴지는 것이 아니고, 예컨대 김수영씨에게 특히 친화감을 느끼는 독자라든가 그런 사람에게도 바로 그 사람의 시로서 읽힐 수 있다고 봅니다. 그래서 이 시를 가지고 '우리'라는 말을 적용할 수 있는 사람들이 적어도 잠재적으로 상당히 많다고 느끼는 것입니다.

물론 이런 면은 있지요. 우리 일상생활이 그런 세계하고 괴리가 있고, 또 단순히 거리가 먼 것뿐 아니라 사회의 여러가지 풍조나 경향이『농무』의 세계 같은 것은 아예 남의 문제다 하는 식으로 생각하는 사고방식을 조장하는 면이 강하기 때문에, 이런 작품이 나타나서는 그런 경향, 그런 사고방식에 대해서 어떤 제동 작용을 가하는 것이 사실입니다. 이런 의미에서, 즉 우리 사회나 문단에서 상당히 강력하게 작용하고 있는 흐름을 좀 바꾸도록 힘을 가한다는 의미에서, 어떤 독자에게는 약간의 강제성 같은 효과를 발휘할는지 모르겠습니다마는, 그런 강제성이라면 좋은 의미의 강제성이고……

김종길 그 강제성이 반드시 나쁘다고 하지는 않더라도 느낌으로는 그 비슷한 카테고리에 넣을 수 있다는 말입니다. 김수영씨 시 같은 것은 우리가 읽고서 그대로 직접 공감할 수 있는 시지만, 그렇다고 해서 거기에 '우리'라는 관념이 전연 없다는 것은 아니거든요. 그리고 도대체 문학의 경우, 우리가 대하는 것은 어떤 특정한 인물, 특정한 상황, 특정한 사건이지만, 그것은 결국 보편성이나 일반성을 갖는 것이고, 보편성이나 일반성의 밑바닥에는 '우리'라는 것이 잠재적으로 작용하고 있거든요. 그런 밑바닥의 '우리'라는 관념이 이런 시에서는 전면에 튀어나온단 말입니다. 그래서 이런 시는 자기 안방이나 공부방에서 혼자 읽는 경우에도 우리를 광장이나 가설무대 같은 데로 끌어내는 느낌을 준다는 말입니다.

시인과 민중현실

김우창 결국 같은 얘기일 것 같은데, 아까 제가 '우리' 문제를 제기한 것은 시인과 독자의 관계를 염두에 두고 한 것입니다. 우선 선의의 관점에서 보아서, 모든 시인들이 다 독자를 원하고 있지만, 자기 나름으로 현실에 대한 감각에 차이가 있어서 어떤 사람은 많은 사람을 상대로 해서 쓸 수 있고, 어떤 사람은 독자가 없이 자기만 쓰게 되는 것이 아닌가 합니다. 말하자면 의지적이라고 하기보다는, 대부분의 사람들은 독자를 원하는데도 무엇인가 생각하는 방향이 좀 부정확하다든지 여러가지 외부적인 요건이 있어서, 독자가 많기도 하고 적기도 하고, 또 어렵기도 하고 쉽기도 한 시가 구분된다고 볼 수 있겠지요. 그런 전제 아래에서 출발하면, 시인이라는 것은 '우리'를 인식하고 쓰든, 아니면 '나'만을 인식하고 쓰든, 자기에게 절실해야 되니까, 또 읽는 사람은 정말 그렇다고 무릎을 칠 수 있어야 하니까, 그런 경우 매우 좁아진 관점으로부터 출발해서 어떻게 넓은 세계로 나가느냐 하는 것은 고민점이 많은 문제일 것 같아요. 더 넓은 사회를 대표하고 있는 것이 대중이라면, 실지 쓰고 있는 사람은 그 사람들 사이의 일부가 아닌 경우가 많겠지요. 물론 다 그렇다는 것은 아니지만, 우리나라의 경우 시를 쓰고 글을 읽고 문학을 논할 정도가 되려면 이미 대학도 다니고 외국어줄이나 읽고 하여 대중에서부터 상당히 분리되어 나온 사람이 되는데, 이 사람이 어떻게 해서 저쪽에 있는 경험을 절실하게 쓰느냐 하는 것은 어려운 문제일 것입니다. 왜냐하면 자기 경험으로 진실한 것을 쓰면서 동시에 많은 사람에게 진실을 쓰지 않으면 시가 안된다고 할 때, 자기 경험과 많은 사람들의 경험 사이에 촛점이 안 맞는 경우가 많지 않겠습니까? 자의적인 것이 아니라 정말 안으로부터의 경험을 어떻게 절실하게 묘사하느냐 하는 것이 문제가 되지 않을까 하는 말입니다. 말하자면 제가 말씀드리는 것은 이런 문제가 신경림의 시에서 완전히 해소된 것은 아니지 않은가 하는 것이지요.

백낙청 김선생께서 제기하신 문제야말로 오늘 우리가 여기서 한국 시단에 관해서 논의해야 할 가장 핵심적인 문제가 아닌가 생각하는데요, 다시 말하면 실지로 우리나라에서 민중을 구성하고 있는 사람들은 대부분 너무 가난하다거나 또는 훈련을 거치지 못해서 시를 쓰거나 읽는 일과는 별 상관 없이 사는 형편이고, 반면에 어떤 사람이 시를 읽는다든지 시를 쓴다든지 할 때 그 사람은 이미 확률적으로 민중과 분리된 생활을 하고 있기가 쉽습니다. 이런 경우 어떻게 시를 쓰는 사람이 자기가 시인으로서 개인으로서 절실한 것을 표현하면서 동시에 실지로 시와는 거리가 먼 생활을 하고 있는 대다수 민중의 실감을 표현하느냐 하는 문제가 생깁니다. 거기에 대해서는 어떤 간단한 대답이 있을 수가 없겠지요. 그러나 상황이 이러니까 민중적인 시인이란 도대체 못 나온다고 말하기 전에, 이렇게 한번 바꾸어서 생각해볼 필요가 있을 것 같습니다. 즉 실지로 시를 쓰고 읽고 하면 이미 그 사람은 무식하고 가난하고 시를 모르는 대중은 아니니까, 그 사실만으로 그는 도저히 가난한 민중과 연대의식을 갖고 공통된 실감을 표현할 수 없음이 분명하다고 말하는 것이야말로 일종의 기계적인 결정론이 되는 것 아니겠습니까? 어렵기는 하지만 그런 일이 가능은 하고 그런 어려운 일을 하니까 그 사람이 시인 대접을 받는 것이고……

김우창 물론 책을 읽는다는 것은 서로의 경험을 나누어 가질 수 있다는 전제로서 책을 읽게 되기 때문에, 시인이 민중의 경험을 어떻게 실감있게 표현하는가 하는 것은 작가가 위대할수록 가능하고 작가가 위대하지 못하면 불가능하다고 할 수 있겠습니다. 시를 단순한 르뽀르따주로 해결할 수는 없다는 얘기입니다. 가령 신문기자가 수해지역에 가서 기사를 만들어 오는 것하고, 시인이 수해지역 이재민의 얘기를 시의 소재로 하는 것하고는 상당히 거리가 멀다는 것 같은 얘기지요.

백낙청 그러니까 결국은 신경림의 경우도 르뽀르따주적인 경우도 많은데, 만족스러운 답변을 못한다는 얘기입니까?

김우창 기능적으로는 인정을 하겠어요. 더구나 그것이 지금 우리 시단에서 또는 우리가 처해 있는 위치에서 중요한 기능적인 기여를 한다고는 말할 수 있겠어요. 물론 시인이라는 것은 대중적일수록 좋고 대중뿐 아니라 일반적으로 만인이 공감할 수 있는 경우면 더 좋겠지요. 따지고 보면 사회가 다 좋아야 만인이 공감할 수 있는 시가 가능하겠지만, 시인이라는 것은 자기가 경험할 수 있는 세계를 그려야 될 것 아닙니까? 오늘날, 시인이라면 여러가지 사회적인 요인으로 민중과는 분리된 지위에서 시를 쓰는데, 그 문제가 쉽게 해결된 것은 아니다, 이런 것입니다.

백낙청 저 자신 신경림의 시집을 가지고 완전한 해결이라든가 위대한 성과라든가 하는 용어는 쓸 생각이 없습니다. 그러나 지금 르뽀르따주라는 말을 쓰셨으니까, 저 나름으로 몇 마디 덧붙여볼까 합니다. 르뽀르따주도 르뽀르따주 나름이겠습니다만, 시가 르뽀르따주 같다고 할 때는 대개 시로서 미흡하다는 얘기가 되지요. 자기가 정말 체험한 것이 아니고 신문기자가 가서 잠깐 보면서 취재한 것과 같다든가……

김우창 꼭 체험해야 할 필요가 있다는 얘기는 아니고 작품 쓸 수 있는 범위라는 것이……

백낙청 물론입니다. 저도 시가 우리에게 주는 인상이나 효과를 가지고 얘기하는 것이고, 실지로 신경림이라는 사람이 이것을 체험했느냐 안했느냐 하는 것은 별개 문제지요. 예를 들어 「눈길」이라는 시를 보면 신경림이라는 사람이 실지로 아편장사를 해보았는지는 모르겠지만, 아편장사를 해본 사람만이 쓸 수 있을 법한 강렬한 인상과 실감이 있습니다. 그런 의미에서 저는 르뽀르따주라는 말이 방관자의 입장에서 쓴 기사를 시사하는 한, 적합한 단어가 못된다고 봅니다.

또 한 가지는, 시를 두고 르뽀르따주 같다고 얘기할 때에는 그것이 어떤 세계를 너무나 평면적이고 피상적으로 그리고 있다는 의미를 갖기가 쉽습니다. 또 신경림의 시집에 대해 그런 식의 비판이 이미 나온 것으로 알고 있습니다. 신경림씨가 흔히 있는 풍경들을 별 깊이 없이 그려놓았을 따름이라는 인상은 사실 우리가 그의 시에서 받기가 쉽게 되어 있지요. 그의 시가 너무 선명하기 때문에 우리가 속아 넘어가기 쉬운 일면이 있는 것 같습니다. 신경림씨가 일단 써놓으면 모든 것이 선명하게 정리되어버려서 차라리 별것 아닌 것 같은 인상마저 주는데, 체호프(Chekhov)나 헤밍웨이(Hemingway) 같은 이들이 단편을 써놓았을 때도 우리는 흔히 그런 인상을 받곤 합니다. 아무도 그게 작품거리가 되리라는 생각도 잘 못하던 것을 그 사람이 써놓고 나면 누구나 쓸 것 같은 생각이 들지요. 그렇다고 그 이후에도 누구나 써지느냐 하면 물론 그런 것도 아니고요. 더구나 신경림씨가 그리고 있는 세계를 자세히 따져보면 결코 평면적이라고 할 수 없는 점들이 곧 드러납니다.

첫째로 거기에는 아무렇지 않게 지나칠 수도 있는 이야기 속에 숨은 사연들이 참 많습니다. 숨은 사연이라는 것도 인생 도처에 숨은 사연이라는 게 없는 데가 없는 것이니까, 이래도 좋고 저래도 좋은 그런 사연이 아니고, 어떤 구체적인 역사적인 의미를 가진 숨은 사연이 발견됩니다. 예를 들어서 「친구」라는 시를 보면 친구의 장인뻘 되는 사람이 몰매를 맞아 죽은 사람이라는 얘기가 얼핏 나오는데, 이렇게 우리가 일제시대부터 8·15 이후의 격동기를 거치면서, 또 6·25 같은 것을 겪으면서 우리 민족의 대부분이 자기가 직접, 아니면 한 다리 건너서 겪었고, 단순히 겪었을 뿐만 아니라 지금 시인이 이런 식으로 다시 캐내주지 않으면 자꾸 숨겨지고 있는 그런 사연에다 촛점을 맞추어 새로 캐내고 있는 것입니다. 즉 시골 풍경의 묘사도 그냥 피상적인 표면적인 보도가 아니고 역사적인 깊이를 가졌다는 것입니다. 그리고 과거를 향해서 그런 깊이가 있듯이 미래를 향해서도, 평면적인 것 같은 묘사에 항상 어떤 심도가 있다고 저는 보는데, 그것은 물론 우리가 어떤 미래를 바라고 그 미래가 어떻게 도래할 수 있을까 하는 데 대해서 각자가 가진 생각에 따라 달라지는 문제이기는 합니다만, 신경림씨가 얘기하는 '피맺힌 분노와 맹세'라든가 거듭 표현되는 희망과 결의, 또는 절망에서도 항상 현실을 현재의 선에서 끊어서 보지 않고 미래의 어떤 비전을 암시하는 측면이 있는 것 같습니다.

경험과 의식의 관계

김종길 제가 아까 직접적인 호소력이 무디다든가, 작위성이라든가 허구성이라든가 하는 말을 사용했습니다마는, 왜 그러면 신경림씨의 시가 그렇게 되었을까를 생각해보면, 저로서는 이렇게 추측이 돼요. 작위성이나 허구성이 강하다는 것은 시인에 있어서는 의식이 강하다는 것과 실지에 있어서는 같은 것이 될 수 있어요. 그리고 신경림의 경우 그 의식은 어떤 이론에 대한 자의식을 포함하는 것 같아요. 설사 그런 것이 있더라도 이런 것은 될 수 있는 대로 뒤로 돌려서, 그런 것을 거의 의식하지 않으면서도 시인으로서 자기 자신이 정말 경험했다거나 느꼈다거나 하는 데서 출발했을 때 서정시에는 직접적인 호소력이 생길 것 같아요.

백낙청 김선생님의 호소력이 둔화된다는 말씀은 서정적인 호소력의 둔화를 얘기하시는 것 같은데, 저는 신경림의 시가 가지고 있는 호소력의 특성을 바로 서정적인 한계를 넘어서 리얼리스틱한 어떤 단편소설가가 씀직한 그런 경지로까지 들어갔다는 점에서 찾고 있어요.

김우창 저는 서정시가 아닌 바로 그 점이 흠집이 아닌가 하는데요. 좀 더 서정적인 어필을 갖기 위해서는 말하자면 말하는 자기가 누구라는 것도 알 수 있는 경우 서정적인 톤을 띠게 되지 않을까요? 얘기하는 사람들이 자기를 객관화함으로써 박진성이라는 것이 상당히 없어져버리고 만다, 극단적인 예로 서정성이 강화되면 오히려 어필한다는 것이지요.

백낙청 김선생께서는 어떤 가정을 하고 계신 것 같군요. 넥타이 맨 시인이 무슨 민중의 시인이냐, 민중의 삶을 노래하면서 민중의 일부가 아닌 넥타이 맨 시인이 갖는 자의식, 소시민의 고뇌 같은 것도 좀 집어넣어야 더 실감이 나지 않느냐, 이런 이야기신 것 같습니다. 사실은 『농무』에도 군데군데 소지식인의 한이라 할까 고뇌 같은 것이 담긴 시들이 보여요. 그러나 일반적으로 넥타이 맨 시인을 의식 못할 때가 많은 것은 이 시인의 약점이 아니라 강점이라 보아야지요. 작자가 일종의 위선행위로서 자신을 작품에서 빼버렸을 때는 우리가 작자를 의식 못하는 것이 아니라 오히려 더 의식을 하게 마련입니다. 사실 우리가, 시인이 넥타이를 매고 사는 이상 어떠어떠한 투의 시밖에 못 쓴다라는 선입견을 떠나서 본다면, 『농무』에 나오는 작품 중 이건 일부러 자기를 감추고 쓰지 않고서는 못 쓰는 시다라는 느낌이 드는 시는 별로 없다고 봅니다. 오히려 작자를 의식한다면, 요즈음 시인 중에서 이런 시를 쓰는 사람도 있구나 하는 찬탄감에 가까운 쪽이지요.

김종길 아까 얘기의 연장인데, 이 시를 읽으면 '나'라는 말이 상당히 많이 나오면서도 시인 자신은 별로 느낄 수가 없어요. 이것은 엘리어트(T. S. Eliot)의 초기시 같은 것에 있어서도 마찬가집니다만, 이 점도 신경림 시의 특성을 생각할 때 어떤 시사를 던지는 걸로 보여요. 그러나 이것은 현재 우리 시단에서 비단 신경림씨뿐만 아니라 그와는 대조적인 시를 쓰는 시인들에게도 볼 수 있는 현상이지요.

신경림의 시 같은 종류와는 대조적인 시를 쓰는 사람들의 시를 읽어보면, 아직도 난해성 자체에 가치가 있는 것처럼 생각하는 그런 시인들도 있고, 난해성과 관계없이 읽어서 대단히 알기 쉬운 말로 뻔한 시를 쓰는 사람들도 있는데, 그런 두 종류의 시 가운데 읽어서 진짜 시다라는 느낌을 주는 경우가 매우 드물다 말이에요. 그런 시인들은 뭐라 할까 신경림과는 달리 '우리'의식 같은 것이 별로 없이 개인의 세계를 쓴다는 말인데, 그런 의미에서 그것은 폐쇄적이지요. 폐쇄적인 시라도 그것 나름대로의 호소력을 가질 수도 있는데, 그것이 좀체로 없단 말입니다. 그래서 그것을 타개하는 방도로 현실에 사는 사람으로서의 잡다한 경험을 통합하고, 그것에 의미를 부여하는 작업을 착실하게 할 필요가 있다고 생각합니다. 그 의미란 어떤 새로운 것이어야겠고, 뚜렷해야겠고, 박진력이 있어야겠어요. 그러나 사실 경험의 통합이라든가 이런 의미의 발견이 실지로 쉬운 일은 아니거든요. 나는 신경림의 시를 읽고 의식적이다, 이론적이다, 어떤 의미에서는 계획적이다라고 느끼지만, 그러나 그것대로 새로운 데가 있어요. 이런 것이 하나의 시적인 타개책을 암시할 수도 있어요. 어떻든 일반적으로 말하면 우리 시는 좀더 굳건한 경험적인 것이어야 할 것 같아요.

백낙청 지금 우리 시단에서 신경림씨와 가장 대조적인 시를 쓰면서도 그 나름으로는 훌륭한 시를 쓰고 있는 이를 들라고 한다면 저는 김현승(金顯承)씨 같은 분을 들겠습니다. 그분의 시집 제목으로서 '견고한 고독'이라든가 '절대고독'이라는 말들이 시사하듯이, 김현승씨는 자기의 굉장히 좁은 세계를 지키면서 그 좁은 세계에서의 자기 실감을 얘기하고 있습니다. 그것이 메마른 세계라는 것도 알고 할 말이 그리 많지 않은 세계라는 것도 압니다. 심지어는 「신년송」인가 하는 짧은 시에서는 백마디 하던 말을 열마디로 줄이고 다시 한마디로 줄여 종국에는 "내 언어의 과부가 되고저" 한다는 일종의 포부까지 토로하고 있지요. 하여간 좁은 세계나마 거기에 투철해서 그것을 정밀하게 시로 얘기하고 있다는 점에서 저는 확실히 김현승씨의 시는 그것대로 평가해야 한다고 믿습니다. 그러나 가짜 시를 대할 때의 답답함하고는 다른 답답함을 이분의 시세계에서 느끼지 않을 수가 없는 것도 사실입니다. 그런 의미에서는 김선생께서 말씀하신 풍부한 경험을 살려서 폭넓은 시를 쓰기로는 김광섭(金珖燮)씨 같은 분이 더 우리의 답답증을 풀어주는 면이 있는 듯합니다.

김종길 지금 노경에 든 선배 시인들을 말씀하셨는데, 그분들은 지금 주목할 만한 지속력을 보이고 있고 업적을 내고 있어요. 저 개인으로 볼 때 그 두 분의 시는 사실은 기교적으로 서투른 데가 있는데, 김광섭씨의 경우 말년에 와서 건강이 매우 좋지 않고 생활이 적어도 안락한 것은 아니거든요. 그런 병고 속에서 오히려 그분이 젊었을 때 쓴 것보다도 더 주목할 만한 시를 쓸 수 있다는 것은 한편으로는 그분 개인적인 현실이 그러한 시적인 탈출을 제공한 것이 아닌가 싶어요. 김수영의 경우도 자기대로는 생을 철저하게 산 사람인데, 말하자면 자기 자신을 내던지는 그런 생활인으로서의 용기라고 할까, 이런 것이 있었기 때문에 좋은 시를 쓸 수 있었던 것 같아요. 천상병(千祥炳)씨의 경우도 비슷하죠. 그러나 김현승씨의 경우는 성격상 상당히 고독한 분이지요. 그분의 생활 자체는 김광섭씨나 천상병씨의 그것과는 다르지만 성격상 꽤 철저한 분이기 때문에 지속력이 생기는 것 같아요. 다만, 글쎄요, 주목할 만한 활동을 하고는 있지만 그분들의 시가 시단의 답답증을 완전히 풀어줄 수 있느냐 하는 데 대해서는 상당히 의문도 없지 않은 것 같아요.

백낙청 제가 김현승씨 얘기를 한 것은 그분의 시에서 시단의 답답증이

풀린다는 얘기가 아니고 오히려 정반대 얘기를 강조하기 위해서 한 얘기입니다. 다만 제가 신경림씨 시 같은 것을 높이 평가할 때 아주 대조적인 시작(詩作) 태도를 전면 부인하는 것이 아니고, 인정을 하면서도 역시 거기서는 답답증이 난다는 말이죠. 그것이 메마르고 답답한 세계라는 것을 시인 자신이 인정하고, 그것을 성실히 다듬어진 언어로 얘기하고 있으니까 가짜 시라고는 할 수 없는 반면, 그런 좁은 세계만 자꾸 얘기하는 데 대한 답답증을 우리가 느끼는 것입니다.

김종길 좀 개방할 필요가 있다, 개방이라는 것도 몇 가지 내용을 가질 것 같은데, 현실에 대해서 좀 개방적일 것, 혹은 자기 자신의 경험의 전부, 잡다한 경험 전부에 대해서 좀 개방적일 것, 그리고 언어에 대해서 좀 개방적일 필요가 있을는지도 모르지요.

시인과 언어와 현실

백낙청 언어에 대한 얘기가 나왔으니까 말입니다만, 원래 시인의 사명 중의 하나가 자기 모국어를 순화하고 정화하고 개발하는 것이라고들 흔히 말합니다. 그런 관점에서 볼 때 적어도 지난 수십 년간 우리 시단의 많은 시인들이 그와 정반대되는 기능을 상당히 해온 것 같습니다. 물론 우리가 잘 안 쓰는 말 같은 것을 많이 소개하고 해서 다른 분야에서 서양문물을 들여와 전파한 것과 비슷한 역할은 많이 했지요. 동시에 이런 작업이, 다른 분야에서도 비슷한 일들이 일어났습니다마는, 우리 모국어에 대한 조직적인 파괴행위를 자행했다고 해도 과언이 아닐 것입니다. 물론 거기에 예외가 있습니다마는. 예컨대 우리가 서정주(徐廷柱)씨 같은 시인의 많은 작품이나 그분의 시에 대한 생각 같은 것에 대해 많은 비판을 하면서도 역시 어떤 평가를 하는 것은 우리의 모국어를 이런 와중에서 지키고 다듬어왔다는 업적을 인정하기 때문입니다. 그러나 서정주씨의 경우에도 그가 지켜온 모국어, 주로 그의 토속어라는 것이 어떻게 보면 특수 계층에만 어필하는 토속어라고 볼 수 있지요. 그리고 복고적인 경향이 내재하는 말들을 주로 개발해왔는데, 이렇게 토산물을 일부러 관광객 앞에 제시하는 식의 모국어 개발이 반드시 좋은 일만도 아니고, 이에 비한다면 우리 현실에서 순탄하게 쓰이는 말을 신경림씨가 그대로 쓰면서 그것을 밀도있는 시어로 만들어냈다는 것은 차원이 다른 업적으로 높이 평가해야지요. 그리고 그런 방향으로 더 많은 모색이 있어야겠다고 생각합니다.

김우창 시인이 언어를 지킨다는 것은 토속어와는 직접적인 관계가 없는 것 같아요. 시인이 언어를 지킨다는 것은 간단히 얘기해서 이름을 바르게 지키는 것과 다른 것이 아닌 것 같습니다. 그러니까 사실과 언어 사이에 일정한 밀착된 긴장관계를 유지시키는 것이 시인이 언어를 지키는 것이지, 발음하기가 좋은 말을 사용한다든지 한문자를 안 쓴다든지 하는 것과 직접적인 관계는 없다고 하겠습니다. 따라서 한국말이 우리 경험과 진짜 깊이있게 밀착된 관계가 있다는 의미에서 토속어라는 것이 중요시되어야 하겠지만, 그러나 그 자체가 중요한 것은 아니겠지요. 가령 외래어 같은 것이 좋지 못한 효과를 가져오는 것은 외래어이기 때문이 아니라 우리가 경험하는 세계와 먼, 사실과 유리된 것이기 때문에 그런 것일 것입니다.

그런데 또 다른 한 가지, 시인이 의지력에 의해서 한 말이 갖는 의미와 말이 지칭하는 의미체(意味體)를 늘 밀착시키면서 이것을 유지하는 것은 불가능한 것 같습니다. 그것은 구체적으로 우리가 경험으로 확인할 수 있는 세계에서 살아야 그것이 가능한데, 우리가 사는 세계가 경험적으로 확인할 수 있는 세계가 아닌 게 되어버리는 것이 오늘날의 실정입니다. 가령 정치용어에 대하여 실감이 안 나는 경우라면, 그것이 우리가 경험하는 세계하고 관계가 없는 말처럼 되어버렸기 때문일 텐데 결국 문제는 시인이 사회의 경험에 철저하다면 이것이 곧 언어를 지키는 방법이 아닐까요? 그러니까 시의 언어를 제한되게 썼다는 것은 시인들의 잘못이라고 할 수도 있겠지요. 새로운 경험을 우리가 인정할 수 있는 것으로 옮겨놓는 것이 시인들의 역할이라 볼 때에, 우리 시인이 그러한 역할에 충실했다고 말할 수 있을는지 의문입니다. 지금 어떻게 보면 시어라는 것이 우리의 중요한 사회적인 경험의 말과 완전히 분리가 되어 있다고 하겠는데, 이것은 우리가 인격분열이 되어 있다는 증거라고 할 수 있어요. 시인들이 충분한 노력을 안하고 있다는 얘기도 되겠고, 우리에게 현대적 체험을 다룰 수 있게 하는 유산이 없다는 얘기도 되겠지요.

백낙청 그렇지요. 시인이 국어를 지킨다는 것은 결코 좁은 의미의 토속어를 지키는 것이 아님은 물론, 단순히 우리에게 익숙한 말을 주로 쓴다는 것만도 아닙니다. 그러나 어떤 특수한 전문지식을 가졌다거나 전문적인 경험을 갖지 않고도 서로 이해할 수 있는 언어, 여러 사람이 공유하고 있는 언어에 대해서 현재의 역사적 상황이 어떤 조직적인 파괴작용을 가하고 있다는 가정이 사실이라면, 거창한 철학적인 이야기에까지 갈 것 없이 그냥 순한 우리말로 시를 써서 그것을 읽히게 만든다는 자체가 상당한 역사적인 공헌을 하는 것이고 모국어 순화의 이름에 값하는 것이 되리라 믿습니다. 그리고 이러한 시를 쓴다는 것이 시인의 의지만 가지고는 절대로 되는 것이 아니고, 김선생 말씀대로 시인의 절실한 경험을 토대로 해가지고 그 경험을 남과 나누어 가질 수 있어야 하는만큼, 단순한 언어구사의 문제가 아닐 것은 확실합니다. 토속어에만 치중하는 것은 저도 건전한 태도가 못된다고 봅니다. 근본적으로 그것은 우리가 과거의 민중현실은 인정하지만 현재의 그것은 인정 못하겠다는 그런 태도의 소산이지요. 그런 점에서 김수영씨라든가 신경림씨도 그렇고, 그런 토속어의 테두리 안에 머물고 있지 않은 시인들에게 더 큰 기대를 걸어볼 만하겠지요.

김종길 더러 시를 쓴답시고 써보는 사람은 언어라는 것이 만만찮은 저항력을 가지고 있다는 것을 뼈저리게 실감하지요. 그런데 비교적 만만한 것이 사실은 토속어 같은 것이거든요.

김우창 말과 사회에는 어떤 함수관계가 있습니다. 말하자면 사회의 언어와 시의 언어를 부단히 가깝게 만드는 것이 시인의 작업이라 할 수 있는데, 우리가 실지 살고 있는 세계의 진실이 무엇이냐를 시인이 파악하는 것과 언어를 정확하게 사용하는 것과는 병행하는 것이라 할 것입니다.

백낙청 그러나 또 실지로 시어의 가능성을 높여준 업적이 나올 때 보면 업적 중의 일부는 항상 토속어에 대한 새로운 감각 같은 것을 가지고 현대어의 일부로서 포용하고 있지요. 김수영씨 같은 분의 언어는 토속어와 거리가 먼 것 같지만, 실지로 요소요소에 토속어를 쓰기도 하고 시에 잘 안 쓰이는 비속한 말들도 그럴듯하게 잘 집어넣어서 소화하는 경향이 있지요. 또 아까 말한 최근 몇년 사이에 한국시어의 여러가지 새로운 가능성을 열어준 시인들로서 신경림 외에 조태일, 김지하 등을 들었습니다. 이들의 작품에서도 토속어라는 것이 상당한 비중을 차지하는 것이 사실입니다.

김우창 토속적인 기반이 없는 언어라는 것도 사실은 허무맹랑한 것이니까, 결국은 토속어 그것을 쓰지 말자는 것이 아니고, 그것을 현재 경험에 의해서 재생시켜야 한다는 말입니다. 옛날로 돌아가는 것이 아니라 토속의 소리가 우리 민족의 생활기저로서 현대사회에서 재생이 되어야 한다는 말입니다. 이에는 상당히 복잡한 작업이 수반되어야 할 것입니다.

아까 김현승씨 시의 세계가 답답하고 그것이 그럴싸하면서도 답답하다고 하셨는데, 그것이 대부분의 사람들의 세계 아니겠어요? 그러니까 김현승씨의 시가 증언하는 세계라는 것은 모든 것이 내가 가까이 느낄 수 없는 것이고, 모든 것이 부재하고, 없고, 메말라버리고, 그렇기 때문에 믿을 것이라는 것은 메말랐다는 것을 인정하는 역설적인 자기주장밖에 없다. 세상에 내가 가까이할 수 있는 것이 없다는 세계이겠는데 그것은 사실은 오늘을 사는 많은 사람들의 경험일 것 같아요. 따라서 거기에서 신경림씨가 얘기하는 '우리'의 세계로 연결되어 나가는 방도가 있다면 크게 바람직한 일이겠는데, 그런 무슨 방도는 없을까요? 말하자면 김현승씨가 그리고 있는 경험세계, 막막한, 주로 겨울 얘기의 세계가 많은 사람들의 세계라고 한다면, 그 세계가 의미를 갖는 것은 다른 사람들의 세계에 그와같은 것이 있기 때문에 의미를 갖는 것입니다. 따라서 한국 시인들이 해야 하는 중요한 문제 중의 하나는 어떻게 해서 자기고독만이 확인되는 세계에서 '우리'의 세계로까지 옮겨가느냐 하는 것이 된다고 생각되는데요……

백낙청 하지만 이것도 현실의 일부이고 저것도 현실의 일부이다 하는 정도로 대등하게 평가할 수는 없을 것 같은데요. 우선 한 가지만 들더라도 김현승씨의 고독한 세계를 고집한다면 신경림씨가 추구하는 그런 세계로의 발전이라는 것이 있기가 힘들다고 보겠습니다. 그 반면에 우리가 우리의 세계를 신경림씨가 추구하는 방향으로 넓혀나간다고 한다면, 김현승씨 같은 분의 특수한 세계를 어떻게 포용하느냐 하는 문제가 굉장히 어렵고 미묘한 문제로 대두하기는 합니다만, 애초부터 그런 포용의 가능성을 배제하고 나가는 것은 아닌 셈이지요.

김종길 '나'에게서 '우리'에게로 옮겨가는 '나'란, 단순한 유추로 얘기한다면, 폐쇄된 세계에서 '우리'라는 개방된 세계로, 폐쇄된 세계에서 그 껍질을 깨고 개방된 세계로 살금살금 기어 나와야 한다는 얘기겠는데, 이렇게 끝내고 보면 좀 우습겠습니다만, 어때요, 더 하실 말씀 있으세요?

김우창 신경림씨의 시에 관한 얘기가 너무 많아진 것 같습니다만, 그와 연결시켜서 대개 얘기될 것은 거의 된 것 같아요.

김종길 그럼 여기서 그치죠. 오랫동안 감사합니다.

| 대담 |
리얼리즘과 민족문학

유종호(문학평론가)
백낙청(서울대 문리대 부교수, 영문학)

백낙청 흔히 세계의 현대문학을 논한다든가 세계의 현대철학을 논한다면 선입관인지 모르지만, 사람들은 대체로 현대 서양문학의 동정을 일목요연하게 말해주기를 기대하는 것 같습니다. 그런데 이런 독자들의 기대에 과연 부응할 수 있는 것인지, 매우 회의적인 느낌을 금할 수가 없군요.

유종호 백선생의 말씀이 사실인 듯합니다. 이런 말을 하는 것은 무슨 겸손의 소리로서가 아닙니다. 현실적으로 세계문학을 굽어볼 수 있는 조감도를 머릿속에 갖는다는 것 자체가 현대에 와서는 거의 불가능한 것 같아요. 간단하게 몇 마디로 정의할 수 없는 것이 현대의 특색이자 현대문학의 특색이라고 할 수 있으니까요. 처음부터 그 점을 분명히하고 얘기를 시작하는 것이 좋겠습니다. 따라서 세계문학을 얘기하되 어디까지나 우리

■ 이 대담은 『월간중앙』 1974년 10월호에 수록된 것이다.

현장과의 연관성 밑에서 말하는 것이 얘기하는 데도 보람이 있지 않을까 생각합니다.

백낙청 유선생께서도 외국의 현대문학에 대한 특별한 조감도를 갖고 계시지 못하다고 말씀을 하셨는데 이것은 우리들 자신의 능력 부족도 있겠지만 실지로 서양에 사는 사람에게도 어려운 일인 것 같아요. 특히 한국에서 공부하는 사람으로서는 불가능한 일이라고 봅니다. 기껏 우리가 노력해서 파악할 수 있는 것은 자기가 전공한 어느 한 나라의 한 시대의 문학, 그중에서도 어느 한 '장르'에 국한되는 정도입니다. 그러나 어느 한 나라의 문학이나 한 분야에 대한 소상한 지식이나 견해가 그것 자체로서 큰 의미가 있는 것도 아니죠.

그런 단편적인 지식을 어떻게 현장성에 연관을 시켜 이해할 것인가에 관심을 가져야 되리라 생각합니다. 서구문학 전체를 우리가 입체적인 안목으로 대하고 우리 자신의 필요에 맞춰서 소화하는 데에 서구문학을 전공하는 참다운 뜻이 있다고 하겠습니다. 그러므로 구체적인 동정에 대해 소상하지 못하다 하더라도 우리 나름의 어떤 주체적인 안목을 세우기 위한 노력은 할 수 있다고 믿고 그런 노력이 필요하다고 생각합니다. 이런 입장에서 얘기를 전개해나갔으면 좋겠습니다.

유종호 우리가 문학을 공부하던 학생시절만 하더라도 가령 『님의 침묵』보다는 『지옥의 계절』을 알아야 하고 신채호(申采浩)의 이름을 모르는 것은 큰 결함이 되지 않지만 토인비(Toynbee)의 『역사의 연구』 초본쯤은 읽어두어야 한다는 투의 생각이 많이 퍼져 있었습니다.

사실 『님의 침묵』도 이해하지 못하는 처지에 랭보(Rimbaud)와 씨름을 벌인다는 것은 일종의 인식론적 절망을 안고 있는 자학행위겠습니다만 근자에 와서 이런 경향이 많이 수정이 된 것 같습니다. 그 역작용을 진지하게 걱정하는 사람들이 생겨날 정도로 말입니다. 서구적인 것에 대한 사춘기적 동경이 많이 극복되어가고 있는 것은 보다 성숙한 현실인식이 전제된 것이고 따라서 우리 문화의 성숙이라고 볼 수 있겠습니다. 그런 의미에서 서구문학 및 예술이 20세기에 들어서면서 당면했던 여러 문제와 그 의미라는 측면에서부터 얘기를 시작하는 것이 좋겠습니다.

백낙청 지금 말씀하신 대로 덮어놓고 우리 것은 무시하고 서구 것에 경도하는 일반적인 풍조도 문제가 되겠지만, 한 걸음 더 나아가서 흔히 거론되는 현대 서구예술의 경향이나 작품들이 서양 것 중에서 제일 훌륭하고 건강한 것인가 하는 점도 반성해볼 문제인 것 같습니다. 설사 20세기에 미국이나 서유럽에서 지배적인 조류를 이루는 예술이 서양예술 중에서 가장 훌륭하고 건강한 것이라 해도 우리 것을 무시하고까지 배울 수는 없는 것인데, 하물며 그것이 서구예술 자체의 발달사에서조차 반드시 긍정적으로만 평가할 수 없는 여러가지 문제점을 내부에 지니고 있다면 이것을 보는 우리의 안목은 훨씬 비판적이고 경계하는 태도를 가져야 되겠습니다. 흔히 '모더니즘'이라는 명칭으로 일컬어지는 20세기 서구예술의 여러 경향들은 서구에서도 많은 비판을 받고 있는 실정입니다. 그렇기 때문에 우리가 현대를 움직이는 문학을 얘기할 때 덮어놓고 요즈음 프랑스 문단에서는 누가 영향력이 있다느니, 미국에서는 어떤 유(流)의 작품이 많이 읽힌다는 등등의 단편적인 지식을 말해버리는 것은 굉장한 악영향을 끼칠 수 있다고 봐요. '모더니즘'의 예술이 종전의 예술에 비해 형식적인 면, 감각적인 면에서 여러가지 혁신을 가져온 것은 사실입니다. 또 그것을 만들어낸 예술가 한 사람 한 사람의 절실한 체험에서 우러나온 것도 사실입니다. 그러나 우리 나름의 큰 안목으로 본다면 '모더니즘' 예술의 일관된 특징은 여러 사람과 함께 공유할 수 없는 사회적인 경험 내지 사회적·역사적 현실의 무의미성이라는 것을 그 가장 절실한 체험으로 갖고 있다고 보겠습니다. 외부세계나 역사적 현실을 통해 남과 함께 나누어 가지는 경험은 모두 상투적이고 무의미한 것이고 자기만 알고 남에게는 도저히 전달할 수 없는 개인적인 체험, 자기는 본질적으로 고립되어 있는 외로운 개체라는 느낌, 이런 것이 '모더니즘'의 기본체험을 이루고 있습니다. 그렇기 때문에 '모더니즘'으로 지칭되는 예술에 실제로는 여러 갈래가 있지만, 일반사람이 보기에 모두 난해한 예술이 되고 일반인에게 무슨 관심을 가지고 어떤 말을 해주려는 성의가 도무지 없는 예술처럼 보이는 것입니다. 물론 서구의 '모더니즘'을 신봉하고 지지하는 사람들은 이것이야말로 과거의 예술이 발견하지 못했던 새로운 경지이고 중요한 예술이라고 말하기도 하지만 우리로서는 그런 서구적인 예술교리 앞에 적어도 처음부터 고개 숙이고 들어갈 필요는 없지 않은가 하는 생각이 듭니다.

유종호 '모더니즘'의 일반적인 특색을 지적하긴 어려운 일이겠습니다만 외부현실의 본질적인 무의미성이나 역사 속에서의 행동의지의 무의미성이 그 주요 체험으로 바닥에 깔려 있다고 할 수 있겠습니다.

이것은 '모더니즘'의 일반적인 난해성과도 관련되는데 그 밑바닥에 숨어 있는 것은 인간 사이의 경험교환 가능성에 대한 믿음의 붕괴입니다. 아까 백선생이 지적하신 것처럼 '모더니즘'운동은 그 나름의 절실한 체험의 소유자들에 의해서 진지하게 추구되어왔음을 부정할 수는 없겠습니다. 사람들 사이의 경험교환 가능성에 대한 믿음의 붕괴도 나날이 착잡해져 가는 현대생활, 극심한 경제적 불평등, 여기서 비롯되는 자연·문화·교육·여가향유의 불평등으로 갈가리 찢긴 현대세계의 한 반영이고 그 점 그 진실성의 일단(一端)을 인정해야 할 것입니다. 문제는 그다음에 온다고 하겠습니다. 사람들 사이의 경험교환 가능성이 거부되거나 어려워지는 현실이 극히 자연스럽고 당연한 것으로 받아들여지고 나아가서 경험교환의 불가능성에서 지극한 존재이유를 찾는 듯한 문학·예술이 많이 나오게 된 것은 결코 서구문명에 바람직스러운 국면이라고는 볼 수가 없을 것입니다. 교환가능성이 없는 경험의 표현에서 '엘리뜨'의 긍지를 느끼는 경향조차도 우리는 목도하게 됩니다. 말라르메(Mallarmé)에서 후기의 조이스(Joyce)로 이르는 흐름을 우리는 일단 이런 관점에서 볼 수가 있을 것입니다. 한편 엘리어트(Eliot)에서 오르떼가 이 가쎄뜨(Ortega y Gasset)에 이르는 문화론자의 논지에서는 이런 흐름의 옹호론을 보게 되는데 이들이 한결같이 반민주주의적 사상가라는 것은 결코 우연이 아닐 것입니다. '모더니즘'은 상투형의 거절이야말로 창조적인 문학예술이 활력을 얻는 요소라고 정당한 이론을 펴고 있으나 경험교환 가능성의 불신이나 포기가 자체의 상투형을 이루고 있다는 점에도 문제점이 있다고 하겠습니다.

백낙청 '모더니즘'이 서양문학사에서 가장 바람직한 요소가 아니라고 할 때, 우리가 서양문화를 전면적으로 외면하려는 것이 아닌 이상은 서양 내부에서도 좀더 바람직한 전통이 바람직한 요소를 찾아내야 할 터인데 그런 의미에서는 어떤 면에 눈을 돌려야 될까요?

유종호 우리의 입장에서 볼 적에 인간의 어떤 고립무원성이 마치 사회적으로 바람직스러운 인간의 모양인 양 착각되거나, 혹은 변경될 수 없는 인간존재의 본질적 조건인 양 체험, 표현되고 있는 '모더니즘'보다는 경험 전달 가능성의 상실에서 현대인과 현대사회의 병리를 발견하고, 함께 모여 사는 사람들끼리의 의사소통이 가능하다는 확신에 찬 문학전통, 그리고 잃어버린 것의 회복을 위해서 그렇지 못한 상황을 뜯어 고치려는 태도를 명백하게 보여주는 쪽에 관심을 갖는 것이 당연하겠지요. 그런 것으로 요사이 많이 논의되고 있는 '리얼리즘'의 문제가 있지 않을까 생각합니다.

백낙청 동감입니다. 지금 말씀하신 대로 사람과 사람 사이의 의사소통이나 공감의 가능성이 현실적으로 좁아진 것이 사실인 이상 그 사실 자체를 부인하는 것이 아니라, 이것이 어떤 역사적인 과정에서 이루어진 것인가를 추구하고 어떤 역사적인 행위를 통해서 극복될 수 있는가를 총체적으로 보는 안목을 가진 문학을 저 자신도 '리얼리즘'이라고 하는 단어와 결부시켜서 흔히 생각을 하고 있습니다. 서양문학사에서도 19세기 '리얼리즘'의 대가로 일컬어지는 작가들 즉 발자끄(Balzac)나 똘스또이 (Tolstoi), 도스또예프스끼(Dostoevskii) 같은 작가의 작품에서는 확실히 인간을 독립된 또는 외부세계와 완전히 절연된 형이상학적인 실체로서가 아니라 사회와의 유기적인 관계에서 파악하려는 노력이 엿보입니다. 그리고 그것은 그 작가들 개개인의 정치적 신조와는 상관없이, 인간사회를 더 나은 방향으로 이끌고 가려는 강한 의지를 바탕으로 한 인식행위요 전달활동이었던 것입니다.

다만 '리얼리즘'이라는 단어에는 문제가 많지요. '모더니즘' 계열의 작가들이 '리얼리즘'의 개념을 비판하는 중에도 수긍이 가는 면이 적지 않습니다. 예컨대 프루스뜨(Proust) 같은 사람이 '리얼리즘'을 비판할 때 직접적으로 염두에 두고 있는 대상은 우리가 지금 얘기하는 '리얼리즘'이라기보다는 훨씬 더 좁은 의미의 사실주의, 즉 사회현실 또는 외부현실을 실증주의적인 관점에서 복사하고 모사하는 경향입니다. 이것이 결코 우리 삶의 진실을 포착할 수 없다는 프루스뜨의 비판 자체는 정당하다고 보지 않을 수 없습니다. 우리가 '리얼리즘'을 얘기할 때도 이런 비판을 받아 마땅한 소박한 모사주의에 흘러서는 안될 것이라고 생각합니다. 그러나 '모더니즘'을 추종하는 사람들의 이른바 '리얼리즘' 논의에는 좀더 근본적인 문제점이 있는 것 같습니다. 그들은 흔히 자연주의 내지 모사주의식의 '리얼리즘'이냐 아니면 외부세계 및 사회현실에 대한 관심 자체를 부차적으로 만든 상징주의라든가 형식주의·추상주의 기타 등등의 '모더니즘' 계열이냐, 하는 식으로 예술을 대별하고는 합니다. 그런데 이러한 문제제기 자체가 사실은 '리얼리즘'의 참뜻을 망각한 데서 옵니다. 사회현실의 어느 일부만을 복사하는 자연주의와 사회와의 단절감에 젖어 있는 몇몇 개인의 체험에만 눈을 주는 '모더니즘'이 모두 사회현실·역사현실 전체에 대한 안목과 책임감을 결하고 있다는 점에서는 오히려 일맥상통하는 것입니다. 그러므로 프루스뜨가 비판하는 소박한 모사론이나 프루스뜨식으로 내면세계의 탐구에 침잠하는 것이 다 같이 '리얼리즘'의 정도가 아님을 깨달을 때 진정한 '리얼리즘'을 위한 우리 자신의 노력도 본궤도에 오를 수 있을 듯합니다.

유종호 '리얼리즘'이라는 말이 매우 폭넓은 개념이고 이것을 확대해서 쓰면 '리얼리즘' 아닌 문학이 없다는 결론에 이르게 되겠습니다. 전세기의 탁월한 '리얼리스트'들이 외부현실의 탐구에 문학을 바쳤듯이 우리는 인간의 내면세계의 탐구에 문학을 바치고 있다는 '모더니스트'들의 주장이 수정 없이 받아들여진다면 '리얼리즘'은 모든 것을 가리킴으로써 아무것도 가리키지 않는다는 곤경에 빠지게 되겠지요. 이런 곤경을 피하는 방법으로 객관적 현실의 비판적인 인식을 기본태도로 가지면서 사람들 사이의 경험의 공유와 경험교환 가능성에 대한 굳건한 믿음을 가지고 있는 문학이라는 관점에서 '리얼리즘'을 파악하는 것도 하나의 출발점이 될 수 있지 않나 생각합니다. 일체의 추상적인 것, 추상화된 인간에 대한 본능적 불신도 '리얼리즘'의 한 특색이겠습니다. 가령 사회현실에서 격리되고 역사현실과의 교류관계나 연속성이 두절된 수상한 공간에 붕 떠 있는 인간의 내면성이란 생각의 허구성에 대한 인식도 '리얼리즘'의 현실파악의 한 중요한 특색이라고 하겠습니다. 탁월한 '리얼리스트'의 작품에서 우리는 개인의 탐구가 사회 속의 개인의 탐구를 통해서 그대로 사회 전체의 탐구로 결정되는 축복받은 총체성의 파악을 보게 되는데 이런 총체성에의 의지도 '리얼리즘'의 속성이라고 하겠습니다. 전형성이라는 것도 이러한 총체성에의 의지가 비로소 밝혀낼 수 있는 것이겠지요.

그런데 '리얼리즘'을 얘기하는 데 우리가 유의해야 할 점은 정의의 지나치게 경직한 응용에 신중하자는 것이 아닐까 합니다. '리얼리즘'의 기준을 명명백백한 현실에의 충실도에서만 찾는다면 그것은 아까 지적하신 모사나 복사에의 의존 이외의 아무것도 아니겠지요. 가령 환상의 현실성이라는 것도 우리는 배격할 수가 없을 것입니다. 한번은 「두더지」란 외국영화를 보다가 새삼스레 환상의 아름다움과 현실성과 생기에 반한 적이 있습니다. 자연발생적인 군중시위에 무장한 측에서 발포를 하는데 아무리 총을 쏘아도 거리의 군중들은 한 사람도 넘어지지 않고 행진을 계속합니다. 무장한 사람들이 결국은 맨손의 평화적 행진자에게 쫓기고 말지요. 디테일상으로 황당한 것도 같지만 그 현실성의 호소력은 굉장한 바 있습니다. 이러한 아름답고 힘찬 환상, 너무나 강력하기 때문에 실현되어짐으로써 스스로를 부정하고야 마는 자기부정적인 환상을 우리는 포용해야 하지 않나 생각합니다.

백낙청 '리얼리즘'이라는 것은 지엽적인 기법의 문제라기보다 어느 개인의 경험만이 아닌 '리얼리티' 즉 현실의 객관성을 존중하느냐, 그리고 객관성의 바탕 위에서 그 현실의 일원으로 인식하며 행동하려는 의지가 살아 있는 문학이냐 아니냐 하는 기준으로 판별해야 한다는 점에 유선생과 저의 의견이 일치되는 것 같습니다. 따라서 환상적인 요소가 '리얼리즘' 문학에서 배제되어야 하는 것이 아님은 물론입니다. 다만 사회 전체의 모습, 역사 전체의 흐름을 객관적으로 파악하고 그에 준해 행동하려는 의지가 있는 사람에게는 문학에서의 사실성이라는 문제, 즉 외부세계의 사실을 있는 그대로 그린다는 기법상의 문제는 결코 기법의 문제만일 수는 없을 것 같습니다. 따라서 넓은 의미에서는 예술작품이 모두 상상력 내지 환상의 소산이라 하겠고, 좁은 의미에서의 '환상적 요소'라는 것이 적절히 사용되어 현실의 핵심적 의미를 포착하는 경우도 있지만, 환상적 요소에 대한 부단한 경계태세는 '리얼리즘' 문학에서 빼놓을 수 없는 것이 아닌가 생각됩니다.

유종호 환상이 현실파악의 한 수단이어야지 그 자체가 목적으로 될 때 본래의 기능이 마비된다는 말씀인 것 같습니다. 한 가지 더 주문사항을 말해본다면 '리얼리즘'을 비롯한 문학논의에 있어서 지나친 도덕주의적인 접근방법에 야기될 수도 있을 상상력의 소심화도 우리가 유의해야 하지 않나 하는 것입니다. 정의나 교의보다는 작품현실이나 삶의 현실이 훨씬 풍요하다는 감각을 우리가 무디게 만들어서는 안되겠지요. '리얼리즘'의 비판정신의 근저에는 보다 살기 좋은 사회의 건설이라고 하는 역사 이후 전인류의 줄기찬 비원이 깔려 있다고 할 수 있겠습니다. 그런데 문학세계나 예술세계의 균질화가 그 빈곤화를 초래하고, 예술의 빈곤화는 그대로 삶의 가능성의 빈곤화로 연결될 수 있다는 측면도 우리가 검토해보아야 겠지요. 이렇게 되면 '리얼리즘'의 비판정신이 자기부정으로 끝날 위험성도 있지 않나 생각됩니다. 삶의 풍요한 가능성에 대한 믿음, 그 실현가능성의 탐구야말로 '리얼리즘'의 자랑스러운 재산품목일 테니까요.

백낙청 문학에 있어서의 역사의식과 역사적인 책임을 강조할 때마다 이것이 곧 도덕주의나 설교주의로 오해받는 수가 많이 있는 것이 사실입니다. 그러나 '리얼리즘'의 말뜻 자체가 현실을 있는 그대로 그려내는 것을 시사하듯이 어떤 도덕률이나 '이데올로기'를 작품의 현실성에 선행시키는 일과는 거리가 멀지요.

유종호 저도 '리얼리즘' 문학과 설교적인 문학이 구별되어야 한다는 점에 대해서는 동감입니다. 다만 왕왕 '리얼리즘'의 판단기준을 논의하는 경우 너무 경직해진 결과 도덕주의적인 접근방법을 시행하고 있는 것이 아니냐 하는 인상이 되는 딱딱한 응용방법도 없지 않을 것 같고 그것은 경계해야 되지 않는가 생각되는 때가 있습니다. 그러나 많은 사람들이 얘기하고 있듯이 예술이 순전히 쾌락을 추구하는 사람에게 주어지는 선물에 지나지 않는다는 예술쾌락설은 배척받아 마땅하다고 생각합니다. 말하자면 일부 작가들이 스스로의 책임을 포기 내지는 양도함으로써 마음을 홀가분하게 해보자고 하는 경우가 있는 것 아니겠어요?

우리는 스스로 쾌락 제공자로 자처하면서 문학을 오락산업의 한 항목으로 편입시키려는 태도를 거부해야 할 것입니다. 그것이 아무리 정교하게 은폐되어 있는 경우에도 말입니다.

백낙청 어떤 당위성에 매여 설교나 늘어놓는 것과 사실을 사실대로 지적한다는 '리얼리즘' 문학의 사명과는 거리가 먼 것이 분명합니다만, 사실을 사실대로 인식하고 밝혀내는 작업이 엄청난 도덕적 정열과 용기를 요하는 작업이라는 것도 잊어서는 안되겠지요. 때로는 문학에서 설교주의를 배제한다는 이야기가 실상은 이러한 정열과 용기의 결핍을 감추려는 노력에서 나오는 수도 있는 것 같습니다.

우리가 서양문학 내에서 '리얼리즘'의 전통을 얘기할 때 쉽사리 머리에 떠오르는 것은 앞서도 거론한 바 있는 19세기 '리얼리즘' 소설의 대가들입니다. 그런데 우리가 '리얼리즘'이라는 개념을 꼭 어떤 시대, 어떤 부류의 사실주의적인 문학에 구애됨이 없이 우리의 입장에서 새로 이해하고 살려나가려고 한다면 이제는 서구문학의 테두리 밖으로 시선을 돌리는 일이 19세기 서구 대가들에 대한 재평가 못지않게 중요하지 않을까 합니다. 왜냐하면 우선 서구문학 내에서는, 적어도 20세기 서부유럽에서는 '리얼리즘' 문제가 문학 논의의 핵심에서는 멀어진 느낌이 있을 뿐 아니라 주류를 이루는 작가들의 작품 자체도 '리얼리즘'의 길에서 벗어났다고 볼 수가 있습니다. 그러면 이것이 곧 '리얼리즘' 전통의 단절을 의미한다고 보느냐 아니면 비록 서구문학에서는 쇠퇴했으나 그것이 좀더 넓은 세계에서 다른 식으로 전개되고 계승되어가는 길이 있는가 하는 문제가 제기될 수 있습니다. 그런데 앞서 우리가 서양과는 거리도 멀고 여러가지 입장도 다른데 서구 '리얼리즘' 문학이 우리에게 주요한 유산이 될 수 있다고 말했을 때, 우리는 우리 나름의 '리얼리즘' 문학을 창조하는 과정에서 서구에서는 쇠잔해가는 19세기 대가들의 전통을 우리 나름으로 계승 발전시킬 수도 있다는 가능성을 전제했던 셈입니다. 하기는 서구에서도 못하는 것을 어떻게 서구 바깥에서 할 수 있느냐, 불가능한 일이 아니겠느냐 하는 반론도 나오겠지요. 그러나 좀더 자세히 살펴보면 서구사회의 변천 과정에서 그들이 19세기에 생산할 수 있었던 '리얼리즘' 문학의 현실적 기반이 없어졌다는 사실이 바로 그러한, 또는 그 비슷한 역사적 여건을 서방세계 외부에 조성해주었다고 볼 수가 있을 듯합니다. 우선 제일 큰 문제로서 저는 제국주의라든가 식민지경영 문제를 생각하게 됩니다. 실제로 '리얼리즘' 전통이 현대 서구예술에서 유실된 가장 큰 조건을 든다면 저는 서구사회의 제국주의적인 발달이라 보겠습니다. 이 때문에 서두에 유선생께서 지적하신 것처럼 서구사회의 여러가지 불평등과 부조리가 심화 또는 항구화되고 평등이라든가 자유에 대한 개념 자체가 제한되고 변질되었고 문학 역시 바람직하지 못한 방향으로 변질했다고 하겠습니다. 플로베르(Flaubert)의 심미주의와 정적주의, 훌륭한 '리얼리즘' 소설이기는 하지만 발자끄나 디킨즈(Dickens)의 풍요성에 멀리 못 미치는 그의 작품이 이미 이런 변질의 한 측면을 보여줍니다.

그것이 20세기의 '모더니즘'에 이르면 앞서 말했던 것처럼 이러한 역사의 진행을 제대로 알아보려는 의지 자체의 포기를 뜻하게 됩니다. 이것이 서구의 이른바 선진국들이 제국주의시대에 이르러 모든 인간의 자유·평등 및 인간 상호간의 사랑이라는 원칙을 외면하게 된 사실과 떼어 생각할 수 없는 것이라면 제국주의의 수혜자가 아니고 피해자인 후진국의 국민들이야말로 이러한 상황의 본질을 파악하고 시정할 적임자들이 아닌가 합니다. 즉 그 피해를 뼈저리게 겪어나가는 과정에서 제국주의의 본질이 무엇인가, 제국주의가 피압박민중에게는 물론 압제자 자신들의 인간성도 얼마나 제약하며 그들의 문학에조차 얼마나 불건강한 영향을 가져올 수 있는가 하는 점들을 인식할 수 있는 입장에 있다는 것입니다. 여기서 새로운 '리얼리즘' 문학이 태동할 가능성도 있지 않은가 하는 생각을 해봅니다.

유종호 좋은 관점이라고 생각합니다. 우리가 위대한 '리얼리스트'들의 작품에서 공통적으로 발견할 수 있는 것이 모순에 대한 예리한 감각이 아니겠어요? 한 시대 혹은 한 사회가 당면했던 어떤 기본적인 구조적인 모순에 대해서 총체적으로 민감했다는 것이 모든 위대한 '리얼리스트'들의 공통된 요소인데 이것은 그들의 사회에서 소외와 관련된 것이 아닌가 여겨집니다. 원래 사회학적인 개념인 소외를 사회심리학적인 개념으로 파악할 때 그것은 거의 불안이나 거북함과 같은 말과 동의어가 되어버리고 말지요. 그런 뜻에서가 아니라 보다 직접적·상식적인 의미에서 한 사회의 생산력의 결과 처분에 있어서 제외되었거나 제외되었다고 느끼는 사람들, 혹은 계급탈락적인 지식인들일수록 한 시대나 사회의 모순이 날카롭게 감지된다고 할 수도 있겠습니다. 개인적으로는 다복하다고 할 수 없지만 사상가나 예술가로서는 어떤 축복받은 위치라고 할 수 있는데, 오늘날 후진국 혹은 제3세계로 불리는 지역의 문학인들은 이러한 행복한 관찰이 가능한 유리한 위치에 있지 않은가 생각합니다. 이른바 선진국의 지식인들이 윤리적 상상력의 구사를 통해서 비로소 감지할 수 있는 현 세계질서의 모순도 우리는 우리의 삶의 실감으로서 직접적으로 절감하게 된다는 측면도 있겠습니다.

한편 현대세계에 있어서의 창조적 문명의 장을 이미 서구가 아니라고, 가령 E. H. 카(Carr) 같은 이는 말하고 있는데, 이것이 사실이라면 아까 제기하신 관점은 더욱 튼튼해지는 것이겠지요. 창조적 문명의 장이 자리를 옮긴다면 그것은 지난날 억압받은 지역이 아니겠습니까.

백낙청 유선생이 방금 말씀하신 위대한 문학의 조건으로 지적할 수 있는 것은 자기와 함께 사는 사람들에 대한 연대의식 같은 것이겠지요. 서방세계 내에서의 모순을 예리하게 관찰하고 여러모로 고민하는 양심적인 지식인이 많지 않습니까? 그러나 사회 전체가 그 사회가 지니는 인간적인 모순에서 얻는 이득이 너무 많거든요. 식민지를 경영함으로써 잘사는 사람들이 더욱 잘사는 것은 물론이지만 소시민이나 노동자들도 상당한 물질적 혜택을 입게 마련입니다. 후진국의 민중에 비하면 완연히 특권적인 위치에 서게 됩니다. 따라서 그 사회 내에서는 결코 특권층이 아닌 다수 대중들조차도 그 사회의 모순에 대한 감각이 무디어지게 마련입니다. 그럴 경우에 몇몇 지식인이나 작가가 모순에 대한 예리한 감각을 가진다 하더라도 필연적으로 자기하고 함께 사는 같은 사회의 사람들로부터 심한 소외감을 맛보지 않을 수 없습니다. 그것은 창작의욕을 적당히 자극해줄 정도의 소외감이라기보다 풍요한 예술적 결실의 가능성을 거의 봉쇄할 만큼 혹심한 소외감이기 쉽습니다.

그 결과 예리한 이론적인 저서라든가 자기 고독을 절실하게 고백하는 단편적인 작품으로 나올 수도 있지만 위대한 '리얼리즘' 문학이 되기는 힘든 것입니다. 거기에 비해 후진국의 경우에는 양심적인 지식인이나 작가가 말하고자 하는 모순이라는 것은 다수 민중이 이미 몸으로 겪고 있는 것입니다. 사실 지식인이라는 것이 대개는 어느정도 특전을 입은 입장에 있어서 그런 사람들이 지식의 작업을 통해서 모순을 인식하는 작업이란 그러한 혜택을 못 입은 일반민중의 체험을 뒤쫓아가는 것밖에 안되는 경우가 많습니다. 다만 민중이 자신의 체험을 제대로 의식화하지 못했을 경우, 이미 몸으로 아는 것을 머리로도 알게 해준다는 의미에서 지식인의 '선도역할'이라는 것을 말할 수 있겠지요. 여하튼 양심적인 작가나 지식인이 자기의 고민이 곧 민중의 고민임을 뒤늦게나마 인식해서 이를 표현하기 시작만 하면 금방 어떤 연대감이 형성될 객관적인 소지가 후진국에는 존재하는 겁니다. 그런 의미에서도 '리얼리즘' 문학이 후진국에서 나올 가능성이 크다고 볼 수 있겠지요.

이와 관련해서 재미있는 예로 미국의 흑인문학의 경우를 들 수 있겠습니다. 독립된 어느 후진국문학이라고 할 수 없겠지만 미국 내의 소수민족으로서 백인사회 내부의 어느 계층보다도 혹심한 차별대우를 받고 있는 흑인들 가운데에서 예컨대 리차드 라이트(Richard Wright) 같은 작가가 나왔다는 것은 의미심장한 일입니다. 20세기 백인작가들 가운데서는 이미 찾아볼 수 없게 된 '리얼리즘'적인 소설을 라이트는 1940년대에 와서 써낸 것입니다. 이것이 어디서 기인하는 것인가 생각해볼 때, 이 사람이 흑인이기 때문에 지적·문화적인 수준이 백인들보다 뒤떨어져서 백인들이 모두 졸업하고 난 것을 이제 와서 들먹이는 것이냐 하면 결코 그렇게는 생각되지 않습니다. 자연주의 소설의 전통은 20세기 서구문학에서는 완전히 통속소설의 영역에서나 활개치고 있는데, 라이트의 문학에서는 자연주의 소설의 박진감과 일반 독자들에의 친숙감을 간직한 동시에 미국 사회의 어떤 핵심적인 모순 내지 문제성을 더없이 예리하게 지적한 무게 있는 작품을 이루고 있습니다. 그의 가장 유명한 작품인 소설 『토박이』 같은 것이 좋은 예지요.

그러면 지배적인 계층에서는 이미 불가능하게 된 '리얼리즘' 문학이 미국의 흑인작가에게서 나올 수 있었다는 것은 무엇을 뜻하는 것일까요? 그것은 역시 라이트가 흑인으로서 피압박민족 내지 피압박인종에 속하기 때문에 모순에 대한 예리한 감각을 간직하고 있었고, 동시에 그것이 자기 혼자만의 문제가 아니라 적어도 자기하고 피부색깔을 같이하는 여러 흑인들의 문제, 더 나아가서는 이 시대의 여러 모순에 시달리는 전인류의 공통된 문제라는 것을 실감하고 그들과의 연대의식을 갖고서 그들이 함께 읽고 함께 느낄 수 있도록 쓰려는 마음이 있었기 때문에 이런 문학이 나올 수 있지 않았는가 생각합니다.

유종호 동감입니다. 그 점 토마스 만(Thomas Mann)의 『파우스트 박사』의 주인공의 말이 생각납니다. 그는 모든 예술이 "인간에의 길을 찾아내지 않는 한 완전히 고립해서 죽어 없어지게 된다"고 말하고 있지요. 인간에의 길이란 결국 연대의식의 회복이겠습니다. 리차드 라이트는 『토박이』에서 『검둥이 소년』에 이르기까지 억압받는 것의 의미를 통해서 인간해방의 당위성을 절감시키는 걸작을 쓴 작가인데 백인작가들이 써먹었던 방법의 찌꺼기를 써먹었다고 생각하는 사람들이 과연 있더군요. 러쎌(B. Russell)의 얘기로는 중국 등 동양에 와서 포교하던 서양인 선교사들이 가장 애먹은 것은 원죄관념의 설명이었다고 합니다. '아담'이 지은 죄를 어떻게 우리가 떠맡느냐고 하면서 납득하지 않더란 것인데 서양의 식민주의자들은 유색인종에게 "유색의 죄의식"을 불어넣는 데는 꽤 성공하였다고 볼 수 있지요. 근대식민주의의 역사는 부끄러울 것 없는 살갗의 빛깔을 부끄러워하게 하는 일종의 유색원죄의식 주입의 역사였으니까요. 이 심층의 원죄의식이 제3세계나 흑인 같은 소수민족으로 하여금 스스로에 대한 객관적 평가를 불가능하게 하는 것 같습니다.

백낙청 그런 세뇌작용에서 탈피하는 의미에서 우리가 미국의 흑인문학이라든가 제3세계의 문학에 대해서 인식을 달리하고 좀더 본격적인 지식을 갖추는 것도 중요하겠지만 사실은 바로 우리들 스스로의 민족문학에 대해서도 좀더 자신을 갖고 얘기해나갈 수 있지 않을까 생각됩니다.

민족문학에 대해서는 요즈음 여러가지 얘기가 많습니다마는 나 자신은 민족문학이라는 것이 이제까지 우리가 추적해온 후진국문학론의 연장선상에 설 때 당당히 세계문학의 대열에 낄 수 있는 문학이 될 수 있고, 또 그런 세계사적 사명에 부응하는 문학만이 진짜 민족문학이라는 생각입니다.

유종호 요전에 백선생이 쓰신 「민족문학 이념의 신전개」*(『월간중앙』 1974년 7월호)라는 글을 읽었습니다. 거기서 국민경제와 민족경제의 '아날러지'를 통해서 어떤 특수한 역사적 상황에서는 국민문학이라는 것이 하위개념이고 민족문학이 상위개념이 되어야 한다고 하였는데 그 점 대체로 공감하고 있습니다. 다만 우리의 처지에서 민족문학의 이론을 전개시켜가면서 더 분명히 하고 넘어가야 할 대목이 있지 않나 생각합니다. 가령 민족문학론이 정권담당층의 단순한 상징조작 과정에 흡수되어 말려들어간다든가 하는 측면에 대한 고려 같은 것 말입니다. 또 국수주의 성향이 제기할 수 있는 난문제(難問題)라든지……

백낙청 민족문학 논의가 흔히 국수주의라든가 복고주의에 흐를 염려가 있는 것은 우리가 불행하게도 주변에서 너무나 많이 보고 있습니다. 그것

---

* 「민족문학 개념의 정립을 위해」로 제목을 바꾸어 평론집 『민족문학과 세계문학 I』(1978)에 수록됨—편자.

이 이제까지 우리가 얘기해온 문맥과는 동떨어진 것이라는 점은 새삼 강조할 필요조차 없겠습니다만, 워낙 오해가 많고 또 현실적으로 중요하게 부딪히는 문제인만큼 몇 가지 더 부연하는 것도 괜찮으리라 믿습니다.

우리 주위에서 흔히 지적되는 이른바 국수주의적 경향에서 제가 가장 의아스럽게 생각하는 점은 정치나 경제 면에서 너무나도 비국수주의인 태도가 문화 면에서의—라기보다 문화 가운데서도 어떤 제한된 분야에서의 국수주의와 병존하고 있는 현상입니다. 이런 현상을 보고 어떤 분들은 우리는 이미 민족주의나 민족문화를 논할 단계가 지났다고 말하기도 합니다. 그러나 제 생각에는 그러한 현상이야말로 민족주의를 제대로 논의할 필요를 더해주고 있으며 국수주의도 채 못되는 일부 민족문화론의 본질을 잘못 짚어서는 안되리라 봅니다. 원래 민족주의가 도에 지나쳐 국수주의로 흐름으로써 세계 역사상에 큰 비극을 가져왔던 것은 히틀러 치하의 독일이라든가 무쏠리니의 이딸리아라든가 군국주의 일본의 경우가 있음은 잘 알려진 사실입니다.

그런데 우리의 민족주의나 민족문학론이 그와같은 세계사적 비극을 가져올 염려는 전혀 없다고 해도 과언이 아닙니다. 왜냐하면 그것은 어디까지나 그런 국수주의를 하는 나라가 다른 나라들과의 역학관계에서 대등하거나 심지어는 우월한 입장에 있을 때 가능했던 것이고 우리의 경우처럼 약소국가의 일원이요 외국에 대해 여러가지 면에서 때로는 예속적인 관계에 있을 때에는 민족주의가 그런 식의 국수주의적 위력이나 횡포를 발휘할 수가 없는 것이지요. 오히려 우리로서 정말 경계해야 할 위험은 국수주의라기보다는 국수주의 냄새를 풍김으로써 사실은 국수주의와 민족주의 그 어느 것과도 너무나 거리가 먼 정치·경제·사회·문화적 현실을 은폐하는 결과를 가져올 수 있다는 것입니다. 그러니까 복고주의적·국수주의적 민족문화론이 불식되어야 한다는 주장은 옳은 것이지만, 그것이 마치 진짜 국수주의가 될 위험이 있어서인 것처럼 말한다면 이것은 문제의 핵심에서 빗나간 이야기라고 봅니다. 더구나 사이비 민족주의를 근본적으로 극복하는 것은 참다운 민족주의를 실현함으로써, 그러니까 정치·경제·문화의 모든 면에서 민족의 자주성과 존엄성을 확립함으로써 사이비 민족주의를 통한 상징조작을 할 필요성이나 그럴 가능성을 없애버림으로써만 가능합니다. 그러므로 우리 주변의 일부 민족문화론에 대한 반발이 곧 민족문학·민족문화를 위한 노력 자체에 대한 부정으로 나타난다면 이는 결과적으로 우리의 민족적 각성을 지연시키고 그만큼 사이비 국수주의의 수명을 연장시키는 일이 될까 두렵습니다.

진정한 민족주의의 실현과 민족문화의 건설을 위해 우리가 시민으로서 정치·경제·사회 여러 면에서 할 수 있는 일이 다양하리라고 믿습니다마는 문학평론가로서 우선적으로 할 일이라는 것은 역시 허구적인 민족문학이 아닌 진짜 민족문학의 전통을 찾아내서 정리하고 현역작가들 중에서 그러한 경향에 이바지하는 작가나 시인들을 식별해서 많은 독자들과 더불어 그들의 작품을 이해하고 즐기고 더 한층 북돋아주는 일이 아닐까 생각됩니다.

유종호 그런 의미에서 요즘과 같은 대중조작이나 사회공학이 기술적 측면에 발달된 시대에 있어서 문학이 발휘할 수 있는 계몽적·교육적인 기능은 굉장히 크고 따라서 그 어느 때보다도 문학인의 소임이 무겁다고 생각됩니다. 작가나 예술가는 현실이해의 길잡이가 되고 동시에 독자들에게 정신분석가나 고해승(告解僧)의 구실도 하면서 '시대통념'이나 '지배적인 사상'이란 존칭으로 불리고 있는 지배적 계층의 사상을 파헤치는 기능도 담당하지요. '리얼리즘'은 기실 계몽사상의 정통적 적자로서 온갖 반계몽주의와의 싸움 속에서 스스로를 키워왔다고 할 수 있겠습니다. 그런 작가의 책임이나 기능과의 연관 속에서 살펴볼 때 근자 창작계의 새 동향으로서 우리의 주목을 끄는 것은 신경림(申庚林), 조태일(趙泰一), 김지하(金芝河), 이성부(李盛夫)와 같은 일군의 젊은 시인들, 방영웅(方榮雄), 황석영(黃皙暎), 이문구(李文求), 조선작(趙善作), 조해일(趙海一) 등 일군의 젊은 작가들의 노력입니다. 개인적인 차이성을 무릅쓰고 얘기하면 조금 전 '모더니즘'을 얘기할 때 그 결함으로 지적하였던 요소가 이들에게서는 건강하게 역전되어 있습니다. 즉 그들에게서 우리는 사람들 사이의 경험교환의 가능성에 대한 신뢰에 찬 믿음, 또 그 전제가 되는 사랑을 통한 인간연대성의 확인을 보게 됩니다. 이들의 노력이 보다 큰 문학적 성과로 연결될 때 우리 문학은 더욱 풍요함을 누리게 되리라 기대됩니다.

백낙청 그렇지요. 개별적으로 훌륭한 작가들을 꼽자면 이들보다 훨씬 나이 많은 분들도 있고 또 비슷한 연배에서도 더 꼽아야 할 사람들이 많겠습니다. 그러나 요는 여러가지로 불리한 여건 가운데서도 문학의 정도를 지키려는 의지가 젊은 문학세대에서 하나의 뚜렷한 흐름으로 부각될 만큼 완강하다는 사실이겠지요. 물론 이것은 '매스컴'에서 흔히 떠들어대는 청년문화론이나 즉흥적인 세대론에 의해 은폐되기도 합니다만, 역시 민족문학의 관점에서 충분히 주목할 만한 현상인 듯합니다.

작품활동과 더불어 많은 문인들간에 시민적 책임감이랄까, 여하튼 어떤 새로운 기풍을 대하는 반가움을 맛볼 때도 있습니다. 사실 좋은 작품을 쓸 소지를 마련한다는 방법적인 입장에서도 시민적 책임의 이행이라는 문제가 얘기될 수 있을 것 같습니다. 앞서 제가 훌륭한 문학을 낳는 데 필요한 여건의 하나로서 같은 시대 같은 사회를 사는 사람들과의 연대감을 들었는데, 어떤 작가가 실지로 그런 연대감을 갖고 있다고 한다면 그것은 작품을 통해서 나타나기도 하겠지만 그 사람의 일상생활이나 정치적 결단에서도 나타나지 않으려야 않을 수가 없을 것입니다. 반대로 대다수 우리나라 작가나 지식인이 그렇듯이 민중과의 연대감이 실제로 희박한 경우 이것은 말로써만 극복될 수 있는 것이 아닐 겁니다. 민중 쪽으로 가까이 가려고 노력하는 동시에 또 민중이 이러한 접근을 환영할 만한 근거를 제시해주어야지요. 어떤 중요한 역사적인 '모멘트'에 달했을 때 이제까지 민중과 절연된 것처럼 보였던 지식인이나 작가가 결코 완전히 그런 것이 아니었고 적어도 민중의 편에 서겠다는 성의와 의지를 가졌음을 행동을 통해 입증한다는 것은 문학 외적인 고려는 일단 제쳐놓고 순전히 좋은 문학작품의 생산과 문학풍토의 개선이라는 면에서도 간단히 넘길 수 없는 문제라 생각합니다. 민중과의 연대의식이 '리얼리즘' 문학형성에 반드시 필요하다고 하지만 문인이라는 특수 업종의 인간과 여타 민중과의 연대감이 자동적으로 이루어지기를 기대하기는 어려울 테니까요.

유종호 그러고 보면 상기되는 바가 있습니다. 사회에 있어서의 개인의 조화로운 관계, 인간과 사회의 건강과 병, 이런 문제를 가장 꾸준히 탐구한 문학인 중의 한 사람이 괴테(Goethe)인데 그가 만년에 영국인 찬양론을 편 일이 있습니다. 바이마르에 와 있는 영국인들이 대체로 세계의 주인인 양 의젓하고 자신에 차 있다고 하면서 그것이 "혈통 탓인가, 국토 탓인가, 혹은 자유로운 헌법 탓인가, 혹은 건전한 교육 탓인가" 하고 말하고 있습니다. 그리고 거리에 나가서 어린이들이 썰매만 타더라도 호각을 불며 순경이 쫓아내는 바이마르에서 어떻게 구김살 없는 인간형성이 가능한가 하고 말하고 있습니다. 즉 건강한 인간형성의 조건으로서 자유 보장 하의 법치, 그리고 건전한 교육을 들고 있습니다. 이것은 건강한 인간형성 뿐만 아니라 창조적 문화의 바탕이 되는 기본조건이라고도 여겨집니다. 한편 문학이 가지고 있는 예언적 기능에 귀를 기울이는 것도 사회의 의무라고 하겠습니다. 쏠제니찐(Solzhenitsyn)은 30년대의 소련사회를 어둠으로 채웠던 개인숭배의 위험성을 삘냐끄(Pilnyak)를 위시한 작가들이 20년대에 되풀이 작품을 통해 예고했음을 지적한 일이 있습니다. 가령 삘냐끄의 『지워지지 않는 달 얘기』 같은 것도 그런 작품 중의 하나인데 소련사회가 이런 목소리에 귀를 기울이지 않음으로써 다가오는 어둠의 힘에 휩쓸려 들어갔다는 것입니다. 지식인의 사회비판이나 작가의 예언적 기능은 사회발전의 '다이내미즘'의 한 원천인데 이것을 봉쇄해버리는 것은 커다란 손실이라고 하겠습니다.

백낙청 동감입니다. 그런데 거듭 강조하고 싶은 것은 지적 풍토의 개선을 요구하는 우리의 자세가 자주적인 동시에 민중의존적이어야 하겠다는 것입니다. 다시 말해서 남이 해주기를 기다리기 전에 자기가 하려고 해야겠고, 자기가 하기는 하되 민중과의 공감을 이룩하지 않고서는 절대로 근본적인 해결책이 나올 수 없다는 사실을 인식하고 여러 사람과의 연대감을 넓혀가려는 자세가 가장 중요한 것이겠지요. 문학 분야만이 아니고 교육문제라든가 문화문제 등등 여러 분야에서 이제까지 여러가지 좋은 주장이 많이 나왔습니다만 대부분 그 실현방법에 있어 지나치게 정부에 의존하고 또는 한 개인의 영단에 기대하고 했기 때문에 탁상공론에 그치거나 오히려 역효과를 거둔 일조차 많았던 것 같습니다. 민족문화의 논의에서 빼놓을 수 없고 특히 문학과는 직접적으로 관련된 문제니만큼 한글전용운동의 예를 들어보기로 하겠습니다. 요즈음에 와서 정부는 한글전용정책에서 완전히 후퇴해서 한문을 교과서에 다시 넣고, 여하간 모든 면에서 정부가 한글전용을 주도하던 얼마 전에 비할 때 완전히 대세가 역전된 느낌을 주고 있습니다. 또 이제까지 정부의 한글전용 추진이 무리했다는 점에서는 당연한 귀결인 면도 없지 않습니다. 그런데 여기서 제가 한글전용의 실질적인 확대를 희망하는 사람으로서 말하고자 하는 것은 정부정책 자체의 시비보다도 이제까지 한글전용을 추진한 움직임이 지나치게 관권지향적(官權指向的)이었기 때문에 장기적으로 오히려 역효과를 내게 되었다는 사실입니다. 즉 한글전용운동이 주로 어떻게 하면 정부를 통해 교과서를 장악해가지고 교과서에서 한문을 지워버릴까 하는 데에 너무 치중했던 탓입니다. 교과서의 중요성을 과소평가하려는 것은 아니지만 한글이 전용될 수 있도록 하는 일은 문학만의 문제가 아니고 그야말로 폭넓은 민중적인 문화를 지닌 사회를 실현하는 일이고 그런 사회를 지향하는 일련의 개혁을 수행하는 일입니다. 건전한 민중문화·민족문화의 건설을 위한 구체적이고 자주적인 작업을 우리는 너무 등한히해왔다고 봅니다.

유종호 우리나라의 지식인 일반이나 이른바 문화계 일반에 퍼져 있는 관권지향적 자세는 정말로 극복되어야 할 타성이라고 하겠습니다. 방금 한글운동의 후퇴도 그런 인과관계로 지적하셨는데 동감입니다. 한글전용 정책 얘기가 나왔으니 말이지 교과서에 있어서의 한자병기는 현단계에서는 이루어져야 한다고 생각합니다. 도대체 처음 조처가 하나의 만용이었습니다. 고등학생의 국어교과서를 보면 예외 없이 한글전용의 행간에 한자를 시꺼멓게 적어놓고 있습니다. 가령 기미독립선언문(己未獨立宣言文)과 같은 한자어의 홍수 같은 문장을 한글만으로 적어놓고 가르치니 말이 안되지요. 독립선언문과 같은 것을 고교생에게 가르칠 가치가 있겠는가, 정 가르쳐야겠다면 쉬운 말로 풀어 써서 가르쳐도 될 것이 아닌가, 하는 투의 근본적인 성찰이 결여되어 있습니다. 한글전용을 문화개혁과 온 국민에의 문화개방이란 차원에서 포착하지 않고 단순한 표기의 문제로 격하시키고 있는 당국자들의 사고의 지평으로는 지혜로운 전용운동을 전개할 수가 없을 것입니다. 따라서 현단계에서는 한자복원에 찬성할 수밖에 없는데 저희같이 한글전용을 위한 글까지 쓴 사람의 처지로서는 난처한 데 몰려 있는 셈이지요.

백낙청 현단계에서 한자복원에 찬성한다고 하셨는데 괄호 속에의 병기라는 단서를 붙여두는 게 좋겠지요. 일본식의 한문혼용으로까지 후퇴해서는 곤란할 테니까요. 사실 한자를 괄호 속에 집어넣고 되도록 그 사용도를 줄이는 일은 영리를 목적으로 하는 출판물에서도 이미 하나의 대세로 굳어가고 있습니다. 그리고 이런 의미에서의 자연발생적인 한글문화형성을 위해 우리 문학의 선도적 역할은 어느 한글학자의 공헌 못지않았다고 자부할 수가 있겠지요. 그것은 신문학 초창기부터 많은 소설가들이 작품을 통해 수행해왔고 오늘날 대부분의 소설가와 상당수의 시인들이 계속 수행해나가고 있는 작업입니다. 예를 들어 한글전용이 특히 어렵다고 하는 시의 경우에도 신경림의 『농무(農舞)』나 김지하의 『황토(黃土)』 같은 시집을 보면 한자가 거의 없다시피 합니다. 『농무』의 경우 제목 외에는 모두 한글이지요. 그러면서도 이런 작품들이 이해가 안되는 것도 아니고 시로서 수준이 떨어지는 것도 아닙니다. 오히려 정반대지요.

우리가 문교부의 교과서 정책 같은 것은 계속 비판할 것은 비판하고 압력을 넣을 일에는 압력을 넣어야 되겠지만, 참다운 민족문화 건설의 중요한 과제의 하나인 한글문화의 실현이라는 면에서도 민족문학을 위한 작가·시인들의 노력이 그대로 결정적인 역할을 할 수 있다는 이야기가 가능하다고 보는 것입니다.

유종호 한글운동의 관권지향성을 지적하셨는데 학계 전반에 걸친 소시민주의 같은 것도 비판하고 넘어가야 할 문제인 것 같습니다. 문학에 있어서 흔히 소시민적인 작품이라 하는 얘기를 많이 하는데 학문의 분야에도 해당되지 않을까 생각됩니다. 우리나라에는 학문에 있어서의 묘한 텃세 비슷한 것이 있지요. 가령 국사 하는 사람은 국사만 해라, 지질학 하는 사람은 지질학만 해라 하는 식으로 세분화해가지고 자기 분야만 지키는 것이 마치 청렴결백 혹은 지적인 성실로 되어 있고 그 외에 어떤 종합을 위한 노력은 이단시하는 풍조가 아직도 많이 남아 있는 것 같아요. 그것이 학문에 있어서 소시민주의가 아니냐 하는 생각이 들고 우리가 극복해야 할 문제인 것 같습니다. 구체적인 현실인식에 있어서 세분화된 부분만 접근해가지고는 전체적인 인식에 도달할 수 없지 않느냐 하는 생각이 드는데요.

백낙청 학문의 세분화, 학문에 있어서의 소시민주의라는 것은 결코 우리나라에 국한된 문제가 아니라고 봅니다. 어떤 의미에서는 미국 같은 이른바 선진국에서는 훨씬 철저하게 제도화돼 있다고 보아야지요. 우리나라의 경우에 그와같은 현상이 더 눈에 두드러지는 것은 실상 문제의 성격이 좀 다르기 때문입니다. 학문을 단순히 세분화해가지고 거기에 집착한다는 것만이 아니고 세분화하는 근거 자체가 우리 현실하고 전혀 관계가 없는 데에 문제가 있지요. 세분화하는 작업이 우리 나름의 기준으로 행해지는 것이라면 그래도 또 낫겠는데, 그 기준이 우리에게 있지 않고 외국학문 또는 외국사회에 있으니, 외국의 기준으로 세분화해놓고 그중에 아무것이나 잡아서 성실하게 했다 하더라도 우리의 현실인식에 별 도움이 안될밖에요. 마치 외국에서 주문한 부품을 보세가공해서 다시 저쪽에 수출했을 적에 비로소 하나의 물건이 되듯이 —그나마 남의 물건이긴 하지만— 세분화된 학문도 원래 세분화의 근거가 되었던 본고장에 지식을 납품했을 때에 그나마 미미한 값을 갖는 꼴입니다. 국내수요의 입장에서 보면 제대로 세분화된 지식의 기능도 없고 오히려 아무것도 아닌 것으로 애꿎은 사람들의 기나 죽이고 겁이나 줘서 그 사람들이 자기 식으로 살아가려는 용기를 박탈하는 등 엉뚱한 효과를 발휘하지 않는가 생각됩니다.

그런 의미에서 애초에 현대 서구문학의 동정 같은 것을 소상히 파악 못한 채 우리의 이야기를 전개해왔는데 그것 자체는 결코 후회할 문제는 아닌 것 같습니다. 지금 여기 앉아서 현대 미국 문단의 최근 동정이 어떻고, 프랑스에서는 싸르트르가 시력이 감퇴해서 무슨 책 집필이 어려워졌고, 토마스 만이 출생한 도시에서 무슨 문학상을 제정했고, 이런 것을 환히 알고 있다고 해서 무슨 소용이 있습니까? 혼자만 알고 가만히 있으면 차라리 무해무익(無害無益)할 수도 있지만 이것을 영향력 있는 '매스컴'을 통해 떠들어댄다거나 심지어는 세분화된 학문의 한 분야로서 학생들에게 배울 것을 강요한다면 그것은 나 한 사람의 능력을 허비하는 것이 아니라 우리의 민족적 각성을 방해하고 외부로부터의 문화적인 침투에 일조하는, 어떻게 보면 상당히 끔찍한 행위가 될 수도 있을 것 같습니다.

유종호 요새는 비판적인 얘기를 하면 서투르게 아는 사람들의 소행이라 해서 그만 무식꾼으로 취급받는 기풍마저 있는 것 같습니다. 따라서 시간도 많이 지나고 했으니 우리 문학 내지 문화 전반에 대한 낙관론의 근거가 될 만한 것을 찾아보도록 하는 것이 어떨까요?

백낙청 글쎄요. 저로서는 이제까지 비판적이랄 만한 이야기를 한 것 자체가 앞날에 대한 희망을 품고 있기 때문에 한 것이라고 말하고 싶은데요. 다만 최근 1, 2년의 세월이 민족문학을 생각하는 사람들로서는 결코 마음 편한 기간이 아니었던 것은 사실입니다. 그러나 후진국의 민족문학이 오히려 세계문학의 선두에 설 수 있다는 가능성을 생각해도 그렇고 우리나라 민족문학의 현단계에 이루어진 몇 가지 구체적인 성과를 보아도 그렇고, 어떤 자신을 충분히 가질 수 있다고 믿습니다. 더구나 이렇게 나쁜 여건 아래서 이만한 정도의 성과가 있었다는 것이 더욱 희망적이라면 희망적입니다. 즉 우리 문학의 성과가 결코 우발적인 것이 아니고, 잠깐 나타났다가 어떻게 꽉 누른다고 없어질 것이 아니고, 상당히 깊은 뿌리가 우리 민족의 현실 속에 내린 끝에 이만한 꽃이나마 피었으리라는 신념을 갖게 해주기도 합니다. 그런 의미에서 저는 앞으로 단기적으로는 어떤 기복이 있든지간에, 세계문학의 새로운 한 장을 이룩할 후진국 민중의 참다운 민족문학이 이 땅에서도 훌륭히 꽃피리라는 믿음을 가져봅니다.

유종호 최근의 작품을 읽어보면 온갖 악조건에도 불구하고 우리나라의 작가들이 자기 본분을 정말 성실하고 성의있게 추구하는 경우가 많이 있다는 점에서 자위를 얻고 동시에 뜨거운 연대의식 같은 것을 느끼게 되는 것이 사실입니다.

문학이라는 것이 쓴다는 자체는 고독한 작업이지만 지향하는 바는 공감의 확대를 통한 고독의 해소에 기여하는 것인만큼 어두운 시대일수록 문학작품을 읽고 생각을 같이하는 사람들이 많다는 것을 알게 될 때 커다란 위안을 느끼게 되지요. 비록 하나의 꿈에 지나지 않는다 할지라도 우리 문학의 장래에 대해서 낙관적 희망을 안고 그것을 어둠을 몰아내는 등불로 의지 삼아야 하겠습니다.

'창비' 10년: 회고와 반성

창간 10주년 기념 좌담회

신동문(시인, 『창작과비평』 전 발행인)
이호철(소설가)
신경림(시인)
염무웅(문학평론가)
백낙청(문학평론가, 『창작과비평』 발행인)
1976년 1월 30일

백낙청 바쁘신데 이렇게 나와주셔서 감사합니다. 저희 『창작과비평』이 이번호로 창간 10주년 기념호가 됩니다. 실제로 창간호가 나온 날짜는 1966년 1월 15일로 벌써 10년 하고도 보름 정도가 되었습니다만, 잡지로서는 이번 봄호가 제11권 제1호가 되는 것입니다. 그래서 자축도 할 겸, 지나간 일들을 되돌아보며 앞날을 설계할 겸해서, 이런 자리를 마련했습니다. 우선, 얼마 전까지 창작과비평사의 대표로서 저희 '창비'를 이끌어주신 신동문 선생을 모셨고, 아울러 창간호 집필자 가운데서 작가 이호철 선생, 또 본사가 제정한 만해문학상 제1회 수상자인 시인 신경림 선생, 그리고 그동안 저와 함께 편집에 관여해온 평론가 염무웅 선생이 나와주셨습니다. 오늘 하고 싶은 이야기는 주로 저희 잡지 『창작과비평』이 지난 10

■ 이 좌담은 『창작과비평』 1976년 봄호에 수록된 것이다.

왼쪽부터 시계방향으로 염무웅, 신동문, 백낙청, 이호철, 신경림

년간 걸어온 길을 돌이켜보면서 자기반성과 비판을 겸한 말씀들을 들려주셨으면 하고, 그러는 가운데 자연 우리 문학 전반에 걸쳐서도 유익한 말씀들이 나오리라고 믿습니다. 모두들 격의 없는 사이니만큼 정식 좌담회라기보다 일종의 방담이랄까, 자유롭게 말씀해주시기 바랍니다. 그럼 먼저 창간호에 집필해주셨던 이선생님께서 당시의 일에 대해 생각나시는 대로 말씀해주시지요.

창간 때는 엉뚱하다는 생각도

이호철 우선 창비가 10주년이 되었다는 것이 참 감개무량하고, 벌써 10년이 지났는가 하고 새삼 지난 10년간을 돌이켜보게 됩니다. 지금 기억하건대 65년 가을쯤으로 짐작됩니다. 백선생이 문학잡지를 계간지로 할 의향을 제게 비친 일이 있었지요. 그때 제가 혼자 생각하기를, 솔직한 이야기가, 백선생이 그 당시 아직 한국문단에 자상하게 익숙해 있는 분도 아니고 또 제가 그때 알기로는 외국에서 돌아온 지도 얼마 안된 때였고, 그래서 조금 엉뚱하다는 생각도 없지 않았지요. 그런데 그때 몇 번 만나서 제목 같은 것도 의논하고…… 제목은 그때 어느 중국집에서 만났을 때 백선생이 『창작과비평』이 어떻겠느냐는 말을 했던 것 같은데, 명동 어느 중국집이었던 것으로 기억합니다. 그 후 창간 준비를 하면서 저한테도 소설을 청탁했지요. 거듭 이야깁니다만, 그때 백선생이 문학지를 하겠다는 데 대해 반신반의하면서도 어느 한 모서리, 퍽 좋은 잡지가 나올 것 같다는 기대도 없지 않았어요. 그런데 준비하는 과정에서 지금 기억납니다만 백선생 댁에서 백선생이 창간호에 발표하신 평론을 원고로 읽을 기회가 있었지요. 그런데 본인을 옆에 앉혀놓고 이런 말을 하기는 무엇합니다만 그 글을 읽고 비로소 이건 역시 수월하게 생각할 일이 아니다, 이런 느낌을 가졌던 것이 기억이 납니다. 그 후 10년 동안을 지나며 여러가지 일이 있었습니다만 새삼 돌아보건대 그때 그렇게 느꼈던 저의 기대에 충분히 부응했고 한국문단에 기여한 바도 유형무형으로 크지 않았나 생각됩니다.

백낙청 이선생님께서 과분한 말씀을 해주셨는데, 제 스스로 생각해봐도 창간 때 어설픈 점이 많았던 것은 사실입니다. 당시 제가 한국문단이나 사회에 대해 너무나 몰랐고, 또 이선생께서 반신반의하셨다고 하지만 저로서도 그 후에 일어난 여러가지 어려움들을 그때 예견했다면 과연 창간을 결행했을까 의심스러울 정도로 철없이 가벼운 마음으로 시작한 면이 많았지요. 그럼에도 불구하고 이 잡지가 온갖 시련을 이겨내며 오늘까지 견뎌온 것은 창간 당시에 이선생님을 비롯하여 문단 안팎의 여러분들이 도와주셨고, 그 후에 얼마 안되어 염무웅 선생 같은 분이 편집에 참여하셨고, 그밖에 여기 계신 신동문 선생이나 신경림 선생 이외에도 수많은 분들이 도움을 아끼지 않으신 덕분이라고 믿습니다. 그런데 신동문 선생님께서는 그 당시에 저희와 가깝게 지내시며 여러모로 도와는 주셨지만 선생님 자신이 딴 잡지를 하나 준비하고 계셨지요?

신동문 네. 원응서(元應瑞)씨가 하시던 『문학(文學)』이라는 잡진데, 제가 근무하던 신구문화사(新丘文化社)에서 인수하여 속간할 계획이었지요. 그래서 만나기는 자주 만나면서도 직접 창간 당시에 참여를 못했고, 그 후에도 별 도움을 못 드렸습니다만, 백선생이 외국에 나가는 바람에 일시적으로 위임을 맡았던 건데, 지금 와서 생각해보면 그때 백선생 사정이 외국에 나가지 않아도 될 형편이어서 줄곧 이 잡지를 맡아왔더라면 10주년을 맞은 오늘날 이 잡지가 좀더 발전을 하지 않았을까 합니다. 그 이유는 제가 그걸 맡았다고 하지만 그때도 염무웅 선생이 실무진으로서 그 일을 하다시피 한 것이고 또 염선생이 실무를 안 보고 나 혼자서 그걸 맡았다고 한다면 여러가지 차질이 많이 생겼을 겁니다. 솔직히 얘기해서 가령 결권(缺卷)이 됐더라도 더 됐을 것이고……(웃음) 그 당시의 애로를 모두 다 이야기하자면 특정인의 이름이 나오니까 그만두기로 하고, 여하간 염형이 뒤에서 적극적으로 채찍질을 해주니까 그런대로 견뎌냈던 거지요. 그런데 이제 10년이 됐다 하니 먼저 생각나는 점은, 우리나라에서 문학잡지를 했다고 하면 평균적인 수명이 10년은 고사하고 2년 아니면 3년입니다. 물론 안 그런 잡지도 있지만 그 많이 생겼던 잡지들의 대부분이 길어야 2년 아니면 3년이에요. 또 우리나라 실정에서는 당연한 것 같아요. 그래서 백선생이 처음에 창간하실 때 아까 이선생도 좀 엉뚱한 것 같다고 생각하셨다는데, 나도 과연 얼마나 갈 건가, 이렇게 생각했는데 10년이 됐단 말이에요. 그러면서 그 10년 동안 우리나라 문단에 『창작과비평』이 끼친 영향이라는 게 10년이라는 세월보다도 더 뭔가 막중한 것이었다고 생각합니다. 자기들이 하던 잡지를 가지고 자화자찬을 해서 안됐는데(웃음) 지금 10주년이 돼서 우리들이 여기 모여 이야기를 하고 있으니 참말로 감개무량합니다.

백낙청 제가 줄곧 잡지 일을 보아왔으면 더 발전했으리라는 것은 반드시 그렇지도 않다고 봅니다만, 염형이 아니었더라면 결권이 쏟아져 나왔으리라는 말씀은 정말인가요?(웃음) 한데 거기에 대한 염선생의 답변을 듣기 전에 신(辛)선생님이 '창비' 발행인이 되시기 이전에 있었던 '창비' 발행의 역사 비슷한 것을 대강 짚고 넘어가기로 하지요. 이 『창작과비평』이라는 잡지가 오늘까지 자라오는 동안 무수한 사람들의 신세를 졌습니다. 딱히 표가 안 나게 도와주신 분들은 새삼 말할 것도 없고 발행업무의 문제에서부터 여러 군데 폐를 끼쳤지요. 우선 창간할 때, 우리가 회사를 차릴 돈이 있습니까, 능력이 있습니까, 어찌어찌 아는 분들의 소개를 받아 당시 문우출판사(文友出版社)의 오영근(吳永斤) 사장께 발행책임을 의탁했었지요. 사무실이 처음에 공평동에 있다가 나중에 충정로 쪽으로 옮겼지요. 그러다가 한 2년 후 문우출판사에 사정이 생겨 통권 8호 때부터 일조각(一潮閣) 한만년(韓萬年) 사장의 신세를 졌지요. 거기서 다시 2년가량 있다가 제가 잠시 외국에 나가면서, 그때 편집에 관여하던 가까운 사람들의 의견이, 이 잡지가 어느 한 개인의 거취와 관련 없이 앞으로 계속 커나가야겠다는 뜻에서 차제에 독립을 시켜보자고 해서, 그때 비로소 창작과비평사를 발족시켰고 신(辛)선생이 대표가 되셨지요. 그러니까 『창작과비평』지의 역사보다 창작과비평사의 역사는 짧은 셈입니다. 그리고 그때 독립이 됐다고는 하지만 신선생께서 관여하고 계시던 신구문화사 이종익(李鍾翊) 회장의 도움을 음양으로 받았지요. 이래저래 도와주신 분들에게 폐도 이루 말할 수 없었지만 저희로서는 보따리장사에 더부살이하는 신세가 고달플 때도 많았지요. 창비사가 따로 사무실을 차린 지는 이제 1년도 채 안되지 않았습니까. 그런데 염형이 신동문 선생님과 함께 일하신 것이 우리가 신구문화사와 인연을 맺으면서부터지요?

염무웅 그렇지요. '창비' 일로 말하면 그때부터고, 신구문화사에 함께 일한 것은 그보다 몇해 전이지요.

한때 원고료 미루기 합동작전

이호철 그러니까 그게 통권 15호 때군요.

염무웅 네. 신(辛)선생님과 함께 '창비' 일을 보게 된 것은 15호가 나오던 69년 가을이지요. 아무튼 '창비'로서는 백선생이 안 계시던 3년 동안이 가장 어려웠던 때인 것이 사실일 겁니다. 원래 계간지가 10주년 기념호가 되면 통권 41호가 되어야 하는데 이번호가 39호 아닙니까? 그러니까 그동안 두 번 결간이 된 셈이지요. 15호가 합병호로 나왔고 22호와 23호 사이에, 그때 71년인가 어느 겨울호에 또 결간을 했어요. 말하자면 그때 결간을 낼 수밖에 없을 만큼 어려운 사정이었는데, 그 첫째 이유는 '창비'를 경제적으로 뒷받침해보겠다는 분의 예상 이상으로 결손이 많았어요. 그래서 계속 투자할 수도 없고, 그러다 보니 원고료를 제때에 못 지불하거나 심지어 몇 달씩 밀리는 수도 있었고 신문에 광고 한번 못 냈지요. 그런 가운데서 얼마간이라도 마음에 흡족한 편집을 하는 것은 정말 힘이 들었습니다. 그야말로 무언가 셋방살이하는 기분 같은 것이 있었지요. 한편으로는 저로서 조금 자부한다 할까 하는 것은, '창비' 창간 때부터 14호까지 어느정도 잡힌 성격을 보다 우리 현실에 토착화한다 할까 뿌리내리는 어떤 과정도 그동안에 이루어지지 않았나 하는 느낌도 있어요. 가령 능력 있는 필자들을 새로 발굴해서 인간적으로 가까워졌고 이분들과의 격의 없는 대화를 통해 문제점을 발견하여 그것이 글로서 나타나도록 노력했습니다. 미숙한 대로 무언가 이 현실의 문제를 잡지의 내용과 연결시키려는 노력이 있었고, 그것이 그동안 백선생이 해오시던 것과 결부되어 백선생이 귀국한 25호 때 이후 오늘날 그래도 어느정도 하나의 성격으로 잡힐 수 있지 않았는가 하는 생각도 듭니다. 그밖에 저로서 제일 힘들었던 때의 여러 가지 에피쏘드가 있지요.

백낙청 한두 가지만 공개하실 수 없을까요.(웃음)

염무웅 제일 곤란했던 것이 원고료예요. 제작은 그런대로 신구에서 맡아주었지만. 원고료는, 신동문 선생님이 여기 계시지만, 저는 신선생님한테 미루고 신선생님은 사무실에 잘 안 계시고 이런 식으로 일종의 전술을 가지고 버티는 수밖에 없었는데(웃음) 원고를 주신 필자들께는 죄송하기 짝이 없는 짓이었지만 그렇게 해서라도 견딜 수밖에 없었어요. 만약에⋯⋯

이호철 만약에 두 분이 없었더라면 꼼짝없이⋯⋯(웃음)

염무웅 그렇지요. 누구든지 혼자로는 당할 수 없는 곤경이었다고 생각됩니다. 원고료를 잘 못 주니까 자연히 원고 청탁할 염치도 없었고 그러자니 결국 원고 받기가 대단히 힘이 들었지요. 언젠가 한두 번은 어느 사업하는 선배— 이름을 대면 여기 계신 분들은 모두 잘 아는 분입니다만— 에게 가서 몇십만원 뜯어다가 고료를 지불한 적도 있었지요.

신동문 그때 참 염형이 수고 많았지요.

백낙청 요즘은 원고료를 못 줘서 그때처럼 몇 사람이 짜고 합동작전을 벌이는 일은 안 생기지만 원고료 문제는 아직도 심각한 문제지요. 그 이야기는 나중에 좀더 하기로 하고, 염형 말씀대로 그때 여러가지 어려움이 많으셨다는 것은 외국에 있으면서도 어느정도 짐작할 만했고, 그러면서도 거기서 잡지를 받아 볼 때마다 그 성장하는 모습을 보며 감사하고 마음 든든하고 또 일변으로는 멀리 나와 있는 것이 죄스럽기도 했습니다. 그때 홀륭한 작품들을 대하면서 감동을 느낀 일이 여러 번 있는데, 예를 들어서 '창비'에 데뷔한 작가는 아니나 황석영(黃晳暎)의 「객지(客地)」가 그때 나왔고⋯⋯

염무웅 네, 그때 백선생이 「객지」 읽으신 감동을 편지로 써 보내셨던 생각이 납니다.

백낙청 네, 이문구(李文求)의 「장한몽(長恨夢)」 같은 것도 나왔고, 그리고 저로서는 그저 한두 편의 시를 통해 이름이나 겨우 알고 있던 시인 신경림씨의 작품 다섯 편이 '창비'에 처음 나왔을 때는 흥분하다시피 했었습니다. 그러니까 이 자리에 신경림 선생이 나와서 이야기를 나누게 된 것도 따지고 보면 '창비'가 특히 어려웠던 기간에 이루어놓았다고 자부할 만한 그런 일 가운데 하나가 아닌가 합니다.

신경림 제가 '창비'하고 처음 인연을 맺었을 때 아마 '창비'가 한참 어려울 때였지요. 그런데 '창비'에 시를 싣고 나니까 내 생각에도 궁합이 딱 맞았다 하는 기분이 들고 이제는 여기에만 시를 실어도 별로 유감이 없겠다는 기분이 들더군요.

신동문 지금 그 말씀을 하시는데 그게 다 묘한 거예요. 내가 염형과 함께 편집을 한다고 하면서도 염형한테 일단 맡긴 이상 나는 누구에게 원고청탁을 안했었지요, 의식적으로 안한 면이 있었어요. 내가 이걸 실읍시다, 한 적이 거의 없었던 것 같아요. 그런데 길에서 신형을 오랜만에 만났어요.

신경림 유종호(柳宗鎬)씨하고 같이 만났었지요.

신동문 그랬지요. 그때 신형이 한동안 시골 내려가 계셨던 때문인지 여하간 시를 한동안 발표 안하셨던 때란 말이에요. 그런데 문득 시를 달라고 싶은 생각이 났어요. 내가 생각하기에도 웬만하면 안 그러는데, 하면서도, 시를 주십시오, 한 댓 편을 주셔야 합니다, 그랬어요. 그랬더니 또, 당시에 작품발표를 별로 안하시던 신형이 반가워하면서 쾌락을 해요.

이호철 역시 충청도끼리……(웃음)

신동문 충청도끼리라 그런 건 아니야……(웃음)

백낙청 지연이 아니면 궁합이었겠지요.(웃음)

신동문 하여튼 선뜻 대답도 그렇게 나왔고, 그래서 다음날 염형한테 보고를 했지. 그런데 사실 그때 나온 시가 참 좋았지 않았어요? 「눈길」이라는 것을 비롯해서……

외래지향성의 청산

이호철 그것이 18호가 되더군요. 이번에 제가 좌담회가 있다는 말을 듣고 한번 전부를 대강 훑어보았는데, 아까도 염선생이 얘기했지만 15호가 위기였겠다는 게 금방 눈에 뜨이더군요. 우선 15호가 합병호로 나왔고 16호가 부피가 얇아졌더군요. 이 점을 염두에 두고 보니까 역시 15호가 하나의 분수령이었던 것 같아요. 왜냐하면 그 앞의 14호까지를 전기라고 한다면, 그때 두드러지게 보이는 것은 김수영(金洙暎)·방영웅(方榮雄) 이런 분들이에요. 좀 우스운 얘기지만 그 뭐랄까, '김수영 붐' 같은 것이 있지 않았어요? 또 평론으로 보면 정명환(鄭明煥)·유종호·김우창(金禹昌), 이를테면 대학 강단 쪽의 비평이 많이 보이고 모더니즘 취향 같은 것이 강하게 풍기더군요. 그런데 16호가 우연하게도 신동엽(申東曄) 유고(遺稿) 특집이더군요. 그때가 아마 원고료 사정 등이 가장 어려웠던 때 같아요. 그런데도 이건 굉장히 암시적 사실인데, 16호 이후 대개 26호까지, 그러니까 연대로 치면 69년 말부터 72년까지가 돼요. 이 사이에 쏟아져 나온 작품이 이문구의 「장한몽」, 황석영의 「객지」「한씨연대기(韓氏年代記)」, 송영(宋榮)의 「선생(先生)과 황태자(皇太子)」「중앙선 기차(中央線汽車)」, 신상웅(辛相雄)의 「심야(深夜)의 정담(鼎談)」, 또 18호에 신경림의 시 — 이렇게 보면 원고료니 뭐니 하지만 실상은 어려운 시절에 좋은 작품들이 많이 쏟아져 나왔더구만요. 그런데 그것이 문학적으로는 처음의 모더니즘 취향 같은 게 역시 조금 물러가면서 아까 염형이 이야기한 토착적인 어떤 터를 잡기 시작하지 않았는가, 그러면서 '창비'의 한국문학에 대한 기여도라는 것이 굉장히 부피있게 가라앉기 시작하지 않았는가 보여져요. 그런데 그것이 우연하게도 70년에서 72년 사이의 우리나라 전체 정세하고도 조응되는 면이 보이더구만요.

백낙청 그렇지요. 그 무렵이 말하자면 60년대 말기에 가서 우리 문학이나 지식인층이 위축될 수 있는 요인이 많이 생겼었는데 어떻게 그 고비를 넘기면서 우리 사회의 어떤 저력 같은 것이……

염무웅 69년에 3선 개헌, 71년에 대통령선거가 있었고……

이호철 72년엔 남북적십자회담과 7·4공동성명이 있었고……

백낙청 하여간 전체적으로 여러가지로 발랄한 데가 있었던 것이 사실이지요. 그리고 『창작과비평』으로 볼 때에도 이선생님이 옳게 지적해주신 것 같습니다. 창간호에 썼던 제 글을 아까 칭찬해주셨지만, 저로서는 그 글의 글로서의 미숙성을 차치하고도, 입장 자체에 우리 현실에 밀착하지 못하고 나쁜 의미의 대학강단비평적인 데가 많았다고 생각됩니다. 물론 우리 문단의 현실도피적인 순수주의를 비판하고 그것이 실제로는 비정치적이라기보다 오히려 고도의 정치성을 띠고 있음을 지적한 주장 같은 것은 오늘날까지도 일관된 생각입니다만, 그런 주장에 수반되어야 할 현실감각이나 자세가 아쉬웠다고 봅니다. 또 사소하다면 사소한 문제지만 당시 '창비'의, 말하자면 어중간한 성격을 잘 말해주는 또 한 가지 사실을 이야기해보지요. 아까 말씀드렸듯이 저희 창간호가 나온 것이 66년 1월인데 그 호가 '66년 봄호'가 아닌 '66년 겨울호'로 되어 있어요. 사실은 65년 겨울에 내려다가 늦어져서 해를 넘기게 되었는데 우리 관습으로는 1월 1일만 되어도 무조건 신춘(新春)이 아닙니까. 그런 것을 그냥 '겨울호'로 냈던 데는 매 권(卷)의 첫 호를 곧잘 '겨울호'로 내곤 하는 서양의 관례가 작용했던 것 같아요. 이듬해 제2권 제1호를 낼 때에야 뒤늦게 전비(前非)를 뉘우치고(웃음) '1967년 봄호'로 했지요. 그때도 애로가 많아서 발간 일자가 늦춰지던 판이라 시간도 벌 겸해서였지요. 이런 것도 말하자면 '창비'가 점차적으로 당초의 외래지향적(外來指向的) 취향 같은 것을 청산해온 한 가지 증좌가 될 듯한데, 이러한 토착화 과정이 본격적으로 진행된 것은 역시 이선생이나 염선생 말씀대로 70년대 초기였다고 봅니다. 김수영씨의 비중이 줄어든 것은 물론 그분이 68년에 돌아가셨기 때문이지만 요. 여하간 지금 제 판단으로는 '창비'의 전반적인 변모가 올바른 방향으로의 성장이었다고 봅니다.

'쎅트'라는 말이 있는데……

하지만 이렇게 자화자찬만 할 것이 아니라 이제까지 우리가 성장이라든가 업적이라고 말해온 과정의 다른 일면도 생각해볼 필요가 있을 듯합니다. 예를 들어서 아까 염형이 자부심을 느끼는 일의 하나로서, 뜻이 맞는 문인들을 찾아내어 좋은 작품을 실을 뿐 아니라 인간적인 유대도 두터이 해온 점을 드셨는데, 이것을 뒤집어 생각해보면 지나치게 몇몇 사람들만이 일종의 쎅트(分派)를 이루고 있다는 말을 듣는 원인도 되었지요.

신경림 네. 그런 말들을 많이 하지요.

백낙청 그런데 악의적으로 그런 말을 하는 사람들도 없지 않겠지만 반드시 다 그렇다고도 할 수 없을 것 같아요. 물론 '창비'에 글을 많이 쓰는 문인들이 우리들 편집자의 입장에서 볼 때는 좋은 글을 쓰신다고 믿어지기 때문에 자연히 많은 지면을 제공하게 된 것이긴 하지요. 그러나 우리가 훌륭한 시인이나 작가들에게 빠짐없이 지면을 드려오지도 못했거니와 '창비'에서 많은 지면을 제공한 문인들이 반드시 최고 수준의 작품만을 쓴 것도 아니지 않습니까? 그런 상황에서 '쎅트의식'이란 말이 나오는 것도 당연한 것이고 이 점은 우리가 반성하고 시정해나가야 하지 않을까 하는데요.

염무웅 물론 당연하겠지요. 그런데 그렇게 되는 과정이 아무 이유 없이 그렇게 된 것은 아닐 겁니다. 무엇보다도 결정적인 문제는 '창비'가 계간으로 나온다는 점이라고 생각합니다. 게다가 과거에는 부피가 별로 두툼하지 못했어요. 그러니까 월간 문예지에 비하면 소화할 수 있는 작품의 절대량이 대단히 부족합니다. 따라서 엄격하게 골라서 싣는 것이 우리 같은 잡지로서는 불가피한데, 이렇게 선별해서 싣는 것 자체가 우리나라 잡지 풍토에서는 아마 새로운 것이었을 겁니다. 보통 문예지의 경우 기성작가에게는 청탁을 했으면 거의 무조건 실었고 작가가 청탁 없이 작품을 들고 오는 경우에도 시일이 걸리기는 했겠지만 대체로 실어주는 것이 관례입니다. 읽고 나서 필자에게 되돌려준다거나 수정을 부탁하는 일은 별로 없을 겁니다. 물론 법 같은 데 걸리지 않을까 해서 그러는 수는 간혹 있지만요. 아무튼 그렇게 하는 동안에 저 잡지는 아무 글이나 싣는 게 아니고 자기 취향에 맞아야 싣는다, 그런 느낌을 준 게 있을 것이고요. 따라서 이런 점들이 우리 문단 풍토에서는 상당한 저항감을 줬을 겁니다. 또 한 가지는 원고를 쉽게 얻을 수 있는 이에게 청탁을 하게 마련인데, 그런 일종의 안일성이 있었던 것도 자인할 수밖에 없지요. 그리고 팔이 안으로 굽는다는 말처럼 같은 값이면 '창비' 출신의 문인이라거나 자주 만나서 뜻이 통한다 싶은 분에게 자주 청탁하게 된 면도 분명히 있지요. 이렇게 생각해보면 남들이 흔히 폐쇄적이다, 똘똘 뭉쳐가지고 독선적이다, 이런 소리를 하는데 우리한테 당연히 그런 소리를 들을 만한 극복해야 할 면이 있고 다른 한편으로는 그대로 밀고 나가야 할 면이 있지 않은가 합니다. 쎅트 자체는 물론 철저히 극복하고 지양해야겠지만 무성격의 잡지가 될 수야 없겠지요. 요는 하나의 잡지로서 일정한 성격이랄까 방향이랄까 하는 것을 지킨다는 면과 정실이나 파벌에 흐르지 않고 범문단적인 자세를 지향한다는 면이 어떻게 제한된 지면 속에 양립할 수 있겠느냐가 과제입니다. 제 개인으로서는 이 과제를 위해서 너무나 게을렀다는 자책과 반성이 아울러 드는군요.

신경림 그러나 '창비'의 어떤 성격 같은 것이 생긴 것도 '쎅트'라는 비난을 각오하고 했기 때문에 된 것이 아니겠어요?

이호철 그렇죠. 지난 10년 동안 발간된 '창비' 전체를 볼 때에는 쎅트니

뭐니 운운할 여지가 거의 없어요. 그런 게 얘기되는 것은, 솔직히 말해서 우리나라 작가·시인들이 한 1300명 되지 않습니까? 더군다나 이건 계간지고. 1300명을 고루 수용한다는 것은 물리적으로 불가능하지요. 그러니까 그 이야기는 저는 이렇게 보는데요. 편집 자체에서 그런 문제가 나오기보다는 오히려 대인관계라거나 창비를 하시는 분들의 어떤 대(對) 문단 일상관계에서 그런 것이 빚어지지 않았나 합니다.

염무웅 틀림없이 그런 면도 있을 겁니다. 글을 안 쓰는 사람이 잡지를 했다면 그런 소리가 훨씬 덜 나오지 않았을까요. 그런데 백선생이나 저나 평론을 쓰면서 잡지 편집도 하는데, 그 평론의 성격과 이 잡지의 편집방향이 동일시되는 경우가 많지요. 물론 어떤 의미에서는 양자가 중복이 되는 것이지만……

이호철 그래서 솔직한 얘기가 백선생의 「시민문학론」이라는 평론이 그때 문단에서 꽤 논의가 되지 않았습니까. 그게 14호더군요. 그걸 쓰고 나서 백선생은 외국에 가고, 그 후에 좋은 작품들이 많이 쏟아져 나왔는데 실상 '창비'는 처음부터 무언가 일관되게 간 것 같아요. 그 일관성은, 흔히 얘기되는 쎅트의식 같은 것과는 전혀 다른 차원의 일관성이지요.

신경림 그것이 일찍부터 보인 것이 또 백형이 쓴 「역사소설과 역사의식」인가 하는 글이었지요. 7호인가 8호에 나왔는데……

이호철 5호지요.

신경림 거기에서 이미 '창비'의 방향이 어느정도 나타났던 것 같아요. 가령 여기서 강조된 역사의식·사회의식 같은 것이 곧바로 '창비'의 성격의 어느 일면으로 느껴진 게 사실이었지요.

이호철 '창비'의 성격을 말한다면 역시 무엇보다도 비평을 통해 만든 것인데, 전부 여기 앉으신 분들 이야기라서 무엇합니다만, 백선생의 네댓편하고 염선생의 「농민문학론」인가요? 또 신경림 선생이 처음에 「농촌현실과 농민문학」을 쓰고 그 다음에 「문학과 민중」이던가요?

신경림 염형이 농촌문학 관계를 쓴 것이 18호인가 그렇지요. 그때 '창비'가 마침 무슨 농촌문학 특집같이 되었었지요.

염무웅 시대에 뒤떨어진 면이 좀 있었지요.(웃음)

백낙청 그런데 이거 아무리 자기비판을 하자고 시작을 해도 자꾸 자화자찬으로 끝맺고 마는군요.(웃음)

신경림 여하간 폭을 더 넓힐 필요는 있겠지요. 독자들에게 너무 낯익은 얼굴들만 내밀며 식상하게 한다는 것은 여러모로 손해가 아니겠어요?

염무웅 거듭되는 얘깁니다만 편집하는 저희들이 게을러서 마땅히 발굴해야 할 사람들을 발굴하고 실었어야 할 사람들을 못 실은 예가 많았지요. 잡지 편집자로뿐 아니라 한 사람의 문학평론가라고 자칭하는 입장에서도 정말 부끄러운 일입니다.

백낙청 그렇지요. 그러니까 이른바 '폐쇄성'이라는 데에는 우선 여러분이 말씀하신 대로 불가피한 애로에서 나오는 것이 있지요. 염형이 실무를 맡고 있을 때 특히 어려움이 많았다고 하지만 여러가지 어려운 사정이란 오늘날도 계속되고 있는 형편이니까 자연히 우리가 하고 싶은 만큼 폭넓게 활동을 못하는 그런 면이 있고, 또 한 가지는 그것을 폐쇄성이라고 하지만 실제로는 잡지로서 마땅히 가져야 할 자기 나름의 성격이나 주관 또는 수준으로서 우리가 포기해야 할 것이 아니라고 하는 그런 면도 있겠지요. 하지만 이것저것 모두 감안하고도, 그동안에 『창작과비평』을 여러 해 해오는 동안 어떤 문인들은 '창비'와 관계없이 훌륭한 활동을 하다가 뒤늦게 '창비'에 실린 분이 있고 아직도 우리가 몰라서 못 싣고 있는 분들도 있을지 모르겠는데, 이렇게 소홀해지게 되는 데에 일종의 — 의도적인 것은 아니더라도 말이지요 — 쎅트의식 같은 것이 작용하지 않았다고만은 못할 것 같아요. 저로서는 이제까지의 10년을 넘기고 다음 10년을 내다본다 할 때, 이런 소홀한 일이 없도록 하는 것이야말로 우리가 가장 관심을 기울여야 할 일 중의 하나가 아닌가 합니다. '창비'의 영향력 같은 것이 커지고 우리가 싣는 유능한 작가들의 수가 많으면 많아질수록 여기서 부당하게 외면당하는 작가에게 가는 피해는 그만큼 커질 테니까요.

신동문 그 문제는 이렇게 생각합니다. 과거에 우리가 그런 사실을 잘 몰랐더라도 폐쇄적이다라는 소리가 들린다면 무언가 그런 면이 있으니까 그런 걸 거란 말이에요. 그런데 전에는 가령 염선생이나 백선생이 편집 일을 보았다 하더라도 거기에 전념을 한 것이 아니고 직장을 갖고 있으면서 여가에 했지 않아요? 그러니까 자연히 원고청탁이나 필자에 대한 검토가 그 일에 전임하는 사람과는 다를 수밖에 없었던 거죠. 그런데 지금 같은 경우에는 백선생이 24시간을 거기에……(웃음)

이호철 24시간까지야 아니겠지요.(웃음)

신동문 적어도 교직에 복귀하기까지는 아무래도 이 일에 전념할 테니까 그런 문제는 상당히 시정되지 않을까 싶어요.

아직도 산적한 애로사항들

백낙청 신선생님께서 상당히 낙관적으로 말씀하셨는데(웃음) 이제까지의 애로사항들이 앞으로도 어느정도 지속될 것이 분명하고, 또 애초에는 없던 새로운 난관들이 대두하고 있는 것도 사실입니다. 우선 시간이나 인력의 문제를 말씀하셨지만, 제가 요즘 '창비' 일에 전보다 많은 시간을 들이고 있기는 합니다. 그러나 이 『창작과비평』이라는 잡지는 창간 때부터 오늘날까지 편집 전문가라 할 사람이 한번도 전담해본 적이 없는 잡지입니다. 그러니까 자연 편집체재도 엉성한 데가 많고 실수도 많이 저질렀는데, 여하간 전임 편집장 없이 마흔 권 가까이를 냈다는 사실 자체가 어떻게 보면 기적 같기도 해요. 그리고 이 문제는 아직도 해결이 안되고 있어요. 조속한 시일 내에 어떻게 해결하려고는 합니다만. 출판부까지 생겨서 업무량은 거의 살인적이지요. 특히 투고원고 문제 같은 것은 투고해주시는 분에게 미안할 때가 많습니다. 기성작가 가운데도 원고를 보내주시는 분들이 계시거니와 신인응모작품도 많이 들어옵니다. 이것을 읽어낸다는 것이 보통 일이 아니에요. 보내주신 분들로서는 그야말로 피와 땀의 결정인데 저희들은 그것만 읽고 있을 수는 없고 틈나는 대로 보는데 또 아무렇게나 보아 넘기는 건 무의미하지 않겠어요? 그러다 보니 자연 원고더미가 쌓이고, 본의 아니게 소홀할 때가 많습니다. 그래서 이 좌담회 자리를 빌려서라도 투고자 여러분들께 사과의 말씀을 드리고 양해를 구하고자 합니다.

또 한 가지 지속되는 애로사항은 뭐니뭐니해도 재정적인 것이지요. 그동안 여러 독자들이 성원을 해주신 덕에 '창비'가 사업적으로도 많이 성장했습니다. 잡지 부수도 많이 늘었고 출판부의 간행물들도 아마 저희 같은 소자본과 인력부족에 시달리는 출판사로서는 예외적이랄 정도로 독서계에 어떤 흔적을 남기고 있다고 봅니다. 하지만 반면에 사업이 불어날수록 원가도 늘어나지요. 물가상승으로 인한 괴로움은 국민 누구나 겪는 바지만 저희는 또 조금 부수가 늘어날 때마다 거의 무모할 정도로 지면을 늘리는 등, 자진해서 원가를 올려오지 않았어요? 꼭 망하기로 작심하고 장사하는 놈들 같다는 말도 자주 들었어요. 하지만 저희 독자들이 고마운 것은 어려운 고비마다 저희들에 대한 성원이 거의 피부로 느껴질 수 있었어요. 특히 작년 여름에 저희 잡지 여름호를 위시한 몇 개의 간행물이 당국에 의해 판매금지 당했을 때는 격려의 전화도 많이 받았고 가을호에는 부수가 월등히 늘어나기도 했지요. 그러나 아직까지 사업으로서는 형편없는 상태라 해도 과언이 아니고 신선생님이나 저나 뭐 기업인으로서 입지전적인 인물은 못 되는 것 같아요.(웃음) 원고료 문제만 해도 계속 애를 먹고 있어요. 저희로서는 이제까지 큰 재벌신문사가 경영하는 종합지의 수준에서 별로 떨어지지 않았다고 자부합니다. 그러나 지금 문예진흥원에서 다른 월간 문예지에 대해서는 고료조로 지원금이 나오지 않습니까? 요즘 매달 50만원씩인가요? 그래서 전통 있는 어떤 문예지의 경우, 그 회사 자체가 지불하는 원고료는 우리의 반 정도밖에 안되는데도 결과적으로 필자에게 지급되는 금액은 우리를 훨씬 앞지르게 되지요. 그런데 작가라는 분들이 대개는 궁한 분들이고 원고료에 생계를 의탁하고 있는 이들도 적지 않은데 우리가 진흥원에서 돈을 못 받으니 좀 싸게 써주시오 하기도 미안한 일이고 그게 잘 안 통하는 경우가 많지요. 그런데 문예진흥원 이야기가 났으니 말이지만 신선생님이 발행인으로 계실 때 우리도 잠깐 지원금을 받은 일이 있기는 있지요.

염무웅 74년에 1년 받았던가요?

신동문 1년이 아니고 사실은 반년이었지요. 74년 여름엔가 주겠다는 방침이 정해졌다가 74년 후반기 몫으로 두 차례에 걸쳐 도합 30만원을 받았지요. 그러니까 한 호 내는 데 15만원씩을 받은 겁니다.

백낙청 그러다가 75년도에 들어서서 진흥원에 계시는 어느 간부가 전화를 해서 새해부터는 한 호에 20만원씩으로 올려주겠다고 그랬어요. 한데 사무절차 관계로 지급은 좀 늦어진다기에 75년 봄호를 만들면서 저희는 진흥원에서 돈이 더 나올 것으로 생각해서 자사고료도 좀 올리고 보조금도 가산해서 필자들에게 원고료를 미리 지급했지요. 그랬더니 그 호가 나오고 얼마 안되어 공문이 오기를 계간지에는 75년도부터 지원금 지급을 중단하기로 했다는군요. 공문에는 별다른 설명도 없었는데 일부 신문 지상에 나온 걸로는 "계간지들은 동인지적 성격이 너무 짙어서" 지원 대상으로 부적합하다고 결정했답니다. 물론 '창비'가 계간지로서의 제약성은 있지만 75년 현재의 『창작과비평』을 과연 '동인지적'이라고 볼 수 있을지, 예컨대 같은 진흥원 기금을 받는 시 전문지들보다 더 '동인지'에 가깝달지는 의문이었어요. 하지만 뭐 우리가 진흥원에다 돈을 맡겨놓은 것도 아니니까 가서 내놓으라고 따질 건덕지도 없었지요. 그런데 이미 원고료가 지급된 필자들께는, 사실 지난번에 드린 돈 중에 얼마는 진흥원에서 보조금으로 나올 것을 저희가 대불했던 것이니 좀 돌려주십시오, 그럴 수는 없는 것 아닙니까? 또 모든 물가가 다 오르는 판에 한번 올린 원고료를 다시 내릴 수도 없고요. 그나마 15만원씩밖에 안 받았으니 피해가 거기서 그쳤고, 또 언제든지 일방적으로 끊어질 수 있는 보조금이라면 진작 끊어진 것이 속 편한 면도 있어요.

'민중'은 불온단어인가

애로사항에 관한 이야기가 길어집니다만 한 가지만 더 말하고 넘어갈까 합니다. '창비'를 두고 폐쇄적이다 하는 비난이 있다는 이야기는 아까도 했는데 그 말에는 얼마간의 근거도 있다고 보았고 또 그것이 근거없는 주장이라 해도 폐쇄성이라는 것 자체가 무슨 형사상의 범죄를 구성하는 것은 아니겠는데, 요즘 들어 『창작과비평』지에 대한 일부의 비난이나 공격은 그런 선에서 멈추지 않고 꽤 살벌해진 느낌도 없지 않습니다. 이건 완전히 불온집단이고 처단되어야 한다는 투로 나오는 이도 있는 모양이에요. 다른 분들은 그 점을 어떻게 보셨는지요?

신경림 글쎄요. 예를 들어 '민중'이라는 말을 가지고 불온시하고 민중을 찾는 저의가 무어냐고 윽박지르기도 하는데 그건 참 대처하기가 곤란한 것 같더군요.

이호철 그런데 그것이 아까 이야기한, '창비'는 폐쇄적이다, 하는 것과 감정적으로 일맥상통하는 바도 있는 것 같아요. 또 한편으로는 '창비'가 이때까지 10년 동안에, 솔직하게 얘기해서 우리 문단의 중요 이슈들을 주도적으로 부각시켜왔다고 할 수 있지 않습니까. 이것이 15호에서 30호쯤에 오는 동안 두드러지게 문단에 터를 잡아온 것 같은데, 이러한 기여에 대해 요즘 와서 일부에서 심지어는 불온하다는 정도로까지 이야기되는 것이 더러 신문지상에도 보인 듯한데, 불쾌하기 짝이 없더군요. 불쾌하다는 것은 '창비'를 지금 남북관계라든지 우리나라가 당장 처해 있는 상황에 직선적으로 연결시켜서 심지어 반공전선에 저해가 된다는 식의 발상이 비치기도 하는데, 실상 '창비' 창간호부터 이제까지 전체를 다시 부감(俯瞰)해볼 때 비평도 그렇고 또 학문적인 기여도 그렇고 그밖에 소설, 시, 전체를 통틀어도 역시 어떤 포괄적인 우리나라 상황을 염두에 둔 시선이고 우리 자신의 주체적인 것을 추구하는 문학 본래의 어떤 노력이지, 딱히 정치적인 어떤 목표에 매달렸달까 그런 글은 전체를 통해 전혀 보이질 않습니다. 실상 '창비'가 문학을 정치에 예속시킨다니 하는 말은 '창비'를 정말 차근차근히 읽어낸 사람들의 생각은 아닌 것 같아요.

염무웅 물론 '창비'에 실린 소설들을 읽어보면 골프를 치고 자가용 타고 다니는 그런 사람들의 얘기를 쓴 것보다는 역시 가난하고 힘없는 사람들의 문제를 다룬 소설이 많은 것은 사실이지요. 하지만 이것을 곧장 어떤 정치적인 의미와 결부시키는 것은 대단히 피상적이고 편협한 발상입니다. 실상 좋은 문학이랄까 진짜 문학이라는 것이 그런 사람들의 문제를 직접 다루거나 적어도 그런 사람들이 사회의 대다수를 차지하고 있다는 의식이 없이 씌어질 수 없는 것 아닙니까? 그래서 가난한 사람들의 이야기를 쓰면 무조건 이건 '창비식'이다, '현실참여적'이다, 하는 말을 듣게 되는 수도 적지 않은데, 창비를 좋게 생각하는 쪽에서든 나쁘게 생각하는 쪽에서든 이것 역시 일종의 오해가 아닐까 생각됩니다.

이호철 그런데 '창비'에 반정부적인 글이 많다는 말도 더러 하는데, 우선 '반정부적'인 것과 '반국가적'인 것을 혼동해서도 안되겠지만 '창비'에 나온 글들이 과연 반정부적이냐 하는 것도 좀 달리 생각해볼 필요가 있겠지요. 문학이 다루어야 할 소재라든지 그 다루는 방법이란 굉장히 여지가 많고 넓은 겁니다. 그런데 '창비'에 나온 소설들 중에는 우연히도 「장한몽」이라든지 「객지」, 「심야의 정담」, 또 단편으로 천승세(千勝世)의 「보리밭」 같은 것이 우리나라의 비교적 어두운 면을 성공적으로 작품화하고 사회의 어떤 부조리를 심도있게 척결하고 있어요. 또 우리 사회에서 그런 소설들이 좋을 수밖에 없는 측면이 있지요. 주간지 기사와의 연장선상에서 만드는 흔한 소설들이 좋을 까닭이 없는 거구요. 그런데 요즘 정부에서도 부조리 척결에 대해 매우 신경을 쓰는 모양입니다만 어떤 의미에서 '창비'에 이제까지 나온 소설들을 다 훑어보면 우리나라 부조리의 근원적인 정체가 무엇이냐 하는 데 대한 일종의 해답이 나올 수도 있는 문제고, 그런 면에 정면으로 대응해서 어떤 좋은 정책도 나올 수 있지 않느냐, 좀 이렇게 따뜻한 시선으로(웃음) 보아줄 수가 없겠느냐는 겁니다.

백낙청 참 좋은 말씀이십니다.(웃음) 여하간 소설 같은 데서 특권층의 이야기보다 가난한 민중의 이야기가 많이 나온 것은 사실이고 평론에서 '민중'이라는 단어가 들먹여진 것도 사실이지요. 그런데 아까 신경림 선생께서 '민중'이라는 단어 자체를 불온시하는 데 대해 어떻게 대처할지 곤란하다고 하셨는데, 좀 달리 생각해보면 전혀 곤란할 것이 없다고도 말할 수 있어요. 우선, 그런 공격이 나오면 요즘 상황이 상황이니만큼 신변의 위협마저 안 느껴지는 건 아니지만 거기에는 도대체 대처하고 말고가 없으니 오히려 간단하다면 간단하지요. 그 문제에 관한 한 도대체 우리네야 이러라면 이러고 저러자면 저러는 재주밖에 없는 사람들이니까 아예 '대처'를 안하는 걸로 버티는 거예요. 말하자면 무재주가 상팔자라는 거겠지요. 그밖에 '민중'이라는 낱말 자체를 불온시하는 것이 틀렸다는 것을 말로 따져대는 거야 세상에 그것처럼 쉬운 게 어디 있습니까. 다른 건 다 제쳐놓고, 우리나라 국립경찰의 모토가 '민중의 지팡이'라는 겁니다. 그러면 이런 표어를 만든 우리 정부가 친공적(親共的)이거나 용공적(容共的)이란 말입니까, 아니면 정부의 다른 기관은 다 안 그런데 유독 우리 경찰만 불온사상에 젖어 있다는 말입니까? 도대체 우스운 이야기지요. '민중'이란 말의 정의를 정확히 어떻게 내릴지는 모르겠습니다만, 여하간 어떤 특별한 지배적인 위치에 있지 않은 대다수의 국민을 말하는 것 아닙니까?

옛날 말로 하면 '백성'인데, 우리가 '백성'이란 말을 특별히 기피하려는 건 아니지만 '백성'이라고 하면 봉건적인 냄새가 나지요. 현대 민주국가의 감각에는 역시 좀 맞지 않아요. 그리고 '민중'과 비슷한 말로 또 '인민'이란 말이 있습니다. 저쪽에서 잘 쓰는 말이지요. 그래서 어떤 사람은 '민중'이란 곧 '인민'이란 말이 아니겠느냐고 은근히 위협적으로 비치기도 하고, 개중에는 이걸로 무슨 결정타나 날렸다는 듯이 득의양양하는 이들도 있는 모양이에요. 하지만 우리가 '인민'이란 말을 안 쓰는 것은 부당한 오해를 사기 싫어서 그런 거지 '인민'이란 말 자체가 나쁜 건 없다고 봐요. 실제로 링컨 대통령의 "government of the people, by the people, for the people"이란 구절은 요즘도 '인민의, 인민에 의한, 인민을 위한 정부'로 번역되곤 합니다. '인민'이란 말 자체는 실상 옛날부터 있었던 것이고요. 이런 건 너무나 명명백백한 이야기라서 길게 말하면 이쪽이 오히려 구구해질 뿐입니다.

'민중'이란 단어도 이렇게 떳떳한 것이거니와 문학인으로서 민중의 복지를 주장하고 그들에게 가해지는 부조리를 비판하는 것 역시 너무나 당연하고 떳떳한 일이지요. 요즘은 '민족문학'을 하라고 정부에서 돈까지 주는데 도대체 민족구성원의 대다수를 차지하는 민중을 빼고서 민족을 이야기하고 민족문학을 한다는 것이 될 법이나 합니까. 도대체 무얼 하자는 건지 알 수 없군요. 다 아시다시피 민족주의라는 구호가 자칫 잘못 쓰이면 그것이 그 민족에게도 해롭고 주위의 다른 민족이나 국가에게도 막대한 해를 끼칠 수 있는 거지요. 이런 일이 대개 어떤 경우에 일어나느냐 하면 실제로는 민족을 구성하는 대다수 사람들의 이익에 대해서는 생각 안하고 말로만 민족, 민족 하면서 민족주의라는 구호를 일종의 편법으로 삼을 때 그런 결과가 생기는 것이 아니겠습니까. 그러므로 민족주의, 민족문화, 민족문학, 이런 것에 따르는 위험을 미리 막기 위해서라도 민중의 문제에 대해서는 적극적인 관심과 끊임없는 토의가 있어야 하리라고 믿습니다. 이것 역시 너무나 분명해서 새삼 이야기하기가 구차스러울 정돕니다. 그리고 '민중'이란 말 자체를 불온시하는 발상에 대처하기가 진짜 곤란한 점도 바로 여기에 있다고 봅니다. 즉 그런 발상이 말도 안된다는 걸 지적하는 건 간단한 일이에요. 하지만 우리가 문학을 하면서, 앞뒤가 맞는 말을 하는 것만이 장기일 수는 없어요. 남이 틀린 말 했을 때 틀렸다고 따져주는 것만이 다 잘하는 일이 아니라는 겁니다. 옳은 주장을 하고 옳게 변명을 하는 것도 중요하지만, 한편으로 문인으로서 한국문단의 명예랄까, 문학 하는 사람의 품위와 격조 같은 것을 지킬 의무가 우리들 누구에게나 있다고 봅니다. 그런데 누가, 당신 '민중' 운운하는 것이 수상하지 않냐고 했다고 해서, 대뜸 나서서 그럼 내가 ××주의자란 말이냐, 나하고 같은 말을 한 아무개도 잡아넣지 그러냐, 어쩌고 하며 반론을 전개한다는 것은 나 자신으로서도 구차스러운 건 물론이지만 이건 후세의 독자들이 볼 때 우리 시대의 문단 전체가 무슨 꼴이 됩니까. 애초에 그런 말을 한 사람도 한 사람이지만 그랬다고 해서……

신경림 발끈해서…(웃음)

백낙청 네. 발끈해서든 오싹해서든 마구 나설 수는 없는 거지요. 차라리 욕 한번 더 먹고 매 한 대 더 맞더라도 선비의 체통은 지켜야 않아요? 이런 자리니까 여담 비슷이 하고 넘어갑니다만, 사실 옳은 이론이라도 문인다운 품위를 지키며 개진하는 것이 어렵다면 어려운 일입니다.

본심에서 우러나온 민중문학이라야

그러나 정말 어려운 건 이런 것인 듯합니다. 우리가 민중을 이야기한다는 것은 간단한 일이지요. 민중을 이야기하다가 좀 손해보는 것도 비교적 쉬운 일일 수가 있지요. 그러나 진정으로 민중에게 이익이 되는 일을 실제로 하고 나아가서는 민중과 호흡을 같이한다는 것, 이것이야말로 가장 어려운 일이라 봅니다. 우리나라의 형편상 국민 대다수가 지금 우리들이 누리고 있는 여러가지 특전을 향유하지 못하고 있지 않습니까. 그러므로 여기 우리들처럼 상당한 교육을 받았다든가, 우리가 즐겨하는 문학에 종사할 수 있다든가, 최소한의 생계가 보장되어 있다는 사실 자체가 이미 우리가 이야기하는 민중과는 어느정도의 거리를 갖는다는 것을 의미합니다. 그럼에도 불구하고, 또 대다수 민중이 못 누린 혜택은 혜택대로 충분히 활용하면서, 민중과 호흡을 같이한다는 것 — 이것은 참 어려운 일인 듯해요. 이건 평론의 경우도 그렇고 또 소설에서도 마찬가지겠지요. 아까 우리가 '창비'에 실린 소설이 특권층보다는 민중을 다룬 게 많다고 말했지만, 가난하고 힘없는 서민을 소재로 삼았다고 해서 그 소설이 곧 건강한 민중의식을 대변한다거나 민중을 위하는 소설이 된다는 보장은 없거든요. 그런데 '창비'에 나온 소설들을 보면 민중의 문제를 거론만 하고 실제로 진정한 민중문학이나 민족문학이 되지 못한 작품들도 많이 나왔던 것 같아요. 이런 데 대해서는 욕을 먹어도 할 말이 없다는 생각도 듭니다.

신경림 나도 그런 걸 평소에 좀 느꼈는데, 어떤 비판적인 입장을 취할 때 반드시 가난한 이야기만 내세우는 것이 옳은 태도는 아닌 것 같아요. 현실을 분명히 파악하는 데 있어서도 꼭 가난한 이야기만 내세워서 되는 건 아니거든요. 너무 빤한 가난 타령만 나오니까 지루한 인상도 주고 너무 평면적이란 인상도 주고요. 특히 최근의 소설에서 그런 인상을 많이 받았어요.

백낙청 그것은 작가의 역량과도 관계가 있겠지요. 가난을 정확하게 이야기해주면서도 그것이 뭉클하고 감동적인 것이 되어야 하는데요, 그러잖아도 가난하게 사는 것도 지겨워 죽겠는데 이 지겨운 이야기를 또 들어야 되나 하는 생각을 독자에게 준다면 문학으로서도 실패고 또 민중생활에 도움이 되는 것도 없겠지요.

이호철 소설 쪽을 공격하니까 시도 좀 공격해야겠군.(웃음) 저도 요즘

'창비'의 시들을 보면 대개 이 '창비'라는 잡지를 너무 의식하고 쓴 시가 아닌가 하는 인상을 받아요. 30호 뒤에 가서 더 그런 현상이 고조되고 있는 듯합니다.

신경림 비난하는 사람들의 이야기지만 너무 '목소리만 높다'고 하는데 그것도 일리는 있는 말 같아요. 너무 목소리만 높다 보니까 대상에 대한 정확한 파악에도, 언어에 대한 세심한 배려에도 소홀해집니다. 너무 거칠고 답답한 시가 많이 눈에 띄어요. 또 '창비'에 실리는 시들이 너무 비슷해지는 경향도 눈에 뜨입니다.

이호철 그 점은 역시 비평가 몇 분들의 너무 고압적인 일면과도 관련이 있는 듯해요. 시인들이 보기에, 그 비평들은 좋고 하지만, 무언지 자기 내부에 민중의식의 본래적인 성격 같은 것이 제대로 다져져 있지 않을 때, 그런 현상이 생기지 않나 싶어요. 한데 소설에서는 도리어 작가 자신이 막말로 무지렁이처럼 굴러다니는 사람들의 소설처럼 보이더군요. 그러니까 재기(才氣)나 얄팍한 재주보다도 자기 사는 사정을 그대로 쓰되 자기 사는 것이 원래가 민중생활에 밀착되어 있기 때문에 자기사정 이야기만 그대로 쓰더라도 민중의 그것과 호흡이 맞아지는 경우지요.

백낙청 이건 시와 소설 간에 싸움이 붙은 것 같은데(웃음) 신선생님은 어떻게 생각하시나요?

신동문 솔직히 얘기해서 작품들을 너무 안 읽으니까 지금 같은 화제일 경우에 당황하게 되는군요. 그보다 아까 이야기한 민중의 문제를 외면한 민족문학이 있을 수 없다는 대전제로 돌아가서, 이런 전제를 갖고서 문학을 하는데 당국이면 당국에서 좀 의아한 눈으로 보더라도 이것이 뭐 한심스럽다고 할 것도 없는 거라고 봐요. 한심스럽고 뭐고가 없는 거라. 문학을 안하면 모르고 또 가짜로 무슨 흉내를 내는 거면 몰라도 문학을 한다고 나선 이상 당국에서 좀 어떻게 생각하든 그런 건 괘념치 말고 해야 하는 거지요. 그런데 정말 무서운 건, 당국이야 국외자로서 이렇게 생각할 수도 있고 저렇게 생각할 수도 있는 거지만, 같이 문학을 한다는, 소위 문학권 내에 있다는 사람들이 당국보다도 더 무지몽매하게 욕을 하고 또 몰아대며 나오는 건, 이건 정말 한심스러운 거지.(웃음) 어느 체제 어느 국가에서건 현실과 사회를 냉철하게 비판하고 창작하는 사람들과 당국 간에는, 어느 체제건간에, 이데올로기적으로 다르더라도 말이에요, 어느정도는 갈등도 있고 마찰도 있는 거니까 그런 건 그러려니 해야지요.

그런데 민중을 강조한다고 불온분자로 모는 문인들의 존재가 가공(可恐)하다고 했지만 또 하나 문제되는 건, 우리들 잡지에 주는 시 중에서 — 소설은 별로 모르니까 시만 이야기하는데 — 분명히 『창작과비평』을 의식하고 쓰는 시가 있다는 것은 자주 느끼는데 사실 이것도 내가 봐서는 똑같은 사람들이에요. 교(巧)하기는 똑같은 거라. 그런데 쓰는 사람은 또 그런다 하고 사실은 우리가 그걸 식별해내야 돼요.

염무웅 하나의 잡지로서나 평론 쓰는 개인으로서나 글 쓰는 사람들한테 어떤 강박관념 비슷한 부담감을 주는 것은 좋지가 않겠지요. 또 그렇게 해서 씌어진 글이 정말 좋은 글이 되기는 어려울 것이고 어쩌다가 괜찮게 씌어졌더라도 결국에는 그런 성격이나 수준을 지탱하지 못하고 말겠지요. 쓰는 사람 자신이 자기의 본심에 따라서 자유롭게 쓴 결과가 현실의 문제에 대해서도 올바른 얘기를 할 수가 있어야 할 겁니다. 꼭 '창비'에만 해당되는 얘기는 아니지만, 문필가들이 편집자나 출판업자의 눈치를 살피고 비위를 맞추는 폐단은 반드시 극복돼야지요.

백낙청 '창비'를 의식하고 글을 쓰는 문인들이 '창비'를 헐뜯는 사람 못지않게 나쁘다는 말씀을 신동문 선생님께서 하셨는데 적어도 편집자로서 대처하기에는 전자의 경우가 더 어려운 면이 있어요. 실생활에서도 나를 욕하는 사람보다 내게 솔깃한 이야기를 하는 사람에게 더 약하게 마련이지 않아요? 실상 '창비'가 불온하다느니 하는 이야기를 들어온 것은 어제오늘의 일이 아니지요. 요즘 일부에서처럼 드러내놓고 그러지 않았다뿐이지 창간하고 얼마 안돼서부터 '참여파'니 '사회과학파'니 하면서 이상한 눈초리를 많이 보내왔지요. 그래서 저 개인으로서는 거의 면역이 되다시 피 됐고 또 겪으면서 보니까 이런 일도 어떤 기복 같은 게 있더군요. 한참 욕하던 사람이 결국 그만두기도 하고 사회 전체의 분위기가 그런 게 잘 안 먹혀들게 되기도 하고, 그래서 말하자면 밀물이 들었다가 썰물이 나갔다 가 하는 정도로 느껴지기도 해요. 물론 그 통에 밀어닥치는 파도에 못 이 겨 쓰러진다면 불행한 일이고 그래서야 안되겠지만, 마음으로는 또 한 풍 파가 이느니 하고 있는 거지요.

신경림 민족문학에 관해서 한마디만 더하고 넘어가지요. 요즈음 보니 까 민족문학이라고 하면 자기 민족의 잘난 점만 칭찬하고 미화하는 문학 을 민족문학이라고 하는 것 같더군요. 그런데 그것은 커다란 문제예요. 잘못하면 국수주의로 떨어질 우려도 있고 또 문학 자체가 될 수도 없고요.

백낙청 네. 말이 났으니까 말이지만 국민총화라는 데도 그런 문제점이 제기될 수 있을 듯합니다. 덮어놓고 우리 국민이 총화가 되어 있고 단결이 되어 있다고 주장하는 게 곧 국민총화일 수는 없지 않아요? 엊그제 신문 인가를 보니까, 여의도 광장에서 궐기대회를 하는 것으로 국민총화가 되 는 게 아니다라는 말이 우리 정부의 최고위층에서도 나왔더군요. 전적으 로 동감입니다. 국민총화를 이루려면 우선 국민들 사이에 있는 문제점들 을 정확히 인식하고 부각시켜서 슬기롭게 해결해나가야 되지 않겠습니 까? 그런데 이런 문제점들을 지적하는 것이 오히려 국민총화가 안된 원인 인 것처럼 보는 것은 본말(本末)이 뒤바뀐 거지요. 물론 어떤 정략적인 의 도에서 사실을 왜곡 선전하는 것은 배격해야겠지만 이런 선전은 적어도 우리 문학 하는 사람들로서는 진짜 문학을 하는 이상 애초부터 배격하지 않을 수 없는 겁니다. 민족문학이 자기 민족이 안은 내부적인 모순이나 부 조리를 정직하게 인식하는 데서 문학 자체로서도 살고 민족을 위하는 길 도 된다는 것과 마찬가지 논리지요.

'70년대 작가'론의 반성

이호철 동감입니다. 요즘 '민족문학'의 이름으로 작품들이 대량으로 쏟아져 나오기도 하는데, 민족문학이란 것을 제대로 인식하고 쓴 작품들이 나와주기를 기대하는 마음 간절합니다. 이야기를 좀 바꿔서 요즘 작가들, 특히 젊은 작가들의 어떤 경향에 대해서도 한마디 해보지요. 저 자신부터도 한 20년간 문학생활을 하면서 공(功)보다는 과(過) 쪽이 많은 사람이니까 이런 얘기를 할 자격이 못 되는지는 모르겠습니다만, '60년대' '70년대' 이런 식으로 이야기될 때 60년대가 김승옥(金承鈺)으로 대표되는 어떤 새로운 감각을 말하는 경우 그것은 납득이 되는 면이 있는 것 같습니다. 그런데 그 후에 70년대에 들어와서 아까도 말했듯이 이문구, 황석영, 신상웅 등 젊은 작가들의 역작들이 나왔지요. 하지만 요즘 '70년대 작가'라고 하면 이런 작가들이 아니라 최근 한참 신문연재를 도맡다시피 하고 있는 일군의 신예작가들을 가리키는 경향이 있는데 이분들이, 최근 어느 비평가도 말했지만, '여자'라는 말을 빼고는 소설 제목이 안되는 것 같은 풍조를 낳고 있어요. 그렇게 야하게 이야기될 정도로 되어 있단 말이지요. 제 생각에는 이런 면이 있는 것 같아요. 민중의식이나 민족의식 같은 게 튼튼한 체질로 되어 있지 못하고 의식으로만 빌려서 있는 그런 작가들이 조금 돈하고 수지맞는 그런 판이 되어버리면 금방 거기에 쏠리지 않는가 하는 겁니다. '창비'를 통해 떠오른 작가들도 요즘 그런 면이 좀 보이더군요. 그런데 대체로 작가가 불운할 때는 생활상의 울분 같은 것이 겹쳐가지고 좀 의식이 있는 작품을 쓰다가 조금 수지맞을 단계가 되면 금방 달라지는 수가 있는 건 어디서나 흔히 볼 수 있지만 70년대에 와서 특히 문제인 것 같아요. 이름까지 박아서 말한다면 최인호(崔仁浩) 이후의 이런 붐이 내가 보기에는 매우 불건강한 현상이 아닌가 싶습니다. 70년대로 일컬어지는 일군의 작가들이 좀더 본래의 문학의식을 튼튼하게 돌이켜야 하지 않는 가 합니다.

염무웅 그런데 그것이 문학에 있어서만은 아니고 사회가 전반적으로 그렇지 않습니까? 텔레비전이라는 게 나와가지고 그게 굉장히 많이 보급이 됐더군요. 시골을 다녀보면 구석구석까지 들어가 있는 게 눈에 띄어요. 그래서 저 어려서만 하더라도 고등학교 졸업할 때까지 유행가를 거의 몰랐는데 지금은 시골 애들까지 전부 일상적으로 부르는 노래가 학교 노래가 아닌 유행가고, 또 주간지가 많이 나오고, 이런 소비문화, 저질의 대중문화가 판을 치고 있는데, 말하자면 그런 것에 문학이 영합하고 있는 셈이지요. 그런데 한 가지 문제는 우리나라 현실이 그런 정도의 소비문화를 만들어낼 만하지 않은데도 불구하고 그런 소비문화가 나오고 있다는 것이지요. 그 자체가 굉장히 불건전한 것이고요. 또 한편으로 생각하면 요즘 장발단속이니 뭐니 해서 그런 것에 대한 정부로서의 억제작용도 있거든요. 그래서 대중적인 소비문화가 상당히 묘한 위치에 있는 것 같아요.

백낙청 퇴폐적인 소비문화에 대한 정부의 단속은 너무나 지엽적이고 다분히 신경질적인 데가 없지 않다는 느낌이 듭니다. 장발단속 같은 것은 권위주의가 소비문화를 억누르는 대표적인 예처럼 보이지만 작금의 대세는 역시 소비주의·상업주의 쪽으로 가고 있는 게 아닌가 합니다. 우리 사회나 문단에서 권위주의가 문제가 되고 있지만 사실 본래적인 권위주의가 못 되는 게 아닐까요? 소비문화 내지는 상업주의에 편승한 권위주의라고 봅니다. 동시에 아까 염형이 지적하셨듯이 우리 사회에는 이 정도의 난숙한 소비문화가 생길 만한 객관적인 이유가 없기 때문에 상업주의나 소비문화가 권위주의를 조장해서, 권위주의를 하나의 편법으로 써서 스스로의 터를 잡으려고 하는 그런 현상이 아닌가 생각됩니다. 이선생께서 말씀하신 요즘 '70년대 작가 붐' 같은 것도 이런 문맥에서 볼 수 있지 않을까 합니다. 최근에 젊은 작가들이 도하 각 신문의 연재소설을 거의 휩쓸다시

피 하고 있는데 이것은 웬만한 중견작가도 신문연재에 발붙이지 못하던 때에 비하면 일종의 진보라고도 할 수 있어요. 아마 이선생께서 『서울은 만원이다』를 처음 연재하실 때만 해도 그것이 파격적인 처사로 보였었지요. 하지만 오늘날 신진작가들의 대거 기용은 새로운 문학 가치가 낡은 권위주의를 진정으로 극복한 것이라기보다 현재 우리나라의 권위주의라는 것이 역시 상업주의보다는 약하다는 단적인 증거가 아닌가 생각됩니다. 물론 70년대 작가로 불리는 사람들이 다 똑같은 건 아니지요. 또 바로 그렇기 때문에 '70년대 작가'라는 레이블이 비평용어로서는 무의미하다는 겁니다. 그것은 별 내용이 없는 비평이나 조장하고 상업적인 저널리즘에 장사할 거리나 마련해주는 것 같아요. '60년대' 운운할 때도 다분히 그랬고요. 이런 문제에 대해 저희 '창비'도 전혀 책임이 없지는 않습니다만, 아무런 내용 없는 세대론에서는 비교적 초연해왔다고 자부합니다. 그러다 보니 또 한번 자화자찬을 하고 말았군요.(웃음) 이제 시간도 많이 지나고 했으니 '창비'의 앞날을 위해서 좀더 따끔한 충고와 구체적인 제언을 해주셨으면 합니다.

앞으로의 '창비'를 이렇게……

이호철 칭찬은 그만 하라고 하시는데 이런 말을 해서 이젠 미안하기까지 하지만(웃음) 솔직한 이야기가 저는 '창비'를 받아 볼 때 시나 소설보다도 좁은 의미의 문학이 아닌 다른 학술적인 것, 이론적인 작업에 더 먼저 눈이 쏠리곤 해요. 국학 관계의 글이라든가, 심우성(沈雨晟)씨의 민속 관계 작업이라든가, 리영희(李泳禧)씨의 어떤 글들, 간혹 실리는 알찬 경제평론 — 이런 것이야말로 '창비'만이 해낼 수 있었던 일이 아닌가 해요. 앞으로도 이 면에는 더욱 힘을 기울여주셨으면 하고……
백낙청 '창작과비평'이라는 제목의 '비평'에 해당하는 이론적인 작업은 앞으로도 계속할 생각입니다.

염무웅 일반 독자들 가운데도 이선생님과 비슷한 반응을 보이는 이가 많은 것 같아요. 출판부에서 낸 '창비신서' 중에서도 물론 소설집이 잘 팔리는 것도 있지만 비소설에 해당하는 『전환시대의 논리』나 『민족지성의 탐구』, 『문학과 예술의 사회사』, 이런 것들이 한결같이 잘 나가는 것으로 알고 있어요.

이호철 그런 면에서 저는 작가들에게도 너무 소비주의적인 도시생활에 집착하는 경향을 극복하는 한 방향으로서, 최근 박태순(朴泰洵), 황석영 등의 작가들이 써낸 르뽀르따주 같은 것을 쓸 기회가 많아졌으면 합니다. 작가들이 여간 마음먹지 않고는 지방이나 또 민중으로 얘기되는 생활과 접해볼 기회가 실상 별로 없는 것이 오늘의 현실 아니겠습니까. 저만 해도 그렇습니다만. 근본적으로 어떤 폭넓은 생활이 없다는 게 치명적인 것 같아요. 그런 것을 극복하는 길의 하나로 작가들이 자의건 반 타의건 간에 좀 생활의 현장에 가볼 수 있는 기회가 많아졌으면 도움이 되겠고, 그래서 '창비'에서도 르뽀르따주 쪽으로 좀더 힘을 기울이고 특히 신진작가들에게 그런 기회를 주셨으면 좋겠군요.

백낙청 좋은 말씀입니다. 물론 현장에 나가보는 것과 현장에 사는 것은 또다른 문제겠습니다만 여하간 그런 기회를 만들어보는 것이 작가에게도 도움이 되고 독자들에게도 흥미있게 읽히겠지요.

염무웅 사실 독자들의 흥미라는 면을 '창비'가 너무 소홀히해오지 않았나 하는 생각이 듭니다. 이런 말을 하는 저 자신은 소위 반관반민(半官半民)이라는 말이 생각나는 애매한 위치에 있는 꼴입니다만.(웃음) 아까 이야기한 소비문화와는 다른 의미에서 좀더 대중적일 필요가 있을 것 같습니다. '창비'가 '고급 잡지'다 하는 말을 많이 듣고 실제로 고등학생 정도가 읽기에는 곤란한 점이 많지 않아요? 너무 어려운 것 같아요. 그런 점에서 좀더 많은 독자들이 읽을 수 있는 잡지가 됐으면 해요. 그런데 그 하나의 시도로서 한글전용을 하고 한자를 괄호 속에 넣는 것도 해보는데, 어쩐지 그게 대단히 미흡하다는 느낌이 들어요. 오히려 글 자체가 쉬워져야 할 것 같아요. 아무튼 연구의 과제인 것 같습니다.

백낙청 글 자체가 쉬워지는 것이 물론 중요하지요. 그러나 그거야말로 어려운 일 아닙니까? 내용이 있는 글을 쉽게 쓴다는 것은 필자 스스로가 어떤 중요한 문제를 완전히 장악해서 선명하게 투시해야 가능한 거니까요. 한자의 문제는, 잡지에서는 되도록 한자를 줄이되 필자의 취향을 존중하는 쪽으로 하고, 단행본은 지금 출판계의 추세가 거의 한글전용에 한자를 괄호 속에 넣는 쪽으로 가고 있지 않아요? 우리는 뭐 교조적인 한글전용주의자는 아니지만 가로쓰기, 한자 줄이기 등에 비교적 선도적인 역할을 해온 잡진데 이제 와서 출판계의 대세가 된 한글전용을 구태여 마다할 건 없을 듯합니다. 그밖에 편집체재 같은 것에서 좀더 독자에게 친절해질 소지가 많지요. 예를 들어서, 잡지에 공연히 사진이니 삽화니 많이 넣어서 어수선하게 만들 필요는 없지만 내용에 비춰서 꼭 사진을 써야 하는 데에도 안 쓴 일이 많아요. 그건 물론 비용 문제가 있는데, 사실은 비용보다도 일을 간편하게 하기 위해서 그런 면이 많았지요.

신경림 마산 수출공단 르뽀 같은 건 사진이 들어갔어야지요.

염무웅 그밖에 '창비'가 이렇게 됐으면 하는 소망을 말한다면 언젠가 '창비'가 월간이 됐으면 싶어요. 그래야만 폭도 더 넓어지고 기왕에 잡지로서 가져야 할 영향력 같은 것도 더 발휘할 수 있을 것 같아요. 그리고 이제까지 출판부 이야기는 별로 많이 못했는데, 계간지로서 월간지를 못 따라가는 면을 출판부를 통해 보완하도록 잘 이용했으면 합니다.

신동문 염형이 장차는 월간지가 됐으면 좋겠다고 했는데 그건 나중에 사세(社勢)가 그렇게 되면 해볼 수도 있겠지만 또 '창비'가 계간이니까 그 성격과 수준을 유지하는 면도 있지 않아요? 그래서 우선은 독자들을 위한 써비스로서 1년에 한번이면 한번 별책부록을 내보면 어떨까 하는 생각도

들어요. 소설이면 소설을 쫙 모아서 말이에요. 그런데 '창비'가 너무 고답적이었다고 자기비판들을 하셨는데 '창비'가 좀더 대중적이 되고자 꾸준히 노력해온 면도 인정은 해야지요. 내용이 점차 토착화해왔다는 이야기도 아까 나왔고, 또 비근한 예로 재작년인가 종이파동이 났을 때가 있었지요. 그때 우리가 책값을 올리거나 좀더 싼 종이를 쓰거나 양자택일을 하지 않을 수 없었는데 우리는 지대를 그대로 유지하는 대신 중질지 쓰던 것을 갱지로 바꾸기로 결정했지요. 그게 아마 32호 때 일이었지요. 그래서 좀 고급한 잡지다 하는 맛은 없어졌지만 독자들에게 좀더 많은 내용을 종전값으로 제공할 수 있었고, 지금 생각해도 그건 잘한 일 같습니다.

백낙청 신선생님이야말로 너무 자화자찬만 하지 마시고(웃음) 앞으로 '창비'가 나가야 할 방향에 대해 한말씀 해주십시오.

신동문 나는 원래 발행인으로서의 소임을 제대로 못해서 무슨 충고를 할 면목이 없는 게 솔직한 심경입니다. 다만 아까 우리가 얘기했던 '폐쇄적'이라는 면, 이건 특히 내가 염형하고 '창비'를 할 때에 그런 말이 나올 일면이 있었다고 봐요. 그래서 이건 구체적으로 실행하기는 여간 어려운 일이 아닌 건 알지만, '창비'의 성격은 성격대로 유지하되 무언가 더 포용력 있는 편집을 해주었으면 해요. '범문단적'이란 말이 참 애매하고 곤란하게 쓰일 수도 있지만, 욕심 같아서는 '창비적'이면서도 정말 좋은 의미로 '범문단적'인 잡지가 되었으면 합니다.

이호철 비슷한 얘긴데, '창비'의 편집은 계속 엄격하게 해나가야겠지만 편집하시는 분들이 너무 일상관계나 문단관계에서도 엄격주의에 매달리지 말고, 말하자면 좀 털털하게 많은 문인들과 좀 푸근하게 몸을 적시는 그런 면이 있어야 할 것 같아요. 개인성격에 관한 이야기가 돼서 안됐지만 백선생이나 염선생이나 지나치게 그 엄격한 편집에 열중해서 다방 같은 데 마주 앉아서도 그 '편집엄격얼굴' 그대로 보이곤 해요.(웃음) 가끔 여러 사람들에게 술도 좀 사고……

신동문 술값도 안 주면서 술을 사래면 어떡해.(웃음)

백낙청 그러면 술값은 이선생님이 대시고 수양은 저희가 더 하기로 하지요.(웃음) 신경림 선생께서도 한마디 충고의 말씀 주십시오.

신경림 글쎄요. 아까도 나온 이야기지만 역시 공연히 민중을 들먹이기만 하는 설익은 작품들을 제대로 식별해야 할 것 같아요. 이런 사람들이야말로 남의 말 좋아하는 사람들에게 공연히 목소리만 높다느니 목에 힘을 준다느니 하는 비난의 구실거리를 만들어주는 것 아니겠어요? 그래야 진정한 민족문학, 민중문학의 터전으로서 '창비'가 제 소임을 다할 수 있을 테니까요.

백낙청 오랜 시간 여러가지로 감사합니다. 앞으로 어떤 어려움이 닥치더라도 '창비'를 아껴주시는 여러분들의 기대를 저버리지 않도록 최선을 다할 것을 다짐하면서 오늘은 이만 끝맺기로 하지요.

| 좌담 |

민족의 역사, 그 반성과 전망

이우성(성균관대 교수, 한국사)
강만길(고려대 교수, 한국사)
정창렬(한양대 조교수, 한국사)
송건호(언론인, 전 『동아일보』 편집국장)
박태순(소설가)
백낙청(문학평론가, 『창작과비평』 발행인)
1976년 7월 15일

백낙청 바쁘신데 이렇게 나와주셔서 감사합니다. 오늘은 '민족의 역사, 그 반성과 전망'이라는 제목으로 주로 우리나라 역사에 대한 말씀을 듣고 자 합니다. 저희가 이런 기회를 마련한 것은, 우선 『창작과비평』이 문학 중심의 잡지이고 편집하는 사람들이나 또 독자의 대다수가 문학에 주로 관심을 갖고 있습니다만 한국사 방면에도 저희 나름으로는 상당한 관심 을 기울여왔습니다. 아마 문학 이외의 단일 분야로는 가장 많은 지면을 할 애해오지 않았나 생각됩니다. 그러나 관심이 앞섰을 뿐이지 그런 작업을 제대로 해낼 만한 식견도 없고 또 어떤 체계를 갖고 해오지도 못했지요. 또 저희 독자들 중 많은 분들도 역사논문이 『창작과비평』에 실렸으니까 읽으면서도 이런 글들이 과연 학계에서 어느 정도의 의의를 인정받을 수

■ 이 좌담은 『창작과비평』 1976년 가을호에 수록된 것이다.

중앙부터 시계방향으로 박태순, 정창렬, 강만길, 백낙청, 송건호, 이우성

있는 것인지, 본격적인 사학연구의 맥락에서 어떤 위치에 놓여지는 것인지 궁금히 여기고 있을 것으로 압니다. 그래서 한번 전문가들을 모셔놓고 그간 『창작과비평』에서 해온 한국사 관계 작업에 대한 평가라 할까, 그런 것을 들어서 독자들의 이해에도 이바지하면서 저희 자신의 길잡이를 구하고자 하는 겁니다. 이런 계기로 마련한 좌담회기 때문에 제가 문외한으로서 외람되게 사회를 맡게 되었습니다.

그러나 이제 말씀드린 것은 어디까지나 이 좌담회를 마련하게 된 계기에 지나지 않고, 이렇게 모이신 이상 무엇보다도 우리 민족의 역사를 과연 어떻게 볼 것인지, 이런 좀더 일반적이고 중대한 관심거리에 대해 좋은 말씀을 들어보고자 합니다. 그리고 저희가 역사 전문이 아닌, 잡지를 하는 입장에서 주로 역사 전문이 아닌 독자들을 염두에 두고 있는만큼, 대학에서 한국사를 연구하고 계신 세 분 선생님 외에, 저와 마찬가지로 문단에 있는 소설가 박태순 선생과 근대사 관계 글도 많이 쓰셨습니다만 역시 사학계 출신은 아니신 전『동아일보』편집국장 송건호 선생도 함께 모셨는데, 이렇게 좀 색다른 구성으로써 흔히들 말하는 '문학과 역사학의 대화' 같은 데에 기여할 수 있다면 그것도 저희로서는 반가운 성과가 되겠습니다. 본격적으로 문학과 역사의 접합점을 토론한다기보다 이렇게 전문이 다른 사람들끼리 한자리에 모여 우리 역사에 대해 뜻있는 이야기를 나눌 수 있다면 그것 자체로서 하나의 성과가 아닐까 하는 것이지요. 그러면 우선 그간『창작과비평』이 해온 한국사 관계 작업에 대한 총평이랄까, 일반적인 평가를 한말씀씩 해주셨으면 합니다. 이우성 선생님께서 먼저 말씀해주시지요.

이우성 역사인식 내지 역사에 관한 지식이 문예창작에, 또한 문학에 대한 이해에 중요한 관계가 있다고 생각되고 실제 그것이 오늘날 새로운 문학의 생산과 발전에 상당히 도움이 되는 줄 알고 있습니다.『창작과비평』에 실린 역사관계 글들 중에는 특히 17세기, 18세기 이후의 경제·사회적인 동태와 당시 지식인들의 사상, 일반적으로 말하는 실학파(實學派)에 관한 것이 많은데, 그것은 우리나라 역사가 근대를 지향하는 싯점에서 중세적인 여러가지 제약들을 어떻게 극복하고자 노력했던가 하는 데 대한 관심에서, 그리고 오늘을 사는 우리가 현실을 어떻게 타개하고 역사를 어떻게 창조해나갈 것인가 하는 문제와 직접·간접으로 연결되는 문제의식에서 그러한 글들이 일반독자들에게나 작품을 쓰시는 분들에게 흥미를 줄 수 있었던 것이 아닌가 하는 생각입니다. 바꾸어 우리 국사학의 입장에서 생각해보면, 종래부터 국사학이란 것이 퍽 폐쇄적이었습니다. 연구실에서 쓰는 글들, 몇개 안되는 전문지에 실리는 글들이 일반독자들, 역사전공자가 아닌 독자들에게 거의 읽히지 않고 있었습니다. 그래서 역사학은 역사학대로, 일반 지식층은 지식층대로 연결이 잘 안되어 있었는데,『창작과비평』이 역사학을 일반 지식층에게 전달해주는 데 큰 역할을 한 것 같습니다. '국민을 위한 역사학'으로 폭을 넓혀야 할 우리 국사학에 대해서 그만큼 많은 기여를 한 셈입니다.

생각보다 많았던 한국사 논문들

강만길 『창작과비평』에 역사에 관한 글이 이렇게 많이 실린 줄을 저는 미처 몰랐습니다. 그런데 이번에 새로 들춰보니 생각했던 것보다 훨씬 많이 실려 있더군요. 그리고 일반적으로 『창작과비평』에 실린 글들이, 쉽게 말하면 대중성이 있는 글들, 역사학자들이 연구해놓은 것 중에서 일반 지식대중에게 전달되었으면 좋겠다 싶던 글들이 많이 실린 것이 아닌가 생각됩니다. 특히 아까도 말씀이 나왔습니다만 『창작과비평』에서 역사에 관한 글들을 제일 먼저 싣기 시작한 것이 실학 쪽에 많은 글들을 싣고부터인 줄 압니다. 이 실학 관계도 대체로 조사를 해보니까 우리 국사학계에서는 비교적 젊은 층에 속하는 학자들의 글들이 실렸더군요. 그게 아마 연구실 안에서만 있던 실학이 연구실 밖으로 나오는 큰 계기가 되지 않았나 생각됩니다. 다음에 또 한 가지, 이것은 『창작과비평』의 성격과도 관련이 있는 건지 모르겠습니다만, 민족주의의 문제를 올바르게 보려는 노력이 들어 있는 것이 아닌가 합니다. 그런데 이 문제는 역사학 측에서만 다루어서 해결할 수 있는 문제가 아니고 정치학 혹은 문학 등 각 분야에서 다 나름대로 제기가 되어야 할 문제라고 봅니다. 그런 의미에서 『창작과비평』의 작업을 통해 그런 문제에 대한 역사학과 문학과의 연결성 같은 것이 이미 이루어졌고 앞으로도 그런 노력을 더 함으로써 더 큰 성과를 거둘 수 있는 것이 아닌가 합니다.

정창렬 저는 『창작과비평』을 창간호 때부터 애독하고 있습니다만 그동안에는 한국사 관계 논문이 그리 많이 실렸다는 생각을 하고 있지 못했습니다. 이건 강선생님도 말씀하신 거지만, 이번에 막상 한국사 관계 논문을 한번 뽑아보니까 약 50편 가까이 되고, 모르는 사이에 참 많이 실렸다는 느낌이 들었습니다. 실린 글들 가운데는 몇개의 기획적인 연재도 있었습니다만 전반적으로는 꼭 어떤 일관된 기획하에서 실린 것 같지는 않습니다. 따라서 여기에 실린 글들은 각기 그 취향이 다른 것도 많고, 그런 의미에서 우리나라의 역사연구의 경향이 다양하게 반영되지 않았는가 하고 느껴졌습니다. 일정한 기획이 없는 가운데서도 그 동안 한국사학계에서 중요한 문제로 제기되었던 것들이 고대사에서부터 해방 이후에 이르기까지 반드시 학술논문의 형식으로는 아닙니다만 대개 반영되어 있다는 인상을 받았습니다. 그런 의미에서도 『창작과비평』이, 주류는 역시 문학 쪽에 있겠습니다만 한국사학계의 문제의식에 대해서 상당히 예민한 관심을 보여오지 않았는가 생각됩니다.

송건호 저는 신문사에 주로 있었기 때문에 『창작과비평』을 그때그때 못 읽은 적이 많습니다. 또 처음에는 『창작과비평』은 문학잡지다 해서 별로 읽을 생각이 없었지요. 오히려 고서점 같은 데서 이 잡지를 뒤적거려보다가 거기 나오는 논문들이 저 같은 사람도 꼭 읽고 싶은 것들이 눈에 띄어서 관심을 갖게 되었고 최근에 와서는 옛날 것까지 찾아서 비교적 열심히 읽은 셈입니다. 거기 나온 국사학 관계 글들은 제가 보는 바로는 일반적으로 우리 사학계의 중요한 문제점들을 소개해주었고, 다음에 우리 역사를 민족적인 주체의식의 입장에서 다룬 글들이 많다는 인상을 받았습니다. 우리 역사를 일본사람들의 식민사관이랄까, 우리 역사가 정체적이다라는 관점에서 벗어나서 이것을 발전적이고 긍정적인 각도에서 보려고 노력하는 분들의 글이 많이 실려 있다는 느낌이었습니다. 제가 그것을 평한다기보다는 저 자신이 우리 역사를 제대로 이해하고자 하는 입장에서 많은 관심과 기대를 갖고 있습니다.

백낙청 마지막으로 박형께서 작가의 입장에서, 그리고 『창작과비평』 독자의 다수를 이룬다고 생각되는 문학독자의 한 사람으로서 말씀해주시지요.

어떻게 사느냐는 문제

박태순 저는 국사에 대해서 별로 아는 것은 없고 여러 선생님들의 말씀을 듣고자 나온 것인데요, 다만 문학 하는 사람의 입장에서는, 또는 그보다도 요즘 살아가는 사람의 어떤 일반적인 입장에서는, 자기가 어떻게 살아가야 하느냐 하는 문제, 반드시 자기 개인적인 문제만이 아니고 자기가 포함된 집단 전체와 관련된 문제에서 혼란이 올 적에 국사에 대한 관심을 새로이하게 되는 것 같습니다. 그리고 이런 때 국사에 관심을 갖는 것은 좋은 점이 있고 나쁜 점이 있을 것 같습니다. 좋은 점이라는 것은 현실의 위기의식을 진단하고 '어떻게 살아야 하느냐'는 문제에 대한 가장 종합적이며 근원적인 해답을 찾을 수 있지 않겠느냐 하는 기대에서 나오는 것이고, 나쁜 점이라는 것은 국사 자체에 대한 화석화(化石化)를 시도함으로써 그것을 특정한 음험한 목적을 위한 수단으로 삼을 수도 있다는 점입니다. 하지만 제가 문학 하는 사람으로서 국사에 관심을 갖는 것은, 어떻게 살아야 할 것인가, 현실문제를 어떻게 감당하며 살아갈 것인가, 이런 것을 생각하면서 거꾸로 올라가다보니까 과거의 역사에 관심을 갖게 되는 것이고, 그런 의미에서 여기 계시는 선생님들이 국사를 연구하시는 것과는 입장이 약간 다를 듯도 합니다. 그런데 『창작과비평』이 문학계간지로서 지금 11년째 나오고 있고 많은 국사 관계 글들을 싣고 있는데, 나올 적마다 저희 문학 하는 사람들에게는 우리가 살아가는 문제라든가 우리 사회에 주어진 문제들에 대해 역사적인 해명을 제시해주는 ─ 말하자면 국사 하시는 분들의 노고를 우리들로서는 별 힘을 안 들이고 알맹이만 빼어와서 도움을 입고 있는 듯한 느낌이었습니다. 제가 이번에 대충 뽑아보니까 실학 관계가 역시 많고요, 다음에 개화기·일제시대 등 근대에 관한 글이 많은 편인데, 동시에 먼 옛날로 올라가서 천관우(千寬宇) 선생님의 「한국상

고사(韓國上古史)의 문제들」, 이우성 선생님의 「남북국시대(南北國時代)와 최치원(崔致遠)」, 김철준(金哲埈) 선생님의 「나말여초(羅末麗初)의 사회전환과 중세지성」, 이런 글들이 저희 문학 하는 사람들의 시야를 넓혀주고 좋은 영향을 많이 끼쳤다고 생각합니다. 특히 실학 관계는 1960년대에서 70년대로 넘어오는 분위기에서 실학 문제를 다시 한번 정리하는 데 이바지하지 않았는가 합니다. 가령 왜정시대에 장지연(張志淵) 선생이라든가 이런 분들이 실학사상가들을 발굴하여 정리했던 일, 또는 해방 직후는 직후대로, 50년대는 50년대대로 그 나름의 작업이 있었고 그때그때의 관점이 다른데, 60~70년대의 새로운 시점에서의 정리가 이루어지지 않았는가 합니다. 더구나 이돈녕(李敦寧)씨가 소개한 혜강(惠岡) 최한기(崔漢綺) 같은 분이나 강만길 교수께서 다루신 이조후기 상업 문제 같은 것은 국사에 문외한인 많은 사람들이 『창작과비평』을 통해 비로소 알게 되었고 많은 것을 배우지 않았는가 합니다. 그밖에 김용섭(金容燮) 교수의 「정약용(丁若鏞)과 서유구(徐有榘)의 농업개혁론」이라든가 만해(萬海) 한용운(韓龍雲)에 대한 재평가와 유고소개 등 열거하고 싶은 게 더 많습니다. 또 한 가지는 문학과 역사의 연결이랄까, 이런 것을 역사 쪽에서 만들어주는 글들을 접할 수 있었는데, 가령 홍이섭(洪以燮) 교수가 쓰신 심훈(沈熏)과 채만식(蔡萬植)에 관한 글들, 이우성 교수의 「호질(虎叱)」에 관한 글 같은 것은 문학평론만 하는 사람은 쓸 수 없는, 당시의 역사적·사회적 배경을 사학 하시는 분의 입장에서 연결시켜주신 고마운 작업이었습니다.

백낙청 총평삼아서 한말씀씩 해주십사는 제 주문의 성격상 그럴 수밖에 없었는지 모르나 주로 좋은 면만 말씀해주신 것 같군요. 더구나 금년이 저희 창간 10주년을 기념한 해이고 해서 자연히 덕담을 주로 해주셨는지도 모르겠습니다.(웃음) 여하간 격려의 의미로 감사히 받겠습니다만 저희가 바라는 것은 칭찬이나 격려의 말씀만이 아니고 엄중한 질정(叱正)의 말씀도 주셨으면 합니다. 사실 저희 편집진에서는, 물론 문학 쪽도 그렇습니다만 특히 한국사 분야에서는 의욕이 앞설 뿐 능력과 식견이 못 따라가서 여러가지 실수와 미흡점을 낳았음을 자인하지 않을 수 없습니다. 그래서 더러는 저희가 내세웠던 기획이나 수록한 논문, 또는 남의 노작(勞作)에 대한 서평 같은 데서 제대로 안된 점을 개별적으로 지적받기도 했고 그럴 때마다 스스로의 부족함을 통감하곤 했습니다. 이제 한마디씩 일반적인 논평을 하신 데 이어, 『창작과비평』이 해온 국사 관계 작업을 역사적인 시대순으로 한번 개관해보고, 그다음에 『창작과비평』의 작업이라는 문제를 떠나서 실학의 문제라든가 사관(史觀)의 문제 등 중요한 몇몇 문제에 대한 집중적인 토의를 가져보았으면 하는데, 아무쪼록 이 기회에 기탄없는 비판과 충고의 말씀을 아끼지 말아주십시오. 우선 시대순으로 개관하는 일에 대해서, 정창렬 선생께서 총목차를 대충 한번 검토해보신 것으로 아는데요……

정창렬 시대순으로 본다면, 발표는 최근에 된 것입니다만, 천관우 선생의 「한국상고사의 문제들」(39호, 괄호 안의 『창작과비평』 통권 호수는 발언자가 반드시 언급하지 않은 경우에도 독자의 편의를 위해 밝혔음)을 제일 먼저 꼽아야겠지요. 천선생님께서 최근 몇년 동안 주력해오신 작업을 집약해서 일반독자들도 이해할 수 있도록 정리해놓은 글인데, 특히 한국사에서 고대국가의 개념이나 형성시기를 둘러싸고 그 동안 있어온 논의들을 의식하면서 매우 중요한 문제들을 제기한 논문이라 생각됩니다. 그런데 고대국가의 문제에 앞서서 그 동안 한국사학계에서 구석기 시대를 새로 발견·설정하고 신석기시대·청동기시대·철기시대 등의 문제가 많이 다루어졌는데 그 문제가 『창작과비평』에서는 빠져 있는 것 같습니다.

백낙청 네. 천선생님 글에서 약간 언급된 것 이외에는 따로 다룬 일이 없지요.

주체적인 발전에 눈을 돌려야

이우성 그 문제는 그러한 전문적인 지식보다도 우리나라 역사가 과거 일제관학자(日帝官學者)들의 말처럼 완전히 외국 영향하에서 수동적으로 움직이기 시작한 역사가 아니고 구석기시대로부터 신석기시대로, 청동기시대로…… 중국민족의 역사나 다른 민족의 역사에 못지않게 주체적이고 내재적으로 발전해왔다는 것, 역사발전 법칙에 의해서 자율적으로 발전해왔다는 것을 설명하는 데 중요한 의미가 있는 것이 아닐까 합니다. 구체적인 고고학 지식 자체야 『창작과비평』의 독자들이 굳이 관심을 가질 이유가 없겠지요.

정창렬 고대국가 형성 문제 다음에는 고대국가의 내부에서 거기에 속해 있는 지식인들이 어떤 방향으로 사회를 운영하려고 했느냐 하는 문제가 요즘 많이 논의되고 있는데 여기 관련된 글로서는 이기백(李基白) 선생의 「원광(圓光)」(10호)이라는 글이 있었지요.

강만길 그 무렵의 문제로서 얼마 전에 많이 논의가 된 고대 한일관계와 연관해서 광개토왕비의 문제라든가, 천관우 선생이 새로이 많은 관심을 갖고 계신 임나(任那)문제 같은 것도 기회가 있으면 일반 지식대중이 흡수할 수 있도록 다루어주었으면 합니다.

정창렬 그다음에 더 내려오면 여기 계신 이우성 교수께서 쓰신 「남북국시대와 최치원」(38호)이 있지요. 이것은 상당히 중요한 문제제기로 보여집니다. 통일신라의 역사적인 위치에 대해서 지금까지는 그것이 한국 역사상 최초의 통일이고 거기서 전근대적인 민족이 이루어졌다고 다루어왔는데, 이것을 남북국시대로 설정한다는 것은 신라의 통일에 대한 그런 통념을 수정하는 일이 되고, 또 당시의 한국사가 전개된 무대를 대동강 이남으로 축소시키느냐 넓은 만주 판도까지 다 포함시키느냐는 문제까지 아울러 제기하는 것 같습니다.

강만길 그뿐 아니라 다른 측면에서도 그 글은 참 의미있게 읽었습니다. 특히 발해와 신라를 두고 당나라가 등거리외교 내지는 분리정책을 썼다는 이야기라든가, 그런 속에 살고 있던 지식인, 요새 말로 하면 역사의식이나 민족의식이 부족했던 지식인들이 처했던 여건이라든가, 옛날의 이야깁니다만 참으로 많은 시사를 주는 글이었다고 생각됩니다.

백낙청 그런데 '남북국시대'라는 용어 자체는 아직까지 우리 학계에서는 정착이 못된 모양이지요?

강만길 지금은 개설류에서 일부는 이름을 붙이고 있는 경우가 있습니다. 한우근(韓㳫劤) 선생의 『한국통사(韓國通史)』에서 '남북조(南北朝)'시대라는 이름을 붙였습니다만 그 서술내용에 있어서는 통일신라를 중심으로 하고 발해를 부록 비슷하게 붙여놓은 종래의 단계에서 크게 못 벗어난 게 아닌가 합니다. 앞으로 발해에 대한 연구가 좀더 활발히 진척이 되면 '남북국시대'라는 용어가 국사 안에서 정착화되지 않을까 생각됩니다.

이우성 최근에 일본 사람들이 쓴 『조선의 역사』라는 책을 보니까 발해를 신라와 거의 비슷하게 다루기는 했는데, 거기도 일본 사람들의 입장이라는 것이 나타나요. 발해가 일본에 대해서 1대 1의 위치를 갖는다고 말은 하면서도 일본의 천황에 대해서 발해국왕이 한 계단 낮은 위치에서 교제를 했다는 것을 딱 못박아놓았단 말이에요. 이런 것은 종래 일본 사학의 고질적인 좋지 않은 전통으로서 시정해야 할 일이겠지만 어쨌든 발해사에 대해서 관심이 높아지고 있는 것만은 사실인 것 같아요.

정창렬 다음에 나말여초가 10여년 전부터 우리 학계에서 굉장히 중요한 시기로 대두되고 있고 시대구분 문제와도 관련지어 많이 논의가 되었습니다. 신라말과 고려초에 하나의 사회적인 전환, 그리고 지성의 전환이 있었던 시기로 보려는 경향이 상당히 많습니다. 그런 경향을 대표하는 분인 김철준 선생의 「나말여초의 사회전환과 중세지성」(12호)이란 글이 『창작과비평』에 실렸었지요.

고대·중세의 전환을 어떻게 볼까

이우성 신라말·고려초를 시대구분에 있어서 중요시해온 것은 오래되었어요. 과거의 일본 학자들도 신라말까지를 고대, 고려초부터를 중세, 이런 식으로 나누었는데, 다만 뒤에 와서 이조건국부터를 근세라고 한 것이 좀 이상하지요. 그것이 진단학회(震檀學會)의 『한국사(韓國史)』에서도 그대로 답습된 것 같습니다. 그런데 그것은 편의적으로 그런 구분을 해서 고대니 중세니 했던 것에 불과했는데, 근래 우리 국사학계에서 나말여초를 사회경제사적 관점에서 설명하려는 노력이 일어났고 그것은 역시 김철준 선생의 큰 업적이라고 볼 수 있습니다. 김선생의 근년의 연구가 대체로 그 문제에 표적을 두고 일련의 논문들을 통해서 자기 이론을 다각적으로 뒷받침하고 있습니다. 그러한 일련의 연구업적은 근래 우리 국사학계의 하나의 수확이라 볼 수 있을 것 같아요.

정창렬 김선생님의 그런 영향 아래서 요즘 젊은 세대에서도 그런 경향이 굉장히 많이 일어나고 있습니다.

이우성 그런데 앞으로 우리가 바람직한 것은 이 문제를 다루는 데 있어서 법제도라든가 사상이라든가 지성이라는 것에 앞서서 그 시대의 사회구조, 특히 토지제도와 신분제도 등 사회구성의 밑바닥에 대한 분석을 좀 더 심도있게 진행시켜야 할 것이라는 점입니다. 친족집단의 변화라든가, 화엄종에서 선종으로 간다든가, 또는 그 밖의 단편적인 자료의 설명으로 고대에서 중세로의 전환이라는 커다란 시대구분을 확정짓기에는 시기상조라는 느낌이 듭니다. 앞으로 사회경제사적인 분석이 좀더 진전되기를 기다려야 할 것이 아닌가 해요.

정창렬 어떤 분들은 고대에서 중세로의 전환을 12세기로 잡고 이 시대

의 무신란(武臣亂)을 획기적인 사건으로 보기도 합니다. 여기에 대한 논고
(論考)가 국사학계에서는 상당히 있었습니다. 다만 『창작과비평』에서는
다루어지지 않은 것 같습니다.

백낙청 네. 한 편도 없습니다.

이우성 그런데 사실은 이 무신란이 과거 우리 역사에서 너무 크게 평가
된 느낌도 있어요. 우리 국내 학자 몇몇 사람에게서만 나타난 현상이 아
니고 일본에서도 그런 것 같아요. 무신정권을 고대와 중세의 교세기라고
생각하려는 경향이 있는데, 아무리 생각해도 그렇게까지 될 것 같지는 않
군요.

강만길 거기에는 일본사 자체와의 연관성이 있는 것 같습니다. 일본사
가 그 무렵에 소위 막부(幕府)가 시작되면서 중세로 들어간다고 대체로 생
각하고 있는데 그런 이론이 우리 역사에 적용된 것이 아닌가 하는 생각을
해봅니다. 시대구분 문제가 여러 번 이야기가 되었습니다만 고대와 중세
의 갈림길이 나말여초라는 학설, 또 무신란이라는 학설, 그리고 한편에서
는 삼국의 시작이 중세의 시발점이라는 주장도 있습니다. 이렇게 보면 한
국사에서 고대와 중세의 갈림길에 관한 연대 차이가 상당히 큰 셈입니다.
결국 우리 한국사가 시대구분 문제를 본격적으로 다루기 시작한 지가 얼
마 안된 이유도 있겠습니다만, 그만큼 한국사의 연구단계가 아직도 낮다
는 이야기도 되겠습니다.

이우성 앞으로 더 많은 연구가 축적이 되어야 할 터인데 사실 이 문제
는 문학 하는 분이나 여타 사회과학을 하는 분들에게도 중요한 문제겠지
요. 지금 흔하게 근대라는 말을 쓰지만 우리나라의 근대가 언제부터이며
또 근대 이전의 중세는 언제부터냐는 것이 어느정도는 이해가 되어야 할
터인데 지금 그것이 오리무중의 상태거든요. 그리고 이 무신정권에 관해
서는 그러한 문제와는 별도로 우리가 생각해야 할 면이 있어요. 그것은 그
때 무신정권하에서 양심적인 지식인, 그러니까 문인들이 어떻게 삶의 자

세를 취하고 있었느냐는 것이지요. 이규보(李奎報)나 이인로(李仁老) 같은 사람들은 완전히 최씨정권에 협력해서 문객(門客)의 기롱(譏弄)을 듣지만, 그 사람들 이외에 가령 임춘(林椿) 같은 이는 끝내 타협이 안되어서 평생을 유리방랑(流離放浪)하고 고생을 하다가 죽었고, 신애(神駿)·오생(悟生) 같은 이는 완전히 지방에 도피해서 시나 쓰면서 지방의 젊은 자제들을 지도해서 다음 시대의 신흥 사대부의 싹을 키워놓은 사람들도 있고, 또 한편으로는 최씨정권에 관련을 가지다가 끝내 산속에 들어앉아 있던 선종의 대표적 인물인 지눌(知訥)·혜심(慧諶) 같은 사람들도 있고, 이런 식으로 몇 가지 형태로 구분해서 생각할 수 있습니다만, 최씨정권이 최대한 문인들을 흡수해서 자기 권력 주변에 배치시켜놓고 이용하려고 했던 그러한 정책하에서 당시 양심적인 지식인이 취했던 생활태도를 우리가 역사 속에서 찾아본다는 것은 흥미있는 일일 것 같습니다. 앞으로 이런 데 대한 글들이 더러 나왔으면 합니다.

박태순 잘은 모릅니다만 문학 하는 사람들 중에서 그 시대를 배경으로 해서 소설을 쓰고 싶어하는 사람들이 상당히 있는 것 같은데요, 다만 엄두를 못 내고 있는 형편이 아닌가 합니다. 저 개인으로서는 예컨대 김윤후(金允侯) 같은 사람을 행동적 지식인상으로 어떻게 규정할 것인가라든가, 이규보 같은 이가 동명왕(東明王)을 내세우고 우리의 독자적 전통을 강조하는 일이 최씨정권하에서 어느정도 이루어졌는데 그것을 어떻게 평가해야 할 것인지, 등등의 많은 문제에 궁금증을 느끼고 있습니다.

몽고와 맞섰던 민중의 저력

강만길 저는 그쪽이 전공은 아닙니다만 요사이 무신정권 연구에 약간의 반발 같은 것을 느낍니다. 요즘 어떤 논문들을 보면 몽고와의 항쟁에서 마치 무신정권이 강력하게 저항력을 발휘한 것처럼 생각하고 한 걸음 더 나가서는 무신정권을 미화한다고 생각될 수 있는 경향도 좀 있는 것 같은데, 사실은 대몽항쟁의 주체력은 무신정권 자체에 있는 것이 아니고 역시 민중들의 세력, 그 사람들의 애국심이랄까 양심이랄까 이런 것이 중요한 저력이 되었다고 생각되는데 그것을 무신정권에 전가시키는 역사의식이 있다면 이것은 다시 생각해야 하지 않을까 하는 느낌이 들었습니다.

이우성 다만 무신정권에 앞서는 문신귀족, 예를 들면 이자겸(李資謙)·김부식(金富軾) 등의 사람들하고는 태도가 조금 달라요. 그 사람들은 금나라 쪽에서 사신을 보낼 때도 무조건 예, 예 하고 비굴한 태도로 나왔는데, 무신정권이 어떠한 직접적인 계기에서든 일단 강화도로 끌고 들어가서 전쟁을 한다는 것까지는 우리가 긍정적으로 인정해주어야겠지요. 그래서 아마 이규보 같은 이도 적극 참가를 했던 것 같은데, 그렇게 강화도에 들어갔으면 각 지방 민중이나 장수들의 영웅적인 투쟁을 중앙 최고의 위치에서 집중적으로 파악해가지고 통일적인 민족항전체제를 이룩해야 될 것 아니겠어요? 그런데 들어간 뒤에는 계속 민중과 유리가 되거든요. 향락적이고 소비적인 생활이나 하고…… 그러니까 지방에서 장수나 민중들의 저항은 대단했지만 모두 국지적인 성공으로 끝나고 말았어요. 무신정권은 결국 민중의 저항력을 자꾸 분산적으로 소모시키고 만 셈이지요. 지금 우리가 무신정권을 대몽항쟁의 주도적인 역할을 한 것처럼 생각한다면 큰 착각입니다. 우선 이규보 같은 사람도 강화도에 들어간 이후에는 계속 번민합니다. 그의 시세계는 아주 어두운 것이었어요. 내가 왜 죽지 않고 살아서 농민들이 땀흘려 지은 곡식을 축내고만 있느냐는 고통에 찬 시를 쓰고 있어요. 그 자신은 아주 양심적인 사람이긴 했던 것 같아요. 여하간 처음에 최씨정권에 협력하고 들어갔던 이규보 자신도 나중에는 태도가 그렇게 달라졌다는 점을 우리는 유의해야겠습니다.

박태순 이규보의 「동명왕편(東明王篇)」 같은 것은 어떻게 보시나요?

이우성 그것은 최씨정권에 들어가기 전, 그의 초년의 작(作)입니다.

송건호 저도 한 가지 궁금한 것이 있는데요. 삼별초(三別抄)의 항쟁이라는 것, 그리고 고려가 몽고의 압력에 의해 일본을 쳤던 사건은 어떻게 보아야 할까요?

이우성 삼초별의 항쟁은 높이 평가해야 될 것 같아요. 최씨정권이 넘어지고 곧 몽고와 강화(講和)를 하지 않습니까? 그래서 강화도로부터 개성으로 환도를 하는데 그때 몽고 사신이 와서 사신의 감독 아래 강화 성벽을 다 부수었어요. 또 들어갈까 싶어서 말이지요. 그 성벽이 넘어지는데 소리가 천지를 진동하는 소리예요. 그럴 때 강화도의 우리나라 사람들이, 골목에 뛰어다니는 아이들이나 집안에 들어앉은 아낙네들까지 모두 눈물을 흘리며 울었어요. 민족의 저항이 이렇게 좌절을 당하는구나 하고 말이에요. 이게 보통 문제가 아니었던 것 같아요. 그러자 삼별초란이 탁 터졌거든요. 우리는 개성에 안 따라간다 이거예요. 그래서 진도로 제주도로 가서 끝내 싸움을 했는데, 그 시기에 가장 주목해야 할 것은 경상도·전라도 일대의 농민들이 전부 가담을 했다는 사실입니다. 밭을 매다가 호미를 던지고 전부 따라갔거든요. 한 가지 예는, 밀양이 제 고향이지만 밀양 사람들이 밀양 군수에게 협박을 했어요. 삼별초에 가담하라고요. 사실은 지방 수령들이 가담한 사람들이 참 많았어요. 그런데 밀양 군수는 가담을 안했거든. 안하니까 군수를 죽여버렸어요. 죽여서 그 머리를 베어 들고 삼별초에 가담을 했습니다. 그 통에 밀양이 나중에 부곡(部曲)으로 전락을 하기도 했지만, 말하자면 그런 예가 많단 말이에요. 그러니까 적어도 삼별초의 항쟁은 몽고에 대한 민족의 저항으로 높이 평가해야지요. 그 당시에 고려 정부의 군대가 몽고의 군대와 연합해서 이 삼별초의 군대를 칩니다. 그러니까 그 결과가 아주 비참한 것이고, 민족사의 발전에 큰 지장을 준 거지요. 나중에 가서는 또 몽고와 연합해서 일본을 치는데 이게 본의 아닌 전쟁이거든요. 이 통에 농민들의 생활이 곤궁하기 짝이 없었습니다. 그때 원감(圓鑑)이라는 중이 있었지요. 『원감록(圓鑑錄)』이라는 책이 최근에 나왔는데 그것 한번 읽어봐야 할 것 같아요. 전부 시집인데 그 시가 일본 원정 중 농민들의 참담한 상태, 조세(租稅)다 역역(力役)이다 뭐다 하는 것들을 아주 잘 그려놓았어요.

송건호 최근에 발굴된 책입니까?

이우성 최근에 영인되어 나왔습니다. 그 책이 아주 귀한 거예요. 언젠가 한번 소개되어야 할 것 같은데, 여하간 일본 사람들이 '카미까제(神風)'니 뭐니 떠들어대지만 중요한 것은 고려에서 참가한 군인들이 전쟁할 생각이 없었어요. 일본 사람들이 그 당시에 자기 국토를 지키기 위해 용감하게 저항한 것도 사실이지만 이쪽 고려 군대 자체가 싸울 생각이 없었고 몽고 병사들도 적극성이 없었던 것이 그들에게 중요한 도움이 된 거지요.

백낙청 재미있는 이야기가 많습니다만 다음 시기로 넘어가보지요. 고려말기·조선초기에 관해서는 저희 잡지로서는 한영우(韓永愚) 교수의 「정도전(鄭道傳)의 정치개혁사상」(26호), 이성무(李成茂) 교수의 「15세기 양반론」(28호), 이태진(李泰鎭) 교수의 「조선 성리학의 역사적 기능」(33호) 등 세 편을 실은 것으로 기억합니다.

날카롭게 대립된 조선초기의 평가

정창렬 여말선초가 옛날부터 우리 한국사학계의 중요한 연구 테마였습니다만 근년에 와서 특히 활발한 논의가 일어나고 있습니다. 대체로 고려에서 조선사회로의 전환이 역사적으로 큰 발전이었다, 즉 종래에 말하던 단순한 역성혁명(易姓革命)이라는 데 멈추지 않고 한국사회의 내부적인 발전을 동반하는 왕조의 교체였다는 점에 의견이 공통되고 있습니다. 그러면서도 조선초기의 사상과 사회, 말하자면 성리학과 조선초기에 이루어지는 새로운 사회체제·신분제에 대한 평가는 날카롭게 대립되어 있는 것 같습니다. 어떤 의미에서는 요즘 우리 한국사학계에서 한국사를 보는 눈이라 할까 시각이 이 조선초기를 보는 문제에 있어서 가장 날카롭게 대립되어 있는 것 같기도 합니다. 예를 들면 지금 백선생님이 열거하신 세 편의 논문 중에서 한영우씨의 「정도전의 정치개혁사상」은 성리학의 성격을 아주 적극적으로 평가해서 한국적인 개성이랄까 특수성을 가지는 민주주의적인 정치사상으로서의 민본사상(民本思想)이라고 강조하고 있지요. 그리고 조선초기의 사회가 '양인국가(良人國家)'였다는 표현을 쓰면서 그것이 상당히 평등한 사회, 노비를 제외한 사람들의 운명이 대체로 자기능력에 의해서 결정되던 상당히 높은 수준의 사회였다고 평가하고 있습니다. 또 이건 딱히 한영우씨 한 사람만이 아니고 그런 주장을 하는 분들이 많이 있지요. 거기에 비해서 이성무씨의 「15세기 양반론」은 조선초기의 사회가 '양인국가'라 일컬어질 만한 그런 사회가 못되고 양반·중인·천인 등의 두꺼운 신분적인 벽으로 갈라진 엄연한 신분제의 사회였다고 주장하고 있습니다. 또 이태진씨의 경우에는 조선초기 사회가 어떠했다는 데에 대해서는 적극적으로 자기 견해를 나타내고 있지 않습니다만, 성리학이 종래에 흔히 말하듯이 아무런 자기 자신의 절실한 필요라든지 자기 사회의 문제를 해결하기 위한 노력도 없이 단순히 일방통행적으로 우리나라에 흘러들어온 외래사상이 아니고 조선전기의 새로운 사회를 수립해나가는 주체세력에 의해서 새로운 사회운영 및 사회발전의 원리로서 받아들여졌다는 측면을 강조하고 있습니다. 대체로 조선초기에 관한 우리 학계의 최근 연구나 논의는 『창작과비평』에 실린 이 세 편에 의해 비교적 충실히 반영되고 있는 것 같습니다.

백낙청 그런데 정선생님께서 일괄적으로 성리학이라 말씀하셨습니다만 한영우씨가 긍정하는 것은 정도전의 성리학이고 이태진씨는 이른바 사림파(士林派)의 성리학을 다루고 있어 내용상으로나 시기적으로나 약간의 차이가 있는 것으로 기억하는데요.

정창렬 네. 정도전은 조선초기 즉 14세기말의 인물이고 이태진씨가 이야기하는 사림파는 15세기 후반에 역사무대에 등장하는 재지(在地)의 중소지주층입니다. 그런데 조선왕조 초기의 성리학을 연구하는 데 있어서 당시의 토지 소유관계, 거기에 바탕을 둔 계급 구성관계와 그 사이의 갈등이나 모순 등등에 연결시켜서 성리학의 내용을 검토하는 측면이 아주 부족한 것 같습니다. 즉 갈등·모순관계에 놓여져 있는 구체적인 현실의 조건을 제쳐두고 성리학의 정치·경제·사회 이념을 그 표현문구를 추상화하여 확대해석하는 경향이 있는 것 같습니다. 그리고 당시의 사회구성 관계를 파악하는 데 있어서도 과거에의 응시자격 여부, 관리로의 입신 가능 여부를 지나치게 중요한 기준으로 보고 있는 것 같습니다. 오히려 토지소유관계와 지주·전호제(佃戶制) 속에서의 각 신분층의 위치가 가장 중요한 기준이 아닌가 여겨집니다. 『창작과비평』만 해도 조선초기의 토지 소유관계나 지주·전호제도를 다룬 글이 한 편도 없는데 이것은 『창작과비평』 자체의 책임이라기보다 우리 학계 전체에서 앞으로 이 문제에 더 큰 비중이 주어져야 하리라고 생각합니다.

송건호 그런데 이조의 건국이념을 사대적(事大的)이라고 보아야 할지 또는 그 당시 대명정책(對明政策)의 하나의 자기방어책이라 보아야 할지, 거기에 대한 평가는 나 있는 것인가요?

정창렬 그것이 성리학의 성격이라든지 당시 사회의 성격이라는 것과 깊이 관련되는 문제라고 봅니다. 한쪽에서는 민족자주의식을 구현한 것으로 보고 있는데, 과거 일본사람들은 완전히 명나라의 종속국이라는 식으로 보았지요.

이우성 스에마쯔(末松保和)의 논문이 특히 그랬어요.

정창렬 그런데 일본 사람들의 그런 편견은 부당한 것입니다만 정권의 자주성을 지키려는 노력을 곧 민족주체의식으로 볼 수는 없을 것 같습니다. 고대건 중세건 정권을 쥔 세력이 자기 정권이 간섭받기를 좋아하는 법은 없습니다. 민족의식을 정권의 자주성 옹호 여부에서가 아니라 개별성으로서의 공동체에 대한 자각, 자기문화의 개성에 대한 자각 여부의 측면에서 보아야 할 필요가 있을 것 같습니다.

강만길 그게 상당히 문제가 있는 것 같습니다. 아까 정선생 말씀하셨듯이 고려시대에 비해 조선사회가 한 걸음 발전했다는 데에는 별로 다른 생각이 없다고 하겠습니다. 그렇다고 해서 그것이 바로 민족국가나 민족의식의 강화다라고 한다면 이건 '민족'의 의미와도 관련된 문제고, 또 그 정권이 그 시기에 민중들의 지지에 의해서 선 정권이요 민중들을 위한 정권이라고 이야기한다면 여기에는 많은 문제가 다시 논의되어야 한다고 생각합니다. 어디까지나 그것은 우리 역사 전체에 있어서 하나의 중세적인 지배질서를 재정비·강화하는 의미에서의 발전이요 진전이었지 민족국가가 태어났다든지 정말 농민들을 위한 정권의 성립이었다고 이야기될 수 있을는지는 저로서는 매우 의심스럽습니다.

백낙청 그다음에는 임진왜란·병자호란 등의 큰 사건들이 있습니다만 저희 잡지에서 중점적으로 취급한 것은 아까 여러분들이 지적하셨듯이 실학의 문제가 됩니다. '실학의 고전' 연재는 저희로서 최초의 국사 관계 작업이었고 여기 계신 정선생님도 그때 우하영(禹夏永)의 「천일록(千一錄)」을 소개해주셨지요.

정창렬 물론 그 글들은 전문적으로 실학사상의 성격을 파헤친다거나 하는 면은 좀 약하지요. 대표적인 고전과 실학자 개개인을 소개하는 작업으로서 실학자 전체에 대한 조금 새로운 해석 같은 것이 들어 있는 면도 있었습니다만.

강만길 그래도 어떤 의미에서는 『창작과비평』이 한국사 쪽에서 노리고 있는 문제를 처음으로 다루었다는 의미가 들어 있다고 생각합니다. 물론 그 글들이 실학의 개념규정이나 성격규정을 과시한다는 데까지 간 것은 아니었습니다만, 역시 제 생각에는 우리의 일반 지식대중에게 실학을 좀 깊이 인식시키는 중요한 계기가 되었다고 믿습니다.

백낙청 실학의 개념규정 내지 성격규정이라는 면에서는 짧은 글입니다만 강선생님 자신이 쓰신 「실학론의 현재와 전망」(34호)을 들 수 있겠지요. 천관우 선생의 저서 『한국사의 재발견』에 대한 서평의 형식으로 쓰셨는데 실학문제를 중점적으로 다루셨지요. 그런데 실학문제는 학계나 일반독자들이 모두 각별한 관심을 갖고 있는만큼 뒤에 좀 자세히 이야기하기로 하고, 『창작과비평』 자체의 작업에 대한 개관을 서둘러 마쳤으면 합니다.

근년에 활발해진 조선후기 연구

정창렬 조선후기의 사회경제사, 민중동태 이런 것이 그다음이 되겠는데 이 분야도 별로 연구되어 있지 않다가 광복 이후에 실학과 더불어 새로이 많이 연구되었습니다. 과거에는 실학과 우리나라 사회를 내부적인 연결이 없이 따로따로 떼어서 생각했었는데 근년에 와서는 한국사회 자체의 어떤 내재적인 발전과 실학사상을 연결시키려는 문제의식이 강화되었기 때문에 실학 당시의 사회경제구성이나 민중의 동태에 대한 연구가 크게 진전되었습니다. 그런 연구가 많이 된 양에 비하면 『창작과비평』에는 오히려 적게 반영된 느낌도 듭니다만, 상공업 관계로는 여기 계신 강만길 교수의 「이조후기 상업구조의 변화」(24호), 그리고 송찬식(宋贊植)씨의 「이조후기 상업자본에 의한 수공업지배」(27호), 이 두 편의 중요한 논문이 실려 있습니다. 그리고 정석종(鄭奭鐘)씨의 「홍경래란」(25호)은 민중의 저항을 그간에 이루어진 사회경제사 연구의 축적과 적극적으로 결합시켜 이해하려는 시도였습니다. 김용섭 교수의 「18세기 농촌지식인의 농정관」(12호), 「정약용과 서유구의 농업개혁론」(29호)은 실학에 있어서의 농업사상을 다룬 글입니다만 당시의 농촌실정을 바탕에 깔고 정약용이나 서유구의 새로운 사상을 설명하고 있고 또 그러한 새로운 사상이 나오는 배경에는 조선후기의 농촌에 산재해 있는 많은 농촌지식인들의 새로운 사고방식이 광범위하게 존재하고 있었다는 점을 제기한 중요한 글들입니다. 그리고 또 하나, 실학과 어떤 의미에서 관련되는 글인데 정통성리학의 북벌론(北伐論)을 분석·비판한 이이화(李離和)씨의 「북벌론의 사상사적 검토」(38호)도 기억에 남는 글입니다.

이우성 이이화씨가 누군지 나는 전혀 모르는데 퍽 좋은 글이었어요.

백낙청 조선후기에 들어와서는 다 알고 계시는 일입니다만 실은 저희가 조선후기와 말기, 그리고 20세기에 이르기까지, 경제사·사회사상사·문학사·민중운동사 등 각 분야에 걸쳐 굉장히 야심적인 기획연재를 시작했었습니다. 강선생님의 글이 그 첫회로 나왔었지요. 그것을 계획한 경위나 과정을 여기서 자세히 말씀드릴 수는 없습니다만 여하튼 많은 차질이 생겨서 지금은 중단상태에 있습니다. 독자들에게는 도무지 면목이 없이 되어서 앞으로 '기획연재'라는 명칭은 도저히 쓸 수가 없겠고, 개별적인 논문은 계속 얻어보려고 합니다.

정창렬 방금 백선생님 말씀하셨듯이 기획물도 있었습니다만 그 이외에도 조선말기에 오면 상당히 많은 논문들이 실렸더군요. 조선말기에 해당하는 것으로서 기획물의 하나인 신용하(愼鏞廈)씨의 「독립협회의 창립과 조직」(31호)은 매우 중요한 논문이라 생각됩니다. 독립협회의 사상과 조직 활동을 상당히 적극적으로 평가하고 있는데 이 시대나 그 후의 문제에 대해서는 열 사람이 모이면 열 가지 견해가 나올 수 있을 정도로 각양각색이니까 신용하씨의 그런 해석에 대해 저항감을 느끼는 사람도 많겠습니다만 새로운 발굴과 평가라는 점에서는 의의있는 것이었습니다. 그리고 안병직(安秉直)씨의 「19세기말~20세기초의 사회경제와 민족운동」(30호)은 당시 한국사의 흐름을 보는 시각에 있어서 새로운 반성을 촉구하는 글이었습니다.

백낙청 현대에 가까워올수록 편수는 많습니다만 일관된 체계 같은 것은 없이 꽤 산발적으로 실은 꼴이고 또 그럴 수밖에 없었던 것 같습니다.

그런데 조선말기 이후의 문제들도 실학문제나 마찬가지로 일반적인 관심의 대상이 되는만큼 『창작과비평』의 작업에 대한 개관을 우선 마치고 새로 좀 논의해보기로 하지요.

정창렬 일제시대는 현재와도 직접 연결이 되는 제일 중요한 시대라고 하겠는데 거기 비해서 우리 한국사학계에서의 연구는 양적으로도 가장 빈약한 셈이고 그것이 『창작과비평』 지면에도 그대로 반영된 것 같습니다. 그러한 양적인 빈곤 속에서도 한용운과 신채호(申采浩)의 사상에 대한 안병직씨의 새로운 평가(19호, 29호)는 주목을 끄는 글이었습니다. 그러나 한국사학계에 국한시키지 않고 본다면 일제하에서 지식인들이 고민했던 문제라든가 제반 상황이 상당히 천착되고 있는 것을 봅니다. 염무웅(廉武雄)씨의 「만해 한용운론」(26호), 그리고 김흥규(金興圭)씨에 의한 이육사(李陸史) 연구(40호)는 뜻깊게 읽었습니다. 또 하나, 일제하의 사회경제적 구성을 어떻게 볼 것이냐는 문제를 다룬 신용하씨의 「일제식민지통치기의 시대구분 문제」(7호), 박현채(朴玄埰)씨의 「일제식민지통치하의 한국농업」(25호), 조용범(趙容範)씨의 「한국경제개발계획의 사적 배경」(27호) 등은 일제시대의 이해에 대한 주의를 환기시켰고, 또 여기 계신 송건호 선생님의 「3·1운동 후의 민심사」(36호)와 「'민족교육'의 사적 고찰」(39호) 두 편도 일제시대에 관한 우리 한국사학계의 태만을 경계한 글들이 아니었는가 생각됩니다. 그다음에는 해방 이후의 문제로 광복 30년의 문제가 상당히 비중있게 다루어졌다고 봅니다. 강선생님이 쓰신 「'민족사학'론의 반성」(39호)이 광복 30년의 우리 역사학에 대해 새로운 문제를 제기했고 식민지 잔재의 청산 문제로는 김대상(金大商)씨의 「일제 잔재세력의 정화 문제」(35호)가 매우 주목할 만한 글이고 문학·예술 관계로는 백선생님이 쓰신 「민족문학의 현단계」(35호), 김윤수(金潤洙)씨의 「광복 30년의 한국미술」(36호), 염무웅씨의 「8·15 직후의 한국문학」(37호) 등을 들 수 있겠습니다.

『역사학보(歷史學報)』도 다루었어야 할 교과서문제

강만길 아래로 내려올수록, 그러니까 일제시대나 해방 후 문제로 내려올수록 역사학을 하는 사람들 쪽에서는 그렇게 적극적으로 연구에 뛰어들지 않으려는 경향이 있는 셈입니다. 그래서 이 시대는 각 분야의 전문가들이 역사의식을 가지고 정리하는 것이 효과적이라고 생각합니다. 예를 들면 저도 『창작과비평』에서 처음 읽었습니다만 미술사에 관한 김윤수씨의 글 같은 것은 정말 투철한 역사의식을 가지고, 또 미술 쪽의 전문가 입장에서 다룬 글이었는데, 저로서는 그분이 오히려 우수한 역사가라고 생각될 만큼 감명깊게 읽었습니다. 그래서 일제시대나 해방 후의 문제는 『창작과비평』에서 이런 분들을 각 분야마다 더 찾아내서, 가령 음악이면 음악이라든가, 다른 분야도 정리해주셨으면 하는 생각이 간절합니다. 몇년 전의 일입니다만 제가 어떤 기회에 개설(槪說)의 일부분을 쓰면서 일제시대의 언론의 저항사 같은 것이 없는가 하고 찾아보았는데 그때는 없었습니다. 역사연구자가 자기의 시대와 가까운 시기를 연구대상으로 삼아서 안될 것은 없습니다만 지금 우리 역사학계의 여러가지 여건이 거기에는 미치지 못하는 것 같습니다. 우선은 역시 그 분야에 계시는 분들이 역사의식을 갖고 써주셔야 할 것 같은데 그런 의미에서 송건호 선생님의 「3·1운동 후의 민심사」 같은 것은 참 좋은 글이었다고 봅니다.

정창렬 저는 김대상씨의 「일제 잔재세력의 정화 문제」를 읽고 그런 생각을 해보았는데, 사실 저는 해방 직후 나이가 어리고 해서 당시의 상황을 잘 모르는 세대에 속하는 사람으로서 그 글을 읽고 참 많은 것을 배웠습니다. 이 글은 필자의 어떤 주관적 견해를 앞세우기보다 자료를 충실하게 소개한 것이더군요. 이런 식으로 해방 직후 또는 해방 전의 문제들을 자료중심으로 편집해서 '자료를 통해서 본 무슨 사(史)'라는 식으로 개척해보면 상당히 의의가 있지 않을까 생각했습니다.

백낙청 김대상씨의 논문만큼 핵심적인 문제를 잡아서 그만큼 충실하게 정리하기는 쉽지가 않겠습니다만, 앞으로 그 방면으로 성과를 기대해보겠습니다.

정창렬 시대적인 개관은 대체로 끝난 셈인데 어느 의미에서 『창작과비평』이 우리 한국사학계에 대해서 가장 직접적인 영향을 주었다고 할까 큰 문제를 제기한 것으로서 국사교과서 비판은 뜻깊은 것이었습니다. 그것이 1년 전입니까?

백낙청 통권 32호로 74년 여름호니까 2년 전이 되겠습니다.

정창렬 이 교과서비판은 당시에 한국사를 연구하는 사람들은 거의 빠짐없이 읽었고 한국사를 전공하지 않더라도 동양사나 서양사를 전공하는 분들도 이 특집을 읽음으로써 해방 후 우리 한국사학계의 경향에 대해 많이들 토론도 제기하게 되고, 여러가지 면에서 상당히 큰 문제를 제기한 기획이었습니다.

백낙청 그 기획도 원래 생각대로 안된 부분이 있고 또 나중에 여러가지 비판이나 항의를 받기도 했습니다만 여하간 『역사학보』 같은 데서 더 잘하셔야 할 일인데 안하셨으니까 저희가 문제를 제기한 것으로써나마 만족하고 있습니다. 국사교과서 문제나 최근의 우리나라 역사의 여러 문제는 사관(史觀)의 문제와 직결이 되고 이러한 근대사 및 사관의 문제가 역시 일반독자들에게는 가장 큰 관심거리일 것 같습니다. 그래서 남은 시간은 그런 쪽에 치중해서, 『창작과비평』의 작업 같은 것은 의식할 것 없이 자유롭게 의견을 나누어주셨으면 하는데요, 다만 최근 100년을 말하기 위해서는 그전의 시대를 논하지 않을 수 없고 특히 실학의 문제는 아까도 이야기되었듯이 저희 『창작과비평』으로서도 비교적 많은 힘을 기울여온 분야거니와 국사학계 자체에서도 근년에 많은 연구가 축적되었고 일반의 관심도 매우 높은 분야로 알고 있습니다. 그래서 실학 이야기를 잠깐 다시

하고 내려올까 하는데 우선 이우성 선생님께서 실학연구의 근황이랄까를 좀 말씀해주시고 아울러 이선생님 자신은 실학을 어떻게 보시는지도 말씀해주셨으면 합니다.

이우성 일제시대까지 거슬러 올라갈 것은 없고 해방 후의 연구를 위주로 말씀드린다면 제일 먼저 문제가 제기된 것이 실학의 명칭 문제였습니다. 맨처음에 천관우씨에 의해 「반계(磻溪) 유형원(柳馨遠) 연구」가 나오면서부터인데 이 논문은 전후세대에 의한 최초의 실학연구이기도 해서 그때 영향을 끼쳤어요. 또 문장이 유려했거든요. 그런데 그다음에 한우근씨가 「성호(星湖) 이익(李瀷) 연구」를 통해 실학연구에 참여하면서 곧 이어 명칭 문제를 논의하게 되었습니다. '실학'이라는 명칭이 애매하니 '경세치용학(經世致用學)'이라는 것이 좋겠다는 것이었지요. 그것을 둘러싸고 언젠가 씸포지엄도 한번 열렸었지요. 지금 보면 실학연구의 극히 초보적인 단계였다고 생각되지만, 천관우씨의 주장은 '실학'의 '실'자는 '실증(實證)'이요 '실용(實用)'이라고 하면서 '실학'이라는 용어를 계속 쓸 것을 주장했고 한우근씨는 역시 연구의 대상이 성호라서 그런 면도 있겠지만 '경세치용'이란 말이 낫겠다고 했던 거지요. 그런데 이 명칭문제는 그다지 중요한 것이 아니었던만큼 연구가 그 논의에 머물러 있을 수는 없었고 그다음에 나타난 일련의 현상은 각 학자에 대한 개별적인 연구였습니다. 완당(阮堂) 김정희(金正喜), 연암(燕岩) 박지원(朴趾源), 초정(楚亭) 박제가(朴齊家) 등에 대한 논문들이 비교적 활발하게 나왔지요. 그리고는 한동안 약간 중단된 느낌이 있다가 아까 말한 것처럼 논문 형식은 아니지만 『창작과비평』에서 여러 실학자들에 대한 개별 소개가 비교적 젊은 세대의 새로운 관점에서 이루어져 나왔지요. 그래서 다음은 개별적인 인물의 연구에서 한 걸음 더 나아가 실학이란 도대체 어떠한 것이냐 하는 데 대한 종합적인 파악이 이루어져야 할 단계에 온 셈입니다. 이미 몇분의 글들이 나왔고 저도 「실학연구서설」이라는 글을 쓴 적이 있습니다만, 여기서 대충 제 생각을 중심으로 한번 정리해볼까 합니다.

실학이란 무엇인가

첫째 실학이란 오늘의 관점에 비추어서 어떠한 학문이냐 하는 것이 문제입니다. 학문이라면 분야가 있을 것이 아닙니까. 크게 보아서 인문과학 분야에 속하느냐 사회과학 분야에 속하느냐 또는 자연과학 분야에 속하느냐를 한번 생각해볼 필요가 있습니다. 종전에 막연히 '실증' 또는 '실용'을 위한다는 것을 가지고 실학을 이야기했는데 그것은 학문적인 분야와는 관련이 없는 것이지요. 어떤 학문이든 농담(濃淡)의 차는 있더라도 실증과 실용은 갖추어야 할 테니까요. 그래서 실학의 분야를 두고 최근 생각해봤어요. 실학은 역시 현실문제를 다룬 학문이고 현실문제라면 정치·경제·사회 등에 관한 분야니까 일단 사회과학 분야라고 보아야 할 것 아니냐는 겁니다. 반계·성호·다산 등 여러분의 많은 저술 중에서 역시 현실문제를 다룬 글들에 대해 우리가 특별한 관심을 가지고 '실학'이라 불러왔으니까요. 물론 실학을 사회과학 분야라고 하면 사회과학에 속하지 않는 역사학·지리학·언어학·금석학 등 제분야의 업적은 어떻게 되느냐고 반문할 수도 있겠지만, 이것은 실학이 현실문제에 관해 다루게 되고 실증·실용적인 정신이 자꾸 번져나가다 보니까 일종의 실학의 저변확대로서 이루어진 것으로 파악할 수 있지 않을까 합니다. 또 실학의 철학적인 측면을 문제시하는 분도 있겠습니다만 그것은 어느 사회과학이든 철학적인 배경을 가지고 있어야 된다고 보기 때문에 실학을 사회과학으로 본다고 해서 그 철학적인 측면이 무시된다는 이야기는 아니고 다만 구체적인 학문의 성격은 사회과학적인 것이라고 보자는 것입니다.

두번째로 문제되는 것은 실학은 그럼 어떠한 사람들이 해왔는가 하는 것입니다. 실학자들의 사회계층적인 성격을 구명하는 것이 실학의 성격을 밝히는 데 중요하다고 생각되기 때문입니다. 종래에는 막연히 정권에서 소외된 남인(南人)계통의 학자들이었다고 이야기되어왔는데 이런 당색적(黨色的)인 분류로는 될 수 없으리라고 봅니다. 좀더 구체적으로, 학술적으로 규정할 필요가 있는데, 그렇게 따져볼 때 우선 모두가 양반신분을 가진 사람들이고 양반 중에서도 비교적 벼슬아치에 속했던 가문의 출신들, 그러나 현재로서는 정치적으로 거의 거세된 사람들이 주가 되어 있습니다. 이조사회를 사대부사회라고 하는데 실학 하는 사람들은 사대부사회가 계층적으로 분화되어 소수 집권자들은 이른바 '벌열(閥閱)'이라는 특권층을 형성하고 이 벌열에 끼지 못한 몰락된 광범한 양반들은 '사대부(士大夫)'에서 '대부(大夫)'라는 면은 상실되고 오직 '사(士)'라는 마지막 밑천만이 남는 겁니다. '사'라는 것은 비록 신분적으로는 양반이지만 현실적으로는 아주 몰락을 해서 당시의 농민이나 상인·수공업자에 비해 그다지 나은 것도 없었단 말이에요. 그러니까 이들 중에서 양심적인 '사'들은 '벌열'·집권층에 비판을 가하는 반면 당시의 피지배대중인 농민·수공업자·상인들의 생활을 이해하게 되고 나중에는 민중의 편에 서는 입장으로까지 발전하게 되는 것입니다. 그래서 실학시대에 오면 종래 사농공상(士農工商) 가운데서 사는 지배자요 농·공·상은 피지배자라는 의식을 떠나서 이른바 사민(四民)이 단순히 직업적으로 분화된 계층이요 또 그래야만 한다는 생각까지 하게 된 것이지요. 따라서 실학자들은 우선 사대부사회의 분화현상에서 나온 사의 계층에 속한다고 보겠고, 다음에 지역적으로는 주로 서울과 근기(近畿)지방에 집중되어 있었던 것으로 보입니다. 반계 유형원, 성호 이익, 다산 정약용, 또 박지원, 박제가가 모두 그렇지요. 그것은 아마 아까도 말했듯이 벼슬아치를 일단 지냈다가 몰락한 경우가 주가 되기 때문에 자연히 서울과 근기지방에 집중됐던 것 같습니다. 물론 영남이나 호남에도 실학적인 사고방식을 가진 학자가 간헐적으로 나타나기도 합니다만 역시 하나의 학파로서 형성이 되어 있었던 것은 서울과 근기

지방에 국한되었던 것 같습니다. 그런데 최근에 와서 나 자신도 김용섭·강만길 등 동학들의 작업을 통해 인식을 새로이한 바입니다만, 이들 실학파의 선비들이 개개인의 천재나 양심으로써만 가능했던 것이 아니고 전국의 농촌 또는 도시에서도 이제 말한 '사'와는 약간 처지를 달리하는 광범한 어떤 신흥 지식층이 형성되어 있었다는 것입니다. 이러한 광범한 지식층의 사고와 이상이 아까 말씀드린 사를 통해서 집약적으로 나타난 것이 실학이라는 것입니다.

민중의 편에 선 학문으로서의 실학

세번째로 실학의 시대성이랄까 그 역사적 성격을 말해야겠는데, 어떤 학자는 실학을 이조전기의 정도전이라든가 양성지(梁誠之) 같은 사람들의 현실적 사상과 경륜의 부활이라고 보기도 하지만 실학이라면 역시 천관우씨도 말했듯이 '근대지향적'인 하나의 새로운 출발이었다고 보는 것이 옳겠습니다. 그런데 이제는 우리 학계가 이 '근대지향'의 '근대'라든가 '지향'의 의미를 좀더 자세히 밝힐 단계에 와 있다고 봅니다. 실학의 근대지향성이란 중세말기의 사회적인 모순을 구체적으로 지적하고 그 대안을 제시한 것입니다. 즉 정치구조상의 모순, 경제구조상의 모순, 사회구조상의 모순, 이런 것들을 개혁하려는 일종의 구조개혁론이랄까 하는 것이 실학의 특징적인 성격이 되겠지요. 막연히 '근대지향적'이라는 것보다는 한걸음 더 나아간 것이 아닌가 합니다. 중세말기의 모순에 대한 실학자들의 대안이라는 것이 바로 근대적인 사상이라고 할 수 있는 것은 아니지만, 또 그분들이 역사적인 제약 때문에 근대라는 시대개념을 창출해낼 수는 없었다고 하지만, 오늘날 우리가 볼 때에 근대 쪽으로 아주 가까워져 있음을 어느정도 확인할 수 있게 된 것입니다. 이와 관련해서 실학이라는 학문 자체의 성격이랄까, 실학이라는 학문이 우리나라 역사발전을 위해서 어떤 입장에 섰느냐는 문제가 있습니다. 현실문제를 다루었으면 전부 실학이다라는 종래의 소박한 생각에서 벗어나, 실학자들이 우리 역사에서, 어떤 입장에서, 누구를 위해서, 어떤 방향으로 현실문제를 다루었는가 하는 것이 좀더 손에 잡혀야겠다는 거예요. 아까 말했듯이 실학자들은 대체로 농민·수공업자·상인들을 지배하는 입장보다도 농·공·상과 분업에 의해서만 구분되는 사(士)의 입장을 취했고 전국 농촌과 도시의 신흥 지식대중을 대변했다고 한다면 더이상 설명 않더라도 명백한 문젭니다만, 중요한 것은 그 당시의 위정자의 입장에서 현실문제를 다룬 것보다 민중을 위하는 입장, 민중 편에 서는 입장이었다는 것입니다. 물론 초기에는 위정자 입장에 서는 면이 다분히 있었지만 점차 '사' 자체의 사상적인 발전에 따라서 민중의 편에 서는 입장으로 발전해왔습니다. 예를 들면 김육(金堉) 같은 사람은 정부 집권층에 속한 사람인데 일반적으로 김육을 실학자로 꼽기도 하지만 역시 그는 위정자의 입장이 두드러지게 나타나 있고, 이런 분과는 구별을 지어서 재야학자로서 민중의 입장에서 현실을 다룬 것이 실학의 기본성격이라고 보아야 할 것 같습니다.

정창렬 이선생님께서 우리 실학연구가 처해 있는 현황을 잘 말씀해주셨습니다만 저로서는 한두 마디만 덧붙일까 합니다. 저는 실학이라는 것을 어떤 고유한 연구대상을 갖는 학문이라고 보는 데는 문제가 있지 않은가 합니다. 실학은 하나의 전문적인 분석대상을 갖는 학문이라기보다는 새로운 사유방식으로 보아야 하지 않을까 여겨집니다. 조선후기에 와서 사회 자체의 내부적인 모순에 의해 봉건적인 구조가 붕괴되어나가고 있을 때 이러한 모순을 어떤 방향으로 수습 또는 해결해나가느냐는 데 대해 서로 다른 입장들이 나타났습니다. 이러한 역사적인 변화를 부정하고 기존의 이익을 다시금 확보하려는 태도가 있었고 또다른 한편에는 사회적으로 새로이 이루어지고 있는 관계를 불가피한 역사적 현실로 인정하고 이러한 변화에 대응하는 입장에서 현실문제를 해결하고자 한 태도가 있었는데 대체로 보아 후자의 새로운 사유방식이 실학이 아닌가, 저는 그런 생각입니다. 봉건체제의 붕괴를 수습하고 해결하려는 방안에 있어서는 여러가지 차이가 있고 또 비슷한 경향의 방안에도 날카롭고 무딘 차이가 있었습니다. 실학의 가장 급진적이고 날카로운 측면에 있어서도 봉건체제의 부당성과 근대 시민사회의 역사적 필연성에 대한 자각적인 의식은 결여되었습니다만 당시의 봉건체제를 밑받침하던 지주제를 새로운 방향으로 개혁해보려는 면에서는 상당히 본질적인 문제를 건드리고 있습니다. 그런 의미에서 실학을 사회구조 전체에 대한 하나의 새로운 사상으로 보아야지 어떤 전문적인 분석대상을 갖는 학문분야로 본다면 실학을 왜소화하는 결과가 되지 않을까 합니다. 또 한 가지는 이제까지 우리 실학연구의 한계랄까 하는 것과도 결부되는데, 당시 붕괴되기 시작한 봉건사회를 사상적으로 밑받침하던 것이 성리학이었으니까 이 성리학이라는 명제에 대해서 하나의 반명제로서의 실학의 철학적 바탕이 규명되어야 실학의 본질이 밝혀지지 않을까 생각합니다. 사실 저는 성리학을 잘 몰라서 무어라고 말씀드리기는 어렵습니다만, 성리학은 당시 지주·전호제와 봉건적 신분제도의 영원성을 보장하려는 사회사상이었고 또 거기에는 고유의 철학적인 사유의 바탕이 있었으리라고 생각합니다. 이 성리학에 대한 하나의 반명제로서의 실학의 성격이 어느 정도인지 이것이 철학적으로도 규명되어야 하지 않겠느냐는 것입니다. 성리학에서 옹호하는 신분제, 지주·전호제를 부정하면서 등장하는 실학에는 성리학에 깔려 있는 것과는 다른 철학적인 사유방식이 반드시 깔려 있었으리라는 추측을 하게 되고, 그 두 가지 사유방식, 즉 성리학과 실학의 사유방식에 어떤 질적인 차이가 있고 어떤 전환이 있었는가를 밝히는 것이 제 생각에는 실학연구에 있어서 가장 중요한 과제인 것 같습니다. 즉 그러한 새로운 사유방식이 사회정책의 방향으로는 사회구조 개혁론으로 나타나고 자기의 문화에 대해서는 그 개별성을 자각하는 의식으로 나타나며 사회 내부의 인적 구성에 대해서는 주민들의 등질성(等質性)을 추구하는 방향으로 나타나며 동시에 지주·전호제를 부정하는 방향으로 나타나게 되는 것이 아닌가, 이렇게 여겨집니다.

이우성 정선생 이야기가 일부는 내 견해를 보완한 것뿐이지만 전문적인 분석대상으로 하면 실학이 왜소화된다는 것은 무슨 말인지 잘 모르겠는데……

정창렬 대체로 보아 17세기 후반에서 19세기 중엽까지의 사이에 전개된 여러가지 사회구조개혁론, 자기의 문화, 이를테면 언어나 문자·역사·지리에 대한 새로운 관심의 고조, 새로운 인간형의 추구, 자연과학에 대한 연구열의 고조 등등 이러한 새로운 의식의 바탕에는 사유방식에 있어서 미약하나마 어떤 변화가 있었으리라는 추측을 하게 됩니다. 그러한 변화가 있었는가의 여부에 대한 검토에까지 나아가야 실학의 성격이 밝혀질 수 있다는 생각입니다.

이우성 그건 그런데, 지금까지 우리가 실학이라고 하면, 교과서도 그렇고 대개가 그렇지만, 실학이 무슨 학문인지 알 수가 없게 되어 있어요. 정치·사회·경제·역사, 그리고 지리학·천문학 등 자연과학, 심지어 금석학(金石學)까지 나열해놓고 있어서 자칫하면 그 성격파악이 흐려질 우려가 있단 말입니다. 그래서 그중에서 그 실체를 잡아보려면 역시 주가 되는 것은 정치·경제·사회의 분야, 즉 사회과학이 아니겠느냐는 거예요. 우리가 실학자들을 말할 때 그분들이 주로 현실문제 즉 정치·경제·사회 분야를 다루었기 때문에 실학이라고 한 것이니까, 역시 분야가 중요한 것입니다. 종래 주자학자들은 대체로 이 분야를 다루지 않았거든요. 실학과 성리학은 우선 그 분야의 차이에서 구분됩니다. 만약 분야와 상관없이 성급하게 성리학과 차원을 달리하는 새로운 철학을 실학에서 구하려 하고 또 그것으로 실학을 성격지으려 한다면 우선 실학사의 구성이 어려울 것입니다. 반계·성호를 위시한 많은 학자들이 실학사에서 제외될 염려가 있기 때문입니다.

백낙청 제가 문외한으로서 듣기에는 두 분 선생님들이 아까 이선생님이 지적하신 실학의 시대성이랄까 사회적 성격에 대해서는 별로 차이가 없는데, 다만 그보다 앞서 학문의 대상으로서 실학을 성격지으신 데 대해서는 정선생께서 생각이 다르신 것 같군요. 사회과학이냐 인문과학이냐 이런 식의 분류보다는 민중 편에 선 최초의 학문이었다든가, 지주·전호제의 붕괴 과정에서 종래의 지주측 학문인 성리학의 입장을 떠났다든가, 이런 식의 성격규정에 치중하시는 것 같은데, 강선생님도 그 비슷한 규정을 하신 것을 읽은 기억이 납니다.

실학의 과도기적 성격

강만길 지금 실학연구가 어떤 면에서는 깊이 들어간 것도 같지만, 사실은 제일 중요한 문제가, 우리 역사의 흐름 속에서의 실학이라는 대전제를 놓고 그 성격을 따져야 한다고 봅니다. 요컨대 실학이 당장 근대사상은 아니지만 아까 이선생님도 말씀하셨듯이 중세사회의 여러가지 모순을 해결하려는 사상이었다고 한다면 저는 구체적으로 이렇게 말하면 문제가 비교적 선명해지지 않을까 싶습니다. 즉 중세말기에 나타나서 중세적인 지배체제를 거부하는 사상으로서의 실학 — 그런데 중세적인 지배체제를 거부한다고 해서 그것이 곧 구라파적인 시민혁명을 이끌어갈 수 있는 측면을 지닌 사상인 동시에 또 시민혁명과는 상당한 거리가 있는 제약을 자기 내부에 지닌 일종의 과도기적인 사상이라고 할 수 있겠지요. 그렇지만 근대를 이끌어갈 수 있는 사상이 어디서 배태되어 나왔는가, 어디서 양출(釀出)되어 나왔는가 하면 그것은 역시 중세적인 지배체제를 거부하는 가운데서 근대역사를 담당해나갈 수 있는 사상과 세력이 생겨났다고 말할 수 있습니다. 따라서 실학은 그런 역사적 기능을 가진 것이다, 중세말기에서 중세적 지배체제를 무너뜨리고 새로운 질서를 만드는 세력을 양출해내는 기능을 가졌다고 본다면 실학의 역사적인 위치가 한층 선명해지지 않는가 하는 생각을 항상 가져봅니다. 즉 초기 부르주아지의 형성과정, 이것은 반드시 전적으로 전진적인 것만도 아닙니다만, 여하튼 이런 역사적인 기능을 가진 과정에서의 실학의 위치를 생각한다면 그 성격은 그다지 큰 논쟁이 없이 정착되어가는 게 아닌가 생각합니다. 특히 우리처럼 얼마 안 가서 외세의 침략으로 말미암아 부르주아지의 형성이 제대로 진행되지 않은 경우에 실학이 갖는 긍정적인 성격·제약적인 성격, 이런 것은 비교적 선명해지지 않는가 생각합니다만……

이우성　실학을 이야기할 때, '중세'냐 '근대'냐 하는 것을 당장에 들고 나와서 문제가 더 어려워지기도 해요. 구체적으로 우리나라 역사에서 그분들이 생각했던 것, 다루어놓은 것을 먼저 좀 밝혀야지요. 내가 실학을 사회과학 분야에 속한다고 하는 것은 그러한 작업을 위한 하나의 편의적인 규정이랄 수도 있지만, 종래의 나열식으로 정치·경제다, 역사다, 지리다, 과학이다, 이렇게 해서는 정리가 잘 안되고 또 대뜸 '근대'다 '중세'다 해서도 자꾸 이야기가 반복이 되니까 우선 실학이란 정치·경제·사회 등 현실문제, 즉 사회과학 분야를 다룬 것이다라고 일단 규정할 필요가 있어요. 또 아까도 말했지만 성호나 다산 같은 분들의 성리학에 관한 저술도 대단한 겁니다. 또 철학적인 문제에서 주자학을 그대로 존중한 분들도 많아요. 성호 같은 분이 그래요. 그런데도 우리가 그를 실학자로 부르는 것은 종래 성리학자들이 전혀 다루지 않았던 현실문제를 방대하게 다루었다는 것이지 그분의 철학으로서의 성리학 자체가 크게 변한 것은 아니거든요. 물론 그분의 철학이 주자의 성리학과 원리를 달리하는 그런 것이라면 더욱 좋겠지만 그것이 그리 쉬운 일이 아니란 말이에요. 당장에 중세를 거부하는 것을 요구할 수가 없습니다. 중세를 거부했다면 그것은 이미 근대사상가입니다. 근대사상이 아니고서는 본질적으로 중세를 거부할 수 없기 때문입니다.

성리학은 어디까지나 철학이요 형이상학이에요. 성리학이 지주·전호제를 옹호한 것이라고 하셨는데 그것은 우리가 지금 와서 성리학의 성격을 부연해서 그렇게 말하는 것이고, 또 물론 틀린 말도 아닙니다만, 성리학 자체는 지주·전호제를 다룬 일이 없어요. 지주·전호제를 다루었다면 성리학이 아닌 사회과학이 되겠지요. 이렇게 성리학이 다루지 않던 현실문제를 다룬 것이 실학이거든요. 물론 성리학자들이 우주나 심성의 문제를 다룬 데서 지주·전호제에 대한 그들의 입장을 추출해낼 수 있고 또 거꾸로 실학자들이 현실문제를 이야기한 데서 우주나 인간에 대한 그들의 사유를 우리가 발견해낼 수 있지만 요컨대 분야가 다른 거예요. 그것을 일단 밝혀놓고 나서 성호나 다산의 근본적인 사고가 궁극적으로 중세질서를 옹호하느냐 또는 이른바 근대지향적이냐를 따져야 하는데 그것은 다음 문제란 말이에요.

백낙청 이야기가 너무 전문가들 간의 토론으로 기우는 듯한 느낌이 있어서 제가 문외한으로서 한마디 더 끼어들까 합니다. 정선생님이 실학의 철학적 성격 규명을 강조하신 이야기를 들을 때 저로서는 앞서 이선생님이나 정선생님이 나말여초 또는 여말선초의 전환을 두고 하신 말씀과 사실은 통하는 이야기가 아닌가 하는 생각이 듭니다. 다시 말해서 두 분이 모두 당시의 변화가 진정으로 어떤 사상적인 전환, 지성의 전환이라고까지 할 수 있는 것이라면 이를 밑받침하는 어떤 객관적 현실의 근본적인 전환이 있어야 할 것이고 그것이 규명되어야 한다고 말씀하셨는데, 지금 정선생님 이야기는 같은 주장을 정반대의 각도에서 전개하고 있는 게 아닌가 합니다. 즉 실학자들의 사회현실에 대한 주장이 중세적 질서의 위기를 맞아 단순히 그 체제정비를 위한 부분적 개혁방안이 아니고 과연 하나의 근본적인 대안이라고 한다면 거기에 대응하는 철학적인 전환도 있어야 하지 않느냐는 것이지요. 내용적으로 어땠는지는 제가 말씀드릴 입장이 전혀 못됩니다만, 그분들이 사회현실에 대해서는 새로운 주장을 하면서도 철학적으로는 이선생님이 성호를 두고 말씀하셨듯이 주자학을 그대로 존중하고 있었다면 그것은 실학사상의 과도기적 성격, 근대와는 아직 거리가 먼 측면을 입증하는 결과가 되지 않을까, 대개 이런 식으로 정선생 이야기를 풀이해봅니다.

실학시대의 사회상을 담은 서민예술

이우성 중요한 말씀인데 내가 좀 보충을 하지요. 실학이 대략 1세기 반 동안 계속됐는데 주자학과 크게 다르지 않았다는 건 초기의 이야기지요. 반계나 성호 같은 초기의 분들에 비하면 말기의 다산이나 최한기 같은 분들에 와서는 매우 달라지는 것 같아요. 그때 비로소 어떤 새로운 철학, 새로운 형이상학이 나타나는 것 같습니다. 다산은 확실히 주자의 성리학과는 좀 달라요. 그러나 그분이 직면했던 문제점은 당시에 주자학에 정면으로 반대하고 나서면 사문난적(斯文亂賊)이라고 해서 당장 역적으로 몰아치는 거예요. 다산에게는 그런 큰 제약이 있었지요. 그러다가 최한기에 오면 분명히 우주관이나 인식론 같은 데서 주자와 완전히 달라지지요.

박태순 저는 사학계에서 논의하는 실학문제에 대해서는 잘 모릅니다만, 이조후기의 문학이나 예술을 보면 가령 양반문학으로서의 시조가 사설시조로 발전하면서 거기에는 음담패설도 나오고 방언도 들어가고, 또 소설을 보면 「구운몽」이라든가 「홍길동전」이라든가, 또 한문소설입니다만 연암의 「양반전」 같은 것에 뒤이어 「춘향전」 「심청전」 같은 것이 나오고, 또 음악의 경우에 판소리 같은 것은 양반들보다도 민중들이 즐기는—한말쯤 되면 판소리의 청중 동원능력이 대단했다고 하더군요. 또 미술에서도 새로운 자각이 일고, 여하간 민중을 중심으로 해서 새로운 문학과 예술이 형성되고, 요즘 관점에서 보면 그 당시로서는 오히려 일종의 방계(傍系)현상이던 이런 작품들이 거꾸로 우리 민족이 지닌 문화의 근간이 랄까 원형을 이루고 오늘날까지도 우리가 이렇게 먹고 이렇게 살고 있는 이러한 삶의 느낌과 연결되는 것이 아닌가 하는 생각이 듭니다. 오늘의 우리 사회상의 한 원형을 이 시대로부터 어떻게 추출해볼까 하는 관점이 문학자들의 실학에 대한 관심인 것 같습니다. 그래서 역사학계에서 실학에 대한 논의라든가 그 시기에 대한 새로운 연구가 나올 때 상당히 감동적으로 지켜보게 됩니다. 가령 강만길 선생께서 당시의 사상도고(私商都賈)에 관해 밝히신다든가 정석종 선생 같은 분이 홍경래란에서 광산촌의 광부들이 맡았던 역할을 알려준 글 등이 그렇습니다.

강만길 그런데 당시의 문학이나 예술에 관해 말씀하셨는데 역사학적인 입장에서 보면 그 문제가 그렇게 단순하지만은 않은 것 같아요. 왜냐하면 얼른 보아 우리적인 것, 민중적인 것이 지배층의 문화에 눌려 숨어 있다가 새로이 드러나는 것이 굉장히 밝은 면으로만 보이기도 하는데 사실 역사 진행에 있어서는 그것이 또 그다음 단계의 잘못된 것으로 이용되고 하나의 명분으로 앞장세워지며 다른 방향으로 나아가고, 예를 들면 구라파의 절대주의에 있어서도 그랬는데, 이런 경향이 있어요. 그러니까 역사를 하는 입장에서는 단순하게 그것만으로 볼 수는 없는 거지요.

백낙청 실은 문학을 하는 입장에서도 마찬가지라고 믿습니다. 또, 판소리 같은 것을 하나의 문학사 내지 예술사적인 사실로서만 보더라도 그렇게 단순치가 않지 않습니까? 「판소리의 이원성과 사회적 배경」(31호)이라는 김흥규씨의 글이 『창작과비평』에도 실렸고 그에 앞서 조동일(趙東一)씨 같은 분의 연구도 있었지만, 판소리를 단순히 민중예술이라 부를 수는 없는 것이겠지요. 실학의 과도기적인 성격도 아까 이야기되었지만 그런 면에서는 판소리도 민중에 좀더 가까워진 예술인 동시에 의연히 양반계급에 의존하고 있는 예술이기도 했다고 보아야 할 것 같습니다.

이제까지 실학사상과 실학의 시대에 관해 오랜 시간 이야기했습니다만 문제점은 아직도 얼마든지 더 있으리라고 봅니다. 그러나 시간도 많이 경과됐고, 우리가 일반적으로 실학의 시대보다 더 많은 관심을 갖고 있는 시대가 있다면 그것은 역시 지금 현재와 직결되는 최근 약 100년의 시대가 되겠습니다. 특히 금년은 '개항백년'이라 해서 매스컴에서도 많이 떠들어대고 있는데 1876년의 강화도조약에 의한 개항이라는 사건의 역사적 의의라든가 그 후의 제반 움직임에 대해 말씀을 나누어보았으면 합니다. 이 시기의 연구에 대해 강선생님이 개괄적으로 좀……

개항기 역사의 주류는

강만길 저도 사실은 그쪽이 전공이 아닙니다만, 대체로 지금까지의 연구성과로서는 개항 이후부터 한일합방까지의 우리 역사는 그 나름대로 하나의 성격을 갖는다고 생각하고 있지요. '한일합방'이란 용어를 그대로 써야 하느냐는 문제는 우선 별도로 하고, 여하간 한일합방으로 우리나라가 식민지로 전락하니까 물론 성격이 달라지지요. 이 시기에 관한 우리 역사연구는 참으로 지지부진했습니다. 이 시기의 성격을 규정짓기가 참 어렵기 때문이기도 합니다만, 대체로 개항 이후에 외세가 침략해 들어오는 과정을 죽 엮어놓고 그것이 이 시기 역사의 전체라고 생각하던 때가 있었습니다. 주로 일제시대 연구가 그랬는데, 해방 이후에 와서 그것만이 이 시기 역사의 전부가 될 수는 없지 않은가, 다시 말해서 외세가 침투해 들어오는 데 대한 우리의 주체적인 응전이랄까 저항이랄까 이런 측면도 이 시기의 역사로 개발이 되어야 하지 않을까 하는 의식이 높아졌습니다. 그래서 이러한 측면에 관해서도 연구업적이 비교적 나온 셈입니다. 그러다가 그것이 한층 심화되면서 도대체 19세기 후반기 한국사의 주류를 어디다 두어야 하느냐 하는 문제로까지 높여진 셈입니다. 그래서 대체로 세 가지 흐름을 놓고 논전이 일어나고 있는 것 같습니다. 우선 그 하나로는 개화사상이다 해서 대체로 개항 이후부터 한일합방까지 지속적으로 근대적인 개혁을 이끌어나가는 하나의 사상조류가 형성되어 있다고 보는 것입니다. 이 개화사상도 처음에는 일본으로부터 수입되어 들어온 사상이라고 생각했습니다만 근래에 와서는 그런 게 아니고 실학에서부터 연결이 되어서 내재적인 어떤 과정도 겪은 사상이라 보게 되었습니다. 그다음에 이 개화사상과는 아주 대치되는 사상이라 하겠습니다만 소위 위정척사사상이라고 해서 전통적인 유학, 성리학 측에서 벌인 일련의 저항사상을 대체로 이야기하고 있습니다. 또 한 가닥은 동학사상 쪽인데, 여기서 동학이라는 종교의 사상과 이 시대의 가장 중요한 역사적 사건으로 지적되고 있는 1894년의 농민혁명과는 꼭 연결이 되느냐 어떠냐에 대해 논란도 있습니다만, 여하튼 그런 쪽에 하나의 사상체계가 있다는 겁니다. 이 세 계통의 사상 중에 어느 것이 19세기 후반기 한국사회의 주류를 이루느냐 하는 것입니다. 주류란 말이 다소 부적당할지 모르겠지만, 어느 계통이 이 시기 우리 역사의 가장 바른 노선이었느냐 하는 문제입니다. 이것은 사람마다 제가끔 생각이 다른 것 같습니다. 개화사상 쪽에 치중하는 사람도 있고 오히려 위정척사사상이 근대적 민족주의를 지향하는 길이었다고 생각하는 사람도 있고, 또 한편으로는 농민전쟁을 이끌어나간 세력의 사상이 이 시기의 주류가 되었어야 한다고 말하는 사람도 있습니다. 저도 아직까지 이 문제에 대해 깊이 연구한 바가 없고 우리 학계가 이에 대한 논전을 거듭하면서 이 시기 역사의 연구를 심화시켜나가리라 믿습니다. 그런데 어느 것을 주류로 보아야 하느냐는 것도 물론 중요한 문제지만, 19세기 후반기의 우리 역사를 연구대상으로 하는 자세에 있어서 마치 이 시기의 우리 역사가 실패하지 아니한 역사인 것처럼 생각하면서 그 주류를 찾고자 한다면 그런 연구는 끝내 자가당착에 빠지고 말지 않을까 합니다. 솔직히 말해서 19세기 후반기 한국의 역사는 실패의 역사다라는 것을 전제로 해두고, 그 실패된 역사의 내부에서 아까 말한 세 가지 흐름이 갖고 있는 역사성과 반역사성을 따져야 하지 않겠느냐는 겁니다. 이런 자세를 가질 때 비로소 섣불리 역사를 미화시키는 어리석음을 범하지 않고 또 그 시기의 역사를 가장 진실되게 볼 수 있는 안목이 그 속에 있지 않겠느냐는 생각을 하고 있습니다.

정창렬 강선생님 이야기를 중복하는 느낌이 있습니다만, 우리나라에 있어서 개항 이후의 역사를 연구하는 경향은 요즘 와서 많이 달라졌습니다. 과거에 일본사람들은 그 당시 한국역사를 주로 타율적인 것, 정체적인 것으로 보았기 때문에 우리나라 역사는 기본적으로 한국을 둘러싼 열강의 외교정책에 의해 모든 것이 요리돼버렸다는 전제하에서 외교사 중심의 연구 일색이다시피 했습니다. 해방이 되고 나서도 사실은 그런 경향이 많이 지속이 되었는데, 저는 특히 역사학에 있어서 식민지주의적인 사고방식을 극복하는 데 1960년에 있었던 4·19가 굉장히 중요한 계기가 되었다고 봅니다. 그래서 60년대 이후에는 국제열강의 침투에 대해 우리 스스로가 주체적으로 어떻게 대응했는가 하는 측면에 많은 관심을 기울이게 되었는데 그 결과 귀중한 성과들이 많이 나왔습니다. 그러나 요즘 보면 이쪽으로 너무 경도되어버린 느낌도 없지 않습니다. 그러니까 주체성을 너무 과장해서 내세운 나머지, 그 시대의 현실을 지나치게 추상화시켰다고도 말할 수 있습니다. 아까 강선생님 말씀대로 개항 이후에 새로 이루어진 역사적 조건에 대응하려던 것으로서 개화의 방향, 위정척사의 방향, 그리고 동학(東學)의 방향, 일반적으로 이렇게 이야기되고 있습니다. 이 세 가지 움직임을 다루는 데 있어서도 주관적으로만 생각하는 것 같습니다. 예를 들면 개화사상을 가진 사람, 개화운동을 하던 사람이 주관적으로 자기 머릿속에서 어떻게 생각했느냐는 문제만 천착하고 그런 사상이나 운동이 당시의 침략에 대해 객관적으로 어떤 위치에 있었는가의 문제, 다시 말하면 객관적으로 주어지는 조건에 의해 침략과 구조적으로 어떻게 관련되는가의 문제 같은 건 사상(捨象)해버립니다. 바꾸어 말하면 국제열강의 침략을 한국사에 외재화시켜버리는 경향이 나타나고 있다는 말이 되겠습니다. 침략이라는 것 자체가 일단 한국에 들어온 이상 한국사에 내재화된 요인이 되는 것인데 개화사상이 물론 주관적으로는 이 침략을 배제하려는 애국심에서 나온 것이고 다른 사상도 마찬가지겠습니다만 그 국제열강의 침략과의 객관적인 상호관계는 주관적인 의도와는 관계없는 또다른 문제입니다. 그런데 이러한 객관적인 상호관계는 경시하고 예컨대 개화운동을 설명하는 경우 개화파 자신이 주장하는 여러가지 근대적인 구상들을 쫙 늘어놓고, 보아라 우리나라 개화사상이 이렇게 훌륭한 것이다라고 강조합니다. 위정척사운동을 설명하는 경우에는 이것이 개항 이전에는 타국의 존재를 부정하는 배타적인 화이의식(華夷意識)이었다가 개항 이후에는 서양의 존재를 병존하는 것으로서 인정하는 근대적 민족주의로 발전해나갔다는 그런 측면만 강조하지 위정척사라는 사상이나 운동이 당시 국제열강의 침략과 구조적으로 어떻게 연관지어졌는가 하는 면은 경시합니다. 또 동학의 경우도 그들의 주관적인 주장인 평등사회라든가 그런 측면만 자꾸 강조하고 그 자체가 객관적인 역사 속에서 침략과 어떤 내재적인 관련을 갖는가 하는 점을 따지지 않는 경우가 많습니다. 이렇게 해놓으니 당시의 사상과 운동 들은 모두 더없이 좋은 사상이고 운동이다라는 식으로 미화되어버리고 구체적인 역사적 조건 속에서 객관적으로 어떤 역할을 했는가 하는 문제는 경시되어버리고, 따라서 침략이라는 것은 어디까지나 우리 민족 외부의 사실로만 처리되어버려서 한편으로는 우리 역사를 극도로 미화하는 결과로 되고 다른 한편으로는 한국의 식민지화의 원인을 외세에 귀결시킴으로써 타율론으로 기울어지는 결과로 되는 것 같습니다.

박태순 여담 비슷한 이야깁니다만 저희가 중고등학교나 국민학교 국사시간에 대개 어떻게 배웠는가 하면 1882년의 임오군란을 배우고 1884년의 갑신정변을 배우고 1894년의 청일전쟁, 동학란(東學亂) ─ 동학란이라고 배웠습니다 — 이런 식으로 배웠는데, 그때는 가르치는 선생님들도 분통을 터뜨리고 어린 마음에도 왜 우리 조상들은 이렇게 못났느냐는 식으로 창피하고 그랬었지요. 그런데 요새는 또 정반대로 전부 미화시켜가지고 이렇게 위대하고 그랬는데 지금 너희들은 뭐냐는 식이에요.

다시금 생각게 되는 역사의 엄숙성

백낙청 그래요. 우리가 우리 민족의 역사를 공연히 비하한다거나 그 동안에 실패를 겪는 가운데서도 지속해온 우리의 주체적 노력을 과소평가해서는 안되겠지만 19세기 후반의 역사, 그리고 아직껏 남북이 분단되어 있는 오늘의 역사까지가 크게 보아 실패의 역사라는 점은 정시할 필요가 있을 듯합니다. 저도 여담 비슷한 이야기가 되겠는데, 근래 우리 역사에 대해 이런 글들을 더러 보았습니다. 전문적인 학술논문은 아니었습니다만 여하튼 대한민국의 민족사적 정통성이라는 것을 정립하는 이론으로서 대한제국의 법통을 상해임시정부에서 이어받았고 그것을 다시 우리 대한민국이 이어받았다는 주장을 내세우고 있더군요. 이런 주장의 실증적인 근거도 그렇게 튼튼치가 못하다고 봅니다만 설혹 그런 맥락이 닿는다고 하더라도 대한제국의 법통에서 대한민국의 민족사적 정통성을 찾아야 한다면 이건 서글픈 일이 아닐까 싶어요. 조선말기의 역사가 실패한 역사라는 인식을 뚜렷이 가졌던들 이런 도로(徒勞)는 없었으리라고 봅니다. 아까 강선생님께서 주류를 찾는다는 말씀을 하셨지만 그때의 역사가 실패의 역사였다는 것은 바꿔 말하면 그 시기에 주어진 역사적 과제를 훌륭하게 해결해나갈 수 있는 뚜렷한 주류가 없었다는 이야기도 되겠습니다. 따라서 몇 갈래의 사상을 두고 어느 것이 주류냐 하는 문제는 평면적으로 논의해서는 끝이 안 나리라고 봅니다. 실패의 역사가 어째서 실패했는가를 밝히고 이런 실패를 이겨내기 위해 앞으로 우리가 어떻게 해나가야 할까 하는 데 대해 확고한 생각을 갖고서, 이런 시대적 요구에 비추어 과거의 여러 흐름 중에서 어느 것이 알맞느냐는 기준에 따라서 '주류'를 정해야 하리라 생각됩니다. 그런 의미에서 저는 정선생님이 최근 『월간중앙』에 「개화사의 반성과 정향(定向)」이라는 글을 쓰시면서 개항 직후의 세 갈래 사상 가운데서 종래 '동학사상'이라 불리던 쪽을 '민중사상'이라 표현하면서 그것을 주류로 보고자 하신 논지에 많은 공감을 느꼈습니다. 아까 개화사상이나 위정척사사상을 평가함에 있어 그 주관적인 표현에 집착함으로써 이들을 과대평가하게 된다는 이야기도 있었는데 '민중사상'의 경우는 그와 정반대되는 측면이 있지 않은가 합니다. 즉 이론적인 표현에 있어서는 축적된 역량이 부족하기 때문에 다른 갈래의 사상에 비해 떨어지는 면이 많고, 또 그러한 한계는 객관적인 역사적 역할의 면에서도 제약이 됩니다만, 그래도 당시에 처했던 역사적인 상황에서 가장 올바른 해결방안을 추구한다는 관점에서 어떤 기본적인 전제조건을 갖추었다는 점은 그들의 자기표현능력을 오히려 앞서 있는 것이 아닌가 생각됩니다.

강만길 그런 점에서 정말 역사와 현실의 문제가 연결이 되겠습니다. 개화사상이라는 것도 그것이 얼마만큼 민중세계에 기반을 갖고 있었는가 하는 점에는 문제가 많다고 생각합니다. 일부 연구논문 중에 그것이 마치 민중세력에 직결되고 깊은 뿌리를 박고 있었던 것처럼 서술하고 있는 것이 있습니다만 과연 얼마만큼 그랬었는지 저로서는 의문입니다. 민중 속에서 우러난 사상이라기보다 객체로서의 민중을 이끌어나가야 한다고 생각하는 사람들의 사상이라 보여집니다. 그리고 위정척사사상이라는 것은 사실은 개항 이후에 일본이나 서양 쪽에서의 침략이 없었다면 반역사적인 사상 내지 활동으로서 벌써 청산되었어야 할 것이었지요. 아무리 저항력이 강하고 무장저항운동을 유발했다고 하더라도 우리 민족사 내부의 문제에 대해서는 하등의 진전된 것을 제시하지 못하는 반시대적인 사상이었지요. 이 시기의 민중세계가 역사의 주체로 성장하기 위해 대규모의 전쟁을 일으켰고 그럼에도 불구하고 외세의 압력과 지배계층의 기만적인 술책 때문에 실패했습니다. 그러나 그것이 실패로서 끝나게 된 또다른 원인은 민중세계가 역사담당세력으로서 성장할 수 있는 능력이 부족했고, 그랬기 때문에 아까 말씀드린 대로 19세기 후반기의 우리 역사가 실패로 끝났다는 점에 대한 분명한 인식이 있어야 된다고 봅니다. 이건 사실 언제나 마찬가지라고 생각하는데, 외세의 침략이나 지배계층의 기만적인 술책 등을 모두 배제하고 극복하면서 역사의 주체세력으로 등장할 수 있는 지혜와 실력이 갖춰지지 않을 때 아무리 민중세력이 자의식을 보여준다 할지라도 다른 중압 때문에 역사는 실패로 끝나게 마련인 것입니다. 그래서 아까도 말이 나왔습니다만 개화파 쪽의 개혁운동도 지속적으로 추진되었고 위정척사파 쪽의 저항력도 대단히 강했고 민중세력 쪽의 자각도 높았는데 왜 실패했느냐 하면, 그것은 외세의 침략 때문에 그렇다, 이런 해석이 되면 역사실패의 원인을 외세에 전가시켜버리는 것이 되고 앞으로의 역사도 실패할 때마다 책임을 회피하는 역사인식 태도가 있을 수 있지 않겠느냐 하는 생각이 듭니다. 그래서 19세기 후반기 역사를 되돌아볼 때마다 항상 역사의 정직성·엄숙성 이런 것을 생각하게 됩니다.

외세를 불러들이는 세력이 문제

송건호 그런데 외세도 외세지만 외세를 불러들이는 세력이 문제시되어야 합니다. 외세 때문에 우리 내부의 노력이 성공 못했다는 것은 반드시 우리 내부에 그 사람들을 불러들이는 세력이 있었다는 사실과 연결이 되는 거거든요. 그리고 아까 정선생이나 백선생이 당시 우리나라 역사의 주류는 역시 민중사상, 민중운동에 두어야 한다고 말씀하셨는데 저도 몇가지 이유에서 거기에 동의합니다. 개화사상은 『독립신문』의 사설 같은 것을 보면 애국심이 뚜렷하고 일제시대의 신문사설보다 앞선 면이 많습니다. 하지만 일본의 힘, 미국의 힘, 러시아의 힘 이런 힘을 이용하려 했다든지 — 좋게 보면 이용이지만 나쁘게 보면 의존인데 — 역시 주체성이 모자랐던 것 같아요. 그리고 위정척사사상에서 정(正)이라는 것은 우리나라만이 아니고 중국까지를 포함한 하나의 문화권을 '정'이라고 본 것이거든요. 그리고 '사(邪)'는 이 '정'을 뺀 일본이나 서양이란 말입니다. 그런데 이러한 문화적인 공동체의식을 우리는 중국에 대해 갖고 있었지만 과연 당시의 중국 자신이 얼마만큼 우리에게 일체감·연대감을 가졌었느냐는 겁니다. 중국 군대가 그때 가령 원병을 보내서 위안 스카이(袁世凱)가 오고 그랬는데, 중국 군대가 우리 민중에 대해 강간·강도·살인 온갖 횡포한 짓을 다하고 이루 말할 수 없었지만 그 당시의 위정척사파에서 말 한마디 했느냐는 말이에요. 제가 책을 좀 뒤져봐도 거기에 대한 발언을 못 봤습니다. 그러니까 우리 쪽에서 일방적으로 짝사랑해서 문화적인 공동체를 생각했던 것이고 결국 위정척사사상이라는 것은 일종의 문화적인 사대주의의 요소가 많은 것으로 봅니다.

이우성 다 동감인데 명칭의 문제에 있어서 약간 이의를 달아두겠어요. 가령 개화사상이라 하면 그것이 아무 때나 있는 것이 아닌 오직 그 당시의 사상을 가리키는 것이고 위정척사사상도 그렇고 또 동학사상 해도 그런데, '민중사상'이라고 할 때 그것이 하나의 명칭으로서 성립될 수 있겠느냐는 우려가 있어요. 왜냐하면 주창자가 누구이든 간에 민중이 참여했다는 점은 다 마찬가지거든요. 물론 주창자나 지도층의 사상과 민중들의 움직임 자체를 분리시켜서 생각하는 것은 좋은 일이지만 그것을 '민중사상'이라고 해서는 좀 곤란할 것 같단 말이에요. 물론 그것을 '동학사상'이라고 부름으로써 동학이라는 교문(敎門) 그것의 사상으로 유착시켜 생각해버릴 우려가 있지요. 그래서 민중사상이라는 말로 농민전쟁의 성격을 부각시키는 것이 중요하지만, 그 명칭만은 아무래도 어색한 데가 있어요. 이런 건 있지 않겠습니까? 동학사상 자체가, 그러니까 뒤에 성립된 천도교는 우선 논외로 하고 초기의 동학사상에는 역시 민중적인 요구가 상당히 담겨 있지 않겠습니까. 비록 낡은 표현이지만 당시 민중의 요구가 담겨 있었으니까 민중이 따라갔을 것 아닙니까? 또 하나, 농민전쟁치고 종교적인 것을 통하지 않고서는 스스로 조직할 수 있는 민도(民度)가 못되기 때문에 중세말기든 어느 시기든 농민전쟁이란 반드시 종교적인 것을 통해서 결합이 되는 것이지요. 우리나라뿐 아니라 중국이나 서양에서도 보게 되는 현상이지요. 그러니까 '동학사상'이라고 해도 괜찮지 않을까요? 내용설명을 이제 그런 식으로 하고 말예요.

강만길 네. 저도 '민중사상'이란 말이 완전한 명칭은 아니라고 생각합니다. 그런데 중세말기의 농민전쟁이 일반적으로 종교적인 외피를 입는다고 하지요. 하지만 그것은 어디까지나 하나의 수단이고 종교 자체가 바로 농민전쟁 그것의 사상이 될 수는 없다고 봅니다. 또, 초기의 동학이 다음의 농민전쟁에서 보여주는 혁명사상을 가진 면이 있지 않은가 하는 의견이 있었습니다. 그리고 그런 면이 있다는 것을 논증하려 노력한 연구도 있었습니다. 그러나 동학의 종교사상 자체는 정선생도 그런 이야기를 한 적이 있습니다만 무위이화(無爲而化) 사상이고 그것이 이후에도 일관되고 있어서 하나의 실천적인 사상은 못되는 것 같아요.

정창렬 네. 명명(命名)의 문제에 있어서는 역시 어색한 느낌이 있습니다. 그러나 교단(敎團)으로서의 동학교문은 1894년 농민전쟁의 주체가 아니었고 그 전쟁의 지도이념도 동학사상은 아니었습니다. 많은 농민들이 동학교문에 들어간 것은 동학사상이 비록 관념적인 환상의 영역에서나마 봉건체제를 총체적으로 부정할 수 있는 디딤돌을 제공했기 때문이었습니다. 농민전쟁의 행동의 지침으로서의 사상은 환상적인 동학에서는 일단 벗어난 것이었습니다. 민란의 경험을 통하여 축적된 사상, 말하자면 스스로의 주체적이며 직접적인 행동에 의해서만 현실은 개조된다는 실천적 사상이 전쟁을 치르는 과정에서 반침략·반봉건사상으로 확립된 것이 농민전쟁의 사상이었고 그것이 민중사상이라고 생각합니다.

송건호 전봉준(全琫準)의 농민전쟁에 대해서 동학의 간부들은 반대하고 견제하지 않았습니까?

강만길 소위 북접(北接)·남접(南接)을 나누어서 이야기하는데 북접이 교단의 정통이었지요. 북접이 반대를 하고 남접이 주동이 되어 일어났는데 다음에 재기포(再起包)할 때는 북접 측에서도 참여했지요.

'동학사상'과 농민전쟁

이우성 종교라는 게 그런 제약이 항상 있기는 하지만 무위이화라는 것도 그렇습니다. 설명하기에 달렸는데 그것은 당시의 지배적인 이데올로기가 유교 아니겠어요? 유교, 성리학 이런 게 너무나 번문가례(煩文苛禮)로써 국민에게 구속과 제약을 많이 주니까 그것을 배제하자는 일종의 저항적인 의미가 있는 걸로 생각돼요. 내가 동학을 옹호할 입장도 아닌데 어쩌다가……(웃음)

정창렬 비록 붕괴는 되고 있었습니다만 봉건적 정치권력이 엄존하고 있었으니까 당시 사회의 가장 큰 모순은 봉건적 지배계층과 그 지배 밑에서 고통받는 민중 사이의 모순이었다고 보여집니다. 따라서 그러한 모순은 종교에도 반영되기 마련이어서 동학에는 민중의 바람이 어느정도 반영되어 있기는 합니다. 그러나 동학의 창교층(創敎層)은 몰락양반층이었는데 농민신도층과 몰락양반층은 현실감각이 상당히 다른 것 같습니다. 교조신원운동(敎祖伸寃運動) 같은 데서도 후자는 종교적 자유의 획득에 치중하고 전자는 현실적 고통의 제거에 치중하고 있습니다. 우리나라 개항 이후의 역사를 생각하는 데 있어서 저로서 강조하고 싶은 것은 당시 외세의 침략이라는 것과 한국인들의 주체적인 어떤 운동을 별도로 생각할 것이 아니라 그 둘을 내면적으로 관련되고 유착된 하나의 역사적 현실로서 보고 그런 의미에서 당시 우리 역사가 일본에 의한 합병으로 귀결된 데 대한 책임을 어느 한쪽으로만 돌릴 것이 아니라 중요하게는 우리 민족 자신에게 있다는 태도로써 당시의 역사를 보아야겠다는 것입니다. 그렇게 볼 때 당시의 우리 민족에게 객관적으로 주어진 가장 중요한 역사적 과제가 무엇인가를 생각하고 이런 과제에 대하여 당시의 세 갈래의 사상이면 사상, 운동이면 운동이 주관적으로가 아니라 객관적으로 각기 어떻게 복무했는가를 따져야 한다고 생각합니다. 그리고 각기 다른 모습으로서이겠습니다만 세 갈래 운동 모두가 충실하게 복무하지 못했다는 것은 인정해야 한다고 믿습니다. 그런만큼 굳이 '주류'를 가리려 할 필요는 없을지 모르겠습니다만 반면에 당시의 움직임들이 상호간에 약간의 마찰만 있고 적대적인 모순은 없이 그야말로 평화적으로 병존했던 것이 아니라 서로 적대적으로 대립되기도 했던만큼 그중 어느 운동이 '주류'냐는 것보다 어느 것이 시대적인 객관적 요구에 가장 충실하게 복무했는가를 가려내는 일이 중요하다고 생각합니다. 왜냐하면 합병 후에도 민족운동은 객관적 조건의 변화에 대응하면서 자기 자신을 발전시켜가고 있었기 때문에 그러한 운동과의 내재적인 계승발전 관계를 밝히기 위해서도 필요하다고 여겨집니다.

백낙청 '주류' '비주류'를 너무 따지는 건 요즘 별로 환영받지 못하는 모양이던데(웃음) 결국 이야기가 오늘날의 우리 현실문제로 돌아와야 할 것 같습니다. 박태순형께서 오늘날 살아가는 자세, 문학 하는 자세를 알기 위해서 역사를 알고자 하게 된다는 이야기를 거듭 했습니다만 역사를 제대로 파악하기 위해서도, 개항 직후의 사상이나 운동을 제대로 파악하기 위해서도 그 후의 일제시대나 해방 이후, 또 앞으로 다가올 시대를 어떻게 보고 어떻게 대처할 것인가 하는 문제가 결정적인 중요성을 띠는 것 같습니다. 그래서 개항기로부터 약간의 비약이 될지는 모르겠으나 강선생님의 글에서 제기되었던 '민족사학'의 문제, 그리고 민족주의의 제단계에 관한 문제를 논의해보았으면 합니다.

'민족'과 '민족주의'

박태순 저는 정치학이나 사회학에서 말하는 '민족주의'라는 용어하고 우리나라 국사학계에서 이야기하는 '민족주의'라는 용어 사이에서 약간의 차이점을 느꼈습니다. 사회과학에서 쓰는 '민족주의'는 근대사 전개과정에서 주로 불란서혁명 이후에 특히 두드러진 특정한 경향을 이야기하는데 우리나라 역사에서 '민족주의' 하면 삼국시대 이래의 단일민족 운운하며 좀더 거창하게 생각하는 경향이 있는 것 같아요.

강만길 우리 역사에서 쓰는 '민족'이라는 말은 저는 사실 들을 때마다 약간의 저항을 느낍니다. 민족주의에 대해 많이 공부한 바는 없습니다. 그리고 새삼스러운 말입니다만 제가 아는 '민족'은 방금 말씀하신 어떤 한정된 의미에서의 민족, 특히 근대 이후의 민족이라고 보고 그런 각도에서 민족의 문제를 다루어야 한다고 봅니다. 물론 우리의 경우에는 서양과 달라서 근대 이전에도 민족이 형성되었다고 볼 수도 있지만 그런 식으로 민족을 보게 되면 오늘날의 민족, 근대 이후의 민족문제를 보는 선명한 문제의식이 잘 안 잡힌다고 생각합니다. 근대 이전, 즉 민중의 세력이 역사의 표면에 등장하기 이전의 시대에 있어서도 그것을 민족이라는 이름으로 불러서 역사적인 분석이 없는 개념을 사용한다면 이것은 앞으로도 계속 역사의식이 흐린 민족개념으로만 남을 가능성이 있다고 봅니다. 이건 물론 대단히 어려운 문제인데, 역시 엄격하게 근대 이후의 민족 내지 민족주의의 개념으로 다루어야지 그렇지 않으면 자칫하면 환상적이고 신비주의적인 민족개념으로 전락할 우려가 있다고 봅니다.

이우성 나도 10년 전까지만 해도 근대 이전에 관해서는 민족이라는 말을 써서는 안된다는 생각을 해서 좀처럼 안 쓰고 또 쓸 때에도 주석을 붙여서 썼단 말이에요. 그런데 그것이 요즘 와서는 조금 풀어졌습니다. '민족'이라는 말 자체가 일본사람들이 서양의 개념을 번역할 때에 '폴크'(Volk)와 '나찌온'(Nation)을 구분 없이 번역해서 그렇게 된 모양이지만, 어원이야 어찌 되었건 서양의 경우에 근대 이전에 민족을 거론할 수 없다는 것과는 우리 경우가 좀 다른 것 같아요. 서양의 중세사회는 분권적으로 되어서 어떤 단일통치권 속에서 생활하는 것이 아니었는데 거기 비한다면 중국이나 우리나라는 죽 통일된 정치지배하에서 내려왔단 말이에요. 물론 근대 이후에 비해 크게 다른 것은, 첫째 경제적으로 전국적인 시장이 형성되지 않아서 개개로 고립적·분산적인 소생활단위가 지역별로 되어 있었고, 둘째 정치적으로 민족을 구성하는 대부분의 구성원―민중의 참여가 완전 배제된 채 소수 지배층에 의해 자의적으로 운용되어왔다는 것을 들어 말할 수 있겠지요. 하지만 다른 나라의 침략을 받아 대결하는 경우를 생각할 때, 가령 몽고가 쳐들어왔을 때나 임진왜란 같은 때 전국민이 함께 싸웠다는 역사적 사실을 설명할 경우에 민족이라는 말을 써도 괜찮지 않을까 싶어요. 다만 '민족주의'라는 말을 쓰는 사람이 있는데 물론 그것은 허용될 수 없는 것이지요. 예를 들면 세종이 훈민정음을 만든 것이 민족주의의 표현이다, 이런 말을 일본사람이 했는데, 이에 따라 우리나라 국어학자 가운데도 또 그런 말을 한 사람이 있지요. 그런 것은 무슨 역사적인 관점에서 한 말이 아니고 그냥 써본 말이니까 우리가 굳이 문제삼을 필요도 없는 것이지만…… '민족'이라는 말 자체를 쓰지 말아야 한다는 것은 꼭 그럴 필요가 없지 않을까 해요. 다만 민족이란 말의 근대적인 의미와 그 이전에 해당하는 의미의 구별을 알고 써야 한다는 전제 밑에서 말입니다.

강만길 민족이란 말을 쓰니까 그런 구분에 혼동이 오는 게 아닐까요? 사실 그것은 엄격히 말한다면 근대 이전에 같은 한반도 안에 사는 사람, 이것은 종족―준민족(準民族)이라는 말도 씁니다만―이라고 부르는 게 더 정확할 겁니다. 지금은 어색한 단어가 되었습니다만. 원래 민족이란 것은 혈연이라는 것과 반드시 불가분의 관계가 있는 것이 아닌 것으로 이야기되기도 합니다. 근대 이전에 우리가 흔히 민족이라고 하는 것은 종족적이고 지역적인 개념이 앞서 있는 것이 아닌가 합니다.

분단시대의 민족주의

백낙청 강선생님 글에서 민족주의를 3단계로 구분하신 것 자체는 말하자면 하나의 가설이니까 활용하기에 달렸다고 봅니다만, 저는 그 구분 자체보다도 우리 역사의 현재를 두고 '민족주의적 내셔널리즘'이란 것과 소위 분단시대를 극복하기 위한 '민족통일을 역사적 과제로 하는 민족사학'이라는 것을 결부시키신 데서 많은 감명을 받고 교시를 얻었습니다. 제가 짐작건대, '민족주의'라고 하면 일단은 교과서적인 의미로 서구의 근대에 시민계급 주동하에 대두된 움직임을 생각하게 되는데 이러한 민족주의 내지 국민주의는 우리가 지금 지향해야 될 민족주의와는 좀 성격이 다르다고 보시기 때문에 굳이 '국민주의적 내셔널리즘'과 '민족주의적 내셔널리즘'의 단계를 구분하신 게 아닌가 합니다. 말하자면 우리 현실에서는 민족주의의 주체세력이 시민계급에 국한되지 않고 민족구성원 전부 또는 대다수로 확대되는 민족주의를 추구해야겠다는 점을 강조하신 셈이지요. 그런데 저는 한두 가지 설명이나 해명을 덧붙일 필요가 있다고 봅니다. 우리나라에서 지금 '민족주의적 내셔널리즘'이 요구되는 것이 과연 '국가주의적 내셔널리즘'과 '국민주의적 내셔널리즘'의 단계를 제대로 거쳐서 된 것이냐는 문제가 있는 듯합니다. 우리가 교과서적인, 서구의 국민주의적인 내셔널리즘과는 다른 '민족주의적 내셔널리즘'을 추구해야 하는 이유는 오히려 교과서적·국민주의적 민족주의의 과업이 좌절되었기 때문에 이런 과제가 주어지지 않았는가 하는 것입니다. 서구의 이른바 선진국에서 시민혁명을 통해 국민주의가 달성된 경우 그들에게 주어진 다음 과제는 '민족주의적 내셔널리즘'이라기보다는 내셔널리즘 자체의 극복, 그리하여 건전한 국제주의·세계주의로 나아가느냐 아니면 배타적이면서 동시에 제국주의적인 형태로 전락하느냐 하는 선택이 된다고 봅니다. 반면에 그러한 국민주의를 성취하지 못한 국민은 다음 시대에 와서 시민계급이 이룩하지 못한 시민혁명과 식민지 또는 반 식민지 특유의 민족혁명을 동시적인 또는 적어도 연속적인 과제로 떠맡게 되는데, 이것이 민족주의 주체세력을 민족구성원 전부로 확대시키는 '민족주의적 내셔널리즘'을 통해서만 가능하다는 것이지요. 강선생님께서 민족분단의 극복이 현시대의 지상과제라고 하신 것도 이러한 맥락에서만 설득력을 발휘하는 것이지, 그렇지 않다면 덮어놓고 통일만 하면 제일이냐, 통일도 중요하지만 다른 중요한 과제들도 얼마든지 있지 않느냐는 식의 반발을 살 수 있겠습니다. 대한제국에서 이룩하지 못한 국가주의적 내셔널리즘과, 광복운동을 통해서도 완성하지 못한 국민주의적 내셔널리즘과, 이제 그다음 단계로 부각된 강선생님의 '민족주의적 내셔널리즘'을 아울러 완성하고 그렇게 함으로써 진정한 의미에서의 세계주의·국제주의에도 참여하는 그러한 분단극복·민족통일일 때에만, 그것이 오늘날 민족사의 모든 문제의 구심점이요 또 막중한 세계사적인 사명마저 띤 것이라고 내세워서 무리가 없으리라고 보는 것입니다.

정창렬 저는 강선생님의 3단계 구분이 어떤 의미에서는 불필요한 혼란을 가져오지 않을까 하는 의미에서 말해보겠습니다. 서구의 경우에는, 교과서가 서구의 역사 중심으로 되어 있기 때문에 그런 면도 있습니다만, 그 시대 그 시대의 담당세력과 주어진 역사적 과제가 비교적 혼란 없이 정연하게 맞아떨어지는 셈입니다. 그런데 우리의 경우에는 개항 이후에는 고전적 자본주의의 성립이 우리의 주관적 노력이 어떠했던가에 관계없이 당시의 범세계적인 자본주의적 질서 속에서는 이미 객관적으로 불가능해졌기 때문에 한국사에 있어서의 역사적인 과제가 민족적인 결집이랄까 민족의 형성, 근대민족으로서의 자기형성으로 바뀌었다고 생각합니다. 근대민족으로서의 형성이 개항 이후 한국사의 주요과제로 되었다고 보는 것인데요, 그런 경우에도 그 담당주체는 이미 서구의 국민국가 형성을 맡았던 부르주아지는 아니게 되었다고 보는 겁니다. 역사적인 성격 또는 위치에 있어서 근대민족의 형성이라는 것은 근대적·부르주아적인 것이지만 개항 이후 우리나라의 경우 그것을 주체적으로 담당해서 이루는 세력은 이미 시민계급이 아니라 광범한 민중이라는 것입니다. 이렇게 역사적인 과제의 성격과 그것을 담당하는 주체세력의 성격이 교과서적으로 딱딱 들어맞지 않는만큼, 역사적인 단계를 설정할 때도 그 주체세력 위주로만 해서는 곤란하지 않을까 합니다. 예를 들면 1894년 농민전쟁의 경우에도 그 담당주체는 농민층이었지만 그것이 이루고자 한 과제의 역사적인 성격은 부르주아적인 것이다, 시민민주주의적인 성격이다라고 보겠습니다. 이렇게 역사적으로 이루어져야 할 과제의 성격으로 본다면 국민국가의 성립이라든지 민족의 통일이라는 것이 그 담당 주체세력에 있어서도 크게 다를 수 있는 것이 아니지만 역사적인 성격에 있어서도 동일한 과제란 말입니다.

역사적 부담을 발전의 동력으로

강만길 우선 정선생이 말씀하신 문제부터 먼저 생각해보지요. 3단계로 구분해서 생각해보는 것이 혼란, 특히 용어문제에 있어서 혼란을 가져올 것이라는 우려를 충분히 인정합니다. 그러나 역사라는 게 비약을 할 수가 없는 것이고 중세사회를 청산하고 다음의 사회로 가는 과정이 아무리 불완전하고 모순이 많더라도 역사가 하나의 단계를 뛰어넘는 것이 아니라 단계적인 발전을 했다고 보아야만 그 발전과정을 이해하는 데 더 선명성이 있겠다는 생각입니다. 한 시대의 역사란 언제나 그 전단계 역사의 소산물입니다. 그 전단계가 한 시대의 역사로서 비록 불완전할지라도 그것의 존재를 인정함으로써 거기서 생기는 모순을 극복하고 새로운 단계로 발전할 수 있다고 보아야 역사발전의 올바른 방향을 측정할 수 있겠다는 생각입니다. 내셔널리즘 발달의 경우도 그 개념을 통시대적으로 이해하려고 함으로써 오히려 혼란이 생기고 그 때문에 언제나 민족주의만 들고 나오면 그것이 어떤 계층에 의한 어떤 목적의 것이든, 또 어떤 역사적 단계의 것이든 찬양되고 미화되기도 하고, 반대로 반역사적인 사상으로 위험시되는 것이 못마땅하더라는 것입니다. 그래서 우리 근대사의 발달과정과 역사적 과제 문제를 결부시켜서 단계적으로 생각해야만 문제의식이 더욱 선명해질 것이라는 생각입니다. 이 경우 각 단계마다의 역사 담당주체세력을 따지는 문제는 특히 우리 근대사의 경우 대단히 중요한 일이라는 생각에는 변함이 없습니다. 다음 백선생이 말씀하신 각 시대마다의 내셔널리즘이 이루었어야 할 과업의 좌절과 그것으로 인한 다음 단계 과업의 중첩성 문제, 변질성 문제도 대단히 정곡을 찌른 말씀이라 생각합니다. 각 시기마다 우리의 내셔널리즘이 다했어야 할 과업이 좌절된 결과가 분단을 가져온 가장 중요한 원인이기도 하겠지요. 다만 그 단계를 한층 분명히 따짐으로써 오늘날의 우리 내셔널리즘의 과제가 무엇인가를 선명하게 부각시키자는 생각이었습니다. 그리고 좌절이나 역사적 찌꺼기의 누적이 모순을 격화시켜서 역사발전을 촉진시키는 힘이 될 수 있다는 생각도 있습니다. 말하자면 역사적 부담이라는 것이 역사발전의 과정을 비약이 아니고 단축시키는 역할도 할 수 있겠다는 생각이지요.

백낙청 전적으로 동감입니다. 저도 물론 역사에 비약이 있을 수 있다는 생각은 처음부터 하지 않았고 말하자면 역사에서는 똑같은 기회가 두번 다시는 오지 않는다는 점을 강조하고자 했던 거지요. 그러니까 어떤 주어진 시기에 주어진 과제가 그것을 의당 떠맡아야 할 세력에 의해 해결되지 못했을 때, 그것은 해결되지 않은 채로 남습니다만 그것이 단순히 그냥 남는 것이 아니고 다음 단계로 이월이 되면서 다음 단계의 문제와 중첩이 되어서 어떤 질적인 변화마저 보여주는 것 아닙니까? 대한제국 시기의 상황을 예로 들더라도, 물론 이것이 실제로는 좀 허황된 가상(假想)이기 쉽겠습니다만, 여하간 한 가지 가능성이 당시 지배계층의 진취적인 일부가 주동이 되어서 군주의 권한을 강화하면서 강선생님이 말씀하시는 '국가주의적 내셔널리즘'을 성취하는 길이었겠지요. 실제로 일본의 메이지(明治)유신이 그런 것을 한 셈이 아닙니까? 물론 그것이 시민혁명을 수반하지 못했고 시민혁명이 뒤따르지도 않았기 때문에 파시즘으로 치닫고 말았지만 말이에요. 그런데 대한제국 시대에 그것이 일단 안되었을 때 그와 같은 위로부터의 혁명이 이루어질 찬스는 영원히 지나가버리는 것이고 다음에 시민혁명을 담당하는 세력에게는 국가주권을 확립 또는 회복하는 과업까지 겹쳐서 서구 역사에서의 시민혁명과는 질적으로 다른 문제가 제기된다는 것입니다. 그리고 또 3·1운동의 결과로도 국권이 회복되지 못하고 시민민주주의가 확립되지 못했기 때문에 이러한 실패가 쌓이고 쌓여서 오늘날 자주적인 평화통일 문제가 단순한 국토 재연결의 문제가 아닌 민족의 지상과제가 되어 있다는 것이지요.

이우성 그렇지요. 두 분 이야기가 별 차이가 없는 것 같은데, 문제는 구체적으로, 가령 갑신정변 같은 것은 강선생 이야기의 어느 단계에 설정할 수 있느냐는 거예요. 그것은 어느 단계다라고 이야기함으로써 지금 우리의 과제가 구체적으로 설정되기 때문입니다. 이제 백선생 경우에 대한제국 시대를 '국가주의적 민족주의'의 사명이 주어진 것이었다고 하셨는데—

백낙청 그것이 원래 강선생님 이야깁니다.(웃음)

이우성 그렇다면 그 전단계의 갑신정변은—

강만길 저는 그것을 같은 단계로 보는 거지요. 그런데 정선생하고는 이런 이야기를 한 기억이 납니다만 1894년의 농민전쟁이 성공했을 경우에 거기서 생겨나는 정권이 어떤 정권이었겠느냐 하면 그것은 분명히 부르주아 정권일 것입니다. 거기에 바로 농민정권이 생겨날 리가 없겠지요. 결국 부르주아 정권이 생겨나고 그것이 다시 농민들의 기대를 배반했을 경우 그 결과로 농민들의 저항력은 더욱 강화됐겠지요. 이렇게 하면서 역사가 진전되어가는 것이겠지요.

송건호 그런데 동학농민전쟁이 실패하긴 했는데 그때 집권층이 청국(淸國)을 불러들이고 뒤이어 일본이 들어와서 진압한 것 아닙니까? 다시 말해서 그것 자체로서는 성공할 수도 있었다고 보아야 하지 않습니까?

정창렬 농민군의 역량과 집권층의 역량만 단순하게 비교하면 전자가 우세했다고 보여집니다. 그러나 청군의 개입, 그리고 일본군의 개입은 역시 필연적인 과정이었습니다. 그러니까 농민전쟁의 실패도 역시 객관적으로는 필연적인 귀결이었다고 보아야 할 것 같습니다.

이우성 그리고 그 성공이라는 게 무어냐는 것도 문제예요. 어떤 정권이 나오느냐는 겁니다. 가령 중국에서도 농민전쟁이 일시적으로 성공한 예는 있지만, 이자성(李自成)이도 그런 것인데…… 뭐 마찬가지 아니겠습니까. 동서양의 역사를 막론하고 농민전쟁의 결과로 농민정권이 성립된 일이 있었어요 어디……?

3·1운동의 역사적 성격은

박태순 그런 것은 말이지요, 특정한 어떤 역사적인 사건에 대한 관찰, 관찰에 있어서의 안목이 시간이 지나감에 따라 역시 수정되어야 될 것 같은데요. 가령 3·1운동의 경우에도 그것을 오늘의 관점에서 좀 다르게 평가할 수는 없겠는가, 그러니까 3·1운동은 천도교 계통, 중앙고등학교 계통, 평양의 장로교 계통, 서울의 감리교 계통, 이런 분들이 중심이 돼서 일어난 것이다, 하는 관점에서 주로 논의해왔고, 또 그 성격적인 면에서도 독립운동으로서의 모습이 강조돼온 것 같습니다. 그런데 3·1에는 당시의 학생들의 역할이라든가 지방인사들의 활약 같은 것에 대한 평가도 그에 못지않게 중요한 것 같고, 또 오늘의 싯점에서는 독립운동으로서의 3·1 만 아니라, 새로운 민족국가를 대망하는 사회적·정치적 이념 같은 것이 3·1에 어떻게 표현되고 있느냐를 살펴볼 필요가 있을 것 같습니다마는……

강만길 3·1운동을 하나의 혁명이라 가정한다면 하나의 혁명을 수행해 나가는 데는 여러가지 계층의 힘이 다 종합되기 마련이지만 그 성과는 어느 특정 계층에게 집중될 수 있겠지요.

박태순 제가 말씀드린 것은 3·1운동에 대한 관점은 강교수께서 말씀하신 국민주의적 내셔널리즘의 입장에서가 아니라, 민족주의적 내셔널리즘의 시점으로서 관찰해볼 수는 없겠느냐 하는 겁니다. 3·1운동이 위대한 독립운동이었다고만 한다면, 8·15로써 3·1운동의 1차적인 의의는 달성된 것으로 봐서 그냥 기리기만 하면 되겠지만, 그것이 참된 민족사를 찾기 위한 몸부림이었다면 3·1운동에 대한 지금까지의 평가·해석방법이 좀 달라져야 하지 않겠는가 하는 겁니다.

강만길 저는 하나의 가설로서 그것도 역시 국민주의적인 내셔널리즘을 일으킬 수 있는 단계다, 그 담당한 세력으로 보아서 말이지요, 이렇게 이야기했는데 아마 그 이상은 못될 겁니다. 그 3·1운동의 결과로 나온 임시정부 같은 것을 보면 거의 명백하지요. 33인 자체는 저는 문제가 아니라고 봅니다. 문제는 3·1운동 자체의 성격이 어떤 것인가 하는 것인데, 그것은 역시 3·1운동에 아무리 많은 농민이 동원되었고 아무리 많은 학생층이 동원되었다 하더라도 3·1운동 자체의 역사적인 위치는 역시 한정된 것이 아닌가 합니다.

백낙청 시간이 너무 많이 경과되었으니까 이제 마지막으로 사학(史學) 자체에 관해서 좀 이야기를 나누고 끝을 맺었으면 합니다. 너무 당돌한 짓이 될는지 모르겠습니다만 제가 문외한으로서 한 가지 문제제기를 하는 것도 논의를 전개하는 하나의 방편이 되지 않을까 합니다. 이것은 구체적인 사실에 대한 깊은 연구가 없는 그야말로 문외한만의 특권인 셈이지요. 제가 알기로는 흔히 해방 이전의 한국 역사학을 민족사학·실증사학·사회경제사학으로 3분하고 있는 것 같습니다. 그런데 개항 직후의 이야기에서도 그랬듯이 우리 역사를 지금 현재의 싯점에서, 그리고 앞을 내다보는 관점에서 새로 검토하고 정리해야 한다면, 사학 자체에 대한 이러한 3분법도 다시 생각해볼 문제가 아닌가 합니다. 강선생님께서 현시대를 분단시대로 파악하고 이 시대의 사학은 분단의 극복을 지상과제로 삼아야 한다고 쓰신 것도, 바꿔 말하면 이 시대의 역사학을 분단시대를 의식하고 극복하려는 사학과 그렇지 못한 사학으로 구분하시는 셈입니다. 그런데 일제시대의 역사학도 우리가 이런 기본태도를 갖고 분류해야 하지 않을까 합니다. 일제시대란 우리나라가 일본의 식민지가 되어 있던 시대니만큼 식민지적 상황을 극복하려는 민족사학과 이에 반대되는 식민사학이 두 개의 큰 흐름으로 인식되어야 하지 않겠느냐는 것입니다. 사실 '실증사학'의 경우는 분류기준에 약간의 혼동이 있는 것 같아요. 역사연구의 방법론에 입각한 분류인 것 같고 사관 면에서는 역시 민족사관과 반민족사관이 타당한 분류인 것 같습니다. 물론 이렇게 말할 때의 '민족사학'이란 종래의 사학사(史學史)에서 말하던 민족사학과는 조금 다른 의미가 되겠지요. 주관적으로 자기가 광복운동의 지도원리를 제시하겠다고 했던 분들의 사관이나 사학이 모두 민족사학이 되는 것이 아니고, 실제로 그 당시 광복운동에 맡겨졌던 역사적인 과제를 위해 가장 충실히 복무하는 사학 내지 사관이라야 될 것입니다. 그런 의미에서는 민족사학이라는 것이 아직도 완성되지 못하지 않았는가, 왜냐하면 만약에 완성되었다고 한다면 그것은 우리가 광복운동에서 우리 힘으로 성공해서 국토가 양단되는 사태도 막을 수 있었다는 이야기가 될 터인데 그것을 못한 것이 진정한 민족사학의 성립에 미달했다는 뜻이 되지 않겠느냐는 것입니다. 이것을 또 바꾸어 말하면 민족사학의 반대개념으로서의 식민사학이 아직도 맹위를 떨치고 있지 않겠느냐는 이야기가 되지요. 우리가 흔히 일제잔재가 생활의 모든 부문에서 아직도 많이 남아 있다고 하는 이야기들을 하는데, 다른 모든 부문에서 일제잔재가 남아 있으면서 사학계의 식민사관만 없어지란 법은 없거든요.(웃음) 물론 요즘 한국사람으로서 한국역사를 하면서 식민사학을 지지한다고 말하는 분은 없으니까 표면적으로는 없어진 것으로 보이지요. 하지만 제 개인적인 느낌으로는 가령 민족사의 당면과제를 외면하고 무작정 실증의 문제만 내세운다든가 또는 정치학이나 경제학·사회학 이런 분야에서도 민족의 주체성을 무시한 근대화이론을 고집하는 것도 모두 직접·간접으로 과거 식민사학의 실질적인 연장에 이바지하고 있는 것이 아닌가 합니다.

새로 정립되어야 할 민족사학의 개념

이우성 우리가 과거의 우리 역사학의 유파를 셋으로 나눈 것은 다루는 대상이나 연구하는 태도를 갖고 이야기했고 그 자체의 역사적 성격은 별로 건드리지 않았거든요. 건드리지 않은 것은 여러가지로 현실적인 문제가 있어서 그래요. 이제 백선생 말씀은 중요한 말씀이고 우리가 크게 생각해야 할 문제고 또 많은 사람들이 마음속에 가지고 있던 문제이기도 한데 그것을 정식으로 제기한다는 것이 역사학 이외의 사람에게는 혹시 쉬울지 몰라도, 학회를 조직·운영한다거나 학보를 내는 현실적인 문제와 관련해서는 참 간단치가 않아요. 그런데 '민족사학'의 경우에 현재 우리가 말하는 민족사학과 구한말·일제시대의 민족사학은 구별할 필요가 있어요. 과거의 민족사학이 그 정신은 대단히 좋았지만 그 연구태도나 연구방법이 역시 관념적으로 흐르고 있었어요. 단재(丹齋) 신채호(申采浩) 선생 같은 분도 그래요. 거기 비해 사회경제 관계를 분석해서 우리가 역사적으로 어떤 생활을 해왔으며 현재 우리가 어떤 위치에 있고 앞으로 어떻게 해나 갈 수 있느냐를 구체적으로 많이 연구한 것이 사회경제사학인데 중요한 역할을 했어요. 오늘날 우리가 말하는 민족사학이라는 것은 실증사학의 면밀한 고증방법을 도입하고 그 성과를 섭취하는 것은 물론, 사회경제사 학이 남긴 구체적인 사회관계 분석, 과학적인 분석방법을 도입해서 그 성 과 위에서 민족사의 방향을 정립하고 오늘의 우리 민족이 내포하고 있는 문제들을 추구하면서 역사를 다시 검토하자는 입장이기 때문에, 과거의 민족사학과는 매우 성격을 달리하는 것이라 하겠지요. 그런데 한 가지, 우 리가 민족사학이라는 이름을 붙인 이상, 당면한 민족의 과제가 민족통일 이니까 이 민족적 과제를 우리 역사학의 지상과제로 삼아야겠지요. 우리 선배 사학자들 가운데는 일제치하에서 그 시대의 현실을 긍정하면서 역 사를 연구한 사람도 있었고, 긍정까지는 아니더라도 하여튼 별로 그 문제 에 관심을 안 느끼고 연구한 사람들이 있었고, 그 현실을 부정하고 독립운 동에 정열을 바치면서 해외에서나 또는 국내에서 연구한 학자도 있었는 데, 어느 쪽이 진정한 민족사학이었느냐는 것은 말할 필요도 없는 거지요. 마찬가지로 오늘의 상황에서 현실 속에 안주하면서 민족의 역사를 다루 면서 그것이 민족사학이다라는 사람도 있겠고 거기서 좀더 나아가려는 자세로 민족의 역사를 다루면서 민족사학이라는 사람이 있겠는데, 기본 적으로 가장 중요한 문제가 여기 있는 것 같습니다. 항상 발전하는 것이 역사인 이상, 현실에 안주해서 역사를 생각한다는 것은 기본적으로 반성 해야 할 점이겠지요.

정창렬 저도 상당히 공감인데요. 우리 한국사학계에는 우리 사회 전체 의 경향과도 결부된 것이겠습니다만 주관주의적인 사고방식이랄까, 그런 것이 조금 있는 것 같습니다. 예를 들면 민족사학이다, 사회경제사학이다, 실증사학이다, 이렇게 나눌 때 어느 사학이 그 시대적인 상황에서 그것이 객관적으로 어떤 관심을 표명했고 무엇을 지향했으며 어떤 분야를 연구 대상으로 삼았느냐는 것을 기준으로 하여 나누는 경향이 있는 것 같습니다. 제 생각으로는 일제통치시대 우리나라 역사의 객관적 과제는 민중이 주체역량이 되는 민족의 독립이었던 것 같습니다. 따라서 사학도 기본적으로는 두 진영의 사학으로 나뉘지 않을 수 없었다고 보여집니다. 말하자면 역사학자 개개인의 주관적인 의도나 지향과는 관계없이 객관적으로 민족독립의 과제수행에 이바지하는 것이면 민족사학이고 거기에 저지적인 역할을 하는 것이면 식민주의사학이다, 이렇게 보는 시각이 필요하지 않을까 여겨집니다. 물론 주관적인 의도와 객관적인 역할이 반드시 어긋나는 것이 아니라 대부분의 경우에는 합치되는 것이기도 하겠습니다만 어떻든 과거의 사학이나 또는 현재의 사학을 그 성격에 있어서 구분할 때에는 그 사학의 객관적 역할을 좀더 중요한 기준으로 삼아야 하지 않을까, 이렇게 생각합니다. 따라서 일제통치시대의 사학은 민족사학과 식민주의사학으로 크게 양분되어야 한다는 백선생님 주장에는 전적으로 찬성입니다. 현재 사학의 경우에도 크게 조건이 달라진 것 같지는 않습니다. 식민지적 잔재가 이구석 저구석에 깊이 남아 있고 민족은 분단되어 근대민족으로서의 자기를 확립시키지 못하고 있는 형편입니다. 그것이 가장 큰 역사적 과제로 남아 있는 한에서는 우리나라 역사학도 크게는 민족사학과 식민주의사학으로 나뉘지 않을 수 없다고 보여집니다.

도망갈 길을 남겼던 사학계

강만길 우리의 역사학이 쉽게 말하면 항상 어떤 도망갈 길을 갖고 있었어요. 현실적인 문제를 기반으로 하지 않고도 학문을 할 수 있는 게 역사학이다, 이런 생각을 갖고 있었거든요. 그랬기 때문에 일제시대에는 현재적인 관심을 갖지 않고 순수한 지난날의 이야기만 해도 그것이 역사학이라고 생각했었고, 해방 후에도 일제시대 식민사학에서 만든 정체성이니 타율성이니 하는 것을 바로잡는다고 하면서도 지난날의 역사를 현실문제와는 별도로 떼어서 연구하고 그 속에 안주하고서도 역사학자로서의 자기 위치를 가질 수 있다는 생각이 타성적으로 있는데, 진정한 민족사학이라면 그 사학자가 살고 있는 그 시대의 민족적인 요구가 무언가, 민족적인 과제가 무언가 하는 데다 사관의 바탕을 두어야지요. 바탕을 거기다 두고서는 어느 시대 어느 문제를 다루어도 좋습니다. 예를 들어서 신채호를 일제시대의 민족사학자라고 합니다만 그 사람이 반드시 일제시대를 연구한 사람은 아닙니다. 고구려도 연구했고 그 이전도 했습니다. 그러나 그는 일제시대 우리 민족이 처해 있는 현실을 바탕으로 해서 고구려를 보았고 이조를 보았고 고대를 보았던 거지요. 그랬기 때문에 그는 일제시대적인 민족사학자로 불리는 거지요. 최근 어떤 자리에서 민족주의적인 내셔널리즘 사학이란 이야기를 하니까 그럼 구체적으로 그런 입장에서 어느 시대 무엇을 연구할 것인지를 제시하라고 합디다. 그런데 그것은 그렇지가 않지요. 오늘날의 우리 민족이 당면한 역사적인 과제가 무엇인지를 정확하게 판단하고 역사를 연구하고 또 쓰면 비록 이조사를 쓰건 고려사를 쓰건 혹은 고대사를 쓰건 그것은 항상 오늘날의 민족주의 사학이 될 수가 있는 거지요.

송건호 그 말씀을 들으면서 저도 느끼는 바가 있는데, 아까 정선생이 말씀하신 바와 같이 오늘의 싯점에서 주어진 민족적인 과제에 어긋나는 여러가지 현상이 참 많단 말이에요. 그런데 그러한 현상에 대해서 전혀 홍분도 않고 분노도 않고 관심도 없고 하면서 입으로만 민족사학, 민족사학 떠드는 사람들이 많은데 정말 이해가 안 갑니다. 우리는 주로 신문사에 있었는데 신문 쪽에서는 그날그날의 일이나 따라가면서 그럴 수도 있다더라도, 역사를 하시는 분들은 그야말로 역사 속으로 살으셔야겠는데, 어떤 분들은 과거의 어떤 민족의 위기에서 신명을 바쳐서 투쟁하고 저항을 한 사람들을 찬양하면서 현실에 있어서의 비슷한 어떤 저항에 대해서는 적극적으로 반대하고 항상 대세를 추종하는 이런 사람들,(웃음) 역사를 연구하면서 어떻게 역사하고는 그렇게 두절된 생활을 할 수가 있는가요?

이우성 그건 역사학자가 아니겠지요.(웃음)

박태순 현실에 입각해서 역사를 보는 자세에 관해서, 역사라는 것을 과거의 어떤 시간적인 개념으로만 보았는데 거기에 공간적인 개념을 포함시켜야 하지 않을까 합니다. 지난번에 구나르 뮈르달(Gunnar Myrdal)의 『아시아 드라마』라는 것을 번역판으로나마 보았는데 이건 역사학 책은 아니지만, 인도를 중심으로 과거의 아시아 식민지라든가 요즘 후진국의 특수한 문제들에 대해 많은 감명을 받았는데, 어느 교수가 쓴 어떤 글에서도 구라파의 역사전개 과정에서 '시민'이란 개념을 만들어낸 데 대해 아시아는 '민중'이라는 개념을 만들어내고 있다는 이야기가 있더군요. 구라파의 '시민'은 도시에 사는 사람들인데 '민중'이란 개념은 농민을 포함하지만 도시민도 포함한 아시아 역사 특유의 어떤 발명품이다, 이런 관점에서 우리 역사를 보았는데 이것은 우리나라뿐만이 아니고 중국이라든가 인도라든가 다른 아시아 국가를 함께 생각해봐야겠지요. 이러한 것은 물론 국사는 아니지만 적어도 이러한 공간적인 개념이 포함되어서 오늘의 현대사의 앞으로의 향방이 잡아져야 하지 않을까 합니다. 세계사적 관점에서 국사를 본다고 하면 그게 마치 서양사를 중앙에 놓고 한국사를 변두리에 놓아 파악하는 방식처럼 알려져왔는데, 그런 의미의 세계사적 관점이 아니라 우리 자신의 세계사적 역할 같은 것을 점검하는 자부 섞인 자세 같은 것도 있어야 할 때가 된 것도 같습니다.

송건호 그런데 이건 활자화될 이야기는 아니지만 ─

백낙청 시간이 너무 많이 지났으니 활자화될 이야기부터 먼저 매듭을 짓는 게 좋겠습니다.(웃음) 그럼 마지막으로 한마디씩 간단히 하시고 끝을 맺어주셨으면 합니다.

이우성 이건 제 소감인데 현재 제 심경은 그렇습니다. 역사를 진정으로 같이 공부하는 사람들 가운데서 견해차이가 나는 것이라면 몰라도 역사를 옳게 공부하지 않는 사람들이 무어라고 한대서 거기에 관심돌릴 필요는 없어요. 이야기해봐야 통하지도 않고요. 그것은 모두 역사의 큰 흐름 속에서 물거품처럼 나타났다가 결국 다 사라지게 될 것입니다. 따라서 우선 성실하게 공부하는 사람들 사이에서 항상 자기의 의식을 스스로 반성하고 서로 비판도 하고 과학적인 사고방식으로 절차탁마해서 문제를 다루고 하는 것이 중요하다고 생각합니다.

백낙청 강선생님도 간단히 한말씀 해주십시오.

바람직한 문학과 역사학의 접착

강만길 지금 진정한 의미에 있어서의 민족주의의 문제를 우리나라의 지식인들이 자기 나름대로 추구해가야겠는데 그것을 위해서는 역사학을 하는 사람들의 책임이 무겁다고 생각하고 있습니다. 역사연구자들이 우리의 역사적 과제를 바탕으로 하는 민족주의 문제를 추구하고 또 이론화하고 해야겠습니다만 문학 쪽에서도 그런 것을 작품을 통하여 대중화해야겠고, 그렇게 되기 위해서는 그런 의식을 가진 작가나 시인들이 많이 나와야겠지요. 그래서 역사와 문학, 또 필요하다면 정치학이나 경제학 등 사회과학까지 망라해서 정말 우리 민족사의 장래를 우려하는 분위기가 만들어지고 또 퍼져나가야겠다는 생각이 간절합니다. 진정한 민족주의를 추구하는 문학과 역사학, 기타 다른 분야의 접착이 이루어질 날이 오리라 믿고 『창작과비평』의 활동을 기대합니다.

정창렬 저는 또 주관주의의 극복이라는 이야기의 반복이 되겠는데요, 저 자신을 가만히 생각해봐도 그런 게 상당히 많이 있는 것 같습니다. 사람이라는 게 어떤 의미에서는 주관주의에 빠지면 빠질수록 세상 살기에는 아주 편한 것 같습니다.(웃음) 너나없이 그런 경향이 상당히 많은 것 같습니다.

백낙청 정선생님이 공연히 '주관주의'라는 어려운 말을 쓰셔서 그렇지 쉽게 말해서 자기 편한 대로 생각하고 자기 편한 대로 말한다는 뜻 아닙니까?(웃음)

정창렬 문학 하시는 분들도 어떤 면에서 보면 그런 경향이 강한 분들이 상당히 많이 있고, 그러면서도 그런 데 대한 비판은 적어도 역사학 하는 사람들보다는 대체로 봐서 더 강한 것 같습디다. 앞으로 서로서로 절차탁마하는 의미에서 그런 사고방식을 함께 비판하고 불식하는 방향으로 『창작과비평』에서도 좀더 노력을 해주셨으면 합니다.

박태순 저는 역시 애초에 말씀드린 대로 어떻게 살아야 할 것이냐, 개인으로서 또 집단의 일원으로서 어떻게 살아야 할 것이냐 하는 관점에서 역사에 관심을 갖고, 오늘 와서 많은 것을 배우고 만족감을 느낄 뿐입니다.

백낙청 끝으로 송선생님께서 활자화될 수 있는 이야기를 좀……(웃음)

송건호 얼마 전까지는 국사 하면 일부 사학자들만의 연구분야였습니다. 그런데 이것이 근래에 와서는 민족사관이라는 의식과 관련해서 대중적으로 상당히 관심이 높아지고 좋은 의미에서의 대중화가 많이 이루어졌습니다. 저도 말하자면 그런 대중화 경향의 일부를 이루고 있는 셈입니다마는, 지금 관심이 높아지고 있는 이 민족사관을 주관적으로 어떻게 해석하든, 민족사관에 대한 의식과 관심이 이렇게 높아지면 결국 바람직한 방향의 민족사관이 확립되지 않을까, 이런 기대를 갖고 흐뭇한 느낌입니다.

백낙청 너무나 장시간 말씀들을 해주셔서 매우 피로하시리라 믿습니다. 주최측으로서 송구스러운 느낌도 많습니다. 편집진과 또 독자들을 대신해서 진심으로 감사의 말씀을 드립니다.

어떻게 할 것인가

민족·세계·문학

김우창(문학평론가, 고려대 교수)

백낙청(문학평론가, 『창작과비평』 발행인)

유종호(문학평론가, 인하대 교수)

종합화와 의식화

유종호 호우를 무릅쓰고 이렇게 참석해주셔서 감사합니다. 『세계의 문학』 창간을 기념해서 마련된 이 자리에서 기탄없고 솔직한 의견교환이 있으시길 바랍니다. 움직이는 세계니 변화하는 인간이니 해서 인간과 현실의 유동성과 가변성을 우리가 늘 입에 올리지만 변화하는 부분도 있고 변화하지 않는 부분도 있는 것 아니겠어요? 이 변화하지 않는 연속성이 이를테면 사람과 사물의 인지(認知)를 가능케 하는 동일성(同一性)의 기반이 되어주는 것이고, 사람이 나날이 변모하고 탈피하는 것이 아닌 이상 이왕

■ 이 좌담은 『세계의 문학』 창간호(1976년 가을호)에 수록된 것이다. 김우창·유종호 두 분은 『세계의 문학』 창간 당시 책임편집을 공동으로 맡았다.

에 의견발표 하셨던 것과 설혹 중복되는 것이 있더라도 그 점에 너무 구애받지 마시고 활발한 의견개진이 있으시면 합니다. 『세계의 문학』 창간에 있어 많은 기여가 있으신 것으로 알고 있는 김선생께서 이 새로운 계간지가 갖게 될 성격이라든가 지향점이라든가 하는 것을 독자들을 위해 말씀해보시는 것이 어떨는지요?

김우창 잡지도 그렇고 무슨 일이 새로 시작되면, 그것이 혼자만 하는 일이 아닌 이상, 도대체 무엇 때문에 그 일을 벌이느냐 하는 것에 대한 해명이 있어 마땅하겠지요. 그러나 사람 사는 일이 꼭 취지를 세워가지고 하게 되는 것만이 아닌 경우가 많겠는데, 사실 이 『세계의 문학』도 가령, 분명한 취지를 가지고 경영하고 있는 『창작과비평』과 같이 분명한 의도를 가지고 기획되었다고 할 수는 없지요. 하여튼 첫 이니셔티브는 '민음사'에서 왔고 잡지를 하자 하니까 취지가 뒤따른 셈이라고 할 수 있을 것입니다. 원래 취지 가지고 세상에 태어나는 인생은 아니니까…… 그러나 한마디만 한다면, 잡지는 밥을 먹는다든지 하는 것과는 달라서 꼭 필요한 일이 아니라고 해야 하는만큼, 분명하게 납득할 수 있는 의의가 없다면 구태여 하지 않는 것이 마땅할 것입니다. 그러니까 잡지는 나온다는 데 의미가 있는 것이 아니라 제대로 나온다는 데에 의미가 있는 것이겠지요. 『세계의 문학』도 이왕에 시작되었으니 우리로 하여금 보다 분명하게 스스로와 세계를 인식하게 하는 일에 기여함으로써 스스로의 존재를 정당화해야 한다고 생각합니다. 그렇지 않다면 그만두어야지요.

유종호 사람 사는 일에 있어서 목표나 지향이 없을 수 없지만 뚜렷한 목적의식이나 선명한 기치만으로 살아가는 것은 아니겠지요. 마찬가지로 계간지의 성격 같은 것도 성장하고 커가는 사이에 어떤 개성이랄까 특성이랄까를 얻어가는 것이지 처음부터 그 형태가 꼭 잡혀 있는 것은 도리어 예외가 아닐는지요? 다만 이미 『창작과비평』과 같은 개성적인 계간지가 훌륭히 발전해가고 있는 이상, 새로 나오는 계간지가 자기 나름의 개성을 가지고 우리 문화에 기여해야 하지 않겠느냐는 점은 생각할 수가 있겠습니다. 이질적인 문화와의 충돌 속에서 하나의 문화가 늘 풍요해졌다는 점에서 하나의 가정으로서, 또 출발점으로서 저는 이런 것도 생각해볼 필요가 있지 않나 합니다. 마침 이름이 『세계의 문학』이래서가 아니라 외국문학의 연구나 이해가 그대로 우리 문학의 연구와 이해로 이어지는 어떤 행복한 계기를 지향할 수는 있지 않느냐는 점입니다. 르네 웰렉(René Wellek)이 하나의 이상적인 상태로 문학연구를 설정하고 있지요. 마치 철학의 경우에 영국철학, 프랑스철학이 아닌 '철학'을 연구하듯이 영문학이나 프랑스문학이 아닌 '문학'을 연구해야 할 것이라는 거지요. 사실 어느 특수 민족사가 아닌 역사의 연구가 있듯이 말이죠. 물론 언어의 특수성이 문학의 경우엔 큰 장애로 되어 있고, 또 웰렉만 하더라도 유럽을 하나의 문화적 단위로 상정할 수 있는, 우리와는 다른 입장이라는 점을 간과해서는 안되겠지만요. 어떻게 생각하면 늘 들어오던 모호한 소리지만 전반적인 '문학'연구나 이해의 가능성을 모색해볼 수는 있겠지요. 아울러 문학의 이해가 그대로 인간과학의 한 형태라는 자각 아래 보다 나은 사회와 보다 풍요한 문화를 건설하려는 우리들 공동의 노력 속에서 문학이 할 수 있는 기여를 모색해보아야 할 것이 아닌가 생각합니다. 『창작과비평』을 직접 이끌어오시면서 바야흐로 무르익고 있는 계간지 시대의 도래에 선도적 역할을 하신 백선생께서 이 점 유익한 말씀이 있으실 것 같은데요?

백낙청 먼저 『세계의 문학』의 창간을 맞아 문단인의 한 사람으로서 또 동업지(同業誌)를 대표하는 사람으로서 충심으로 축하의 말씀을 드립니다. 그리고 특히 비슷한 일에 종사하고 있는 저를 창간기념 좌담회에 불러주신 것을 영광으로 생각하며 『세계의 문학』 측의 아량에 경의를 표합니다. 그러나 한편으로는 동업자로서 크게 도와드리지는 못할망정 신통찮은 얘기나 해서 창간호를 욕되게 하는 것이 아닌가 염려되기도 하고 여러 가지 조심스러운 심정이기도 합니다. 이제 『세계의 문학』 발간 취지에 관해 하신 말씀을 듣건대 저희 『창작과비평』이나 또 하나의 계간지인 『문학과지성』에서 지향하고 있는 것과 크게 다르지는 않은 것 같습니다. 대원칙에 있어서는 말이지요. 제가 보기에는 지금 하신 말씀들을 문학이나 기타 지적 작업의 보편성을 신봉하는 일종의 보편주의라고 요약할 수가 있을 것 같은데, 문제는 이 보편성을 우리가 구체적으로 어떻게 파악하느냐 하는 점과, 이것을 당면한 현실상황에서 어떻게 실천해나가느냐 하는 점에서 서로간의 태도의 차이가 나타날 수는 있으리라고 생각합니다. 지금 말씀하셨듯이 『세계의 문학』이란 지명(誌名)대로 외국문학의 연구·소개, 또 단순한 소개나 연구가 아니고 우리 문학을 세계문학의 차원에서 생각하면서 소개하고 연구하고 평가하는 작업을 하시겠다는 것이겠지요. 이것은 저희 『창작과비평』으로서도 전혀 외면해온 것은 아니나 그런 쪽에서 스스로 상당히 부족하였다고 느껴오던 터이라 반갑고 또 기대가 큽니다. 잡지를 해나가는 데 수많은 난관이 있는 우리 현실에서 건전하고 유익하리라고 기대되는 계간지가 새로 나온다는 것은 정말 반가운 일이 아닐 수 없습니다.

김우창 아까 말씀하신 대로 새 계간지가 나온다면 도대체 그것이 무얼 하는 잡지냐 하는 의문이 의당 일어날 수 있는 일이겠지요. 아까 다분히 주변적이고 일반적인 말씀을 드렸는데 좀더 구체적으로는 이런 관점의 정립이 가능하겠지요. 『세계의 문학』이라면 아까 유선생님께서 지적한 것처럼 다분히 보편주의적인 입장에 선 외국 및 우리 문학의 연구의 모색도 가능하겠지만 막연히 보편주의적 문학연구라고 하는 것보다 훨씬 구체적인 내용을 생각해볼 수도 있을 것 같습니다. 백선생께서 어떻게 밀고 나가느냐가 문제라고 말씀하셨는데 그것도 그런 면에 대한 의문일 것 같습니다. 비근하게 얘기해보면 우리나라의 많은 대학에 외국문학과가 있으니까 이 외국문학 연구를 종합화해서 한국문화의 일부분으로서 기여할 수 있게 하는 매개체가 있어야겠다, 이런 것도 『세계의 문학』의 한 존립이유가 될 수 있을 것 같습니다. 실제 대학 같은 데서 외국문학 특히 서양문학과가 많은데 이 외국문학과가 자연발생적으로 한국문화에 기여하겠지 하는 막연한 전제 하에서 연구가 되고 있는 데 대해서 이런 것을 반성적·의식적으로 종합화해서 한국문화나 한국문학의 의미있는 일부가 되도록 하는 것도 있을 수 있는 하나의 관점이 아닐까 생각합니다. 이렇게 무의식·무반성적으로 산만하게 놓여 있는 한국에 있어서의 외국문학 연구를 종합화해서 한국문화의 일부로 정립시킨다는 것 이외에 한국문학, 혹은 한국문학 자체를 보아도 우리가 그것을 좋게 보든 좋게 보지 않든 간에 소위 신문학 혹은 신문화라고 하는 것이 발전되어온 역사적인 양상을 보면, 역시 외국문학 내지는 외국문화와의 상호작용 가운데서 이루어진 게 사실인 것 같습니다. 그리고 이것은 대등한 위치에서의 상호작용이라기보다는 절대적인 압력처럼 보이는 영향 하에서 이루어져온 것이기 때문에, 또 현재에도 문학뿐만 아니라 우리 사회가 움직여가고 있는 것이 외국과의 접촉, 영향, 또는 압력 아래서 이루어져가고 있으니까 이런 것을 우리가 단순히 무반성적으로 받아들이기보다는 철저히 의식화해서 한국문화 전체의 관점에서 이것이 무엇을 의미하는가를 생각하면서 오늘의 한국문학과 내일의 한국문학을 생각해볼 필요가 있을 것 같습니다. 특히 중요한 것은 우리가 좋든 궂든 외국문화의 중요성을 인정하면서도 외국문화 혹은 외국문학이 단편적으로 받아들여지기 때문에 실제 그것이 객관적으로 평가되고 또 우리 사회나 문화에서 제대로 작용하고 수용되고 혹은 거부되지를 못하고 무비판적으로 수용되거나 무비판적으로 거부되는 것 같은데 이러한 무의식·무비판의 상황을 의식화하는 데 있어서 문화나 문학을 단편적으로 보는 것이 아니라 전체적으로 볼 수 있는 안목의 정립이 아닐까 합니다. 따라서 『세계의 문학』에서도 문학을 그저 문학으로 보는 것이 아니라 저 사람들의 역사적인 상황, 역사적인 문화라는 전체적 상황 속에서 파악하고 검토하는 일을 해야 하지 않을까 생각합니다. 그리고 이러한 파악·이해를 통해서 우리 문학에 매개되고 또 우리 문화 속에서 갖게 되는 의미를 탐구해야 할 것입니다. 한 가지 더 첨가해본다면 아까 우리 신문학 속에서의 외국문학의 영향이 컸다고 했는데 이런 경우의 외국문학이란 대체로 유럽문학, 더 나아가서는 대서양 양안의 대서양문화권의 문학을 의미했습니다. 이렇게 우리에게 있어 외국문학이나 세계문학이 그 어느 지역보다도 대서양 양안의 문학에 대한 관심이었다는 것이 무엇을 의미하는가를 반성하고 검토하는 것도 소홀히해서는 안될 국면이겠지요. 다시 요약해본다면 '세계의 문학'이란 구미(歐美) 편중에서 벗어나, 온 세계가 현재 나아가고 있는 전체적 상황 속의 세계문학이어야 한다는 뜻이지요.

민족문학과 세계문학

유종호 아주 구체적으로 말씀해주셨습니다. 그런데 모든 것이 혼자서 특정한 성격을 갖기보다는 다른 것과의 구체적인 관련 속에서 일정한 의미나 성격을 갖게 된다고 볼 수 있겠지요. 그런 의미에서 새로 나오는 『세계의 문학』도 기존하는 다른 계간지나 잡지와의 상호연관 속에서 일정한 성격을 갖게 되게 마련이라고 하겠습니다. 아까 대원칙이란 점에서는 가령 『창작과비평』 등과 크게 다를 바 없다고 하셨는데 사실 『창작과비평』은 과거 10년간의 노력 속에서 이제는 움직일 수 없는 뚜렷한 성격을 갖게 되었는데 그것은 우리의 과거, 좀더 구체적으로 얘기해서 실학(實學)의 연구 혹은 구비문학(口碑文學)이나 민속극(民俗劇)의 연구와 같이, 외국문학에 대한 관심보다는 우리 문화유산의 새로운 발굴과 평가 쪽으로 노력을 경주해온 것이 사실이겠습니다. 그래서 의식적인 것은 아니었겠지만 자연 외국 것에 대해서 비교적 소홀해진 것이 아닌가. 소홀하다는 것이 어폐가 있다면 선택적 접근에 있어서 이렇다 할 비중을 두지 않은 것이 아닌가

생각됩니다. 이 점 외국문학에 대해서 좀더 개방적인 태도를 취하게 되면
『세계의 문학』이 기존의 계간지와 상호 보충하는 성격을 갖게 될 것이 아
닌가 생각됩니다.

백낙청 그러니까 단순히 역량이 모자라서 둔한히한 면이 있을 테고 다
른 한편으로는 대원칙이 같더라도 그것을 해석하는 각도상의 차이를 지
적하신 면도 있는 것 같습니다. 김선생께서도 말씀하셨듯이 우리 문학이
건 외국문학이건 그것을 전체적인 상황 속에서 보아야 한다는 점에 저도
동감입니다. 저 자신은 현재 우리가 외국문학 혹은 세계문학이라고 할 때
흔히 생각하는 구미의 문학, 지금 김선생이 말씀하신 용어로 대서양문화
권의 문학을 현재 서양역사의 어떤 전체적인 상황 속에서 볼 때, 그것을
보는 우리의 시각을 민족문학이라는 관점에서 잡는 것이 가장 타당한 것
이 아닌가 생각합니다. 흔히들 민족문학 하면 세계문학과 반대되는 개념
으로 생각하기가 쉬운데, 저로서는 우리 문학을 우리의 전체적인 상황에
서 볼 때도 그렇지만 외국문학을 저들의 전체적인 상황 속에서 볼 때도 역
시 한국이나 다른 이른바 후진국의 민족문학이란 것이 특별한 세계사적
인 의의를 갖는다고 봅니다. 그것을 바꾸어 말한다면 현대의 서구문학이
그 나름으로 건강하고 튼튼한 성격을 가져서 우리가 능력이 닿는 한 그것
을 배우고 흡수만 한다면 우리에게 보탬이 되는 그러한 성격이라기보다
는, 그들 자신의 입장에서도 갖가지 문제점을 안고 있고 더구나 그들과 처
지가 다른 후진국 사람들에게는 도리어 해독이 되고 침략적인 성격을 띠
는 그러한 문화현상이라는 측면이 있다는 것입니다. 그러한 성격을 올바
로 의식하면서 여기서 빚어지는 민족적 현실에 주체적으로 대응하는 자
세를 지닌 민족문학을 갖는다는 것은 소극적으로는 외부로부터의 불건전
한 문화적 영향에 대한 방어요, 더 나아가서는 서구 내부에서도 문제점이
많은 문화현상, 세계사적으로 보아 어떤 큰 장벽에 부닥쳐 있는 이 현상에
대한 보편타당한 어떤 돌파구를 마련하는 계기가 될 수 있으리라고 봅니

다. 그런 생각에서 세계문학의 차원에서도 민족문학을 중시하게 되고 또 저희 잡지로서도 민족문학 전통의 발굴과 민족문학의 모든 문제에 치중해온 면이 있겠습니다. 물론 한편으로는 단순한 역량의 부족으로 외국문학에 더 힘을 기울이지 못한 것이 사실입니다만, 다른 한편 민족문학을 올바로 파악하고 추진하는 것이 외국문학을 그저 공부하고 소개하는 것보다 급선무라는 의식이 깔려 있었던 것입니다.

김우창 지금 말씀하신 것은 이왕의 다른 자리에서도 표명하신 것으로 생각되는데 그보다 자세히 해주셨군요. 우리가 오늘 현재 상태에서 세계주의나 보편주의를 지향할 수도 없고, 한다 하더라도 그것이 보다 근본적인 의미에서의 세계주의·보편주의에 역행할 수 있다는 지적은 정당한 것이라고 생각됩니다. 가령 세계문제에 관심을 가지고 있는 전세계의 문인들이 어떤 연합체 같은 것을 구성한다고 가정해보더라도 그것이 참으로 대등하고 평등한 입장에서 모든 국민, 모든 언어의 문학자들이 모이는 집합체가 되기는 어렵다고 할 수 있지요. 가령 이런 것은 펜클럽 같은 데서도 엿볼 수 있는 것이겠지만, 오늘날 세계질서에서 차지하고 있는 정치역량 같은 것으로 미루어보아 한국작가가 미국이나 일본처럼 강력한 정치력·경제력의 뒷받침을 가지고 있는 나라의 작가와 실질적으로 대등하게 대할 수는 없겠지요. 그러니까 우선 당장 급한 것은 한국작가도 미국이나 일본 정도의 강력한 정치력·경제력의 뒷받침을 받아야 참으로 평등한 문인결합체의 일원으로서 대등한 위치를 차지할 수 있을 겁니다. 그냥 현재 상태에서 그것을 구성해보았자 진정한 의미에서의 세계적·보편적 문학인의 연합체를 구성하는 것은 어렵겠지요. 현재 상태의 문인연합에서 설치고 다니는 것은 미국이나 프랑스 작가이고 제3세계에서 온 작가들은 열세에 몰릴 것은 뻔하지요. 그런 의미에서 오늘의 민족주의도 단순히 세계주의에 역행하는 것이 아니라 진정한 의미의 세계주의로 나가기 위한 가장 초급한 정치적·문화적 과업이라 할 수 있고 민족문학도 이러한 민족주의의 문학적 표현이라고 하겠지요. 오늘날 세계정치에서도 가령 핵확산 방지조약 같은 것은 언뜻 보아 핵전쟁 방지를 위한 것처럼 보이고 사실상 그런 요소가 없는 것은 아니나 한편으로 핵무기를 소유한 강대국들에 의한 세계질서의 현상유지를 위해서 이용된다는 측면도 있는 것이지요. 비슷한 얘기를 문학에도 적용시킬 수 있겠지요. 그러나 한편으로는 민족문학이란 말이 보편적인 것을 지향하는 사람들에게 어떤 꺼림칙한 저항감을 불러일으키는 수가 있는데 그것은 민족주의나 민족문학도 궁극적으로는 보편적인 것, 합리적인 것, 세계평화라든지, 세계 전체 문화의 발전이라든지 하는 것을 목표로 하는 것에 의해서 매개되며 그것과 부단히 관계되는 민족주의·민족문학은 수긍이 가지만, 그것 자체로서 한정되는 민족주의나 문학은 좀 난점이 있지 않나 생각돼요. 다시 말해서 우리의 입장을 떠나서 막연하고 추상적인 얘기를 하는 것은 그 추상적인 얘기마저 안되어버리는 결과를 빚기도 하지만 우리가 사고하는 그 근본의 선구적 존재라고 할까, 아프리오리라고 할까. 이것은 누구나 생각할 수 있는 보편적인 것, 합리적인 것, 혹은 세계적인 것이라야 하지 않을까 생각합니다. 또 좀 다른 의미에서 중요하게 생각되는 점은, 민족주의란 자기비판이 불가능한 이념처럼 보이기도 한다는 점이지요. 자기비판도 허용하는 이념이라야 생각하는 사람들, 혹은 지식인의 입장에서도 그럴싸하게 납득이 가는 것이 아니냐 생각돼요. 그런데 우리 민족 것은 다 좋고 다른 민족 것은 다 수상하다는 투의 비합리적인 입장에 서기가 쉬운 그런 민족주의는 퇴영적이고 또 자기도 비판하고 남도 비판하는 원리에서 동떨어진 것이 아니겠느냐, 그렇게 생각돼요.

백낙청 우리 민족 것은 덮어놓고 좋다는 것은, 글쎄요, 민족주의의 타락한 모습일지는 몰라도 민족주의 자체를 얘기할 때 앞세울 만한 문제는 되지 못하겠지요. 지금 김선생께서 민족주의 내지 민족문학의 긍정적인 측면을 얘기하시고, 또 부정적인 측면이랄까 우려되는 바도 말씀하셨는데, 그중 긍정적인 측면은 아까 제가 얘기한 민족문학의 어떤 소극적인 의의, 즉 자기방어적인 측면에 해당되는 것 같습니다. 다시 말해서 평등하지 않은 입장에서 외부의 작용을 받고 있으면서 자기의 생존을 지키고, 또 최소한의 자기 거점을 확보하는 데 필요한 어떤 민족의식 내지 민족적 자기주장이라는 국면이 되겠습니다. 그런데 거기서 한 걸음 더 나아가서 더 적극적인 측면도 얘기했었지요. 다시 말해서 우리가 현재 약하니까 강한 쪽과 맞서기 위해서 자기주장을 해야겠다는 정도가 아니고 현재 전세계적으로 벽에 부닥친 상황에서 새로운 돌파구를 마련할 수 있는 계기를 후진국의 민족주의 및 민족문학에서 찾을 수도 있지 않겠느냐는 것입니다. 정말 이 돌파구가 될 만한 원리나 이념을 찾을 수가 있다면 그것은 김선생께서 우려하시는 민족주의와는 물론 전혀 달라야 하겠지요. 그런데 지금 김선생께서 우려를 표명하신것같이 민족주의가 세계적으로 파괴적인 기능을 맡게 되는 것은 서구의 소위 선진국들의 민족주의에서나 있는 일이 아닌가 생각돼요. 서구의 민족주의란 대체로 시민계급이 주동이 되어 시민사회를 이룩하면서 동시에 민족국가를 형성하던 단계의 민족주의를 말하는데, 실제 서구역사에서 보면 얼마 안 가서 그것이 침략적인 제국주의로 변모했고, 특히 뒤늦게 출발한 독일 같은 나라의 경우엔 국수주의 내지는 파시즘으로 흘렀던 것이지요. 그런데 우리의 경우 역사적인 상황이 전혀 다르지요. 그래서 서구에서 볼 수 있었던 것 같은 제국주의나 침략적인 국수주의란 있을 수가 없고 솔직히 말해서 그럴 힘도 없어요. 물론 민족주의가 자기방어적인 국면에만 치중되어 세계사적인 차원의 비전을 갖지 못할 경우 국수주의로 타락할 위험은 있지요. 그러나 그 경우에도 진정한 위험은 남을 침략하는 세력이 된다기보다 남의 침략을 막겠다는 애초의 자기방어의 임무를 제대로 못해내게 된다는 데에 있을 것입니다. 그런데 아까 세계문인연합체 같은 것을 두고 지적하셨듯이 저들은 잘살고 나라도 부강한데 우리는 못사니까 우선 저들만큼 된 뒤에라야 평등한 위치에 설 수 있다라는 생각은 당연하지만, 그런 소박한 차원에만 머문다면 우리도 빨리 국력을 배양해서 중진국 혹은 선진국이 되어 저들처럼 행세해보자 하는 얘기에 머물고 마는 게 아닐까요? 우리나라 하나가 중진국이 되고 선진국이 된다고 해서 지금 우리에게 후진국의 설움을 맛보여주는 현재의 이 세계질서가 정당화될 수 있을 것인가 하는 점에까지 생각이 미쳐야 하지 않겠어요? 물론 그런 생각은 소위 선진국 사람들도 해야겠지만 직접 아픔을 당하지 않기 때문에 안하는 경우가 많은 것 같아요. 거기에 비해서 약육강식(弱肉强食)의 세계질서에 의해서 희생되고 있는 민족의 경우에는 직접 당하고 있으니까 쉽게 그런 점에 착안하게 되고, 또 이러한 부당한 질서에 대해 자기방어를 해야겠다는 소극적 의미에서 출발해서 이것과는 다른 차원의 어떤 세계질서가 이루어져야겠다는 생각에까지 나아갈 수가 있을 것 같습니다. 우리가 현재 후진국으로서 선진국에게 당하는 것이 싫으니까 어서 우리도 선진국이 되어서 남들을 좀 짓밟아보자는 것이 아니고, 선진국이 후진국을 이런 식으로 짓밟아서는 안되겠다, 아무리 뒤떨어진 민족이라도 자체의 훌륭한 전통은 존중되고 민족적인 존엄이 지켜지는 국제관계가 성립되며 그러한 터전에서 비로소 한층 낮고 새로운 세계가 이루어질 것이라는 신념에까지 발전해야 한다는 것입니다. 그런 의미에서 후진국의 민족주의라는 것은 남보다 앞선 위치에서 근대적 민족국가를 성립시킨 서구의 민족주의 내지 국민주의와는 근본적으로 다른 것이고, 그러한 국민주의가 제국주의로 전환하는 가운데서 이룩된 지금까지의 세계질서에서는 볼 수 없었던 새로운 내용을 담을 수 있다고 보는 것입니다. 또 그러한 맥락 속에 서 있는 민족문학이라는 것도 어떤 세계사적인 의의를 지닐 수 있는 것이 아닌가 생각합니다.

보편성의 안팎

김우창 아까 제 얘기 가운데서 우리가 진정 실질적인 의미에서 평등해진 다음에 세계의 문화, 세계 공동사회의 일원으로서 참여할 수 있다고 한 것은 단순히 우리도 선진국적인 입장에 서야 한다는 뜻은 아니겠지요. 사실상 또 현재의 이른바 후진국들이 대거 선진국의 대열 속에 끼어들었을 때는 선진국이 선진국으로 남아 있을 수가 없다고 계산하는 사람들도 있습니다. 또 세계 공동사회에 대한 전제를 근본적으로 바꾸지 않고서는 현재 상태의 연장선상에서 모든 나라가 그대로 선진국이 될 수가 없다는 얘기도 있지요. 오늘날 가령 미국이 쓰고 있는 정도의 자원을 쓰지 않고서는 다른 나라들이 미국 정도의 풍요를 누리지 못할 테니까 미국이 미국으로 남아 있는 한, 자원이 한정되어 있는 이 지구상에서 모든 나라들이 생활조건을 향상시켜서 미국과 같은 수준의 생활수준을 유지할 수 없다는 얘깁니다. 따라서 우리가 선진국과 대등한 입장으로까지 가야 한다는 것이 선진국과 같은 전제 아래서 같은 문화, 같은 사회조직 속에서 공동체가 이루어지도록 노력하는 한 일환으로서 민족주의를 해야겠다는 얘기는 물론 아닙니다. 먼저 전제 자체가 바뀌어야 할 테니깐요. 백선생께서 말씀하신 것은 제3세계로서의 한국이 오히려 선진제국보다도 보편적인 사고를 할 수 있다, 즉 선진제국이 불평등한 현재의 세계질서를 당연시하는 데 반해서 당하고 있는 쪽인 후진국들이 좀더 보편적으로 사고하며, 보다 자유롭고 평등하고 대등한 국제질서를 얘기할 수 있고 그러한 이념을 구현하는 문학을 산출할 수 있다는 것으로 해석됩니다. 저도 그렇게 되기를 간절히 희망한다는 점에서는 동감이나, 실제에 있어 후진국에서 —후진국이란 불쾌한 말입니다만— 다시 말해 기술적인 면에서 혹은 제국주의적인 세계질서 속에서 낙후된 지역에서 반드시 보편적인 세계공동체의 이념이 산출되느냐 하는 것은 다분히 희망적인 관측인 것 같고 현실적 실현가능성을 좀더 두고 볼 수밖에 없다는 생각이 들어요.

백낙청 올바른 민족주의 또는 진정한 민족문학을 실현하는 데 있어서의 난관은 이루 말할 수가 없을 것입니다. 그러나 이것을 단순히 이론적인 문제로 생각하는 것이 아니고 나 자신이, 또 내 민족이, 그리고 내가 그 일원인 인류 전체가 부닥친 문제로 실감한다면, 그것이 바람직하기는 하지만 과연 가능할지 두고 보아야겠다는 입장은 있기 어려운 것이 아닌가 생각합니다. 아까 제가 보편주의의 대원칙에는 동감이나 그것을 구체적으로 어떻게 파악하느냐는 점에선 태도의 차이가 나타날지 모르겠다고 했는데, 우선 보편성이란 것 자체를 관념적으로 보지 않고 구체적으로 볼 필요가 있을 것 같습니다. 즉 실제생활에 있어서 세계적인 것, 보편적인 것, 전지구적인 것, 이런 것이 어떻게 이루어졌는가 하는 경위를 생각해볼 필요가 있어요. 보편성이란 관념은 예부터 있어왔고 많은 사람들이 얘기해왔지만 전세계적인 어떤 질서가 실질적으로 이루어진 것은 서구의 자본주의가 선도적인 역할을 해서 이룩한 정치·경제·사회 기타의 변화를 통해서입니다. 즉 세계가 거의 하나의 시장이 되었다든지, 식민지 경영이 시작되었다든지, 공업기술의 발달로 해서 교통·통신망이 크게 발달했다든지 하는 현상들을 생각게 되는데 그러면 김선생께서도 되풀이 지적하셨듯이 이것이 평등한 관계에서 이룩된 것이 아니고 그 초창기에는 직접적인 식민지 경영이라는 형태로 많은 것이 이루어졌고 식민지가 없어진 이후에도 불평등한 무역관계라든가 이른바 다국적기업의 온갖 작용들을 통해서 이루어지고 있지요. 비단 정치·경제 면에서뿐만 아니라 문화 면에서도 그래요. 선진국의 문화인이 후진국의 문화인보다 정치·경제·물질 면에서 더 유복하기 때문에 불평등하다는 뜻이 아니고 선진국에서 생산한 모든 정신현상, 즉 문학이라든지 철학이라든지가 이제까지 그 사람들이 경영해온 세계질서의 확립과 유지에 부응하는 형태의 것이었고, 새로운 질서를 이룩하려는 노력에는 직접·간접으로 해롭기까지 한 형태로 전개되지 않았나 하는 것입니다. 이러한 상황에서 어떤 대안을 찾으려고 하는데, 그런 대안이 희망스럽기는 하지만 과연 가능할지 두고 보자는 입장은 이제까지 후진국민에게 불리했던 사고방식의 지배권을 계속 인정해주고 들어가는 결과가 되지 않을까 하는 우려를 갖게 됩니다.

가치관에 있어서의 자기분열과 참다운 민족주의

유종호 지금까지의 얘기 가운데서 우리는 몇 가지 중요한 일치점을 찾을 수 있을 것 같습니다. 아주 단순화해서 말해본다면 추상적인 의미에서의 세계문학이란 없는 것이고, 각각 개성있는 복수의 민족문학이 참으로 평등한 국제질서 속에서 대등하게 참여할 때 비로소 그것이 의미있는 개념으로 될 수 있다는 것이겠습니다. 다음 보편성이라는 개념에서도 거의 의견의 일치를 보고 있는 셈이겠습니다.

백선생께서 특히 강조하셨지만 근대의 보편성이란, 실제에 있어 서구의 근대 식민주의자들이 세계 도처에서 식민지 통치를 하면서 원주민들에게 부과한 저들의 문화양식을 듣기 좋게 규정한 일종의 상표라 할 수 있는 측면도 있습니다. 단적으로 말해서 서구 근대 식민주의의 이데올로기적 측면이 강한데, 현재 식민지로 있거나 과거 식민지로 있었던 지역의 원주민들이 자기들의 문화전통을 소홀히하고 섣불리 이 보편성이란 것만을 구했다가는 그야말로 혼을 날치기당한 정신적 망자(亡者)가 될 위험성이 있다는 것은 부정할 수가 없겠습니다. 그러나 우리들이 '보편성'에 대한 이만한 정도의 통찰을 가질 수 있는 것도 사고의 이데올로기적 성격을 폭로적으로 드러내는 사고경향, 반드시 우리에게 고유한 것만이 아닌 사고의 세례를 받은 결과라는 것은 우리가 분명히 의식화해둘 가치가 있지 않나 생각됩니다. 또한 우리가 반성해야 할 것은 현재 우리 사회에 널리 미만해 있는 가치관, 즉 어떻게 해서든지 공업화·상업화를 달성해서 하루빨리 소득을 올리고 중진국이 되어야겠다는 가치관이 사실상 서구의 근대를 하나의 모범으로 삼고 있는 것이고 그 자체가 서구 근대사회의 가치관의 직수입이 아니냐 하는 점이지요. 그러나 생활조건의 향상이나 상업화 면에서는 서구적 가치관을 그야말로 무비판적으로 받아들이면서, 한편 문화나 모호한 정신 면에서는 또 사회제도의 면에서는 우리의 것을 강조하는 자기분열적인 현상의 건강성은 일단 검토가 있어야 하지 않나 생각됩니다. 물론 산업화의 물결을 타고 들어오는 외래적인 것에 대한 반동으로 우리의 것을 강조하는 보상적 측면도 있겠습니다만 실제생활에 있어서의 서구 근대적 가치관의 존중과 '정신적인 것'에 있어서의 우리 것, 그 것도 다분히 옛날의 우리 것을 강조하는 사태는 문학이라는 맥락 속에서도 검토의 여지가 있을 것 같습니다.

김우창 아까 세계문학과 민족문학을 얘기했는데 사실 우리가 세계문학을 하느냐 민족문학을 하느냐가 초급한 문제는 아니고, 가장 긴급한 것은 오늘 우리가 이 싯점에서 여기에 살고 있는 사람으로서 문학을 하는데 어떻게 하느냐 하는 점일 것입니다. 그리고 이런 긴급한 문제를 생각하다 보니까 우리 문제를 이 관점에서 생각하느냐, 저 관점에서 생각하느냐 하게 되는 것인데 이것은 상당히 추상화된 관점이라 하겠습니다. 정작 긴급한 문제는 우리가 처한 상황이 어떠한 것이고 또 어떻게 헤쳐나가느냐 하는 점이겠지요. 이 점 유선생 말씀과 연관시키면서의 얘긴데, 우리가 민족문학에 대해서 가질 수 있는 또 한 가지의 유보는 사실상 경제 면이라든가 정치·사회 면에서 기성의 세계질서 속에서 살면서, 정신적인 면으로만 민족을 찾아가지고 자기기만도 생기고 여러가지 사태를 호도하고 잘못 보게 하는 일도 생기는 것 같은데 문화라는 것도 그 자체로서 보편성을 띠어서 당장 여기서 좋은 것이 저기서도 좋다는 식으로야 물론 얘기할 수 없지만 정치적·경제적으로 의존하면서 문화적으로 민족주의 되는 것보다는 적어도 가설적으로 정치적 경제적으로 독립하면서 문화적으로 세계적이 되는 것이 더 좋지 않을까 하는 생각도 해볼 가치가 있지 않을까요?(웃음)

백낙청 제가 제국주의적인 문화질서를 얘기한 것은 그보다 앞서 제국주의적인 정치질서·경제질서를 얘기하고 나서였지요. 지금 유선생이나 김선생이 말씀하신 것처럼 현실의 물질생활에 있어서는 세계의 기성질서를 그대로 받아들이면서 문화 면에서만 민족적 독창성을 고집한다면 그야말로 자기기만이지요. 그런데 지금 말씀 중에서 얼핏 느낀 것은 우리가 물질 면에서 기존하는 국제질서를 받아들인다는 것을 하나의 기정사실처럼 말씀하시는 게 아닌가 하는 인상이에요. 우리 사회에서 그렇게 생각하는 사람이 다수일는지도 모르고, 또 지금 당장의 제반여건이 그러한 국제질서에 맞춰져 있다는 뜻으로 생각될 수도 있지만, 저로서는 그 이상의 의미를 부여할 수는 없다고 봅니다. 또 이것이 지식인으로서의 당연한 자세가 아니겠는가고 생각합니다. 따라서 소박한 자기방어 충동을 넘어서는 민족주의는 문화적 독창성뿐만 아니라 현실적 경제·사회생활에 있어서도, 더 새롭고 보편타당한 국제관계 속에서 자신의 주체성을 확립하려는 노력을 반드시 내포해야 한다는 것이지요. 실제로는 중요한 현실문제에 있어서 기성질서를 무조건 받아들이는 경우이면 경우일수록 지엽적인 면, 소위 '정신적'이라는 면에서만 독창성을 주장하는 일이 많습니다. 그것이 계획된 기만책인지, 혹은 무의식적인 자기위안인지는 모르지만 여하간 별로 난해한 현상은 못돼요. 진정한 민족주의와는 완전히 상반되는 것이지요.

김우창 민족적이라는 어휘 자체가 다르게 씌어져 있는 현상이겠지요. 가령 허물어진 옛성을 새로 짓는 민족주의도 있고, 또 지금 표명하신 종합적인 관점의 소산으로서의 민족주의가 있고 그래서 혼란이 생기는 거겠지요……

백낙청 의미론적인 혼란은 비단 민족주의뿐 아니라 모든 단어에 따라

다니는 문제죠. 또 어떻게 보면 중요하거나 의미있는 단어일수록 갖가지 다른 의미를 붙여서 혼란을 조장하고 대중의 사고를 마비시키는 것이 현대세계의 한 특징인지도 모르겠습니다. 따라서 그런 의미론적 천착이란 한이 없을뿐더러 우리가 경계해야 할 측면을 가진 것이고, 정말 중요한 것은 우리 민족이 어떠한 상황에 놓여 있느냐 하는 것을 구체적으로 깨닫고 느끼는 일일 것입니다. 민족분단의 현실, 과거의 식민지 경험과 아직도 일소되지 않은 그 잔재, 정치·경제·국방 등 여러 면에서 여전히 목표로만 남아 있는 자주성의 문제, 또 현실적으로 민족구성원 대다수가 어떠한 삶을 영위하고 있는가 하는 문제들을 생각할 때, 이것을 민족적이 아닌 다른 차원에서 온당하게 파악하고 해결할 수 있는 단계는 아직 오지 않았다고 볼 수밖에 없습니다.

비판·관념·행동

김우창 가령 이런 문제는 가설적으로 생각해볼 수 있겠지요. 예컨대 남북분단 문제 같은 것도 어떤 정치적인 입장에 서든지 반드시 그 앞에서 모자를 벗어야 하고 신성시해야 하는 민족이라는 입장을 한번 떠나서 볼 때, 사태가 좀더 분명해지지 않느냐 하는 점입니다. 일보전진을 위한 방법상의 일보후퇴라고 할까…… 민족개념을 떠나서 봄으로써 얻어지는 새로운 통찰 같은 것도, 적어도 이론상으로 검토를 해봐야겠지요, 민족문화의 경우에도 그렇고……

백낙청 민족이란 말만 나와도 모자를 벗고 사고를 정지해서는 안되겠다는 것이야 더 말할 것 없지요. 그러나 구체적인 현실에서 민족이란 개념을 빼고 제대로 사고해나갈 수 있느냐 하면 그것이야말로 거듭 생각해볼 문제지요.

유종호 지금 엿보이는 견해의 차이는 이론과 실제의 어떤 거리 같은 것에서 나오는 것이 아닌가 생각됩니다. 민족주의나 민족문학의 경우에도 일단 자명한 듯이 보이는 공리나 사항까지도 터부에 대한 두려움이나 외경이 없이 비판에 회부되어야 하겠다는 점에는 누구나 동의할 것입니다. 가령 우리가 20세기 전반기를 일제의 식민지로 보내면서 식민주의자들의 정치·경제·문화적 착취와 폭행의 희생이 되어왔다는 것은 실제체험을 통해서 잘 알고 있습니다. 그러나 일본제국주의의 잔학한 침략행위를 강조할 때 일본제국주의의 침략에 무기력하게밖에 대처할 수 없었던 조선 말기의 지배층, 또 조선후기 사회가 가지고 있었던 억압적인 사회질서와 사회적 모순이 자칫 간과되기 쉽지 않나 하는 점도 참작해야 할 것입니다. 일본제국주의만 상륙하지 않았더라면 이럭저럭 잘되어가는 것인데 그렇게 되었다는 식으로 되기가 쉽지요. 사실 조선후기 사회의 내부 모순이 일제의 침략의 원인이기도 한 것인데, 조선사회의 붕괴가 일제침략의 결과이기만 한 것처럼 생각되게 하는 면도 있지요. 그러니까 특히 민족이라든가, 민족주의라든가, 우리의 자애본능이 지배적인 국면을 얘기할 때는 대담한 자기비판의 가능성이 열려야 하고 또 강조되어야 하지 않는가 생각됩니다. 따라서 일단 자명한 것처럼 보이는 공리도 재검토할 필요가 있는 것이고……

백낙청 그건 그렇지요. 그러나 민족의 통일이라든가, 민족주의의 기본방향이라든가 하는 문제에 관한 한, 우리는 그러한 비판과 검토를 이미 끝내고 다음 일에 착수해야 될 단계가 아닌가 생각합니다. 적어도 책임있는 지식인이라면 말입니다. 그리고 이것은 물론 저 자신에 대한 자기비판을 겸해서 하는 얘기지요. 그런데 지금 유선생께서 지적한 조선왕조 후기사회의 억압성이나 모순성과 민족통일이라는 오늘날 과제를 저는 이런 식으로 연관시켜 생각해봅니다. 우리가 일제식민지가 되었다는 것은 덮어놓고 일인들만 욕할 성질의 것은 아닙니다. 조선왕조 말기에 우리가 당면했던 과제는 내부적으로 그 사회가 가지고 있던 비인간적 측면을 극복하면서 동시에 외부로부터 들어오는 부당한 침략에 항거해나가는 것이었겠습니다. 그리고 이 두 가지는 상호연관되었던 것으로 두 가지를 함께 달성하지 않고서는 그 어느 하나도 이룰 수가 없는 성질의 것이었겠지요. 그런데 침략에 대항하는 힘도 약했거니와 내부문제를 해결하는 데 있어서도 우리의 민족적 역량이 부족해서 우리가 익히 아는 불행을 빚어내게 된 것이겠지요. 그러한 사정은 우리 민족이 해낸 여러가지 저항과 투쟁에도 불구하고 식민지시대에도 계속되었고, 그 결과 해방을 맞아서도 통일된 단일한 그리고 떳떳한 민족국가를 건설하지 못하고 타율적인 분단의 비극을 감수해야 했던 것입니다. 따라서 오늘날 우리 앞에 놓인 과제는 조선왕조 후기에도, 일제시대에도 못했고 또 오늘날까지 완전히 청산을 못하고 있는 전래의 모순된 내부적 문제들을 극복하고, 동시에 그때 상실했던 정치·사회·경제적 자주성을 확립하며, 거기다가 분단으로 새로 생긴 온갖 대내적·대외적 문제를 해결하는 일이겠지요. 이런 중대하고도 험난한 작업임을 생각할 때 오늘날 우리 민족의 대다수가 통일이라는 명제 앞에서 자연발생적으로 느끼는 절실한 감정을 존중한다는 것은 단순한 도덕적인 당위의 문제도 아니요, 또 반드시 비판정신의 결여를 뜻하는 것도 아닐 것입니다. 오히려 이 관국에서 모든 가능성을 이론적·관념적으로 검토할 것을 강조하는 것이 우리의 민족적 요구에 대해 냉소적인 입장을 취하는 사람들의 보편성이론에 무비판적으로 말려들어가는 결과가 되기 쉽다고 생각합니다.

김우창 그런 측면을 아주 부인할 수는 없습니다. 그러나 또 이런 측면이 있어요. 아까 조선왕조, 일제시대 얘기가 나왔는데 일제하의 한국 민족주의가 해방 후에 잘사는 사회, 혹은 바람직한 사회의 원리로 연결되지 못한 원인 중의 하나는 일제하의 민족주의가 자기비판적 측면이 결해 있었기 때문이 아닌가 해요. 즉 민족 내부의 모순도 비판하고 침략적 외부세력에 대해서 투쟁도 하는 양면으로 움직이는 원리로서 정립되지 못한 것이 아니냐고 생각됩니다. 물론 역사라는 것이 원리 하나로 움직여지는 건 아니겠지요마는, 그런 의미에서 저는 어떤 사회에서건 어떤 원리가 토의의 대상이 되고 부단한 토론 속에서 재정립되어야 한다고 생각하는 거지요. 민족주의나 민족문학을 포함한 모든 이념의 문제에 있어서 문제의 엄숙성이란 것과 토의의 대상이 된다는 것은 상호배제적인 것이 아니고, 양립할 수 있는 것이라고 생각합니다. 다시 말해서 어떠한 원리도 이것을 의심해서 재정립하고, 또 회의 속에서 되찾고자 하는 것이 필요하다고 생각하는 것입니다. 물론 그 과정에서 약화될 우려도 있고 어떤 유도작전에 말려들어갈 우려도 있는 것이지만 이러한 위험부담을 안고서라도 어떤 원리나 이념을 계속적으로 토의의 대상으로 삼아서 재정립하는 것이 그 이념을 위해서도 건설적이라고 생각하는 겁니다. 한 이념을 그냥 확고한 신념으로 소유하는 것과 부단한 회의 속에서 되찾는 것과는 그 에너지 면에서도 아무래도 다르다는 면이 있지요. 그러나 이러한 신념이냐, 비판적 재정립이냐 하는 갈등은 사람이 늘 새롭고 활달하게 사는 데 받아들여야 할 위험의 하나일 것입니다. 이 갈등과 토의의 장이 사람이 같이 사는 공간이고 이 공간의 활력이 인간의 정치적·사회적 삶의 기본원리가 되는 것이 아닐까요?

유종호 자명한 것처럼 보이는 모든 명제들을 부단히 검토하고 모색해야 한다는 점은 이론상으로 수긍이 가는 거겠지요. 차이점은 어느 선에서 검증을 끝내는 것으로 치부하느냐 하는 것, 즉 과연 어디가 토의(討議)종합선이 되느냐는 점에서 드러나게 마련이겠지요. 그 점에서 일치점을 찾기는 어려울 것 같습니다. 사람마다 만족의 상한선이 다르듯이 말이죠……

백낙청 여담일지 모르지만, 무슨 이야기든 나올 때마다 그걸 좀 새롭게 검토해보자는 태도 그 자체도 검토해봐야 하지 않을까요?(웃음)

유종호 네, 부단한 토론이나 대화를 위한 요청이 기성질서나 현상의 유지, 즉 무기연기를 위한 것이거나, 혹은 초급한 문제를 호도하고 회피하는 연막전술인 경우가 있다는 건 사실입니다. 그 점에 무감각한 것은 아닙니다. 그러나 적어도 문화적 활동 내지는 문학행위 속에는 어떤 우회적 관념성이랄까, 속결(速決)에 저항하는 우회적 요소가 있는 것 아니겠어요? 그런 것을 다 빼어버릴 때 사람들에게 남겨진 사고의 영역이랄까, 그런 것은 매우 제한된 것이겠지요. 어떻게 생각하면 사고한다는 것 자체가 결단의 유예나 연기 속에서 생겨나는 것이기도 하고요.

김우창 지금 얘기는 바꾸어 말해서 행동과 관념의 관계가 되겠지요. 행동의 영역에서는 사실상 선다형(選多型)의 문제가 없습니다. 정치적 행동이건 개인적 행동이건 행동은 늘 긴박한 선택이니까, 일단 선택하면 옳건 그르건 그것을 믿고 갈 수밖에 없지요. 한꺼번에 여러가지를 이렇게도 해보고 저렇게도 해보는 것은 사람들의 생존구조상 불가능한 일입니다. 그러니까 행동논리라고 하는 것은 모든 논리적인 가능성을 부단히 검토하면서 행동하는 것을 불가능하게 하는 것이죠. 그러나 문화나 문학이라는 것은 대개의 경우, 어떤 거리를 갖게 마련이 아닌가 하는 생각이 듭니다. 이것을 행동의 긴박성으로만 대하는 것도 꼭 사실에 맞는 것은 아닐 것입니다. 물론 행동이 중요한 경우에 편안히 앉아서 모든 논리적 가능성을 검토하고 회의 속에서 재정립하고자 할 여유는 없는 거겠지요. 그러니까 행동이 더 중요하냐, 문화가 중요하냐, 어떤 시기에 있어서 행동이 더 긴급하게 요청되는 것이냐, 어떤 행동의 가능성이 어떤 싯점에서 열려 있느냐 또 어떤 싯점에는 그것이 닫혀 있으며, 문화적인 것이 열려 있느냐 하는 상황은 늘 새롭게 결단되어야 할 것입니다. 그러나 궁극적으로 행동과 토의가 반드시 상호배제적인 것도 아닙니다. '결단'이란 것은 행동에의 신념을 통한 자기투입이지만, 또 이 결단은 사고와 토의, 무엇보다도 공적 공간에서의 토로써 이루어져야 되는 것이겠지요. 사실상 내 생각으로는 민족이란 것도 타고나면서 주어지는 것보다 구체적인 대화와 생활의 공간에서 얻어지는 것이 아닌가 합니다.

수용(受容)의 이상과 현실

유종호 보편성을 어떻게 파악할 것이냐 하는 문제에서 시작해서 많은 문제가 논의된 것 같습니다. 다시 한번 단초(端初)로 돌아가 좀 구체적인 예증을 들어서 얘기했으면 싶습니다. 외국문학 혹은 외국문화와 접촉해서 거기서 어떤 새롭거나 유익한 것을 받아들이려 할 때 늘 따르는 유혹이랄까 위험성 같은 것이 있습니다. 어떤 문명, 어떤 문화고 간에 그것이 이질적 문명, 혹은 문화와 접촉함으로써 더 풍요해지고, 또 상대성의 감각을 획득함으로써 편협함에서 벗어나고, 보다 넓고 큰 것에의 지향을 얻게 된다는 것은 흔히 볼 수 있는 현상이라고 하겠습니다. 그런데 주로 기술문명에 관련되는 것이지만 탁월한 기술문명의 성과와 그것이 제공해주는 생활의 편의는 그것을 갖지 못한 문화권의 사람들에게 선망의 대상이 되고 또 어떤 초조한 낙후감을 주어서 새 문명에의 성급한 추종·동화의욕을 낳게 하는 수가 있습니다. 그 결과 본의 아니게 본래의 소속집단에 대해서 반역적이랄까, 이심적(離心的)이라고 할까 그런 태도를 취해서 소속집단으로부터 이단시되는 경우도 있겠습니다. 일본의 메이지(明治)유신 때 어느 서구유학생은 일본이 부강해지는 길은 하루빨리 서구의 기술문명을 도입하는 것이고 그러자면 아주 일본말을 철폐하고 영어를 일상어로 해야 한다고 주장한 이도 있었지요. 대신까지 지낸 자인데, 이것은 물론 불가능한 일이요, 터무니없는 단견이겠지만 어쨌든 비슷한 유형의 성향이 나타나는 것이 아닌가 해요. 가령 널리 알려진 『북학의(北學議)』의 박제가(朴齊家)만 하더라도 이용후생(利用厚生) 면에서 긴요한 제안을 많이 한 학자인데 그의 책을 읽어보면, 중국 것과 우리 것이 일일이 구체적으로 대비되어 논해지고 있는데 일단 중국이 본이 되어서 이쪽 것은 모두 저쪽 식으로 고쳐야 한다는 식으로 되어 있지요. 중국을 본받지 않는 한, 우리는 빈곤을 면하지 못한다고 하고 또 중국문화의 빠른 습득을 위해서는 우리말을 뒤두고 중국말을 배워야 한다는 말까지 비치고 있어요. 그런데 이것은 하나의 패턴으로서 그 후의 많은 사람들이 비슷한 성향을 보여주지 않았나 합니다. 메이지유신을 본받으려고 한 조선왕조 말기의 개화파나 그 이후의 문화적 개화파들의 경우에도 말이지요. 추상적으로는 선택적 접근이라고 하지만 실제에 있어서는 외래적인 것에 대한 경도나 지향이 곧잘 사대적인 것으로 공격받기도 하고…… 어쨌든 외국 것을 검토하고 섭취하는 과정에서 늘 문제되는 국면이 아닐까요? 그리고 우리 역사 속에 적지 않은 수효의 정신적 탈국적자(脫國籍者)가 어떤 문화적 순기능을 담당한 경우도 있는 것 같고……

백낙청 글쎄요, 박제가에 대해서 많은 것은 모르지만 적어도 오늘날 이 싯점에서 우선 잘살고 보자, 그러기 위해서는 무슨 짓을 해도 좋다는 식의 사고를 가진 사람에게 박제가가 이용된다면 그것은 부당한 일이겠지요. 박제가는 실학파 중에서도 실제적 이용후생에 관심을 가졌던 분인 것은 사실인데 우리는 그의 여러 제안들을 어디까지나 당시의 역사적 문맥 속에서 파악해야겠지요. 가령 그의 중국 경도도 터무니없이 청(淸)을 멸시하고 이미 망해버린 명(明)을 숭상하던 당시의 지배층에 대한 반론적 측면이 있었던 것이지요. 또 이용후생만 하더라도 그것을 전혀 등한시한 당시의 지적 풍토 속에서 기술적인 진보를 중시하고 여러가지 개혁안을 제안했다는 것 자체에 더 큰 의미를 두어야 할 것입니다. 물론 실학자들 중에서 박제가나 박지원(朴趾源) 등 이른바 북학파(北學派)들은 계보상으로도 훗날의 개화파와 이어지는 것으로 알고 있고 그런 의미에서 유선생께서 박제가를 거론하신 것이 적절한 면도 있습니다만, 단지 박제가를 외국 것 익혀서 잘살고 보자는 경향의 한 유형으로 본다거나 그런 사람들이 『북학의』에서 어떤 위안을 얻는 것은 곤란하겠다는 거지요.

김우창 간단히 얘기해서 외래문화의 문제는 자기 소화력의 문제인 것 같습니다. 음식을 가려 먹는 것도 문제지만 얼마만큼 소화할 수 있느냐 하는 소화능력이 중요한 것 같아요. 버터만 먹어야 된다든가, 김치만 먹어야 한다든가 하는 문제는 아닌 것 같아요. 아까 백선생 말씀대로 우리가 외국의 물질문화를 무조건 받아들여서 한번 잘살아보자, 깃발을 날려보자, 하는 투의 수용방식이 바람직스럽지 못하다는 것은 사실이나, 실제에 있어선 그런 형태의 수용이 이루어지는 것도 사실이지요. 가령 바가지를 쓰던 사람이 나이롱바가지를 보고 그것 참 좋아 보인다고 해서 사 쓰는 것같이 말이지요. 이상적으로는 우리의 주체적인 소화능력을 강화해서 우리가 잘살기 위한 비전을 가지고 취사선택해서 외국기술·문화 등을 우리 문화의 일부로서, 또 우리 문화의 근본 바탕에 큰 차질이나 훼손이나 부조화가 오지 않도록 흡수하는 것이지만 그렇게 순조롭게만 되지는 않을 것 같습니다. 한편으로는 또 이런 국면도 있어요. 가령 미국사람들 사이에는 자기 사회의 퇴폐적인 문화에 염증을 느끼고 또 자기 사회가 바람직스러운 방향으로 나아가고 있지 못하다고 느끼는 사람들이 제3세계를 그리워하고 이상화하는 경향을 볼 수 있습니다. 여기에야말로 새로운 세계의 다이내믹이 있다고 하면서 말이죠. 한편 이쪽에서는 고도성장 사회에 대해 무턱대고 선망을 느끼는 사람들이 많고…… 그런 것을 보면 소박할는지 모르나, 사대주의냐 아니냐를 떠나서 외부세계에 대한 그리움이 자기 세계 속에서 하나의 발전적인 에너지로 작용하는 것도 사실인 것 같습니다. 자기 사회에 부족한 것을 외국에 투영해서 구체적인 시간, 장소에서 구체적인 사람들이 하고 있는 일을 우리도 한번 해보자는 발전적인 계기를 마련하게 되는 일도 있는 것 같아요. 이럴 때 갖게 되는 외국관이란 것은 반드시 정확한 것도 아니고, 또 자기 사회 속에서의 탈락자들이 열등감과 함께 막연히 동경하는 측면도 있으나 실제 역사의 진행에 있어서는 여러 바람직스러운 요소가 바람직스럽지 못한 요소와 결합해서 발전의 계기가 되는 면이 있는 것만은 사실입니다. 따라서 일률적으로 얘기하기가 어렵겠지요.

오늘의 문학적 노력

유종호 지금까지 우리 문학의 방향과 외국문학 수용에 따르는 문제에 관해서 일반론적인 얘기는 충분히 논의되었다고 생각됩니다. 그런데 이러한 기준에서 보건대 현재 진행되고 있는 문학적 노력을 어떻게 평가해야 할 것인가 하는 점이 당연히 논의되어야 하겠지요. 물론 작가, 시인들의 개별적인 노력을 일괄해서 논의하기란 벅찬 일이지만 대충 줄기랄까 맥락을 따져보면 어떻게 되는지요?

백낙청 우리 문단의 현황에 대한 구체적인 평가를 말씀드려야 옳겠습니다만 그럴 준비가 제대로 안되어 있는 저로서는 막연한 소감 같은 것을 술회하는 것으로 대신할까 합니다. 크게 보아 두 가지 엇갈리는 느낌을 갖곤 하는데요, 우선 민족문학에 대한 저 나름의 견해를 한참 말하다 보면 문단 내에서조차 어떤 벽에 부닥치는 느낌을 가질 때가 많아요. 제 힘이 부족해서 그런 것이 첫째 이유겠지만 저뿐 아니라 다른 분들도 비교적 분명하게 밝혀놓은 이야기를 마치 처음부터 없었던 것처럼 똑같은 반론이 나오고, 우려가 나오고, 유보(留保)가 나와요. 그럴 때는 이 벽이 도대체 무슨 벽일까 생각하게 됩니다. 그러나 다른 한편으로는 지난 60년대 이후 민족문학에 대한 이론적 이해와 그러한 이론적 이해에 상통하는 작품들이 많이 나오고 있는 것을 볼 때 다시금 어떤 확신과 용기를 얻습니다. 양적으로 풍성한 것은 아니나 그 성격이나 수준에 있어서, 민족문학으로서 세계문학의 대열에 끼어 조금도 부끄럽지 않고, 개중에는 이미 세계적인 명성을 얻은 작품조차 있는 것입니다. 그 점 문단 한구석에 있는 사람으로서 자부심마저 느낍니다.

김우창 이번에도 다른 각도에서 문제를 제기하고 싶습니다. 우선 반복의 문제가 있는 것 같습니다. 우리 상황에 관심을 가지면서 대처한다는 넓은 의미의 민족문학에 대한 공감은 이미 표시한 바 있습니다만 같은 얘기가 되풀이된다는 점은 어떻게 해석해야 할는지 의문입니다. 가령 백선생이 이미 하신 얘기를 제가 그대로 반복한다면 백선생의 경우에는 참말이지만 저의 경우에는 거짓말이 되고 만다는 것이 언어가 갖는 독특하고 묘한 분위기가 아닌가 생각합니다. 민족문학이라는 테두리에서 나올 때 말이 반복적으로 비슷하게 나온다면 보는 사람은 이것은 약간 거짓말 같다는 인상을 받게 되지요. 또 한 가지는 제가 최근 일제하의 작가 상황이나 문학을 검토하는 기회에 부딪힌 문제인데 많은 작가들이 일제 식민지하라는 분명한 의식이 없이 작품활동을 한 것이 눈에 뜨이더군요. 모두 다 그런 것은 아니지만 많은 경우에 그러했습니다. 그러니까 상황에 대한 분명한 의식 없이 요즈음 비근하게 쓰이는 말로 '순수문학'을 한 셈인데 그것이 설사 도덕적으로 보아서 비판받아야 할 성질의 것임에도 결과적으로 안한 것보다는 낫지 않느냐, 그런 생각이 들어요. 즉 안했으면 좋았다는 생각은 안한다는 말입니다. 그런 문학이 있었으므로 해서 해방 이후의 문학이 더 풍성해진 것이 아니겠느냐 하는 생각이 들었어요. 그런 의미에서 본다면 민족문학이 좁은 영역을 설정함으로써 문학적 효과를 상실할 수도 있지 않느냐 하는 것을 생각하게 됩니다. 또 분명하게 민족문학의 이념 아래 출발하지 않은 문학, 윤리적으로 잘못되었다고 생각할 수 있는 문학이라도 그다음에 오는 문학을 위해 밑거름이 될 수 있지 않은가 하는 생각이 들었습니다. 이것이 좋다든가 나쁘다든가 하는 뜻에서가 아니라 단지 문제제기의 형태로 얘기하는 것입니다.

백낙청 '민족문학'이란 개념은 우리 민족의 어떤 전체적인 상황과의 관련에서 우리 문학의 문제를 의식화하고자 할 때 요청되는 것이지 작가가 작품을 창작하는 과정을 반드시 이런 의식화과정이 지배해야 한다는 것은 아니지요. 작가마다 그의 작업에 가장 알맞은 분위기나 사정이 있을 것이고, 설혹 의식화의 방향이 옳다 하더라도 의식이 승(勝)한 것이 꼭 좋다는 법은 없지요. 그런데 일제하 일부 작가들의 민족의식이 투철하지 못했다는 점과 그렇더라도 그런 작가들의 작품이 있다는 것은 없는 것보다는 고맙지 않으냐고 하신 말씀에는 대체로 동감입니다. 사람의 목숨이 누구의 것이나 고귀하듯이, 고귀한 삶의 진지한 표현으로서의 문학에 대해서는 그것이 어떠한 입장에서 이루어졌든 적어도 문학 하는 사람으로서는 고마워하지 않을 수가 없겠지요. 다만 일제식민지하의 작가의식과 관련하여 더 부연해본다면, 1930년대를 우리 문학의 찬란한 결실기로 보는 견해도 있습니다만 저는 김선생 말씀대로 그들의 민족의식이 투철하지 못했다고 보고 그 결과 그들의 업적에는 문학적으로도 엄연한 한계가 있었다고 봅니다. 그런데 이 점은 우리가 남의 일처럼 여겨서는 안될 것입니다. 오늘날의 시대가 요청하는 민족의식은 물론 30년대가 요청했던 민족의식과는 다른 것이겠지만, 후세의 평자들이 1970년대의 작가·시인·평론가들을 두고 그 친구들은 자기가 살고 있던 시대가 어떤 시대인지에 대해 투철한 의식이 없이 살았지만 그래도 그만큼이라도 해준 것이 고맙지 않으냐 하는 애매한 찬사가 나오지 않도록, 30년대의 문학을 타산지석(他山之石)으로 삼아야 할 것입니다.

큰 결과 작은 결

유종호 얘기가 조금 비약하는지도 모르겠습니다만 근래에 어떤 비평가가 제인 오스틴(Jane Austen)에 관해서 쓴 것을 보았습니다. 제인 오스틴은 가령 나뽈레옹전쟁 시대에 살았지만, 나뽈레옹전쟁은 작품 속에서 비치지도 않았고 따라서 자기 시대의 결정적인 사건들을 무시했다는 관례적 비판을 받고 있기도 하고, 심한 경우엔 역사의 초연한 방관자라고 불리기도 했었지요. 그런데 이 비평가의 관점에 의하면 역사란 많은 흐름을 가지고 있다는 것이요. 유럽대륙을 직접적으로, 또 영국을 그보다는 덜 직접적으로 뒤흔든 나뽈레옹전쟁만이 역사의 흐름이 아니고, 적어도 지주계급의 사회사는 당시 영국에서 가장 중요한 역사의 부분을 이룬다, 즉 상속받고, 울타리를 치고, 독점하고, 또 무역, 식민지근무나 투자, 군대복무에서 나온 이득이 가옥·재산·사회적 지위·결혼 등으로 바뀌어가는 사회사가 아주 중요한 흐름을 이루고 있는데 오스틴의 소설에서 중심적인 위치를 차지하는 것이 바로 이러한 사회사라는 것입니다. 외관상 그것은 나뽈레옹전쟁처럼 큰 흐름은 아니나 그것대로 커다란 흐름이라는 것이지요. 따라서 제인 오스틴의 대(對)역사 태도를 좀 새로운 각도에서 보고 있습니다. 그냥 현실이나 역사에 무관심한 작가가 아니었다는 거지요. 그런데 말을 조금 바꾸어서 이런 얘기를 할 수 있을 것 같습니다. 역사나 상황에도 크고 굵은 결이 있고, 또 작고 고운 결이 있다. 그런데 언뜻 큰 결에 관심을 경주하는 사람들은 상황의식이 투철한 것처럼 보이는 반면에 작은 결에 관심을 두는 작가들은 상황의식이 투철하지 못한 것처럼 보이는 수가 있다고 말이지요. 그런데 30년대의 작가들을 이해하는 데 있어서 이런 것은 시사하는 바가 있지 않나 합니다. 가령 작가, 시인들이 비교적 검열의 억압으로부터 자유로웠던(그것은 일제당국이 자유를 존중해서가 아니라 얼마 안되는 문학지의 독자를 무시한 데서 온 방만함에서 유래한 것이지요) 20년대의 시인이 '조선독립만세'를 쓴 것하고 모든 상황이 한결 궁색하게 폐쇄되어 있던 40년대의 작가가 미미하게나마 민족현실을 암시한 것하고를 획일적으로 논할 수 없는 것이 아닌가 생각합니다. 가령 정지용(鄭芝溶) 같은 경우 그를 단순한 취미와 기교의 장인적 시인에 불과하다는 견해가 지배적인데, 그가 투철한 민족의식이나 뚜렷한 상황의식을 가졌던 시인이라고는 할 수 없지만 "언어미술이 존속하는 한, 그 민족은 열렬하리라"는 에피그램을 남겨놓고 있는 그가 우리말을 자각적으로 세련되게 조직한 노력과 성과는 이에 상당한 평가를 받아야 하지 않나 생각합니다. 그는 그 나름대로 역사나 상황의 작은 결에 충실했고, 또 너무 가시적인 직접성에 구애되지 않았다면 그의 건설적인 영향력은 가령, 오늘날의 우수한 참여시인에게서도 발견될 수 있지 않나 생각합니다. 예를 들면 말이죠.

백낙청 민족문학이나 민족의식을 얘기하는 것이 곧 문학에서 직접적인 발언을 요구하는 것이 아닐 것입니다. 제가 1930년대 우리 문학의 민족의식의 한계를 얘기할 때 '조선독립만세'를 부른 작품이 안 나왔다는 것으로 해석하시면 곤란하지요. 유선생께서도 염상섭(廉想涉)을 논하신 글에서 전체적으로 보아 『만세전(萬歲前)』이나 『삼대(三代)』에서 보여주던 현실감각이 뒤로 가면서 왜소화해진다는 것을 지적하셨는데 저는 이것을 단순히 염상섭 개인의 문제로만 보지 않고 우리 문학 전체의 상황, 그리고 이상(李箱)이나 상허(尙虛) 등 30년대의 우수한 작가들에게까지 확대해서 말씀드리는 것입니다. 식민지통치가 장기화되어 3·1운동의 기억이 점점 희미해져가고, 또 3·1운동 이후에 일본의 소위 문화정치라는 것이 한국의 교양계층에 상당히 주효해서 민족현실을 보는 차원이 점점 낮아지는 경향과 대응하는 현상이라고 봅니다. 그런 의미에서 민족의식의 한계를 말한 것이지요. 그리고 제인 오스틴 말씀을 하셨는데, 저도 오스틴이 한정된 역사현장의 작가일지언정 결코 역사의 방관자라고는 보지 않습니다. 자기가 처한 위치에서 자기가 부닥쳤던 역사에 대해서 가장 진지한 역사적 관심을 보였던 작가의 한 사람이라고까지 말할 수 있겠지요. 그러나 제인 오스틴이 18세기 말에서 19세기 초 영국의 상류계층에 속하는 규수작가로서 그만한 세계를 그렇게 그린 것과, 30년대 한국의 작가가 조국이 엄연히 식민지가 되었음에도 불구하고 그 사실을 제대로 의식하지 못했다거나, 그 상황이 어떻게 연유해서 어떤 인간적·민족적 결과를 낳고 있는가를 충분히 감안하지 않고 작품활동을 했다는 것과는 전혀 아날러지가 성립하지 않지요.

유종호 '조선독립만세' 말이 나온 것은 하나의 선명한 보기로서 갖다 댄 것이지 민족문학을 주장하는 분들이 그런 문학을 평가한다는 뜻은 전혀 아니지요. 그러나 말이 나온 김에 하는 얘기지만 백선생에 대한 얘기가 아니라 어떤 작품 속에 담겨진 직접적 진술의 내용에 따라 작가나 작품을 평가하는 경향이 상당히 퍼져 있는 것은 사실입니다. 표면에 드러나 있는 명백하게 가시적인 것에 대한 성향이 불어나고 있다는 점은 얘기할 수 있을 것 같아요. 또 제인 오스틴과 30년대 작가 사이에 아날러지가 성립 안된다는 것은 분명합니다. 그러나 제가 제인 오스틴을 얘기한 것은 역사의 흐름이 여러 개라는 것, 또 역사의 결에는 큰 결도 있고 작은 결도 있다는 점을 얘기하기 위해서 비친 것입니다. 상황에 따라서 또 사람에 따라서 큰 결에 주요 관심을 기울이는 이도 있고, 또 능력이나 성향 때문에 작은 결에만 관심을 기울이는 이도 있는데, 우리가 문학작품이나 작가를 평가하는 데 있어서 일률적인 척도만 적용치 말고 좀더 세밀하고 자상한 검토와 배려가 필요하지 않겠느냐는 것입니다.

교양소설과 우리의 상황

김우창 지금, 역사의 큰 결과 작은 결은 상황에 따라선 큰 결이 얘기될 때도 있고 작은 결이 얘기될 때도 있다는 뜻인 것 같은데 사실상 큰 결과 작은 결이 연결되기보다는 어떤 모순관계가 있는 경우도 많습니다. 오늘날 우리가 역사의식, 민족의식을 얘기하는데 그런 관점에서 본다면 작은 것, 신변적인 것을 다루는 문학은 전진적이기보다는 뒷걸음질치는 것으로 보일 테지요. 그런데 이것은 뒤집어 말하면 한국사회의 특징 중의 하나가 이조시대부터 오늘까지 인간생활이 단일화되어서 파악된 것과 연관된 것이 아닌가 합니다. 단일적으로 파악되었다는 것은 인간생활에서 중요한 것이 가령 입신출세다, 사회에 나가서 중요한 일을 해라 하는 것과 같이 중요성과 가치가 단일화되어 파악되고 있다는 뜻입니다. 이에 반해서 각자가 중요한 것을 설정해가지고 그것을 실현해가면서 사는 것, 다시 말해서 작은 일에도 주의할 수 있게 되어가는 것, 이것도 하나의 발전적인 현상이라 할 수 있을 것 같습니다. 서구소설의 발생도 그런 관점에서 파악할 수 있을 것 같아요. 반드시 역사는 아니겠지만 큰 문제만 취급할 것이 아니라 작은 문제, 일상생활 같은 것도 취급할 가치가 있다고 생각한 데서 소설이 생겨난 것이 아닙니까? 이 점 교양소설을 흥미있는 경우로 생각합니다. 가령 디포우(Defoe) 같은 작가의 경우 주인공이 사회적으로 성공했느냐, 돈을 벌었느냐, 하는 다분히 공적인 의미에서 사람의 생애가 판단된 데 비해서 교양소설에 와서는 자기가 설정한 의미에 따라서 하나의 생애가 종합적으로 판단되는 것이지요. 따라서 교양소설에 나오는 최종적인 인간생존에 대한 가치판단은 획일적인 것이 아니고 각자가 설정한 관점에 따라서 삶의 의의 여부가 정의되는 셈입니다. 그러니까 개인의 생존을 다양하고 구체적인 의미에서 파악하고, 그것이 그대로 중요하다고 인정하는 것이지요. 그러니까 예부터 우리의 경우 사람의 생애가 너무 큰 이념의 구조 속에서 윤리적 평가를 받은 데 반해, 소설 본래의 충동은 사람의 생존을 작은 틀 속에서 나타나는 대로 기획하고 실현해나가는 것이라고 생각됩니다. 따라서 어느 모로는 역사의 작은 결을 얘기하는 것이 개인의 해방 혹은 자유의 신장을 위해 기여하는 것이라고도 할 수 있을 것 같습니다. 또 교양소설뿐만 아니라 대개의 사실주의 소설에서 작중인물에게 직접적인 현실로서 주어지는 것은 개인적 경험 또는 좁은 테두리의 사회 이해입니다. 이 관점에서 볼 때, 사회나 역사의 큰 테두리는 당연히 주어지는 것이 아니라 얻어지는 것이지요. 어떻게 얻어지느냐 이것도 그러니까 해결되어 있는 것이 아니라 해결되어야 하는 과제입니다. 그러나 민족적 상황을 역사의 작은 결에 파고드는 소설이나 긴박하게 염두에 두는 상황에서는 교양소설 같은 것이 뒤처진다고 할 수 있겠습니다. 거의 자리가 없다고 할 수 있지요.

백낙청 교양소설이 민족문학의 개념과 양립할 수 없는 것은 아닐 테지요. 서양문학에 나타난 것과 똑같은 교양소설이 그대로 우리 문학에 나올 수 없다는 것은 더 말할 필요도 없지만, 교양소설의 개념을 조금 넓혀서 한 주인공이 갖가지 인생경험을 통해서 성숙해가고, 또 사회 속에서 자기 자리를 찾는 과정을 그린 소설이라고 한다면 민족문학의 개념과 양립 못할 것이 없습니다. 다만 그 교육과정의 성격은 달라지겠지요. 자기가 살고 있는 사회에 대한 통찰력을 갖게 되는 것이 교육체험의 본질을 이루는 것인데, 가령 식민지하의 주인공이 자기가 살고 있는 상황에 대한 투철한 이해를 갖게 되는 과정을 그린 교양소설이 없으라는 법이 없고 따라서 민족문학과 교양소설이 양립할 수 없다고는 할 수 없지요.

김우창 양립할 수 없다는 것은 아니지요. 다만 큰 흐름을 보는 것과 자기의 개인적인 성장에 관심을 갖는 것 사이, 역사의 큰 결과 작은 결 사이에 어떤 괴리가 생길 것이 아니냐는 것입니다. 넓은 의미에서는 개인적 자각의 과정은 곧 민족적 자각의 과정과 동일한 것이어야 마땅하지만, 어떤 경우에 민족은 과정이 아니라 받아들여야만 하는 절대적 범주라고 주장되는 것이 아닙니까? 또 그렇지 않으면 안될 긴박한 경우도 있고.

백낙청 두 가지 경우를 상상할 수 있을 것 같군요. 큰 문제가 너무 각박하게 닥치니까 작은 문제를 아예 못 보는 경우가 있겠고, 작은 문제를 보기는 보되 상황에 비추어 그런 이야기를 의도적으로 줄이는 경우가 있겠습니다. 전자의 경우라면 각박한 상황 때문에 인간적인 성장에 중요한 제약을 가져온 사태일 것이고, 후자의 경우라면 볼 것을 다 보고 나서 의식적인 선택을 한 것이니까 부분적인 제약에 그치거나 아니면 그 시대로는 가장 적절한 표현양식이며 오히려 인간적인 업적이 될 수도 있는 것이겠지요.

김우창 제 얘기가 좀 산만하게 전개된 것 같아 정리해보면 이렇게 돼요. 일제하의 작가상황을 검토하다가 마주친 두드러진 현상의 하나는 많은 작가들이 개인적인 교양과 발전에 대한 강력한 충동을 가지고 있다는 것, 또 이 개인적인 교양과 발전에 대한 충동이 민족적 상황과 양립할 수 없다는 생각을 가지고 있고 이 때문에 많은 갈등을 겪었다는 점입니다. 이 때문에 많은 작가들의 생애가 복잡해지기도 하고 서양의 경우에는 개인의 생애가 반드시 전체적 상황에 의해서 규정되지 않더라도 어느정도는 발전할 수 있다는 의식이 성장하는 것과 함께 교양소설이 생겼는데, 한국에서는 개인적인 성장, 개인적인 교양에 대한 관심은 서양문학을 읽어서 생겨난 것인 것 같아요. 거기다 이조의 유교가 청교(淸敎)주의로 개인의 행복의 추구나 성적 쾌락, 이런 것을 극도로 억제했기 때문에 개인의 성장이나 교양에 대한 충동은 계속 억제되어왔겠지요. 그러니까 신문학 이후 개인적 성장에 대한 충동이 강력하게 나오다가 민족적 생존현실이 도저히 그것을 허용할 수 없으니까 거기서 마찰이 생겨나는 것이 아닌가 느껴지고, 이런 큰 가닥과 작은 가닥 사이에서 모순과 갈등이 일지 않았나 해요. 그런데 이것은 특히 긴박한 경우의 예이고 여기에 들어 있는 근본문제는 한 사회가 정치공동체로 성립되는 기본 공리가 어떤 것이어야 하느냐 하는 데 대한 이해에도 관계되는 것입니다. 즉 어떤 정치공동체가 개인과 전체가 분리된 상황을 무시하고도 그대로 성립할 수 있느냐, 또는 이 분리를 언어와 실천을 통해서 극복하려는 노력 없이 그것이 성립할 수 없다고 보느냐 이런 문제죠. 소설의 두 가닥도 이런 데 귀착시켜 볼 수 있습니다.

백낙청 크게 보아 교양소설과 민족문학이 양립할 수 있다고 했습니다만 좀더 한정해서 생각해보면 이렇게도 얘기할 수 있겠습니다. 교양소설의 원형이라고 하는 괴테(Goethe)의 『빌헬름 마이스터』에 맞춰서 교양소설을 좁은 의미로 해석한다면 그것은 식민지적 상황에서는 있기가 어렵다고 생각됩니다. 실제로 식민지적 상황에서는 교양이 갖는 사회적 의의가 달라질 수밖에 없는 거지요. 『빌헬름 마이스터』의 경우 개인적 교양을 쌓는 부르주아적 자기완성의 과정이 그가 속한 사회의 발전방향과 근본적으로 일치하기 때문에 여러가지 갈등에도 불구하고 궁극적으로는 개인이 교양을 쌓음으로써 그 사회 내에서 설 자리를 찾을 수 있는 것이 아닙니까? 교양소설의 성격을 이렇게 좁혀서 생각한다면 몸(Maugham)의 『인간의 굴레』의 경우처럼 개인이 진정한 성장을 이룬다기보다 환멸에 도달해서 사회 속에 안주하게 된다든가, 또는 미국문학에서 특히 흔한 예입니다만 개인이 어느정도 성장해서 사회의 성격에 대한 통찰에 도달한 결과가 그 사회를 완전히 버리려는 결단으로 귀착하는 경우, 이런 것은 좁은 의미의 교양소설에 넣을 수 없을 것입니다. 식민지적 상황이란 그 사회에 대한 이해에 도달했을 때 상황의 극복을 위한 철저히 거부적인 자세로 가거나, 아니면 모든 것을 체념하고 안주하려는 유혹이 특히 강한 상황이 아니겠어요? 따라서 개인적인 교양을 완성함으로써 사회 안에서 설 자리를 찾고 사회와 화해하려는 교양소설은 식민지적 상황에서는 어렵게 마련입니다. 작가의 역량이 모자라거나 민족문학의 개념이 편협해서가 아니라 객관적인 현실 자체가 『빌헬름 마이스터』적 교양소설의 지양(止揚)을 요구하고 있기 때문입니다.

김우창 그런데 대체로 문학 하는 사람들의 충동이란 것이 사회의 큰 문제를 생각하고 비전을 갖기보다는 자기성장이나 자기완성에 대한 관점에서 출발하는 경우가 많은 것 같습니다. 낭만적인 시를 읽는 것 같은 일이 그 첫출발의 계기가 되는 것이 아닐까요? 그러니까 그들이 초기에 느끼는 충동이란 교양소설에서 보는 것과 같은 자기교양에의 관심과 비슷한 것으로 생각할 수 있겠습니다.

그러한 것에 대한 강력한 충동을 가지고 있으나 각박한 상황 때문에 그보다 다른 차원의 충동에 부딪히게 되는 것이 아닌가 합니다. 즉 본래 예언자, 선지자, 윤리가, 정치가 등이 갖고 있는 충동에 부딪히게 되어 심한 갈등을 느끼는 것이라 할 수 있겠습니다. 비록 문학인의 경우만이 아니라도 조선사회가 무너지고 급격한 변화에 휩쓸리게 되면서 강력한 자기실현에의 충동을 많은 사람들이 갖게 되었을 것입니다. 상황에 대한 변혁의지, 정치적·사회적으로 호적한 환경을 만들어보자는 것도 개인적인 자기현실을 꾀하겠다는 데 연결되는 것이었을 수 있습니다. 그러나 백선생께서 누누이 얘기한 식민지적 상황 때문에 잘 안되는 것이겠지요. 이러한 사태는 오늘날에 있어서도 그대로 지속되고 있는 것일 것입니다. 예술가들이 가지고 있는 충동이란 대체로 사회적으로 규정된 역할보다는 스스로 규정하는 역할을 자기 나름대로 실현해보겠다는 것이라 할 수 있습니다. 이것이 예술충동의 가장 줏대 되는 원동력이겠지요. 이런 충동이 허용되지 않는 상황 속에서 민족문학이라는 테두리 속에 시원스레 귀속되는 작품도 생기고 그렇지 못한 경우도 생기는 것 같아요.

역사소설과 역사인식

유종호 크게 보아 교양소설이 민족문학의 테두리 안에서 양립할 수 있는 것이나, 보다 엄밀하게 규정된 교양소설은 실제 과거의 우리 상황에서는 나오기 어려웠다, 또 오늘날에 있어서 교양적인 자기실현을 밑바닥에 깔고 있는 예술충동이 보다 큰 것에 부딪혀 갈등을 경험하기 마련이다라는 얘기로 두 분의 교양소설 논의는 거칠게나마 요약이 될 수 있을 것 같습니다. 그래서 그런지 과연 우리에게는 교양소설이라고 얼핏 연상되는 작품이 결해 있고, 또 최근의 왕성한 작품생산량 속에서도 그러한 성향의 것은 찾아지지 않는 것 같습니다. 요즈음 우리 문학계의 큰 수확으로 자주 거론되는 박경리(朴景利)씨의 『토지(土地)』나 황석영(黃晳暎)씨의 『장길산(張吉山)』만 하더라도 그것이 지향하고 포용하는 세계가 근본적으로 교양소설의 차원과는 생판 다른 것이지만, 수많은 등장인물의 개인사 속에서도 자기실현의 과정에서 중대한 체험의 순간으로 응결되는 자아각성이나 깨달음의 순간 같은 것은 찾아지지 않는 것 같아요. 즉 진진하고 극적인 외적 사건이 풍요하게 전개되는 반면에 한 사람의 성숙이나 세계 통찰을 위해서 결정적인 구실을 하는 내적 경험의 탐구에는 아주 등한시되어 있어요. 철부지 상태에서 이미 철부지로서의 현상유지를 불가능하게 하는 그러한 경험의 순간, 이니시에이션(initiation)의 과정이 포착되어 있는 경우는 매우 드뭅니다. 이것은 근본적으로 '팔자는 못 속이는 법'이라는 갑갑한 신분사회, 수직적인 사회이동도 지리적인 사회이동도 꿈꾸기가 어려웠던 지난날의 삶을 그리는 이상 당연한 일이라고 할 수도 있겠습니다. 사실 교양소설의 주인공은 일단 자기 고향을 떠나지요. 자기가 속해 있던 공동체를 떠나서, 속되게 말하면 자기실현의 기회가 많이 깔려 있는, 가령 도회지로 나가고, 또 육체적인 의미에서나 내면적인 의미에서나 여행 — 그것은 방황이나 모색이나 일종의 세속적 구도(求道)라고 부를 수도 있는 것이지만 — 을 하고 마침내 어느 사회적 공간에서 안주할 수 있는 자리를 발견하게 되는 것인데, 우리의 과거와 같이 신분사회의 여러 억압적인 굴레, 개인의 자기완성을 훼방하고 다양한 가능성보다는 입신양명(立身揚名)해서 가문을 빛내달라는 가족 내부의 강력한 요구나 압력, 교양소설적인 실제적·관념적인 편력에 대한 강력한 쐐기로서의 조혼(早婚) 등에 얽매인 지난날의 젊은이들에게 사실 교양소설적 체험이란 무연(無緣)한 것이 아니었나 합니다. 그래서 이런 유의 경험이 아까 얘기한 『토지』나 『장길산』의 경우에도 무연한 것으로 되어 있다고 하겠어요. 이왕 얘기가 나온 김이니 이 두 작품에 대한 얘기도 나누어보지요. 너무 방대한 작품이어서 한번쯤 독파하고 얘기하는 것도 무책임하고 실례가 되는 것도 같으나 아무 얘기도 않고 넘어가는 것도 결례가 될 것 같습니다.

백낙청 『토지』나 『장길산』뿐 아니라 요즈음 역사소설이 많이 씌어지고 있어요. 문학뿐 아니라 요즘 신문·잡지들을 보더라도 과거에 대한 관심이 고조되어가고 있는데, 이것은 한편으로는 오늘의 상황에 대한 주체적인 이해·파악을 위해 우리의 과거를 탐구해보자는 측면이 있고, 다른 한편으로는 현실적인 제약이 많으니까 옛날이야기나 해보자는 식으로 현실에 대한 관심의 농도가 엷어진 데서 오는 측면도 있는 것 같습니다. 물론 위의 두 작품은 이러한 전반적인 시대 분위기가 작가의 역량과 잘 맞아떨어진 역작으로 평가되어야겠지요.

유종호 흔히들 지적하지만 우리의 경우 사회사가 정리되어 있지 않아서 정치사나 전쟁사, 혹은 궁정의 음모사의 차원을 벗어난 지난날의 삶의 실상에 대한 감각을 갖기가 어려운 면이 있습니다. 가령 우리는 아테네의 전성기에 실제로 아테네 시민들이 어떠한 일상생활을 영위해갔는가를 원하기만 한다면 상당히 구체적으로 떠올릴 수 있습니다. 부자라도 양말을 신지 않았다든가, 주식이 보리떡이었다든가, 스프링이 없는 딱딱한 침대에서 잤다든가 하는 식으로 말이죠. 이것이 우리 경우에는 이조 말기라면 모르지만 조금만 올라가도 잘 알 수가 없는 것 같아요. 언제고 자료정리가 되어 밝혀지겠지만, 그런 의미에서 박경리씨나 황석영씨 같은 분들이 지난날의 일상생활의 결을 다루기가 참으로 힘들겠다는 생각이 들어요. 그래서 우리가 이 두 작품에 보낼 수 있는 아낌없는 찬사는 반복을 피하기 위해 일단 접어두고 그 특성을 얘기해본다면 대체로 서구의 사실적 근대소설이 갖는 구체적이고 자상한 생활상이나 시대상의 묘사는 드물게 나타나게 되는 것 같습니다. 저쪽의 사실소설과 다르니까 조금 못났다는 뜻이 아니고 하나의 특성으로 지적할 수 있다는 얘깁니다. 예컨대 저쪽에서는 지루할 정도의 공간묘사, 가령 거주공간이나 의상의 묘사가 나와서 등장인물의 일상적 상황이 선명하게 드러나는 데 반해서 두 작품은 극적인 외적 사건의 묘사에는 풍부하지만 구체적인 일상생활의 결에는 자상한 전개가 결해 있더군요. 또 두 작품에 공통되는 것이 무속 같은 옛 풍속을 연구성 있게 활용하고 있다는 점이고, 또 우리말의 어휘, 속담이 굉장히 풍요해서 문학적 설득력을 발휘하는 데 기여하고 있다는 점이더군요. 속담 같은 것도 옛것, 요샛것, 작가가 발명한 것 등 가지가지지만 굉장히 다양해서 이를 통해 등장인물들이 생기를 띠게 되는 것 같아요. 아까도 지적했듯이 제재의 성질상 내면적 경험은 등한히 되어 있다는 것이 역시 사실적 서구소설과는 다른 점이더군요. 사건을 일어나는 현장에서 묘사하기보다는, 기정사실로 된 후의 것을 간간이 추억하는 것으로 그리는 것이 『토지』의 특성인 것 같습니다.

백낙청 저는 두 작품 모두가 민족문학의 값진 성과라고 보는 입장에서 이야기를 두 갈래로 전개해볼까 합니다. 즉 한편으로 우리 문학의 전통 내부에서의 위치 같은 것을 가늠해보고, 동시에 유선생께서 제기하신 근대적 사실주의 전통과 연관해서 살펴볼까 합니다. 한마디로 『토지』나 『장길산』은 해방 이후에 씌어진 것으로서 본격적인 역사소설이라 일컬을 만한 최초의 예에 속하는 것이 아닌가 합니다. 그리고 이 두 작품 외에도 이문구(李文求)의 「오자룡(吳子龍)」 같은 작품도 비슷한 시기에 나왔다는 점에서 우리 문학의 연륜 같은 것을 느끼게도 해줍니다. 이들 작품들은 우선 한결같이 우리말에 대한 강렬한 애착과 탁월한 예술적 구사력을 보여주고 있다는 점에서 본격문학으로서의 한 가지 기본 여건을 갖추었습니다. 읽고 나면 우리말의 보고(寶庫) 속에 들어갔다 나온 느낌이 드는데, 이것은 그동안 흔히 보아온 무수한 역사소설들에서 찾아보기 어렵고 신문학 초기의 이광수(李光洙)나 김동인(金東仁)도 못 미치는 점입니다. 또 과거를 그리는 데 있어서도 당시 민중의 구체적인 생활현장을 그리려는 노력이 역력히 보입니다. 『토지』의 경우, 그 1부밖에 못 읽어서 면목이 없습니다만, 다분히 개인적인 사연과 몰락하는 양반가문의 이야기에 치중하면서도 거기에 부수되어 전개되는 당시 농민들 생활상의 풍부한 묘사는 '리얼리즘의 승리'라는 유명한 낱말을 떠올리는 일면이 있습니다. 『장길산』의 경우는 당대의 민중생활을 정면으로 그리는 것이 오늘날 역사소설의 당연한 임무이고, 또 오늘날의 현실이 요구하는 민족문학의 정도(正道)라는 어떤 분명한 의식을 갖고 쓴 것 같습니다. 그리고 이번에 책으로 나온 제1 부의 성과를 볼 때, 부분적인 고증의 실수를 말하는 사람도 있고, 또 전반적인 분위기라든가 상업의 발달상 등이 숙종조(肅宗朝)보다는 좀더 뒤의 시대를 상기시킨다는 지적도 낳고 있습니다만, 여하간 조선왕조시대의 사회상이 이만큼 생생하고 풍성하게 펼쳐진 것은 벽초(碧初)의 거작 이래로는 처음 있는 일일 것입니다. 다만 유선생께서도 말씀하셨듯이 일상적인 생활현실의 묘사가 좀 엷은 느낌이 있고, 좀더 구체적으로 말해서 당대 민중의 핵심을 이루었던 양인(良人), 그중에서도 농민들의 생활에 대한 구체적인 인식이 미흡한 느낌입니다. 장길산이 광대였고 더구나 제1부는 '광대'편이니까 양인보다 천인이 소설무대에 많이 나오는 것은 당연한 것이지만, 요는 광대들을 다루는 데 있어서 그들이 양인과 구별되는 특수한 존재라는 인식이 분명치 않을 때가 있더군요. 광대인 작중인물들이 놀이를 한다거나 재담을 늘어놓는다거나 '손돌'이 자살하는 장면 등 특별한 사건이 벌어질 때를 빼고는 그들의 생활감정은 마치 농민의 그것을 이식해놓은 인상을 줍니다. 당시의 광대나 다른 천민의 독특한 생활감정이 어떤 것인지는 저도 구체적으로 잘 모릅니다만 역시 일반 농민·수공업자·상인의 그것과는 많이 달랐겠지요. 여하간 농민신분의 등장인물이 많고 적은 것보다도 민중을 구성하는 많은 계층들의 차이, 그들의 각기 다른 생활상과 생활감정, 상이한 역사적 기능, 이런 것을 좀더 분명히 의식하면서 민중의 어느 부분이든 그려내야겠지요. 민중의 삶을 충실히 그리고 민중의 역사적 역할을 제대로 평가하기 위해서는 실재하는 민중의 모습을 과학적으로 인식할 필요가 있을 것입니다. 『장길산』의 작업이 진행되면서 이런 면에서도, 더 전진이 있기를 기대하고 또 그러리라 믿습니다.

이야기가 길어집니다만 『토지』와 『장길산』의 경우를 근대 서구문학의 사실주의 전통과 관련해서도 언급해보고 싶습니다. 어떤 의미에서는 제가 아까 민족문학 및 세계문학에 관해 말씀드린 것과도 직결된 문제니까요. 유선생께서 지적하셨듯이 『토지』나 『장길산』의 경우, 서구의 근대 사실주의 소설에서 마주치는 세밀하고 자상한 일상생활상의 묘사, 충분한 사회사적 업적의 바탕 위에서만 가능한 묘사가 부족한 느낌이 있습니다. 그러나 서구의 사실주의 소설들과 비교할 때 이런 면도 눈에 띄어요. 서구의 사실주의 대가들은 작품의 소재를 왕년의 상류사회 중심에서 중산층의 일상생활에까지 넓혀오지만 그 이하의 민중생활은 외면하는 경우가 많아요. 영국의 죠지 엘리어트(George Eliot) 같은 소설가는 제인 오스틴의 소설에서는 볼 수 없던 농민의 생활, 농민의 언어를 소설 속에 집어넣은 작가로서, 『싸일러스 마아너』(Silas Marner) 같은 작품에서도 동네 주막집에서 시골사람들이 모여서 잡담하는 장면 같은 것은 극히 생생한 것입니다만, 이런 장면은 역시 일종의 배경효과에 그치고 말아요. 더구나 『펠릭스 홀트』(Felix Holt) 같은 정치적 주제를 직접 다룬 소설에 이르면 민중에 대한 작가의 뿌리깊은 불신감 때문에 작품의 구조 자체가 왜곡되고 만다는 점을 레이먼드 윌리엄즈(Raymond Williams) 같은 비평가도 지적한 바 있지요. 이러한 민중에 대한 불신감은 죠지 엘리어트만의 문제가 아니고 19세기 서구문학의 큰 흐름의 하나이고 20세기에 올수록 완화되기는커녕 오히려 심해지는 것입니다. 거기에 비한다면 『토지』나 『장길산』은 그 작중인물들을 보나 작가 자신의 언어를 보나, 민중에 대한 서구 지식인들의 편견에서 시원스레 벗어나 있습니다. 바로 그렇기 때문에 서구에서는 이미 노쇠해버리다시피 된 리얼리즘의 형식이 박경리·황석영 두 분뿐 아니라 우리의 많은 유능한 작가의 손에서 아직도 무한한 발전과 성취를 기다리는 유연성을 지니고 있는 것입니다. 그 점에서도 저는 우리의 민족문학이 이미 세계문학의 차원에서 줄 것은 주고, 받을 것은 받을 수 있는 경지에 도달했다고 믿는 것입니다.

김우창 사실 저는 이 두 작가에 대해서 별로 할 말이 준비되지 못하였습니다. 아직 『토지』와 『장길산』을 제대로 읽지를 않았으니까요. 다만 단편적으로『장길산』이 신문에 연재되었을 때 간헐적으로 본 것과『토지』의 일부를 본 인상으로 기술적인 면에 대해서 한마디 해보지요.『토지』가 드물게 건실한 작품이란 것은 여러 평가들이 말한 대로입니다만, 가령 그것이 분량으로 보아서 방대한 것인 이유도 관계되는 것이겠지만 이야기의 흐름이 조금 지나치게 단편적인 것이 아닌가, 그래서 참을성이 부족한 독자에게는 좀 지루한 느낌을 주는 것이 아닌가 하는 생각이 들었습니다. 이것을 지적하는 것은 반드시 그것이 이 작품의 단점이라든가 하는 뜻에서가 아니고 농촌중심이 부딪히게 되는 한 문제를 말한다는 뜻에서입니다. 사실 서양의 리얼리즘이란 것이 반드시 어떤 대중적 민주주의의 전제를 가지고 있는 것이 아닌 것은 틀림없는 것인데, 이것은 백선생이 지적하다시피 그들 작가가 가지고 있던 어떤 대중에 대한 불신감에도 관계있는 일이겠으나 다른 한편으로, 그들의 묘사의 촛점이 부르주아의 세계를 향하고 있다면, 이것은 부르주아 계급이 어느정도의 폭이 있는 삶을 확보하게 된 것에 관계있는 일일 것입니다. 결국 소설도 그렇고 문학작품 일반이 너무 눌려 있는 세계만을 묘사하기는 어려운 게 아닌가 합니다. 문학작품에는 우선 재미가 있어야 하는데, 이러한 요구로 하여, 행동의 폭도 크고 관심도 다양할 수 있는 여유가 있는 생활이 소설의 소재로서 적합하기 쉽다는 일반론이 설 수 있을 것입니다. 그리고 이 재미란 것은 독자가 근본적으로는 생의 영웅적이고 창의적인 가능성을 믿고 싶어하는 것에 연결된다고 봅니다. 큰 행동이 쉽지 않은 농촌의 삶의 묘사가 삽화적이 되는 것은 불가피한지 모릅니다. 여기에 대해서 황석영씨는 그 주인공을 광대에서 취하고 있는데, 광대는 말하자면 사회조직의 밖에 서 있는 인물이기 때문에 쉽게 낭만적인 영웅의 역할을 할 수 있다고 하겠습니다. 그런데 백선생이 말씀하시듯 광대가 전형적인 농민일 수는 없겠지요. 그러니까 큰 스케일의 행동과 농민의 생활에 대한 깊이있는 이해를 어떻게 조화시키느냐 하는 것은 하나의 기술적인 문제로 남아 있는 것으로 생각할 수 있습니다. 이런 것은 어쩌면 백선생이 제시한 큰 테제 앞에서는 지엽적인 문제인지 모르겠습니다마는……

유종호 오랜 시간 수고가 많으셨습니다. 우리가 글쓰기를 선택한 것은 입으로 말해지는 말의 무반성적 성격, 그 돌이킬 수 없는 일성(一性, 一回性), 입 밖에 나온 말의 당돌한 자의성(恣意性), 진정 하고 싶었던 말과의 엄청난 위화감, 이런 것에 대한 저항에서이기도 하였지요. 오늘 하신 말씀이 활자로 굳어져 나온 것을 보시면, 과연 이런 말을 했던가 하는 위화감을 주는 대목도 있으리라 생각합니다. 제 뱃속에서 나왔다지만 어찌할 수 없는 자식이라는 모정 같은 것 말입니다. 그런 점이 있으시다면 『세계의 문학』이란 모색의 광장에서, 입에서 튀어나오는 말의 자의성을 버리고 다시 글자를 통한 엄밀성을 선택하기로 하십시다.

| 좌담 |

하나의 세계를 지향하는 한민족의 이상

'함께 사는 사회'를 모색하는 대토론

홍현설(감리교신학대학 명예학장)
성내운(전 연세대 교수, 교육학)
최동희(고려대 교수, 철학)
이호재(고려대 교수, 정치학)
백낙청(전 서울대 교수, 문학평론가)

발제논문(백낙청)

앞날에 대한 꿈을 지니고 산다는 것은 사람의 사람다운 면모의 하나이다. 바로 내일의 희망과 설계뿐 아니라 아득한 장래에 대한 꿈도 인간다운 삶을 위해서 절대 필요한 것이다. 하지만 이러한 꿈은 어디까지나 현실에 대한 냉철한 인식과 이 현실의 모순을 극복하려는 실천적 노력에서 우러나오는 것이라야 한다. 그렇지 않은 '꿈' 내지 '이상(理想)'이란 결국 무책임한 현실도피에다 그럴싸한 허울을 씌워놓은 것밖에 안된다.

'함께 사는 하나의 세계를 지향하는 한민족의 이상'을 말하는 경우에도 우리는 우선 우리 한민족 자신이 '하나'가 못되고 두 동강이 나 있다는

■ 이 좌담은 『독서신문』 1977년 6월 19·26일자(제332~333호)에 실린 것이다.

현실을 똑바로 보는 데서 출발해야 한다. 이 현실을 어물어물 넘기면서 '하나의 세계' 운운한다면 세계는 우리더러 속담의 무엇 묻은 개가 무엇 묻은 개를 나무란다더라고 핀잔을 줄 것이 분명하다.

일단 '한민족(韓民族)'을 거론할 때 가장 눈에 띄는 모순은 그 사는 땅 자체가 남북으로 갈리고 한 핏줄의 겨레가 원수처럼 서로 헐뜯고 있다는 사실이지만 우리가 '하나'가 되지 못하고 있는 현실은 거기서 그치는 것만 도 아니다.

두 동강 중에서 우리 남쪽의 현실만을 보더라도 그 자체 내의 분열과 갈등이 너무나 심각하다. 돈 있는 사람과 돈 없는 사람, 권력에 가까운 사람과 권력에서 동떨어진 사람, 미국이나 일본과 제법 통하는 사람과 그렇 지 못한 사람, 이런 사람들이 거의 동포라고 생각하기 어려울 정도로 다르 게 살고 있는 것이다. 이 점 역시 우리가 하나의 세계를 지향하는 꿈을 말 함에 있어 먼저 인정하고 들어가야 할 일이다.

사람에 따라서는 이러한 현실을 들추는 것은 드높은 이상의 추구에 방 해가 되는 일이요, '총화'를 이루려는, 즉 모두 하나가 되려는 우리의 목표 에 어긋나는 짓이라고 주장하기도 한다.

그러나 현실과 대면함으로써 시들어버릴 이상이라면 그것은 몇몇 여유 있는 사람들의 정신적 사치에 불과한 것이며 현실이 하나가 못됨을 말하 지 못하게 함으로써 하나로 뭉쳐질 수 있는 것이라면 '하나의 세계를 지향 하는 한민족의 이상'을 구태여 논할 것도 없이 강대국의 강권(强權)에 부 탁하면 그만인 것이다. 진정한 민족적 단결은 민족현실의 당면한 문제점 이 정확히 파악되어 이를 극복하려는 자발적인 노력이 번져나감으로써만 가능하다. 그리고 이러한 노력이야말로 우리 민족이 장차 하나가 될 것이 며 하나의 세계를 향해 한 걸음 다가서리라는 꿈이 없이는 안되는 것이다.

한반도의 통일 없이 한민족의 총화가 없으리라는 것은 너무나 명백한 일이다. 뿐만 아니라 남북의 분단이 지속되는 한 어느 한쪽에서만의 총화에도 현실적으로 엄연한 한계가 따른다. 예컨대 우리 사회에서 빈부의 격차를 해소하는 문제만 해도 분단이 지속되는 한 온전히 성공하기 어려울 것이며, 외국자본과 멀고 가까움에 따른 차등(差等) 역시 반 조각 국토로 버티려는 동안에는 근절할 도리가 없지 않을까 한다. 무엇보다도 통일이 이루어지는 날까지는 통일을 추구하는 사람과 그렇지 않은 사람 사이의 갈등이 끊이지 않을 것이다.

왜냐하면 비록 우리 모두가 입을 모아 통일을 말하지만 실제로는 사람마다 이해득실이 서로 다르게 얽힐 수밖에 없는 복잡한 사회에 우리는 살고 있기 때문이다.

그러므로 오늘의 한민족이 '하나의 세계'를 위해 할 수 있는 가장 큰 공헌은 우리 스스로가 하나가 되는 길이요, 이러한 민족의 총화를 위한 선행조건이 국토의 통일이라 할 수 있다. 그리고 이와같은 선행조건으로서의 통일을 쟁취하기 위해서 우리는 한반도의 자주·평화·통일을 저해하는 요소들이 과연 어떤 것이며 대한민국 내부의 자발적 단결을 깨뜨리는 요인은 또한 어떤 것인지 좀더 거침없이 의논하고 활발하게 제거해나갈 수 있어야겠다.

하나의 세계를 바라보는 우리 민족 전래의 사상이나 이 시대 특유의 이상은 이러한 역사적 과업의 일부로서 창조됨으로써만 그 참뜻을 살릴 수 있다. 예컨대 배달민족의 평화애호사상을 들먹이면서 통일을 통한 한반도의 평화 성취에는 오히려 냉담한 것이 일종의 위선이듯이, 이른바 인권문제를 통일운동과 민족총화운동의 기본여건으로 설정하지 못하는 '인권옹호'도 추상적인 구호가 아니면 빗나간 이상주의자란 비판을 면키 어려울 것이다. 좀더 사람답게 살고자 하는 싸움이 요청하는 꿈만이 전인류가 인간다운 삶을 이룩하는 데 기여할 수 있는 것이다.

통일의 이상

백낙청 제가 방금 읽어드린 발제논문은 한민족의 구체적인 이상을 제시했다기보다는 토론진행상 일종의 전제조건에 대한 제 나름의 생각을 말씀드린 것입니다. 그 타당성 여부는 선생님들께서 말씀하시는 가운데 자연 밝혀지리라 보고, 먼저 성선생님께서 '함께 사는 하나의 세계'에 대한 발상의 실마리를 좀더 구체적으로 잡아주시죠.

성내운 발제논문의 문제제기가 아주 적절합니다. 하나의 세계를 논의하기 전에 우리의 강토가 두 동강이로 된 이 현실을 직시하고 통일을 저해하는 안팎의 요인을 밝히는 것으로부터 오늘의 얘기가 출발해야 된다고 봅니다. 하나의 이상론으로 나라의 하나됨과 세계의 하나됨은 마치 손의 안팎과 같이 그 본질상 결코 다른 것일 수 없다고 보는 까닭입니다.

우리 국토가 분단된 당시의 자세한 상황은 저는 사실 잘 모릅니다만 두 동강이 난 이후 오늘의 싯점에 이르기까지의 여러 과정에서 혹 정치적 아집(我執) 같은 게 지나치지 않았는가를 다 같이 반성해보아야 할 줄 압니다.

우리가 자주적인 자세를 결하고 강대국의 이해에 좌우된다거나 우리 남쪽은 '민주통일'을 주장하는 데 반해 북쪽은 '공산통일'만을 획책한다면, 통일에의 접근방법론에 경직성을 유발시켜 민족의 지상염원을 오히려 흐리게 하는 결과가 되지 않을까 두렵습니다. 가령 남과 북의 민중이 자주적으로, 평화적으로 통일하고자 하는 자연스럽고 자발적인 의지가 팽배해 있는데도 계획적 교육과 사회문화적 메커니즘을 통해서 이를 변질시킨다면 큰 문제겠지요. 이것은 사회 구성원 전체의 비인간화 프로그램이라는 점에서 여간 중대한 문제가 아닐 겁니다.

특히 이북의 경우 해방 후 오늘날까지 공산사회란 이름으로 제국주의적인 모든 것에 반대하고 그 잔재를 청산했다고 하지만 세계역사상 유례가 드문 유일사상(唯一思想)을 가지고 집권자 한 사람을 숭배케 해서 사회적 지성을 마비시키고 있잖습니까. 그래서 북한 동포들을 정치사회적인 바보로 만들어 전쟁을 찬양케 하고 동족을 서슴없이 살육하게끔 30년간이나 가르쳐온 것입니다.

이러한 서로 이질적인 풍토야말로 양단된 국토를 하나로 환원시키고자 하는 온 겨레의 염원을 저해하는 근본 요인이라고 아니할 수 없겠습니다.

공존의 세계

백낙청 얘기가 삽시간에 정치적인 문제로 번지고 말았습니다만 정치학자이신 이교수의 견해는 어떠신지?

이호재 하긴 백박사가 처음에 지적한 것처럼 둘로 쪼개진 우리 주제에 '하나의 세계'를 논한다는 것은 너무나 우스꽝스런 입장이기도 합니다. 그리고 '하나의 세계'를 지향하는 최초의 작업으로서 우리는 먼저 통일부터 해야 할 것이 아니냐는 발제논문의 문제파악에도 저 역시 동감입니다. 그런데 양면이 있는 것 같아요.

사실 한국의 분단이란 것이 세계분단의 부산물이거든요. 그러니까 세계가 좀더 하나적인 것, 이데올로기의 대결이나 남북대립 같은 게 좀 해소되면 우리가 바라는 한반도의 통일도 그 가능성이 상당히 가까워지는 것 아니겠습니까. 그러니까 백박사가 강조한 하나의 세계를 이룩하기 위해서는 남북이 통일해야 한다는 그 면 못지않게 하나의 세계가 되면 그 부산물로서 통일의 조건이 주어진다는 측면도 동시에 생각해봐야 하지 않을까 싶습니다. 남북통일은 전체적인 해결 없이 우리만의 바람이나 힘만으로는 너무나 힘든 작업이기 때문에 현실에 바탕을 둔 좀더 현실지향적인 생각을 해야 할 것 같습니다.

지금 이 자리에서 '하나의 세계'를 얘기하고 있지만 세계역사상 '하나의 세계'를 강조하고 내세운 경우 거의 침략전쟁으로 사건화됐습니다. 고대 알렉산더나 씨저를 구태여 들지 않더라도 근세에 와서 나뽈레옹이나 히틀러 등 비록 그것이 진정한 의미에서 '하나의 세계'를 추구한 것이 아니고 비꼬인 상태일망정 소위 '하나의 세계'란 지표 아래 무자비한 침략전쟁을 일으켰잖습니까. 그러니까 하나의 세계에 대해서도 의견이 갈래갈래 분분할 수 있겠는데 어떤 하나의 세계냐는 게 중요할 것 같습니다.

또한 남북통일도 상당히 얘기들을 많이 하고 있고, 그만큼 이 민족의 줄기찬 바람이지만 현실적으로는 6·25동란에서 보듯이 까딱 잘못하면 동족상잔을 빚는다는 것입니다. 통일에의 현실적 조건이 용납을 안하면, 그것이 정권담당자의 책임이건, 우리 역량의 부족이건 간에 통일이란 것을 부르짖어서 그 결과가 국민에게 한번도 좋았던 적이 없었습니다.

'하나의 세계' 또는 국토통일이 우리의 영원한 목적이고 이상이겠지만 현실적으로 이것에 잘못 접근하고 섣불리 다루다가는 정치적으로 오히려 하나의 세계가 아닌 분산된, 분해된 세계를 더욱 굳히는 결과만 빚을 우려가 있는 것이에요. 꿈만 가지고는 아무 소용 없고 현실의 인식에 서야 한다는 백박사의 얘기와도 이 점 일치하는 것이라고 저는 생각합니다.

또 실제 정치학에서의 유니버설리즘이라는 것은 현실적으로는 어떤 나라 중심의 내셔널리스틱 유니버설리즘이 되고 맙니다. 공산주의도 하나의 세계를 지향하는 것인데 그것도 소련 중심의, 소련이 지배하는 것이 돼버리지 않습니까. 이것은 미국이나 독일이나 일본이나 매한가지입니다. 사실 이렇게 넓은 세상에서 하나의 세계를 이룬다는 것은 상당히 어렵습니다. 특히나 우리가 이상적으로 생각하는 하나의 세계란 현실적으로는 불가능한 것이고 실제로는 여러 나라가 평화공존하는 상황이 아니겠나 합니다. 또한 하나의 세계정부 밑에 모두가 똑같은 가치체계와 정치체제를 갖는 형태보다는 제각기 다른 개별국가들이 공존하는 게 더 바람직스럽기도 한 게 아닌가 싶군요.

민족 전체의 각성

우리가 인간인 이상 요순(堯舜)시대의 질서는 바라기 어렵고 충돌과 평화, 갈등과 조화가 엇갈리는 세계에 살 수밖에 없지 않느냐는 것입니다.

하나의 세계가 목표이긴 하지만 현실적으로는 국경을 그대로 두고 경제통합과 보다 폭넓은 사회접촉과 커뮤니케이션의 긴밀화란 간접적인 접근을 통해 상호의존성이 높아가는 세계가 우리가 지향하는 길이 아니겠습니까.

또 남북한관계에 있어서도 우리가 목적으로서는 통일이 급박하겠지만 현실적으로는 김일성(金日成)이 있다는 것도 엄연한 사실이니까, 이런 현실을 전제로 해서 통일은 안되더라도 점진적으로 덜 나쁜 것, 분단이라도 좀 개선된 분단, 하나의 세계는 아니더라도 좀 나은 세계라는 방향으로 가는 것이 보다 객관성 있고 과학적인 문제접근 방식이 아닌가 합니다. 아무리 좋은 이상이라고 해도 급히 서둘다가는 현재보다 더 나쁜 분단상태, 다시 말해 전쟁 같은 걸 유발하지 않을까 합니다. 하나의 세계를 지향한다는 슬로건 아래 일어난 여러가지 전쟁비극을 생각하면 우리도 이 점을 상당히 고려해야 하지 않나 합니다.

백낙청 동학(東學)을 연구하신 최교수께서는 '하나의 세계'에 대한 우리 민족 고유의 이상에 대해 구체적으로 하실 말씀이 많으실 걸로 압니다만, 우선 지금 논의되고 있는 통일문제와 결부시켜서 간단히 몇 말씀 해주시면 어떨까 합니다.

최동희 처음부터 우리 민족이 원해서 분단된 것도 아니고, 또 이미 분단이 돼 있는 현실에 있어서 우리가 원한다고 통일이 될 것도 아니고, 이러한 상황에서 우리들은 어느 의미에서 하나의 꿈을 그리지 않을 수 없겠습니다. 이런 중에서도 비교적 바람직스런 꿈을 말씀드린다면 우리 민족이 바란다고 쉽게 되지 않는다는 측면에서 세계적 경향이 좀더 나은 방향으로 바뀌어졌으면 합니다. 소위 근대 이후에 우리 인류를 지배해온 것은 니체(Nietzsche)가 말하는 '권력의지(權力意志)'인 것 같아요.

이러한 권력의지에 의한 행동의 결과가 오늘날 전인류에게 준 것이 과연 무엇이냐는 걸 좀 냉정히 반성, 각성해서 이제부터는 '대화에의 의지'라 할까 하여튼 새로운 행동원리를 진지하게 생각해야 할 때입니다. 이러한 휴머니즘적 분위기를 성숙시키는 것과 아울러 우리 민족 자신들도 주변에서 일어나는 현실을 냉철하게 바로 보고 우리가 무엇 때문에, 무엇을 위해서 사느냐를 냉정하게 생각하는 민족적 자각이 일깨워져야 합니다.

자기만 권력을 장악하겠다는 생각에서 벗어나서 남과 북의 안에서 폭넓고 깊은 대화의 광장운동이 전개돼 서로간의 이해가 깊어지고, 주변의 제삼자들이 우리의 분단상태를 얼마나 악용할 수 있는가를 현명하게 살펴 우리 민족 전체가 각성해야 합니다. 물론 현실적으론 여간 어려운 문제가 아니겠지만 교육 등 사회의 여러 측면에서 이러한 운동을 널리 전개해서 세계사 속에서 민족적 자각이 드높아졌으면 합니다.

'지구촌'의 차원

홍현설 오늘날 세계가 동서양 진영으로 갈라진 것은 엄연한 현실인데 이 갈라진 것이 순전히 이데올로기의 대립이냐, 아니면 경제적인 입장에서 가진 나라와 못 가진 나라의 대립이 더 현실적이냐 하는 뉘앙스에 약간의 방황하는 경향이 있는 것 같아요. 가령 북위 30도선을 기준으로 해서 그 남쪽에 있는 나라는 가지지 못한 제3세계라고 부르고, 그 북쪽에 있는 나라들은 가진 나라로 보는데 그 양자의 대립이 점점 첨예화돼가기 때문에 그만큼 국제 긴장도 높아져가고 있잖습니까.

그런데 아까 이교수께서 인류역사상 '하나의 세계'가 이루어진 적은 없다고 말씀하셨는데 서양사만 두고 본다면 로마의 콘스탄티누스(Constantinus) 황제가 세계를 통일했을 때부터 수삼 세기를 '기독교세계'라 부르고 있지요. 요새 와서는 기독교 이후의 세계란 말도 쓰고 있습니다만 최근에 와서 또 '하나의 세계' 실현에 약간의 서광이 비친다고 봅니다.

즉 교통수단의 혁명적인 발달로 거리감이 없어지게 됐고, 또 아폴로 우주선이 달에 착륙하는 광경을 전인류가 동시에 관람하는 것과 같은 통신과 정보, 매스컴의 놀라운 발달로 이 지구가 굉장히 좁아졌다고도 볼 수 있잖습니까. 그래서 '글로벌 빌리지 — 지구촌(地球村)'과 같은 말이 요즘 많이 쓰이고 있잖아요. 지구촌, 지구마을 — 마을이라면 옛 원시시대부터 혈연관계로 맺어진 조그만 자연부락인데 지구 전체를 두고 마을이란 말을 쓴 것은 지구에다 하나의 정다운 운명공동체란 의미를 내포시키고 싶어서였지 않을까요.

영국 캔터베리 대주교로 있던 윌리엄 템플(William Temple)이란 분이 세계에 있는 모든 사람들을 '확신있는 공산주의자'와 '확신있는 크리스천'으로 나눌 수 있다고 했습니다. 그 중간에 있는 사람들은 뚜렷한 주체적 신념이 없이 대세에 쏠려가는 사람들이라면 이 세계의 최후의 대결은 정말 공산주의자와 크리스천의 대결이 되지 않을까 싶기도 합니다. 몇해 전 남북조절위원회가 열리고 있을 때 남북이 문화적 교류를 하게 되면 종교도 거기에 한몫 들어 교류를 하자고 제안한 적이 있습니다. 이북에도 종교의 자유가 있다고 그들이 말하고 있으니까 일단 종교가 있다고 가정을 하고서 말이죠. 이북에도 반드시 종교가 남아 있다고 저는 믿습니다. 왜냐하면 김일성이 종교를 탄압하는 것이 사실일진대 종교란 탄압받고 박해를 받으면 받을수록 더욱 활기를 띠고 팽창해나가는 것이거든요.

얼마 전에 동구라파에만 주로 다니면서 선교하는 젊은이를 만나 얘기를 들은 적이 있는데 이 세계에서 종교를 싫어하는 가장 못된 나라로서 알바니아와 북괴가 있는데 알바니아는 본래 회교국이었지만 종교에 모독을 주기 위해 모슬렘사원을 압수해서 공중변소로 만들었대요. 그런데 소련이나 체코나 공산주의 어느 나라를 가봐도 기독교는 도저히 박멸할 수 없는 것으로 확인할 수 있었다는 거예요. 정부에 협력하거나 지하에 들어가 활동하거나 간에 말이죠.

'하나의 세계'가 권력과 권력의 투쟁이란 점에서는 참 기대하기 어렵지만 최근에 와서 희망을 걸 수 있게 된 것은 아이러니컬하게도 나날이 심각해져가는 공해문제 때문이에요. 이 우주 안에 수많은 별들이 있지만 생명이 숨쉬고 있는 것으로는 이 지구밖에 없잖아요. 그런데 이 단 하나뿐인 지구가 오염돼가고 있으니 이 문제엔 자유진영이다, 공산진영이다 가릴 수가 없게 된 겁니다. 인류 모두가 깊은 도덕의식을 되살려서 여기에 대처하지 않는다면 공멸(共滅)밖엔 남는 길이 없으니까 이런 점에서 '하나의 세계'라는 공동운명체적 자각이 깨우쳐지지 않을까 기대가 가는 것입니다.

염원과 장애

백낙청 '하나의 세계'를 실현하는 데 가로놓인 현실적인 장애는 말할 수 없이 많겠지요. 우리가 꿈을 얘기할 때 현실에 대한 냉철한 인식에 입각한 꿈을 얘기해야겠다는 말씀을 서두에 드렸습니다만, 저는 하나의 세계에 대해서 이교수처럼 전적으로 비관적이지는 않습니다. 비록 짧은 시일 내에 단일세계가 된다는 뜻은 아니더라도 통신, 교통 등 여러가지 물질적 조건이 미비했던 시대에도 홍박사님 말씀처럼 구라파에서 기독교세계란 것이 존재할 수 있었고, 동양에서는 동양대로 중국을 중심으로 '천하(天下)'란 개념이 어느 한 민족, 한 국가에 구애됨이 없이 통용될 수 있었다고 한다면 훨씬 더 발달된 오늘의 싯점에서 '하나의 세계'를 얘기하는 것이 그냥 허황된 논의만은 아니라고 믿습니다.

그런데 이러한 주제를 통일문제와 결부시킨 것은 우리가 통일을 지향하면서 통일을 저해하는 문제를 하나하나 생각하고 이것을 해결해나가려고 하는 노력과 세계 전체가 진정으로 하나가 되기를 지향하는 노력 간에 어떤 구조적·본질적인 일치점이 있다고 믿기 때문입니다. 다시 말해서 '하나의 세계'를 염원할수록 우리는 하나의 민족이 되는 길을 구체적으로 생각하게 되고, 또한 하나의 민족을 지향하는 작업이 '하나의 세계'의 문제와 불가피하게 연관되지 않는가 하는 것입니다.

구체적인 예를 든다면 우리가 분단된 것은 강대국의 전횡 때문이었고, 성선생님이 지적하셨듯이 분단이 지속되고 있는 것도 결국 남과 북이 각기 어떤 강대국의 입장에 따라서 통일문제를 생각하니까 더 그렇게 되는 것이 아닌가 합니다. 그렇다면 우리가 통일을 기어코 이루기 위해서는 강대국의 전횡을 막아내고 극복하는 방법을 강구해야 할 텐데 이것이야말로 우리 민족통일의 문제만이 아니고 지금 이 세계에서 좀더 일치되고 조화되는 세계질서를 모색하는 문제와도 직결된 것이 아니겠습니까. 또 성선생님이 말씀하신 '민중적인 염원이 탄압받고 있다'는 것도 어느 지역에만 국한된 문제가 아니고 세계적으로 만연된 현상이고, 이 문제가 해결되지 않는 한 한반도의 통일도 해결되지 않을 뿐만 아니라 세계 전체가 하나로 되는 일도 요원하지 않을까 하는 것입니다. 그리고 우리의 그 '절대적인 명제'가 교묘하게 악용되어서 오히려 민중의 이익을 해치는 방향으로 몰고 나가는 현대의 갖가지 대중조작 기술에 대해서 우리가 좀더 철저히 연구해서 극복해나가는 일도 '하나의 세계'를 창조해나가는 구체적인 작업에서 절대적으로 필요한 일이 아닌가 합니다.

한 가지만 더 예를 든다면 우리가 흔히 인권문제를 얘기합니다만, 인권이란 말 자체가 어느 특정 민족에 국한된 문제가 아니고 그야말로 사람 모두가 사람으로서 당연히 가지는 권리로서 이것이야말로 보편적인 문제입니다. '하나의 세계'란 것이 정말 그런 이름에 값하는 것이라면 어떤 형식으로든지 이 인권이 존중되는 세계여야 할 것입니다. 그런 이 문제를 우리가 통일을 위한 노력과 연관해서 본다면 우리는 지금 통일에 대한 저해요인이 많으면서도 그 저해요인이 무엇인지를 구체적으로 말하는 것조차 어려운 상황에 있습니다. 그렇기 때문에 우리는 원대한 인류의 이상으로서 인권을 요구하는 동시에, 우리 민족만의 통일이라도 우선 해야겠고 또한 이남에서만이라도 여러가지 모순을 극복하며 좀더 하나답게 살아보자는 노력을 제대로 추진할 자유를 요구하는 것입니다. '하나의 세계'라는 원대한 이상에 비한다면 극히 근시안적이랄 수도 있는 기본여건부터 보장해달라는 식으로 인권문제가 제기되고 있는데, 이것이 사실은 근시안적인 주장이 아니라 인권이라는 인류 전체의 궁극적인 목표에 우리 나름의 구체적 알맹이를 부여하고 있는 것입니다.

공존과 화해

이호재 아까 우리 역사상 '하나의 세계'가 없었던 것은 아니다, 로마를 중심한 기독교세계가 있지 않았느냐고 말씀하셨는데 그것은 로마나 기독교의 입장에서 보면 분명 하나의 세계일지 모르지만 엄밀하게 말해 그건 어디까지나 '팍스 로마나'—로마가 지배하는 세계였지요. 모든 민족이 공히 평등한 기회를 갖는 이상적인 것은 절대로 아니었던 것입니다. 로마인 중심의 하나의 세계 비슷한 질서일 따름이죠.

또 '천하(天下)'라는 개념도 얘기가 나왔습니다만 중국의 경우도 그 주변의 약소국가는 사실 중국과 평등한 입장에서의 통일된 동양적 국제질서에 들어간 것이 아니고 부수적인 존재나 종속적인 입장에서의 참여였던 것입니다. 로마나 중국이나 옛 인질제도에서 보듯이 어디까지나 강자의 점령이었지 진정한 의미에서 상호의존과 상호평등의 원칙에 입각한 세계는 아니었지 않나 합니다. 그러니까 우리가 이상으로 생각하는 하나의 세계는 역사상에 별로 실현된 적은 없고 그야말로 우리가 이제부터 접근하고 창조해나가야 할 세계인 것입니다.

그러나 그것은 상당한 노력과 상당한 조건이 갖추어졌을 때에야 가능하기 때문에 우리가 너무 서둘면 통일의 경우처럼 전쟁을 유발한다는 것입니다.

현실적으로 까딱 잘못하면 쪼개진 세계가 가져오는 그런 것보다 더 나쁜 결과를 가져올 우려가 있다는 것을 저는 재삼 강조하고 싶어요.

그리고 아까 홍선생님 말씀처럼 이 세상이 기독교와 공산주의의 대결이라면 세계가 하나로 될 가능성은 전연 없게 됩니다.

공산주의자의 입장에서는 자기들이야말로 선(善)이요, 진리의 군(軍)이라고 생각하고, 기독교에서는 또한 기독교만이 진리요, 하나님의 뜻이요, 하는 식으로 역시 선을 주장하고 있으니, 이런 아집이 오늘날의 냉전을 유발하고 하나의 세계는 아니더라도 좀더 잘 사는, 좀더 '함께 사는 사회'에 큰 저해요인이 되고 있지 않을까 합니다. 저는 정치학을 하는 입장에서 사상이나 이념의 옳고 그름을 따지기보다 서로의 존재와 주장을 상호인정하면서 그간에 공존을 추구하는 이런 것만이 그야말로 전쟁 없이 함께 사는 현실적인 길이고 평화를 가져오는 길이 아닐까 생각하는 거예요.

정치적으로 하나의 세계란 것은 그 이념이 각기 무엇이든 각 정치세력 간에 하나의 공존을 의미하는 것이니까 상호세력균형에 의해서 불안하나마 전쟁 없는 평화를 유지할 수 있는 것 아닐까 하고 생각합니다.

그리고 마지막으로 인권과 통일문제는 물론 근본적으로는 직결돼 있는 문제입니다만, 인권이란 우리 내부세계의 아주 거대한 문제이고 통일이란 문제는 정권이나 정파 간에 해결해야 할 문제이기 때문에 서로 차원이 다른 것인데, 이것을 너무 결부시켜가지고는 양쪽 다 얻지 못하는 결과만 빚어내지 않겠느냐는 생각이 듭니다. 물론 둘 다가 '하나의 세계'로 가는 길이긴 합니다만.

성내운 한반도의 통일이든 하나의 세계든 간에 우리가 전제로 하는 것은 그 안에 있는 사람들이 인간적으로 차별받지 않고, 생존의 조건 — 예컨대 헐벗지 않고 굶주리지 않고 마음 편하고 — 이렇게 공존한다는 뜻 아니겠습니까. 이런 각도에서 본다면, 이데올로기에 의한 세계통일을 찬동하지 않는다는 이교수님의 말씀을 우리 겨레가 서로 위해가면서 차별받지 않고 마음 편히 살면서 민족적 화해를 하는 데 이데올로기적 고집이 도리어 방해가 되고 심지어 전쟁마저 유발할 우려가 있는 것이라고 이해하고 싶군요.

이와같은 논리로 세계도 강대국 중심의 편싸움을 고집한다면 인류의 이상인 하나의 세계에서 점점 멀어지는 것 아니겠습니까. '하나의 세계'라고 할 때 근본적으로 장애가 되는 것은 홍학장님께서도 언급하셨지만 우리 인간이 지구를 파괴하는 중에 인류와 자연의 조화가 깨뜨려져서 자연도 인류도 더 생존할 수 없는 상황에 차츰 다가서고 있다는 사실입니다.

그런데 그 원인을 알아보자면서 양인이 과학기술로 공업화를 먼저 이루고 군사적으로 강대국이 되어서 넓은 영토와 자원을 선취(先取), 국경의 담을 높이 쌓고는 자원을 마구 낭비하고, 이런 중에 원자탄이 나오고, 방사선 폐기물질의 뒤처리도 제대로 못하면서 원자탄이든 원자력의 평화적 이용이든 간에 거듭 생산해내고 있는 것입니다. 따라서 대기와 해양이 오염되고, 자원이 고갈되고 이러니까 나머지 대다수의 인류가 잘 살래야 잘 살 수 없게 되는 것입니다.

민족의 의지

우리나라도 어디까지나 '세계 속의 한국'인만큼 인류가 생존권을 잃을 때, 한국겨레라고 남아날 도리가 없는 것이고, 이런 점에서 한국민족의 하나 되는 것을 염원하자면 그만큼 세계 인류의 멸망가능성을 줄이는 문제에 대해서 우리가 발언권을 행사하고, 다른 나라의 움직임에 대해서도 권리를 주장하고, 이런 것들이 되돌아와서 우리 겨레의 두 동강이 난 것이 둘로 합쳐질 수 있지 않을까 합니다. 우리 스스로를 포함한 인류의 멸망을 멀리하거나 예방하는 자주적인 노력을 경주해야 할 때가 오지 않았나 하는 것입니다.

세계문제는 곧 우리문제이고, 우리문제에 대한 자주적 해결의 노력이 세계문제를 풀어나가는 실마리라는 관점에서 빈부격차를 심화시키는 갖가지 평계의 군비증강과 핵확산의 위험을 지성인들은 절감해야 합니다. 우리 겨레에 대한 역사적인 사명과 책임은 나라와 세계의 하나됨을 기필코 이루는 것입니다.

저는 한국겨레가 된 것을 자랑으로 생각하는 두 가지가 있습니다. 하나는 3·1독립선언을 한 선배가 있었다는 점과 내 또래들이 이 싯점에서 '7·4공동성명'을 냈노라는 것을 우리 아이들과 세계에 대해서 꼽고 싶어요.

3·1 독립선언은 최남선(崔南善)의 글이라고 하고 '남북공동성명'은 누구란 것이 분명히 밝혀지지는 않았습니다만 제가 생각하기에는 민족의 의지가 먼저 있어서 그게 최남선이 아니고 다른 누구였더라도 그 뜻은 어김없이 담겨 있으리라고 믿고 싶고 7·4공동성명도 남북을 왕래한 개인이 누구였든지 간에 그 싯점에서 우리 겨레의 염원이 거기에서 별로 벗어나지 않았을 것이라고 믿는 것입니다.

그런데 남북이 그 뒤에 언제 그런 성명을 발표했냐는 듯이 군비를 늘리고 으르렁대서 마치 6·25 직전과도 같은 상황을 이루고 있는데, 3·1독립선언서를 발표케 한 민족의 의지가 있었듯이 민족화해를 두 정치권력에게 강요한 고조된 사회의식이 남북에 다 있었고, 그래서 그 뒤에 오히려 그것을 상쇄하는 듯한 대결의식 고취가 있었지 않았나 하는 거예요. 내 개인으로 이데올로기를 말하라면 물론 내가 죽음을 무릅쓰고 택한 남쪽의 자유지만 그런 이데올로기 문제 이전에 민족 전체의 전쟁이 없어야겠고 겨레가 고루 억압과 착취 없는 이상세계를 성취해야 한다는 것입니다.

겨레와 인류가 희생되는 비인간화된 시대상황의 모순을 극복해야 나라의 하나되기와 세계의 하나되기가 같은 바탕을 가지고 이루어질 것이 아니냐는 생각인 것입니다.

홍현설 먼 장래를 두고 생각할 때, '평화를 위한 교육'이 전 세계적으로 하나되는 첩경이라고 생각합니다. 제가 일하고 있는 감리교신학대학 안에 '영아원' 비슷한 조그만 학교를 하나 지어 운영하고 있습니다.

이것은 이딸리아의 몬테쏘리(Montessori)라는 여자가 시작한 것인데, 사람이 한 살에서 다섯 살까지의 어린 시절에 여러 인종이 섞여 같이 자라난 경험을 가지면 후에 청년이 되어서도 인종차별 하는 일은 절대로 없다는 거예요. 어린이들은 외국인과 인근의 동네아이들이 반반 정도 섞여 있는데 여기선 무슨 교과서를 가지고 가르친다거나 하지는 않고, 도대체 말들이 제각기 다르니까 선생이 말을 많이 하는 것도 아니고, 애들마다 아무런 차별 없이 완구를 가지고 서로 노는 동안에 친해지도록 하고 있어요. 이렇게 섞여서 교육하면 일생 동안 인종차별 하지 않고 평화지향적이 된다는 겁니다.

오늘날 우리의 어린이 교육이 적극적이고 투쟁적인 의지를 고취시키는 교육인지 모르겠는데 이북에 있는 동포도 결국은 한민족이란 생각을 잃지 않게끔 해주는 것이 중요하다고 봅니다. 우리나라에 기독교가 왜 빨리 전파됐느냐 하면 단일민족에다 같은 언어를 쓰고 있기 때문이라고 분석되는데요. 현재 이북이 좋지 못한 이데올로기에 현혹돼 있다 할지라도 조상전래로 한 피를 받고 같은 땅에 살라고 하느님의 '명'을 받은 한겨레인데, 적대감정을 고취시키는 것은 비극적이고, 또 그 비극을 늘리는 결과밖에 가져올 것이 없어요.

적대감보다는 인간으로서의 다 같은 기본적 이념을 가지게끔 교육해야 오늘 당장은 통일이 되지 않는다고 해도 그 어린이들이 성년이 되면 숨통이 터지지 않을까 하는 것입니다.

1966년 제네바에서 세계교육협의회가 주최하는 '교회와 사회'라는 씸포지엄이 있었는데, 아무래도 세계문제가 결국은 경제적인 격차에서 오는 것임을 부인할 수 없기 때문에 영국의 어느 대표가 앞으로 세계가 평화를 이루고 하나가 되기 위해서는 가진 나라가 자기나라 총생산의 1백분의 1씩을 내어서 가난한 나라를 도와주자고 제안한 일이 있습니다.

그 뒤에 그것을 실천한 나라가 있다는 얘기는 어디서도 듣지 못했습니다만, 하여간 가끔 가다 엉뚱하나마 그런 제안이 나와서 경제·문화·인종의 격차를 해소해야 싸움도 안 생기고 평화가 올 텐데 하는 인류의 바람에 명맥을 이어주고 있지요. 이런 것을 위해서는 지금부터 기본교육을 착실하게 해나가는 것이 첩경이 아닌가 합니다.

정확한 상황판단

백낙청 최선생님께서 아까 세계사 속에서의 민족적 각성이란 말씀도 하셨고 또 동학사상에 대해 각별히 연구하신 것으로 아는데, 우리 민족이 세계 전체의 사상 발전에 이바지할 수 있는 면에 대해 좋은 말씀 해주시기 바랍니다.

최동희 '하나의 세계'가 실제 이루어질 것도 같고, 또 한편 아직도 요원한 것 같기도 하고, 전쟁도 금세 터질 것같이도 보이고, 이젠 좀체 일어날 수 없을 것 같기도 하고, 하여튼 여간 어려운 문제가 아닌데, 요는 세계 각국에서 일어나는 사실들을 온 국민에게 기만하지 말고 솔직하게 알려주기만 해도 최소한 전쟁은 없을 것 같아요. 또 국민들이 정확한 정보를 제각기 알고 있다면 이러한 상황에서 혼자만 정권을 잡아야겠다는 터무니없는 욕심도 줄어들지 않을까 합니다.

세계 각국의 집권자들은 각기 장악하고 있는 정보계통을 통해서 자기에게 불리한 정보를 알고 있으면서도 국민들은 모른다는 전제 아래 자기의 생명을 연장하기 위해 언제 폭발할지도 모를 것도 굳이 양보를 하려 들지 않는 경향이 있는 것 같아요. 그러니까 온 세상 사람들이 진실을 바탕으로 정확한 상황판단을 내리고 있다면 어느 권력자도 불필요한 자기 욕심을 삼가지 않을까 하는 것입니다.

이것을 굳이 철학적으로 얘기한다면 인간을 자꾸만 대상화(對象化)해서 생각하기 때문에 다른 인간을 자기와 똑같은 인권을 가진 인격체로 인정하지 않게 되는 것입니다. 말하자면 자기만 세상에 태어난 유일한 '전(全)아무개다'라고 해서 스스로만 일회적(一回的) 존재라고 아끼면서도 다른 사람들도 제각기 그렇게 귀한 존재라는 사실은 까맣게 망각하고 마는 거예요. 그러니 자기만 제외하고는 타인은 모조리 통계적 처리를 하고 마는 겁니다.

가령 "인구가 너무 많다. 경제규모나 식량사정을 감안한다면 차라리 얼마 줄어드는 게 좋겠다"는 말들이 나온다면 그렇게 생각하는 사람이 그 줄어드는 인간 속에 들어가 보라는 거예요. 이 세상의 모든 한 사람 한 사람을 유일한 '나', 자아로 발견만 한다면 남의 인권을 인간이란 것만으로 무조건 함부로 다루어선 안될 것으로 자성하게 될 겁니다.

물론 좁은 의미에서 인권뿐만 아니라 굶주리지 않아야 하고 엉뚱한 실험의 대상이 되어서도 안되고…… 하여튼 물건과 같은 3인칭으로 취급하지 말아야 하는데, 그러려면 남도 나로 아는 이것 하나만 꼭 붙잡으면 됩니다. 물론 만인에게 성인(聖人)을 요구하는 것처럼 쉽지는 않은 일입니다만.

백낙청 아까 홍박사님 말씀 중에서 우리가 후세를 교육하는 중에도 인종의 차이에 관계없이 다 같은 인간이다라는 것을 알면서 자라게 해주고, 특히 우리 남북관계에 있어서도 남이든 북이든 같은 인간일 뿐 아니라 같은 동포요 민족이란 것을 좀더 가르쳐야겠다는 말씀에 많은 공감을 느낍니다.

그리고 이 점 역시 단순히 민족적인 문제가 아니고 어떻게 보면 우리가 인간 자체에 대해서 어느 정도의 신뢰를 가지고 있느냐에 대한 결정적인 테스트가 아닌가 하는 생각도 듭니다. 지금처럼 남과 북이 갈라져서 서로 헐뜯고 공산주의자라고 하면 그 순간 그는 민족이 아닐 뿐만 아니라 인간도 아닌 무슨 이상한 짐승이 된 것처럼 이야기가 되는 분위기가 농후하잖습니까.

물론 공산주의를 비판하고 반대하는 것은 좋지만 공산주의가 들어갈 때 인간이 그냥 인간 아닌 다른 것으로 돼버린다면 인간을 그만큼 값싸게 생각하고 있다는 증거거나, 아니면 공산주의의 위력을 오히려 고무, 찬양하는 태도로 될 수 있지 않느냐는 생각까지 들게 합니다.(웃음)

민족의 일원

실제로 우리나라의 이름난 정치인 중에서도 "북한의 공산주의자는 민족의 일원이라고 할 수 없다"고 말하는 것을 들은 적이 있는데 저는 이렇게 생각합니다. 그들이 어떻든간에 민족이면서 공산주의자니까 문제가 있는 것이지, 아예 민족이 아니라면 오히려 문제가 간단해지는 것이죠.

이렇게 서로 오해하고 중상하는 분위기 가운데서도 역시 같은 민족이다, 같은 인간이다 하는 점을 우리가 망각하지 않는다는 것은 바꾸어 말하면 우리가 어떠한 시련에 닥쳐서도 인간에 대한 신뢰를 잃지 않고 민족으로서의 긍지를 잃지 않는다는 뜻이 되지 않을까 하는 것입니다.

성선생님께서 핵무기에 관해서도 말씀을 하셨는데, 물론 저는 한반도에서 전쟁이 일어나면 핵무기를 사용하겠다는 사람들의 의도는 전쟁이 일어나지 않도록 하겠다는 것이라고 선의로 해석하고 싶습니다. 그러나 우리 민족의 입장에서는 그런 말이 나올 때 이런 면도 생각해봐야 될 줄 압니다. 핵무기를 사용한다면 도대체 어디다가 사용하느냐, 죽는 사람은 누구고, 원자탄이 터진 뒤의 방사능 낙진 등 갖가지 후유증의 피해는 누가 제일 심하게 입는 것이냐.

그리고 그런 말을 하는 외국 사람이 자기 나라에 원자탄이 터진다고 할 때도 그렇게 쉽사리 그런 말을 할 수 있을 것이냐, 자기 나라는커녕 유럽의 우방 국가를 두고도 그런 말을 주저없이 할 수 있었겠느냐, 이런 데까지도 한번 생각을 해보자는 겁니다. 그것은 우리가 인간으로서의 최소한의 자존심을 잃지 않고 민족으로서의 긍지를 잃지 않기 위해 일부러 한번 그래보는 것이라 해도 좋습니다.

이런 의미에서 대결상태에서 남북화해의 전기(轉機)를 마련한 7·4공동성명이란 것은 우리 민족사의 중대한 사건일뿐더러 성교수 말씀대로 세계에 내놓고 자랑할 수 있는 사건이 아닌가 합니다.

여기서 저 역시 한번 더 강조하고 싶은 것은 7·4공동성명이나 3·1운동이나 커다란 역사적 사건이란 표면적으로는 정치인이나 다른 어떤 유명인사들에 의해 진행될지 몰라도, 근본적으로는 어디까지나 민중 전체의 의지와 염원이 어떤 수준에 달했기 때문에 표면에 나선 사람들이 그렇게 움직이지 않을 수 없는 상황에서 그런 사건을 만들어냈다고 생각되고, 이런 의미에서 우리가 비록 정권담당자가 아니라 하더라도 이러한 일에 참여하고 있다는 긍지와 책임감을 가지고 임해야 하지 않을까 합니다.

그래서 인권이란 것도 아까 이교수께서는 통일과는 다른 차원의 문제라고 말했습니다만, 남북관계를 포함한 역사의 진행이 우리 모두가 참여하는 문제라면 참여하는 각 개인의 참여권이 보장돼 있는가, 또 최선생님 말씀처럼 필요한 정보가 개방돼 있고, 그것에 접할 권리가 있는가, 이런 것이 그 일의 성패에 직접적인 관련이 있다고 보고, 나아가서는 '하나의 세계'를 지향하는 데도 가장 중요한 관건이 된다고 생각합니다.

이호재 교육을 통해 합리적인 가치관을 가질 수 있도록 해서 '하나의 세계'를 지향한다는 것 참 좋은 말씀이십니다. 또 최박사께서 지적하신 것처럼 좀 비권력지향적인 사고방식만 가지면 이 세상이 나아질 것 아니냐는 말씀도 틀림없는 진리입니다. 동서고금을 통해 일찍부터 주장돼온 당위론입니다.

그러나 현실적으로 우리는 그런 세계에 살고 있지 않고, 또 그런 세계가 도래할 것 같은 전망도 상당히 흐리게 보입니다. 그래서 저는 악인을 자처하고 현실적인 얘기를 해야겠는데, 하나의 세계도 어렵고 전쟁이 일어나지 않기도 상당히 어려운 상황입니다. 그렇다면 이런 묘한 논리도 성립될 수 있지 않느냐 생각됩니다. 즉 우리가 그렇게 원자탄을 싫어하면서도 모든 나라가 원자탄을 가졌다고 가정하면 어떤 의미에선 강대국과 약소국이 다 없어지게 될 겁니다.

비록 약소국일망정 원자탄을 가지고 있으면 상대가 강요할 수 없을 거예요. 미·소가 30년 동안이나 대치하면서도 직접 싸움을 하지 못하는 중요한 이유도 원자탄으로 '공포의 세력균형'을 유지하고 있기 때문입니다. 그러니까 한국전쟁이나 월남전, 중동전 같은 소규모 국지전만 일어나다 마는데, 우리가 누구나 원자탄을 미워는 하지만 그 원자탄을 거의 모든 나라들이 가지게 될 날이 앞으로 불과 10년 안팎이라고 저는 봅니다.

공존과 필요악

이것은 도덕이나 국제법 등으로 아무리 계몽해도 각국이 정치적 필요에 의해서 불가피하게 추진하게 될 것입니다. 그러면 우리는 원자탄만 자꾸 규탄할 게 아니라 이 어쩔 수 없는 조건을 받아들여 그 속에서 해결책을 찾아야 합니다. 멍청하게 있다가는 끝내 안 가진 놈만 당하게 될 것 아니겠어요.

예컨대 북한은 원자탄을 가지는데 우리는 가지지 않는다든가 하는 일이 생기면 오히려 이것이 전쟁을 촉발한다 이겁니다. 차라리 남북한이 원자탄을 모두 가지게 된다면 오히려 싸울 수 없는 상황, 통일은 아니더라도 적어도 평화공존 이외의 선택이 없는 상황으로 유도될 것 아니겠습니까. 그러니까 사회문제에는 필요악(必要惡)이란 게 있잖아요. 이 필요악을 통해서 오히려 선(善)을 가져올 수 있다면 이것을 너무 혐오만 할 것이 아니라고 생각합니다. 밤낮 서로 돈을 더 들여 군비경쟁을 하느니보다는 차라리 원자탄 1백 개씩을 서로 가져 피차간에 승산이 없는 상황에 하루빨리 가면 아마 남북대화도 할 수 있지 않을까 하는 가상 극단론까지 전개할 수 있겠습니다.

통일이나 하나의 세계를 지향하는 데 너무 당위론만 가지고는 현실성이 없는 것이고, 또 사실 통일이나 하나의 세계보다는 최고의 가치를 평화에 두면, 통일은 아니더라도 평화공존, 또한 하나의 세계는 아니더라도 여러 국가 간의 공존, 이념이나 사상은 다를지 모르지만, 또 경제적인 이해관계도 다를지 모르지만 공존, 곧 평화를 지향하는 것이 오히려 현실성이 있지 않느냐는 이야기인 것입니다.

실제 인간사회에는 언제나 개인의 자유냐, 전체의 평등이냐 등 정치논쟁이 생기기 마련인데, 이때 현실에 근거해서 얻을 수 있는 최대의 것을 얻도록 노력해야지, 종교에서나 말하는 현실에 있지도 않은 인간을 전제로 해서 자꾸 논의한다는 것은 무익한 도로(徒勞)에 그치지 않을까 합니다. '하나의 세계'는 냉혹한 이해관계와 아집이 얽혀 있는 정치적 문제이지, 결코 고매한 사상이나 종교적 차원의 것은 아닌 까닭에 이 문제에 대해서 정치적 접근이 더욱 아쉽고 바람직스럽다고 하겠습니다.

성내운 저는 무식을 한번 자처해볼까요.(웃음) 몇해 전까지만 해도 저는 원자력의 평화적 이용이라면 무조건 좋은 것인 줄로만 믿었어요. 원자력 발전소를 설치한다고 할 때 저는 긍지를 느끼고 원자로를 들여올 때도 참 좋다고 생각했는데 알고 보니 원자력발전만으로도 국토가 영원히 오염된다는 거예요. 한 30년 가동을 하고 발전을 중단해도 그 폐기물을 바다에도 집어넣지 못하고 땅 속에도 파묻지 못하고 어떻게 처리할 방도가 없다는 거예요.

그런데도 그것을 만드는 게 옳으냐, 전 세계 인류가 곰곰 반성해보아야 할 거예요. 이 지구를 결정적으로 그리고 영원히 오염시키는 이 원자물질을 세계 모든 나라들이 자꾸 만들 거냐, 그래서 전쟁 없는 평화가 와요!

최동희 지금 성선생님 말씀과 같은 위험한 현실을 인류 모두가 알기만 한다면 이러지 못할 겁니다. 원자력의 오염이나 무서운 위력, 그리고 인간의 좋지 못한 습성 등을 우리 모두가 깨닫는다면 그걸 알고서야 어찌 인류 멸망의 길을 치달릴 수 있겠습니까. 눈앞에 닥친 확실한 위험은 우리에게 그것을 물리치고 비켜날 선(善)과 지혜를 강요하게 될 것이라 봐요.

그런데 요즘 교육과 언론이 문제입니다. 생생한 지식이나 정보를 가르치지 않고 멀리 우회해서 아득한 고고학이나 이념의 찌꺼기나 가르치고 있잖습니까. 오늘날의 세계와 우리 인간의 운명에 직결되는 보다 생생한 것, 실속있는 것을 서로 알려주고 배우고 하면 이런 문제도 해결의 실마리가 풀릴 것이라 봅니다.

이호재 원자탄을 정말 더 가져야 되느냐는 물음에 대해서 한마디만 한다면 미국·소련·중공은 다 가지는데 왜 우리라고 못 가지느냐, 그놈들은 가져도 괜찮고 우리는 가져선 안되느냐, 이렇게 반문해보고 싶군요.

우리의 현실

백낙청 이교수께서는 악인을 자처하셨고, 성선생님께서는 무식을 자처하셨으니까 저는 아집을 자처하고 같은 얘기를 또 한번 해봐야겠습니다.(웃음)

우리가 '하나의 세계'에 대한 이상을 말할 때도 우리 현실과 결부해서 생각해야 한다고 말했듯이 평화공존이란 문제 역시 어디까지나 우리 현실의 관점에서 봐야 될 것 같아요. 지금 미국과 소련이 서로 대립하면서도 평화공존한다고 할 때 장기적으로는 그 사람들도 더 차원높은 화해를 추구해야겠지만 단기적으로는 그 평화공존으로 답답할 게 별로 없는 것입니다. 오히려 자기들의 기득권을 보호하는 데 막대한 편의를 얻고 있지요.

그러나 우리 입장에서 볼 때는 우리나라에서도 유리한 입장에 있는 분들은 어떤지 모르겠습니다만 대다수의 입장에서는 미·소 간의 평화공존과는 전혀 의미가 다른 겁니다. 우선 남북이 갈라져 있는 상태에서 전쟁이 터지지 않는다는 것이 진정한 평화하고는 거리가 먼 것이죠. 미·소 간에도 전쟁을 하지 않는다는 것이 꼭 평화라고만은 할 수 없는 것이지만, 특히 우리 경우에는 이러한 대치상태가 평화하고는 너무나 거리가 먼 얘깁니다.

요즘 또 사회적으로 총화(總和)가 많이 강조되고 있습니다만 그것도 차원을 높여 민족의 총화라고 할 때는 당연히 통일이 되지 않고는 안되는 것은 물론이고, 민족 전체가 아닌 남쪽만의 총화도 통일이 되지 않는 동안에는 결코 완전하게 이루어지지는 않을 것이라 봅니다. 왜냐하면 통일이 안돼 있는 한에는 통일하자는 사람과 안하자는 사람이 있겠고, 또 통일하자는 사람 중에서도 이렇게 하자, 저렇게 하자고 반드시 국론이 분열되게 마련일 것입니다.

뿐만 아니고 남북이 각각 갈라져서도 강대국 틈에서 조금도 부끄럽지 않게 살 수 있는 큰 땅덩어리가 있고, 여러가지 자원이 있고, 심지어 이교수 말씀하시는 핵무기까지 갖추었다면 몰라도, 지금 이 상태에서는 갈라져 있으면 항상 남의 눈치 보고 살아야 하고, 심하면 경제성장의 댓가로 국토가 공해로 황폐화되고 우리 여성들의 정조까지 내놓는 사태가 일어나게 되는 것입니다.

이런 마당에서 '평화공존'이란 것은 이런 상황이 더욱 연장되고 심화되는 결과가 될 우려가 따르는 일이 아닐까요? 그래서 강대국의 입장에서는 그런대로 견딜 만한 평화공존이 우리로서는 견딜 수 없다는 것이 우리의 비극이라면 비극이지만, 이것을 현실정치의 논리에만 얽매이지 말고 한번 바꾸어서 생각해보면 이러한 어려운 입장이야말로 오히려 역사가 우리에게 안겨준 특권적인 입장이라고도 할 수 있습니다.

다시 말해서 강대국들은 평화공존으로 만족해서 좀더 새로운 것을 추구하지 않고 현상에 머물다가 한층 뜻있는 일을 할 기회를 놓칠 수도 있는데, 우리는 이런 상황을 견딜 수 없기 때문에 무언가 새로운 이념을 찾고 현실의 어려운 난관을 뚫어서 민족의 화해를 이루고 국토를 통일해보자, 그러기 위해 강대국의 간섭을 배제하고 또 때로는 우리에게 필요한 경우에는 강대국의 입장도 우리 나름으로 잘 이용해서 통일의 과업으로 연결시키는 지적·정서적 훈련을 쌓고, 나아가서는 어떤 종교적인 개안(開眼)의 차원까지도 갈 수 있는 기회가 주어져 있지 않은가 하는 것입니다.

마음의 통일

이호재 남북한간에 이렇게 이질화가 심해져 있고, 두 정권이 각기의 권력을 굳게 지키고 있는 이런 상황에서 기어이 통일하자면 그 유일한 수단은 무력통일 방식뿐입니다. 그렇다면 어떻든 전쟁은 피해야 하는 현재의 단계에서 우리에게 남겨진 길은 평화공존으로 유도하는 것입니다. 평화공존이 통일과 모순되는 것이 아니라 통일로 가는 현실적인 접근책인 것이죠.

평화공존을 현상의 고착화나 두 개의 한국론으로 간주한다면 그것은 좋지 않은 것이겠지만, 남북이 현재의 적대적인 관계를 개선해서 마치 지방자치의 원칙에서 보듯이 가능한 한 서로 협조하고 상호의존의 폭을 더

해간다면, 지금의 싯점에서 우리가 바랄 수 있는 평화 아니겠습니까.

홍현설 분단도 어떠한 분단상태를 가지게 되느냐는 문제는 민도(民度)와 깊은 관계가 있다는 것을 몇해 전 서독에 가보고 절실히 느낀 적이 있습니다. 베를린시의 동서경계선 근처에 2차대전 때 폭격 맞아 부서진 한 신문사 건물이 있는데 그 재건공사를 마무리짓지 않고 몇년 동안이나 거의 무한정하게 계속하고 있어요. 그래서 무슨 곡절이라도 있는 거냐고 물었더니 독일이 통일될 때까지 일부러 지연하고 있다는 겁니다.

통일이 된 뒤 다 같이 힘을 모아 완성할 날만 기다린다는 겁니다. 얼마나 감동적인 얘깁니까. 그리고 행인들 누구에게 물어보아도 동·서독 사람들이 서로 미워하지 않는다는 거예요. 한 민족이 강대국의 횡포 때문에 타의로 분할됐는데 같은 피해자 사이에 미워할 까닭이 없다는 겁니다. 그래서 국경선을 지키고 있는 양쪽의 경비병조차도 서로 담배와 껌을 주고 받으며 얘기를 나누고, 시민들끼리도 내왕이 그치지 않는다는 겁니다.

그런데 제가 독일에 갔을 때 당시 브란트 수상이 등장해서 이러한 민도를 바탕으로 당장의 통일은 현재의 국제체제상 어려우니까 통일에의 과정으로서 평화공존과 상호교류를 더욱 넓히고 제도화하자고 해서 유엔에도 동시 가입한 것입니다. 한 가지 중요한 것은 통일이란 것이 우리나라나 독일이나 또는 세계적 차원에 있어서도 오늘은 비록 불가능해 보일지라도 내일은 가능하다고 믿고 노력하는 자세가 중요하다고 봅니다. 서로의 선의를 믿어야 합니다. 통일을 외치면서 상대를 증오하고 불신하기만 한다면 출발 자체부터 잘못된 것이죠.

미국의 퀘이커(Quaker) 교도와 파더스 디바인(Fathers Divine) 교파에서는 절대 평화주의를 이상으로 삼아 흑백의 인종차별을 하지 않는 것은 물론이고 적과 동지의 구별도 없이 구호와 봉사활동을 펴고 있어요.

이호재 재차 강조하지만 남북통일이나 '하나의 세계'를 추구하는 데 있어서 점진적인 개선이 중요합니다. 영토통일이라는 땅 붙이는 것에 급급

해서는 안됩니다. 통일이란 수단이지 목적이 아니거든요. 통일문제에 있어 너무 공식적이거나 도식적인 당위론에만 사로잡혀서는 아무 일도 되지 않습니다. 인간들의 마음과 가치관이 통일되지 않았는데 너무 '하나의 세계'를 추구하다 보면 또 전쟁 나는 세계밖에 될 게 없어요. 남북통일 이전에 더 큰 차원에서 동북아시아의 지역질서를 통합하는 일이 선행되어야 할 것이라고 봅니다.

홍현설 마음의 통일이란 말씀, 좋습니다. 양 정치권력이 겨레의 염원을 좀더 존중해서 평화공존을 해나가면서 하나의 세계를 이루는 데 민족의 순수한 양심을 발휘해야 할 거예요.

이호재 통일이 지연되고 있는 것은 집권자들만의 책임이 아니라 어디까지나 우리 전체가 책임질 일이죠.

백낙청 아니, 그렇다면 이 세상의 어떤 역사적·사회적 현상도 정치가들에게 그 책임을 물을 수 없고 국민 모두가 져야 한다는 논리 비약의 위험성이 이교수 얘기에 숨어 있는 것 같군요.

최동희 보다 큰 책임은 어디까지나 두 정권에 있다고 해야지요. 분단의 지속이 이 민족에게 얼마나 큰 고통을 주고 있는가를 깊이 자각하고 민중에 대한 교육을 올바로 실시해서 남북의 통일과 '하나의 세계'를 기필코 이루어 나가야 할 것입니다.

백낙청 좋은 말씀 감사합니다. 오늘의 이 얘기도 '하나의 세계'와 통일에의 일보가 됐으면 합니다.

분단시대의 민족문화

강만길 (고려대 교수, 한국사)
김윤수 (전 이대 교수, 미술평론가)
리영희 (전 한양대 교수, 중국학)
임형택 (성균관대 교수, 국문학)
백낙청 (『창작과비평』 발행인, 문학평론가)
1977년 7월 7일

백낙청 바쁘신데 이렇게 나와주셔서 감사합니다. 오늘 '분단시대의 민족문화'라는 주제로 여러분을 모시고 여러가지 좋은 말씀을 듣고자 합니다. 먼저 저희 주최측의 의도를 간단히 말씀드리지요. 요즘 국제적으로나 국내적으로나 많은 변화가 일어나고 있고, 또 머지않아 더 큰 변화가 일어날 수도 있지 않겠는가 하는 생각이 듭니다. 이런 변화하는 상황에서 주어지는 기회를 우리가 주체적으로 포착해서 민족의 숙원인 통일을 이룩할 수 있느냐 없느냐에 따라서 우리 민족의 장래가 크게 달라지리라 믿습니다. 물론 통일이라는 과업이 결코 간단히 이루어질 수 있는 일이라고는 생각지 않습니다만, 그럴수록 우리가 통일노력에 따르는 온갖 어려움을 샅샅이 알아보고 또 우리가 해야 할 일을 찾아보아야 하리라고 생각합니다.

■이 좌담은 『창작과비평』 1977년 가을호에 수록된 것이다.

맨 왼쪽부터 시계방향으로 임형택, 강만길, 김윤수, 백낙청, 리영희

저희 잡지로서도 이런 면에서도 다시 한번 자세를 가다듬는 뜻에서 오늘과 같은 주제로 생각을 정리해보았으면 하는 것입니다. 또한 이 좌담을 하나의 새로운 출발점으로 하여 분단시대의 여러 문제를 앞으로 좀더 세부적으로 파들어가볼까 하는 생각도 갖고 있습니다.

　오늘 토론은 편의상 크게 세 가름으로 나누면 어떨까 하는데요. 첫번째는 '분단시대의 민족문화'란 주제 자체에 대한 원론적인 토론이라고 할까, 우리가 이 시대를 어떻게 볼 것인가, 또 이 시대에 우리에게 주어진 과제를 단적으로 무어라고 표현할 것인가, 또 특히 이런 시대의 문화의 성격은 어떤 것이며 어때야 하는 것인가 등에 대한 일반적인 토론을 해보자는 것입니다. 그다음에는 그러한 토론에 입각해서 여기 모이신 분들이 각자 전공하신 분야를 중심으로 좀더 세부적으로 이야기를 해봤으면 하고, 마지막으로는 전공분야란 걸 다시 떠나서 좀더 현실적인 문제들에 대한 광범위하고 자유로운 토론을 했으면 합니다. 그럼 우선 그런 순서에 따라서, 저희가 좌담회 주제를 '분단시대의 민족문화'라고 붙였는데, 물론 지금 남북이 분단돼 있다는 사실이야 누구나 아는 일이지만 이 시대를 굳이 '분단시대'라고 일컫는 것이 가장 타당한 것인가, 또 그렇게 이름 붙인다고 할 때 우리는 이 시대 우리 민족의 역사를 어떻게 파악하는 것인가, 이런 의문을 제기해볼 수 있겠습니다. 여기에 대해서, 우선 그동안 '분단시대' 또는 '분단사학'이라는 용어를 많이 써오신 강선생님께서 얘기를 시작해주셨으면 합니다.

'분단시대'라는 철저한 의식부터

강만길 우리가 살고 있는 20세기 후반기를 민족사의 '분단시대'로 규정하고 또 그것을 강조해야겠다는 생각으로 여러 번 말해왔습니다만, 그것에만 그치지 않고 '분단시대' 속에 살고 있는 우리들이 어떤 역사의식을 가져야 되겠는가 하는 문제도 깊이 생각해야겠다는 마음입니다. 다른 글에서도 이미 얘기했습니다만 20세기 한국사는 크게 전반기와 후반기로 나눌 수 있으며 이 시기의 우리 역사가 지향해온 길은 진정한 민족국가를 수립하는 것이라고 일단 말할 수 있습니다. 민족국가의 수립과정에 있어서도 전반기는 식민지치하에 있었으므로 일단 식민지치하에서 벗어나야 하는 일이 대전제가 되지 않을 수 없었지요. 그래서 전반기에는 식민지치하에서 벗어나기 위해서 독립운동을 통하여 민족해방을 위한 여러가지 투쟁을 해왔습니다. 1945년에, 여러가지 문제가 있긴 하지만, 일단은 식민지치하에서 벗어났습니다. 그러나 벗어났다고 생각했던 바로 그 순간부터 민족과 국토가 분단됐고 따라서 그 이전이 식민지시대였다면 그 이후는 분단시대가 됐던 것입니다. 그래서 근대민족국가를 수립하는 첫째 과정은 식민지치하에서 벗어나려고 노력하는 과정이었고, 그다음 둘째 과정은 분단된 상태에서 통일된 민족국가를 이루어야 한다는 대목표가 서는 시대라고 생각할 수 있겠습니다. 결국 진정한 의미에서의 근대민족국가의 수립은 앞으로 통일이 이루어질 때 완성되는 것이라 생각됩니다. 그런데 식민지시대에 사는 사람들이 스스로 식민지시대에 살고 있다는 철저한 의식이 없고서는 그 식민지시대를 벗어날 수 있는 방향을 찾고 또 그것을 위해서 각기 노력할 수 있게 되지 않을 것입니다. 일제시대의 경우 대체로 3·1운동 무렵까지는 식민지치하에서 벗어나야 한다는 생각을 우리 민족구성원 전체가 비교적 철저히 가졌던 것 같은데, 3·1운동 이후에는 그중에 일부는 점점 식민지치하에 살고 있다는 생각을 잊어버렸고 따라서 그것에서 벗어나야겠다는 생각이 흐려져간 것 같습니다. 그렇게 흐려져가다 보니까 역사의 바른 노정 속에서 사는 길을 잃어버리게 되었고 결국은 반역사적·반민족적인 생활을 해버리게 된 경우가 있었던 것입니다.

그런데 지금 우리가 살고 있는 분단시대에도 꼭 같은 논리가 적용될 수 있을 것 같습니다. 분단시대를 청산하고 통일된 근대민족국가를 수립하기 위해서는 우리가 지금 분단시대에 살고 있다는 사실을 철저히 의식해야 되겠다는 겁니다. 철저히 의식하지 못하면 이제 말씀드린 것처럼 분단시대에서 벗어날 수 있는 길을 찾지 못하게 될 뿐만 아니라, 오히려 분단시대를 연장시키는 데 기여하는 반역사적이고 반민족적인 길을 걸을 가능성이 있다는 것입니다. 그래서 지금 우리가 당면한 문제는 우리 민족구성원 전체로 하여금 20세기 초반에 시작됐던 우리의 불행한 역사가 아직도 끝나지 않고 계속되고 있다는 생각을 좀더 철저히 가지게 해야 하며 그럴 때 비로소 불행한 역사 속에서 벗어날 수 있는 길을 마련할 수 있을 것 같다는 생각입니다. 우리가 살고 있는 이 시대를 여러가지로 이름 붙일 수 있겠습니다만 역시 역사적 안목으로 볼 때는 '분단시대'라고 일단 규정하고, 그것을 철저히 의식하고, 그러면서 거기에서 벗어날 수 있는 길을 마련하고 노력하는 데 민족사적인 과제가 있다는 생각입니다. 이런 생각에서 '분단시대'란 말을 썼습니다. 그러나 '분단시대'란 뜻이 잘못 이용되면 분단시대를 기정사실화해버리고, 그 속에서 안주하자는 이론도 나올 수 있는데 그렇게 되어서는 곤란합니다. 어디까지나 청산하자는 데 분단시대란 개념의 의의가 있다는 걸 강조하고 싶습니다.

분단극복은 식민지잔재의 청산으로부터

리영희 강선생님께서 말씀하시는 걸 들으며 새로 느낀 게 있는데 우리의 지난 70년 역사를 전·후반기로 나누어서 전반기는 이제 얘기대로 식민지시대로서 청산해야 한다, 우리가 강요당했던 어떤 조건과 상황을 청산해야만 비로소 후반기에 있어서도 분단이란 상태가 아닌 통일 민족국가를 지향할 수 있는데, 제대로 청산을 못하고 넘어왔다는 점에 대해서 저역시 어디에 쓴 일이 있습니다. 앞으로 통일을 지향하는 과정에 있어서는 우리 속에 체질화된 일제(日帝)의 유제(遺制)를 지금이라도 반드시 지양(止揚)해야 한다는 이론이 성립되겠고 또 돼야 하지요. 그러면 분단상태를 청산한다는 것은 무엇이냐, 외적인 조건과 내부적인 조건으로 나누어 얘기할 수 있겠습니다. 우선, 2차대전 이후의 생존양식의 분열을 민족분열보다 상위(上位)의 질서로 받아들였다는 것입니다. 이것이 외부에서 주어진, 그리고 우리가 지금부터 장래를 지향하면서 청산해야 할 냉전적 조건과 상황과 그것이 우리의 삶의 형태에 고착화시킨 냉전의식인 것입니다. 내부적으로는 방금 강선생님께서 얘기하신 후반기가 전반기에 연결되는 것인데, 식민지통치가 우리 민족 속에 남기고 간 내적 근거와 정신이 청산되지 않고 있고 그런 중에 식민지시대의 우리 민족 내부의 지도세력이랄까 지배세력이 분단된 우리 사회의 지배세력으로 그대로 둥지를 틀고 앉은 것입니다. 그 재산의 소유형식과 경제구조, 교육이념, 법률, 국가이념과 권력장치, 심지어 인물 — 모든 분야에 걸친 식민지시대의 잔재라고 할 수 있겠는데 바로 그 물적·인간적·사상적 요소 셋이 합쳐 후반기, 즉 해방 후 오늘날까지의 주도세력을 이루고 있잖습니까. 그러니까 그러한 것들을 우리는 안팎으로 모두 청산해야 하는데, 외부적으로는 벌써 우리에 의

하지 않고도 많이 청산돼오고 있긴 하지요. 그런데 우리는 거의 이것을 거부해오면서 살아왔지만 이제 여기에 적응하는 세계사적인, 인류사적인 시대정신의 보편화 과정에 들어가야 할 것입니다. 내부적으로도 식민지시대에서 넘어와 분단시대를 규정하는 역할을 하는 잔재들을 지금이라도 늦지 않으니까 모든 분야에서 의식적으로 청산해야 합니다. 말하자면 식민세력에 의해서 부정당했던 과거의 우리 내적 근거와 정신을 이제라도 재부정(再否定)함으로써 자립·민주국가로서의 자신을 긍정하자는 거지요. 이것 없이는 저는 그 긍정이 불가능하다고 생각하고 있습니다. 어떤 의미에서 우리는 진정한 해방 — 인간의 해방, 사회의 해방, 민족의 해방을 거부해왔다고 해도 지나치지 않다고 생각합니다.

김윤수 방금 강선생님께서 말씀하신 바와 같이 우리나라가 민족국가를 지향함에 있어 20세기 전반에는 일제식민지가 되면서 좌절당했고 후반에는 남북분단으로 시련을 겪고 있는데 이 시대를 살고 있는 민족의 한 사람으로서 하루빨리 통일을 하여 진정한 민족국가를 건설해야겠다는 생각은 저 역시 마찬가지이고 그 점 막중한 책임감 같은 것도 느낍니다. 저는 역사학자도 정치학자도 아닌 입장에서 소박하다면 소박하게 이 문제를 이야기할 수밖에 없겠는데, 우선 지금이 분단시대요 우리가 분단시대에 살고 있다고 말할 때 이 규정은 남북이 하나의 나라, 하나의 민족이라는 사실을 무엇보다도 명확하게 인식할 수 있게 해주며 한 나라가 그것도 우리 민족의 의사에 반해 두 쪽으로 갈라진 것이므로 어떻게든지 하나로 합쳐져야 한다는 점에서 통일의 당위성도 그만큼 선명해지는 것 같습니다. 조국이 분단된 지 30년이 지났고 남과 북은 서로 이념과 체제를 달리하여 대치해오는 동안 자주적인 민족국가는 말할 것도 없고 이대로 가다가는 민족의 분열, 이질화(異質化)가 심화됨으로써 통일된 국가의 수립은 오히려 멀어간다고 생각되기 때문에 통일은 더욱 절실한 문제로 제기되지 않을 수 없습니다. 그런데 우리의 경우 저를 포함해서 많은 사람들, 특히 젊은 세대 사이에는 지금이 분단시대이고 분단시대에 살고 있다는 인식이 대단히 희박하며 따라서 통일이라는 것도 지극히 관념적으로 파악되고 있지 않은가 합니다. 그것은 해방 후 나라가 두 동강이 나고 이쪽은 이쪽대로 식민지의 잔재랄까 질서가 청산됨이 없이 눌러앉고 시간이 흐름에 따라 식민지의 경험도 퇴색해버리는 한편, 남과 북은 서로가 서로를 용납할 수 없다는 식의 정치적 양극화가 진행되는 사이 은연중에 (사실은 은연중이 아니지만), 우리는 북은 같은 민족이요 동포이기 전에 '공산집단'이요 '적화통일'이 되면 다 죽는다는 흑백의 논리에 지배되어, 분단시대에 살고 있다는 인식을 망각하게 되고 이 상태 하에서 통일을 이야기한다는 것은 비현실적이라는 사고방식이 결국 통일을 관념적으로 받아들이게 하고 있는 것 같습니다. 다시 말하면 해방 후 30여 년간 계속되어온, 일종의 신화(神話)처럼 된 정치적 현실주의가 그렇게 만들어놓았다는 얘기지요. 이러한 현실감각에서 보면, 남북분단으로 가족이 생이별을 했거나 고향을 잃어버렸거나 혹은 6·25와 그 후의 냉전에서 직접 피해를 입은 사람들의 경우는 분단의 아픔이 누구보다도 크고 통일도 그만큼 절실하고 절박한 것으로 느껴지겠지만, 그렇지 않은 사람들의 경우 우리는 지금 분단시대에 살고 있으며 나라가 잘되기 위해서는 하루빨리 통일이 이루어져야 하고 그러기 위해 통일을 부르짖고 통일을 위한 민족적 의지를 집약시켜야 한다고 말할 때 그다지 절실한 울림으로 다가오지 않는다는 것입니다. 이를테면 젊은 세대의 시인이 분단과 통일을 노래할 때 절실한 체험이 없기 때문에 관념적이 되고 만다는 얘기를 흔히 듣는 수가 있지요. 이 경우 반드시 '분단'을 제목으로 붙이고 '통일'을 주제로 삼는 것만이 분단시대의 시(詩)이고 통일의 노래가 아니고, 분단으로 야기되는 오늘의 민족적·정치적 현실을 절실하게 노래하는 것도 곧 그러한 시이고 문학이 되겠지요. 아무튼 문제는 지금이 분단시대이고 우리가 분단시대에 살고 있다는 인식을 철저히 할 필요가 있으며 또 통일이라는 것이 결코 막연한 소망이나 관념이 아니라 우리의 절실하고 절박한 과제라는 것, 그 논거가 분단된 이 나라의 역사적·정치적 현실 속에 있다는 사실을 명확히 인식하는 일이 무엇보다도 중요하다고 생각됩니다.

임형택 '분단시대'로 우리가 살고 있는 오늘을 파악하려는 강선생님의 의도에는 전적으로 동감입니다만, 분단시대란 용어는 통일을 갈구하는 민족의 의지가 적극적으로 표현되어 있지 않아서 좀 불만인 느낌도 있습니다. 단, 더 적절한 말이 떠오르지 않으므로, 오늘의 민족현실을 투철하게 인식하기 위해서는 이 말을 써야겠으나 분단 그것을 극복하고자 하는 민족의 의지를 아주 강조해서 써야 할 것 같아요.

그런데 다 같이 분단 상태에 놓여 있는 독일의 경우를 들어서 양쪽이 서로 잘살면 되지, 어려운 통일문제를 심각하게 생각할 것이 무어 있느냐, 은연중에 이런 식으로 생각해버리는 사람들이 꽤 많은 것 같아요. 그러나 독일과 우리나라는 사정이 퍽 다르지요. 애초 군국주의 패전국가의 분단과 군국주의의 압제를 받고 거기에 항거했던 국가민족의 분단을 같이 생각할 수 없다고 봅니다. 문제는, 첫째 독일의 경우 중세 이후 분열된 상태로 쭉 지속되어오다가 겨우 19세기 말에 이르러서야 통일을 달성했지 않아요? 통일의 상태를 체험한 것이 기십 년에 불과한 독일에다 민족의 통일된 역사가 적어도 천 년이 넘는 우리 민족의 통일에 대한 소망을 비교할 수 없겠지요. 보다 절실하게 느껴지는 다른 하나의 점은, 우리나라가 동아시아의 끝에 붙어 있는 조그마한 반도이어서 고구려나 발해의 옛 땅을 우리 민족의 활동영역에 포괄하지 못하고는 결국 약소국가의 신세를 면키 어려운 처지 아닙니까. 더구나 지금 이렇게 손바닥만한 땅덩어리마저 두 동강이 난 상태니까 정말 절름발이 신세를 면치 못하고 있지요. 그러니 정치적으로나 경제적으로 불안정한 상태에 놓일 수밖에 없고, 이러한 절름발이 신세로서 지탱해나가자면 다른 어디에 기대지 않고는 어려울 것입니다. 자꾸 자기모멸감에 사로잡히게 되고…… 또 두 동강이 난 거기에 지구상에서 가장 삼엄한 경계선이 쳐 있으니 생각하면 꽉 막힌 기분이고 경직된 분위기가 고조될밖에 없어요. 다른 어디에 기대지 않고 민족이 정말 잘살아보려면 무엇보다 먼저 나누어진 반쪽과 한 덩어리로 화합하는 길을 모색해야겠지요. 이 점에서 더욱 민족의 의지를 관철할 참다운 주체적 자세를 강조하게 됩니다.

통일이야말로 가장 현실적인 길

리영희 통일이란 문제를 놓고 얘기될 때마다 우리 사회에서 제기되어오는 반론이 무엇인가 하면 추상적이라는 것입니다. 그런 사람들의 논거는 자기들은 현실주의적인 입장에서 생각한다는 것이죠. 그래서 아까 김 선생님이 말씀하신 것처럼 관념적이 아니어야 된다는 것은 굉장히 중요하다고 생각합니다. 실제로 통일이란 문제를 놓고 자기들은 현실주의적이다, 리얼리스틱하다는 입장에서 분단이나 화해의 거부를 합리화하려는 사람들의 이해관계는, 분단된 상태로써 자기들의 이익이 보장된다는 사실에 뿌리박고 있는 것은 아닌지 반문해볼 필요가 있습니다. 그런 것을 마치 역사를 보는 데 있어서 현실주의라는 장점을 가진 양하는 것은 아닌가 하는 거지요. 여기에 대한 반론으로서 저는 그런 식의 현실주의를 내세우는 사람들의 어려움을 지적해보고 싶군요. 현실이란 문제를 놓고 종합적으로 본다고 하면 분단된 상태의 민족이거나 국토는 항상 전쟁으로라도 통일되려고 하는 경향이 있게 마련입니다. 중국이 그랬지요. 한때 국민당지역과 공산당지역으로 갈라졌던 중국은 실질적으로 분단국가나 별다름이 없었고 현재 중국본토와 대만의 관계도 그렇습니다. 베트남도 저렇게 됐고, 앙골라니 모잠비크의 경우는 남아프리카에 있어서 민족국가를 형성하기 이전의 전단계이기 때문에 현대정치학적인 의미에서 민족통일이란 개념을 그대로 도입할 수는 없겠지만 어떻든 하나로 형성되려고 하는 에네르기의 발동이라고 저는 봅니다. 어떻든 우리가 만약에 통일을 관념적인 것이라고 하면서 통일에의 지향을 거부하거나 여기에 대한 진정한 노력을 하지 않는다면 전쟁으로 해결하려는 형태가 찾아올 위험이 더욱 커진다는 말씀입니다. 이 국가사회의 비정상과 일그러짐이 영원히 풀리지 않는다는 것은 두말할 것도 없고요. 그러면 현실주의자로 자칭하는 사람들의 이익이 전쟁으로 보장되느냐 하면 전연 그렇지 않지요. 구체적으로 베트남전쟁에 있어서 남부사람들이 대부분 우리의 생각과 별 차이 없었는데, 중국에서도 역시 그랬고, 그런데 마지막에 가서 그 사람들의 이익이 보장되었느냐 하면 안됐다는 겁니다. 그러면 어느 한쪽의 문제만이 아니라 아주 구체적이고 리얼리스틱한 해결방법은 무어냐, 또 우리의 존재양식으로서 생각해야 할 내용은 뭐냐고 할 때 7·4선언을 충실히 이행하려는 노력이지 탱크의 힘이나 콘크리트의 힘, 이것만으로 가능하다고 생각하는 것은 이른바 현실주의자들의 이해관계마저 영(零)으로 만들어버리는 위험성이 있다는 것을 생각해야 할 거예요.

백낙청 소위 현실주의자라는 사람들이 전쟁의 위험이 완전히 없어져야지 우리는 통일을 얘기할 수 있겠다고 그러는데 사실은 오히려 통일을 추진함으로써만 전쟁을 회피할 수 있다는 말씀이시군요.

리영희 그렇지요. 통일을 거부하는 상태에서는 언제까지나 전쟁의 위험을 머리 위에다 실로 매단 돌처럼, 언제 떨어질지 모르는 상태로 지니고 있는 것과 마찬가지죠.

김윤수 아까 제가 대다수인의 경우, 지금이 분단시대라고 하는 인식이 희박하고 통일문제도 매우 관념적으로 받아들이고 있다고 말했는데, 분단 이후 30여 년 동안의 정치현실, 특히 정치권력의 현실주의를 오늘의 현실과 관계시켜 구체적으로 이해한다면 결코 분단에 무감각해지거나 통일문제를 관념적으로 받아들일 수 없다는 이야기가 되겠습니다. 이러한 인식의 현실성은 정권의 차원이 아니라 민중의 입장에서 보면 더욱 확실해진다는 것이죠. 그런데 누구든지 분단시대를 청산하고 통일을 준비한다고 말할 때 어떠한 현실적 변화를 동반하지 않으면 안될 것이며 그러한 마음가짐 없이는 통일을 이야기할 수 없고 이야기한다고 해도 공염불에 그치고 말지 않은가 싶어요.

강만길 분단된 상태에서는 민족적 차원의 발전을 저해하는 요인이 항상 도사리고 있게 됩니다. 민족적 차원의 발전을 지향하는 데 있어서 문제가 생길 때마다, 이 분단된 현실이 이용되고 따라서 민족 전체의 발전문제는 항상 저해작용을 받게 됩니다. 그래서 분단된 상태가 남아 있는 한 사실은 진정한 의미의 민족적 발전은 있을 수가 없고, 또 역사적인 안목으로 생각해보면 분단된 상태에서 얻을 수 있는 약간의 안정이나 발전은 본질적인 것이 못 됩니다. 이것은 언제나 위험 속에 놓여 있는 안정이고 항상 혼란을 앞두고 있는 안정이라고 볼 수 있겠지요. 그러니까 역사적인 해결을 해야 한다고 늘 생각합니다.

한국적 분단의 특수성

백낙청 아까 임선생께서 독일과 비교해서 말씀하신 것 참 중요한 얘기 같아요. 임선생님은 2차대전 후 동·서독이 갈라진 얘기를 주로 하셨지만 오스트리아를 포함한 독일민족이 다시 갈라진 것도 어떻게 보면 분단이라고 할 수 있지 않겠습니까. 그러나 오스트리아와 독일이 다시 갈라진 분단과 우리의 분단과는 얼마나 다른 것인가를 살펴볼 때 우리의 남북분단의 역사적 성격은 더욱 뚜렷해진다고 봅니다. 다 같은 '분단'이라도 우리의 경우는 완전히 타의적(他意的)인 것이고 그렇게 갈라져야 할 민족내적 이유가 전혀 없었던 거거든요. 따라서 분단된 상태에서 분단을 지지하는 민족내부의 자발적인 세력은 거의 없다는 겁니다. 그럼에도 불구하고 분단된 상태를 유지한다는 것은 결국은 외국의 작용을 받아들인다는 것이 되고, 또 그 외국의 작용에 편승하는 사람들이 주도권을 잡게 마련이고, 그렇다면 강선생님 말씀처럼 분단이란 사실을 악용하는 사태도 벌어지게 되는 것입니다. 여러가지 분단 중에서도 '특히 한국이라는 나라의 분단이 가지는 특수한 성격'을 인식하는 것이, 분단되고도 잘사는 나라도 있지 않느냐는 반론을 봉쇄하는 데 중요할 것 같습니다.

이 문제에 대해서 더 하실 얘기가 많을 것이고 앞으로도 더 나오리라 믿습니다만, 오늘의 우리 주제는 문화적인 측면에 촛점이 맞춰져 있으니만큼 이런 상황에서의 문화현실이나 문화현상은 구체적으로 어떻게 전개돼가고 있는가, 예를 들어서 김선생님이 아까 말씀하신 대로 분단이나 통일이란 문제가 여러 사람에게 관념적인 사실로 받아들여지고 있다는 것도 분단시대의 문화현상의 일부라고 봐야 되지 않겠어요? 그런 점에서 이 시대의 구체적인 문화현상에 대해서 어떤 일반적인 성격이랄까 그런 얘기를 해주셨으면 좋을 것 같습니다.

강만길 그 문제는 유형별로 나누어서 대체로 세 가지가 있을 수 있다고 생각하고 있습니다. 하나는 적극적인 자세로서 분단시대를 청산하는 방향으로 우리 문화를 이끌어나가는 경향이고, 또 하나는 분단시대에 대해서 전혀 무감각적인, 아까도 얘기했습니다만 우리가 분단시대에 살고 있고 그러므로 분단시대 속에 살고 있는 문화현상이 어떠해야 된다는 문제에 대해서 전혀 무감각한, 다시 말해서 민족적 책임을 회피하는 현상, 감각없는 현상이 있을 수가 있고, 그다음에는 가장 나쁜 상태입니다만 이 분단된 상태를 그대로 지속시키는 데 기여하는 방향으로 우리 문화를 끌고가는 경향 등 대체로 세 가지로 나눌 수 있을 것 같습니다. 이 세 가지 가운데 지금 현재 어느 쪽이 강하고 어느 쪽이 약하고, 또 우리가 앞으로 가야 할 방향이 어느 쪽인데 현재 가고 있는 방향은 어느 방향이다, 이렇게 얘기해보면 실마리가 잡히지 않을까 생각됩니다.

백낙청 그러니까 순서상으로는, 지금 분단된 상태를 의식하지 못하고 그래서 적극적으로나 소극적으로 분단된 상황의 연장에 기여하고 있는 문화현상이나 문화의식이 어떤 것인가를 좀더 구체적으로 얘기하는 가운데서 이 극복의 실마리를 찾아야 옳겠지요. 아까 이선생님께서 부정(否定)의 부정(否定)을 통해서 찾아야 한다는 말씀도 하셨습니다만……

민족문화와 민족주의

이야기를 좀더 구체적으로 전개시키는 방법으로서 이런 질문을 제기해볼까 하는데요. 저희 주최측에서 '민족문화'라는 용어를 썼을 때 어떤 식으로든 '민족주의'의 개념이 함축된 셈입니다. 거기에 대해서 어떻게들 생각하시는지를 여쭈어보고 싶습니다. 식민지가 된 경우에 그 식민지상태를 극복하고자 한다거나 또 식민지상태가 일단은 끝났지만 그 잔재가 완전히 청산되지 않아서 그것을 부정하고자 할 때, 또 민족이 타민족의 의사에 의해서 분단됐을 때 이것을 극복하고자 하는 이런 모든 것이 민족주의적인 성격을 띤 작업이라고 아니할 수 없다는 생각이 듭니다. 그럼에도 불구하고 사실 민족주의 이야기가 나오면 덮어놓고 경계하는 이들도 있고, 또 민족주의라는 용어 자체는 좋다고 사용하되 다른 의미로 해석하는 경우도 있는데 이런 것도 우리가 분단시대에 대한 인식이 투철하지 못한 데서 나오는 발상이라고 할 수 있을는지요?

강만길 사실은 이 민족주의란 이야기는 참 어려운 문제입니다. 민족주의란 개념을 우리는 너무 고정적인 것으로 생각하는 것 같아요. 민족주의란 것은 역사적으로 보면 시대에 따라서 자꾸만 그 개념이 변하는 것입니다. 민족주의가 구라파에서 처음 생겨날 때 그 민족주의의 내용하고 다음에 역사발전과정에 따라서, 혹은 각 민족이 처해 있는 여러가지 여건에 따라 민족주의의 개념은 변해가고 또 그 폭도 자꾸만 넓어져야 한다고 생각합니다. 그래서 민족주의를 얘기하면 흔히 극단적인 민족주의에 너무 집착한 나머지 오히려 민족주의가 대단히 부정적인 방향으로 갈 것처럼 염려하는 입장도 있고, 또 하나는 민족주의란 것을 너무 급진적인 것으로 봐서 경계하는 방향도 있습니다. 민족주의란 개념이야말로 그 민족이 처해 있는 역사적인 현실에 가장 탄력성있게 부응해가는 개념인 것이라 생각됩니다. 이렇게 생각해보면 민족 전체의 역사노정(歷史路程)에 그때마다 가장 적절한 민족주의가 이론적으로 구성돼야 한다는 생각이지요. 그래서 일제시대의 민족주의하고 해방 후 분단시대의 민족주의, 그리고 분단시대를 지양하려고 하는 시대의 민족주의하고는 달라야 합니다. 이것을 같은 개념 속에서 생각하면, 오히려 혼란이 생기는 것이지요. 우리는 일제시대의 민족주의도 겪었고 분단시대에서 그런대로의 민족주의도 겪었고 앞으로 분단시대를 청산하는 과정에서 우리가 정립해야 할 민족주의라는 개념도 다시 생각해보아야 할 것입니다. 이렇게 생각해보면 '민족문화'의 이야기도 결국 마찬가지가 아닐까 하는 생각이 듭니다.

임형택 아까 강선생님께서 20세기 우리의 역사를 민족이 일제치하에 들어간 것과, 거기서 해방이 되면서 동시에 분단국가가 된 중요한 계기를 들어서 말씀하셨는데, 민족사의 과제는 전자에 있어서는 반식민투쟁이었고, 해방이후 분단의 시대에 들어와서는 통일의 성취라고 말할 수 있겠습니다. 일제하에서의 문화운동은 일제에 대한 저항적인 것이 돼야 할 것이고 분단시대인 오늘날에 있어서의 문화운동은 통일을 지향하는 것이 되어야 한다는 원칙에 누구나 공감할 수 있겠지요. 그런데 오늘의 문화의 방향을 정립하기 위해서 먼저 일제시대의 문화활동에 대해서 살펴볼 필요가 있을 것 같습니다. 저는 일제하의 민족문화를 '일제저항기의 문화운동'이라는 용어로 파악해본 적이 있었습니다만, 1910년 일본 제국주의에 의해 강제 합병된 이후, 즉 무단정치(武斷政治) 아래서 우리의 정신풍토와 문화현상이 어떤 식으로 나타났었는가 하는 것을 한번 생각해보겠습니다. 그때 박은식(朴殷植)이나 신채호(申采浩) 같은 애국계몽사상가들은 진작 해외로 망명해서 독립운동을 했고 황현(黃玹) 같은 지조있는 애국시인은 자결을 했고, 한편 일제의 총칼에 맞서 싸웠던 의병투쟁도 표면적으로는 종식이 돼가고, 그래서 그때 공적(公的)인 문화생활이라는 것은 대개 일제의 검열을 통과한 친일화된 경향이 아주 농후해졌지요. 그러한 상황에서 친일적이면서 저속한 통속물인 신소설(新小說)이라든지 신시(新詩) 따위와 함께 이조말의 군담류(軍談類)의 고소설(古小說)들이 판을 치게 됐었지요. 요즘도 더러 볼 수 있는 울긋불긋하고 졸렬하기 짝이 없는 신소설·고소설의 딱지본들이 바로 그 시대에 나온 것들입니다. 이런 것들이 사실상 민족의 예지를 얼마나 마비시켰는지 모른단 말씀이에요.

한편 이 시대를 대표하는 문화인으로서 최남선(崔南善)과 이광수(李光洙) 같은 분들을 꼽을 수 있겠는데 가령 최남선의 경우, 그의 「경부철도가(京釜鐵道歌)」 같은 것에서는 경부철도를 찬미하고 이광수의 유명한 『무정(無情)』을 보면 주인공 이형식이 화륜선(火輪船)이 들어오고 선화당(宣化堂)이 도청으로 바뀌고 감사(監司) 대신 도장관(道長官)이 앉아 있는 것을 보고 비로소 개명했다고 쓰고 있습니다. 물론 문명의 이기인 철도라든가 화륜선을 보고 낙후된 당시의 현실에서 각성해야 되고, 또 근대적인 행정제도로의 개혁도 그 자체를 나쁘다고 할 수는 없겠지요. 그런데 문제는 경부철도나 화륜선이 식민통치자들의 지배체제를 강화하고 무기나 군대가 실려 오고 또 우리나라의 자원들이 실려 간다는 엄연한 사실을 보다 뼈저리게 느꼈어야 했을 것입니다. 그리고 근대적인 행정기구로 바꾸어진 그 자리에 도대체 어떠한 자들이 들어앉아 있는가 이런 것에 대해서는 전혀 고려하고 있지 않은 것 같아요. 『무정』의 끝부분에서 작중인물의 입을 통해서가 아니라 작자 이광수 자신의 말로 1910년대 목전의 현실에 대해서 교육·경제·문학·언론 등이 장족의 진보를 했다고 운운하면서, "더욱 하례할 것은 상공업의 발달이니, 경성을 필두로 각 도회지에 석탄연기와 쇠망치소리가 아니 나는 데 없으며"라고 명백히 식민지통치의 치적을 극구 찬양했습니다. 저는 여기서 새삼스럽게 이광수를 들추어가지고 성토하려는 것이 아니고 문제는 그러한 이광수의 근대주의 또는 물질주의적인 사고방식입니다. 모든 부조리가 경제성장으로 위장되는 근대주의적인 사고방식이 이상스럽게도 오늘날에까지 그대로 물려져서 크게 위력을 발휘하고 있는 것 같아요.

3·1운동 이후의 문화주의

그런데 3·1운동 이후에 같은 식민지상태 하에서지만 분위기가 상당히 달라졌지요. 3·1운동으로 표현된 강력한 민족의 저항이 일제로 하여금 소위 문화통치를 표방하지 않을 수 없게끔 되었지만 3·1운동 후 지식인들이나 학생들의 열정이 문화운동의 방향으로 발전돼나간 것이죠. 그런데 1920년대에 있어서의 문화운동이란 것은 식민지적인 현실 때문에 다분히 왜곡되었던 것으로 보입니다. 대개 예술을 위한 예술의 상아탑 속에 안주하거나, 소시민적인 비관에 사로잡혀서 인간의 부정적인 측면을 강조하거나 감상에 흘렀던가 하면, 따분한 일상생활을 묘사하는 것으로 일관해서 일제에 순응 내지 타협함으로써 결과적으로 민족의 이익을 배반하고 일제에 기여한 면이 적지 않았지요. 이에 대해서 신채호 같은 분은 3·1운동 이후 발달된 문화운동을 '국토의 전부를 주고라도 재미있는 몇 줄의 소설과 바꾸는 것이 좋다'는 식의 매판적인 것이라고 통렬하게 비판했지 않아요. 국내에서도 그러한 자기비판이 일어나고 있었던 것 같아요. 『개벽(開闢)』에 실린 어떤 분의 글을 보면 당시 있었던 문화운동에 대해서 방향이 매우 잘못되었다고 지적하고 당시 민족의 대다수인 농민의 해방이 없이는 문화운동도 허명무실할 수밖에 없다고 하면서 우리 농민들의 조국애와 향토애, 생활의 자유를 위하여 울고 부르짖게 하도록 하는 것이 선행돼야 한다고 주장하고 있더군요. 그분이 말한 '향토애' '생활의 자유'

란 것은 가령 이상화(李相和)의 「빼앗긴 들에도 봄은 오는가」 같은 시에서 절실하게 보듯이 일제의 정치·경제적인 탄압이라든가 또 그 비호 아래 온존하고 있는 봉건적인 제관계에서 벗어날 때 참답게 누려지는 것이었다고 생각됩니다. 이처럼 일제저항기의 문화운동이 민족의 해방에 기여하지 못하고 경우에 따라서 식민통치에 기여하는 것이 될 때 별로 의미를 가질 수 없거나 오히려 규탄받아 마땅할 것 같아요. 그런데 8·15해방, 특히 6·25 이후 오늘에 이르도록 문화활동이 만화방창(萬化方暢)이라 할 만큼 풍성하였지만 대체로 조국이 분단된 현실을 망각한 상태 아니면 그런 것을 하등 염두에 둘 필요가 없다는 방향에서 펼쳐지고 있는 것이 아닌가 해요. 오늘날의 문화운동이 조국의 분단상태를 극복하고 민족이 한데 어울려 참다운 생활의 자유를 누리며 사는 데 무관하거나 그것을 방해하는 역할을 할 때, 일제저항기의 문화운동에 내려졌던 비판의 소리가 그대로 적용되어질 수 있지 않을까 합니다.

백낙청 그러니까 아까 강선생님께서 우리의 민족문화운동에서 '민족'이라는 개념을 어떻게 올바르게 해석해야 할지를 말씀해주셨다면, 지금 임선생님은 '민족문화'에서 '문화'라는 것을 자칫 잘못 해석하면 오히려 반민족적이고 반문화적일 수도 있다는 점을 지적해주신 셈입니다. 일제시대의 빗나간 문화운동의 이념이라면 그 당시로부터 흔히 쓰던 용어로 '문화주의'라는 것이겠지요. 요즘 미국의 흑인운동이나 제3세계의 민족해방운동에서는 '문화적 민족주의'라는 말도 많이 쓰는데 이것이 진정한 민족주의 또는 해방운동과는 거리가 멀다는 거지요. 한마디로 이런 얘기인 것 같아요. 식민지에서 식민지상태를 극복한다는 것은 뭐니뭐니해도 나라의 정치적 주권을 다른 나라가 가지고 있으니까 우리가 그것을 다시 찾아와야 한다는 것이고, 또 분단시대에서 분단을 극복한다는 것은 한 나라가 두 개의 정치체제, 두 개의 정권을 갖고 두 개의 국가로 굳어질 위험이 있는데 이것을 하나로 합쳐야 된다는 것 아닙니까. 이것은 어디까지나 정치적인 문제, 가장 높은 차원에서 정치적인 문제라고 하겠는데 그 정치적 차원을 배제하고 추진하는 문화운동이라는 것은 결국 무의미하거나 오히려 해로운 것이 아니겠냐는 얘기인 것 같습니다. 그래서 사실 요즘 민족문화를 부르짖는 사람들이 적지 않고 우리 정부에서도 민족문화·민족문학 등에 실제로 많은 경제적 지원도 하고 있는데, 이것을 추진하는 분들의 주관적 의도야 어떤 것이든 결과적으로 보면 이것은 그런 식의 문화주의 내지 문화적 민족주의를 조장하는 경향이란 인상을 얻을 때가 많습니다.

김윤수 지금 우리가 분단시대의 민족문화를 이야기하는 것은 통일을 향한 준비랄까 자세랄까 하여튼 그런 것을 가다듬기 위해 오늘의 우리 문화현실을 한번 점검해보자는 뜻으로 생각하고 싶습니다. 그런데 우리의 근대적 민족문화를 이야기하려면 자연 일제시대의 문화경험 내지 문화현실을 말해야 할 것이고 해방 후는 후대로 살펴보아야 하겠는데, 일제시대의 문화는 한마디로 식민지문화로 규정되지만 그 속에는 민족의 해방과 근대화를 추구하는 노력이 줄기차게 있어왔고 그것이 여러 형태로 표현되었지요. 이에 관해서는 각 분야에 걸쳐 많은 연구가 나와 있는 줄 압니다. 한편 해방이 되면서 남북이 분단되고 좌우 이데올로기 대립이 있었고 문화인들도 두 쪽으로 갈라지면서 이쪽에서는 일제하에서 줄기차게 밀고 왔던 민족문화의 의지와 방향마저 새로 밀려드는 서구 자본주의·자유주의·개인주의 문화의 영향을 받아 변질하기 시작했다고 하겠습니다. 그러니까 당시 민족진영이라고 자칭했던 사람들은 저쪽은 공산주의이고 그것은 민족문화가 아니며 우리가 하는 것이 민족문학이며 민족문화이다라고 했던 것인데 그 후 이들은 대부분 자유로운 개인의 생활관을 좇고 서구문화를 그때그때 받아들이고 하는 동안에 오늘의 우리 문화가 일종의 잡탕이 되어 있는 게 아닌가 합니다. 문화란 원래 잡탕이고 잡탕 속에서 뽑아진다고 하는 식으로 편하게 생각하면 문제는 간단하겠지요. 그러나 문화가 민족과 민중이 처한 역사적 현실을 반영하면서 그것을 총체적·전진적으로 밀고 가는 힘이라고 볼 때 오늘의 우리 문화는 서구문화의 식민지 내지 반식민지적 양상을 띠고 있다고 말해도 좋을 것 같습니다. 그리고 우리가 민족문화를 말하고 그 바른 방향을 모색코자 할 때엔 일부에서 말하는 민족문화의 허구성(虛構性)도 밝혀내야겠지요.

'증오의 문화'

리영희 오늘날 우리가 살고 있는 사회현실 속에서 문화라는 개념으로 총괄할 수 있는 생활양식 전체, 여러가지 제도나 사고방식이라든가 이런 것을 저는 '증오의 문화'라고 규정하고 싶어요. 왜 그러냐 하면 어떤 이데올로기에 대한 증오, 또 갈라진 민족 절반에 대한 증오, 이 증오를 근거로 해서 또는 지표로 해서만 경제도 발전시켜나가고, 이를테면 'GNP도 누구에게 이겼다' 이런 식으로 나오는데 이렇게 궁극적으로 증오에 바탕을 둔 문화의 형식이 진정한 민족사회 생활의 질과 성격 및 덕성을 정상적이고 발전적일 수 있게 할 수 있겠느냐는 데 대해 저는 상당히 걱정스러워요. 그런 생각을 하면서 책을 읽다 보니까 아주 비슷한 말을 한 사람이 있어서 재미있었습니다. 저는 제 얘기보다도 그것을 조금 인용하고 싶습니다. 이 것은 서독의 시인 엔쩬스베르거(Enzensberger)가 쓴 것인데 그 사람도 이런 얘기를 하고 있어요. 동서독이 다 같이 큰일났다는 것이죠. 동서독의 모든 사회활동의 근본정신이 이 증오(憎惡)라는 것입니다. 상당히 공감이 가는 얘긴데 이 사람이 시인이니까 저보다 표현을 더 잘하거든요.(웃음) 그럼 한번 읽어보겠습니다.

"이것은 미친 상태이다. 그런데 이 미친 것을 정상으로 잡고 있다. 이것은 환상이다. 그런데 이 환상을 현실로 생각하고 있다. 독일 일부에서는 사회주의가 현실이 되고 보니 동시에 그것은 환상이 되어버렸다. 마찬가지로 또 한쪽에서는 데모크라시가 현실이 되고 보니까 또 환상이 되어버렸다. 우리는 그런데 여기에 아주 익숙해버려서 하나도 놀라지도 않고 눈 하나도 깜짝하지 않는다는 사실, 이게 바로 소위 '독일의 기적'이란 것을 낳게 한 본질이다. 이 기적이란 것도 사실은 생산적이다. 이것은 증오를 생산하고 증오에 바탕해서 경제를 생산했다는 점에서 생산적이다. 독일―이것은 유럽에서 유일한 분열된 국가인데 날로 증가되는 적나라한 적의(敵意) 속에서만 살아온 두 개의 나라이다. 그리고 이것은 대국의 승인을 얻은 모든 수단으로써 행해지고 있는 냉전의 틀 속에서 행해지고 있다. 이것은 우리의 내전(內戰)은 아니다. 그런데도 우리는 그 뒤를 밀고 있고 전위대로서의 역할마저 하고 있다. 그러면서 이 적의 속에 안주하고, 그것을 당연한 감정으로 받아들이고 있다. 이것은 하나의 망령(亡靈)과 같은 것이다. 즉 쉽게 말하면 증오를 통해서 상호간 승인을 하는 이런 형태가 됐다." 즉 서로간에 자기를 인정하고 자기발견을 하는 일을 상대방의 증오감을 통해서만 하고 있다는 이 말이죠.

"이 찢어진 분열국가야말로 그런 상태 속에서 더욱 망령에 가까운 것이다. 두 개의 나라는 어느 쪽도 상대의 행동에 대해서 대응하는 것으로 해서, 상대방의 부정(否定)을 통해 자기를 정당화함으로써만 자신을 합리화하고, 또 그럼으로써 각기 자기확인을 하고 있다. 이런 과정을 끊임없이 대립의 형태를 통해서 하고 있는데 그리고 보면 이것은 또한 서로 간에 돕고 있다는 뜻도 된다. 이 피드백(feedback)의 과정은 아주 완벽해서 이 과정을 어느 단계에서 끊지 않으면 언젠가는 죽음의 링크, 죽음의 원환(圓環)이 그대로 굳어져버릴 것이다." 이렇게 말하고 있어요.

학문과 예술의 기형화

백낙청 이선생님께서 시인의 말을 시인에 조금도 뒤떨어지지 않게 억양까지 보태서 읽어주셨는데(웃음) 엔쩬스베르거가 독일에 관해서 한 애

기가 우리의 경우에도 어느만큼까지 적용될 수 있는가 하는 데 대한 판단
은 독자들에게 맡기기로 하고, 이제 시인의 그런 멋있는 얘기에 비한다면
좀 답답한 얘기가 될는지 모르겠습니다만, 여기 참석하신 각자의 전공분
야 같은 데서 구체적으로 부딪히는 문제들을 검토해보았으면 합니다. 엔
젠스베르거의 생생한 표현하고는 거리가 먼 문제들인 것 같으면서도 한
편 연결이 되는 문제가 더러 있기는 있는 것 같습니다. 직접 분단의 문제
가 거론되지 않는 경우에도 분단으로 인한 문화의 기형화(畸形化) 현상이
우리 학계·문단·예술계 곳곳에서 온갖 형태로 드러나고 있다고 봅니다.
예컨대 문학연구의 분야에서도 이런 현상이 있습니다. 언젠가 임선생과
도 이야기를 나눈 적이 있습니다만, 외국의 학설이나 사조 들을 얻어듣고
함부로 떠들어대는 무책임하고 불성실한 사람들은 두말할 것도 없고, 요
즘은 우리 것에 관심도 많고 공부를 열심히 하는 분들일수록 외국의 새로
운 이론들을 들여와서 국문학 연구에 계속 풀어대는 경향이 많은데 이것
참 괴로울 때가 많단 말이에요.(웃음) 함부로 배격하다가는 무식한 놈 되기
꼭 알맞고, 비과학적·비학문적 태도라고 오히려 비난받기 쉽지요. 그러
니 꼭 그런 것을 해야지 과학이 되고 학문이 되는 것인지요? 여기에 뭔가
우리 역사가 지금 우리에게 요구하는 것이 어떤 것인가에 대한 오해가 있
는 것은 물론이고, 학문의 과학성 그 자체에 대해서도 무슨 오해가 개재한
것은 아닌가 하는 것입니다. 임선생께서 이와 관련해서 좀 얘기해주시겠
습니까.

임형택 조국이 분단된 50년대·60년대의 현실 속에서 작가·지식인 들
은 흔히 서구적인 세계주의, 이른바 자유세계 시민의 일원으로서 현실을
환상하고, 민족의 문화유산을 바라보는 데 있어서도 되도록 서구적인 세
계주의의 관점에서 인식하려 했던 것 같습니다. 제가 공부하고 있는 국문
학 분야만 보더라도 도남(陶南) 조윤제(趙潤濟) 선생의 민족사관이 후배학
자들에 의해 되도록 비판되는 쪽으로 국문학이 전개돼왔던 것도 이러한

시대조류와 무관한 것이 아니었겠지요. 도남 선생이 내세웠던 민족의 독립이나 통일문제를 학(學)을 의식으로 주장한 것부터가 비과학적이고 낡은 것이라고 생각돼왔거든요. 지금 백선생님이 말씀하셨지만 서구에서 행해지고 있는 각종의 방법론들에 경도하는 경향을 보여왔는데 서구의 문예이론을 국문학연구에 수용하는 그 자체를 혐오할 이유는 하나도 없어요. 그것을 타산지석(他山之石)으로 삼아야 한다는 단순한 당위론에서가 아니라 아직 초보적인 단계에서 벗어나지 못한 국문학연구의 학적 수준을 높이기 위해서 서구문학의 경험과 또 그 경험을 통해서 세워진 이론들을 배울 필요가 절실하다고 느껴집니다. 그런데 근래 국문학연구에 도입된 방법론으로 뉴크리티시즘, 신화비평(神話批評), 구조주의, 이런 것들을 들어볼 수 있겠어요. 제가 여기서 이런 방법론들에 대해서 구체적으로 왈가왈부하고 싶지는 않습니다. 다만 그런 방법론을 수용하는 자세에 대해서 생각해보고 싶은데요. 학문의 방법론이라는 것이 단순히 기능적인 것이라고만 할 수 없겠지요. 그것은 세계관의 문제이고 또 철학적인 자기확립의 길이라고도 볼 수 있겠는데 그렇다면 우리가 어떤 방법론을 도입할 때 그런 방법론이 나오게 된 필연적인 이유, 즉 그것의 시대적·사상적 배경에 대한 이해가 전제가 되어야 할 것입니다. 그리고 도입하려는 그 이론이 이쪽의 역사현실에 적용될 수 있고 나의 사상으로 받아들여질 수 있는지 판단이 분명히 서야 되겠지요. 그런데 국문학에서 서구의 이론을 도입하는 것이 마치 요즘 한창 유행하는 기술제휴(技術提携)처럼 본고장에서 그럴듯한 처방을 빌려오는 식이 아닙니까. 그러니까 그런 방법론에 자기 신념이 개입될 여지가 없고 따라서 A라는 방법론으로 해보다가 안되면 B라는 방법론을 써도 좋다, 이런 식이죠. 그러니 본고장에서 그 방법론이 어떠한 시대성을 가지고 있는가를 따져볼 여지가 없고, 그러한 방법론이 우리의 역사현실에 부합되는지 여부도 별로 고려해볼 것도 없고……

이와 관련된 경향으로 문학의 유산들이 우리 조상들이 이 땅에 살면서 이루어놓은 것이라는 엄연한 사실을 되도록이면 외면하려고 그래요. 뉴크리티시즘도 그렇지만 신화비평이라든가 구조주의라든가 대개 문학의 역사적 현실성을 거부하는 방향으로 작품을 해석하려고 해요. 국문학을 민족이 살아온 생의 현실로부터 분리시켜서 추상화하고 비역사적·비인간적인 것으로 하는 작업을 수행하는 셈이지요. 문학작품을 이런 식으로 풀이한다면 그것이 우리에게 무슨 실감을 줄 수 있을지 의문이에요. 결국 이런 식으로 되니까 오늘날 한글이나 한문으로 씌어진 우리 문학의 우수한 유산들이 국민 대중들에게 아주 소외당하고 있고, 다만 국문학과 교수들이 논문이나 쓰고 학생들에게 강독하는 자료로서 이용될 뿐, 기껏해야 대학입시생들의 골머리나 아프게 만드는 따분한 것으로 떨어지는 면도 없지 않지요. 결국 조상들이 남겨준 한문문학이라든지 국문문학이 진정한 의미에서 국민적 교양이 되고 창조적 생활의 자양이 되고 지침이 될 수 있도록 적극적으로 기여할 때 국문학도 자기의 존재의의를 찾을 수 있을 것이에요. 문학의 유산을 민족이 살아온 역사경험의 표현으로 보고, 거기에 형상화된 우리 조상들의 생의 갈등을 깊이 이해함으로써 역사적 현실성을 부여할 수 있을 뿐 아니라, 오늘날 민족이 부딪힌 벅차고도 풀기 어려운 통일이라는 과제에 어떤 용기와 슬기를 얻을 수도 있을 것이 아닌가 봅니다.

'기술제휴'식 학문연구

백낙청 '기술제휴'란 말씀을 하셨는데 참 적절한 표현이라고 생각합니다. 실제 산업분야에서 기술제휴를 한 결과로 우리 민중이 정말 진정한 의미에서 잘살게 됐다기보다는 외형적인 면에서의 성장에 치우치고 그 알맹이의 대부분은 외국 기업가들이 가져가고, 또 우리 산업에 종사하는 사람들이 어떤 부분적인 발전을 하면서도 크게는 외국에 점점 의존해가는 경향으로 기울게 되는 것과 마찬가지로, 외국서 어떤 이론을 정말 처방 들여오듯이 들여와가지고는 거기에 맞추어 우리 민족의 문화유산을 원자재로 삼아 가공한다는 인상이 짙거든요. 그래서 이렇게 가공한 것을 가지고 외국학계에 꼭 보낸다는 뜻은 아니지만, 외국에 보내는 사람도 있고 안 보내는 사람도 있겠지만,(웃음) 국내에서 발표하더라도 결과적으로는 우리 민족구성원 대다수가 요구하는 역사적 과업의 수행에는 오히려 방해가 되고 ― 문제의 촛점만 흐리고 민중의 정신만 더 어지럽게 만들고, 외국 이론과 외국 학계에 대한 존경심만 높여주고, 한마디로 우리 학계의 비주체성·대외의존성을 가중시킨단 말이에요. 또 그러한 작업에 종사하는 사람들이 부분적으로 이론적인 세련은 얻는지 몰라도 학자로서의 자주성은 잃어버린다는 말씀이에요. 외국과의 경제협력으로 들여오는 것이 꼭 산업쓰레기나 폐유(廢油)가 아니라 양질의 기름이라 하더라도 우리나라 석유회사들의 높은 수익성이 꼭 민족경제에 보탬이 되지는 않는 것과 마찬가지지요.

그런데 종래의 민족사학이라든가 또는 도남(陶南) 선생처럼 민족사관에 입각한 국문학을 하신 분들의 업적의 비과학성에 대해서 많은 비판이 있는데, 저는 여기에 대해 깊이는 모릅니다만 어느정도는 타당한 비판이라고도 봅니다. 그러나 그 비과학성이라는 것은 그분들이 민족사의 요구에 맞는 학문을 하겠다는 의도에도 불구하고 그러한 요구가 무엇인가를 과학적으로 파악해서 거기에 가장 정확하게 대처하지 못했다는 데서 오는 비과학성이지 그런 요구에 부응하려는 노력 자체가 과학정신에 위배되는 것은 아니라고 생각합니다. 흔히 과학은 이런 모든 역사성을 배제한 '진리탐구'라고 얘기하지만, 저는 오히려 '진리탐구'의 이름에 값하는 과학이란 곧 역사의 진보에 기여하는 과학이라고 말하고 싶습니다. 또 역사의 진보를 위해서는 반드시 과학이 필요하다는 점도 강조하고 싶습니다. 그러나 과학의 진전 그 자체가 자동적으로 역사의 진보를 뜻한다는 것하

고는 좀 다른 말이지요. 과학 자체가 곧 역사의 진보와 같다는 주장은 일
종의 과학주의요, 과학에 대한 물신숭배(物神崇拜)라고 보겠습니다. 진리
의 탐구가 곧 역사발전에의 기여라고 한다면 말이 되겠습니다만, 과학이
곧 진리탐구라고 할 때의 '진리'는 극히 한정된 의미의 진리라고 보아야
옳을 것 같습니다. 다시 말해서 어떤 대상에 대한 일정한 명제가 그 외부
의 사실과 합치되느냐 않느냐를 따져서 합치되는 것을 '진리'라고 부르는
정도지, 종교에서 말하는 궁극적 진리라든가 진정한 예술작품이 진리를
드러낸다고 할 때의 진리와는 차원이 다른 것입니다. 이런 차원의 진리를
탐구하는 데 과학이 참여하는 길은 과학 하는 사람이 그런 차원의 진리를
탐구하는 자세로 과학을 함으로써만 가능한 것이고, 과학 자체의 발전에
기여하는 것만으로 자동적으로 되지는 않으리라는 것입니다. 그러므로
민족주의적 학문의 과학성 문제만 하더라도, 학자에게서 민족주의적 과
업이 요구되는 역사적 싯점에서 민족사학 또는 민족사관에 입각한 국문
학을 한다는 것은 학문의 과학성에 위배되기는커녕 과학이 진리탐구의
이름에 값할 수 있는 요건을 갖추는 길이라고 봅니다. 동시에 그것이 민족
사학 또는 민족주의적 국문학의 이름에 값하기 위해서도 철저히 과학적
인 인식에 자리잡아야 된다는 점도 강조해야겠지요.

　국문학의 경우 방금 임선생께서는 주로 뉴크리티시즘·신화비평·구조
주의 등을 원용한 비역사적·비주체적 사고방식을 비판하셨고 저도 그 문
제에 관해 쓴 일이 있습니다만, 여기서 한 가지 덧붙여 말하고 싶은 것은
이것은 반드시 외국학설을 가져와서 사용하는 데만 해당되는 얘기는 아
닌 것 같다는 겁니다. 요즘 보면 외국학설을 들여와서 우리 문화현상의 분
석에 원용하는 것에 못지않게 우리 전통 속에서도 그런 이론을 찾아내야
한다고 하면서 이런저런 개념들을 추출해서 활용하는 경우를 많이 봅니
다. 그런데 이 경우에도 엄밀한 과학성을 띠어야 하고 진정으로 우리 민족
문화와 민족문학의 요구에 부응하는 방법으로 진행돼야 할 텐데, 어떻게

보면 외국이론을 도입하는 것이 일종의 기술제휴 비슷하게 되는 것 못지
않게, 우리 것을 내세우는 작업도 알게 모르게 외국을 너무 의식한 급조된
토산물 전시 같은 인상이 있어요. 가만히 보면 우리 전통 속에서 찾아냈다
는 그 개념이라는 것도 우리의 선인들이 사용하던 개념을 엄밀하게 파악
해서 엄밀하게 적용한 것이 아니라 실질적으로 외국 개념의 번역이 구실
을 하고 있는 경우가 많은 것 같습니다.

'전위예술'의 반민중성

김윤수 예술은 주체성·현실성이라는 면에서 가장 과오가 많은 분야라
할 수 있지요. 아까 백선생 말씀 가운데 서구의 이론을 가져와서 그 방법
론에 대입시킨다는 이야기가 있는데 그렇게 해서 얻어진 것이 민족문화
발전에 보탬이 된다면 환영하지 못할 바도 아니죠. 그런데 제가 생각하기
에는 대개는 그런 방법론에 얽매이다 보니까 자기가 서 있는 입장이라든
가, 그것이 기여하는 결과를 깊이 고려하지 않는 데 문제가 있지 않은가
싶습니다. 그런 예는 예술가의 경우에도 마찬가지로 해당된다고 하겠는
데 이를테면 팝 아트나 전자음악(電子音樂) 같은 것을 받아들여 우리 현실
에 대입시킨다거나 혹은 흉내를 내어보지요. 또 요즘 우리 미술계에서 첨
단을 달리고 있는 개념미술(槪念美術)이란 것만 해도 그렇습니다. 지금까
지 개인주의 예술관이 내세우던 개성이나 독창성 따위를 걷어치우고 한
시대나 상황 전체를 객관적인 개념을 통해 밝혀낸다는 것인데 그것을 종
래와 같은 구체적인 형상으로 나타내지 않고 사진이나 돌멩이·나무토막
같은 갖가지 일상적인 재료를 가지고 표현하고 있지요. 그런데 이러한 예
술은 일반상식으로는 도대체 이해할 수도 없거니와 그들이 드러내 보이
는 개념이란 것도 되도록 세계적인 규모, 전인류적인 상황이고 우리의 구
체적 현실은 문제삼지 않지요. 민족적이니 민중적이니 전통이니 하는 것

을 고집한다는 것은 케케묵은 소리라는 것이지요. 이런 미술을 하는 사람 가운데는 그 미술의 이론에 상당히 밝고 현대의 미술이 그럴 수밖에 없다는 자기 나름의 신념도 가지고 있는데, 문제는 그러한 일련의 현대미술, 정확하게는 전위미술이 미국이나 유럽의 역사적 산물이라 하더라도 오늘의 우리 현실, 분단시대를 살고 있는 이 특수한 상황에 그것이 어떠한 의미와 예술적 기능을 가지는가에 대해 근본적인 물음이 없다는 데 있습니다. 이런 것은 비교적 젊은 세대에 속하는 경우지만 기성세대에 오면 역사적 현실에 대한 무감각은 한결 더 철저한 것 같아요. 그 이유는 물론 각자의 역사의식의 결여에 있다고 하겠지만 전체적으로 보면 일제 식민지시대 이래의 예술경험, 문화경험에 있다고 하겠습니다. 그러니까 일제시대는 제국주의 침략에 신음하면서도 남의 나라를 침략하고 수탈해서 살찐 그 나라의 예술을 받아들였고, 해방 후는 해방 후대로 나라를 분단하는 데 기여한 바깥세계의 예술을 우리가 받아들이고 있는 모순관계를 인식하지 못한 때문이지요. 예술은 물론 국체(國體)나 정치권력을 그대로 반영하는 것이 아니고 그 나름의 독자성이라는 걸 가지고 있고 그 때문에 미묘한 문제가 생기는 것인데 아무튼 우리가 서구의 갖가지 예술양식을 받아들임에 있어 예술로서의 보편성·세계성만을 중시했지 그것이 우리의 역사적 현실에 어떤 작용을 하는가는 고려하지 않았지요. 그러는 동안에 자연히 서구의 예술관·예술행위·예술형태에 동화되고 있지 않은가 합니다.

다음 이러한 예술의 독자성·보편성을 인정한다 하더라도 그것이 민중에 대해 가지는 관계는 대단히 부정적이라는 것입니다. 예술이 개인의 내면적 진실이니 지고한 정신의 가치니 하고 또 그것을 특수한 사람이나 아는 형식으로 표현한다면, 그것을 모르는 사람은 소외되고 말지요. 이러한 예술관은, 민중이 역사발전의 주체이고 민중에 의해 역사가 발전된다는 근대정신에도 모순된다고 봐요. 그래서 이런 예술이 세력을 떨칠수록 민중은 더 알기 쉽고 즐길 수 있는 예술, 즉 대중예술로 눈을 돌리고 언제나

눈먼 대중, 하등인생(下等人生)으로 남게 된다는 것인데, 어느 학자의 말을 빌리면 "감정교육을 무시하는 사회는 막연한 정서에 빠지며 나쁜 예술은 감정을 타락시키는데 이것은 독재자나 민중선동가가 이용하는 요인이 된다"는 것이지요. 그런 면에서 이른바 고급예술의 반민중성은 민중에 대한 중상(中傷)이랄까 민중모멸이라는 역기능도 가진 셈이지요. 아무튼 이런 예술은 현실에 대한 무감각을 만들고 더 나아가면 분단의 고착화에 기여한다는 이야기가 되겠습니다.

백낙청 저로서는 김선생님이 피력하신 예술관에 동조하는 입장입니다만, 한편 이런 질문도 제기해보았으면 합니다. 흔히 문학에서도 듣는 얘긴데, 예술이나 문학에서 역사의식을 강조하고 민중의 생활을 증언한다든가 하는 것을 강조하는 것은 다 좋다, 그것은 어떤 종류의 상식이다, 그러나 예술이란 역시 상식하고는 좀 차원이 다른 것인데 그런 상식을 강조하는 사람들은 예술을 상식의 선으로 끌어내리는 작용을 하는 것은 아니냐, 이런 비판을 많이 듣습니다. 그리고 실제 작품비평에 있어서도 예술을 모르는 사람이 그 글만 읽을 때는 그럴듯하고 교양이 되는 이야기지만 정말 예술을 알고 그 작품을 아는 입장에서 보면 정곡을 못 찌른 이야기에 머문다는 것입니다. 이런 점에 대해서는 어떻게 생각하십니까?

김윤수 그게 말하자면 예술지상주의라고 할까, 예술에 있어서의 미적 감각을 중시하는 견해지요. 예술은 사회적인 것이나 역사적인 것에도 물론 전체적으로는 그렇게 조건지어지겠지만 구체적인 작품세계, 디테일 즉 핵심에 있어서는 역시 미적 감각이 높이 발양(發揚)되고 또 그것이 형식적으로 잘 분절(分節)되고 다듬어져야 훌륭한 예술작품이다라는 얘기가 아니겠습니까. 가령 음식물에 비유할 때 같은 재료라도 맛있게 만들어야 한다, 맛이 문제지 영양가가 문제가 아니다, 아무리 영양가가 높다 하더라도 맛이 없으면 예술이 아니다, 그리고 예술은 육체를 살찌게 하는 게 아니라 정신을 살찌게 하는 것이며 그 경우에도 지적(知的)인 영양이 아니라

미적(美的)인 영양이 문제다, 그런 얘기겠죠. 그리고 예술비평에 있어서도 지금 말씀한 것처럼 정곡을 찌르려면 엄밀한 미학적 분석을 통해서 이야기되어야 한다는 데는 이견이 있을 수 없지요. 그런데 그것을 최종적으로 판단하는 게 문제가 아니겠습니까. 흔히 말하듯이 예술은 그것을 만들고 혹은 감상하는 층의 생활토대의 반영이라고 할 때 그들의 미적 감각이나 미적 이념을 표현하고 감상한다는 것은 그 토대가 용인되고 보장되어 있을 때 가능하고 또 그 최고단계에서 그 시대나 집단 혹은 개인의 양식이 생겨난다고 하겠지요. 그런데 우리가 종종 경험하는 일이지만 같은 작품도 보는 사람의 입장이나 상태의 변화에 따라 그 정도가 달라지지요. 서구의 미학이론에서는 이런 점을 배제하기 위해 미적 태도니 심리적 거리니 하는 용어를 사용하는데, 이 역시 그들의 생활양식을 반영한 것이라 생각됩니다.

백낙청 여전히 상식의 입장에서 ― (웃음)

국민주의시대 예술의 변천

강만길 저는 예술에 대해서 잘 모릅니다만, 예를 들어서 절대주의시대에 있어서 궁정예술(宮廷藝術)이라는 것도 하나의 역사성을 가진다고 봐요. 그것은 절대주의라는 그 시대, 그 정치체제의 특징을 드러냈기 때문에 훗날에 미술사적으로 봐서도 하나의 역사적인 위치를 가질 거라고 저는 생각해보는데, 이런 식으로 본다면 역사가 자꾸 발전해옴으로써 역사를 담당하는 세력이 더 넓은 범위로 되고 또 그에 따라서 그들의 생활감정과 이해에 맞는 예술작품이 생겨날 것이고 그래서 그 시대의 예술작품으로서의 시대성을 가질 게 아니겠습니까. 그런데 제가 혹시 잘못 보고 있는지는 몰라도 역사는 자꾸만 민중이 역사의 주인으로 되는 시대로 변해오고 있는데 미술작품은 항상 궁정문화시대의 작품만을 남겨놓고 있다고 하면 그것이 아무리 미적 구성이 잘돼 있다 하더라도 훗날에 가서 역사적인 바탕을 제대로 지닌 예술작품으로서 평가받지는 못할 것이 아닌가라고 역사 하는 사람의 입장에서 한번 생각해봅니다.

김윤수 예술사를 역사적으로 본다면 넓은 의미에서는 어떤 시대의 양식이나 그 시대의 토대를 반영하는 형태를 취한다고 말하지요. 그런데 우리가 지금 내걸고 있는 민족주의 내지 민족문화를 지향하는 이런 시대의 예술이라고 한다면 마땅히 그와같은 것을 반영해야 하지 않겠느냐는 말씀인데, 가령 19세기 서구의 민족주의 또는 국민주의 시대에 오면 상당히 구체적으로 반영된다고 봅니다. 가령 그림형태가 우선 달라진다는 거지요. 종래에는 넓은 궁정 벽을 채울 수 있는 벽화 같은 것이 주로 그려졌는데 이제는 시민들이 누구나 애용할 수 있는 캔버스 이젤 그림으로 바뀐다는 게 상당히 큰 변화이고, 그리고 종래의 장엄한 주제에서 자기들이 직접 보고 느끼는 체험이나 생활주변에서 소재가 택해집니다. 국민주의시대에는 또 자아의식(自我意識)이 높아지고 '개인'이 나타나면서 미술에도 개인주의적 요소가 짙어지는 것은 당연한 일이라 하겠지요. 이 과정에서 결정적인 것은 '예술가'라는 것이 신분적으로나 경제적으로 자유인이 되었다는 사실이 아닌가 합니다. 예술가는 누구에게 매이지도 누구를 위해 봉사할 필요도 없게 되었다는 것인데 이때부터 예술가는 자기가 속해 있는 시민사회를 증언한다기보다 예술을 위한 성직자가 됨으로써 예술가와 사회와의 괴리가 일어났는데, 이때부터가 문제죠. 역사의 발전은 국민주의시대·시민사회로 나아가는데 예술가 혹은 예술형태는 반사회적·반민중적인 방향으로 치달았으니 말입니다. 물론 그러한 예술도 이념에서나 형식면에서 시대를 반영하고 있는데 가령 서구에서 모더니즘이나 오늘날의 '개념미술'만 해도 작가와 사회와의 분열현상을 보여준다고 하겠습니다.

우리가 여기서 민족문화·민족예술을 이야기하는 것도 이 분단시대를 살고 통일을 앞당겨야 할 싯점에서 이러한 예술현상이 과연 바람직한 것인가, 바람직한 것이 아니라면 어떻게 하는 것이 이 길에 부합되는가를 모색해보자는 이야기일 것입니다. 그래서 제 생각에는 예술가가 오늘의 현실을 직시할 것은 물론 민중의 편에 서야 한다고 봅니다. 이렇게 말하면 또 상식적이라고 할지 모르겠지만 상식적이 돼야겠고. 또 하나는 흔히 듣는 바처럼 그것은 예술의 질을 떨어뜨리게 된다고 하는데, 민중의 인간적 존엄과 자유·능력·상상력을 풍부하게 하고 그들이 사람답게 사는 사회를 실현하는 일에 봉사하는 예술이라면 다소 질이 떨어지면 어떻겠으며, 또 그렇게 하는 과정에서 상호 변증법적 발전을 통해 내용에서나 형식에서 수준높은 작품이 안 나온다고 누가 단언할 수 있겠습니까. 그건 내일의 일이 아니라 오늘날 민족문학을 지향하는 작가들의 작품 속에 훌륭하게 성숙하고 있지 않아요? 불행히도 문학을 제외한 다른 예술 분야에서는 그러한 인식도 노력도 없는 것이 안타깝습니다.

비평의 '과학성'을 어떻게 볼까

백낙청 우리가 바라는 예술이라는 것이 예술지상주의적인 예술이라든가 심미적인 예술, 또 복고주의적인 예술, 이러한 것을 지양해야 된다는 것에는 저도 전적으로 동감입니다. 다만 아까 제가 상식 운운했던 것은, 문학비평이나 예술비평에 종사하는 당사자로서 하나의 자기반성 삼아서 해본 이야긴데, 어떻게 보면 우리는 워낙 상식이 통하지 않는 세상에 살다보니까 이 상식을 이야기하는 것만으로 기진맥진해버리고 거기서 끝나는 수가 많은 것 같아요. 이를테면 이제까지 예술지상주의 같은 것은 안된다, 또 전시대의 예술하고는 이 시대의 예술이 달라야 한다, 이런 상식을 이야기하는 데서 얘기가 그치고, 정작 창조적인 비평작업 그 자체 ─ 말하자면 예술이라는 것은 국민주의시대 예술이건 어느 시대의 예술이건 우리가 이렇게 얘기할 때의 상식과는 다른 차원이 반드시 있는 것인데 그 차원에까지 정확히 도달하는 이야기를 못하는 경우가 많지 않은가, 이런 면을 우리가 반성할 필요도 있겠다는 것입니다. 과학 자체의 발전이 곧 진리탐구는 아니라고 했듯이 건전한 양식(良識)의 전파 자체가 예술을 통한 진실의 드러남과 같은 차원에 설 수는 없다고 봅니다. 과학성의 문제를 다시 거론한다면, 저는 상식의 수준을 넘어 작품 자체의 정곡을 찌르는 바로 그 일에 비평의 과학성이 있다고 말하고 싶어요. 정확하게, 아름다운 것은 아름답고 무의미한 것은 무의미하며 반역사적인 것은 반역사적이다라고 정확하게 포착해서 정확하게 표현하는 것이 곧 이 분야에서의 과학성이지, 요즘 우리 문단이나 문학연구가들 가운데서 보면 작품을 놓고 무슨 언어과학이니 정신과학이니 문예과학이니 하는 온갖 학적(學的) 이론과 공식을 끌어다가 복잡하게 분석을 해야 과학적인 태도고, 민족이나 민중의 현실이나 역사적 과제를 말하면 이것은 과학도 예술도 아닌 '정치'라고 하는 경향이 있어요.(웃음) 거듭 말씀드립니다만 저로서는 우리가 지향하는 민족문화는 철두철미 과학적이어야 한다고 믿는 동시에, 우리의 과학적인 노력이 이 민족의 역사를 한 걸음 전진시키는 일과 일치될 때에 비로소 진리탐구라는, 과학이 도달할 수 있는 가장 드높은 경지에 이를 수 있다고 말하고 싶습니다. 그리고 우리 자신이 이 시대가 요구하는 민족예술·민중예술을 말함에 있어서 사실 과학성이 모자라지 않느냐 하는 반성도 해봄직하다는 것입니다.

임형택 민족예술 또는 민중예술을 과학적으로 인식하려면 함께 그 속에 담겨 있는 아름다움을 어떻게 과학적으로 설명할 수 있는가 하는 문제가 제기됩니다. 흔히 민족예술 또는 민중예술이란 말을 쓸 때 내용주의에 치우치고 있다는 비난을 듣게 되는데 이런 오해를 씻기 위해서도 문학예술의 미적(美的) 구조를 잘 설명할 수 있어야지요. 이 자리에서 이 문제를 길게 논할 겨를도 없고 또 솔직히 저 자신의 능력 밖입니다만, 우리 문학의 현실, 민족의 생활감각에 밀착된 미학이 수립될 때에 과학적이지 않을까요.

역사연구의 과학성과 현실성

강만길 '과학적'이라는 말을 우리 국사연구 방법론에 대입(代入)해서 보면 상당히 분명히 알 수 있는 게 있어요. 과학적이라는 말을 일제시대에 가장 잘 쓴 사람들이 소위 실증사학을 하는 분들이었습니다. 그리고 신채호(申采浩) 등 민족사학자들이 하는 방법론을 비과학적이라고 비판했습니다. 왜 비과학적이라고 비판했느냐 하면 요새 말로 하면 정치적이다 하는 말과 통할지 모르겠습니다.(웃음) 과학적이라는 것은 정치성도 배제하고 그다음에 역사의식도 배제하고, 이것은 순수히 하나의 사실(史實)의 조립만 해놓는 것이라고 했습니다. 그랬는데 해방이 되니까 과거 비과학적이라고 비판받던 민족사학자들이 가졌던 역사방법론이 사실은 당시 민족의 현실적인 요구에 가장 부합된 이론이었다는 평가가 나오게 됐지요. 그렇게 보면 일제 때 민족의 현실적인 요구 — 이것은 바로 우리 역사가 진행해야 할 올바른 방향이죠. 여기에 부합되게 한 것은 도리어 비과학적이라고 비판되었고 그런 현실적인 요구를 전연 외면하고 기피하는, 순전히 의식없는 사실(史實)연구 작업을 과학적이라고 얘기했던 것이 잘못됐다는 사실이 백일하에 드러난 셈이죠. 그러면 과학적이란 것이 과연 무슨 말이냐, 그것이 순전히 기술적인 이야기만은 아니란 것이 너무나 명백하겠는데 과학적이란 것은 가장 현실적이어야 한다고 생각합니다.

백낙청 그것을 바꾸어서 '가장 정치적이어야 한다'라고 말할 수도 있지 않을까요?

강만길 글쎄요, 그렇게 말하면 오해하는 분들이 많겠지요. 하기야 '현실적'이라는 말도 오해의 여지는 있지요. 따라서 정치적이어야 한다거나 현실적이어야 한다는 조건 밑에는 반드시 그 민족사회가 걷고 있는 올바른 '현실적이어야 한다'가 뒤따라야 합니다. 만약에 그게 뒤따르지 않게 된다면 어떤 민족의 역사가 흘러가는 데 있어서 일시적으로 잘못돼가는 정치현실, 잘못돼가는 역사의식에 부합하는 것도 아까 그런 논리대로 하면 역사방법론에 있어서 바른 방법의 하나인 것처럼 오해될 가능성이 있게 되는 것입니다. 학문연구나 예술도 마찬가지라고 생각하는데, 그런 것도 가장 현실적인 민족의 요구에 의당 부합해야 하는 겁니다. 이때 민족이란 것이 참 중요한데요, 민족의 이름을 가탁(假託)해서 하는 요구일 수도 있고 진정한 민족의 요구일 수도 있는데 그것을 정확히 꿰뚫어서 볼 수 있는 사람이어야만 정말 학문생활을 할 수 있는 사람이고 예술생활을 할 수 있는 사람이다라고 볼 수 있을 것 같아요. 무조건 현실적인 요구에 부응한다는 것만으로 다 올바르다고 보는 것은 잘못된 것이고 때로는 위험할 것입니다. 그 현실이 과연 어떤 현실이냐, 역사적인 관점이냐 하는 데 촛점을 두어야만 과오를 범하지 않을 수 있을 거예요. 그런 점에서는 일제시대 신채호와 같은 분들이 하던 역사방법론이 해방 후에 생각해보니까 그때의 민족의 현실적인 요구에 가장 부합되는 방법이었다고 해서 그대로 되살린다고 한다면 그것은 또 비현실적인 것이 되는 겁니다. 왜냐, 그것은 일제시대의 우리 민족사회가 요구하던 방법론이었기 때문입니다. 한 가지만 차이를 들면 거기에는 분단이란 민족적 현실이 없었습니다. 해방 후의 분단된 여건 속에서 새로운 민족사학을 지향해야 한다는 안목에서 보면 일종의 복고주의에 지나지 않게 되는 것입니다. 그런 뜻에서 보면 민족적·역사적 현실이라는 말이 참 어려운 말이다 하는 감을 새삼 가지게 됩니다.

민족의지를 부인하는 국제정치이론들

백낙청 이선생님이 다루시는 국제정치학이나 현대사 분야는 특히 현실

과 밀착된 분야인데 우선 그 '증오'만 좀 제거해도 과학성의 제고(提高)에 상당히 도움이 되겠지요?(웃음)

리영희 저는 남의 논문도 많이 읽고 쎄미나 같은 것도 듣고 보고 한 결론으로서 몇 가지를 생각게 되었습니다. 그것을 정리하면 이렇게 되는 것 같습니다. 분단시대의 이론들이 궁극적으로 민족적 니힐리즘에 바탕을 두었거나 귀결되는 이론이 아니냐는 것입니다. 동기에 있어서 그렇다는 것은 아닌데 그 과정이 그렇게 된다는 말씀이에요. 즉 요새 학계를 지도하는 입장에 있는 교수들이거나 전문가들이라는 사람들이 30·40대의 중견이라고 치면 그 대다수가 미국이라든가 유럽의 국제정치학이라고 하는 교육을 받은 사람들이죠. 그런데 그 나라들의 국제정치학이라고 하는 것이 미국적인 그때의 사회상황 — 문화적 조건이라든가 국가의지(國家意志) — 이런 것 없이 그냥 진공 속에서 만들어진 이론일 수가 없거든요. 그런데 이 사람들이 가져와서 적용한다는 이론들이 아주 재미납니다. 초기에는 모겐소(Morgenthau)가 한창 유행하면서, 우리의 운명을 가늠하는 문제를 놓고서 분석하고 종합하는 데 파워 폴리틱스(power politics)라는 것이 전적으로 쓰이고, 다음에 좀 있다가는 게임이론(game theory)이란 것이 나옵니다. 이렇게 되면 종래까지 국가간의 힘의 관계가 모든 것의 결정요소다라고 하던 것을 그런 것이 여러가지로 콤비네이션을 이루어가지고 그 과정에서 이루어지는 거다라고 또 해석해버립니다. 그런데 처음에 '파워 폴리틱스'에 있어서도 우리 민족은 무력한 요소로서만 함수로 들어가지 결정적인 것은 아무것도 가지고 있지 않고, 콤비네이션을 위주로 한 게임이론에 있어서도 우리가 그 게임 룰 속에 중요한 팩터로서는 규정이 안되는 상태로 이론이 전개됩니다. 그리고 또 필드 이론(field theory)이라고 해서 한 에어리어 속의 국가관계를 본다고 하더라도 우리 민족은 거기에서 아무런 작동을 하지 못하고, 그다음에 키씬저(Kissinger)가 나오니까 링케지 이론(linkage theory)이라고 해가지고 이것만 강의 몇 시간 듣고 돌아온 사람은 곧장 권력의 주변에까지 올라가기도 합니다.(웃음) 그 이론만 가지면 모든 문제가 다 해결될 것 같으니까, 아까 파워 이론, 게임 이론, 필드 이론, 링케지 이론 등 그 단계마다에서 학자들 제각기 다 출세합니다. 그래서 그 이론이 풍미하게 됩니다. 분석방법론에서부터 우리의 사고·세계관에 이르기까지 말이죠. 그런데 재미난 것은 그러나 그 하나하나가 그저 하루살이의 이론으로 끝나버리고 말아요. 이런 것들이 종합적으로 파탄이 나고 마는 게 베트남전쟁 때입니다. 그들 이론들이 다 깨져버리고 말잖습니까. 만약에 파워 폴리틱스의 이론이 그렇게 우리 학자들이 받아들여서 보편적으로 적용될 만한 것이었다면 어째서 베트남에서 강대국이 저렇게 됐으며, 그밖에 키씬저의 무슨 이론만 하더라도 그거 그럴 수가 없거든요. 그런데 키씬저 이후에 브레진스키(Brzezinski)란 사람이 들어와서 딴 이론을 쓰면은 또 그 먼저 것은 다 우스운 것이 돼버리고 이 사람의 이론이 다 좌우하는 것처럼 돼버린단 말이에요. 이런 것을 무비판적으로 자기가 배웠던 교수나 학자의 이론만 가지고 와서는 그것만으로 모든 것을 전단하려고 하는 경향이 없잖아 있습니다. 그러면 여기에서 결론적으로 두드러지게 나타나게 되는 것은 무엇이냐 하면, 그 이론이 적용될 대상으로서의 우리 민족을 하나의 주체(主體)로서 거의 생각을 하지 않으니까, 주체로서의 우리 민족의 의지와 역량이라는 것은 아주 무시돼버리는 게 대부분입니다. 그렇게 되면, 특히 베트남사태가 여러가지 측면을 종합적으로 예리하게 드러내 보여주는 가장 좋은 예이지만, 서방의 온갖 이론들이 파탄되는 과정에서 저쪽이 가졌던 가장 강한 이론은 무엇이었던가 하면 바로 민족의 의지란 것입니다. 이것이야 서방의 소위 국제정치학적 관점에서 본다면 이론체계의 요소가 될 수도 없겠지요. 그런데 서양에서는 이 민족의지가 정치적 역량으로 전환될 수 있다는 것을 전연 도외시했었지요. 의지란 것이 우선 막연하고 하니까 컴퓨터와 방정식을 동원하는 미국식의 국제정치학은 그것을 힘으로, 정치력으로 전환될 수 있는 것으로 인정하지 않고 어떤 외적인 작용이나 관계적 구성 속에서만 문제를 보았지요. 정말 외적인 관계 속에서만 오늘의 세계를 본다면 작은 나라들은 어떤 의지도 관철할 수 없는 것으로 돼버리겠지요. 그래서 저는 이런 사고방식이 지극히 위험하다고 봐요. 의지가 있어도 우리의 일이란 어렵기 짝이 없는데, 애초부터 민족의 의지를 무시하는 이론이나 빌려서 쓴다면 그 방정식에서 나올 답은 뻔하다는 겁니다.

단위민족국가의 시대는 지났는가

강만길 국제정치학에 제가 보기에는 아주 위험한 한 가지 문제가 있는 것 같습니다. 국제정치학적인 측면에서 보면 앞으로 단위민족국가의 존재는 그리 중요하지 않다, 다시 말하면 우리가 지금 통일문제니 민족의 문제니 하는 것이 모두 다 우리의 단위민족국가 체제를 전제로 하고 하는 얘긴데 어떤 국제정치학상의 이론에서는 앞으로 역사가 진전되면 진전될수록 단위민족국가의 독립성이나 고유성은 그 중요성이 점점 희박해져갈 것이다, 이런 이론이 내세워지는 것 같아요. 이렇게 되면 지금 분단상태에 놓여 있다는 문제는 별로 중요한 문제로 등장하지 않을 수도 있다는 이론인 것 같아요. 또 하나는 통일문제라는 것은 상당히 어려운 문제이니만큼 여러가지 상황을 감안하건대 구태여 통일을 해야 한다는 생각은 사실은 위험하다, 그러니까 분단된 상태로서도 서로가 잘살면 괜찮지 않겠느냐는 논리도 있는 것 같아요. 이 두 가지는 어쩌면 표리관계에 있는 것도 같은데 이런 것이 20세기 후반기에 한국사가 지향해야 할 가장 중요한 역사적 명제의 하나인 민족통일 문제를 흐리게 하는 이론으로 나오고 있는 것 같단 말입니다. 그런데 정말 그렇게 단위민족의 중요성이 흐려져가겠느냐, 아니면 그게 오늘날에 있어서도 어떤 침략대상민족의 내부적인 결속을 와해시키기 위한 하나의 이론인가, 이런 것을 저는 잘 모르겠어요. 예를 들어서 유럽공동체 얘기를 하는 사람이 있습니다. 그런데 유럽공동체가 유럽 내부에 있어서 단위민족국가의 울타리를 무너뜨릴 수 있는 식으로 발전할 수 있겠는가 하는 것도 우린 잘 모르겠거든요.

백낙청 무너뜨린다고 하더라도 우리가 통일이 돼서 유럽공동체의 참가국만큼 잘살게 됐을 때 그러한 여건에서 이웃간의 울타리가 무너지는 것하고 이건 통일도 못되고, 뭐 아무것도 아닌 채 남한테 짓밟히는 것하고는 전연 얘기가 다르죠.(웃음)

리영희 저는 소위 국제정치학이라는 형태로 공부한 일도 없고, 직업을 하는 과정에서 그러한 것이 취급하는 내용 가운데서 취미로 들여다보면서 혼자 공부한 입장이기 때문에, 학(學)이란 것을 한 사람들은 으레 제가 하는 소리는 비과학이라고 하겠지요. 그렇더라도 단위민족국가가 전반적인 국제정세의 운동에 중요할 것이냐 하는 문제는 요새 흔히들 인터내셔널리즘(internationalism) — 모든 것이 국경을 초월해서 이루어진다는 식의 이론이 너무 과장되고 정말 과학의 탈을 쓰고 비과학이 돼 있는 식인데 — 이 인터내셔널리즘이 실제 이루어지고 있는 한 가지 측면은 자본(資本)입니다. 국제자본은 분명 국경을 넘어서 이루어지고 있지요. 그런데 경제적인 측면에 치중해서 요즘 '이데올로기 종언의 시대'니 '몰(沒)이데올로기 시대'니 하는 것을 내세워 국경이니 민족이니가 다 뭐냐고 하는 사람도 있지만 이것은 혹시 그런 상태를 이룬 국가들에 있어서는 혹시 또 그럴는지도 모르겠지만 단위민족국가조차 이루지 못한 분열된, 찢어진 민족에게는, 인터내셔널리즘이라도 좋고 그 사람들이 앞으로의 세계의 형태라고 생각하는 것에 창조적으로 공헌하고 생산적으로 참여하기 위해서도 일단은 단일민족국가가 된 다음의 얘기란 말입니다. 그리고 둘째로 분열된 상태나마 잘살면 그뿐 아닌가 하는 논리는, 그 논리를 거꾸로 세워 잘살게 됐다면 분단상태로 살 수도 있어요. 그러나 분단상태에서는 잘살게 되는 과정이 절대로 오지 않는다는 것이 문제가 아닌가 합니다. 아까도 말했듯이 분단이 자꾸 지속되면 전쟁이란 형태로 오는 것이니까요.

백낙청 그런데 조금 아까 이선생님께서 미국 갔다 온 국제정치학자들 얘기를 하셨는데 —

리영희 아, 그건 취소, 취소. 아니 수정을 하지요.(웃음)

백낙청 그게 아니고,(웃음) 저는 국제정치학은 하지 않았습니다만, 이 자리에서는 미국서 대학교육을 받은 유일한 사람으로서 한마디 할 의무를 느끼는데요. 우리 사회에서 미국 유학 너무 좋아하는 것 참으로 문제인 것 같아요. 물론 옛날에 일본 유학 한 사람들 출세하듯이 지금 미국 유학을 갔다 오면 출세하기 쉽게 된 것은 사실입니다. 그러니까 출세하기 위한 방도로서 미국에 간다고 애초부터 밝히고 나서면 그야말로 못 말리죠. 그러나 그런 것이 아니고 지금 정계나 경제계는 물론 대학 같은 데서도 공부하는 대학을 만들고 연구하는 교수를 만들겠다는 노력의 일환으로 제일 찾는 것이 미국 가서 박사학위 해온 사람입니다. 그런데 저도 사실은 미국 가서 박사학위를 해왔고(웃음) 교수노릇도 했습니다만, 미국 가서 박사학위를 할 정도로 오랜 기간을 조국을 떠나 있었고 또 그 일에 그만큼 전념해 있다가 한국에 돌아왔다고 할 때 어떤 의미에서는 그 사람은 한국의 지식인으로서는 불구상태에 가까워져서 온 것이라 해도 과언이 아닙니다. 왜냐하면 거기서 한 공부라는 것이 미국사람을 위해서 가르치는 것을 옆에서 귀동냥을 하고 돌아온 것이란 말이에요. 그렇다고 귀동냥 식으로 여유있게 해서는 박사가 되기도 힘들거든요. 귀동냥하는 일에 모든 것을 걸고, 또 그러다 보면 그동안 한국인으로서 한국사회에서 수행해야 할 사회인으로서의 많은 의무를 게을리하고, 사람이 자기가 속한 사회에서 생활하는 가운데 저절로 얻는 온갖 교양을 못 얻은 채 남의 나라 대학의 요구에만 응하다가 온 겁니다. 그러면 그때부터 바야흐로 자신의 불구상태를 치유하는 과정이 시작돼야 하는데, 이건 뭐 미국서 박사학위만 하고 오면 한국의 대학교수쯤이야 하고도 남는다고 생각하거든요. 또 그런 사람을 위해서 국내에서 온갖 어려운 여건을 견뎌내면서 이 현실에 부응하는 방향으로 자기 나름의 공부를 해온 사람들이 교직에 나갈 길이 막히고 있는데, 이것도 어떻게 보면 구한말의 봉건지배층이 바로 식민지시대의 친일계층으로 이어지고 그것이 다시 분단시대에 와서 분단시대 특유의 비주체적 지배세력으로 일부 개편되면서 면면히 이어지는 한 형태가 아닌가 합니다.

리영희 동감입니다. 오늘 우리의 주제가 분단과 그 분단을 지양하는 문화풍토에 관한 얘기라면 이제 그런 사람들이 학생들을 가르칠 때, 그리고 사회적으로 발언을 하면서 분단문제·통일문제·국가문제 등을 논할 때, 어떤 입장에 서게 되느냐가 문제인 것이에요. 혹시 그 사람들의 사회적 입장과 조건이 잘만 살면 분단도 관계없지 않느냐는 아주 과학적이면서 상식적인 타당성을 가진 듯이 보이는 그런 이론을 쓰게 돼 있지는 않느냐는 거예요. 더구나 한국의 분단에 대해 모기가 문 것만큼도 느끼지 않는 조건과 풍토에서 형성되고 구성된 서양학자들의 이론들을 지식의 피로 받아 가지고서 재생산해낸다면 2배 3배 그렇게 될 수밖에 없잖겠어요.

분단시대를 사는 지식인의 자세

백낙청 지금까지도 현실문제들이 많이 논의됐습니다만, 애초에 예정했던 세 가름의 마지막 부분으로 이제 넘어가서, 분단시대를 극복할 수 있는 바람직한 민족문화운동이라면 지식인의 자세는 어떠해야 할 것이며 민중과의 관계는 어떠해야 할 것인가, 일상생활에서부터 교육·언론 등 제반분야에서의 당면한 구체적인 문제가 어떤 것들인가, 이런 데 대해서 각자의 전공분야에 구애됨이 없이 자유롭게 토론을 해주셨으면 합니다.

임형택 현대사회에서 문화의 담당층이라고 할 수 있는 지식인들은 이조시대 문화의 담당층이었던 사대부(士大夫)와는 성격이 상당히 다른 것 같습니다. 이조 사대부란 것은 자신들이 지주적인 생활기반을 확고히 가지고 있으면서 관인(官人)으로 진출해서 그 시대를 끌고 나갔던 것이지요. 그래서 그들 나름으로 사회적인 사명감 같은 것도 가지고 있었고 또 경제적으로 안정이 돼 있었기 때문에 그렇게 비굴하지 않을 수도 있었다고 봅니다. 그 나름대로 양심을 가진 선비들도 나올 수 있었단 말이에요. 그런데 지금의 지식인들은 옛날의 그 사대부들에 비해서 위치가 퍽 불안하지 않아요? 우선 경제적인 기반이 없이 다만 지식 그것을 팔아서 살아가야할 운명이고, 직접 사회를 움직여나가는 주체가 되지 못하고 다만 사역(使役)을 당하는 존재로 전락했어요. 생활의 주체성이 없음으로 해서 신념을 잃기가 쉬워요. 그래서 자본과 권력의 구조 속에 편입해서 시녀가 된다거나 아니면 흔히 대중의 통속성에 영합할 가능성이 많은 것 같습니다. 가령 60년대 후반부터 70년대 초반까지 촉망되는 신진작가들이 꽤 많이 배출됐는데 그들 대부분이 대중의 통속성에 영합하는 경향을 띠어가는 것 같아요. 그 사람들이 요즘 한창 인기작가로 신문연재소설을 담당하고 있는데 오히려 더 얄궂고 좋지 않은 통속성을 가지고 있는 것으로 느껴지는 경우도 있습니다. 뿐만 아니라 많은 학자·지식인들이 시녀화(侍女化)하고, 곡학아세(曲學阿世)하는 경향이 두드러져가고 있는데 결국 살아가는 현실에 대해서 자기 신념과 자각을 투철하게 하지 않으면 그렇게 왜곡될 수밖에 없는 운명을 가진 것이 바로 오늘날의 지식인들이 아닌가 하는 생각이 듭니다.

백낙청 그런데 오늘날의 지식인이 과거 조선왕조시대의 양심적인 학자들에 비해서 불안한 입장에 있다고 하는 것은 단순히 그들만의 경제적 기반이 없다는 것 이외에 또 다른 설명이 가능하지 않을까요?

임형택 글쎄요, 옛날엔 명분(名分) 관념 같은 것이 있었기 때문에 고결한 자세를 지키려 했고, 그러면 일단 자기 사회 내에서 존경의 대상이 되었다는 면도 있지 않겠어요?

백낙청 그러니까 그 점을 지식인과 민중의 관계의 변천이라는 측면에서 분석해보면 어떨까 하는 것입니다. 옛날에는 민중이 곧 역사의 주인이라는 생각이 별로 없었기 때문에 그 명분이라는 것을 세우기가 더 쉬웠다면 쉬웠고 그에 따른 안정감이 있었지 않았나 하는 거지요. 요즘의 지식인들은 한편으로는 민중의 일원이 돼야겠다는 생각과 다른 한편 민중과는 구별되는 독자적 계층을 이루어보려는 생각의 갈등 속에서 많이 흔들리고 있는 것 같아요.

강만길 그 문제는 역사적으로 볼 수가 있겠는데 근대 이전은 더 말할 것도 없고 근대 이후도 지식인들이 보는 민중은 하나의 객체로서의 민중입니다. 어디까지나 그들이 계몽하고 가르쳐야 할 민중이란 생각이죠. 그 것은 애국계몽기에도 그랬었고 심지어는 일제시대에도 그랬던 것 같아요. 지식인들이 자기의 계층을 독립시키고자 하는 노력이 있다는 것은 사실입니다. 예를 들어 한글사용 문제 같은 것도 그런 점이 있습니다. 구한말 애국계몽기의 잡지들을 보면 당시로서는 참 진보적인 생각을 가지고 만들었는데 그들 지식인이 쓴 글을 계몽할 대상인 민중들이 거의 읽을 수 없었어요. 한문에다 토를 단 정도의 글로써 민중을 계몽하겠다고 생각한 것입니다. 그러니까 이것은 정말 연목구어(緣木求魚) 아닙니까. 아는 것이 힘이다, 계몽을 해야 한다고 아무리 애를 써도 그들이 써놓은 글을 민중들이 읽을 수 있어야지요. 한일합방 때 모두 폐간된 우리 신문들이 1920년대 다시 생길 때도 마찬가지 얘기가 됩니다. 논설을 쓰고 신문을 만드는 사람들이 정말 민중이 주체라고 생각했더라면 이미 그때 한글신문이 됐어야 합니다. 이것도 물론 되지 않았어요. 그런 지식인들의 생각이 오늘날까지 계속되고 있는 점이 있어요. 아직까지도 민중은 역시 주체가 아니라 객체이고 계몽의 대상이다라는 생각이거든요. 이렇게 되어가지고는 아무리 지식인들이 투철한 생각을 가지고 있다 하더라도 옳은 역사 속에 살고 있다고는 보기 어려운 게 아닌가 합니다. 물론 경제적인 기반 등 여러가지 문제가 있겠습니다만, 사실 경제적인 기반이야 우리 민중 전체의 그것하고 지식산업에 종사하는 사람들의 것하고 비교해본다면 아직도 상당히 차이가 있습니다. 3만원 미만의 월급을 받는 근로자가 아직도 60% 이상이라는 신문보도도 있지 않았습니까.

한글전용은 왜 안되고 있나

백낙청 한글전용 문제가 나온 김에 그 이야기를 좀더 해보는 게 어떨까요. 사실 몇해 전만 해도 정부에서 한글전용을 적극적으로 추진하고 있었는데 근년에 와서는 완전히 형세가 뒤바뀐 느낌이에요. 교과서에 한자(漢字)를 노출시키는 문제까지 나오고 심지어 고속도로의 표지판 같은 데서도 '충남(忠南)'이라든가, '전북(全北)'이라든가 하는 전혀 한문을 쓸 필요가 없는 지명까지 전부 한자로 씌어 있는 데 우선 놀라게 되고, 또 하나 놀라는 것은 한자로 써서는 못 알아볼 사람들이 굉장히 많을 글자들, '명예로운' 하면 누구나 다 읽고 뜻도 아는 것을 '名譽'라고 어려운 글자를 써놓았어요. 그리고 일반적으로 한때 한글전용을 열띠게 주장하던 지식인들 가운데 요즘은 생각이 많이 달라진 듯한 분들이 제가 알기에도 더러 있습니다. 물론 과거의 전용론 자체의 무리한 점과도 관련이 있겠습니다만 하여튼 이러한 추세를 어떻게 보시는지요?

강만길 이거 복잡한 한글논쟁에 말려들고 싶은 생각은 없습니다만, 그리고 나도 사실은 한문을 벌어먹는 수단의 일부로 삼고 있는 사람 중의 하나인데, 한글전용을 하면 한문을 잘못 배우게 되고 그럼으로써 우리 문화유산에 접근할 기회가 없어지게 된다는 논리에 대해서는 찬성할 수 없습니다. 한글전용을 함으로써 오히려 한문교육이 더 철저히 됩니다. 한글전용을 하고 한문은 한문대로 하나의 외국어와 같은 교육방법에 의해서 철저히 해야 한문교육이 제대로 됩니다. 그럴 때 비로소 우리 고전을 자유스럽게 읽을 수 있는 전문가도 생길 수가 있고 이해도 높아지지 않을까 합니다. 국한문혼용 하는 길이 국민 대중에게 반드시 한문 실력을 높이는 길이라고 보는 견해는 사실 저로서는 납득이 가지 않아요. 그리고 역사적으로 보면 오늘날에 와서까지도 전용·혼용 논쟁이 있다는 게 시대에 뒤진 일이 아닌가 합니다. 지금에 와서는 그런 논쟁을 할 때가 벌써 지난 지가 오래라고 생각하는데 아직까지도 그게 논의가 되고 있다는 것은 깊이 생각해야 할 문젭니다. 한글이 국문이 된 지가 오랩니다.

리영희 한글의 문제는 곧 한자(漢字)의 문제이고 한자의 문제는 곧 한글의 문제이니만큼 한자의 본고장인 중국에서 어떻게 나아가고 있는가를 참고적으로 말씀드려보겠습니다. 중국은 지난 몇해에 걸쳐서 간자(簡字)라고 해서 우리의 약자(略字)처럼 획을 훨씬 쉽게 해서 사용해왔습니다. 그 방법은 몇 가지가 있는데 획을 줄이는 것하고 발음은 같으면서 뜻이 다를 때에 같은 간자(簡字) 가지고 두 뜻, 혹은 세 뜻으로 쓰게끔 옆에 붙이는 것을 바꾸어 뜻이 다름에도 몰아서 같이 쓸 수 있도록 하고 있어요. 사전에서는 획의 어려운 것을 모르는 사람들을 위해서 쉽게 번호로 찾게 돼 있습니다. 그러니까 글자 하나하나마다 일련번호가 붙어 있지요. 중국에서는 이전부터 전보를 칠 때 이런 것으로 했습니다만 이것은 근본적으로 한자를 줄이기 위한 것이죠. 그래서 현재 3천8백자가 일반화돼 있는데 저쪽에서는 여기에 그치지 않고 한자를 어느 시기에 가서는 로마자로 바꾸겠다는 것이죠. 그것이 기술적으로 오늘의 로마자화 그대로냐, 조금 변형된 것이냐 하는 것은 그때 가서 여러가지로 달라지겠지만 어쨌든 기본방향과 정신은 표의문자(表意文字)에서 표음문자(表音文字)로 바꾸겠다는 것입니다. 표음문자가 과학성이나 생산성이라는 면에서 표의문자보다 훨씬 낫다는 것은 누구나 인정하는 상식이니까요.

여기에 대해서 안팎 두 갈래의 반론이 나오는데 안에서 나오는 것에도 또 두 가지가 있습니다. 첫째로 이렇게 고쳐놓으면 옛날 고전과의 연결이 안된다는 것이고, 둘째는 그보다는 좀 차원이 낮은 것이지만 이렇게 막 바꾸어놓으니까 우리는 모르겠다고, 이것은 주로 노인이나 구지식인 층에서 나오는 반론인데, 그리고 두 뜻을 한 글자로 모은다는 것은 정밀하지 않다는 것인데, 말하자면 자기들의 지식이 그대로 소용돼야 하고 그런 자기들이 소유하고 있는 어려운 글자를 통한 문화의 상태가 항상 유지되기를 바라는 것이죠. 또 바깥쪽에서 문제를 제기하는 사람들은 서양사람들인데 주로 이런 얘기를 하지요. 중국의 한자는 몇천 년 묵은 중국문화의 총결정(總結晶)이다, 그것을 통틀어서 변형해버리면 수천 년에 걸친 문화는 깡그리 파괴되는 것이다, 따라서 그것은 일종의 반달리즘, 즉 문화파괴주의라는 것입니다. 그런데 사실상 한자(漢字)에 그런 면이 있는 것이 사실인데, 다른 한편으로는 그런 한자가 쓰이던 그 사회의 조건을 전체적으로 살펴봄이 없이 문자 하나만 딱 떼어서 문화파괴주의라고 욕하는 것은, 마치 곡마단에 가서 구경을 하는 입장에서 상대방이 다리가 부러지고 휘어져도 그 어려운 기술을 감상만 하면 좋다는 것과 같지요. 당사자들은 그것 때문에 얼마나 피해를 입고 있나, 얼마나 역사적인 발전을 저해당해왔는가 하는 데 대한 고려가 없는 겁니다. 한글전용을 반대하는 분들 가운데도, 우리 문화유산의 어떤 일면에 대한 강한 책임감은 있지만 민족 전체, 민중 전체의 문화생활에 대해서 이런 구경꾼적인 태도가 개재해 있다면, 이것은 강선생 말씀대로 민중을 '객체'로 보는 태도 바로 그것이라고 생각합니다.

백낙청 임선생은 한문교육과에 재직 중이시니까 부득불 한마디 하셔야겠는데요.(웃음)

소설문학의 한글전용 전통

임형택 저는 한문으로 밥을 먹고 있어서 아무래도 공정하지 못하겠어요.(웃음) 한글전용 문제하고 한자 내지 한문의 교육문제하고는 일단 별개 문제로 구분해 생각하는 것이 중요할 것 같아요. 지금 문제를 자꾸 혼동시 켜가지고 마치 중학교 고등학교가 한글전용의 결전장인 것처럼 한글전용 하자 하면 중고등학생들에게 한자나 한문을 가르치지 말자, 한자를 주장 하면 학교 교과서에다 한자를 집어넣고 보자, 이런 식으로 나가는 태도는 참 곤란하다고 생각돼요. 학생들을 가르치다 보면 어떤 해 졸업생은 한 자·한문을 약간 배우고 올라왔고 어떤 해 출신은 아주 백지들이고 이처럼 교육이 갈팡질팡이에요. 원칙적으로 한글전용을 주장하는 데 이의가 있 는 것은 아니지요. 다만 방법론에 있어 학교를 그 싸움의 결전장으로 삼고 학생들을 실험의 희생물로 삼는 일을 좀 말아달라고 부탁하고 싶어요. 제 2세를 인위적으로 한자·한문에 무식하도록 만들어가지고 한글만 쓰지 않 을 수 없도록 만든다, 이러면 안되지요. 정말 한글을 전용하기 위해서는 중고등학교와 인문·사회 계열의 대학에서 한자 내지 한문교육을 강화하 는 것이 바람직하다고 봅니다. 그래야 고전과 현대의 단절을 막을 수 있 고, 또 한글전용으로 야기될 여러가지 부작용 및 우려되는 사태를 극소화 시킬 수 있는 것이 아닌가 합니다.

또 하나의 방법적인 문제로서, 한글전용이 가장 전형적으로 성공한 사 례가 있다면 그것은 소설문학이 아닌가 해요. 소설만은 신소설에서도 그 렇고 1920년대 이후 오늘까지 소설작품에서도 거의 누구도 한자를 노출 시켜서 쓰려 하지 않고 그래도 아무 불편 없이 재미있게 읽혀지고 있지 않 아요? 왜 소설에서는 그렇게 성공할 수 있었을까요? 제가 생각하기에는 일찍이 이조시대부터도 소설이라면 으례 한글로 씌어져서 읽어온 전통이 중요한 것 같아요. 이런 경험의 축적이 소설에서만은 있었기 때문에 20세 기에 들어와서 시나 논설 등의 분야에서는 잘 되지 않고 있는데 소설에서 는 선진적으로 순국문체가 성공했던 것이 아닌가 합니다. 그러니까 한글 전용을 위해서는 글을 쓰는 사람들이 순한글로 훌륭한 글이 될 수 있도록 하는 노력이 굉장히 필요할 것 같고, 한글전용을 성공시키느냐 못 시키느냐 하는 열쇠가 여기에 있다고 봅니다.

백낙청 어떤 특수한 분야에서 한글을 써온 전통이 많으냐 적으냐 하는 게 굉장히 중요한 문제이긴 한데, 그런데 역시 어떤 주어진 순간에 한글전용을 실행하느냐 안하느냐는 것은 또 그때 그 사람들의 정치의식·문화의식을 반영하는 결단인 것 같아요. 예를 들어서 신문의 경우에 『독립신문』에서 한글만을 쓴 전통이 있음에도 불구하고 『동아일보』와 『조선일보』에서는 그러지 않았단 말이에요. 이것이 『독립신문』이 가졌던 어떤 주권의식(主權意識)하고 나중에 일제하의 문화정책의 일환으로 나타난 우리 언론계의 의식수준하고의 어떤 격차를 말해주는 것인지도 모르겠습니다. 그러나 한글전용이 소설문학에서처럼 민중의 참여 속에 자발적으로 이루어져야 한다는 임선생 말씀에는 전적으로 동감입니다. 저희 『창비』의 경우를 참고로 말씀드린다면, 저희는 창간 당시에 한자를 대폭 줄이고 가로쓰기를 단행했고 얼마 전부터는 모든 단행본에서 본문의 한자를 괄호 속에 넣고 있습니다만 잡지에서는 아직 일부밖에 못하고 있습니다. 필자들의 습성 때문에 일손이 많이 드는 것도 사실이고요. 그러나 곧 결행하려고 준비중이지요. 지면에 한자가 하나도 없어야 된다고 하는 것은 지나친 고집이라고 생각합니다만 한자 모르는 독자들도 읽을 수는 있도록 필요한 한자만 괄호 속에 넣어주고, 또 그러는 가운데 점차 괄호 속의 한자조차 줄어드는 방향으로 나가게 되겠지요.

리영희 한글문제에 곁들여서 말하고 싶은 것은 왜 요즘 갑자기 한자 교육이, 또 한자간판이 늘어나고 있는가 하는 얘기가 나왔었지요. 전 그것은 긴 설명 필요 없이 일본관광객을 위한 것이라고 믿고 있습니다.(웃음) 한때는 영어간판이 일반적이었다가 갑자기 이상하게 민족주의라는, 이것도 우리의 경우 절반만의 민족을 단위로 놓고 하는 것이지 하나의 민족을 통틀어서 하는 것이 아닌데, 그런 민족주의가 현 정치적 의도와 상황변화하고 결부돼서 영어간판을 다 떼라고 한 때가 바로 2·3년 전 아닙니까. 이제 관광객들이 들어와서 이거 읽을 수가 없다고 하니까 다시 살아난 걸로 알고 있습니다. 이것도 우리의 주제인 분단과 통일이란 것하고 연관시켜서 생각해야 하는데 일본사람들에게 편리하게끔 이 나라의 문화형태를, 간판·글자가 다 그런 것인데, 그렇게 해야만 일본의 어떤 뒷받침이라든가 힘을 얻어낼 수 있다는 착상·발상에서 출발할 때, 일본이 이 민족의 분열 상태와 또 이 분열된 민족을 통일하려는 우리의 의지에 어떤 작용을 할 것이냐를 생각 안할 수 없습니다.

임형택 아까 제 얘기에 한 가지 보태서 말씀드리겠어요. 우리나라의 한자로 된 문화유산들은 대부분 한문으로 되어 있는데 그러한 문화유산들을 한문으로부터 해방시켜서 국민적 교양으로 제공하는 작업이 한글전용화와 동시에 추진해야 될 중요한 과제라고 생각합니다. 현재 그 작업이 민족문화추진회(民族文化推進會) 같은 데서 조직적으로, 출판사 및 연구소 등에서 산발적으로 수행되고 있어요. 그런데 이렇게 쏟아져 나오는 번역문들이 원래의 뜻을 손상시키지 않고 표현의 뉘앙스까지 그대로 전달하는 훌륭한 우리말로 번역되고 있는가 하는 데 대해서는 적이 회의하지 않을 수 없어요. 졸속으로 지은 콘크리트 건물이 두고두고 골칫거리가 되듯, 한문고전의 졸속한 번역들이 요즘은 무관심한 가운데 그냥 지나쳐 가고 있지만 나중에 우리의 후손들이 원전을 완전히 읽을 수 없이 될 때 일부 잘못된 번역들을 전적으로 믿어버리지 않는다고 누가 보장하겠어요. 민족의 고전을 한문으로부터 해방시키려는 모처럼의 뜻있는 작업이 결과적으로 민족의 고전을 오독(汚瀆)하고 파괴하는 작업이 될 경우도 없지 않겠지요.

백낙청 이런 문제와 곁들여서 한문으로 돼 있지 않은 우리의 전통적 문화유산에 대한 재평가도 중요한 문제겠지요. 실제로 이것은 근년에 와서 괄목할 만한 성과를 올리고 있다고 하겠는데, 예컨대 민속극의 전통에 대한 연구나 보존 노력도 그렇지만 대학가에서 탈춤 같은 것이, 최근에 바싹 유행하는 단어를 쓴다면 활성화가 되어(웃음) 새로운 형태의 예술활동·문화활동을 불러일으키는 매체가 되고 있지 않습니까.

민속극 전통의 활성화

김윤수 지금 말씀하신 민속극 얘긴데 민속극이 근래에 와서 크게 붐을 이루다시피 되어 있고 특히 대학생들간에서 이에 대한 연구와 공연이 진지하게 추구되고 있다는 것은 매우 고무적인 현상입니다. 우리 현실에 맞지 않은 서구의 전위예술에 몰두한다거나 혹은 요즘 대학축제 같은 데서 흔히 보듯이 댄스파티를 하고 노는 것보다는 훨씬 건전하고 보기도 좋고…… 민속극이 이만큼이나마 보급된 것은 그동안 이를 위해 노력한 사람들의 힘이 크고 어떤 면에서는 정부당국의 민족문화 지원이 한몫을 했다고 할 수도 있겠지요. 그런데 정부당국에서는 민속극을 단지 지난날의 민속놀이로만 보고 그것을 잘 보존하면 된다는 식인 것 같습니다. 때문에 뜻있는 이나 대학생들이 민속극을 오늘의 민중예술로 발전시키려는 노력에 대해서는 못마땅한 눈으로 보고 또 때로는 은근히 압력을 가하기도 하는 것 같은데, 이건 당국이 민족문화를 부르짖으면서 민족의 유산을 단순한 관광거리로 만들자는 것이 아닌가 하는 비판을 낳을 수 있겠습니다.

리영희 그와같은 전통적인 문화가 오늘날 갑자기 활성화된 것도 능동적으로 적극적으로 민족문화의 유산을 의식해서 그렇게 된 것이라면 좋겠는데, 또 그런 면도 전연 없지는 않겠지만, 제가 보기에는 상업화의 필요성 때문에 그러한 것을 반사적으로 요구하게 된 게 아닐까 하는 의구심이 듭니다. 그렇다면 참 위험한 발상인데, 일본과 일본관광객의 환심을 사기 위해서는 무엇인가 한국적인 것을 보여야 할 텐데 그러자니 그러한 것을 만들어낸다 이 말이죠. 외국의 관광객을 의식해서 상용화(商用化)한 단계로서 우리 문화의 발상이 타락하지 않았나 하고 참 걱정스럽습니다.

백낙청 관광산업적인 측면도 있겠고 그밖에 국내용으로 일종의 정치적 명분을 만들려는 측면도 없잖아 있겠지요. 그러나 저는 그 점은 이렇게 생각해보고 싶습니다. 경제적인 동기에서든 정치적인 동기에서든 그렇게 동원된 문화유산이 우리에게 필요한 것인 한에는 우리는 분단시대를 극복하고 진정한 민주사회를 건설하는 방향으로 그것을 활용해야 할 것입니다. 그리고 그렇게 활용할 기회가 생겼다는 것도 어느 누구의 덕을 입었다기보다 우리 민중 자신의 성장과 세계역사 자체의 전진에 따른 당연한 결과로 떳떳하게 받아들여야 한다고 믿습니다. 가령 민족문학 얘기를 할 때 과거에는 민족문학을 말하면 이게 좀 반미적이고 불온한 것이 아니냐는 눈으로 보는 경향이 많았는데 정부측에서 민족문학을 들고 나온 이후로는 그런 위험은 상당히 사라졌지요. 물론 구체적으로 이야기를 전개하다 보면 여전히 눈총도 받곤 하지만요. 그런 면에서 피상적으로 보면 우리가 그런 정책의 덕분에 민족문학을 말할 수 있고 심지어 정부시책에 영합한다는 빈정거림마저 들을 수 있는데 사실은 전혀 그렇지 않다는 겁니다. 우선 한국인으로서 민족문학을 자유롭게 논의한다는 것은 당연한 권리에 지나지 않고 그 권리가 이제 와서 종전보다는 더 인정을 받게 되었다면 그것은 우리 스스로가 쟁취한 권리라고 생각합니다. 국민들이 그만한 수준에 달하고 또 정세가 이만큼까지 발전했으니까 권세를 쥔 사람들이 자기 위치를 유지하기 위해서라도 그러한 대세에 어떤 식으로든 영합하지 않을 수 없게 된 거라고 봐야겠지요.

김윤수 대단히 좋은 말씀입니다. 이에 덧붙여 민속극이 오늘의 민중예술로 발전되어야 한다는 측면에서 보면, 이러한 붐이 일고 게다가 정부당국의 지원이 있을수록 거기에는 민속극을 단순한 민속놀이로 오도할 위험이 따르므로 민속극의 비속화(卑俗化)·관광품화(觀光品化)를 항상 경계하면서 그 속에 있는 근대적 요소, 민중적이고 혁명적인 요소를 계승 발전시켜나가야 할 것입니다. 이것은 비단 민속극만이 아니라 우리의 전통예술, 더 나아가 한국의 미(美)에 관해서도 마찬가지 이야기가 될 것 같습니다. 이를테면 흔히 우리는 한국의 미를 말할 때 고려청자나 이조백자의 선(線)을 들고 민예품의 소박함을 들어 비애(悲哀)의 미(美)니 비인위적인 자연미니 하고 말하는데 특히 앞의 것은 아시다시피 일본학자 야나기 무네요시(柳宗悅)의 정의를 따른 것이지요. 그런데 민예품을 잘 관찰해보면 투박하면서도 힘찬 조형미를 띠고 있는 예가 얼마든지 있고 또 봉산탈춤만하더라도 역동적인 춤동작 속에 현실개혁의 의지가 폭발적으로 나타나지요. 우리가 민예품이나 민속극의 근대적·민중적 요소라고 부르는 것은 이런 것을 두고 말하며 그것은 양반계급의 예술에서 보는 것과는 엄연히 다르지요. 예술을 어떻게 보며 어느 면에다 더 무게를 두느냐는 것은 보는 사람의 취향에 관계되는 것이긴 하지만 그러나 우리 민속예술에서 단지 비애의 미를 본다는 것은 식민지사관의 미학이고 단순히 자연주의적으로 보는 것도 몰역사적인 복고주의가 아닌가 싶어요. 우리가 민속예술을 계승하고 발전시켜야 한다는 것은 지난날 우리 민중들의 힘차고 건강한 미의식·미적 이상을 오늘에 되살리자는 데 있는 것입니다.

백낙청 전통적인 문화유산에 대한 재발견과 아울러 전통적인 가치도 재발견하자는 움직임이 있는데요. 비근한 예로 충효(忠孝) 정신을 되살리자는 얘기가 요즘 많이 나오고 있는데 이런 문제도 지금까지 우리가 얘기해온 각도에서 한번 살펴보아야 되지 않을까요?

'충효'이념도 역사적으로 보아야

강만길 그 문제도 역사적으로 봐야 할 문제인데(웃음) 나라를 위하고 부모에게 잘해드리자 하는 문제야 나쁠 것이 없겠지요. 그러나 역사상에 있어서의 충효문제는 그 기능 면에 있어서 통치수단 문제와 깊이 관계되었습니다. 이조시대의 충효는 우리가 알다시피 이조적인 통치체제를 유지해나가는 수단의 하나로 강조된 것이고 가까운 일제시대의 충군애국(忠君愛國)은 꼭 우리의 충효와 같은 개념인지는 조금 문제가 있습니다만, 군국주의적·절대주의적 통치체제를 유지하기 위한 수단으로 강요되었습니다. 근대사회의 애국심은 통치권력의 강조에 의하여 발휘되는 것이 아니라 개성의 발달과 개인의 이익이 바탕이 되어 자발적으로 이루어지는 것이라고 생각되며 이런 애국심이라야 그 강도(强度)를 높일 수 있다고 생각됩니다. 효도의 문제도 가정의 윤리를 세워나가는 하나의 원리가 되는 데 그 본래의 의미가 있는 것이라 생각되는데, 이것 역시 가부장적인 권위와 요구로 이루어지는 것이 아니라 가족구성원의 개성의 발달과 그것이 바탕이 된 올바른 인격형성을 전제로 해야 한다는 생각입니다. 나라를 사랑하는 일, 가정의 윤리를 세우는 일이 어느 시대인들 중요하지 않겠습니까만 그 성격은 시대에 따라 다릅니다. 더구나 '충효'라는 봉건적인 용어를 그대로 사용하는 것은 아까 말한 통치수단적인 기능이 강조되는 것으로 후세의 사가들에게 평가되기 쉽다는 생각입니다.

리영희 이웃나라의 예를 들어보겠습니다. 중국의 근대에 와서는 위안스카이(袁世凱)와 장 제스(蔣介石)가 19세기 말과 1938년에 각각 바로 이 충효사상을 새로이 들고 나옵니다. 이것은 이미 19세기 말 이전에 일단은 정리되려고 하고 극복되려고 하던 것인데, 5·4운동을 통해서 또 신문화운동(新文化運動)을 통해서 많이 비판받았던 사상이죠. 그런데 1938년에 와서 왜 난데없이 장 제스의 국민당정부가 이 충효사상을 국민사상으로, 사회이데올로기로 만들고 공자의 유교를 국교로 제정하느냐입니다. 여기에 상황과의 관계가 있다고 생각합니다. 이때 역시 국민당정부는 이것과 함께 '신생활운동(新生活運動)'이란 것을 시작합니다. 신생활운동이란 것의 내용은 '아침에 일찍 일어나자' '길가에 나와서 골목을 쓸어라'(웃음) '아편을 먹지 않는다' 또 '서로 돕는다' 등등인데, 그런데 1938년의 싯점에서 마오 쩌뚱(毛澤東)과의 정치적·이념적 대결관계에서 볼 때 저쪽에서는 토지개혁이라든가 기타 일반민중이 직접적으로 요구하는 반봉건적인 변혁을 내세웠던 데 대한 대응책으로서는 상당히 공허한 느낌을 줍니다. 말하자면 역사적인 위기에서 진정으로 새롭고 창조적인 것을 제시하지 못해서 몰리기 때문에 무엇인가 자위책으로 들고 나오는 이데올로기가 언제나 복고적일 수밖에 없다는 것은 일반적인 현상인 것 같아요. 장 제스의 경우에는 그래서 가지고 나온 것이 충효사상이었어요. 그리고 중국에 있어서는 그것은 결국 파탄에 빠지고 맙니다. 땅이 없는 농민에게 토지를 분배해주겠다든가 노동조합의 결성을 허용하고 임금을 올려준다든가 지식인에게 학문과 사상의 자유를 허용하거나 이런 것으로 그 신생활운동의 이념을 승화시켜 역사발전의 방향에 일치시켰다면 지금 중국의 형편은 이렇지가 않을 거예요. 여하튼 중국의 역사에서는 역사의 도전 앞에서 소극적·피동적으로 들고 나온 게 복고적인 충효구호였음이 너무나 극명하게 드러난 셈입니다. 우리의 경우 제발 그런 것이 아니기를 바라는 마음 간절합니다.

그리고 또 한 가지 딴 면에서 요즘 매스컴에서 충효문제를 많이 다루는 것을 보는데, 비판하는 쪽에서는 핵가족사회인 오늘날의 산업사회에선 통하지 않는다는 논조를 펴고 있고, 찬성하는 쪽에서는 충효는 곧 애국과 질서에 통한다는 식인 것 같아요. 이 양쪽을 다 놓고 생각할 때 저는 이렇게 보고 있습니다. 첫째 이 효(孝) 사상이라는 것은 가부장에 대한 충성을 말하는 것인데 일단은 생산방식의 특정단계에 대응하는 가족제도의 윤리·감정 형태이겠습니다. 경제적인 재산권이 가부장에게 집중되어 있을 때, 즉 모권사회(母權社會)를 지나서 재산의 질서가 아버지에게 있는 가족제도에서는 강요하지 않더라도 안 생겨나려야 안 생겨날 수 없고 막으려야 막을 수 없는 하나의 물적 조건의 반영으로서 필연적인 이데올로기로 생겨난 것입니다. 그런 의미에서 지금 그것이 해당되느냐, 물론 충·효라면, 특히 효라면 어느 시대나 좋은 것이지요. 그러나 이런 경제적인 역사적인 단계에서 생겨났다는 것을 생각할 필요가 있지요. 중국에서는 장 제스의 전제주의가 정치적인 목적으로 이용하려 할 때 그와같은 것이 나왔다는 과정을 기억할 때 저는 좀 불안하다는 것입니다. 그에 관해서는 아까 말씀드렸습니다. 셋째는, 요즘 효사상이라는 것이 그 수익세대, 즉 그 효를 받는 쪽인 노·장년층의 상대적 의무에 관해서는 아무 말도 없다는 것이 문제입니다. 효란 것은 삼강오륜과 같은 하나의 쎄트로서 이루어질 수 있는 것 가운데 하나인데 그중에서 효만 따로 떼내어 교육과 인간행위의 이념으로 한다면 그것을 받는 쪽의 세대는 받는 쪽의 의무라든가 거기에 해당되는 유교의 본래 좋은 점도 마찬가지로 강조되어야 할 것입니다. 넷째는, 효를 '사회종교'화하면 효의 논리·가치체계가 성립할 수 있는 동위상(同位相)의 가치, 즉 남존여비·연령질서·무조건복종 따위의 상호유기적·보완적 윤리규범은 어떻게 되느냐 하는 것입니다. 유교가 규범적으로서 요구했던 것은 하지 않고, 그것은 타락하고, 온갖 짓 다 하고 효만 요구한다면 우리 사회의 현실에 있어서 위선을 은폐하기 위한 방도라고 봐요. 그 위선은 정치위선이기도 하고 문화위선이기도 하고 개인적인 윤리위선이기도 하겠지만, 어쨌든 종합적인 윤리체계 안에서의 효(孝)이지, 딱 효만을 떼어서 하나의 유니트로 한다면 크게 문제가 될 겁니다. 하나의 세트 속에서 효라는 가치만을 떼어놓고 나머지 과거에 좋았던, 효가 그 안에 들어 있던, 사회를 움직였던 사랑, 또는 응분의 책임, 정직, 근면, 목적보다도 동기(動機) ― 돈만 벌면 동기야 문제가 아니라는 따위야 과거에 효가 사회논리의 기둥이었던 그때의 연관된 도덕윤리로서는 허용되지 않는데 이런 것이 성립할 수 있는 경제·사회적 조건·구조는 개혁하려 하지 않고 이것만 강조하는 것은 비역사적 사고방식의 소치입니다. 다섯째는, 효를 강조하는 그 뒷면에 충(忠)자가 자꾸 아른거린다는 인상입니다. 사실은 본래의 유학적인 좋은 뜻의 성실·진심이라는 충이 아니라 효라는 위계적 사회, 정치질서의 사다리를 올라가면 정치적 충의 얼굴이 쑥 나타난다는 그런 것은 아닌지, 그게 문제입니다. 여섯째는 다섯째의 것과 관련되는 것인데, 현대사회는 위계질서나 위계질서적 관념의 표현으로서의 상하관계의 사랑보다 평등에 입각한 인간관계의 횡적 사랑의 일반화에 가치를 두어야 할 때라고 생각합니다. 즉 평등적 경제·사회조건에서 가능한 인간관계는 효까지를 포함한 '전면적 사랑과 믿음'이 가능해지는 것입니다. 횡적·총체적 사랑의 관계는 지금 단계에서는 오히려 민주주의적 관계 정도로라도 강조돼야 할 일이지 효의 강조가 아닐 것으로 생각합니다. 마지막으로 하고 싶은 말은 효이건 뭣이건 우리 사회에서 나오는 슬로건은 관념의 차원에서 끝나고 만다는 것입니다. 윤리나 사상, 가치관은 관념적인 것인데 그것이 가능한 사회·경제 등 구체적 조건에까지는 관심이 없이 '말'의 차원에서 희롱되고 마는 감이 있습니다. 현대화니 민족주체니…… 많은 슬로건과 마찬가지로 그것들이 가능하게끔 이 사회의 구체적 개혁을 문제시 않는 설교는 공염불에 그치고 말 것이 걱정됩니다.

영웅주의적 사관으론 분단극복 못해

백낙청 요즘의 충효문제는 넓게는 교육의 문제인데, 사관(史觀) 이야기를 아까 잠깐 했습니다만 이 둘을 연관시켜 특히 젊은 세대를 교육하는 입장에서의 사관, 이런 것도 좀 얘기할 필요가 있지 않을까요? 예를 들어서 근대화를 지향하면서도 역사를 배우고 가르치는 데 있어서는 지나치게 영웅주의적 사관을 고취하고 있다든가 하는 문제는 어떻게 생각하고 계시는지요?

강만길 이거 역사 얘기가 자꾸 나오는데 암만해도 역사교육이 뭔가 잘못돼 있는 탓인 것 같습니다.(웃음) 사실 영웅주의라는 게 서양에도 근대 초기에는 그런 사회풍조가 많이 유행을 했었지요. 우리나라의 경우에서도 애국계몽주의시대의 사상가와 일제시대의 민족사학가들이 대부분 그 랬는데, 왜 그렇게 됐느냐 하면 민족사회가 식민지로 전락해가는 과정에서 그것을 막으려 노력하다 보니까 민족의 우수성을 이야기해야겠고 그 우수성을 민족구성원 개개인에게 촛점을 맞출 만큼 여유가 없었어요. 사실 애국계몽주의시대만 하더라도 참 위급했습니다. 그러니까 민족 중에서 가장 뛰어난 영걸이랄까 그런 사람의 업적을 내세워서 이런 사람도 우리 민족구성원의 일원이니까 다른 일반구성원도 이 사람과 같은 자질을 가지고 있다, 각자 그 자질이 발휘만 되면 된다고 강조한 것이지요. 예를 들면 임진왜란 때 왜병을 무찌른 이순신(李舜臣)도 우리 민족구성원 중의 한 사람이다, 그러니까 우리도 다 그런 노력을 하면 개개인 속에 그런 힘이 발휘될 수 있다, 이런 의미에서 하나의 대표자로서 이순신이 등장된 것이지요. 물론 그 시대상황 속에서는 그런 노력이 필요했겠는데 그게 너무 강조돼 내려오다 보니까 어떤 현상이 생기느냐 하면 결국 민족사에서 어느 한 영웅이 우리 민족 전체를 이끌어나간 것처럼 표현되고 만다는 거예요. 그러니까 민족사를 움직여나가는 그 민족구성원 개개인의 능력은 오히려 영웅의 큰 존재 때문에 감추어져버리고 영웅만이 앞에 내세워졌단 말입니다. 그래서 점점 더 이게 강조되고 결국 영웅주의적인 양상으로 발전돼나가는데, 사실은 이거 너무 상식적인 얘깁니다만 이 현대사회란 민중의 사회입니다. 어디까지나 민중 개개인의 능력과 그들의 애국심·애족심이 바탕이 돼서 나라가 움직여나가는 것이지 한두 사람의 영웅의 능력에 의해서 나라가 움직여나가야 된다든지, 또는 그러한 것이 필요하다고 생각하는 시대는 이미 지나갔어요. 또 사실 역사 속에서 영웅으로 부각되어 있는 그들도 그 많은 민중의 힘이 바탕이 돼서 그렇게 된 것입니다. 사실 그 영웅들이 정말 애국애족자라면 자기 혼자 영웅으로 추대되어 있는 게 상당히 한스러울 겁니다. 왜냐하면 누구 혼자만이 추대되고 어느 한 개인의 동상(銅像)만이 뚜렷하게 부각되면 그 동상이 드리우는 그림자는 점

점 더 넓어지고 그림자가 넓어지고 짙어짐으로써 그가 정말 사랑했고 그
가 나라 일을 해나가는 데 뒷받침이 되어준 민중이 다 파묻혀버린다 말이
에요. 결국 자기 혼자 끌고 나온 것처럼 돼버리는데 그럼 혼자 끌고 나오
다가 쓰러져버리면 그다음은 어떻게 돼버리겠어요? 그들은 그것을 원한
게 아니거든요. 결국 몇몇 특정 사람만이 부각이 되고 그 나머지는 모두
그 그늘에 파묻혀버리고 만다면 생각해야 될 문제가 아닐까요. 물론 민족
을 위해 위대한 일을 해낸 사람의 공적을 내세워서 다른 민족구성원이 본
받으라 하는 것은 좋습니다만 민족역량이 그 몇 사람에게만 집중되어버
리는 것처럼 선전되어가지고는 장차 큰 문제가 아닐 수 없겠지요. 그리고
누차 얘기했습니다만 오늘의 역사는 한두 사람 영웅의 역사가 아닙니다.
어디까지나 민족구성원 전체의 역사지 개인의 역사가 아니지요. 그들도
사실 그들이 살던 시대 속에서도 그렇게 생각하고 살지 않았을 겁니다. 그
들이 진정한 영웅이었다면 말이죠. 그런데 후세사람들이 자기 필요에 의
해서 그들을 부각시켰는데 이것도 오늘날의 역사발전 단계에서는 반드시
청산해야 할 문제입니다.

　백낙청 참 좋은 말씀인데 흔히 그런 얘기를 하면 그것이 단순히 역사인
식의 방법 문제라거나 역사학자들만의 문제고 마치 우리와는 직접적인
관련이 없는 것처럼 생각하는 경우도 있는 것 같습니다. 그래서 오늘의 주
제인 분단시대의 문제와 연결시켜 말할 필요가 있다고 생각됩니다. 예를
들어서 통일에 대하여 무감각해지는 사람들이 많다는 얘기가 처음에 나
왔습니다만 이것도 영웅주의 사관의 보급과 관련이 있는 현상이 아닐까
요? 다시 말해서 통일은 물론 돼야겠고 되기를 바라지만 그것은 굉장히
어려운 일이어서 어떤 영웅이 나와서 해결해주든가 아니면 소위 제반 국
제정세가 변해서 어렵던 것이 안 어렵게 되어주든가 둘 중의 한 길밖에는
없고, 우리가 공연히 떠들어봐야 소용없다, 이런 생각이 꽤 퍼져 있는 것
같아요. 또 사실상 최근에 통일문제가 다루어진 방법 자체가 그런 생각을

조장하고 있는 면도 있지요. 우선 지난 1972년에 나온 7·4공동성명만 하더라도 극비리의 접촉 끝에 이쪽 정보부의 책임자하고 저쪽의 당 조직책임자가 서명을 해서 낸 것 아닙니까. 그리고 그 후의 절충과정에서도 민중은 소외되었고 오늘날까지도 통일문제에 대해서는 자유롭고 개방적인 토론이 거의 불가능하지 않아요? 그렇기 때문에 앞으로도 통일이 된다면 그건 어느 날 갑자기 정권담당층에서 해주어서 되리라고 생각하기도 하고, 어떤 식으로 되든 우리는 할 수 없는 것 아니냐는 체념들이 많은 것 같은데, 이것이야말로 너무 역사를 피상적으로 보는 생각인 것 같아요. 설혹 표면에 나와서 행동하는 사람들은 그런 사람들이고 그것이 구체적으로 조정된 과정은 일부에서 비밀리에 진행됐다 하더라도 그런 여건을 마련한 것은 옛날의 영웅을 만든 것이나 똑같은 과정이거든요. 역시 민중이 바탕이 돼 있는 것이고, 더구나 요즘 민중은 옛날보다 더 깨어 있으니까 정치의 표면에 나선 사람들의 독자성은 더욱 한정돼 있다고 보겠습니다. 따라서 우리는 역사의 영웅을 만드는 사람들이 곧 우리다라는 자각에서 통일을 바라는 우리의 열망이 구체적으로 정치·경제·사회·문화 각 방면에서 통일을 지향하는 쪽으로, 통일을 요구하는 쪽으로 반영되도록 매사에 노력한다면 영리한 정치가일수록 이러한 우리의 노력에 부응함으로써 작게는 자신의 정치생명을 연장하고 크게는 민족사의 영웅이 되고자 할 것입니다. 오늘 이런 좌담회를 마련한 주최측에서의 뒤늦은 취지 설명도 되는 꼴입니다만, 이런 좌담을 한다 할 적에도 지식인 중에는 그거 통일 얘기 또 한번 더 하면 뭘 하나 하는 분들도 있는데, 여기서 우리가 독자들, 그리고 동포들과 더불어 통일문제에 대해서 좀더 성실하게 생각하고 탐구해나가는 데 조금이라도 성과를 거둔다면, 통일을 향한 노정에서 7·4공동성명에 못지않은 또 하나의 큰 이정표를 세우는 데에 우리의 이런 노력도 조그만 한몫은 하리라고 보는 것입니다.

'아니, 북괴에서도 우리 한국말 쓰네요……'

리영희 그렇지요. 학교교육도 교육이지만 일상생활에서의 각자의 노력과 은연중의 자세·영향, 이런 게 중요하다고 봐요. 나는 또 에피쏘드나하나 전할까 하는데(웃음) 이 '말'의 문제가 중요하지 않겠어요? 얼마 전에 텔레비전을 보고 있노라니까 우리집 딸애가 지금 중학교 3학년인데 요새 우리 텔레비전 화면의 몇십 프로를 점하는 그 반공드라마를 보다가 저쪽의 '군관'이 우리 포로를 잡아 때리는 광경을 보고 놀라서 하는 말이 "아니, 북괴에서도 우리 한국말 쓰네요" 그래요. 굉장히 충격을 받았어요. 이건 참 중요한 문제다, 그야말로 중요한 문제다, 그런 생각을 했어요. 학교교육으로서의 공식교육의 기본정신에 못지않게 문학·예술·라디오·텔레비전을 통틀어 작가와 매스컴 종사자가 담당하는 '사회교육'의 문제라고 생각합니다.

임형택 살아가고 생각하는 데 있어서 우리가 지금 분단시대를 살고 있다는 자각이 중요하다는 것은 처음부터 누차 강조돼왔지만 현재의 분단 상태는 거대한 민족사에서 본다면 일시적인 현상이고 언젠가는 통일이 꼭 올 것이고 따라서 우리가 살아가고 생각하는 방향도 거대한 민족사의 진로에 맞춰져야지요. 학문을 하는 자세도 그렇고, 문학예술을 하는 자세도 그렇지만 특히 장차 이 나라를 맡아 짊어질 2세를 가르칠 때 그들에게 통일된 조국을 전달할 수 있도록 교육의 방향이 설정되어야 할 것입니다.

리영희 교육문제에 관해서 또 하나 에피쏘드에 지나지 않는 얘긴데(웃음) 제가 중국관계를 공부하는 필요성 때문에 중국어를 하느라고 우리 한국에 있는 중국인학교 국어 교과서를 보고 공부한 일이 있습니다. 그런데 제가 공부하는 사이에 놀란 것이 하나 있었어요. 우리와 마찬가지로 거기에서도 한 학기에 한 권씩 쓰기 때문에 국민학교 국어교과서를 6학년까지

12권을 씁니다. 그런데 한 교과서가 30개 내지 32개의 과목으로 돼 있어요. 그러면 6학년까지 12권을 계산하면 394과목이 나옵니다. 그런데 이 394과목 가운데 누구에 대한 증오심, 중국대륙에 있는 사람들을 욕한다거나 정권을 욕하거나 체제를 욕하거나, 여하튼 분열된 상태에서 한쪽이 한쪽을 헐뜯는 과목이 하나도 없어요. 정말 이래서야 되겠는가 싶을 정도였어요. 어쨌든 기이하게 느껴질 정도로 394과목 가운데 하나도 그와같은 것이 없었어요. 거기에 치중돼 있는 교육의 이념은 중국 고사(故事)에서의 훌륭한 사람들의 행실과 지혜, 또 과학 이야기, 뭔가 사회를 살아가는 이웃과의 관계 이야기, 전부 이런 것들이에요. 사랑과 슬기와 역사를 통해서 살아가는 인간의 자세나 중국의 자랑 같은 것들이었어요. 이걸 보면서 제가 생각한 것은 이겁니다. 이렇게 우선 어린이들의 정신과 혼에 대해 교육을 해놓으면 후에 어떤 연령이 되어서 그 차원을 넘어서 구체적으로 누구를 반대한다든가 하는 그때 필요한 정치적인 어떤 방향을 잡는 것은 가능한 것이다, 처음부터 어떤 것을 증오하고 때려잡는 가학적(加虐的) 인간을 만들어놓으면 그것은 아무것도 할 수 없는 일그러진 인간만 양성하게 되겠다, 이런 생각을 해보았어요. 본토는 또 어떤지 모르겠습니다만, 중국인 저거 참 대단하다, 대만 쪽만 하더라도 말이죠. 저는 정말 놀랐습니다.

백낙청 저는 이런 얘기를 들은 적이 있는데요. 미국측에선지 국민당 내부에선지 중공에 대처할 여러가지 가능한 방법 중의 하나로서 본토에 핵무기를 사용하는 문제를 검토해서 장 제스 총통의 의견을 타진한 적이 있었는데 그때 장총통이 한마디로 거절했다고 하는 이야긴데, 그게 사실입니까?

리영희 사실여부는 알 수 없고요. 그건 『타임』지가 보도한 것인데 작년 가을이죠. 그때 한창 철군문제가 나오니까 한국하고 대만이 둘 다 분열민족으로서 자위책으로 핵무기를 개발하려고 과학자들을 해외에서 들여오고 준비하고 있다고 해서 문제가 된 때이죠. 그때 『타임』지 기자가 장 징꿔(蔣經國) 행정원장(총리)하고 인터뷰한 기사에 나옵니다. 당신네들이 이런 것을 하려고 한다는데 어떠냐 하고 물었더니, 장 징꿔 원장이 이렇게 대답을 하지요. 3년 전에 우리가 그런 계획서를 다 짜서 선친, 그러니까 장총통이 살아계실 때 재가를 맡기 위해 가지고 갔었다, 그랬더니 총통이 "우리 중국인은 이런 무기 가지고 학살하는 방법으로 민족문제를 해결하는 게 아니야"라고 해서 그 결재 맡으러 갔던 서류를 도로 가져왔다라고 말한 것이 있어요. 다만 그것과는 별도로 실제로는 대만의 핵무기개발이 상당한 기술수준에 가 있다는 얘기도 국제정치의 이면에 널려 있긴 합니다만, 어쨌든 핵무기문제를 생각하는 발상은 그렇다는 것으로 보도됐었지요.

인권과 통일문제

백낙청 교육의 근본문제를 생각해도 그렇고 또 문화활동 전반에 걸친 문제를 생각해도 그렇고 또 목전의 당면문제로서 제기되기도 하는 것이 요즘 얘기되는 시민적 자유의 문제라든가 기본적 인권의 문제입니다. 따라서 마지막으로 이 얘기를 좀 해보면 어떨까 싶은데요. 인권 하면 흔히는 요즘 미국의 카터(J. Carter) 대통령이 인권외교정책을 들고 나오니까 우리 민족현실을 무시하고 철없이 거기에 영합하는 거다라는 비판을 받기도 하고, 또 실제로 인권운동을 주도하는 분 가운데는 우리 민족의 구체적인 현실에 대해서 인식이 부족한 분이 있는지도 모르겠습니다. 그런가 하면 또 한편으로는 통일을 갈망하는 분들 가운데서는 인권의 문제라는 것은 통일문제처럼 우리 민족에게 절실한 문제가 아니고 추상적인 문제다, 일종의 세계시민적인 발상이다라는 의견도 있는 것 같은데, 과연 분단시대를 생각하는 우리의 관점에서는 어떻게 보아야 할지요?

김윤수 인권에 대해서는 구차한 설명이 필요없겠지요. 인권이란 사람이 사람답게 살아가는 데 없어서는 안될 기본권리가 아닙니까. 그것은 긴 역사과정에서 수많은 사람들이 피 흘리고 싸워 쟁취한 가장 고귀한 재산이며 근대사회의 징표이지요. 때문에 오늘날의 어떠한 사회, 어떠한 국가도 인권의 존중과 보장을 전제로 하지 않으면 안되며 그것이 안되고 있는 사회나 국가는 그만큼 불건강하고 불안정하다는 말도 되겠지요. 인권이 존중되고 보장되어야 한다는 것은 법률적으로는 물론 국가통치에서나 개개인의 인간관계까지를 포함해서 하는 말이지요. 법률적으로는 인간의 기본권이 보장되어 있지 않은 나라가 많지 않겠습니다마는 실제로 그것이 교묘한 방법으로 지켜지지 않으니까 문제가 되는 게 아닙니까. 그리고 요즘 흔히 인권이라고 하면 감옥 가는 것을 주로 생각하게 되는데, 어쩌다가 인권문제가 이토록 오므라들어버렸는지 모르겠어요. 지금 우리 사회에서 인간답게 사는 권리가 억압당하고 유린되고 있는 사태가 어디 한두건이겠습니까. 하루에 10여 시간씩 일하고 생계비도 채 안되는 급료를 받으며 살아가는 수많은 공원들의 경우는 더 말할 것도 없지만 좀 나은 직장에 종사하는 경우에도 사태는 마찬가지지요. 제가 알고 있는 비근한 예를 하나 들자면, 어떤 사립중학교에 근무하는 여교사의 경우인데, 일주일에 36시간의 규정수업과 그밖에 갖가지 잡무까지 맡아하게 되어 있어 그것을 다 하려니 건강이 부지하지 못해 넘어지거나 결근을 하는 수가 종종 일어나고, 일단 결근을 하면 학교측은 대신 시간강사를 쓰는데 그 강사의 강사료는 결근한 교사의 월급에서 떼어 준다는 겁니다. 그것을 감당 못하면 어쩔 수 없이 쫓겨나야 하니까 따로 생계수단이 없는 그 교사로서는 직장을 잃지 않기 위해 무리를 하면서도 직장에 나가고…… 이런 예는 약간의 차이는 있어도 비일비재하다는 것입니다.

리영희 우리 주제가 분단시대인만큼 저는 인권을 이것과 관련시켜서 두 가지로 봅니다. 하나는 집단적인 인권, 즉 사회구조 속에서의 개인, 그 개인을 통한 사회 전체로서의 사는 모습, 이것이 하나의 권리로서 보장되어야 합니다. 카터 대통령의 경우도 어떤 사람이 여권을 가지고 어디나 갈 수 있느냐는 식으로, 개인이 어떻게 할 수 있느냐 없느냐 이것을 권리로 잡는 경향이 있는데 소련측에서는 이런 식으로 반론을 제기합니다. 그 권리는 보장돼 있어도 그 사람에게 돈이 없을 때는 어디도 갈 수 없지 않느냐, 또 실업자는 어떻게 하느냐, 그 사람이 굶는 것도 일 안하는 권리를 행사해서 굶는다면 또 모르지만 일하고 싶어도 일자리가 없는 실업자는 어떻게 하며, 또 소외와 타락의 문제, 즉 갈보가 되어 인간의 신체를 먹고살기 위해 성행위의 도구로 파는 것이 정당화되는 사회구조일 때 그 많은 수십만 명, 수백만 명의 여자들의 인권은 어디로 갔느냐, 아프니까 직장을 하루 쉴 수 있다든가 여행하는 것도 중요하지 않은 것은 아니지만 이러한 것도 중요하다는 식으로 역공세로 나오는 것 같아요. 얘기하는 측이 소련이라는 사실과는 별도로 그런 것도 인권 속에 들어야 한다고 생각해요. 그러한 것도 보장된 사회를 만듦으로 해서 우리도 훌륭한 사회로서 상대방에게 이길 수 있거나 대등할 수 있으리라고 생각합니다.

둘째로 인권이 보장되지 않는 사회는 그 사회구성원 전체의 이성적인 인간발전을 저해한다는 것을 말해두고 싶습니다. 인권 속에는 자기신념을 가질 수 있는 것, 지식을 흡수하고 생각하고 말할 수 있는 것, 이런 것까지 통틀어 현대시민사회의 기초적인 권리 속에 넣는다면 이것이 제약돼 있으면 통일의 문제에 있어서도 아까 얘기했듯이 관심이 없어지고, 또 통일이란 문제를 부정적으로만 보고 싶어하는 사람들이 그쪽으로만 언론을 통제하거나 교육의 방향을 틀거나 하면 역시 또 비이성적인 인간들이 양성된다는 것이죠. 이래서 통일의 문제나 민족의 장래에 관련되는 아주 중요한 문제로서 인권문제가 존재하는 것입니다. 즉 이성적이고 과학적인 사회판단을 할 수 있는, 비평을 할 수 있는, 자기 생활을 성찰할 수 있는 그리고 개인이 어떻게 되느냐 안되느냐의 좁은 울타리를 넘어 민족 전체가 어떻게 돼야 하는 데까지 생각이 미칠 수 있는 것은 인권의 보장 없이는 안된다는 겁니다.

민족적 역량을 높이는 기초가 인권의 확립에

강만길 민족적인 역량을 높인다는 문제는 사실은 민족구성원 개개인의 역량을 높이는 것이 그 기초가 되고 개인의 역량을 높이는 것은 민족구성원으로서의 개인적 권리, 즉 인권이 확립돼야 되는 것이지요. 또 구한말 애국계몽주의시대의 예로 들면 바야흐로 조국이 식민지로 전락해 들어가는 위험 앞에 있어서 민족구성원 개개인의 능력을 바탕으로 하는 반식민지화운동이랄까 이런 것이 대단히 요청되는 시대였는데, 그전의 우리 역사현상이 그들의 개인 역량을 그 시대사조에 맞게끔 향상시켜놓지를 못했어요. 그래서 몇몇 지도자들이 그때 와서 그것을 아무리 불러일으키고 집결시키려 해도 제대로 안됐습니다. 그렇기 때문에 우리의 19세기 역사는 실패를 했고 남의 식민지로 전락을 했습니다. 아까도 얘기했습니다만 민족구성원 개개인의 역량이 높아질 때 민족의 역량도 높아지는 것이거든요. 개인의 역량을 떠나서 민족의 역량이 무슨 하늘에서 떨어지는 것도 아니고 어디에서 누가 가져다주는 것도 아니란 말입니다. 그러면 개인의 역량을 높인다는 것은 무엇인가, 그것은 첫째로 자기의 권리를 떳떳이 주장할 수 있는 일입니다. 얘기가 약간 돌아갑니다만 을사보호조약 이후에 왕권이 그렇게 타락을 하고, 이제 그 왕권 가지고서는 도저히 식민지로 전락해가는 과정을 막을 수 없다고 생각되었는데도 불구하고 그것을 대체하고 새로운 민족국가를 만들 만한 역량이 제대로 발휘되지 못했습니다. 그렇게 된 원인이 그 시기의 민족구성원 개개인이 자기 역량을 제대로 갖추지 못했던 까닭입니다. 민권(民權)이 확립되지 못한 것이지요. 앞으로 통일문제 같은 것은 민족적인 역량이 총집결돼야 할 중대과제인데 그러한 것을 위해서는 결국 인권을 바탕으로 하는 개인의 역량이 높아져야 하는 것입니다. 인권이라는 말이 요즘은 좀 다르게 취급돼 마치 반체제적인 것으로 이해되고 있는 것 같습니다만 근본적으로는 민족구성원 개개인의 역량을 높이고 나아가서 민족적 역량을 높이는 기초가 바로 인권의 확립에 있다고 생각됩니다. 긴 안목으로, 대국적인 안목으로 다루어야겠지요.

임형택 통일의 방법에는 결론적으로 두 가지가 있을 수 있겠는데 하나는 어느 한쪽이 다른 한쪽을 무력으로 지배하는 방식이고, 또 하나는 민족적 동질감에 근거해서 민족이 화해하는 데 방해되는 요소를 제거하고 다시 결속하는 방식 아니겠어요? 전자의 방법은 민족사적인 입장에서 우리가 바라는 바가 아니고 후자의 방법으로 통일이 성취되기를 모두 기원하고 있잖아요? 정말 그렇게 되기 위해서는 양쪽 다 민족의 양식이 훨씬 높아지고 민족의 역량이 훨씬 개발되어야 한다고 보아요. 민족의 양식과 역량을 기르려면 민중의 생활이 향상되어야 하고 또 자유로운 사고, 자유로운 행동이 전제되어야 되겠지요. 그런 가운데 민족의 대과제를 풀 위대한 사상이 창출될 것이에요.

백낙청 참 좋은 말씀들을 해주셨습니다. 민족의 앞날을 모두가 이렇게 긴 안목으로 본다면 도대체 인권문제에 대한 시비가 날 여지도 없으리라고 봅니다. 그러나 현실이 그렇지 않은만큼 제가 한마디만 덧붙이고 싶습니다. 즉 우리가 인권이라는 것을 파악함에 있어 이제 말씀하신 민족사적인 안목에서 보고 또 카터 대통령에 대해 소련측이 제기하는 반론에도 흔들리지 않을 차원에서 파악해야 옳겠지만, 다른 한편 현실의 인권운동이 아까 김선생님 말씀처럼 주로 감옥 가는 문제와 연관되어 제기되고, 말하자면 부르주아적 기본권의 문제가 주로 제기되는 데 대해서 어떤 태도를 취해야 할 것인가 하는 문제입니다. 그것은 차원이 낮은 인권문제 파악이다 해서 한발 물러서도 좋겠는가 생각해볼 때 결코 그렇지 않다고 봅니다. 아까 김선생이 예로 드신 여교사의 경우만 하더라도 그것은 우리나라 많은 근로자들이 일종의 소모품으로 사용되는 상황의 한 예로서 이것은 부르주아적 기본권, 영장 없이 체포되지 않을 권리라든가 언론·출판의 자유라든가 이런 것만으로는 극복될 수 없는 문제인 것이 사실입니다. 그러나 근로자들의 그러한 상황을 시정하기 위해서는 그들이 시정을 위해 단결하여 행동할 자유가 있어야 하고, 그럴 자유가 없으면 그럴 자유가 없어서 나쁘다는 말이라도 우선 할 수 있어야 하고, 일반민중이 그런 말을 미처 못하더라도 지식인이나 정치인은 잡혀갈 염려 없이 그런 말을 할 수 있어야 하고, 또 굳이 잡혀가야 할 일이 생기더라도 형식적인 절차는 제대로 밟아달라는 것이고 ― 이렇게 점점 차원이 낮다면 낮은 이야기가 되고 맙니다만, 사실인즉 민족의 통일을 이룩하고 카터든 브레즈네프든 누가 보아도 떳떳할 인간사회를 이 땅에 만들기 위해서는 안할 수 없는 이야기인 것입니다. 이걸 가지고 반체제적이라든가 또 어떻다든가 하고 낙인을 찍는다면 다만 한심할 따름이지요.

리영희 그렇습니다. 흔히 통일을 말하면 마치 우리가 상대방의 존재를 무시하고, 그러니까 현실적으로 우리만의 생각대로 통일이 될 수 있다는 환상에 사로잡혔다는 식으로 몰아세우기도 하는데 우리의 통일노력이 과연 얼마나 현실성을 띠는지 알기 위해서, 그리고 그 현실성을 높여나가기 위해서도, 기본적인 민권이 보장되어야 합니다.

백낙청 너무나 오랜 시간 동안, 피로를 마다않고 이렇게 말씀해주셔서 감사합니다.

한국기독교와 민족현실

박형규(서울 제일교회 목사)
백낙청(『창작과비평』 편집위원, 문학평론가)
1978년 1월 12일

백낙청 과세 안녕하십니까. 오늘 이 자리에 목사님을 모시고 이야기를 나누게 된 것을 매우 기쁘고 자랑스럽게 생각합니다. 아시다시피 저희 잡지 편집진은 기독교인들이 아니고 독자들 역시 추측건대 비신도들이 더 많지 않을까 합니다. 물론 기독교에 관한 글들을 더러 싣곤 했습니다만, 좌담회 같은 데에 기독교 관계 인사를 모시고 더구나 기독교 문제를 중점적으로 논하기는 이번이 처음입니다. 목사님께서 여러가지 바쁘신 중에 나와주셔서 감사합니다. 오늘 목사님으로부터 좋은 말씀을 듣고자 하는 문제는 기독교 문제를 포함해서 여러가지가 있는데, 저 같은 비신도요 문외한을 데리고 이야기하시자면 괴로운 점도 많으시겠지만, 비신도 대중에게 선교하시는 셈치고 쉬운 말로 말씀해주시면 좋겠습니다.

■ 이 대담은 『창작과비평』 1978년 봄호에 수록된 것이다.

왼쪽 백낙청, 오른쪽 박형규

박형규 네, 그러지요.(웃음)

목사가 어쩌다가……

백낙청 그런데 저희 독자들 중에는 박목사님을 잘 알고 존경하는 사람들도 많겠습니다만, 그런 사람들은 그런 사람들대로 목사님 개인에 대해서 좀더 알고 싶은 생각이 있을 것이고, 또 목사님 개인이나 활동에 대해서 잘 모르고 궁금증이랄까 의아심마저 느끼는 분들도 없지 않으리라고 믿습니다. 요즘은 좀 덜하지만 몇년 전만 하더라도 도대체 목사라는 사람이 데모를 하고 재판을 받고 징역을 살고, 이것이 도대체 어찌된 일인가 하는 의문을 여러 사람이 가졌던 것 같습니다. 그래서 우선 그 점부터 좀 해명을 해주셨으면 해요. 도대체 목사님은 어쩌다가, 그리고 어쩌자고 이렇게 말썽쟁이가 되셔서 심지어는 전과자가 되고 국사범이 되고 또 횡령범이 되고(웃음) 그러셨는지, 그것 좀 설명해주십시오.

박형규 네, 저도 이 『창비』라는 잡지를 알게 된 것은 그리 오래되지는 않습니다. 제가 문학에 대해서 관심이 없는 것은 아니지만 깊이 연구할 기회가 없었고, 기독교의 목사로서 분주하게 일하다가 보니까 여러가지 사회문제나 문학이나 정치문제에 많이 간여할 시간도 없었고 거기에 관심이 많이 가지도 않았어요, 지금까지. 결국 사람은 필요에 따라서 여러가지를 탐구하게 되고 검토하게 되는데, 근래에 와서 무언가 우리 기독교도 기독교라는 울타리 안에서만 있을 수 없다는 생각이 들고, 또 교회 바깥에 있는 여러분들의 생각이나 행동이 우리하고 많이 접근될 수 있다, 같이 일할 수 있다는 생각이 많이 들게 되었고요. 그보다도 더 중요한 것은 저 자신이 우리 한국의 역사나 민족의 얼이라고 할까, 또 그것이 우리 문학을 통해 나타난 그러한 것에 대해서 너무 무식했다는 죄책감을 갖고 있습니다. 더욱이 최근에 와서 우리 기독교 학생들·젊은이들이 민족문제, 민족문학 문제, 역사문제에 굉장한 관심을 갖고 있습니다. 그래서 『창작과비평』이라는 잡지도 많이 읽고 있는 것으로 압니다.

그런데 아까 질문하신, 최근 몇년 동안에 제가—목사가 데모를 하고 끌려가고 갇히고 그런 일이 있어서 상당히 이름이 알려진 것 같아요. 알려진 것이 저한테 좋은 일인지는 모르겠습니다만, 여하튼 그렇게 된 경위를 간단하게 말씀을 드리자면, 본래 저는 정치나 사회문제에 전혀 관심이 없는 것은 아니지만 교회를 통해서 기여한다는 생각이었기 때문에 깊이 간여하지는 않았습니다. 그런데 최근에 와서 우리나라 사회·국가 전체의 움직임이 말하자면 종교인으로서 그대로 보고 있을 수만은 없는 그런 방향으로 가고 있지 않은가 하는 염려가 생기게 됐습니다. 그래서 거기에 대해 관심을 가짐과 동시에, 그전부터 저 나름대로 기독교인으로서 혹은 교회로서 우리 민족·국가의 장래에 이바지하는 길은 그 나아갈 방향을 바로 제시하고 비판할 것은 비판하는 것이라고 생각하던 대로 행동하게 되었지요. 특히 어느 사회든지 소외계층이라는 것이 있게 마련이고 그 소외계층에 대해서 권력 있는 사람들이 이들을 억압하고 자기들의 권력과 부를 신장해가기 마련인데, 교회는 언제든지 소외계층에 관심을 둘 뿐만 아니라 그쪽의 편이 되어야 한다는 겁니다. 그것은 신·구약 성경을 통해서 교회는 언제나 가난한 자 눌린 자 소외된 자의 편이다, 하나님 자신이 어떤 편애(偏愛) 비슷하게 항상 그쪽 편을 드는 것이 하나의 뚜렷한 경향입니다. 그렇기 때문에 교회가 만일 올바로 성경을 읽고 올바로 신앙생활을 하려면 자연히 그쪽으로 갈 수밖에 없다고 봅니다. 그런데 최근에 와서 우리나라의 여러가지 정치적인 상황이 백성들의 의사표시가 마음대로 되지 않고 또 특별히 그런 소외계층에 대한 관심을 못 가지게 하고, 그리고 대다수 국민들에게는 현실에 안주하고 현실을 비판하기보다 찬양만 하는 쪽으로 이끌어가는 그런 경향이 있는데, 우리 기독교적으로 볼 때에는 구약성경·신약성경 안에서도 그런 경향은 비판받고 있습니다. 가령 우상을 배격한다고 하는 것이 근본적으로 따지면 그러한 물질을 우상화한다거나 어떤 체제나 이데올로기를 절대화하는 데 대해서 기독교가, 성경 자체가 그것을 금지하고 있는 것입니다. 그런 것이 저 자신에게 많은 영향을 끼친 것으로 알고 있어요.

백낙청 목사님이 쓰신 『해방의 길목에서』라는 책을 보면 목사님의 그러한 사회적 관심이 이미 60년대부터 글로써 표현되어 있는 것을 봅니다만, 실제로 목사님이 전국적으로 악명 높은 인물이 되신 것은(웃음) 1973년도가 처음이지요?

박형규 네. 남산 야외음악당 부활절예배 사건이지요.

백낙청 그때 어떻게 되었던 겁니까?

자주의식을 심어주는 '특수지역 선교'

박형규 이것도 사실은 여러가지 관련이 있습니다만, 그전에 저희들이 60년대 말부터 70년대에 들어오면서 관심을 갖고 시작한 것이 아까 말한 소외계층, 판자촌 주민들에 대한 선교였지요. 지금 교회가 대개 중산층의 교회가 되어버렸고 노동자들이나 빈민들에 대해서는 선교하기가 상당히 어렵거든요. 또 좀 이름있는 분들은 거기 들어가서 선교하려고 하질 않고. 또 그 사람들에 대해서 무조건 예수를 믿읍시다, 예수 믿고 천당 갑시다, 하는 식의 선교여서는 안되겠다 — 우리로서는 그 사람들에게 무엇보다도 하나님의 형상으로 지음받은 인간으로서 인간의 존엄성을 깨우쳐주고, 존엄성을 갖춘 인간이기 때문에 그 사람들도 긍지를 갖고 책임있는 시민으로서 역할을 할 수 있고 또 국가의 보호를 받을 권리가 있다, 이런 입장에서 주민들을 깨우치는 그런 운동을 하고 있었어요. 그것을 우리는 '특수지역 선교'라고 이름을 붙이고 있었는데, 우리 입장에서는 진정한 민주주의를 달성하기 위해서는 국민 자신이 자주민으로서의 자각이 필요하고 국민들 스스로가 자기들의 권리를 주장하고 임무를 수행할 수 있어야 한다고 본 것입니다. 말하자면 민주주의의 기반을 닦는 거지요. 그런 일을 하는데 왕왕 정부당국에서는 그것이 무슨 공산주의 활동과 비슷하다고 하면서 여러가지 오해를 받았어요. 그러나 우리의 진정이 그렇지 않으니까 오해가 해소되고 하면서 그나마 해왔는데, 1972년 10월 이후에 언론이 많이 위축돼서 무엇이 진행되고 있는지 알 수도 없고 백성들이 말 못하고 듣지도 못하고 그저 위만 바라보고 있는 그러한 상태에서 몇 가지 사건이 있었어요. 그중에 하나가 소위 그 당시에 장군인데, 윤모 장군의 사건이었지요. 이것이 그때 신문에도 발표되지 않고 있었는데 그런 가운데도 많은 소문이 떠돌았습니다. 그럴 때에 저희들이 생각한 것은, 그 당시에 정치가도 말하지 않고 언론인도 말하지 않고 대학교에 있는 분들도 말하지 않고 아무도 말하지 않는 이때에 교회마저 말하지 않고 그냥 모른 체하고 지나갈 수 있느냐, 정말 교회가 이 민족의 역사에서 이 현실 속에서 무슨 역할을 하자면 이런 때에 교회가 말을 해야 한다, 그래서 남산 야외음악당에서 부활절 새벽예배를 볼 때에 몇몇 빈민들과 학생들이 거기서, 언론자유를 보장해야 된다, 민주주의를 해야 된다든지 윤모 장군 사건을 밝히라든지 이런 등등의 구호라면 구호를 내걸고, 그러니까 그 당시에는 주로 우리 기독교인의 관심이 이런 데에 있어야 되고 이런 문제를 위해 기도해야 된다는 취지에서 플래카드를 만들고 전단을 만들었지요. 사실은 플래카드는 모두 겁을 내서 들지도 못하고(웃음) 전단은 약간 뿌려졌던 것 같아요. 그것이 문제가 됐는데, 누가 했는지를 몰라서 약 두 달 동안을 찾고 있었던 모양이에요. 그러다가 그것이 발각이 되어가지고 저하고 상당히 많은 젊은이들이 붙들려 갔는데 세 사람이 — 제가 두목 격이고 저희 교회 부목사하고 또 한 사람이 — 재판을 받았지요. 문제는 그 재판과정에서, 사실은 우리가 볼 적에는 경범죄 정도에 해당하는 조그만 일이었는데 이것을 크게 신문에 냈던 것 같아요.

사랑하기 위해서도 자유가 필요

백낙청 내란음모라고 났었던가요?

박형규 내란예비음모죄로 기소를 했지요. 그래서 재판과정에서 제가 목사니까 많은 동역자들, 또 기독교인들이 많이 참석해서 그 재판과정을 보고 비로소, 아 이게 그런 게 아니고 이런 거구나 하는 진상을 알게 되고, 거기서 교계가 많이 각성을 했다고 할까요, 사회에 많은 물의도 일으키고 또 이것이 해외에까지 알려져가지고 이상하게 제가 굉장한 혁명투사나 되는 것처럼 이름이 나버렸는데,(웃음) 사실 저는 아주 단순한, 하나의 이름없고 평범한 목사에 불과한데, 사건 자체가 유명하지도 않은 사람을 유명하게 만들어버린 그런 일이었지요.

백낙청 그 사건이 그때 목사님 말씀대로 많은 물의를 일으키고 여러 사람들에게 각성할 계기를 마련해준 것은 사실인 것 같습니다. 제가 박목사님 성함을 들은 것도 그때가 처음이었어요. 웬 목사가 내란예비음모를 했다고 신문에도 났는데, 저의 나쁜 버릇인지 몰라도 그때도 저는 신문에 난

걸 그대로 믿지는 않았어요.(웃음) 목사가 내란을 음모하면 얼마나 하며, 또 그때 증거물로 압수된 플래카드를 텔레비전 뉴스시간에 잠깐 보여주는데 도대체 그걸 가지곤 내란 비슷한 것도 될 것 같지가 않더군요.(웃음) 여하튼 그때 제 생각이, 아 별난 목사도 다 있구나 — 저는 목사들은 많이 모르지만 대개 아는 분들이 소위 보수계의 목사들이어서 그런 어떤 고정관념을 갖고 있었는데, 아 이런 분도 있구나 하는 생각을 새삼 갖게 됐었지요. 아마 그때 그 비슷한 생각을 한 사람들이 우리 사회에 많지 않았던가 싶습니다. 제 개인의 이야기가 나온 김에 말씀입니다만, 제가 목사님과 어떤 개인적인 인연을 맺게 된 것은 그 이듬해 12월인가요, 목사님을 만나기는 그보다 훨씬 뒤의 일입니다만, 그때 박목사님이 긴급조치 4호 때문에 감옥에 계신 중에 목사님의 책 『해방의 길목에서』가 나왔지요. 그래서 출판기념회를 겸해서 강연회를 하는데 제게도 강연의뢰를 해왔어요. 저도 그때는 마침 대학에서 쫓겨나면서 꽤 악명이 높아진 때라 아마 그것이 저 같은 사람에게 강연을 부탁해온 이유였는지도 모르지요.(웃음) 그때 강연 자체는 문학에 관한 이야기였습니다만, 그에 앞서 사모님이 저자를 대신해서 주신 책을 다 읽고 정말 많은 가르침을 얻었습니다. 그러니까 그때는 내란예비죄로 들어갔다가 나오셔서 다시 들어가셨던 거지요?

박형규 네. 내란예비죄로 7년 구형에 징역 2년을 선고받았어요. 그런데 2년을 받은 이틀 후에 제가 금보석(金保釋)으로 나왔어요. 돈을 10만원 맡기고 나왔는데, 그건 아마 위엣분이 재판내용을 보니까 그렇지 않다고 내주라고 그래서 나온 걸로 알고 있습니다. 나와가지고는 다시 교회를 하면서 빈민들을 위한 선교도 계속했지요. 그런데 남산 야외음악당 사건을 계기로 우리 교회의 젊은이들, 특히 학생들이 많은 자극을 받았던 것 같아요. 빈민운동을 하려 해도 그렇고 진정한 의미의 선교를 하려 해도 사회 자체가 민주화된, 자유분위기가 있는 사회라야만 할 수 있겠다 — 제가 75년도에 나와가지고 새문안교회에서 인사를 하면서 한 얘기지만, 자유가 없는 곳에서는 사랑도 할 수 없다, 기독교는 사랑의 종교라고 하는데 사랑을 하기 위해서도 자유는 있어야 하겠다, 그런 이야기를 강단을 통해서 하곤 했는데 학생들이 거기에 많이 호응을 했었지요. 그런데 정작 '민청학련(民靑學聯)' 사건이라는 데에 제가 직접 간여하지는 않았어요. 다만 우리 교회 학생들, 또 나를 아는 학생들이 간여하면서 일이 다 조직이 된 후에 저한테 와서 돈을 좀 도와달라고 해요. 그래서 제가 안국동 해위(海葦)* 선생에게 가서 얘기를 해서 약간 도와주었는데 74년도에는 그것으로 해서 들어갔지요. 아마 73년도보다는 '내란예비음모'에 좀 가깝다면 가깝지만, 이것 역시 내란이 아니라 민주주의를 제대로 해야겠다는 관심에서 의사표시를 하자는 것이었습니다. 이 운동을 처음에는 공산오열(共産五列)에 의한 운동이라고 했었지만 결과적으로는 저나 해위 선생이나 또 지학순(池學淳) 주교가 관련이 됐기 때문에 그 누명이 벗겨지는 데 도움이 됐다고 봅니다. 형은 많이 받았습니다만—

백낙청 그랬다가 소위 2·15석방조치로 나오신 거지요.

박형규 네.

백낙청 그러니까 지금도 형기가 많이 남았겠네요.

박형규 15년 받아서 약 10개월 살고 형집행정지로 나왔으니까 한 14년—

백낙청 빚이 많으시군요.(웃음)

박형규 조금 더 있지요. 전에 2년 받은 것도 있으니 한 16년쯤 있는 셈이지요.

백낙청 2·15조치로 나오셨을 때 기독교회관에서 석방자들에 대한 환영모임이 있지 않았습니까. 그때도 목사님과 인사할 기회는 없었고 말씀만 들었는데 이런 이야기를 하시더군요. 73년도에는 몇 사람 안 들어가서 무척 외로웠는데 이번에는 여러 사람이 함께 들어가서 기분이 좋았다, 요

---

* 윤보선(尹潽善)의 호—편자.

다음에는 전부 다 같이 들어갑시다……(웃음) 그런데 좀 있다가 보니까 전부 다 같이 들어간 게 아니고 몇 분만이 들어가시고 그나마 죄목이 뭐 횡령을 하셨다던가 배임을 하셨다던가 꽤 흉측하게 되어 있더군요.(웃음)

감옥도 사람 사는 곳

박형규 네. 그것도 재미있는 사건인데, 간단히 얘기하면, 73년도에 우리가 서독에 요청했던 빈민선교를 위한 원조가 왔어요. 그런데 우리가 들어가 있었기 때문에 별로 쓰지를 못했어요. 그리고 74년도에 제가 민청학련사건으로 다시 들어가서 그 돈을 취급하지 못하고, NCC(한국교회협의회)를 통해서 온 돈이기 때문에 김관석(金觀錫) 목사와 조승혁(趙承赫) 목사가 바깥에 있으면서 우리를 대신해서 사용했는데, 우리가 구속돼 있으니까 구속자 가족들을 위해서 또는 영치금으로 사용된 일이 있었던 거지요. 그런데 그게 본래 목적대로 사용 안됐다 해서 구속되고 기소가 됐지요. 액수는 내가 15만원인가 해서 제일 적었는데 결국 형을 받고 보니까 내가 10개월, 다른 분들이 8개월, 6개월 이렇게 됐지요. 돈 관계로 형을 주는 것은 굉장히 낮더구먼요 급수가. 여하간 그래서 횡령으로 들어갔는데 이것도 횡령으로 들어감으로 해서 신문에 굉장히 크게 났지요. 목사가 횡령을 했다 해서요. 그런데 이것도 재판과정을 통해서 진상이 밝혀지니까, 아 정말 억울하게 당했다 하는 인식이 적어도 우리 교계 내에서는 퍼지게 됐어요. 특히 그때 서독의 원조하는 단체에서 일부러 증인을 서기 위해 사람이 왔어요. 와가지고 자기들이 원조한 돈을 이렇게 쓴 데 대해 자기들은 만족하고 있다고 증언을 했어요. 돈 준 사람이 그렇게 얘기했는데도 불구하고 유죄판결이 나와서 꼬박 10개월을 살았지요.

백낙청 목사님 감옥생활과 관련해서 한 가지만 더 물어보겠습니다. 들리는 말로는 횡령범으로 살고 계시는 동안 사모님이 면회를 가셨는데 그

때 목사님 말씀이, 이번에는 횡령죄로 들어왔으니까 요 다음에는 간통죄로 들어와야겠다 —(웃음) 이런 얘기가 있는데 이게 사실입니까, 아니면 누가 꾸며낸 이야깁니까?

박형규 제가 한 말은 아니고요, 다만 우리 교계의 사람들이 내란예비, 긴급조치, 횡령 다 했으니까 이제 남은 것은 간통죄로 들어가는 것밖에 없겠다, 이렇게 얘기를 한 모양이에요.(웃음) 그런데 저 자신으로서는 어떤 의미로는 감옥에 들어가 있는 쪽이 더 편했습니다. 이렇게 말하면 나와 있으니까 그런 소리를 한다고 할지 모릅니다만, 적어도 거기서는 다른 생각을 할 필요가 없고 주어진 환경 속에 자기를 적응시키면 되는 거고, 뿐만 아니라 감옥도 고마운 것이, 감옥도 역시 사람이 있는 곳이거든요. 교도관들도 있고, 다른 잡범들도 있고, 그들과 사람끼리 얼굴을 대하고 살 수 있으면 밥 먹는 거야 콩밥 먹든지 무슨 밥을 먹든지 견딜 수 있지 않으냐, 그래서 저는 감옥살이를 비교적 그렇게 괴롭게 살지는 않았습니다. 못 읽었던 책도 많이 읽을 수 있었고 그 안에서 지금까지 대하지 못했던 사람들도 대하고, 또 내가 목사라는 신분으로 감옥에 들어와 있으니까 모두들 이상하게 생각해서 들으면 얘기가 발전돼서 도대체 기독자라는 게 무어냐 이런 이야기를 하게 되고, 그러면 자연히 내 본래 사명인 전도도 감옥 안에서 충분히 할 수 있었지요. 그래서 74년도에 15년을 받고 제가 잠시 영등포교도소에 가 있었는데, 그때는 머리도 박박 깎고, 아주 15년을 살 각오를 했었지요. 그 안에서 읽은 소설책 가운데 누구의 글인지는 잊어버렸지만, 프랑스의 어느 신부가 억울하게 감옥에 들어가서 살다가 나중에 무죄가 돼서 나오라고 하니까 나오지를 않겠다, 나는 여기가 내 목회(牧會)다, 이 죄수들을 돌보는 게 내 사명이다라고 하면서 끝까지 버티고 안 나왔다는 이야기를 읽었어요. 그래서 나도 이제 생애의 3분지 2는 바깥에서 살았으니까 남은 생애는 하나님이 여기서 전도하라고 보내신 것으로 알겠다, 그렇게 마음을 먹으니까 마음이 좀 편하더군요.

백낙청 바깥에서도 할 일이 많으시니까 뭐 일부러 간통을 하신다든가 해서 들어가실 필요는 없는 것 같습니다.(웃음) 지난 몇년간, 목사님 자신은 마음 편하게 지냈다고 하시지만 역시 수난과 노고가 많으셨다고 말할 수밖에 없겠습니다. 그런데 이러한 수난을 무릅쓰고 활동을 하시게 된 동기를 대강 말씀해주셨지만, 박목사님뿐 아니라 현재 한국교회에서 이런 활동을 하시는 분들을 뒷받침하는 어떤 신학적인 근거라고 할까, 또 그러한 활동이 한국기독교의 역사 속에서 차지하는 맥락 같은 것, 이런 것에 관해서 좀 말씀해주시면 좋겠습니다.

해방자 예수와 예언자적 전통

박형규 신학적으로 이야기하면 좀 어려운 이야기가 될는지 모르겠습니다만 쉽게 말해서, 기독교라는 것은 구체적으로 나사렛 예수라는 한 인물에서부터 시작됐다고 말할 수 있지 않겠어요? 그런데 나사렛 예수라는 인물을 두고 우리가 신앙적으로는 하나님의 아들이다, 혹은 부활하셔서 하나님 우편에 계신다, 이렇게 말합니다만, 구체적으로 역사 속에 나타난 예수란 분은 성경에 나타난 대로 그 출신이 서민출신이란 말이에요. 목수의 아들이었다고 하고, 또 예수의 탄생 자체가 말구유에서 났다고 하는데, 물론 이것이 신화적이라고도 말합니다만, 신화적이든 어떻든지 간에 기독교인들이 자기의 신앙의 대상으로 생각하는 그분은 집도 없어서 마구간에서 태어났다는 겁니다. 또 이분 자신이 나면서부터 헤롯이라는 당시의 권력자가 그를 죽이려고 어린이들을 학살하는 사건이 있었고, 이분이 활동을 시작하신 것이 갈릴리 지방입니다. 갈릴리에서 종교적인 혁신운동을 시작해서 예루살렘으로 올라왔는데 그 당시 갈릴리라는 지방이 말하자면 빈농이라든지 어부라든지 이런 배고프고 병든, 소위 멸시당하고 소외된 사람들이 살던 지역이었단 말입니다. 그렇게 보면 예수 자신이 그러한 계층에서 자기가 하나님의 아들이라는 긍지를 갖고 나와서 또 그러한 사람들에게 하나님의 자녀라는 긍지를 가지라고 일러주셨던 겁니다. 긍지를 갖기 위해서는, 너희들의 과거가 어찌되었든간에 그 과거는 하나님이 무조건 용서하신다, 그러고서는 그 사람들로 하여금 스스로 자기들의 권리를 위해서 일어서게 만드신 겁니다. 그래서 예수의 말씀이나 비유 등 여러가지를 보면 하나님은 약간 편중되게 이 가난한 사람이나 세리(稅吏)나 창녀나 이런 소위 멸시받는 계층을 사랑하는, 좀 편애를 하는 그런 하나님으로 묘사되어 있고, 또 이 가난하고 멸시받는 사람들이 병이 고쳐졌다거나 귀신이 떠났다거나 하면 반드시 그 사람들이 말을 하게 되고 긍지를 갖게 되고 또 활동을 못하던 사람들이 활동을 하게 되는 것을 볼 수 있어요. 짓눌리고 억눌려서 인간으로서의 자각과 자신을 못 가졌던 사람들로 하여금 사람으로서 활동할 수 있도록 만드는 일, 그리고 자기를 따라오라기보다도 각자 제 집으로 돌아가 이제부터 하나의 인간으로서의 역할을 하라는 것, 이런 메씨지를 보여주지요. 기독교의 출발점 자체가 그런데 있다고 볼 수 있는 겁니다. 그리고 또 그 근원이 어디 있느냐를 캐 올라가보면 구약성경과 신약성경이 연결이 되는데, 구약에도 몇 가지 조류가 있기는 합니다만, 역시 가장 중요하고 기본적인 흐름은 예언자 종교의 흐름입니다. 대개 제사장 종교와 예언자 종교로 대별되고 물론 양립이 되어 있습니다만, 제사장 종교측은 주로 폭군이나 악한 왕이 지배할 때는 그쪽에 붙어서 아부를 하거나 그들에게 이용을 당하는 일이 많았는데, 예언자측에도 물론 그런 예가 없지는 않았지만 참다운 예언자라고 하는 것은 언제나 왕의 정책에 대해서 올바른 비판을 하고 지탄을 하고 민중에게도 바른 말을 하는 그런 예언자였어요. 왕에게도 직언을 하고 민중의 타락상도 고발하고 또 그래서 더러는 희생을 당하는 것이 구약성경의 예언자의 전통입니다. 그러니까 기독교목사로서 감옥에 간다는 것은 성경적으로 보면 당연한 겁니다. 구약시대부터 예언자들은 항상 감옥 출입하는 것을 당연한 일로 보아왔거든요. 신약시대에 와서도 그렇지요. 예수님 이전에 세례 요한은 헤롯왕에게 직언을 했다고 해서 목 베어진 사람이고, 또 예수 자신도 쫓겨다닌 기록이 남아 있고, 그 후에 사도 바울 같은 사람은 가는 곳마다 소위 내란음모죄로, 로마의 질서를 문란하게 했다는 죄목으로 또는 유대교에 대한 이단이다 해서 비난을 받고 투옥되고 결국은 로마의 감옥에 가서—사도 바울 자신은 로마의 질서에 꽤 기대를 걸고 있었는데 오히려 로마의 감옥에 가서—사형을 당하고 만 것입니다. 이런 성경의 전통을 볼 때에 기독교라는 전통은 어떤 철학적인, 불교적인 공(空)의 사상이라든가 탈세속적(脫世俗的)인, 세상을 떠나 산중에서 어떤 신비경에 들어간다든가 하는 그런 종교가 아니고, 적어도 기독교의 참다운 전통은 세속 속에 들어와서 세상문제에 간여해서 그때그때 하나님의 뜻을 밝히고 거기에 위배되는 것에 대해 직언을 하는 그런 것이라고 봅니다. 신학적으로 저는 거기에 기반을 두고 있습니다.

초기 한국기독교의 민족주의적 성격

백낙청 한국교회 내에서 그러한 전통을 확립했다거나 수호해온 분들의 맥락은 어떻게 되는지요? 목사님께서 특히 그런 면에서 선배로 생각하시는 분이라든가 목사님의 그러한 소신이 형성된 경위 같은 것도 듣고 싶군요.

박형규 한국기독교가 들어온 경로를 생각해야 될 것 같은데요. 저 자신은 사실은 굉장히 보수적인 가정에서 자랐습니다. 장로교회였는데 어머니 때부터 기독교를 믿었지요. 저의 어머니가 개종을 하시게 된 것은 너무나 지나친 한국의 유교적인 생활, 거기다가 유교 플러스 미신, 그리고 여러가지 제사, 이런 속박과 미신에 사로잡혀 꼼짝을 못하다가 그것이 신이 아니다, 참 하나님은 하나뿐이다, 이런 일종의 해방감을 느꼈던 거지요. 그래서 어머니가 기독교인이 되고 내가 그 밑에서 기독교 교육을 받고 자랐는데, 그러나 중학교 때쯤부터 기독교의 교리에 대해서 회의를 느끼기 시작했어요. 왜 여러가지 있지 않아요, 처녀탄생이라든가 삼위일체라든가 이런 것을 도그마로 만들어가지고 신앙을 강요하는 데 대해서 반발을 했던 겁니다. 그래도 기독교는 어릴 적부터 제 몸에 배어 있어서 떠날 수는 없었지요. 그래서 이 기독교를 어떻게 합리적으로 좀 변증해보자는 생각 때문에 철학을 택했는데, 그러나 그 후에 제가 겪은 바로는 물론 철학도 중요하고 종교철학도 중요하지만 더 중요한 것은 역사라고 봅니다. 한국에 그리스도교가 들어온 것은 개신교가 들어온 지 약 100년, 구교가 들어온 건 200년 가까이 되는데, 그 당시는 유교가 우리의 개인생활이나 사회생활의 뒷받침을 해오다가 그게 허물어져갈 시대니까 우리 국민들이 일부에서 기독교를 받아들인 것이라고 보겠지요. 특히 신교의 경우에는 한일합방을 전후한 민족의 비참한 상태에서 받아들인 것이기 때문에, 성서적인 종교 전체가 '출(出)애굽'이라든지 억압당한 민족의 해방에 대한 관심을 굉장히 담고 있는 것과 잘 맞아떨어졌던 거지요. 그래서 초기의 한국기독교인들은 모두가 민족주의자요 독립운동가였습니다. 제가 학교 다닐 때만 해도 주일학교 선생들 가운데 독립운동이나 민족주의에 관한 이야기를 안하는 선생이 거의 없었어요. 그렇게 해서 기독교가 한국의 민족적 자부심이랄까 독립정신과 밀접히 연관되어 있었고 그것이 구체적인 사건으로 표현된 것이 3·1운동입니다. 3·1운동을 기독교가 주도한 것은 아니지만 거기 깊이 간여하고 널리 퍼뜨리는 데 큰 공헌을 한 것이 사실이라고 한다면, 본래 한국에 들어온 기독교는 기독교 본연의 역사적인 참여였습니다. 이렇게 들어온 것이 도그마화하고 신비주의로 흘러가고 탈세속적인 종교로 자꾸 보수적으로 되어간 것은, 일제탄압 하에서 살아남기 위해서 역사참여적인 측면을 제거한 데서 온 것입니다. 재미있는 것은 일제 말기에 기독교인들에게 교회에서 구약성경을 읽지 못하게 한 일이 있어요. 구약성경에는 역사적 참여의 색채가 굉장히 강하니까 그런 강요를 한 일이 있는데, 이런 것을 볼 때에 한국의 보수주의 신학이라고 하는 것은 일제의 통치방법에 굴복해서 기독교 본연의 역사참여적인 면을 빼고 소위 신비적이고 도그마적이고 무난한, 백성을 길들이는 데 알맞은 그런 면을 강조한 것이 아닌가 싶습니다. 그래도 물론 신사참배의 문제가 생겼을 때에는 보수주의 — 보수주의도 여러가지가 있습니다만 소위 문자주의(文字主義), 성경의 한 구절 한 구절을 문자 그대로 믿는다는 문자주의 쪽의 사람들이 오히려 완강한 저항을 했습니다. 그런데 그 저항은 어떤 민족적인 의식에서보다는 자기들의 도그마를 지킨다는 것, 그러니까 자기 종교에 대한 충성이지 민족의식과는 거리가 있는 것이었지요.

'문화정치'의 술책에 넘어간 교회

백낙청 어떻게 보면 구한말 봉건지배계층의 이른바 척사위정(斥邪衛正) 운동과 비슷한 면이 있겠군요. 이 운동은 자기들의 유교적인 명분을 지키고 종묘와 사직에 대한 충성을 다한 것이지 민족 자체를 생각한 것이라고는 볼 수 없는데, 말하자면 그 보수파 기독교인의 신사참배 거부와는 의식구조에 있어서 일맥상통한다고 보입니다. 그런데 지금 목사님 말씀을 들으니까 초창기 한국기독교의 민족주의적이고 현실참여적인 성격이 오히려 기독교 본연의 모습임을 알겠는데, 이러한 본연의 자세가 이 땅에 뿌리를 내리기 위해서는 그때 그분들이 지향하던 민족운동·광복운동이 성공을 했어야만 하는 거지요.

박형규 그렇지요.

백낙청 그런데 어떤 이유로든 그것을 제대로 성공시키지 못했기 때문에 기독교 본연의 자세를 우리 사회에서 확립하고 뿌리내리려는 노력이 일단의 좌절을 겪었다고 보아야겠지요.

박형규 좌절을 겪었다고 볼 수 있고, 또 일제의 탄압이 뭐 문화정책이

다 해서 탄압을 완화시켜주는 척하면서 한국민족 전체를 문화적으로 병신을 만드는 그런 식으로 나갔는데, 기독교도 그런 총독부정책의 술책에 넘어간 셈이지요. 약간의 자유를 주면서 너희는 종교에 관한 것, 기독교에 관한 것만 하고 현실에는 참여하지 마라, 이런 식으로 종교의 자유를 주는 척하면서 그 종교가 가진 활성적(活性的)인 요소를 뽑아버리는 정책에 기독교가 넘어간 거라고 볼 수 있지요.

백낙청 그런데 해방 이후에는 본연의 자세에서 오히려 더 멀어진 것은 아닌가요?

박형규 그게 참 재미있는 현상인데 저는 이렇게 봅니다. 어떻게 보면 해방 전에 기독교인들이 현실도피적인 신앙 속에 잠들어 있었기 때문에 세계정세에 대해서 굉장히 어두웠던 것 같습니다. 그렇기 때문에 해방이 오리라는 것을 예측을 못했던 거지요. 그게 구약성경의 예언자들과 다른 면인데, 이스라엘의 예언자들은 바빌론에 붙들려 갔다든지 다른 어떤 정치적인 억압 아래서도 항상 해방의 날을 바라보면서 준비하고 있었는데 우리는 잠들고 있었단 말입니다. 그래서 해방이 딱 되자, 한쪽은 소련·무신론·공산당, 한쪽은 미국·유신론·기독교, 이런 양분화된 사고방식에 사로잡혀가지고 기독교로서의 역사를 보는 예리한 눈이 부족했던 겁니다. 그리고 그것을 이승만정권이 상당히 많이 이용을 했다고 봅니다. 대부분의 교회는 어떻게 이용을 당하는 줄도 잘 모르고—그 당시에 이런 이야기가 있었어요. 경찰서 백 개를 짓는 것보다 교회 하나 만드는 것이 낫다, 온 국민을 기독교신도를 만들어야 한다(지금도 물론 전 국민을 복음화한다는 이야기를 합니다만), 뭐 이렇게 무조건 교회에만 나오면 되고 예수만 믿으면 된다고 그랬었지요. 그러면서 실제로 이승만정권 때 여러가지 나쁜 정치를 하고 이승만정권이 넘어지게끔 모순에 빠뜨리는 일을 기독교 인사들이 많이 했지요. 이런 사람들이나 이들을 밀어준 교회는 그때 아직 신학적인 안목, 역사적인 안목이 없었다고 봅니다. 물론 그 당시에도 그러한 안목을 갖고 비판적인 발언을 했던 분들이 전혀 없었던 것은 아닙니다. 가령 김재준(金在俊) 목사라든지 함석헌(咸錫憲) 선생 같은 분들이 계셨지만 극소수의 예외였고 대부분의 개신교 교회들이 자유당정권을 지지한 것이 사실입니다.

교회사적으로도 4·19가 전환점

백낙청 그러니까 교회사적인 관점에서 보더라도 4·19가 하나의 중요한 전환점이 되겠군요.

박형규 네. 4·19로 인해서 기독교는 크게 각성을 한 거지요.

백낙청 재미있는 것이, 이제 목사님이 말씀하신 것과 같은 입장에서 한국교회의 역사를 보면, 한국민족 자체의 역사를 보는 관점 — 시대구분의 문제라든가 그때그때 중요한 전환점에 대한 평가, 이런 것과 크게 어긋나는 것이 없는 것 같습니다. 아까도 이야기했듯이 3·1운동 후 소위 문화정치를 통해 식민지체제가 자리를 잡으면서 우리 국민 전체에서도 민족의식이 많이 흐려지는 경향이 있었는데 이것이 곧 교회로서도 기독교 본연의 자세에서 벗어나는 결과를 가져왔고, 8·15해방의 경우도 그렇습니다. 8·15가 우리 민족으로서 더없이 기쁘고 고마운 사건이었지만 그 과정 자체에는 강대국의 힘이 우리 힘보다 많이 작용했고 그렇기 때문에 우리의 뜻에 반해서 분단을 감수하지 않을 수 없었지요. 이것은 민족적으로도 큰 비극인데, 말하자면 교회로서도 이것이 그 당시 대다수 교인들이 생각했던 것처럼 무조건 좋은 일만은 아니었다는 얘기가 되지 않습니까. 교회 본연의 임무를 되찾기는커녕 오히려 더욱 망각하는 계기가 된 셈이니까요. 그러다가 4·19에 와서야 어떤 각성의 시발점이 되었다는 건데, 이렇게 시대구분에서부터 어느정도 일치하는 것 같군요.

박형규 네. 대개 일치하지요.

백낙청 물론 구체적인 시기와 사태에 대한 평가는 다를 수도 있겠지만 우선 역사의 큰 전환점을 보는 눈이 같다는 것이 퍽 다행스럽게 여겨집니다. 그런데 이제까지 교회와 바깥세상과의 관계를 주로 이야기하셨는데 이것은 물론 교회 자체로서, 교회 안에서부터 달라지고 새로워지려는 어떤 큰 움직임을 동시에 말씀하신 것이겠지요?

박형규 그렇지요.

'새 교회'는 어디 있나

백낙청 '새 교회'라는 말도 요즘 많이 들리는데, 목사님 책을 보니까 1966년도에 이미 「교회갱신의 문제점」이라는 글을 쓰신 일이 있고 존 로빈슨(John T. Robinson)의 저서를 소개하신 글도 있고 또 68년도에 쓰신 글로 「에큐메니칼 운동과 사회정의」, 기타 이 교회갱신의 문제에 대해 많은 관심을 표시하고 있으시더군요. 이 문제를 좀 논의해보면 어떨까 하는데, 최근에 저는 이 '새 교회'라는 것이 저 같은 비신도에게도 남의 일만은 아니로구나 하는 매우 인상 깊은 경험을 했습니다. 바로 지난 연말, 3·1사건으로 구속됐다가 풀려나온 몇 분을 위해 그날 저녁 한빛교회에서 환영예배가 있었는데 저는 교인은 아니지만 그때 석방된 분들이 신부님들 빼놓고는 모두 동료교수인 셈이고 또 보고 싶은 얼굴들이라 부랴부랴 달려갔었습니다. 그때 여러분들이 참 좋은 말씀들을 하셨는데 그중에 서남동(徐南同) 교수가 하신 말씀 가운데, 그동안 목요기도회니 금요기도회니 하는 것이 있어 구속자들을 위해 계속 기도해주고 있다는 사실이 감옥생활에서 큰 힘이 되었다, 이들 기도회야말로 우리가 말하는 '새 교회'가 아니겠느냐— 이런 말씀을 하시더군요. '새 교회'라는 말에 대해 별로 관심이 없었던 사람이라 오히려 더 그랬는지 몰라도, 그 말을 듣는 순간, 과연 그렇겠다라고 마음속으로 공감을 느꼈어요. 저는 목요기도회에는 이때껏 한번도 나가본 일이 없고 금요기도회에 두어 차례 나가본 정도입니다. 그런데 금요기도회의 경험도 경험이거니와 그날 한빛교회의 그 모임 자체가, 정말 이런 모임이라면 '새 교회'라는 이름을 붙일 만도 하겠구나 싶은 그런 경험이었어요. 새 교회라는 것이 기독교 신도뿐 아니라 모든 선의의 인간들에게 힘을 주고 기쁨을 주고―기독교적인 표현으로 복음을 선포하고 하나님의 은혜를 주는 그런 모임일진대, 이날의 이 모임은 그것이 기독교 교회에서의 예배냐 아니냐는 문제를 떠나서 바로 그런 성격을 갖춘 게 아니겠느냐는 느낌이었습니다. 물론 그날의 그 모임은 매우 특별한 것이었지요. 구속인사가 매일 나오는 것이 아니기도 하지만 여하간 그때 모인 사람들의 분위기라든가 나오신 분들의 표정과 태도, 모든 것이 그랬고―말하자면 그날이 12월 말일이었는데 망년회로 치더라도 어디 가서 그만큼 뜻깊고 흥겨운 망년회를 하기가 어려웠단 말이에요. 재담이나 농담으로도 그날 김정준(金正俊) 박사님의 환영사나 나오신 분들의 인사말처럼 재치있게 웃기는 이야기를 어떤 코미디에서 들어보겠으며, 성내운(成來運) 교수가 문익환(文益煥) 목사님이 옥중에서 썼던 시를 암송하신 것도 그렇게 감동적일 수가 없었고요, 또 노래 부르고 놀기로 치더라도 거기서처럼 모두가 흡족하고 신명이 나서 노래 부르는 일이 드물었을 것 같습니다. 그러다가 마지막에 가서는 박목사님과 문익환 목사님이 어울려서 덩실덩실 춤을 추시는데 그것도 참 보기 좋더군요. 저로서는 그날 소위 하는 말로 큰 은혜를 입었다고 느꼈고, '새 교회'라는 것이 이런 것이라면 그 장래에 대해 나도 좀더 알고 싶고 나로서 거기에 보탬이 될 일이 있다면 작은 힘이나마 보태야 하지 않을까, 이런 생각도 했었습니다.

한국교회의 자기보존적 생리

박형규 그런데 기독교의 교회라는 것을 지금 우리는 주로 현실적으로 제도화된 교회를 갖고 그렇게 부르는데, 제도화된 교회라면 그 전형적인 것이 가톨릭교회의 제도, 아주 완벽한 제도지요. 또 개신교도 그보다는 좀 자유롭습니다만 역시 기성의 제도요 질서인데, 기독교 역사의 초기를 훑어보면 기독교가 원래 그런 제도화된 데서 시작된 것은 아닙니다. 말하자면 같은 뜻을 가지고 같은 하나님의 말씀에 귀를 기울이는 사람들의 모임이었지요. 건물이나 제도나 이런 것보다 사람들의 모임, 거기에 하나님의 영(靈)이, 하나님의 정신이 있다고 보았고 이러한 정신에 의해서 제도가 생기고 의식(儀式)이 생기고 했는데, 역사적으로 보면 이것이 경화되어가지고 제도화되어서 그 제도가 정신을 억누르게 됐을 때에는 반드시 그것을 깨고 새로운 모임을 만드는 일들이 있어왔습니다. 저희 장로교는 깔뱅주의의 전통을 이었다고 하는데 깔뱅(Jean Calvin)이 한 이야기 가운데 재미있는 이야기는, 세계의 종교가, 조로아스터교니 희랍의 여러 신앙들이니 세계의 종교가 많았지만 다 없어지고 기독교가 2천년 동안 생명을 유지해온 이유는 뭔가? 깔뱅시대에는 2천년이 안되고 천오백여 넌이었습니다만, 여하간 그 이유는 기독교회는 부단한 개혁 — 항상 껍질이 생기면 그 껍질을 깨고 새롭게 부활하는 그러한 많은 부활을 경험하면서 교회가 성장해왔다는 말을 하고 있습니다. 그러한 사건으로서 제일 큰 사건은, 그전에도 물론 여러가지가 있었습니다만, 루터(Luther)의 종교개혁을 들 수 있겠지요.

최근에 와서 에큐메니칼운동이나 새교회운동이 일어난 것은 2차대전 이후의 일입니다. 2차대전 후에 세계 전반에 걸쳐 교회가 각성하게 된 것은 이 전쟁 자체가 기독교국가에서 발생했다는 데 대한 반성이 많이 작용했지요. 그리고 또 하나는 사회제도에 대한 반성인데, 지금까지는 자본주의제도가 유일한 기독교적인 사회제도인 것같이 생각됐던 데 대해 반성이 가해지고, 그런 것이 아니다, 공산주의를 비판함과 동시에 자본주의도 비판한다는 그런 입장에 에큐메니칼운동이 서게 된 겁니다. 그렇게 되니까 세계교회운동이라는 것이 지금까지는 정교분리(政敎分離)라고 해서 —
이건 주로 루터에서 비롯된 전통인데, 루터가 제후들의 힘을 빌려 종교개
혁을 한 뒤에 이런 정치가들이, 제후들이 개혁된 교회를 다시 이용하려고
하니까 이것을 막기 위해서 정교분리라는 것을 내세웠어요. 말하자면, 정
치는 너희들이 해라, 세상은 악한 거고 멸망할 거다, 우리는 종교의 깊이
에 파고들겠다, 이렇게 정치와 종교를 분리시켰는데 그것이 하나의 전통
이 되었지요. 그래서 세속문제에 간여하지 않는다는 태도를 취하게 되었
는데 그것은 한편으로는 교회의 타락을 막기 위한 하나의 방법이었습니다
만 그럼에도 불구하고 정치에 전혀 간여 안할 수가 없거든요. 그러니까 결
국은 이용당하는 거지요. 그것이 아주 구체적으로 나타난 것이 히틀러 시
대지요. 히틀러가 정권을 잡았을 때 교회를 자기편으로 만들기 위해서 연
설할 적마다 하나님을 찾고 예수를 찾고 독일민족이 기독교의 세계화에 기
여한다는 식의 이야기를 하고 그러니까, 기독교인들 대부분이 거기 이용
을 당하고 소위 '독일적 기독교'라는 식으로 많은 사람을 포섭했었지요.
거기에 반발한 것이 칼 바르트(Karl Barth), 본회퍼(Dietrich Bonhöffer),
니묄러(Martin Niemöller) 이런 사람들이었지요. 아니다, 정치적인 질서
위에 교회의, 하나님의 질서가 있다, 따라서 언제든지 교회는 정치적인 질
서·민족적인 질서 위에서 그것을 비판하고 방향제시를 하는 입장에 있다
고 주장했고 그래서 박해를 받았지요. 교회갱신이라고 하는 것은 한마디
로 말하자면 지금까지 교회가 자기의 테두리 안에서만 자기보존적인 내
향적인 상태에 있었던 것을 이제부터는 현실에, 사회적인 현실 역사적인
현실에 자기를 내어주는, 참여하는 희생을 각오하고라도 뛰어드는 그런
식으로 존재해야겠다는 것입니다. 그렇게 하게 되면 아무래도 정치적으
로 사회적으로 선교를 하게 되는데 이것을 본회퍼 같은 사람은 교회는 자
기 스스로를 위해 있는 것이 아니라 세계를 위해서 있다 — 'church for the
world', 이렇게 표현을 했지요. 따라서 세계를 위한 역할을 못할 경우에는

교회가 교회로서의 사명을 하지 못하는 것이 됩니다. 그래서 교회갱신이라고 할 때에는 교회가 자기 자체의 보존만을 위해 존재하는 폐쇄된, 닫힌 교회로부터 교회가 사회를 위해서 있는, 세계를 위해서 있는 열린 교회, 자기 자신을 주는—기독교적인 표현을 한다면 이 세상에서 십자가를 지는 교회라야지, 십자가를 거부하고 자기 안일만을 찾는 것은 교회의 본질이 아니라는 것입니다. 이것이 1948년에 WCC(세계교회협의회)가 결성이 되고 거기서부터 전세계로 서서히 번져나갔는데, 그러나 지금까지의 교회의 형태는 자기보존적이고 내면적이고 이른바 영혼의 구원에만 치중하는 보수적인 형태이기 때문에 그것을 받아들이기가 힘들지요. 그래서 반발도 많은데 특히 한국교회는 일제시대부터 길들여진 자기보존적인 생리를 그대로 가지고, 교회 재산을 늘리고 건물을 키우고 신도수를 늘리고 이런 데에만 치중해서 교회가 사회문제에 대해서 발언하고 행동하는 것을 터부시하고 있지요. 교회갱신을 주장하는 쪽에서는 교회가 그런 생리에서 벗어나 교회가 사회를 위해서 존재해야 한다는 식으로 논리를 전개하고 있지요.

'안 믿는 사람들'의 긍지

백낙청 목사님 앞에서 제가 교회갱신의 문제를 논한다면 그야말로 공자님 앞에서 문자 쓰는 격이 되겠습니다만, 제 나름으로 이 문제에 대해 생각해본 몇 가지를 말씀드릴까 합니다. 첫째는 본회퍼의 말대로 교회가 세계를 위해서 존재한다고 할 때, 그 세계란 것이 우리 한국교회의 경우 일차적으로는 민족의 세계, 민족의 현실이 아닐까 합니다. 우리의 현실문제가 구체적으로는 민족의 문제를 중심으로 얽혀 있다고 보고, 또 전세계적으로도 아직 민족문제가 과거지사라고 볼 수는 없을 터이니까요. 그래서 세계를 위해 존재하는 교회는 우선 우리 민족을 위해 존재해야 하겠고 그것은 곧 교회와 교인들이 기독교 외부의 동포들과의 철저한 민족적 동질감, 민족적 연대의식에서 출발해야 할 것 같습니다. 목사님 말씀에서는 우선 최근 우리 역사의 시대구분 문제에서부터 일치를 보아서 전혀 어떤 위화감(違和感), 거리감을 안 느꼈는데요. 일반적으로는 기독교인들을 대할 때 역시 저분들은 교회 위주로 생각하고 있고 설혹 민족적인 관점과 다른 결론이 나더라도 교회 위주의 — 그러니까 목사님 표현을 빌린다면 자기보존적인 교회 중심의 생각을 절대시하지 않을까 하는 인상을 많이 받습니다. 물론 교인과 비교인이 똑같기를 요구하는 것은 아니지만, 민족을 위한 교회라는 관점에서 어떤 일치점을 찾으려는 노력조차 아쉬운 경우가 있다는 겁니다. 기독교의 경우 이것이 특히 문제가 되는 것은 우리 사회에서 기독교인이 처한 입장이 비신도들과 그냥 다르다거나 또는 더 가난하고 억눌려 있지가 않고 오히려 어떤 특권적인 위치를 누리고 있다고 보이기 때문입니다. 아까 지적하셨듯이 해방 전의 한국교회는 잠들어 있었는데 그럼에도 불구하고 해방 후에 교세가 그렇게 확장되었다는 것부터가 그러한 특권적 위치를 말해주는 것이겠지요. 오늘의 현실에서도 교회는 외국으로부터 경제적인 도움도 받을 수 있고 또 정치적으로도 상당한 비호(庇護)를 받고 있지 않습니까. 그 단적인 예로 이런 면을 들 수 있겠어요. 우리가 이 사회에서 진정으로 민족을 위해 일하고 민중을 위해 발언하고 참여한다고 할 때 뭐니뭐니해도 제일 겁나고 곤란한 것이 무어냐? 역시 공산주의자 내지는 용공주의자로 몰리는 일이겠지요. 서글픈 현실이기는 하지만 이것이 엄연한 사실인데, 물론 홍(洪)무엇인가 하는 사람이 쓴 『한국기독교와 공산주의』라는 책에는 목사님도 이상한 사람으로 몰려 있다고 합디다만, 아무래도 기독교인 특히 성직자가 되어놓으면 '빨갱이'로 몰기가 그리 간단치가 않거든요. 그러나 대다수 우리 민중이나 지식인들은 항상 그런 위험에 쫓기고 있단 말이에요. 그래서 요즘 크리스천들이 민주주의를 위해 앞장서서 많은 활약을 하고 있는데 크리스천의 입장에서는 이것이 그들 나름의 특권을 딛고서 활동하고 있다는 사실을 냉철하게 인식해야 할 것 같아요. 그렇지 못하다면 무엇보다도 기독교가 아닌 민중들이 진심으로 승복하고 뭉쳐주지를 않을 겁니다. 또 기독교인들로서는 끝내 우리 민중을 이해하지 못하고 말겠지요. 말하자면 기독교인들에게는 기독교인의 긍지가 있듯이 비기독교인에게는 그들 나름의 긍지가 있는데 ─ 그러니까 유교인으로서의 긍지, 불교인으로서의 긍지, 이런 것 이외에 단순히 기독교인이 아니라는 긍지가 있어요. 이것이 천박한 수준에서는 공연히 '예수쟁이'라고 깔보고 비웃는 그런 거지만, 근본적으로는 기독교인이 누리고 있는 그런 특권이 우리에겐 없다, 싸워도 특권 없이 싸우고 당해도 특권 없이 당한다 하는 그런 긍지라고 할까요. 성경에 왜 '오래 참으시고 성내기를 더디 하시는 하나님'이란 표현이 있지 않습니까? 말하자면 이런 하나님이 정말 계시다면 교회 안에보다는 바깥의 우리 민중 속에 있다는 자신감 같은 것이지요. 기독교인의 긍지라는 것도 나쁜 경우에는 그냥 독선에 지나지 않지만 아까 말씀드린 한빛교회의 그런 모임에 가본다든가 또는 박목사님 같은 분이 고난을 무릅쓰고 빈민들과 더불어 일하시는 것을 볼 때에는, 교회가 이런 모임을 주관하고 이런 사업을 해낼 적에는 기독교인이라고 긍지를 가질 만도 하구나라는 인식이 생기거든요. 그런데 '오래 참으시고 성내기를 더디 하시는 하나님'이 정말 가난하고 억눌린 민중 속에 계시는 것이라면 기독교 자체의 자기이해를 위해서도 우리 '안 믿는 사람들'의 긍지를 인정하고 존중해야 하리라고 봅니다.

내일을 믿는 태연함을

둘째로 생각나는 것은, 첫번째 이야기와 연관된 이야깁니다만, 기독교인들과의 대화에서 일종의 피해의식 같은 것을 느낄 때가 있어요. 뭐냐하면, 지금은 세월이 험난하고 고달프니까 다들 교회로 몰려오고 손을 잡자고 하지만 상황이 호전되면 우리를 버리고 가버릴 거다, 말하자면 기독교라는 것이 이용만 당하고 있는 것이 아닌가 하는 생각들을 더러 하는 것 같아요. 현실적으로 이것이 전혀 근거 없는 기우(杞憂)라고만은 저도 보지 않습니다. 역사상 그 비슷한 일도 많았으니까요. 그러나 적어도 지금 교회를 갱신하겠다, 우주의 과정 속에서 역사(役事)하시는 하나님과 더불어 일하겠다는 크리스천의 입장에서는 이러한 걱정을 너무 하는 것은 믿음이 모자라는 일이고 일종의 소종파주의(小宗派主義)라고도 볼 수 있을 것 같아요. 정말 큰 믿음의 입장에서라면 교회가 좀 이용당한들 어떠냐 하는 태연한 마음도 있어야 할 것 같아요. 물론 당리당략(黨利黨略)을 위해 남을 이용한다는 것은 크리스천의 입장에서나 비기독교의 입장에서나 좋지 않은 일이지만, 어려운 세월에 교회가 고달픈 사람에게 잠시 피난처를 제공하고 힘과 용기를 주었다면 그것만으로도 뜻있는 일이 아닙니까? 꼭 그 사람을 교회 안에 붙들어두어야 되는 건 아니잖겠어요? 그리고 역사적으로 필요하고 의로운 일을 하는 마당에서 좋은 의미로 서로 이용할 수도 있는 거지요. 우선 힘을 모아 오늘의 할 일을 하고, 그러고 나서 그다음 일은 과연 어느 쪽에 더 진실이 있는가, 어느 쪽이 더 큰일을 해냈는가에 따라 결정되도록 맡겨두자, 이렇게 앞날을 믿고, 신앙적인 표현을 한다면 하나님을 믿고, 내일을 위하여 무엇을 입을까 무엇을 먹을까 근심하지 않는 그런 태도가 필요하다고 생각합니다.

또 하나 제가 말씀드리고 싶은 것은, 교회가 세계를 위해서 일한다고 할 때 그것이 결과적으로 과연 세계를 위한 일이 될 수 있도록 하는 현실적이고 과학적인 태도라고 할까요, 옳은 방법론이 필요할 것 같은데, 종교인들의 경우 그런 면을 좀 소홀히하는 경향이 있지 않은가 하는 겁니다. 그런 면을 너무 따지는 게 말하자면 현실정치에 투항하는 꼴이 될까봐 그러는 거지요. 예를 들어서 현실적인 어떤 악을 제거하기 위해 필요한 방법을 정확히 동원해서 싸워야겠다 할 때, 그런 걸 너무 정확하게 따지고 들면 그것이 말하자면—복음서에 왜 예수님이 사탄에게 시험받으신 이야기 있지 않습니까, 나한테 절하면 이 세상의 모든 것을 다 주겠다고 사탄이 그랬는데 예수가 거절하면서 너의 주 하나님께만 경배하라고 말씀하셨잖아요? 현실적으로는 필요한 방법을 거론하면 이것이 곧 현실을 개혁한다는 명목 아래 오히려 현실에 굴복하고 사탄에게 경배하는 꼴이 된다고 하면서 막연한 '사랑' 이야기나 되풀이하고 마는 경우가 있는 것 같아요. 그 점에서 목사님 책을 읽다가 한 가지 공감했던 대목이 있는데, 오래 전에 쓰신 글이라 기억하실는지 몰라도 '의욕수(意慾數)'라는 말이 한동안 나돌 때 이야기지요. '의욕수'라는 게 좋게 말하면 신앙이라는 건데, 산을 움직이는 그런 믿음인데, 이것이 지나치면 믿음이 아니라 오히려 일종의 우상화(偶像化)다, 세상이 다 자기 마음대로 되는 것처럼 인간을 신격화하고 자연을 우상화하는 결과가 된다, 이렇게 쓰셨더군요. 결국 우리가 과학적 방법론을 추구하고 현실적으로 필요한 수단을 동원한다는 것이 자칫 잘못하면 사탄을 경배하는 일이 되기 쉬운 것이 사실이지만, 또 그 면을 소홀히하는 것도 일종의 우상숭배가 되고 교회의 사명을 저버리는 것이 아닐까 생각됩니다.

기독교와 민족주의

박형규 네, 참 여러가지 중요한 점을 지적하셨는데 먼저 민족주의 문제부터 말씀드리지요. 제가 알기로는 성경이 민족주의를, 이스라엘의 민족주의를 굉장히 고양(高揚)하는 그런 입장에 있습니다. 그래서 민족주의에 대해서 성경이 배척적이기보다는 오히려 호의적이라고 먼저 말할 수 있고, 또 신앙이라고 하는 것이 민족을 떠난 세계적인 신앙이 아니라 어떤 민족 안에서, 그 민족의 역사 속에서 하나님의 뜻을 이룬다고 우리는 보고 있습니다. 그런데 민족주의에 대해서 경계하는 것은 있어요. 민족주의만 그런 건 아니지만 민족주의라도 좋고 세속주의라도 좋고 무슨 주의 무슨 주의 하는 그 '주의'라는 것이 절대화되어서 가령 과거 일본사람들의 민족주의라든가 히틀러의 민족주의, 이런 것이 되면 우리는 이걸 우상화라고 보고 기독교는 거기에 대해 철저한 도전을 합니다. 그런데 사도 바울이 이런 말을 했어요. 하나님께서 세상에 때와 경계를 만드셔서 사람들마다 그 시대와 그 지리적인 경계로 해서 민족을 존속할 수 있도록 만든 것은 그 민족의 전통 속에서 하나님을 찾기 위한 것이다, 궁극적인 진리를 탐구하는 하나의 길이다 — 이렇게 민족주의를 긍정적으로 인정한 구절이 있습니다. 그런 의미에서 우리가 지금 말하는 민족지상주의는 아닐 거고 민족의 역사, 민족의 전통, 이런 것을 존중하는 것은 기독교의 본연의 자세인데, 왕왕 기독교에 개종한 사람들 가운데는 과거의 유교전통이니 불교전통이니 이런 것을 멸시하고 팽개쳐버리고 기독교만이 유일한 가치있는 종교라고 생각하는 사람들이 있습니다. 그러나 기독교의 본질은 그런 것이 아니고 어느 민족 속에 들어가든지간에 그 민족의 특색을 살리고 오히려 그 민족으로 하여금 긍지를 가지고 그 민족의 역사를 형성해나갈 수 있도록 만드는 것이 기독교가 아닌가 합니다. 가령 기독교가 발생하기는 팔레스타인에서 했지만 희랍에 들어가서는 희랍의 문화와 동화하고 또 동화하는 동시에 그걸 정화해서 희랍철학의 전통을 받아들였고, 특히 기독교 교리라는 것은 플라토니즘과 아리스토텔레스의 철학을 계승한 것이라 볼 수 있지요. 또 로마에 가서는 로마의 사회제도에 적응했고 적응을 할 뿐 아니라 그것을 승화해서 가톨릭의 세계를 창조했던 것입니다. 그리고 또 독일에 와서는 독일의 철학적인 전통과 이상주의, 이런 것과 기독교가 밀접한 관련을 맺었고, 영국에 가서는 영국의 사회주의랄까 사회복음을 형성해서 영국 나름의 민족적 특색을 살린 복지국가의 이념을 제공하기도 했지요. 여하간 그 지역의 민족마다 그 한계 내에서 그들에게 어떤 활력소를 주고 인간의 정신으로 하여금 자유롭고 발랄하게 활동할 수 있는 그런 기반을 제공하는 것이 기독교의 역할이지, 기독교가 민족주의와 상반되는 종교는 아니라고 저는 봅니다. 그런데 한국 기독교인들의 특권의식에 관해서 말씀하셨는데 이건 잘 보신 것 같아요, 사실이 그렇고. 실제로 기독교의 세계적인 유대관계라는 것이 없이는 선교도 잘 안됐겠지만 현재의 교회 존재도 세계적인 유대관계가 유지되고 있다는 데 큰 힘을 느끼고 있는 것은 사실입니다.

백낙청 세계적인 유대관계 자체는 좋은 거지요. 그건 기독교뿐 아니라 학문 하는 이들은 학문 하는 이들대로, 또 문인들은 그들 나름으로, 그러한 유대관계를 이룩하고 유지해나가야 한다고 봅니다. 다만 여러가지 가능한 유대관계 중에서 유독 이 기독교적인 유대관계는 그래도 제법 힘을 쓰는데(웃음) 이것이 우리 사회의 어떤 잘못된 흐름과도 연관되어 있는 거거든요. 그러니까 교회 스스로가 그런 점을 의식하면서 ─ 유대관계는 물론 활용해나가야 됩니다만 그런 측면을 의식하고 나가자, 이런 뜻이지요.

기독교와 공산주의

박형규 네. 그리고 제일 문제가 되는 것이 공산주의 문젠데, 사실은 헤겔(Hegel)의 철학을 뒤집어놓은 것이 칼 맑스(Karl Marx)라고 흔히 말하지요. 만일 그렇게 말할 수 있다면 공산주의사상의 기틀 같은 것은 기독교적인, 히브리적인 역사관에서 얻은 것이 아닌가, 이렇게 볼 수 있겠습니다. 그렇기 때문에 나는 ─ 사실은 저는 공산주의사상이 무언지 잘 모르는데 공산주의로 오해까지 받아 오히려 송구스럽습니다만 ─ 여하간 공산주의는 기독교의 아류(亞流)라고 할까요, 인간의 자유와 존엄 등 기독교의 가장 기본적인 요소는 떼버리고 이데올로기를 우상화한 것이라고 우리가 비판하면서도, 지금은 기독교가 공산주의에 대해 소아병적으로 겁만 집어먹을 필요가 없다는 겁니다. 저 자신의 주장은 그렇습니다. 공산주의를 그렇게 겁낼 것 없다, 공산주의의 이데올로기가 어떤 한정된 시대와 환경 속에서 생긴 것이니만큼 그것도 도그마화하게 되고 도그마화했을 때는 그것도 깨진다, 그런 의미에서는 차라리 공산주의에 대해서 여유를 가지고 충분히 논의를 해보자는 쪽입니다. 저는 사실 '승공'이니 '반공'이니 하는 데에 누구보다 관심이 있습니다. 어떻게 공산주의를 이기느냐, 어떻게 저쪽보다 우월한 체제를 만드느냐, 이기는 길은 뭐 무기를 많이 만들고 군대를 많이 만드는 것도 국방상 중요하겠지만 그보다도 더욱 중요한 것은 우리 대한민국의 온 국민이 정말 자유를 누리고 행복하게 사는 사람들이 절대 다수고 모든 불평·불만·격차 이런 것이 축소되는 사회일 때 공산주의는 자동적으로 물리칠 수 있다고 믿습니다. 사실 신앙문제를 신에게서 또는 예수님에게서 은혜를 받는다, 복을 받는다고 말하는 것은 다분히 동양적인, 비기독교적인 정의(定義)라고 봅니다. 성경에서도 하나님이 인간에게 요구하는 것은 정의와 자유와 진리, 평화, 이런 가치입니다. 가령 구약의 아모스시대에 종교적인 행사는 굉장히 많았어요. 경건한 사람, 신봉하는 사람들이 많아서 매일같이 제사를 아침저녁으로 드리곤 했는데 전부 다 쫓겨났어요. 너희들이 제사를 많이 드리고 예배를 많이 보면 볼수록 나한테 죄를 많이 짓는다, 예배 보지 마라, 듣기 싫다, 찬송가 소리도 듣기 싫다―그리고 하나님이 요구하는 것이 '공의(公義)'를 물같이 흐르게 하라는 겁니다. 그러니까 하나님이 요구하는 것이 공의다, 진리다, 자유다, 평등이다, 이런 가치거든요. 하나님은 사랑이다라고 표현할 때 역시 하나님은 하나님이 나타내는 어떤 현실적인 가치와 결부시켜서만 불린다는 것입니다. 예수의 말 가운데, 너희는 먼저 하나님의 나라와 그 의를 구하라고 했는데, 하나님의 나라란 것은 구체적으로 말하자면 정의가 구현되는 질서거든요. 정의·사랑 이런 것이 구현되는 질서, 그리고 그 의(義)를 구하라―이것이 먼저란 말입니다. 그래서 이렇게 말하면 또다른 기독교인들이 반박할는지는 모르겠습니다만 어떤 신학자들은 그런 이야기를 합니다. 모든 사람들은 다 잠재적인 크리스천이다, 교회 가고 등록하고 그런 건 안했지만 정의를 사랑하고 진리를 사랑하고 지식을 찾는 그런만큼은 모두 하나님의 자녀고 잠재적인 크리스천이다, 이렇게 말하는데 저는 그렇게 봅니다. 그래서 저는 불교 믿는 사람들과도 대화를 하고 다른 종교 믿는 사람들과도 대화를 하고, 또 어떤 의미에서는 샤머니즘이나 미신 같은 것 중에서도 어떤 종교적인 심성(心性)은 우리가 인정해야 되지 않을까 합니다. 한때 제가 제일 고민했던 것은 기독교가 들어오기 전의 한국 역사는 그럼 뭐냐, 단순하게 생각해서 예수 믿는 사람은 천당 가고 예수 안 믿는 사람은 지옥 간다면 우리 조상들은 모두가 지옥에 갔느냐, 이런 의문이었는데, 그런 게 아니고 하나님이 역시 우주를 지배하고 세계를 지배하는 하나님이기 때문에 그때그때 이름은 달랐어도 항상 인간이 진리와 자유와 정의를 추구하는 데 있어서 하나님이 그곳에 일하고 있었고 지금도 일하고 있다고 봅니다. 지금 어떤 사람들은 이렇게도 말합니다. 요새는 차라리, 옛날 아모스시대처럼 교회 안에서 찬송가를 부르는 거기에는 하나님이 없고 오히려 교회 바깥에서 하나님이 일하시고 있다, 예수의 비유 가운데 마지막 심판의 비유가 있는데 양과 염소의 비유라고 보통 부르지요. 심판 날에 양과 염소를 갈라놓고 양더러 너는 내가 굶주렸을 때 먹을 것을 주었고 목말랐을 때 마실 것을 주었고 병들었을 때 찾아보고 옥에 갇혔을 때 찾아왔다 그러니까, 이 사람이 주님 언제 그런 일이 있었습니까, 물으니까 대답이, 지극히 작은 자 하나—지극히 작은 자라는 이 말은 가장 소외된 자, 가장 힘없는 자이지요—에게 한 것이 곧 내게 한 것이다…… 이 말은 하나님의 존재가 모든 인간의 영역, 특히 인간의 고통과 슬픔과 아픔이 있는 그 자리에 상주해 있다, 그런 해석이 될 수 있고 그렇게 믿는 것이 진정한 기독교인의 신앙이 아니겠는가고 생각됩니다.

과학과 신학

마지막으로 과학적인 방법론의 문제인데, 여기에 대해서는 기독교가 그동안 많이 성숙해왔다고 봅니다. 중세기에는 신학이 맨 우두머리에 있어서 모든 것이 그 밑에 예속되어 있었지요. 가령 유명한 이야기로 과학자가 무슨 발견을 하면 신학자들이 거기에 대한 종교재판을 했다든지 그랬는데 르네쌍스 이래 이런 신학의 권위에 대해서 계속 반발해왔지요. 그러다가 2차대전 후 간행된 본회퍼의 저서라든가, 본회퍼 전에 고가르텐(Gogarten)도 있었습니다만, 본회퍼나 최근에 와서는 하비 콕스(Harvey Cox)의 『세속도시』 이런 책들을 읽어보면, 이제는 신학이 모든 것을 지배하겠다던 입장에서는 완전히 벗어나 이른바 '세속화'를 지향하고 있습니다. 세상의 모든 분야에 있어서 인간의 책임 하에 처리되고 하나님은 이를 통해서 일하시는 거고 그 대신 인간의 책임을 묻게 되는 거지요. 따라서 교회는 역사면 역사, 사회면 사회, 과학·문화 모든 분야에서 인간의 책임감을 요구하고 그 방향을 예리하게 주시하지만 그 방법에 있어서는 자연과학·사회과학 등의 결론을 존중하는 입장을 취하고 있지요.

백낙청 제가 일차적으로 염두에 두었던 것은 신학과 과학의 관계라거나 그런 문제보다도, 오늘의 한국교회가 한국사회에서 그 맡은 바 임무를 수행하는 과정에서 현실적인 방법론의 문제에 부닥칠 때 막연한 이야기로 끝나고 마는 면은 없는가, 이런 의문입니다. 한 걸음 더 문제의 핵심에 다가선 분석을 할 때가 오지 않았는가 하는 거지요. 구체적인 예를 하나 들자면 폭력의 문제 같은 것이 있겠지요. 여기서 폭력 이야기를 꺼냈다가 나중에 또 무슨 오해를 받을는지는 모르겠습니다만, 우리가 폭력보다 비폭력이 바람직하다는 것은 어딘가 좀 잘못돼서 폭력에 도취된 사람이 아닌 한 누구나 인정할 것입니다. 하지만 많은 경우에 우리는 폭력을 배격하고 비폭력을 좋아한다고 천명하는 것만으로 그냥 끝나버리는 것 같아요. 그런데 단순히 나의 이상을 선포하자는 것이 아니고 남과 더불어 구체적인 일을 하자는 마당에서는 이렇게 되면 따라오던 사람이, 또는 같이 일하던 사람들이 어리둥절해지는 경우도 많은 것 같습니다. 실제로 '폭력'과 '비폭력'의 차이란 것이 무척 애매한 것이고, 또 '폭력'에 폭(暴)자가 들어서 그렇지, 이 말을 '강제력'이라든가 자신의 뜻을 행동으로 옮기는 '실력'이라는 말로 바꿔놓고 본다면 지금 국가적인 차원에서 얼마든지 정당화되고 있고 심지어는 국가라는 것의 본질과도 관련된 것이 아니겠어요? 또 대부분의 기독교인들이 절대적인 평화주의자는 아니지 않습니까? 퀘이커라든가 몇몇 종파를 빼고는요. 그런데도 교회가 우리 현실에서만은 비폭력주의를 원칙적으로 내세우고 조금이라도 여기서 벗어나려는 사람은 우리하곤 다르다, 저들은 세상과 싸우자면서 세상에 굴복해버린 사람들이다, 이렇게 말하는 것은 좀 무책임하다면 무책임한 이야긴 것 같아요. 나쁘게 해석한다면 아까 말씀드린 기독교의 특권적 위치를 보전하려는 한 가지 수단이라고도 할 수 있고요. 제가 꼭 폭력을 쓰자고 선동하려는 게 아니라(웃음) 이 문제에 대한 교회의 입장이 좀더 철저히 사색되고 규명되어야 하지 않겠는가, 실제로 온갖 강한 힘에 억눌려 있으면서 이것을 물리치고 정당하게 살려는 사람들에게 배신감을 안 주고 진심으로 납득할 수 있는 어떤 지침이 제시돼야 하지 않겠는가, 이런 생각입니다.

폭력과 비폭력

박형규 네, 그 문제도 내가 생각을 했었는데요. 이게 좀 묘합니다. 사실은 예수 자신을 보면 이건 비폭력입니다. 십자가에 달리기 전에 제자들이 칼을 뽑아서 대항하려는 것을 말렸다 — 그런데 이건 지금도 해석이 굉장히 어려워요. 칼 두 자루가 있는데, 필요할 때는 폭력도 쓸 수 있다는 긍정적인 이야기라는 해석도 있습니다. 그러나 자기 자신은 자기를 잡으러 온 사람의 귀를 제자가 칼로 베어놓은 것을 고쳐주면서, "칼을 쓰는 자는 칼로 망한다"고 말하고 자기희생의 길을 택했지요. 그런데 사실은 이 문제에 대한 결론은 우리 신학계에서 아직 나오지 않고 있습니다. 양쪽으로 다 이야기할 수 있는 거지요. 그런데 전통적으로 교회의 신학은 폭력을 인정했습니다. 정당한 폭력, 정당한 전쟁, 방위적인 전쟁, 이런 것을 교회의 교리가 인정했는데 이것을 악용해서 침략전쟁, 혹은 19세기의 동양·아프리카에 대한 무력점령, 그리고 제국주의적인 전쟁 이런 것을 할 때에도 기독교가 이걸 정당화하는 일이 있었어요. 지금도 흑인을 지배하는 것을 기독교의 교리가 정당화하는 수가 있습니다만. 저는 이 과학적인 방법, 현실적인 방법을 선택하는 문제에 있어서는 미국의 신학자 라인홀드 니버(Reinhold Niebuhr)의 신학이론을 아직도 우리가 넘어설 수 없는 게 아닌가 생각됩니다. 니버는 인간은 누구나 나는 깨끗하다고 말할 사람이 없다, 이것이 말하자면 원죄(原罪)인데 원죄란 것은 뭐 우리가 나기 전부터 죄가 있다는 것보다 이 세상 전체가 아직도 악이 지배하고 있기 때문에 이런 세상에 태어난 이상 아무도 나는 결백하다고 주장할 사람이 없다는 겁니다. 그런 의미에서는 현실적으로 폭력에 대항해서는 폭력을 동원할 수밖에 없는 그런 현실이 있다, 여기서 우리가 선택한다면 소위 'lesser evil'의 원칙이다, 이것저것 따져서 '보다 작은 악'을 선택하는 것을 기독교는 정당하다고 보는 거지요. 그런데 문제는 보다 작은 악이 어느 거냐, 예컨대 전쟁을 해서 백만 명을 죽이는 것보다 전쟁을 안하고 굴복을 하고 포로가 되는 것이 과연 덜 나쁜가라든지, 이런 등등의 판단을 그때마다 해야 하는데, 이것을 독일어로 'sachlich'한 판단, 그때그때의 상황에 따라 사실적인 판단을 해야 하고 어떤 절대적인 선(善)은 우리 인간에게는 주어지지 않는다, 사람이 할 수 있는 최선을 다하고 나머지는 하나님께 맡긴다는 그런 신학이지요. 그러니까 이 사실적인 판단은 종교나 신학이 할 것이 아니라 정치학이나 사회학이나 자연과학이 하는 것이고 신학은 여기에 귀를 기울여야 한다는 겁니다. 재미있는 이야기는, 칼 바르트라는 신학자의 말이 아침마다 성경을 읽는 심경으로 성경 옆에 신문을 놓고 신문을 읽으라고 했습니다. 그 말은 이 세상의 일을 현실적이고 sachlich하게 이것을 하나님의 메씨지처럼 받아들여라, 과학적으로 사고해라, 이런 뜻이겠는데 이것이 잘못되면요, 그것도 종이 한 장의 차인데, sachlich하다는 말을 기화로 기독교인들을 자기네가 원하는 방향으로 이용을 하는 수도 있습니다. 그런데 폭력과 비폭력의 문제로 돌아가서 한 가지만 더 언급했으면 해요. 오늘에 있어서 왜 기독교가 비폭력을 많이 주장하느냐 하면, 현실적으로 한쪽의 폭력이 무지하게 크고 한쪽에는 전혀 폭력이 없는 이런 상태에서는 폭력을 쓰는 것 자체가 저쪽의 폭력을 유발하는 게 되지요. 그래서 전술적으로도 비폭력이 유리하게 되지요. 지금 라틴아메리카에서는 폭력혁명을 굉장히 주장하는데 그 상황은 잘 모르겠어요. 여하간 우리도 라틴아메리카의 신학을 배워와서 폭력신학을 하자는 주장도 있습니다만 내 생각에는 지금 우리로서는 비폭력으로 하는 것, 그저 감옥에 끌려가고 맞으면 맞고, 이게 더 효과적인 것 같아요.

민족전통 해석의 문제점

백낙청 네, 분명히 그런 측면도 있지요. 다만 대중에게 진실을 알려서 깨우친다는 입장에서는 전술적인 문제와 원칙의 문제를 구별할 것은 구별해서 민중의 의식을 혼란시키거나 투지를 꺾는 결과를 가져오지 않도록 해야겠지요. 그런데 이제 우리의 당면한 현실과 직결된 문제들은 잠시 뒤로 밀어두고, 기독교와 민족적 전통의 문제를 우선 좀 이야기해보았으면 합니다. 아까 목사님께서도 기독교가 들어오기 전의 우리 조상들은 다 지옥에 가야 되느냐, 그런 식의 신앙이란 곤란하지 않느냐는 말씀을 하시고 우리 고유의 전통 속의 종교적 심성 내지는 '잠재적 기독교'의 요소에 언급하셨는데, 민족적 전통을 기독교적으로 해석한다는 작업도 자칫하면 목사님 이야기와는 방향이 다른 좀 이상한 이야기가 될 수 있을 것 같습니다. 제가 보기에는 어디까지나 지금 우리들의 당면한 민족사적 과제와 이 사회 속에서 구체화된 기독교 본연의 임무가 실제로 일치한다는 전제 위에서, 그러니까 한국기독교의 실천적 과제가 한국민족 자체의 역사적 과제와 합치되게끔 설정해놓고 나서, 우리의 민족적 전통이 어떻게 이 합치점을 향해 전진해왔는가를 규명하는 작업이라야 할 것 같아요. 다시 말해서 과거 전통의 기독교적인 해석이라는 것은 결코 비종교학적인, 순전히 학문적인 차원에서만 이루어져서는 안되고 교회갱신의 차원, 기독교의 현실참여라는 문제와의 연관 속에서 이루어져야 된다는 겁니다. 그렇지 않고 결국 우리 조상들의 종교적 심성이란 것도 사실은 기독교적인 성격을 띤 것이다, 또는 우리의 샤머니즘이야말로 진짜 기독교적인 것이다, 이런 식으로 규정하는 것은, 그것이 학문적으로 얼마나 타당하고 근거가 있느냐 하는 문제를 떠나서, 그 태도가 어떻게 보면 고정된 외래의 신앙과 교리를 우리에게 강요하는 것에 못지않게 제국주의적이랄까요, 말하자면 민족이 만들어낸 모든 것이 사실은 기독교적인 거다라고 레떼르를 붙여서 접수해버리는 태도가 아니냐는 생각이 듭니다.

박형규 네. 거기에 대해 저도 동감입니다. 학문적 논쟁거리가 돼서 충분히 모르는 사람으로서 뭐라고 말하기는 힘듭니다만, 한국의 기독교계에서 1950년대·60년대부터 기독교의 '토착화'라는 이야기를 많이 해왔어요. 그런데 그것이 크게 두 가지로 나뉠 수 있다고 보는데, 한 가지는 이제 말씀하신 대로 과거의 우리 역사적인 전통 속에 기독교적인 것이 있다 — 가령 윤성범(尹聖範) 박사 같은 분은 옛날의 나무, 십자가 모양의 나무가 있었다든가 하는 식으로 주로 과거를 들추면서 이야기하지요. 또 샤머니즘 연구하는 사람들은 샤머니즘 가운데 기독교와 부합되는 면이 있다고 합니다. 그런데 이게 종교니까 종교적인 심성이라는 것은 원시종교에서부터 시작하여—또 기독교 성경 안에도 원시종교적 요소가 그대로 남아 있고요—모든 것을 포섭할 수가 있겠지요. 그러나 토착화를 그런 식으로 추구하는 방법도 있으나 저 같은 사람의 입장에서는 과거의 전통을 살려 가지고 예배당을 기와집으로 짓는다든가 이런 것보다는 민족의 현실에 기독교가 얼마나 참여하고 기여하고 오늘의 현실 속에서 민족과 국가가 발전하는 데 얼마만한 몫을 하느냐 하는 것이 진정한 토착화의 열쇠라고 봅니다. 내 주장은 그런 건데 이것을 신학적으로 제대로 이론체계를 세우지는 못했습니다. 그러나 그밖에 기독교의 입장에서 보는 눈, 이것이 반드시 전부라고는 주장하지 말고 적어도 기독교와 성서의 입장에서 보는 역사는 이런 것이다 하고 제시하는—이건 함석헌 선생이 『성서적 입장에서 본 조선역사』인가 하는 책으로 '고난의 민족'에 대한 해석을 한 예가 있지요. 그런 의미에서 저는 민족문화에 대한 기독교적인 가치평가가 하나의 입장으로서 가능하고 또 필요하지 않을까 생각합니다.

불교의 가르침에 조명해본 기독교

백낙청 이런 접근방법은 어떨까요? 유교면 유교, 불교면 불교 등의 우리 선조들의 유산을 그 현재 있는 상태를 두고 비판만 할 것이 아니라 그것을 그것 나름의 최고의 수준에서 해석을 해줄 때, 예를 들어서 불교를 오늘날의 그 타락한 측면에 치중하기보다 불교 스스로가 설정한 어떤 최고의 형태로 해석할 때 그것이 불교 아닌 다른 모든 것에 대한 어떤 비판을 자동적으로 내포하지 않습니까. 그런 비판에다가 기독교를 한번 조명시켜보면 어떠냐? 대화의 한 방법, 토착화의 한 방법으로서 말이지요. 함석헌 선생 같은 분이 말하자면 양쪽을 다 하신 것 같아요. 성서적 입장에서 한국사를 한번 조명해보신 것이 아까 목사님 말씀하신 그 책이고, 반면에 근년의 장자(莊子)연구 같은 것은 그와 대조적인 작업이지요. 장자를 지금 우리가 할 수 있는 최대의 노력을 기울여서 일단 장자 자신의 의미를 알아보자는 식의 해석인데 함선생으로서는 그 결과가 도교(道敎)에 귀의하는 게 아니고 당신의 그리스도교적 신앙을 오히려 보강하는 그런 식이지요. 장자를 해설하는 대목 자체가 성경구절에 대한 재해석을 포함하고 있고요. 그런 의미에서 저는 기독교인들이 예를 들어 불교에 대해서도 이런 식의 접근을 시도해보면 어떨까 싶어요. 말하자면 불교가 탈세속적인 종교다, 산간에 도피해 있다, 또 온갖 미신과 폐단에 사로잡혀 있다, 이렇게 비판만 할 것이 아니라 불교가 정말 부처님의 가르침을 제대로 실천한다면 거기서 기독교가 배워야 할 교훈은 무엇일까, 이런 걸 좀더 연구할 필요가 있지 않냐는 겁니다. 우선 불교가 탈세속적이라는 것은 대승불교의 원칙에서는 벗어난 현상이 아닙니까? 불교의 보살이라는 것이 바로 진리의 말씀을 받아 세상에 되돌아온 존재거든요. 또 미신문제만 해도 그렇습니다. 불교라는 것이 어떤 면에서는 원천적으로 비미신적인 종교라고 할 수 있거든요. 불교에 온갖 신화와 미신이 있지만 처음부터 이 모든 것이 구원의 방편으로 설정되어 있고 심지어는 불타의 가르침에 대한, 불법(佛法)에 대한 믿음조차도 깨달음의 한 방편일 따름이라는 겁니다. 물론 인간의 일이고 중생의 일이니만큼 믿음이란 것을 떠난 깨달음을 상상하기 어렵지요. 또 깨달은 뒤에도 돈오점수(頓悟漸修)라고 해서 문득 깨닫고 나서 꾸준히 닦아나가야 하는 과정에서 믿음이 없이는 불가능하지요. 그러나 원칙적으로는, 비합리적인 것을 믿는다는 것은 어디까지나 하나의 방편이요 결국은 버려야 하는 것입니다. 그러니까 기독교에서 성경의 문자주의적 해석에 따르는 문제점 같은 것이 원천적으로 배제되어 있단 말입니다. 또 모든 집착을 버리라고 불교에서 말하지 않습니까? 물욕이나 명예욕 이런 것은 물론이고 존재하는 모든 것, 심지어는 신(神)에 대한 집착도 버리라는 이야기가 되는데, 이것을 기독교의 입장에서는 신성모독적인 발언이라고 받아들일 수도 있겠습니다만 저는 이게 오히려 현대신학의 가장 첨단의 사조와 부합되는 주장이 아닐까 싶어요. 저는 바르트의 글을 읽은 게 별로 없습니다만 그분이 성서에 대한 문자주의적인 해석도 철저히 배격하면서 동시에 그와 반대되는—그걸 뭐라 그럽니까, '자유주의적'인 해석이라고 하나요?

박형규 네, 자유주의적인 해석, 합리적인 해석이지요.

백낙청 네 그런 것도 철저히 배격하더군요. '계시(啓示)'에 관한 글을 하나 보았는데 계시란 것은 철저히 초월적인 거다, 어떤 형이상학적인 실재가 있어서 그것이 계시되는 게 아니다, 교회에서는 '존재하는 것의 자기계시'가 아니라 '존재하는 것과의 관계에서' 계시가 문제된다, 이런 이야기를 하더군요. 그런데 바르트의 신학에 대해서는 신학계에서 여러가지 논의가 많은 것으로 압니다만 여하간 그가 현대신학 전반에 걸쳐 그처럼 큰 영향을 끼친 이유 중의 하나가, 제 식으로 표현한다면 바르트에 와서 기독교가 존재에 대한 불교의 가르침에 접근하는 작업이 이루어졌기 때문이 아닌가 합니다. 말하자면 문자주의적인 성경해석에 입각한 불합리한 도그마, 그리고 동시에 소위 합리주의적이란 사람들이 상정했던 어떤 형이상학적인 실재로서 또는 윤리적 규범으로서의 신의 개념을 일축하고 '존재자'가 아닌 계시 자체를 문제삼은 거지요. 불교의 사상도 물론 속되게 풀이하면 모든 것이 무(無)다, 헛되다, 한바탕 꿈이다 하는 허무주의가 되지만 사실은 일체의 집착을 끊는다는 것은 삼라만상이 허무다라는 생각에서도 벗어나는 거거든요. 없다는 데 집착하는 것도 무언가에 집착하고 있는 거니까요. 그래서 불교의 무(無)의 가르침도 이렇게 한번 새겨보면서 지금 기독교의 가는 방향이 과연 그러한 가르침과 얼마나 부합되는지, 또 이러한 불교적인 비판을 십분 수용하고 나서도 기독교가 내세울 것은 무엇인지도 생각해볼 필요가 있겠습니다. 크리스천이 아닌 제가 보기에도 기독교에서 끝까지 내세울 것이 있는 것 같은데요. 그러나 그건 기독교만이 본질적으로 민주주의적인 종교라든가 인간존중의 종교라는 이야기로는 안될 것 같고, 역시 기독교의 특징이라면 그것은 여러 목사님·전도사님들이 입을 모아 주장하는 '십자가와 부활'의 드라마가 아닐까 싶군요. 물론 세상과의 대결이라는 원리가 유교나 불교에 없다는 것은 아니고 또 기독교가 이 문제를 너무 미신적으로 해석하는 것은 불교의 비판을 제대로 소화 못한 꼴이 되겠습니다만, 나사렛 예수에서처럼 한 종교의 창시자의 생애가 거의 전적으로 이 문제에, 십자가와 부활이라는 극적인 대결과 수난과 승리의 과정에 집중되어 있는 경우는 찾아보기 어려울 것 같습니다. 오늘날 불교가 세상과 대결하는 자세가 제대로 안되어 있는 데는 물론 여러가지 역사적 원인이 있겠습니다만 석가모니의 생애가 예수의 생애와 퍽 달랐다는 것도 한 가지 중요한 원인이 아닐까고 생각해봅니다. 그렇다고 하더라도 제 입장에서는 그것이 하나의 상대적인 차이지 그리스도교 쪽에서 배타적인 교리를 내세울 근거까지는 못되지 않는가 싶습니다.

다른 종교도 살리는 기독교의 역할

박형규 네, 기독교가 20세기에 들어와서 다른 종교와의 대화 문제가 하나의 유행이다시피 되어 있는데 저는 한국에서 제일 처음 타종교와의 대화를 시도한 사람으로서 비난도 많이 받았습니다. 불교에도 구원이 있다는 이야기를 했다가 목사에서 쫓겨날 뻔한 일도 있었지요. 사실은 저는 기독교가 한국에서 한국민족의 역사상에 할 일 중에 이런 것이 하나 있을 것 같아요. 기독교가 아무래도 서양의 조류를 타고 들어온 것이 돼서 서양사상의 분석적이고 조직적인 요소를 지닌 신학인데, 사실 신학은 항상 그때그때의 철학적 전통과의 관계 속에서 철학의 매개를 통해 성립되어 있었어요. 굉장히 융통성이 있는 종교라고 저는 보는데, 문제는 기독교가 한국에 와서 한국의 역사적인, 정치적인 현실에 참여하면서 유교나 불교 같은 전통적인 사상에 대해서도 기독교가 그냥 비판하고 멸시한다기보다 어떤 자극을 준다고 할까, 가령 현재 불교에 대해서 저는 상당히 불만이에요. 잘은 모르기는 하지만 불교가 기독교와 마찬가지로 어떤 세계적인 사상적 가능성이 있다고 보는데 그것이 한국에서는 무엇 때문인지 몰라도 제대로 발전이 되지 못하고 제자리걸음을 하고 있다는 인상입니다. 그래서 불교측과의 많은 대화를 통해서 불교 자체가 정말 이 시대가 필요로 하는 불교의 자세를 가다듬는 데 어떤 공헌을 할 수 있지 않을까, 또 유교면 유교, 도교면 도교, 이런 한국의 전통에 새로운 활력소를 줄 수 있지 않을까, 어떤 자극을 주는 역할을 할 수 있지 않을까, 그렇게 생각합니다. 저는 기독교가 전세계를 지배해야 된다거나 또는 지배할 때가 온다거나, 그런 망상은 가지고 있지 않아요. 한때는 기독교의 절대성이라고 해서 전세계를 지배해야 되는 것처럼 생각해서 선교사를 보내고 기독교국가를 만드는 것을 이상으로 삼았지만, 오늘날의 세속화된 세계에서는 한 종교가 — 저는 사실은 기독교가 국교가 되는 것도 반댑니다. 그렇지 않고 그 종교가 그 종교 본연의 자세를 가다듬고 계속 대화하고 사색하고 발전함으로써 다른 종교도 살리는, 다른 문화도 살리는 그런 역할이 기독교가 맡아야 할 일이라고 생각합니다.

백낙청 목사님 책의 어느 대목인가를 보니 '선교'와 '전도'를 구별하셨더군요. '선교'는 말하자면 하나님의 선물을 세상에 나누어주는 일이고 '전도'는 교회 안에 끌어들여서 내 사람을 만드는 일인데, 한국교회는 전도는 잘해왔는데 선교에는 소홀했던 편이다, 이런 말씀을 하신 걸 기억합니다.

박형규 네. 물론 전도도 필요하지요. 기독교 믿고 싶은 사람은 믿도록 해야 하니까. 그런데 전도를 받은 사람이 그다음에 할 일은 선교하는 일이지요. 전도는 교회로 끌어들이는 일이고, 끌어들여서 그 사람을 기독교적인 무장을 시켜 세상에 내보낼 때는 세상으로 하여금 세상의 위치에서 다

각기 있을 수 있도록 본연의 자세를 회복시켜주는 것이 선교지요. 그런 의미에서 기독교적 사상의 특색은, 신이라고 하는 것을 일단 초월적인 존재로 ─ 신비주의와 같이 직접적으로 사람의 영혼과 연결되지 않는 존재로 보는 겁니다. 우상을 만들지 말라고 했듯이 대상으로도 할 수 없고, 또 언어로 표현이 되어도 이미 완전한 신이 아닌 그런 초월적인 존재 ─

백낙청 그러니까 우리 중생의 소견대로 그냥 있는 것도 아니고 그렇다고 없다고 해도 말이 안되는 그런 분이겠군요.

박형규 그렇지요.(웃음) 그러니까 신의 존재를 그렇게 보면 인간존재는 무어냐? 인간존재는 결국은 어떤 주어진 한계 속에서 그것을 자기 자신이 받아들이고 그것에 감사하고 그 자기 주어진 역할을 다하는 한정된 존재, 하나의 'Dasein(現存在)'으로서 신으로부터 구별지어지는데, 그런 의미에서는 기독교는, 물론 기독교 신비주의라는 것도 있기는 있습니다만, 기독교 스스로의 한계를 느낄 뿐 아니라 인간에게 인간의 한계를 말해주는 그런 비신비적인 입장이지요. 신과의 대치관계에서 인간의 한계를 말해주고, 인간은 신이 아니고 피조물(被造物)이다, 피조물이지만 동시에 하나님의 자녀, 하나님의 사랑과 은총을 받는 존재라고 항상 말해주는 그런 종교인 것입니다. 그런데 현실에는 여러가지 종교와 사상이 있는데 하나님이 모든 존재를 포섭하듯이 ─ 하나님이 비를 선한 자에게도 내리고 악한 자에게도 내리고 하신다는 말이 있듯이 ─ 기독교의 본연의 태도는 전통문화라든지 전통종교라는 것을 없애거나 멸시하는 게 아니라 그 자체를 인정해주고 그것과의 끊임없는 대화를 통해 상호정화하고 발전하자는 것이라고 저는 생각합니다. 제 생각은 그런데, 교인이 되면은요, 너무 열심히 돼가지고 열심한 나머지 기독교가 최고다, 제일이다, 이런 우월감에서 발언하고 행동하게도 되는데 사실 이 우월감을 가진다는 것 자체가 비기독교적인 겁니다. 인간적인 타성에 다시 빠지는 겁니다. 그런데 대부분의 바깥사람들은 기독교의 꼴 보기 싫은 그 면만을 보고(웃음) 저게 기독교다 하고 반감을 느끼는 수가 많은 것 같아요. 그렇지 않은 면은 잘 보이지 않고 독선적인 면만 눈에 띄기 쉬우니까요.

성숙되어가는 통일논의

백낙청 목사님이 지금 그렇지 않은 면을 보여주고 계시니까(웃음) 오늘 전도를 많이 하시는 셈이군요. 그럼 이제 시간도 많이 지나갔으니 우리의 당면한 현실문제로 되돌아가 마무리를 짓지요. 아까 민족주의 이야기를 하셨지만 제 생각에는 우리의 가장 중요한 역사적인 과제는 분단된 민족의 재결합, 분단된 국토의 통일, 이것이 아닐까 합니다. 제가 알기로 박목사님께서는 7·4공동성명이 나오기 이전, 남북적십자회담이 논의되던 1971년부터 이미『기독교사상』이라든가『제3일』같은 잡지에 분단의 극복을 강조하는 글을 쓰시고 또 우리 한국교회가 이런 면에서 민족의 역사에 기여를 못했다고 비판을 하셨는데, 문학 쪽에서도 물론 신동엽(申東曄)이나 박봉우(朴鳳宇) 같은 분들의 선구적인 작업이 있었고 사학계에서는 '분단시대'라는 용어가 1974년 겨울호『창비』에 강만길(姜萬吉) 교수에 의해 처음 쓰인 이래 점차 그 논의가 활발해지고 있는 것으로 압니다만, 통일문제에 대한 의식이 더욱 구체화되고 널리 퍼진 것은 최근 1~2년의 일이 아닌가 합니다. 물론 72년의 공동성명 직후는 말할 것도 없지만 그때의 흥분이 일단 가라앉고 나서 최근에 와서 좀더 깊이있는 논의가 성숙되어가고 있다는 느낌입니다. 저로서 기억에 남는 한 가지는 재작년 크리스마스 바로 전전날이었지요. 김지하(金芝河) 시인의 반공법위반사건 1심 공판 결심이 있었는데 그때 장장 3시간에 걸친 피고인의 최후진술이 있었지요. 자기변론을 겸해 자신의 사상을 개진하면서 통일문제에 대해 상당히 많은 이야기를 했는데 국내에서는 별로 알려지지 않았지만 우리 문학사에서 한 중요한 순간으로 남지 않을까 싶더군요. 지난해 들어와서는 여러가지가 많았던 것 같아요. 월간 『대화』지에 실린 성내운·리영희(李泳禧) 교수들의 글이라든가, 또 저희 『창비』는 『창비』대로 가을호에 그 문제로 좌담을 했었고, 지난 연말 가까이 돼서 언론관계·문학관계의 의사표시가 있은 데서도 전에 없이 민족통일의 문제가 강조됐더군요. 또 문익환 목사 님의 출감인사에서도 이 문제를 우리의 지상과제로 말씀하셨는데 기독교 계통에서는 이런 이야기가 아직껏 많지는 않았던 것 같아요. 한데 저로서 는 우연한 일치였다고 할지, 바로 최근에 『신학사상(神學思想)』지 77년 겨 울호를 들춰보다가 박순경(朴淳敬) 교수의 글 결론부분에서도 분단문제에 관한 한국교회의 자세를 비판하는 말씀을 읽었습니다. 민족의 분단문제 에 처해서 교회가 그것을 굳히고 악화시키는 데 공헌해왔다, 우리 민족의 분단을 초래한 서구의 죄악을 마치 하늘에서 떨어진 만나처럼 주워 먹고 살아왔다, 이런 이야기가 있더군요. 그래서 이러저러한 모든 것이 하나의 흐름으로 점차 커져가고 있고 크리스천이든 비크리스천이든 이 문제에 관해 새로운 차원의 인식에 도달하고 새로이 자세를 가다듬어야 할 때가 아닌가 하는 생각을 해보았습니다. 그런데 민족주의에 관해서는 아까 목 사님께서 잘 말씀하신 것 같아요. 그것이 나찌즘이라든가 일본의 군국주 의식의 민족주의여서는 안되고 올바른 의미에서 민족의 주체성과 존엄성 을 존중하는 그런 것이 돼야겠다, 그리고 그것은 기독교나 불교에 병행하 는 하나의 신앙으로서의 '주의', 다시 말해서 민족지상주의나 국수주의일 수도 없는 것이라는 데 저도 전적으로 동의합니다. 그런데 한국의 민족주 의에 관해 기독교측이나 기타 여러분들이 나찌즘처럼 되지 않겠느냐는 의구심을 갖는 것이 일면 타당하다고는 봅니다만, 사실은 객관적인 현실 을 냉정히 볼 때 적어도 그런 식으로 염려할 일은 아닌 것 같아요. 의구심 의 촛점이 약간 안 맞았다고 할까요. 나찌즘 이야기를 흔히들 합니다만 나 찌스 독일과 우리는 거의 무관하다고까지 말할 수 있을 것 같아요. 물론 우리 현실에서 나찌를 좋아하고 히틀러를 좋아하는 분들이 상당히 있는

지는 모르겠습니다만(웃음) 우리가 나찌스 독일처럼 될 가능성은 전혀 없다고 해도 과언이 아닐 것 같아요. 당시의 독일은 유럽 최대의 강국이었고, 그 누구의 식민지도 아니었고, 예속관계에 있지도 않았습니다. 막강한 주체적인 힘을 그릇 사용하게 된 것이 나찌즘인데 우리 경우는 좀 다르지 않습니까? 오히려 과거의 식민지적 잔재를 청산하고 현재의 여러가지 예속성에서 벗어나보자는 것이 우리의 민족적 당면과제인데, 이런 문제들을 도외시하고 마치 우리가 왕년의 독일쯤이나 되는 듯이 또는 될 수 있다는 듯이 민족주의적 언사를 늘어놓는 것은 일종의 허장성세거든요. 그러면 이 허장성세의 본질은 무엇이냐, 어디서 나와서 어디로 이끌어가는 거냐, 과연 나찌즘으로 가는 거냐 또는 진정한 복지사회로 가는 거냐 아니면 이것도 저것도 아니고 현재의 문제점을 더욱 악화시키고 있느냐, 이런 것을 구체적으로 검토해서 정확한 대응책을 마련해야 한다고 봅니다. 그런데 민족주의적 표현을 일단 액면대로 접수해서 이것이 나찌즘으로 흐르면 어쩌나를 우려한다는 것은 이미 어느정도 현혹되고 말려들어간 꼴이 아닌가 하는 거지요.

'귀신에 사로잡혀 있는 상태'

박형규 민족주의에 관해서는 지금 민족주체·민족전통이라는 것을 여러 사람들이 여러 군데서 이야기하고 있기 때문에, 일종의 기우이길 바랍니다만, 사실은 민족의 장래를 진지하게 생각하지 않으면서 하나의 정책으로, 당략적으로 민족을 앞에 내세우고 국수주의를 내세워서 민심을 그쪽으로 이끌려는 경향도 보이거든요. 거기에 대한 경계도 있는 것 같습니다. 그런데 지금 당면문제, 현실적인 문제는 남북간의 분단이 이미 30여년간 계속되고 거기에 전혀 이질적인 문화·체제가 생겨나고 그것이 또 열강과의 관계 속에서 일종의 끈에 매달려서 그렇게 될 수밖에 없는 그런 상태인데, 이 분단을 어떻게 극복하느냐 하는 것이 우리에게 주어진 가장 큰 문제라고 봅니다. 현재의 여러가지 국제정세로 보아서 외세와의 관계를 무조건 단절하고 고립하자는 이야기는 안될 것이고 그러면서도 적어도 민족의 주체성을 살려서 세계 공동체 속에서의 하나의 뚜렷한 자주적인 민족국가를 이룩해야 할 터인데, 기독교적인 입장에서 분단문제를 말한다면 저는 이것이 일종의 '귀신에게 사로잡혀 있는', 어떤 허위에 사로잡힌 상태라고 봅니다. 남북의 분단 자체가 허위사실이거든요. 실제로는 아닌 것을 무엇이 억지로 분단을 강제하고 있는 귀신들린 그런 상태란 말입니다. 문제는 귀신을 쫓아내는 게 급선무다 — 예수께서 군대귀신 들린 사람에게서 귀신을 쫓아내서 돼지 2천 마리를 죽이고 그 사람을 살렸다는 이야기가 있습니다만, 우리가 경제적으로 혹은 군사적으로 좀 손해 보는 일이 있더라도 우선 이 귀신에서 해방되어야 한다는 과제가 먼저라고 보아요. 그래서 그 방법은 무엇인가? 그것은 역시 『창비』의 좌담회에서도 지적됐듯이 먼저 우리가 분단되어 있다, 분단되어 있는 것이 비정상적이다, 민족의 발전에 장애가 된다라는 인식이 계발되어야 한다고 생각합니다. 북쪽은 어떤지 몰라도 적어도 남쪽에서는 아직도 그런 논의를 할 자유가 전혀 없지 않으니까, 이 귀신이 들려 있다는 사실을 인식하도록 이런 식의 사고를 온 국민에게 알리도록 해야겠지요. 지금은 왜 그런지는 몰라도 구호로는 민족통일을 자주 말하지만 실제로 국민들은 민족분단이 필연적이고 극복할 수 없는 것 같고 앞으로도 30년, 100년 가는 것으로 인식을 하는 체념적인 사고와 감정이 많이 퍼져 있는데 그 체념을 깨버려야 한다는 겁니다. 그런 의미에서 한국의 교회도 국민을 깨우치는 일에 앞장서야겠는데, 교회에서는 어떤 의미에서 이북에 있는 국민들에게 관심이 많습니다. 기도할 때마다 이북의 공산당의 폭정 밑에서 신음하는 형제들을 거론하곤 하는데, 그러나 그 관심이 리영희(李泳禧) 교수의 말마따나 그런 식의 흑백논리로 그럴 게 아니라 정말 민족통일의 가능성의 모색을 교회 자체도 해야 되지 않는가 합니다.

교회가 설 자리는 38도 선상

그래서 제가 용공주의로 몰리게 된 큰 이유 중의 하나가, 제가 70년대 초부터 이야기하기 시작한 것이 어차피 국제정세도 변하고 앞으로 무슨 일이 있을지 모르니까 적어도 우리가 저쪽을 알아야겠다는 겁니다. 기독교가 무조건 공산주의에 대한 반감만을 표시하는 것보다도, 공산주의가 무어며 어떤 체제고 어떤 사고방식을 가지고 있는가, 공산주의를 역사적으로도 현실적으로도 알아야만 통일이 되지, 이걸 무력을 갖고 정복을 해서—물론 그것도 하나의 방법은 방법이지요. 북진통일도 방법은 방법이지만 지금은 전쟁에 의한 통일이 불가능하니까 현실적인 방법은 대화밖에 있을 수 없습니다. 대화의 길을 트는 것은 상대방을 이해하고 상대방의 언어를 가지고 우리가 설득할 수 있고 상대방이 설득할 때 그 의미를 우리가 파악할 수 있어야 하지요. 그래서 제가 신학교에서 공산주의를 가르치다가 용공주의자로 몰릴 뻔했는데, 제가 잘 모르긴 합니다만 지금 저쪽의 체제가 민족주의를 우리보다 오히려 강하게 내세우고 있는 걸로 압니다. 그런데 이것은 공산주의가 본래 민족주의를 내세워가지고 민심을 장악하는 습성이 있기 때문에 그런 하나의 방편이라고도 생각할 수 있고, 또 같은 민족이기 때문에 우리가 가지고 있는 것과 마찬가지의 민족적인 염원이 저쪽이라고 전혀 없다고는—이런 말을 하다가 또 무슨 곡해를 받을지는 모르겠지만(웃음), 어떻든 같은 동족이라는 그러한 심리적인 것도 있을 거고요. 그런 것을 전제로 한다면 우리도 적어도 저쪽보다는 좀 자유가 허락되어 있는 이 마당에서 좀더 민족분단을 의식하고 적극적으로 그 타개책을 모색해나가야 할 것 같습니다. 내가 글에다가 그런 말을 썼다가 또 좀 혼이 난 일이 있지만, 교회는 38선 선상에 서야 된다, 남북의 양쪽에서 비난을 받고 양쪽에서 박해를 받더라도 교회가 설 자리는 그곳이다, 이런 이야기를 썼었는데 지금도 제 생각은 그렇습니다. 아까 기독교의 특권 이야기를 했습니다만, 분단극복의 문제를 아무리 이야기해도 공산주의자로 몰리지 않을 가능성이 있는 집단이 교회집단이요 신학집단이 아닌가, 따라서 이 집단이 좀더 적극적으로 나서야겠다고 생각합니다. 그런 의미에서 저는 70년대 초에 한동안 NCC에다가 통일문제연구소라는 것을 만들자고 제안한 일이 있어요. 요즘은 정부에서도 많이 하고 있지만, 정부에서도 하고 우리 기독교에서도 하고 또 문인들은 문인들대로 하고 해서, 통일문제라는 것을 우리 모두의 당면한 역사적 목표로 알고 계속 추진해나가야지, 지금 불가능하다고 해서 지나쳐버리면 더 멀어집니다. 지금도 자꾸 멀어져가고 있는 것 같은 이 통일논의를 위해 새로운 분위기를 조성할 필요가 있습니다.

문제의 근원은 민족의 분단에

백낙청 참 좋은 말씀이십니다. 목사님 말씀 가운데 그 '귀신에 사로잡혀 있다'는 표현이 참 문제의 핵심을 찌른 것 같습니다. 제가 생각하기에도 우리가 당면한 이 복잡하게 얽힌 문제들을 거기서부터 풀어나가야 하지 않을까 합니다. 30년도 더 되는 옛일이기는 하지만 우리 민족이 일제의 굴레에서 벗어나면서 ─ 그러니까 그때 해방이 되던 날 우리 민족으로서 38선으로 갈라져서 사는 게 좋겠다고 생각한 사람이 누가 있었겠습니까? 그런데 이게 강대국 몇이서 얄탄지 어디 이상한 데 모여 앉아서 자기들 멋대로 지도에 금을 그어놔서 이렇게 된 것 아닙니까? 물론 그게 강대국의 힘에 의해서 추진이 되니까 민족 내부에서도 거기에 영합해서 자기의 이득을 노린 세력도 나오게 되었지만, 하여간 일이 엉뚱하게 벌어진 게 거기서부터거든요. 그러니까 이걸 바로잡는 문제도 그 시초를 바로 알고 거기서부터 풀어나가야 할 텐데, 거기서 잘못된 건 이미 당연한 걸로 해놓고 귀신들린 상태가 마치 정상인 것처럼 이 상태에서 어떻게 꾸려나갈까 하고 계산을 이리하고 저리하고 하는데, 물론 기정사실의 기정사실적인 측면은 현실적으로 엄격히 계산을 해야겠지요. 그러나 근본적으로는 이것이 목사님 말씀대로 허위다, 이걸 놔두고는 수습하고 어쩌고 하는 게 우스울 정도로 얼토당토않은 일이다 — 또 6·25 같은 것도 그래요. 이게 큰 민족적 비극이었음은 더 말할 것도 없습니다만, 김구(金九) 선생 같은 분이 1948년 분단이 고정되어갈 무렵에 이미 예언을 한 거나 다름없거든요. "이대로 가면 한국은 분단될 것이고 서로 피를 흘리게 될 것이다"고 명백히 말했고, 그래서 통일된 조국을 건설하려다가 38선을 베고 쓰러질지언정 민족을 분열시키는 단독정부 수립에는 협력하지 않겠다고까지 했습니다. 그러고 나서 불과 2년 후에 6·25가 터진 것 아닙니까? 또 우리의 현실문제 중 큰 부분이 이로 인해 악화된 것이 사실인데 이것도 6·25 자체를 어떤 느닷없는 천재지변처럼 보아서는 해결의 실마리를 찾을 수 없고 그보다 더 근원적인 민족분단의 문제와 연결시켜서만 역사적인 파악이 가능하다는 것입니다. 그런데 이런 문제를 그 근본에서부터 풀어나가려다 보면 목사님 말씀대로 흔히 용공주의로 몰리게 되지요. 좀 새삼스러운 이야기지만 이 '반공'이란 것도 우리가 좀 기본부터 따져서 반공을 하든 승공을 하든 할 때가 된 것 같아요. 첫째 대한민국에서 반공을 한다고 할 때 그 명분은 민주주의에 있다, 민주주의를 하기 위한 반공이다, 이건 흔히들하는 말이지만 거듭 되풀이될 필요가 있겠고요. 둘째는 1972년 7월 4일을 분계점으로 우리는 남북이 평화적으로 대화를 해서 통일을 한다는 것을 일종의 국시로 받아들였고 오늘날까지도 우리 정부가 7·4공동성명을 우리의 기본방침으로 천명하고 있습니다. 물론 그것을 실천하는 과정에서 우리 정부의 입장을 저쪽에서 인정하지 않으려 하고 협조를 안하니까 대화가 단절되어 있지만 7·4성명 자체는 남북 양쪽에서 여전히 유효하다는 것 아닙니까. 그렇다면 공산주의가 비록 싫더라도 결국 공산주의자와 '더불어' 통일을 하자, 대화를 보이코트하지 말고 제발 나와서 설득을 하고 설득을 당해봐라, 이런 입장인데, 공산주의를 정확히 알고 저쪽의 현실을 제대로 알아보자는 것이 수상쩍은 행위가 될 수는 없다는 겁니다. 그러나 무엇보다도, 반공이든 승공이든 또다른 무엇이든 한 국가의 정책이 그 나라와 민족의 백년대계를 세우는 정책이 되려면 진실과 사실에 입각해서 입안되고 추진되어야 할 것 아니겠습니까? 기독교적 표현을 빌려온다면 '하나님의 공의(公義)와 진리'에 입각해야 되는데, 이건 너무나 뻔한 상식이라면 상식이지만 이 나라의 정치를 맡은 분들은 이런 생각이 부족하지 않은가 해요. 아니, 정치지도자들뿐 아니라 학계·언론계·문단, 또 기독교·불교 등 각계각층의 뜻있는 분들이 이 문제를 그러한 상식에서 출발해서 새로 한번 검토해보았으면 합니다.

교회가 통일문제에 좀더 적극성을 띠어야겠다는 점은 목사님께서 이미 잘 말씀해주셨고 사실상 박목사님을 비롯한 몇몇 분의 자세는 교회 안팎을 막론하고 매우 선진적인 것이라고 생각됩니다. 그러나 제가 바깥에서 받는 인상으로는 일반적으로, 적어도 이 문제에 관해서만은 기독교측이 오히려 정부당국보다도 유연성이 적지 않은가 싶을 때가 있습니다. 또 그걸 자랑으로 생각하는 기색도 없지 않고요. 분단문제에 관한 목사님의 입장이 혹시 교회 안에서 더욱 예외적인 것은 아닌지, 물론 그렇지 않기를 바랍니다만 — 예컨대 미군철수문제 같은 것이 나왔을 때도, 저는 물론 주한미군을 딱히 카터 대통령의 철군계획대로 빼내가는 것이 안보 면에서 안전한 건지 어떤 건지 그런 데 대한 전문지식은 없어요. 그러나 작년 9월호『신동아』지에서 유인호(兪仁浩)·황성모(黃性模) 두 교수의 「주체와 의존」이라는 제목의 대담에서도 지적됐듯이 미군철수 이야기가 나왔을 때 거기에 반응하는 우리 사회의 자세, 우리 언론의 자세, 교회의 자세 같은 것이 너무나 패배주의에 젖어 있고 정부측에서 흔히 하는 말로 '사대주의'의 냄새를 풍기는 것 같았어요. 정부는 오히려 자주국방의 계획을 세우고 당신네들 정 가겠으면 가시오 하고 나오는데 기독교측은, 적어도 밖에서 보기에는, 그보다도 못한 점이 있더란 말이에요. 그래서 저는 이런 의문도 혼자 던져봤는데, 저는 기독교인이 아니니까 고대의 로마가 반드시 초대 기독교인이 보던 그런 것만은 아니고 중세의 가톨릭문화와 로마교황청의 업적도 15세기의 종교개혁가들이 생각하던 그런 것만은 아니라고 봅니다만, 어떻게 보면 현대에 있어서의 로마제국의 후계자는 미국이거든요. 그 막강한 힘이라든가 그 조직, 그 합리성, 그 세속적인 영화, 이 모든 면에서 옛날의 로마를 세계적인 스케일로 재현한 것이 미국이라고 볼 수 있는데, 기독교인들이 성경을 말할 때는 로마를 규탄하면서 현실에 있어서는 미국을 로마의 후예가 아니라 바로 팔레스타인 그 자체인 것처럼 이야기하는 것은 좀 안 어울리는 것 같더군요. 여하간 미군이 없으면 막말로 해서 '죽고 못 산다'는 식으로 나갈 필요는 없지 않은가 해요.

제3세계의 편에 서는 국제기독교사회

박형규 그것은 우리나라의 기독교가 미국과의 직접적인 관계가 깊고 역사적으로 길고 또 많은 후원을 받아왔기 때문에 자기도 모르게, 미군이 떠나면 우리는 어떻게 되나, 이런 의구심을 갖게 되는 건데, 미국이 현재 자유세계에서 로마 격이고 저쪽에서는 소련이 로마고 이런 문제에 대해서는 사실은 WCC 같은 데서는 벌써 2차대전 후부터 미국의 종주국 행세에 대해서 굉장한 비판을 해왔고 또 그것은 특히 제3세계의 문제, 이른바 '남북'의 문제에서 적어도 반 이상은 '남'의 입장, 즉 피지배지역의 입장을 지지하고 있습니다. 또 이른바 신식민지주의·다국적기업에 대한 견제가 미국 안에서나 국제적인 기독교 사회에서도 논의되고 있고, 지난 60년대의 소위 개발정책이 약소국가의 개발을 의미하는 것이 아니라 이들을 오히려 예속시키는 것이었다는 비판도 많이 하고 있습니다. 지금 우리나라의 경우, 재미있는 것은 구호로는 자주·자립을 외치면서 현실적으로는 우리나라의 경제나 정치가 외국 쪽에 많이 매달려서, 특히 최근에 와서는 일본의 큰 영향 아래서 진행되는 것이 당연한 것처럼 받아들여지고 있지요. 그런데 교회가 전체적으로는 친미적인 쎈티멘트를 가지고 있으면서도 한일국교정상화 때에는 기독교 지도자들 대부분이 반대를 했는데 그것은 물론 일본에 대한 감정의 문제도 있었겠습니다만 그것보다도 국교정상화는 한국경제의 대일의존도를 높인다, 새로운 침략의 가능성을 주는 거다 해서 반대를 했던 겁니다. 사실상 그것을 추진한 정부가 계속해서 외국자본에 의한 경제개발, 수출 등을 해오면서 외국에 대한 의존을 현실적으로는 더 강화해온 셈인데, 이런 문제를 교회측에서 분명히, 아까 말씀대로 과학적으로 볼 수 있는 눈이 그렇게 많지가 않아요. 그것이 문젭니다.

백낙청 그렇지요. 과학적으로 본다면 한일협정만 하더라도 이것이 크게는 미국의 정책적인 결단과 부합되는 산물이었다는 면을 간과할 수 없지 않습니까. 한일협정에 반대하면서 미·일관계 그리고 한·미관계의 관련을 생각 안했다면 상황을 깊이 모르고 반대했다는 비판을 면하기 어려울 것 같습니다. 결국 한국교회의 국교정상화 반대도 다분히 감정적인 차원에 머물렀고 목사님 말씀대로 과학적인 인식이 아쉬웠다고 하겠습니다.

박형규 네, 그런 점이 있었어요. 그리고 지금도 마찬가지라고 봅니다. 미국에 대한 쎈티멘트랄까 미국에 감정적으로 의존하고 미국의 자본이라든가 또는 한국의 분단에 대한 미국의 책임 문제, 이런 데 대해서는 아직 인식이 깊지 못하다고 생각합니다. 동시에 지금 세계정세가 차차 변하고 있어요. 저쪽에서도 '유로코뮤니즘'이라던가 뭐 그런 이상한 것도 생기고, 미국 자체가 카터정권이 들어서면서부터 여러가지 새로운 방향을 찾고 있는 것 같은데 우리 기독교적으로 해석하면 카터정권이 들어섰다고 하는 것 자체가 미국의 잘못을 회개하는 것이 아니냐—

백낙청 글쎄요, 저는 잘 모르겠습니다만 종교적으로 '회개'하는 것과는 다른 면이 많은 것 같던데요. 카터의 선거운동 때도 저는 그런 생각을 했었는데, 카터가 연설에서 하나님을 찾고 사랑을 이야기하고 도덕적인 갱신을 강조했지만 진정한 회개와는 그 방법이 좀 달랐어요. 종교적으로 회개라는 것은 자신의 죄를 인정하고 하나님 앞에서 애통해하면서 용서를 비는 것일 텐데, 카터의 선거연설은 주로 잘못을 워싱턴의 정객들에게 돌리고 미국국민에게는 내가 대통령이 되면 당신들만큼 착하고 훌륭하고 정직하고 사랑에 넘치는 정부를 만들겠다, 이런 식으로, 말하자면 미국국민에게 아첨을 하고 일종의 자축(自祝) 무드를 만들어냈거든요.

박형규 결국은 카터가 1960년대의 민권운동·학생운동 혹은 베트남전 반대운동을 배경으로 당선이 됐다, 그 사람들이 지금 전체를 지배한다고는 볼 수 없지만 적어도 정권에 참여했다는 의미에서, 그리고 소위 도덕외교니 공개외교니 또는 군비축소 이런 것을 들고 나온다는 점에서, 미국의 회개란 이야기를 했던 거고, 실제로 과연 미국이라는 국가 전체가 수십 년간 자기가 해온 일에 대해 진정한 회개를 할 수 있는가 생각할 때 신학자들의 공통된 의견은 국가나 정부나 어떤 세속기관은 절대로 회개하지 않는다는 겁니다. 개인은 할 수 있습니다. 그러나 국가나 권력기관이 회개한다는 것은 기대할 수 없고, 그것은 회개라기보다도 현실의 압력에 의해서 어떤 방향수정을 하는 것이지 종교적인 의미에서의 회개는 못한다고 보는 거지요.

백낙청 네. 시간이 많이 흘렀으니까 이제 마지막으로, 78년 새해의 이 대담을 마치면서 저희 독자들을 위해서나 또는 목사님을 따르는 신도들을 위해서 한마디 해주시고 끝을 맺었으면 합니다.

지금도 그리스도는 고난받는 사람들 틈에

박형규 네. 저를 따르는 신도들은 별로 없으리라고 봅니다만 일반 비신도 독자들을 위해서는 이런 점을 이야기했으면 합니다. 기독교라고 하는 것을 겉으로 나타난, 위선적이라고 할까 외형적인 그것으로만 보지 말고 좀더 그 알맹이를, 성서 자체라든가 신학 자체를 들여다보면 기독교의 흐름이 일반적으로 흔히 생각하고 있는 것과는 조금 다른 국면을 찾아볼 수 있지 않을까 하는 겁니다. 그래서 기독교가 민족의 역사에서 반드시 부정적인 역할을 하는 게 아니라 긍정적인 역할도 할 수 있다는 인식을 가져주었으면 좋겠다고 생각하고, 그것이 앞으로 78년도에 우리가 생활해나가는 여러가지에서 그리고 민주주의적인 한국을 만들려는 대열을 정비하는 데 도움이 되지 않을까 합니다. 다른 한편으로 기독교 내에 있는 분들에 대해서는, 기독교가 적어도 한국에 있는 기독교는 한국의 현실에 대해서 아픔을 같이하고 — 우는 자와 더불어 같이 울고 웃는 자와 더불어 같이 웃는다고 말하는데 지금은 울 때니까 민족의 분단문제에 대해서 정말 아픔을 가지고 생각해야겠고, 또 지금 여러가지 제약 밑에서 고생하고 있는 여러 사람들, 옥중에 있는 사람들, 노동자들, 농민들, 이런 소외당하고 말 못하고 고난받는 사람들 가운데 지금도 그리스도는 있다는 생각을 좀더 깊이 하면 자연히, 교회가 어떻게 하고 크리스천이 어떻게 살아야 하는가 하는 것이 자연적으로, 누구 하나의 특별한 의사로서가 아니라 자명하게 우러나오지 않을까 생각하고 또 그렇게 되기를 바랍니다.

백낙청 참 좋은 말씀 많이 해주셨습니다. 저도 날이 갈수록 더욱 절실하게 느끼는 것은, 우리의 문제라는 것이 정말 선의를 가지고 진지하게 생각하는 사람들이 하나라도 더 모여서 근본부터 하나하나 풀어나가면서 어디까지나 정당하고 온당한 말로 국민 다수를 설득해서 무슨 일을 이룩해야지, 일시적인 술책이나 혈기로 근본적인 문제가 해결될 것도 아니고, 또 그렇다고 명사들이 몇이 모여서 서명을 하고 선언을 한다고 갑자기 신통한 일이 생기는 것도 아니고, 역시 정말 다수 민중에게 필요하고 그들이 각성되면서 스스로 그 필요성을 인정하는 정당한 말씀이 널리 전달됨으로써 무슨 변혁이 일어나야 되지 않을까 생각합니다. 그런 의미에서 오늘 박목사님 모시고 여러가지 좋은 말씀을 들을 수 있었던 것은 매우 뜻깊은 일이라고 생각합니다. 감사합니다.

학생 독자들과의 좌담
『민족문학과 세계문학』에 관해

최규덕(서울대 국문과 4년)
주종택(서울대 인류학과 3년)
황인하(서울대 사회학과 2년)
백낙청(『창작과비평』 편집위원, 문학평론가)
1978년 9월 22일

최규덕 이번에 『월간독서』에서 선생님의 책이 이달의 좋은 책으로 선정되어서 이렇게 밖에서나마 다시 수업을 받게 되니 기쁩니다. 저희들은 배우는 입장이고, 선생님을 대해서 전문적인 이야기를 나누기보다는 느낌이랄까, 일반적인 차원에서 질문 중심으로 얘기가 될 것 같은데, 이해해

■ 이 좌담은 『월간독서』 1978년 11월호에 수록되고, 백낙청 『인간해방의 논리를 찾아서』(시인사 1979)에 재수록된 것이다. 재수록본은 다음과 같은 '저자의 말'로 시작된다. "이 좌담은 『월간독서』 잡지에서 졸저 『민족문학과 세계문학』을 두고 저자와 서울대학교 기독교학생회 회원 세 명이 이야기를 나눌 자리를 마련해줌으로써 이루어졌다. 토론내용은 편집자 쪽에서 지면사정에 맞춰 압축·정리하여 1978년 11월호의 '독서클럽 순례 좌담'으로 실었는데, 언제나 그렇듯이 참석자들로서는 자신의 견해가 충분히 전달되지 못했다는 아쉬움도 없지 않다. 그러나 부족한 대로 이번 책의 독자들께도 얼마만큼의 흥밋거리는 될 수 있지 않을까 싶어 부분적인 손질만 한 채 여기 옮겨 싣는다. 첫 평론집에 많은 호의를 베풀어주고 좌담의 재수록을 허락해준 월간독서사와 참석 학생들께 감사드린다. 좌담 당시 최규덕군은 서울대 국문과 4학년, 주종택군은 인류학과 3학년, 황인하군은 사회학과 2학년이었음을 아울러 소개해둔다."

주시기 바랍니다. 우선 서문을 읽고 이 책의 제목 자체가 갖는 의미가 있다고 생각되었어요. 누군가 도스또예프스끼(Dostoevskii) 작품이 가장 러시아적이면서 가장 러시아 국경을 넘어서 세계적일 수 있다고 했는데, 가장 민족적인 것이 가장 세계적이라는 명제가 이 책의 제목에서 시사하는 것으로 느꼈습니다.

백낙청 그 말은 이제 누구나 흔히 하는 말이고 나도 물론 동의하고 있습니다만, 한 걸음 더 나아가서 그럼 가장 민족적인 문학이 되는 길은 구체적으로 무엇이냐는 점이 중요한 문제입니다. 복고적인 방향이나 국수적인 의미에서가 아닌, 민족과 그 민족의 다수를 구성하는 민중이 처한 역사적 상황을 투철하게 인식하며 문학을 해나가는 것이 민족적인 문학이 된다는 관점에서 민족문학을 얘기해봤지요.

시민의식과 소시민의식

최규덕 저희들이 보기엔 이 책의 주된 논지가 문학이 시민혁명의 일환으로서의 역할을 담당해야 된다, 그래서 서구 시민혁명의 전통과 시민문학, 우리나라의 범위 안에서 민족문학, 그리고 우리나라의 문학 풍토에서의 비평과 창작의 자세로 이 책을 나누어볼 수가 있겠는데요. 먼저 서구 시민혁명의 전통과 우리나라의 시민의식과 관련지어서 소시민의 문제를 얘기해봤으면 합니다.

주종택 선생님이 이 책에서 시민과 소시민을 말씀하신 대로, 올바른 의미에서 시민의식이 되려면 소시민의식을 극복해야 할 터인데 단순히 시민의식을 파악함으로써 소시민의식이란 무엇인가를 정의하고 우리나라의 소시민의식을 시민의식으로 바꾸리라 기대하신 것 같은 점은 좀 추상적이지 않나 여겨졌어요.

백낙청 서양 근대사에서의 부르주아혁명 과정에서 볼 때 시민계급은 인간으로서의 주체의식을 가지고 역사를 발전시켰다는 의미에서 배울 것이 있고, 그것이 뒤에 제국주의의 담당계층이 되었다는 점에서 배격해야될 것인데, 시민의식이 건강했을 땐 어떠했고 그것이 어떻게 변모했는가를 우리 입장에서 파악해보고, 그래서 진정한 시민의식이 어떤가를 설정해보면서 소시민의식을 극복하는 전제로 삼고자 했던 것이죠. 우리 주변에 소시민의식에 대한 극복의 계기만이라도 마련코자 했던 것인데, 역량이 부족해서 충분히 드러나지는 않았지만, 머리말에서 밝혔듯이 시민문학론은 그 뒤에 본격적인 민족문학론으로 발전하는 하나의 과정으로 봐주면 되겠어요. 시민혁명을 생각할 때도 현싯점에서는 민족문제와 구체적인 연관 없이는 되지 않는데, 그 점이 「시민문학론」에서는 불충분했다고 생각하고 있습니다.

최규덕 서구의 시민계급이 왕족이나 봉건귀족의 이익에 대립되는 새로운 형태의 이익집단으로서 대두된 것이 아니겠어요? 그것이 이해분화가 되고 다시 문제가 나타난 것이라고 보는데, 단지 추상적인 의미에서 시민계급을 역사의식이나 진보의식을 가진 집단으로서 파악하는 데서 오는 오해랄까 애매한 점이 있는 것 같아요. 질문이 반복되긴 하지만 그 점은 조금 더 얘기해봤으면 해요.

백낙청 그렇지요. 하지만 역사를 구체적으로 보면 이익에 바탕을 두고 인간이 움직여가는 게 당연한 일이고, 따라서 이익집단이라고 해서 그 자체가 뭐 나쁜 건 아니지요. 시민계급이 봉건 지배계층에 대항하는 이익집단이면서 그 단계에서는 가장 올바르고 진보적인 집단이어서 세계사의 발전을 위한 이념과 그들 자신의 이익이 일치되었는데, 다음 단계에 가서 인류의 염원을 대변치 못하고 자기들의 이익만 추구함으로써 이념이 변질된 채 극복돼야 할 단계로 남게 된 거겠지요.

황인하 그런데 이 책에서 선생님은 우리나라가 현단계에서 시민혁명이 당면과제라고 하셨는데, 그랬을 때 시민혁명의 주체인 시민은 서구와 역사적 조건이 다른 제3세계나 우리나라에서는 반봉건적인 요소를 깨뜨리고 자본주의의 독점형태인 제국주의적 성격을 배제해나가야 하는데 시민계층이라는 게 실지는 지배층의 이익과 결합하는 반민주적인 게 되고 사회변화의 주체가 될 수 없잖겠어요?

백낙청 현존하는 서구 시민계급의 의식은 제국주의의 형태로 되고 국내적으로는 소시민의식의 성격이 짙어졌어요. 따라서 후진국에서 그런 의식을 답습하려는 시민계층이란 서구의 시민계급에 영합하는 반민족적인 성격을 띠기 쉽게 되겠지요. 그래서 시민의식을 우리의 입장에서 독자적으로 밝혀보고자 한 것이고 그걸로 부족하다고 느껴져서 좀더 구체화된 문학론으로서 민족문학론이 뒤따르게 되었던 거지요. 그러나, 민족을 얘기하는 데서도 시민의식을 빼면 그 나름대로 폐해가 있다고 봐요. 왜 당면과제를 '시민혁명'이라고 하느냐 하면, 현단계에서는 서구의 시민혁명이 의미했던 통일된 민족국가의 주권, 모든 국민의 법률적 평등, 모든 부르주아적 기본권, 이런 것이 아직 이루어지지 않았다고 보기 때문이지요. 전통적인 충효사상이 들먹여지면서 개인의 권리와 이익을 추구하는 게 마치 패륜행위인 듯이 말해지는데, 근대국가라는 건 그게 아니거든요. 민중 한 사람 한 사람의 구체적 이익과 권리 주장을 존중하는 바탕 위에서 전체 살림을 꾸려나가는 것 아니겠어요? 따라서 민족을 얘기하면서 우리는 시민의식을 배제하지 말아야 하며, 동시에 시민을 말할 때는 민족을 잊지 말아야 할 것입니다.

반봉건질서와 냉전질서

주종택 그런데요, 시민문학과 민족문학이라는 선상에서 보더라도 반식민·반봉건의 민족현실을 살펴볼 때, 그것을 해결하는 힘의 원천으로서의 민족 내부의 문제가 중요하다고 보거든요. 그렇다면 힘의 원천인 실체적인 개념으로서의 민중이 시민과 민족이라는 개념 아래서 상대적으로 약해질 가능성이 있잖겠어요?

백낙청 현단계에서 우리 민족의 지상과제인 통일의 문제를 해결하기 위해선 반드시 국내 문제와 부딪치게 되는데, 실천적인 입장에서 문제를 풀어나가다 보면 민중의 구체적인 상황을 문제삼지 않을 수가 없을 것입니다. 반면에 민족의 대동단결이라는 목표를 위해서라면 계층간의 이해를 얼마간 서로 양보하면서라도 통일을 먼저 하고 나머지는 또 달리 해결하도록 해야 하지 않은가 생각해요. 현실적으로 농민·노동자 문제가 점점 비중이 커져가고, 그것의 해결 없이는 어떠한 정권담당자도 정권을 유지하기가 곤란하다고 보여요. 그렇다고는 하지만 그 사람들의 지위향상과 의식을 일깨우는 일과 더불어, 모든 시민적인 기본권을 우선 확보하는 일에 촛점을 맞출 필요가 있다고 봐요. 그래야 나머지 어려운 문제들이 순리에 따라 중지를 모아 해결되리라고 봅니다. 그런 뜻에서 나는 계층의 성격 문제가 일단 좀 흐려지더라도 민족문제를 우선시켜야 된다고 봐요.

최규덕 통일의 문제도 두 가지 측면에서 볼 수 있으리라 생각되는데요. 첫째는 대내적인 측면에서 선생님이 말씀했던 대로 반봉건적인 질서를 민족 위기의 일환으로 파악해야 한다고 하셨는데, 그런 문제와 또 하나는 대외적인 측면에서 제국주의적 침략, 즉 양 이데올로기의 대립으로 인한 냉전체제의 산물인 민족분단을 강대국의 이해관계가 얽혀 있는 모순관계, 이런 두 측면으로 볼 때, 저는 민족 내부의 응집력을 약화시키는 반봉건적 질서, 비인간적 질서, 심한 계층분화 문제의 척결이 우선돼야 민족이 하나로 뭉친다는 과제가 실현될 수 있다고 봅니다. 커다란 이익집단으로서 그 주체를 확립하는 것 없는 민족의 통일이란 이상적이긴 하지만 비현실적인 것 같거든요.

백낙청 사실 그래요. 내 뜻도 그걸 외면하자는 것은 아니에요. 우리가 흔히 '반식민·반봉건' 하지만 반식민이 자동적으로 반봉건은 아니지요.

또 반일이라고 반드시 반식민이 되는 것도 아니고요. 이렇게 구별할 것은 구별하고 우리가 찾아나갈 것의 핵심은 어디에 있느냐를 분명히할 필요가 있는데, 후진국에서 반식민이 구체적인 것으로 되려면 반봉건을 해야되는 것 아니겠어요? 다만 나는, 반봉건이 아닌 반식민이니까 너는 안된다, 반봉건도 한 시대 지난 반봉건이니까 너도 안된다, 이런 식으로 잘라내는 태도는 되도록이면 취하지 말고, 통일을 위한 민족적 양심과 민족역량의 자유로운 계발이라는 명분을 현단계의 구심점으로 삼자는 것입니다. 이 작업에서 민중의 실체가 없는 허황한, 그리고 때 지난 민족주의와 민중에 바탕을 둔 민족주의와의 차이는 금방 드러나기 마련이겠지요.

리얼리즘 문제

주종택 지금까지 얘기한 점들을 구체적으로 문학작품을 통해서 살펴보는 게 좋겠는데요. 문학이 민족문학의 성격을 띤다면 작가의 역사의식과 사회의식을 반영하는 거라고 보여지는데, 개인적인 인물 중심으로 하는 문학상의 전개가 사회적 현실이나 그 구조적 상관관계를 파악하는 사회과학적인 방법과는 어떤 갈등이 있을 것 같아요. 그것이 문학에서는 어떻게 해결될까요?

백낙청 그 질문은 리얼리즘 문제와 관련되는 것 같군요. 일부에서는 소재의 중요성, 그러니까 작가가 어떤 의식을 가지고 어떤 주제로 쓰느냐가 예술에서는 중요치 않다, 어떤 소재든 작가가 얼마나 예술적으로 처리하냐가 중요하다고들 말하고, 그런 사람일수록 예술의 비개인성 내지 몰개성(沒個性)을 강조하는데, 내 생각엔 그런 소위 현대적이고 인간적인 내용이 배제된 예술일수록 오히려 더 개인적이라고 봐요. 개인의 재능과 개인만의 감수성이 그러한 예술의 성패를 좌우하고, 읽는 사람의 입장에서도 개인의 고유한 감수성이 따라야 한다는 거거든요. 반면에 리얼리즘은 되도록 여러 사람이 함께 겪고 있는 사회적·역사적 현실에 관심을 두고 그것을 집단이 공유할 수 있는 예술로 만들고자 하니까요. 그런데 그것이 더 구체적으로는 역사를 올바로 떠맡아서 올바로 전진시킬 수 있는 그런 집단의 문학이 되어야겠지요.

최규덕 그런데 단순히 현실에서 소재를 구했다고 해서 리얼리즘은 아니잖아요? 리얼리티 자체도 정적인 것에서 벗어나 동적인 것이 되지 못할 때는 아무 의미가 없는 것 같아요. 70년대 문학작품을 영화한 것들 가운데 하나를 본 적이 있는데 산업사회의 병폐를 소재로 해서 한 여성의 몰락상을 보이긴 했지만, 찌꺼기만 맛보고 마는 쥐새끼들같이 비참함을 즐기게만 만들었지 그 이상은 아무것도 없었거든요. 그래서 리얼리티도 움직이는 것으로서 진보적인 차원으로 올리지 않으면 생명이 없다는 것을 확인한 셈이 되었어요. 그와 마찬가지로 리얼리즘 문제가 단지 소재에 국한되어서는 안되겠다고 생각해요.

백낙청 그렇지요. 리얼리즘이 단순히 현실을 카메라처럼 정밀하게 묘사하는 것과는 다르겠지요. 현실을 보되 '바로' 보는 것, 다시 말해서 현실을 역사로서, 움직이는 것으로 보는 것이며, 또한 그러한 역사가 어디에서 어디로 움직이냐를 '올바로' 보아야 하는데, 이렇게 말하다 보면 한편에서는 그럼 당신만 올바로 본다는 말이냐, 그게 독단적이 아니냐는 반발이 나오게 되고, 거기서 한 걸음 더 비약해서 다수 대중의 현실을 정직하게 본다는 것이 '사회주의 리얼리즘'이 아니냐라고 불온시하는 태도까지 나오지요.

최규덕 저도 일전에 조선일보에 게재되었던 김동리(金東里)씨의 강연 내용을 보았는데, 아직도 이런 소리를 하는 문학인이 있구나 하는 서글픈 생각이 들었어요. 문학이라면 여러가지 문학적인 방법론에 대해서 개방적인 태도를 취해서 배울 것은 배우고 버릴 것은 버린다는, 진정으로 고민할 수 있는 문학인이 돼야지, 문학의 기본 임무는 개인 문제, 생사 문제,

신의 문제, 인생의 영원성 문제 등 형이상학적인 것이라고 규정해놓고, 현실의 문제를 얘기하는 것은 사회주의 리얼리즘이다라고 몰아칠 수 있는 그런 자세가 의심스러웠습니다. 흑이냐 백이냐 이런 식의 냉전논리가 우리 민족을 얼마나 많이 죽음으로 몰아넣었던가를 조금이라도 생각한다면 그런 유치한 발상은 하지 않으리라고 봐요.

백낙청 글쎄, 근본적으로 우리가 주장하는 것이 제3세계 민족으로서 우리에게 주어진 독특한 문제를 독창적으로 해결하는 과정에서 독창적인 문학을 창조하자는 것이니만큼 소련에서 말하는 사회주의 리얼리즘이 결코 우리의 지표가 될 수 없는 겁니다. 비근한 예로 김지하(金芝河)의 예술만 하더라도 그 성격이 사회주의 리얼리즘과는 전혀 달라요. 우리 현실에서 누구보고 사회주의 사실주의 한다고 말하는 것이 보통 살벌한 이야기가 아닌데, 내용을 잘 살펴보지도 않고 어떻게 그런 말을 할 수 있는지 참 한심한 일이에요.

황인하 제 생각은요, 그것이 사회주의 사실주의와는 다르지만 민족주의가 비자본주의적 성격을 띨 수밖에 없다는 생각은 들어요. 민족적이라면 당연히 외세를 견제해야 하는데, 독점자본의 후진국지배가 그 민족의 이해를 배반하기 때문에 자본주의에 비판적일 수 있다는 거죠. 그리고 이 책을 보니까 똘스또이(Tolstoi)에 관해 인용한 대목이 몇 군데 있었는데, 똘스또이 말대로 수많은 민중의 희생을 위해서 문학은 무엇을 해야 되지 않는가 하는 도덕적인 호소를 넘어서, 참으로 예술이 소수특권층에 의해서 창작되고 향유되는 시대를 끝내기 위해선 어떤 다른 방법이 찾아져야 되지 않나 생각했어요. 황석영(黃晳暎)씨나 조세희(趙世熙)씨가 노동자문제를 들고 나왔지만 그 사람들 자신이 노동자는 아니잖아요? 물론 노동을 경험했다고는 볼 수 있지만 그들의 사회적 입장을 볼 때도 비생산적 성격을 반영한다고 보아짐으로써 지식의 모순성을 드러내게 된다고 봐요. 그렇다고 노동자들이 직접 작품을 쓰기엔 경제적·문화적 현실이 그렇질 못하고, 따라서 지식인들이 그걸 대변한다고 보는데, 그에 따라서 지식인은 보다 철저한 경험, 즉 실천적인 자세가 필요하다고 봅니다.

백낙청 이 사회에서 지식인인 작가가 노동을 좀 했다거나 노동자문학을 했다고 해서, 매일매일 노동을 안하면 굶는 사람들과 자신을 동일시하면 착각이겠지요. 거기에 대해서 작가는 겸허한 자세를 가져야지요. 그렇다고 겸허함을 빙자해서, 그래 나는 뭐 아무래도 노동자는 아니니까 나는 내 분수대로 내 얘기나 하면 되는 거지, 하는 식으로 생각한다면 그거야말로 소시민적인 자기변명밖에 안되는 거죠.

민족문학의 전통

최규덕 얘기가 좀 빗나간 것 같은데요, 민족문학을 문학사적 입장에서 잠깐 얘기했으면 합니다. 어느 대학 선배님 논문에서 본 건데요, 우리나라 민족문학의 맥락은 도남(陶南) 조윤제(趙潤濟)로부터 출발하고 그 계승이 시급하다고 했거든요.

백낙청 그 말은 민족사관을 가지고 우리 문학사를 일관되게 본 것이 도남의 국문학사가 처음이 아니겠느냐, 또 한 권의 문학사로서 이것을 극복한 예가 아직 없지 않느냐, 그런 얘기겠지요? 그런데 이건 사실 나로서는 좀 힘겨운 토픽인데, 나 자신이 우리 문학사에 대해서 공부한 게 적거든요. 다만 한 가지 말할 수 있는 것은, 어떤 역사적 운동을 위해선 그 과거를 새로 인식하고 서술하는 노력과 현재 부딪힌 문제를 풀어가는 작업이 불가분의 관계에 있다고 봅니다. 그래서 우리의 노력, 좀 거창하게 말해서 민족문화운동이라고 해도 좋겠는데, 이걸 위해선 훌륭한 작품이 창작되고 거기에 대한 정당한 평론이 있어야 하고, 또 외국문학에 대한 이해도 중요하지만, 그에 못지않게 중요한 게 바로 우리 문학사를 올바른 관점에서 새로 써나가는 것이겠지요.

최규덕 도남 조윤제 박사의 국학을 연구하는 방법으로서의 민족사관이 해방 이후 잠깐 있다가 끊기고 이병기(李秉岐) 선생 이후의 도락적인 예술 풍조가 지배해오다가 60년대 말, 70년대 초부터 '창비'를 중심으로 민족문학의 논의가 새롭게 전개되기 시작함으로써 그 계승작업을 이루고 있다고 볼 수 없을까요?

황인하 그런데 저는 이 상태에서 민족문학의 논의 자체가 불행하다는 생각이 들어요. 문학이 자연과 인간, 인간과 인간의 갈등을 얘기하게 되는데, 조윤제 선생처럼 우리 민족의 특성을 은근과 끈기로 본다거나 하는 입장은 틀렸다고 생각해요. 인간적인 관점에서 출발한 것이 아닌 채 민족의 성격을 주관적인 관점에서 자랑스럽게 내세우는 것은 그렇게 중요한 게 아니거든요. 그랬을 때, 민족 내의 지배자와 피지배자 사이의 봉건적 관계, 즉 인간 개개인에 대한 관심을 잃고 심하게 말하면 일제 식민지는 나빴지만 그전의 조선은 좋았다는 그런 결과로 나오거든요. 그런데 조선의 머슴한테는 양반이 빼앗아갔건 일본이 빼앗아갔건 마찬가지 아니겠어요? 그래서 민족문학을 말할 때는 민족의 모순이 외세와의 문제에서 찾아지기 이전에 한 인간과 한 인간의 착취관계에서 확대되었다는 문제의 본질에 입각해보면 인간관계에 대한 관심을 떠난 도남의 그런 입장은 비판되어야 할 거예요. 그런 뜻에서 민족문학이라는 말 자체도 시대적 한계성을 갖는다고 봐요.

백낙청 우선, 민족문학이 시대적 한계성을 갖는다는 말은 옳은 말이에요. 그 개념이 민족적 위기의 소산이고 따라서 그 위기가 완전히 극복된 단계에서는 민족문학이라는 개념이 불필요할 거예요. 다음에, 은근과 끈기로 우리 민족을 성격짓는 바와 같은 것은 조윤제 선생의 업적 중에서 핵심적인 부분은 아니고 의당 극복되어야 할 측면이겠지요. 한 나라의 문화를 그 민족의 역사생활과 연결지어서 구체적으로 파악하질 않고 '얼'이랄까 '멋'이랄까 그러한 추상적 개념에 귀속시키는 일은 도락적인 것으로 쉽게 떨어질 수 있으니까요. 끝으로, 인간에 의한 인간의 지배라는 문제에 관한 이야긴데, 다 같은 인간지배라도 시대에 따라 그 구체적 형태와 정도가 달라지기 마련이지요. 단순한 봉건적 지배와 식민지적 지배는 크게 다른 것입니다. 봉건시대에는 지배자도 여하간 자기 책임 하에서 지배하는 것이고 머슴의 입장에서 보더라도 국내의 주인한테 이길 만큼만 그들이 힘을 기르면 지배관계를 극복할 수 있는데, 식민지시대는 외세의 힘을 빌려 이중적으로 지배하는 것이기 때문에 지주세력의 배후에 있는 엄청난 힘을 꺾지 않으면 도저히 해결 안되는 그런 모순의 심화를 보게 되는 거지요. 그건 분단시대에 와서도 마찬가지예요. 분단 안된 상태에서도 얼마든지 인간이 인간을 지배하고 착취할 수 있는 거지만, 분단상태에서는 이것이 몇십 배 가중될 수가 있는 거예요. 그래서 모든 문제를 인간적인 차원에서 봐야겠지만 '인간'이라는 또 하나의 추상에 빠지지 않기 위해서는 역시 민족적인 현실에 특별히 바탕을 두고 풀어나가야 할 것이라고 봅니다.

문화행위는 타협주의인가

최규덕 그 말씀을 들으니까 생각나는데요. 요즘 와서 독특한 이 시대를 구분짓는 말로서 강만길(姜萬吉) 선생의 '분단시대'가 있잖아요? 그런데 단재(丹齋) 신채호(申采浩) 선생이 식민지질서 하에서는 여하한 합법적인 문화행위도 노예화에 귀착된다는 명제를 깔았는데 이 말이 오늘날의 분단시대에서도 적용되지 않나 보여져요. 그럼 과연 진정한 민족문학 행위가 우리 시대에 갖는 뜻은 그 자체로서 정당한가 묻게 돼요.

백낙청 그런데 신채호 선생의 그 명제에 대해서도 비판은 해야지요. 신채호 선생이 국내의 타협주의에 대해서 던진 매서운 비판을 전적으로 지지하고 그 바탕에서 오늘날의 문제를 풀어가야겠지만 신채호 선생 자신도 국내 모순을 하나하나 지적해가면서 주권을 회복하는 광복운동의 구체적 이념을 제시하지는 못했다고 봐요. 문화행위라는 것도 근본적으로 일제의 식민지지배를 종식시키겠다는 목적을 깔고 행위하는 것과, 자치권을 준다거나 문화적 민족주의를 허용해주면 그 선에서 타협하겠다는 근본적인 타협주의와는 달리 봐야 되지 않겠어요? 분단시대의 경우에도 분단의 극복을 목적으로 해서 분단체제의 여러 제도·장치를 활용하는 것과, 강만길 선생의 표현대로 거기에 매몰되는 것과는 구별할 필요가 있을 거예요. 강만길 선생 자신이 그걸 잘 구분했던 게 그 책의 미덕의 하나라고 생각되기도 하고요.

황인하 그럼 민족문학의 표본이 되는 것이 구체적으로 어떤 걸까요?

백낙청 글쎄, 구체적으로 문학작품을 많이 비평하지 못한 게 비평가로서 나 자신이 모자라는 점이라고 스스로 인정할 수밖에 없는데요. 더욱 그런 인상이 짙은 것은 비교적 실제비평이 많이 시도된 「민족문학의 현단계」를 이 책에 넣고 싶었지만 사정상 넣을 수 없었던 탓도 있고요. 하지만 그 글이나 근자에 있었던 민족문학에 대한 '창비'의 좌담까지 독자의 입장에서 친절을 다해 읽어주신다면, 어떤 작가가 어떤 입장에서 어떻게 활동하였는가 하는 데 대한 내 생각이 부족한 대로나마 어느정도 드러나리라고 믿습니다.

최규덕 그런데 민족주의를 담은 문학, 민족문학하고 요즈음 일부에서 그런 것을 비판하는 입장에서 미학의 낙제생이다 하는 관점을 어떻게 연관해서 볼 수 있을까요?

백낙청 글쎄, 나는 미학의 낙제생이라든지, 분석을 소홀히한다든지, 작품의 구조를 소홀히한다, 이런 말을 들을 때마다 개인적으로 굉장히 억울하고 원통하다는 생각을 합니다.(웃음) 원래 나 자신이 교육받은 바탕이 오히려 그런 쪽에 있고, 문학비평을 통해서 자기의 생각을 말하는 사람이라면 그런 것은 기초적으로 갖출 일이라고 봐요. 그래서 그걸 전제해놓고, 때문에 그에 관한 얘기를 덜 하는 경향이긴 합니다만, 그것은 마치 역사연구에서의 실증작업과 마찬가지인데, 실증은 역사연구를 하는 사람이면 누구나 해야 하는 그런 것이지 그 자체가 독립된 사관인 양 내세우는 것은 우스운 것이거든요.

문화의 효용성

주종택 참여문학이라는 말도 되새겨볼 필요가 있다고 생각됩니다. 문학이 이 시대의 불의와 모순을 적극적으로 평가하고 책임을 지고 행동하는 것으로 민족문학의 당위성이 얘기될 때, 민족의 내적·외적 환경의 변화를 수반하는 것으로서 문학이 실지로 사회변화의 원동력이 될 수 있겠는가라는 점도 우리들 사이의 의문점의 하나거든요.

백낙청 중요한 이야긴데, 흔히들 참여문학의 대표자로 알려진 싸르트르(Sartre)조차도 문학의 현실적인 효용성은 전혀 없다라고 말했는데 우리나라에서 문학의 역사적·사회적 기능을 말한다는 건 우습지 않으냐 하는 식으로 몰아붙이는 건 문제제기의 각도가 좀 좋지 않다고 봐요. 효용성이라는 관점에서 보더라도 싸르트르의 말이 반드시 옳다고만은 볼 수 없으려니와, 우리의 당면과제가 어떤 굶는 아이를 하나 먹여준다든지 어떤 좋지 않은 법률을 하나 고친다든지 이런 단편적인 방법이 아니고 그야말로 사회 전체가 바뀌고 인간의 역사가 아울러 바뀌는 큰 변화를 말하는 거니까, 그 가운데서 인간이 무엇을 읽고 무엇을 쓰고 말하고 무엇을 생각하느냐는 것이 큰 부분을 이룬다는 것은 당연한 거예요. 그건 가타부타할 여지가 없는 거지요. 이것은 당연하게 인정하고 그다음에 구체적으로 이렇게 좋은 작품을 쓰고 좋은 작품이 나왔을 때 얼마나 제대로 알아주고 혜택을 누릴 것인가에 관심을 기울여야지, 문학이 굶는 아기 몇 명을 먹여 살리느냐, 싸르트르도 이렇게 말했는데 너는 뭐냐, 이런 식의 문제제기는 우리를 자꾸 헷갈리게 하는 비본질적인 질문이 아닌가 생각해요.

주종택 하지만요, 우리 현실에 대해 이해를 깊이하고 더욱이 어떤 실천적인 과제를 해결코자 하는 의식들 사이에서는 문학활동이 공감을 줄 수는 있어도 해결책은 가져다주지 못하지 않느냐 하는 식으로, 문학을 아끼는 학생일수록 문학행위에 대해서 더 회의적인 것 같았어요. 그래서 순수니 참여니 이런 문제가 아니라 문학이 현실적으로 얼마나 많은 대중들의 의식을 변화시킬 수 있겠느냐 하는, 문학 자체가 지니는 한계성과 새로운 가능성을 찾을 필요가 있다고 생각했어요.

백낙청 학생들이 그런 문제로 회의하는 건 당연해요. 다만 싸르트르가 문학에 대해서 그렇게 얘기했다는 것 자체가 서구적인 지식인으로서의 한계를 드러내는 면이 있는 점도 생각해볼 필요가 있지요. 즉 문제를 개인적인 양심의 가책이라는 차원에서 보고 있는 거예요. 인도에서는 먹을 것이 없어서 몇백만이 굶는데 나는 빠리에 편안히 앉아 있구나 하는 일종의 조바심의 표현도 있지요. 이 책에서 충분히는 얘기하지 못했지만 나는 이상주의라는 것을 비판하고 있는데, 그건 이상주의라는 것이 많은 대중들의 생활상의 이익에 기초해서 문제를 하나하나 풀어나가는 것이 아니라고 믿기 때문이지요. 한 개인의 우수한 양심이나 도덕적 의무를 위주로 생각해서는 결코 역사가 안겨주는 문제가 풀어지지 않는다고 확신합니다. 그리고 순수와 참여, 민족문학, 리얼리즘 문학의 의미가 뒤범벅이 됐는데, 여기서 그걸 간단히 정리해본다면 이래요. 순수문학이라는 말은 우리나라에서 작가가 순수한 마음으로 문학을 한다는 그런 본래의 뜻이 아니고, 이상한 이데올로기로서 우리 문학을 지배하고 있었어요. 작가가 역사적·사회적 관심을 갖는 것이 마치 작가의 본분에 어긋나는 것처럼 되어 있었는데, 이것을 비판하는 과정에서 참여문학이라는 개념이 나왔지요. 그러다가 단순히 순수문학을 비판만 할 게 아니라 그러면 어떤 식으로 참여문학을 할 것인가라는 요청에 따라서 방법상으로 대두된 것 중에 하나가 리얼리즘 문제지요. 개인적 주관에서 참여하는 게 아니고 어디까지나 객관적 현실에 바탕을 두고 그 성과는 여러 사람이 공유할 수 있는 것이 돼야 겠다는 생각이 리얼리즘론에서 나왔던 거예요. 또 그 리얼리즘이 구현하는 주제의식을 규명하는 과정에서 농민문학론이나 시민문학론이 나온 것이고, 한층 진보된 단계에서 더 구체적으로 생각하는 과정에서 민족문학론이 나온 겁니다. 그렇다고 민족문학이란 말이 나온 뒤에 다른 것은 불필요하게 됐느냐면 그건 아니고, 아까도 얘기했지만 민족문학이라는 개념이 항상 자칫 잘못하면 타락할 위기에 놓여 있기 때문에 그 내용을 새롭게 밝혀두기 위해서는 시민문학이나 농민문학, 참여문학, 그리고 노동자문학이라 할까, 그런 개념들을 자꾸 새롭게 되새길 필요가 있는 거지요.

서구 지식인들의 한계

최규덕 문학의 이상주의를 비판하셨는데, 이 책에서는 모더니즘 계열 쪽에서 개인적인 상황을 전체적인 상황으로 객관화시켜서 왜곡된 리얼리티상을 제시한다는 점을 지적해주셨는데, 거기에서 생각나는 것이 뤼씨엥 골드만(Lucien Goldmann)의 『숨어 있는 신(神)』에서 세 가지의 인간유형이 나오잖아요? 그 가운데 세번째 인간형인 비극적 인간형에서 말하는 타락된 사회에서 신은 존재하지 않지만, 신에 이르는 길, 다시 말해서 진리에 이르는 길은 반드시 세상을 통해야 된다고 하는 말이 있는데 좀 맺혀 오는 게 있었어요. 흔히 진리는 세상을 초월한 저쪽에 있다는 유혹을 많이 받거든요. 그게 바로 소시민의식과 연결이 되고 결과적으로는 제국주의를 옹호하게 되는 정신적 바탕이 아니겠어요.

백낙청 그렇습니다. 아주 좋은 이야긴데요. 한마디 덧붙이자면 사실은 신이 없는 세계라느니 신이 숨어버린 세계라느니 하는 말을 골드만도 하고 루카치(Lukács)의 초기 저작에서나 기타 여러 사람들이 하는데, 이런 말의 유행 속에는 서구 지식인들의 패배주의도 작용하고 있다는 생각을 해볼 필요가 있어요.

황인하 제 생각도 서구의 이론들이 아무리 발상이 좋더라도 제3세계나 우리나라의 처지에 비추어보면 근본적인 간격이 있다고 봐요.

최규덕 골드만의 발상은 기본적으로 부정의 변증법에 있는데 그것만으로 패배주의로 보기는 곤란하잖아요?(웃음)

백낙청 그것만으로 패배주의라고 보면 비약이 되겠지만 일반적으로 골드만뿐만 아니라 많은 서구 지식인들이 자신의 소외를 이겨낼 구체적 방도를 못 찾으니까 마치 인생이 원래 그런 것이고 적어도 현대적 인생은 그런 것이라는 듯이 이론을 엮어대는데, 이런 수많은 발언들이 옳으냐 그르냐의 논의에 한번 말려들기 시작하면 한정이 없단 말이에요. 더욱이 그들은 우리에 비하면 연구자로서의 여건이 엄청나게 좋으니까 이것저것 엮어내는 걸 우리가 일일이 상대할 재주가 없지요.(웃음)

주종택 그런 말도 있대요. 처지가 안락한 사람일수록 래디컬한 말을 더 잘한다고. 지식인들 사이에서 볼 수 있는 현상인 것도 같아요.

백낙청 사실 서구에 비하면 우리 지식인들은 참 살기가 불편하게 돼 있어요. 연구조건이 나쁘다는 것만이 아니고, 지식인들의 일반적인 생리로는 근사한 발언만 하고 그걸로 끝냈으면 좋겠는데, 우리 사회의 풍토가 그걸 용납 안해요. 한쪽에서는 말을 했으면 실천을 하라는 압력이 들어오고, 실천을 하다 보면 다른 쪽에서 또 엉뚱한 지경에 빠지고……(웃음) 그러나 바로 이렇게 불편하다는 게 사실은 건강하고 좋은 겁니다. 지식인이 그래도 완전히 소외는 안됐다는 뜻이에요. 이걸 감사히 생각하고 여기서 창조의 터전을 찾아야지요.

최규덕 수강료도 내지 않고 오랜 시간 좋은 강의 잘 들었습니다.(웃음) 감사합니다.

오늘의 여성문제와 여성운동

이효재(이화여대 사회학과 교수)
이창숙(전 한국일보 기자)
김행자(이화여대 정치학과 조교수)
서정미(성심여대 불문과 전임강사)
백낙청(『창작과비평』 편집위원)
1979년 4월 14일

백낙청 바쁘신데 이렇게 나와주셔서 감사합니다. 제가 좌담을 여러 번 해보았지만 오늘처럼 행복한 자리는 처음입니다.(웃음) 하기는 남성규탄의 집중포화를 한참 얻어맞다 보면 이 자리에 나온 걸 도리어 후회하게 될는지 모르겠습니다만 우선은 아무튼 행복합니다. 이번 좌담 제목은 「오늘의 여성문제와 여성운동」으로 잡아보았습니다. 저희 '창비'에서 여성문제로 좌담을 한다고 하니까 여기 나오신 여러 선생님도 포함해서 많은 사람들이 깜짝 놀라더군요. 그 이유를 생각해보건대, 한편으로 여성문제처럼 중대한 문제를 '창비'가 그동안 너무 소홀히해왔다는 표시가 아닌가 싶고, 동시에 이런 면도 있는 것 같아요. 저희 '창비' 편집진 자체는 남성중심적인 편견에 사로잡혀 있어서 그랬었다손 치더라도, '창비'를 아끼는 뜻있는

■ 이 좌담은 『창작과비평』 1979년 여름호에 수록된 것이다.

왼쪽부터 시계방향으로 백낙청, 김행자, 이창숙, 서정미, 이효재

독자들 가운데도 많은 분들이 저희가 여성문제를 본격적으로 다루지 않은 것을 당연한 일처럼 여겨왔다는 사실은 우리 사회 안에서 그동안 여성문제가 제기되어온 방식 자체에도, 특히 그러한 문제제기를 담당해온 여성운동 자체에도 문제점이 있지 않았을까 하는 생각입니다. 아무튼 문제점이 있다면 있는 대로 부각시키고 저희 자신으로서도 반성할 것을 반성하는 계기를 마련하고자 해서 여러 선생님들을 이 자리에 모셨습니다. 기탄없이 충분한 토의를 해주시기 바랍니다. 저 자신은 주최측의 한 사람으로 사회나 보고, 또 더러는 남자로서 악역(惡役)을 맡을 필요도 있으면(웃음) 저 나름의 문제제기도 해보겠습니다만, 오늘의 토론은 주로 여자분들 중심으로 진행되었으면 합니다. 좌담의 진행을 저는 크게 세 부분으로 갈라 생각하고 있습니다. 첫 부분은 여성문제를 보는 기본적인 관점이랄까 여성해방운동의 이념, 이런 데 대한 일반론을 논의해보고, 다음에 본론으로 들어가 한국 여성의 현실에 촛점을 맞춰서 구체적인 여러 문제들을 점검해보았으면 싶습니다. 그리고 마지막으로 한국의 여성운동을 중심으로

이제까지 해온 일들을 반성하면서 앞으로 나갈 길을 모색하는 것으로 결론을 삼을까 합니다. 그럼 토론을 시작하기 위한 방편으로서 먼저 이효재 선생님께서 오늘날 여성해방운동의 이념이랄까 여성문제 파악의 큰 흐름들을 대강 요약해 말씀해주시면 좋겠습니다.

이효재 여성해방의 이론이라고 하면 아무래도 서구를 배경으로 시작된 것인만큼 그쪽의 흐름을 요약해보겠습니다. 역사적으로는 프랑스혁명 이후로 시민사회가 형성되는 과정에서 여성들이 남자들만 인간이 아니고 우리 여성들도 평등한 권리를 인정받아야겠다고 해서, 인간으로서의 법적인 권리를 인정해달라고 주장하기 시작한 데서, 참정권이라든지 교육기회와 경제활동에 참여할 권리를 얻기 위한 여성들의 노력이 시작되었지요. 한편 영국에서는 우리가 잘 아는 존 스튜어트 밀(John Stuart Mill)이 영국의 자유민주주의적 사상을 바탕으로 여성을 대변해서 남녀의 평등을 주장했지요. 세계의 역사는 점점 모든 인간이 자유와 평등을 누리는 방향으로 흘러가고 있는데 여성은 이제껏 완전한 인간으로서의 자유와 권리를 누리지 못했고 이제 누릴 수 있게 되어야겠다는 것이지요. 그런데 밀은 그런 주장과 동시에 남녀간에 본질적인 차이가 있음을 인정하고 여성은 어디까지나 '여성다운 본질'을 발휘함으로써 남성과 좀더 조화스러운 관계를 이루어야 된다는, 모순된다면 모순되는 입장이었지요. 이것과는 대조적으로 맑시즘의 여파로 사회주의운동에서 여성문제를 제기하고 나온 게 있어요. 그 이론을 편의상 한두 마디로 줄여서 말한다면 자본주의사회에서 여성의 불평등한 지위는 사유재산의 한 형태로서 가정에 얽매여 남자의 노예가 되어 있고 더구나 여성노동자들은 가정생활도 제대로 못하면서 이중의 노예생활을 하고 있다는 것인데, 이런 상황에서 부르주아계급의 여성문제건 노동계급의 여성문제건 혁명을 통해 사회주의사회를 건설함으로써만 해결될 수 있다는 이론을 세웠지요.

현대 여성운동의 세 갈래

이런 이념들을 배경으로 해서 19세기 말 이래로 나타난 여성운동의 갈래를 크게 세 가지로 보고 있어요. 하나는 서구의 대다수의 소위 중도적인 입장의 여성운동에서는 현존하는 자유민주주의사회 내에서 여성지위를 점진적으로 향상시켜야 된다는 입장이지요. 예컨대 취업의 기회가 평등해지고 같은 일에 대해 남녀가 동등한 보수를 받아야 한다든지, 또는 여자가 가정과 직장생활을 겸할 수 있도록 탁아소 시설이 점점 늘어나야 된다든지 하는 것이지요. 다른 한편으로 수적으로는 훨씬 소수의 과격한, 급진적인 여성운동가들이 성의 해방이라든지 하는 여성해방의 목표를 내걸고 일종의 대남성투쟁을 선언하고 있지요. 심한 경우에는 여자들이 입는 브라 같은 것도 불태워버리면서, 여자의 모든 의복이나 단장도 결국은 남자들을 위한 것이었다는 데 대해 반발하는 거지요. 이제까지 여자들이 무관심하게 여겨왔던 온갖 태도와 고정관념들 그리고 사회제도 자체가, 케이트 밀레트(Kate Millet)의 『성의 정치학』(Sexual Politics)이라는 책에서도 말하듯이 가부장적(家父長的)인 형태를 띤 것이기 때문에 그러한 인간관계와 사회구조로부터 해방되어야 한다는 것을 부르짖는 움직임이라고 볼 수 있어요. 세번째의 큰 흐름은 사회주의 여성운동인데 여기서는 대남성투쟁이나 여권운동보다도 근본적으로 사회주의적인 혁명을 중시하고 있지요. 그런데 60년대·70년대에 들어와서 제3세계의 대두와 더불어 이런 세 가지 흐름의 어느 하나에도 그대로 들어맞지 않고 서구 여성운동이나 사회주의진영 여성운동과도 또다른 제3세계 여성운동의 입장이 나타나게 되었지요. 1975년 유엔 '세계여성의 해'를 맞아 멕시코에서 세계여성대회가 있었는데 거기서 그 경향이 표면화되었어요. 소련을 중심으로 한 동구권 국가들은 자기네들은 사회적으로 정치적으로 경제적으로 이미 남녀평등을 이룩했기 때문에 서구식의 여권운동은 필요없고 다만 앞으로 여성들이 국제적인 지위와 역할에 있어서 남성과 동등해져야 하는데 그것은 세계평화를 위해서 핵전쟁을 반대하고 군비를 감축시키는 노력에 많이 참여해야 된다는 것이었지요. 그와 대조적으로 서방세계의 여성들은 사회주의진영에서 아무리 제도적으로 평등을 확립했다고 하지만 아직도 남성들의 가부장적인 의식과 관계가 없어진 것이 아니다, 소련사회의 여성들은 직장생활을 하면서 가부장적인 남편들 밑에서 가정생활도 하려니까 이중적인 어려움을 겪고 있음을 우리가 안다, 그러므로 동·서진영을 막론하고 가부장적인 문화의 잔재가 남아 있는 한은 여성들끼리 국제적인 유대를 맺으면서 여성운동을 전개시켜나가야 된다는 주장을 했지요. 그런데 제3세계 여성들의 입장은, 과거에 식민지 민족들이 독립을 위해 싸우는 과정에서 남녀가 모두 함께 참여한 것이 식민지 여성들로서는 더 중요한 평등이었고, 아직도 신생국들이 제국주의나 식민지주의 세력에서 온전히 탈피하지 못한 상태에서 신식민지주의나 인종주의와 싸우는 일에 여성들이 남성들과 함께 참여하는 일이 중요하다, 따라서 여성들의 당면과제는 가정에서부터의 해방이나 남성과 대결하는 투쟁일 수 없다는 주장을 폈습니다.

백낙청 네, 서구 여성운동의 역사적인 연원에서 현재의 흐름들, 그리고 제3세계의 독특한 입장까지 여러 각도에서 잘 정리해주신 것 같습니다. 뒤이어 김행자 선생님께서 좀더 보충하실 거라든가 한국에서 현재 진행되고 있는 여성운동과 관련해서 특히 강조하고 싶으신 것을 좀 말씀해주시지요.

한국 여성문제의 특수성과 보편성

김행자 우선 아까 백선생님이 남성들이 공격을 받을 때 남성을 대변해서 말씀하시겠다고 하셨는데 기본적으로 여권운동에 대한 오해가 여기서부터 생기는 것 같아요. 여성운동이 대남성투쟁운동으로 오해되는 것 말이지요. 저는 그걸 이렇게 생각하는데요. 여성 중에도 여성문제 해결에 장애가 되는 요소를 가진 사람들이 참 많고 남성 중에도 도움이 되는 사람들이 있고, 오히려 남성문화권(男性文化圈)적인 요소를 어떻게 없애는가 하는 것이 문제의 촛점이기 때문에 그건 성의 문제가 아니라고 봐요. 그 점을 우선 짚고 넘어갔으면 좋겠어요.

그리고 이선생님께서 역사적으로도 말씀해주셨고 현상적으로도 말씀해주셨는데, 저는 역사적으로 여성문제에 관심을 갖게 된 많은 사람들의 경우 그 사람들의 사상이나 성장배경이 그런 관심을 갖게 만든 면을 많이 생각하게 돼요. 그러니까 존 스튜어트 밀의 경우도 밀의 이론 자체가 좀 불분명하게 된 이유가 어디 있느냐 하면, 밀이 여성문제에 관심을 갖게 된 것이 젊었을 때부터 해리엇 테일러(Harriet Taylor)라는 기혼여성을 만나서 나중에 결혼까지 하게 되었는데 그 여자와의 관계를 통해서 그렇게 된 것 아니에요? 그래서 여성문제에 관심을 갖고 『여성의 굴종』(*The Subjection of Women*)이라는 책도 쓰게 되었는데, 기본적으로 남성문화권 속에서 자란 사람으로서의 사상이 그대로 있으면서 성장한 뒤에 생긴 여자와의 새로운 관계를 이론화하다 보니 우리가 지금 볼 때 모호한 점이 있게 된 것 같아요. 그런 점에서 '사회화'라고 하는 과정이 참으로 중요한 것 같고, 또 저는 여성문제에 대해 저 나름으로 관심을 갖고 생각하고 보고 읽고 하면서 항상 느끼는 것은 어디서부터 어디까지가 본질적인 문제이고 어디서부터가 본질 이외의 문제인지가 정말 분명치가 않은 것 같아요. 그렇기 때문에 가끔씩 생각나는 것이 베티 프리던(Betty Friedan)이 보부아르(Simone de Beauvoir)를 만나서, 자기는 이미 지도에 그려져 있지 않은 길을 너무 와 있는데, 돌아서기에는 너무나 많이 와 있고 가야 할 곳은 보이지 않아서 답답하다고 했던 말을 많이 생각하게 돼요. 여성문제라는 것이 너무나 오랜 역사 속에서 복합적으로 생겨난 것이기 때문에 그것을 분명히한다는 일 자체가 참 어려운 것 같습니다.

저는 정치학을 하니까 정치학적인 이야기가 많이 나오는지 모르겠습니다만, 정치권력으로부터 소외된 집단의 하나로서의 여성문제가 최근에 와서 본격적으로 논의되게 된 것이 민권운동과의 연관에서인 것 같아요. 그러니까 그전에는 유럽 쪽의 선례가 있었지만 최근에 와서 본격적으로 논의된 것은 미국에서 1964년에 민권법안이 통과되었을 때 거기에 고용에 있어서 인종차별을 두어서는 안된다는 조항이 있었는데, 그 후에 여성들이 인종차별뿐 아니라 성차별도 금지하는 대목을 첨가시켜달라고 해서 그것이 통과가 되었지요. 그렇게 됨으로써 권력이라는 차원에서 소외집단으로서의 여성문제가 훨씬 부각된 것이 아닌가 하는 생각이 들어요.

그리고 우리나라에서 여성문제를 말할 때는 동서고금을 막론하고 시·공간을 초월해서 여성들이 안고 있는 문제가 있을 것이고 특정한 지역, 특정한 시대에 사는 여성들의 문제가 있을 것인데, 아까 이효재 선생님 말씀하신 제3세계와 서구세계 여성들의 각기 다른 입장도 그런 데서 나오는 것 같아요. 그런 점에서 '오늘의 여성문제'라고 할 때 '오늘'이라는 것을 어디에 촛점을 맞추느냐 하면 우선 고도성장을 하고 산업화해가는 한국, 그것도 분단된 상황이고 민주주의를 표방하는 사회 속의 여성문제가 될 것이고, 게다가 어떤 계층에 속해 있느냐에 따라 그 인식이 달라지겠지요. 그러니까 여성문제라는 것이 가진 자와 안 가진 자의 문제로 또 나뉘는 것 같아요. 예를 들면 여성운동 하면 많은 사람들 생각이 유한마담이 할 일이 없어서 왔다갔다하며 시간을 보내는 게 아니냐는 것인데 이것은 가진 여성들이 해온 운동이 주로 부각되어왔기 때문에 그리된 것이 아닌가 해요. 그런데 저임금에 허덕이는 근로여성들의 경우도 여자이기 때문에 더 허덕이는 것이고 따라서 그들의 문제도 여성운동의 문제인데, 다만 이 경우에는 운동의 대상이 가진 자들이 되기 때문에 — 그러니까 한편으로 가진 여성들도 포함하면서 동시에 못 가진 남성들도 망라하기 때문에 문제가 훨씬 복잡해지지요. 그렇지만 제 생각에는 여가가 있는 여자들의 문제와 먹고사는 일 자체에 위협을 받고 있는 근로여성들의 문제가 비록 성격은 다르지만 두 개가 합쳐져서 전체적인 문제가 해결되는 방향으로 가야 할 것 같아요.

이효재 아까 제가 너무 광범위하게 개관을 하느라고 여성운동의 기본 쟁점들을 구체적으로 뚜렷이 말씀을 못 드렸는데, 요즘 학자들 사이에 이야기되는 것은 대충 네 가지로 나누어볼 수 있을 것 같아요. 첫째는 여성을 남성과 동등한 '시민'으로 설정하고 법률이 여성에게 가하는 부당한 차별을 철폐하는 문제가 있고, 둘째로는 경제적으로 사회적으로 정치적으로 여성이 균등하게 참여할 수 있는 현실적인 제도와 여건을 만드는 문제가 있고, 다음에는 하나의 성으로서의 여성이 남자들의 '성적 대상물' 내지는 가정에서 남자의 소유물이 되는 상태를 어떻게 실질적으로 벗어나느냐는 문제들이 있어요. 그다음에 또 하나는 이제까지 여성운동에서 별로 다루지 않았던 문제로서 여성의 인간화라고 할까, 이것은 남녀가 다 같이 궁극적으로 모색하는 문제인데 여자가 하나의 인간적인 존재로서 자신을 재발견하고 자기를 실현함으로써 남녀 모두의 인간다운 사회를 만든다는 것이지요.

백낙청 그 네번째 문제가 이제까지 별로 다루어지지 않았다는 것은 아직 충분한 성과가 없다는 뜻일 테고 '인간화'를 표방한다는 점에서는 앞의 세 가지 목표의 추구에서도 마찬가지겠지요.

이효재 그렇지요.

백낙청 그러니까 김행자 선생님이 제게 주의를 주셨듯이(웃음) 여성운동이 남성 자체를 타도하겠다는 것보다도 남자와 여자를 다 같이 비인간화하는 요소들을 타파하자는 것일 테지요. 이제 이창숙 선생생님과 서정미 선생님도 우선 한말씀씩 해주시고 자유로운 토의를 벌였으면 좋겠군요.

우리 입장에 근거한 이론의 필요성

이창숙 저는 솔직히 말씀드려서 여성문제에 대해서 무슨 이론을 아는
것도 없고 공부를 제대로 한 것도 아니고 항상 피교육자의 입장이거든요.
이효재 선생님이나 김행자 선생님은 교육자의 입장에서 말씀하시고 저는
말하자면 그 대상인 셈이지요.(웃음) 그렇기 때문에 제가 처한 입장에서 제
가 느낀 것을 그대로 말씀드리는 수밖에 없겠어요. 아까 '창비'에서 여성
문제 좌담회를 한다니까 다들 놀라더라고 그러셨는데 사실 저도 그 놀란
사람 중에 하나예요. 그래서 내가 왜 놀랐는가를 생각해볼 때, 어떻게 보
면 '창비'에서 이런 좌담을 한다는 게 어쩔 수 없이 밀려서 하는 측면도 있
지 않겠어요? 그렇다면 이선생님이나 김선생님이 그동안 여성문제 논의
에 많은 공헌을 하신 결과로 이렇게 되지 않았는가 하고 우선 고맙게 생각
하지요. 다음에 제가 피교육자의 입장에서 항상 느껴온 점 하나는 여성문
제에 관한 이론이 언제나 서양 것을 놓고서 거기다가 우리 문제를 맞춰서
규명하려는 경향에 대한 어떤 반발 같은 것이에요. 단적인 예를 들면 종교
와 관련해서도 그런데, 여성문제를 말씀하시는 선생님들이 기독교에서
여성이 어떻게 차별되느냐는 문제를 많이들 얘기하세요. 그런데 불교에
서 여성들이 얼마나 차별을 받는지는 별로 이야기하시지 않거든요. 불교
가 우리나라에서는 기독교보다 더 토착적인 종교고 우리 여성사회에서
불교가 갖고 있는 비중이 무시할 수 없는 거거든요. 그런데도 불교 이야기
가 여성문제와 관련해서 거의 안 나오는 것 같단 말이에요. 단적인 예의
하나로 불교를 말씀드린 건데, 서양이나 동양이나 여자들이 당면한 문제
들이 근본적으로 일치하는 면이 있지만 아까 김행자 선생님 말씀하신 대
로 그 지역의 특성이 또 있는데, 우리 동양이나 한국의 전통이라든가 역사

가 여성운동의 이론 속에서 구체적으로 다뤄지지 않고 있다는 느낌이에요. 또 한 가지 단적인 예로서 일제시대의 우리나라 여성운동이 어떤 방향으로 갔는가에 대한 연구도 제가 알기에는 아주 최근에야 나왔지 몇해 전만 해도 그런 데 대한 고찰이 전혀 없지 않았나 해요. 그래서 저는 우리의 여성문제를 해결해나가기 위해서 서양의 것을 그대로 본떠 와서는 안된다는 반성을 해야 할 시기가 아닌가 하는 생각을 하게 돼요.

서정미 한국의 현실을 고려하자는 말씀은 당연한 이야기지요. 서구 여성들의 문제와 입장이 곧 그대로 우리 문제와 입장이 될 수는 없을 테니까요. 그런데 한국의 현실이라는 것이 역사적으로 우리 자신의 의사에 의해서만 만들어진 것도 아니고 또 현재도 그러한 선진국가들의 모델을 좇아 근대화·공업화를 가속화하고 있으니까, 선진공업국에서 심각한 자기모순에 빠져 있다면 그러한 모순이 바로 우리의 것이 되지 않기 위해서라도, 서구에서 그러한 모순을 드러내고 거기에 도전하는 중요한 움직임들 중의 하나인 서구 여성해방운동에 대해, 어떻게 우리 문제와 연결되어 있나를 한번 따져보는 것도 필요할 것 같습니다.

이창숙 물론 그건 그렇지요. 아까도 제가 말했듯이 동서양을 막론하고 공통된 문제점들이 있는 거지요. 그런데 그것이 이론으로 나타날 때 이효재 선생님이 처음에 개관을 해주셨듯이 제3세계 여성들과 서구 여성들과 사회주의진영 여성들이 각기 자기 사회에 맞는 여성운동의 이론을 내걸고 있지 않아요? 그런데 우리나라는 그런 게 부족하지 않느냐는 거예요. 예를 들면 아까 김선생님 말씀하신 분단상황 같은 것도 전혀 고려되어 있지 않는 것 같아요. 물론 저는 그것이 우리 여성들만이 가진 어떤 결함이라곤 생각하지 않아요. 우리 사회 전체가 안고 있는 문제점인데, 여하간 여성운동을 하는 사람들이 그런 걸 별로 생각 안하고 마치 우리가 무슨 통일된 사회—통일이 아니라 남한과 북한이 전혀 별개의 나라인 것 같은 어떤 착각 속에서 움직이는 우리 사회 전체의 문제점을 그대로 답습하고 있다 이거예요. 이런 데 대해 제가 피교육자로서 느낀 반발 같은 게 있다는 것이고 그게 나만의 경우가 아닐 것 같다는 거지요. 아까 불교에 관해 이야기한 것도 불교 자체가 어떻다는 것보다도 이런 우리의 문제를 좀더 생각해보자는 거지요. 지금 여성 불교신자들이 굉장히 많거든요. 초파일 날 같은 때 나온 아주머니, 할머니 들을 보면 불교신자의 거의 전부가 여자라는 인상을 받아요. 여성운동이 교육받은 소수의 중산층 내지 중산층을 대상으로 하는 거라면 몰라도 하나의 대중운동이 되려면 불교 같은 종교의 문제가 굉장히 큰 비중을 차지하게 될 것 같아요.

이효재 그런데 나중에 가서 어찌될지 모르겠지만 불교라는 것이 우리 사회에서 아직 호국불교 이외에는 사회문제라든가 인간관계의 문제에 어떤 운동의 형태로 나타난 게 없지 않은가요?

백낙청 '아직'이라 그러시니까, 장차 있어야 할 것이 지금 없다는 점에서는 아직 없는 셈이고, 그러나 과거를 돌이켜보면 민중불교가 상당히 왕성한 적도 있었지요. 아무튼 오늘의 현실에서는 무슨 대규모 사회운동의 형태로 표면화된 것은 없지 않은가 해요. 집단적인 노력이라 해도 개인적인 수도에 치중하는 것이 아니면, 소위 말씀하신 대로 '호국'을 한다는 건데(웃음)—그러나 이런 문제는 나중에 현실을 구체적으로 점검해나가는 과정에서 필요하다면 더 논의하기로 하고 우선 여성운동의 이념이랄까 이론에 대한 이야기를 좀더 했으면 좋겠습니다. 예를 들어 이런 식의 논의는 어떨까요? 단순히 서양이론을 동양이나 한국의 전통에 입각해서 비판하는 것만이 아니고, 한국이라는 지역에서도 우리가 처한 특수한 역사적 시대와 관련시켜보면 어떻게 되느냐는 겁니다. 이효재 선생님이 쓰신 「일제하의 한국 여성노동문제 연구」라는 글의 결론을 보면, 일제하의 한국과 같은 식민지 상황에서 독자적인 여권운동이 대두될 수 없었고 민족해방운동의 일부로서, 그리고 못 사는 식민지 대중의 생활조건을 개선하려는 사회운동의 성격을 띠고 여성운동이 전개될 수밖에 없었다고 되어 있습니다. 이러한 특수성이 오늘의 현실에서는 어느 정도까지 해당될 수 있을는지요?

항일구국운동에 나선 두 여인의 경우

이효재 여성들이 서양에서처럼 가부장적인 전통을 부정하는 뚜렷한 의식에서 조혼폐지, 여성교육장려 및 경제적 지위향상을 주장한 경향은 오히려 개화기의 독립협회 사상의 영향을 받아서 순성회(順成會)를 비롯한 몇몇 단체에서 볼 수 있었지요. 그러나 극히 미약한 상태였고, 일제 침략으로 국권이 흔들리게 되니까 자녀를 잘 기르기 위한 여성교육의 필요성을 주장하며 일본에 대한 국채보상운동에 여성들이 전국적으로 참여한 구국운동의 성격이 강했지요. 그리고 국권을 잃고 난 뒤에는 독립운동에 여성들도 남성들과 더불어 참여하는데, 그 과정에서 인간으로서나 여성으로서의 자아의식이 민족의식하고 일치가 되는 예를 볼 수 있어요. 김마리아씨와 남자현(南慈賢)씨가 개인적으로 아주 대조적이면서도 그 점에서 다 같이 좋은 예를 보여주는데, 김마리아 선생의 경우는 일찍이 개화한 여성으로 동경유학을 하고 3·1독립선언 직전에 동경유학생의 선언문을 갖고 황애덕(황에스더) 선생과 국내에 잠입해서 전국을 순회하다가 체포되기도 했지요. 뒤에 대한애국부인회 회장이 돼서 독립운동을 뒷받침하는 비밀조직을 만들었다가 체포되어서 정말 말로 다할 수 없는 고문을 받았고 나중에도 그때 고문으로 얻은 병 때문에 돌아가신 셈이지요. 그런데 항일운동을 하던 과정이나 고문을 당하고 문초를 받으면서 대항한 기록을 읽어보면 그야말로 인간으로서의 자존심이랄까 긍지, 그리고 민족적인 저항의식이 완전히 하나가 되어 있는 게 역력히 나타나 있어요. 김마리아씨와는 대조적으로 남자현씨는 원래가 구식 부인인 셈이에요. 남편이 의병으로 싸우다가 학살을 당하고 유복자 하나를 두었는데 3·1운동이 나기까지 20여 년을 가정생활을 했지요. 그러면서 늘 생각한 것이 남편을 소생시키는 길은 곧 국권을 되찾는 일이다, 그래서 3·1운동 이후에는 자기가 직접 독립운동에 뛰어들어요. 만주로 망명해서 독립군의 행동대원으로서 활약이 참 많아요. 남자 동지들과 서울로 잠입해 들어와서 사이또오(齋藤實) 총독 암살을 계획했다가 실패한 일도 있고, 다시 만주로 가서 활약하다가 마지막에 왜적 무또오(武藤信義)를 암살하려는 계획을 위해 연락하다 체포되지요. 그래서 모진 고문을 당해서 죽게 되니까 병보석을 해주어서 여관에 나와서 죽었어요. 이런 한두 가지 예만 보더라도 ─

서정미 그런데 그분이 전통적인 여인으로서 남편에 대한 충성심을 가진 분이면서도 독립운동에 철저하게 임할 수 있었다고 말씀하셨는데 독립운동을 하는 과정에서 전통적인 여인상을 벗어던진 게 아니겠어요?

이효재 그렇지요.

서정미 그 점이 중요한 것이 아닐까요? 봉건적인 억압으로부터의 해방을 식민지 현실을 타파하는 과정에서 얻는다는 것 ─ 저는 선생님 글의 결론을 그런 식으로 이해했는데요.

백낙청 그러니까 일제시대에는 김마리아씨와 같은 경우든 남자현씨와 같은 경우든 그 출발점과 상관없이 민족운동을 철저히하는 과정에서 전통적인 여인상에서 벗어날 뿐만 아니라 당당한 자아의식을 갖게 되었다는 이야기가 되겠는데요. 그런데 오늘날은 어떨까요? 이미 일제 식민지는 아닌 반면에 여러가지 민족문제가 남아 있는 상황에서 여성운동이 민족운동의 성격을 띠어야 할 측면을 어느 정도 강조하는 것이 옳을는지요?

이효재 그러니까 분단상황에서의 일반국민들과 여성들의 의식상태에 문제점이 있지 않은가 해요. 과거에 보면 여성단체들이 적극적으로 국가를 위한 역할을 한 사례도 많이 있지 않아요? 하긴 현재도 그렇지요. 통일문제에 관해서도 여성단체들이 그때그때 한번씩 외치기도 하지요. 말하자면 정부에서 요구하는 방향으로 부르짖는데, 그런데 참(웃음) ─

서정미 식민지 때와 지금이 완전히 다른 상황인가 아니면 어떤 연결이 지어지는가 하는 문제인데, 저는 딴 곳에서 여성노동의 패턴이랄까 그런 문제를 중심으로 일제시대의 상황하고—거기서 선생님이 쓰신 글을 주로 이용했습니다만—60년대·70년대 여성노동의 패턴을 조잡하게나마 비교해본 적이 있는데요, 그 점에서는 크게 변화한 게 없는 것 같아요. 물론 양적으로 노동인구가 늘었다든지 기술적으로도 발전이 이루어졌다든지 하는 차이는 있지만, 기본 패턴이 같다는 것은 무언가 식민지적 상황에서 우리가 극복했어야 할 문제점들이 아직 극복되지 못한 채로 그대로 있지 않은가 하는 생각을 갖게 해요.

이효재 네, 우리가 지금 한 가지 착각을 하고 있는 것이, 민족통일을 이루기까지는 완전한 민족해방을 이루었다고 보기 힘든 면이 있는데도 그냥 '8·15해방'이라고 부르고 있지 않아요? 그러니까 기본적으로는 노동 상황이라든지 기타 상황이 분단국가로서의 여러 문제점을 안고 있는데—

서정미 그러니까 여성문제를 본질적으로 진전할 수 없게끔 하는 것이 그런 분단상황과 관련되어 있기 때문에 여성문제를 해결하기 위해서도 분단시대에 대한 역사적인 이해로부터 출발을 해야겠지요.

독립운동에서 여성의 역할을 어떻게 볼까

김행자 저는 질문이 하나 있는데요. 여자들이 독립운동에 가담했다고 할 때 어떤 역할로서 가담을 했느냐, 거기에 대한 해석이 좀 있었으면 좋겠어요. 왜냐하면 여자를 이용하기가 참 편하단 말이에요. 예를 들면 비밀문서를 여자의 품에다 이렇게 끼워서 운반을 시킨다든가(웃음)—그러니까 어떤 위치에서 참여하느냐가 참 중요하단 말이에요. 독립운동의 주축세력으로서 어떤 결정을 내릴 때 거기에 여자가 같이 참여했느냐, 아니면 여자는 이미 내려진 결정을 수행하는 과정에서만 참여했느냐는 거지요. 그러니까 여성들의 민족의식이나 사회의식이 어땠느냐도 중요하지만 이런 차원에서도 한번 생각을 해봐야 될 것 같아요. 저는 그 방면을 잘 모릅니다만—

이효재 아니, 그건 그 당시 일본까지 교육을 받으러 간 여성들이 독립을 되찾겠다는 의식을 뚜렷이 가지고 있었어요.

김행자 그 사람들의 의식이 문제가 아니라 객관적인 역할이 어땠느냐는 것 말이에요.

이효재 글쎄, 독립선언을 한국으로 가져오는 데는 물론 현실적으로 남자보다 여자가 덜 의심을 살 테니까 그랬을 수도 있는 거고—

이창숙 그뿐만 아니고 독립에 대한 의식도 중요하지요. 그런 의식 없이 독립운동에 이용될 수 있어요? 그게 자기의 생사를 건 문젠데. 그리고 설혹 이용을 당했다 하더라도 그 사람들이 독립운동에 참가했다는 가치가 적어지는 건 아니라고 생각해요.

김행자 물론 그런데—

서정미 이용당하는 역할로 보이더라도 그것을 통해서 어떤 자각이 일어난다면 그건 높이 사줘야겠지요.

백낙청 독립운동의 차원에서 가치가 큰 것이라도 여성운동의 차원에서 어떻게 보아야 할 것인가의 문제를 김선생님께서 제기하셨는데, 서선생 말씀대로 그 과정에서 여성 자신에게 어떤 변화가 일어났는가를 역사적으로 살펴보아야 될 것 같군요. 시간관계상 여기서 그럴 수는 없지만, 독립운동이 벌어지기 전에 여성들에게 주어진 위치가 종속적인 터에 독립운동을 한다고 해서 하루아침에 지도적인 위치에 오르기를 기대할 수는 없는 것 아닙니까? 그러나 독립운동을 하는 과정에서 여성들 스스로가 주체적인 인격으로 성장하고 전체 여성의 지위향상에도 공헌했다면 여성운동의 차원에서도 평가를 해야 되겠지요.

김행자 네, 그래서 전 그렇게 생각해요. 여성들이 독립운동을 했기 때문에 그 댓가로 해방이 되고 나서, 그러니까 어떤 사람들은 이승만(李承晩) 박사가 골이 비어서 여자들을 장관도 시키고 국회의원도 시키고 했다고 말하지만, 그래서가 아니라 독립운동을 하는 과정에서 여자들이 그만한 역할을 했는데 그만한 정도의 몫도 안 주면 안되겠으니까 적당히 그 정도를 주었는데 문제는 그것이 지속되지 않았다는 데 있는 것 같아요.

이창숙 나는 그 문제는 오히려 그렇게 생각해요. 일제시대에 한국민족으로서나 인격적인 주체로서나 자각을 가지고 활동했던 여성들의 명맥은 제대로 유지되지 못하고 오히려 그 반대, 즉 친일을 했던 여자들이 해방 이후에 여성운동의 주도권을 잡았다는 게 문제인 것 같아요.

김행자 하지만 그건 여성운동만의 문제가 아니잖아요? 이건 한국적인 상황인데ㅡ

이효재 그건요ㅡ

이창숙 아니, 한국적인 상황이라고 해서 그걸 다 덮어두면ㅡ

김행자 아니, 그런 의미가 아니라ㅡ

백낙청 너무 한꺼번에들 이야기를 하시는데 제가 사회권을 발동해야겠군요.(웃음) 결국 여성해방운동의 이론을 구체적으로 정립하려다 보면 여성운동과 다른 인간해방운동들과의 관계, 예컨대 억압받는 민족의 민족운동이라든가 또는 애초에 김교수가 제기하신 안 가진 계층의 요구, 이런 것들과 여성운동이 어느 정도까지 일치하고 또 어느 정도까지 독립되어야 하느냐는 식의 논의가 진행되어야 할 듯합니다. 그러나 시간이 많이 흘렀으니 이념에 관한 이야기는 우선 이 정도로 그치고, 민족운동 또는 근로계층의 운동과의 관계는 나중에 한국 여성운동의 방향을 모색하는 대목이나 구체적인 현실문제들을 점검해보는 단계에서 좀더 살펴보기로 하지요. 그럼 이제부터는 한국 여성의 구체적인 현실을 몇 가지 항목별로 검토해볼까 하는데요. 예컨대 여가를 가진 중산층 주부들의 고민이라든가, 직장여성들의 처지라든가 여성 노동자들의 경우라든가, 이런 문제들을 검토해보았으면 합니다.

이창숙 그런데요, 아까 이야기에 한 가지만 첨부하게 해주세요.(웃음) 예를 들어 독립운동에서 여자들이 주도권을 잡았느냐 안 잡았느냐는 문제는 사회운동이라든가 역사운동을 어떤 관점에서 보느냐는 문제도 되는데, 예를 들면 독립운동에서의 가치라는 게 주도권을 가졌던 사람들에게만 있는 게 아니라고 생각해요. 난 오히려 이름없이 죽어간 많은 사람들 — 왜냐하면 남자들 사이에도 표면에 드러난 사람들도 있지만 그냥 이름없이 죽어간 사람들이 있단 말이에요. 그런데 그 이름없이 죽어간 많은 사람들 때문에 독립운동이 이루어진 거지 표면에 나타난 몇 사람 때문에 된 건 아니라고 봐요.

김행자 그런데 비율적으로 봐서 그 이름없이 죽은 사람들 가운데 여자가 절대적으로 많다는 데 문제가 있겠지요.

이효재 물론 운동의 입장에서 본다면 이념뿐만 아니라 조직화가 중요한데 여성들의 조직화가 제대로 안된 데서 독립운동에서도 힘이 크지 못했지요. 지속적이지 못했고, 그리고 오늘의 여성운동을 정말 우리의 민족현실에 맞는 것으로 발전시키려면 항일운동시기의 구국운동적인 의식상태가 자꾸 논의가 되고 거기에 우리 여성운동이 뿌리를 박으면서 정말 여성의 인간으로서의 자각과 동시에 우리가 속한 공동체 자체가 국제사회에서 제대로 주권행사를 할 수 있는 공동체가 되도록 만드는 방향 — 이두 개가 동시에 이루어져야 하는데 그렇게 제대로 조직화되고 지속되어오지 못한 것이 문제라는 거지요.

백낙청 어떻습니까, 현재의 한국현실에서 여성문제를 말할 때 일반적으로는 중산층 여성들의 문제가 주로 부각되는 거겠지요? 그것이 바람직한 방향이든 아니든 일단 그렇게 될 만한 이유는 충분히 있는 셈이고 이자리에서의 논의도 거기서 시발점을 잡을 수 있지 않을까 하는데요.

중산층 여성의 의식화 문제

이효재 소위 중산층 여성운동이라는 것은 여성 개개인의 인간적인 자각 또는 의식화를 강조하는 것은 사실이에요. 다만 그것으로 그치는 것이 아니라 국가·사회의 문제라든가 민족공동체의 문제로 발전되어야 하는데 여하튼 가진 여성, 교육받은 여성들로 하여금 인간으로서의 자각을 일으키게끔 의식화시키는 문제가 중요한 건 사실이라고 보아요. 그런데 현재 한국적인 상황에서는 그것조차 문제점이 많은 것 같아요. 우리 한국의 여성들이 원래 대가족적인 상황에서 남편 구경도 제대로 못하고 시집살이에 얽매여서 너무 고생만 하다가, 이제는 적어도 가진 계층의 여자들은 부부중심의 소위 핵가족을 이루어서 남편의 사랑도 받으면서 살고 있다는 것이 많은 여성들에게는 상당히 만족스러운 것이라서 ─

서정미 그런데 그게 본질적으로는 그렇게 달라진 것이라고 볼 수가 ─

이효재 아니, 현재로는 많은 주부들이 그걸 만족스럽게 느끼고 있다는 거지요.

김행자 제가 알기로는 그렇지만도 않은 것 같던데요.(웃음)

이효재 적어도 소수층의 경우는 과거에 비하면 나아졌거든요. 그래서 이런 식으로 조금 더 되면 완전한 행복을 누릴 수 있다고 환상을 하고 있는 게 문제예요. 핵가족이라고 하지만 아직도 시집과의 관계라든가 친족과의 관계가 여자들을 많이 괴롭히는 게 사실인데, 여기서 한편으로는 서구적인 부부생활을 동경하고 그걸 모방하려고 노력하면서 이런 것이 더 많이 주어지기만 하면 진정한 행복이 있으리라는 환상을 하는 거예요. 그렇기 때문에 그런 식의 '행복'이 아닌 인간적인 자각을 이야기하는 것이 이들에게는 별로 실감이 안 가는 점이 있다는 거지요.

백낙청 중산층 여성의 의식화를 위해서는 김행자 선생께서 특히 많은 활약을 하고 계시는 걸로 아는데, 김선생님 말씀을 좀 들어보고 싶군요.

김행자 결혼하고 10여 년씩 가정주부 노릇을 하던 사람들이 최근에 와서 우리 대학원에 새로 들어오려는 경향이 늘어나고 있어요. 또 대학원 마치고 학업을 중단했다가 다시 박사과정에 들어오려고 어학공부를 하고 있는 사람도 많은 것 같아요. 이런 현상을 보면 이들이 딱히 가정적으로 불행해서가 아니라 가정생활의 내용이 많이 달라진 걸 알 수 있어요. 옛날에는 아이를 일고여덟씩 낳았는데 요즘은 둘밖에 안 낳는다든가, 그래서 결혼하고 10년쯤 되면 둘 다 국민학교에 다니게 되지요. 그래서 옛날의 여자들은 아이 낳아서 기르다 보면 쉰이 넘고 그냥 이게 사는 거려니 하고들 지냈는데 요즘은 가사노동과 자녀교육으로부터 비교적 일찍 해방이 되고, 다른 한편으로 현대의 직장생활이라는 게 복잡해서 남편들은 늦게나 집에 돌아오고, 그러다 보면 남는 시간에 무얼 하느냐는 문제가 생기지요. 그래서 그것이 발전적으로 잘 나가면 공부를 계속한다거나 무얼 배우러 나가는 식으로 되고— 예를 들면 요즘 박물관대학이라는 게 그렇게 잘된다는 게 그런 현상에 기인하는 게 아닌가 해요. 그리고 잘못 나가는 경우는 소위 '복부인'으로 나선다든가 아니면 모여서 화투나 치다가 차츰 액수가 커져서 억대 주부도박단 사건 같은 것도 나게 되고, 또 얼마 전 신문에 난 걸 보니까 갑자기 대낮에 카바레를 급습해서 입건을 했는데 그 연령층이 참 재미있더군요. 여자는 30대가 대부분이고 남자는 20대가 대부분이에요. 그러니까 여자는 30대가 돼야 좀 한가하고 남자는 20대가 한가하다는 이야기가 될 수 있지 않을까 싶어요. 이런 춤바람 현상도 비슷한 원인에서 오는 것 같아요. 또 한 가지 예로, 제가 가깝게 아는 후배 중에 남편이 출세를 하고 승진을 해서 축하를 하면 대답이 "축하할 것 하나도 없어, 언니. 부장에서 이사로 가면 저녁에 늦게 들어오는 날이 하나 더 늘 뿐이지 축하받을 일도 못돼"라는 거예요. 그래서 핵가족이 돼서 행복하다느니 하지만 그것이 부인들로서는 도저히 메울 수 없는 시간적인·감정적인 공백을 가져오고 있다고 봐요. 지난번 크리스찬 아카데미에서 '주부 아카데미' 프로그램을 할 때도 그렇게들 많이 왔는데 대개가 30대 초반·중반의 여자들이었어요. 이 여자들을 보면 주로 해방 전후해서 태어나서 한글 교육을 받고 대부분 서구적인 교육을 받고 대학 졸업하고 아이는 '딸·아들 구별 말고 둘씩만' 낳고 남편들은 꽤 살 만하고 사회에서 주동적인 역할을 하는 그런 부인들인데, 새로 생긴 여가를 어떻게 하느냐는 게 심각한 문제가 되어 있어요.

'여성의 신비'와 '과시적 여가'

미국의 예를 보면 1964년 민권법안이 통과되기 전해인 1963년에 베티 프리던이 『여성의 신비』*(The Feminine Mystique)를 썼지요. 여성들의 삶에서 이 메워질 수 없는, 이름도 붙일 수 없는 허무감과 부족감을 '여성의 신비'라는 개념을 통해 분석하고 묘사해냈지요. 겉보기에는 더없이 행복해 보이고 다들 행복한 척 꾸미고 지내는 미국의 교육받은 중산층 주부들이 어느 날 커피를 마시며 자기만의 고민인 줄 알고 있던 걸 털어놓다 보니 나도 그렇다, 너도 그렇다 하며 이것이 어느 개인의 문제가 아니고 객관적인 행복이라는 것과는 아무 상관없는, 과거의 여성들은 전혀 못 느꼈던 문제임을 알게 됐다는 거예요. 그래서 자기의 이런 체험을 써내서 그 책이 몇백만 부가 팔리지 않았어요? 그리고 그런 문제가 죽 논의가 되다가 1970년에 밀레트의 『성의 정치학』이 나왔는데, 우리나라에서는 그런 기초적인 의식화작업이 제대로 안된 채, 번역만 하더라도 『성의 정치학』이 『여성의 신비』보다 앞서 나왔거든요. 많은 사람들이 여성운동 하면 『성의 정치학』이 전부인 것같이 생각하는데 오히려 우리 여성운동은 미국

* 국내에 이렇게 번역되기도 했으나 원제는 '여성적이라는 신화'에 더 가까움 — 편자.

의 1960년대 정도의 단계에 와 있지 않은가 해요.

이효재 중산층 여성들이 불행하다든가 대학원에 온다든가 직업을 찾는다든가 하는 문제가 아직도 여가선용의 문제에 그치고 있지 않느냐, 이게 문제인 것 같아요.

서정미 '중산층 여자'라고 흔히 말하는데 그들이 중산층 남자와 어떤 관계에 있는가, 중산층의 덕목이랄까 가치들을 중산층 여자들이 정말 가지고 있는 것인지, 이런 문제도 생각해볼 필요가 있을 듯해요. 중산층 여자들에서 드러나는 그런 여러가지 증상이 사실은 자기의 남편이나 아버지들이 집행하는 중산층의 이념이랄까 가치들을 하나의 억압 또는 불평등의 토대로서 — 비록 그렇게 뚜렷이 의식하지는 못하더라도 온갖 증상을 통해 나타내고 있는 것은 아닌가 하는 거죠.

백낙청 그러니까 중산층의 통념에 의하면 그 여자들이 의당 행복해야 되는데 행복하지 못하다는 것은 여자이기 때문에 같은 중산층이라도 남자들이 갖춘 것을 못 갖추었다는 면도 있겠고, 중산층의 통념이랄까 그러한 행복의 개념 자체에도 문제가 있을지 모르겠다는 생각도 해볼 수 있겠군요.

서정미 중산층 생활양식의 일부로 '과시적 여가'(conspicuous leisure)라는 말이 있지 않아요? 중산층 남자들이 자기 아내나 자식이나 종복들을 통해서 자신의 유한계층적인 지위를 과시하는데 그러한 과시된 여가의 내용을 이루는 것이 중산층 여자니까 그것이 주체적인 인간의 위치가 못되고 일종의 장식품으로 머물고 있는 거지요.

이효재 그걸 깨닫는 것이 여성의 인간으로서의 자각이라는 거겠지요. 그런데 단순히 여성이 이러이러한 불만이 있어서 무엇을 더 갖고 싶다거나 주고 싶은데 여건이 허락 안하니까 여성운동을 통해 이걸 해결하겠다고 여성운동을 전개하다 보면, 그것이 주체성을 지닌 여성운동이 못되고 남성들의 영향력 아래서 움직이는 것이 되지요. 가만히 보면 많은 여성들의 요구가 그 행복이라는 걸 더 많이 갖고 싶다는 거지요. 전통적인 가정의 행복도 갖고 싶고, 아들딸도 갖추어야 하고, 남편이 출세도 하고, 집에도 있어야 하고(웃음) 또 자신도 직업을 통한 사회적 지위도 갖고 수입이 있으면 더욱더 좋고, 이런 식으로 더 많이 가짐으로써 더 행복해지겠다는 거죠.

근로여성 문제는 '차한(此限)에 부재(不在)'일 수가

이창숙 그러니까 선생님, 그 의식화라는 것이 지금 여성단체들이 중산층 여성을 중심으로 추진하고 있는데요, 그것이 과연 옳은 방향이냐 하는 문제도 있는 것 같아요. 사실 저는 최근 몇해 동안 집안에 있으면서 보니까 제가 옛날에 직장에 다닐 때는 못 보던 것들이 많이 보이거든요. 주부들이 어떻게 살고 있는지 그런 것도 보여요. 베티 프리던이 『여성의 신비』에서 이야기한 전후 15년간의 미국 여자들의 어떤 현상이 지금 우리나라 중산층의 일부 여성들한테서도 일어나고 있는 것은 사실인 것 같아요. 물건 사들이는 것만 봐도 그래요. 가정관리학을 하시는 선생님들이 그런 걸 조사해보셨는지는 몰라도, 우리나라 중산층에서 가사도구가 실제로 필요한 것만큼 있느냐 아니면 더 많이 있느냐 한번 조사해본다면 재미있을 것 같습니다. 제가 그냥 느낌만으로는 더 많이 가진 것 같아요. 베티 프리던은 여성들이 쇼핑을 할 때 주체성·목표·창조력·자아실현, 심지어는 성적 희열까지도 얻게 된다고 지적했는데 홍미있는 얘기지요. 우리나라의 여자들이 자기 생활에서의 허무감을 그런 물건을 사들이는 것으로 채우는 게 아니냐는 느낌이 들어요. 저는 그것을 반드시 여자들이 남성과의 관계에서 느끼는 허무감으로만 보지는 않고 사회 전체의 어떤 부조리와도 직결되었다고 봅니다만, 여하튼 가정생활에서의 허무감의 한 표현으로는 볼 수 있겠지요.

그런데 제가 느끼는 근본적인 의문의 하나는 해방이라는 건 어떻게 보면 소유가 없어져야 완전한 해방이 되는 게 아니에요?(웃음) 그런데 아까 이선생님이 지적하셨듯이 무언가 더 많이 가져야겠다고 그럴 때는 이미 해방을 요구하는 게 아니라 이건 점점 더 구속당하려고 쳐들어가는 꼴이란 말이에요.(웃음) 또 하나는 의식화라는 것이, 개인적인 차원에서 행복을 좀더 많이 갖겠다고 이러저러한 수단을 강구하는 것은 진정한 의미에서의 의식화가 아니지 않은가 하는 거예요. 왜냐하면 사회 전체 속에서 어떤 문제해결이 이루어져야 하는데 여자들의 개인적인 이기심을 충족시켜주는 쪽으로 움직인다면 문제가 달라지지요. 단적인 예로 몇년 전에 그런 일이 있었어요. 그때 무슨 사건이 있었던지 잘 기억이 안 나지만 가정부를 보호하자는 캠페인이 있었어요. 종교를 표방하는 어떤 여성단체에서 그런 캠페인을 벌여서 그게 신문에 났었어요. 그리고 한 달쯤 있다가 그게 어떻게 돼가고 있는가 알고 싶어서 취재를 갔더니 그쪽 이야기가 그건 없는 거나 마찬가지로 됐다는 거예요.(웃음) 그래서 왜 그리됐느냐, 다른 데서 무슨 압력이 들어왔느냐고 물었더니, 그게 아니고 그 단체 내부에서 압력이 들어와서 도저히 못하겠더라는 거예요. 그 지도층들이 왜 남의 집에 잘 있는 아이들을 너희가 들쑤시느냐고 그래서 안됐다는 거예요. 그러면 이건, 남성들이 여성해방도 좋고, 남의 마누라가 해방되는 건 좋지만 내 마누라만은 놓아줄 수 없겠다고 하는 지배자의 심리와 똑같은 거란 말이에요. 그러니까 사회 전체가 어떻게 움직이느냐를 알도록 여성들이 의식화가 되는 방향으로 여성운동이 나아가야지요. 예를 들면 자가용을 타고 와서 여성단체에서 베푼 프로그램을 통해 무언가를 배우고 갈 수 있게 된 그 이면에는, 자기 남편이 사회에 나가서 어떻게 남보다 많이 벌어서 그렇게 할 수 있게 되었느냐, 이런 것을 가르쳐줘야 한단 말이에요. 재화(財貨)라는 것은 한정되어 있는데, 한쪽으로 많이 분배되면 적게 가는 쪽이 있게 마련 아닙니까? 여성운동의 근본적인 태도가 억압받는 층이 있어서는 안된다는 게 아니겠어요? 그렇다면 전체적인 맥락을 생각해야지요. 그리고 중산층이 일종의 정신적인 사치로서가 아니라 진정으로 근로여성의 문제 같은 것을 생각하고 그것이 자기들의 문제와 동일한 것이다라고 봐야 그 사람들이 내세우는 명분이 성립하지, 그건 차한에 부재다라고 나오면 스스로의 명분에 어긋난단 말이에요. 근로여성 문제가 딱 대두돼서 어떤 호소가 왔을 때 대부분의 여성단체들이 물론 움직이는 척은 하지요. 그러나 뒤에 나오는 결론은 뭔가 하면, 기업주측에 알아봤더니 그쪽에도 일리가 있더라, 반드시 걔네들이 이야기하는 것만이 옳은 건 아니더라, 이런 식으로 끝나고 마는 경우가 대부분이에요.

백낙청 아까 김행자 선생께서 지적하신 대로 어느정도 잘살게 된 중산층 주부들이 왠지 모르게 불행하고 답답하다, 이런 이름도 모르고 원인도 모를 불행을 개개인이 안고 있다가 서로 만나서 이야기를 나눈다거나 여성지도자들로부터 교육을 받으면서 그것이 자기 한 사람의 문제만이 아니고 비슷한 위치에 있는 많은 사람의 문제임을 깨닫는 것 자체가 중요한 의식화라고 볼 수 있겠지요. 그런데 이것을 일단계의 의식화로 보고 더 큰 각성의 실마리로 삼느냐 아니면 그것 자체가 여성운동의 핵심을 이루게 되느냐는 차이가 있을 것 같군요. 예를 들어서 이창숙 선생이 말씀하신 대로 이들 여성들의 문제를 정말 떳떳하게 밀고 나가려면 자기네 계층 사람들의 고민만이 아니고 근로계층 여성들이라든가 모든 억압받는 사람들의 처지와 연결을 짓고 나가야 되겠지요. 이 문제를 우리가 의당 짚고 넘어가야 할 것 같은데, 다만 우리가 이것 하나는 미리 명백히 해두어야겠지요. 여기 나오신 분들이 결국은 저 자신을 포함해서 모두가 교육받은 중산층들입니다. 근로자문제를 이야기하더라도 어디까지나 우리 나름으로 어떤 양식을 갖고 말해보자는 것이지 노동자의 입장에서 이야기하는 것은 아님을 미리 밝힐 필요가 있겠습니다. 여하간 이 중산층 여성의 문제와 근로층 여성의 문제를 연결짓는 데 대해 좀 말씀해주십시오.

불철저한 여성의 직업의식

이효재 직업에 대한 인식이라는 점에서는 중산층 여성들과 근로층 여성들의 입장이 비슷한 데가 있어요. 물론 근로층 여성들은 생존문제가 급박한 데서 공장에 가고 노동을 하고 하니까 근본적으로 다른 면이 있지요. 그러나 직장이라는 것이 인간의 자아실현이라든지 사회참여라는 자각이 없는 경우가 많아요. 먹고살기 위해서 노동을 하는데 어떻게 하면 빨리 혼인을 해서 직업에서 벗어나느냐—그러니까 남편이 혹은 결혼이 하나의 구세주가 되는 거지요. 심지어 누가 근로여성들을 상대로 조사를 해봤는데, 결혼을 하는 배우자가 현재로선 실직상태에 있는데도 혼인한다고 해서 자기가 다니는 공장을 그만두는 거예요. 물론 여기에는 양면의 문제가 다 있는데, 그들의 노동조건이 워낙 열악하니까 그런 면도 있고 또 하나는 직업 자체가 인간으로서의 권리행사라든가 자아실현이라는 의식을 가질 수 없는 단계라는 면도 있는 것 같아요. 중산층 여성들도 직업을 갖는다는 것이 중년의 여가를 선용한다든지 또 현대사회에서는 무언가 직업을 가져야 된다는 통념에서 사회진출을 요구하는 거지, 직장생활이 좀 여의치 않다거나 가정적인 요구를 충족시키면서 직장생활을 해나가기가 힘들다든지 하면 쉽사리 직업을 버리고 가정으로 되돌아가버리는 거예요. 직업이라는 것에 대한 이런 인식으로부터 우리 여성들이, 중산층 여성이든 근로층 여성이든, 벗어날 때가 됐다고 보는데, 사실은 사회구조 자체가 인간활동을 공적(公的)인 분야와 사적(私的)인 분야로 갈라놓고 사적인 분야는 말하자면 가정생활이고 여자의 영역이다, 이렇게 못박아놓음으로써 우리 여성들을 차별하고 있다고 봐요. 이런 남녀간의 역할분담에서 여성노동자의 저임금이라든가 중산층 여성의 경우도 남자보다 못한 보수가 주어지는 것이 정당화되는 거예요. 수출증대라든가 해서 공적인 분야가 노동력을 많이 필요로 하니까 여성노동력을 쓰지만 여자는 원래 사적인 분야에 속하는 존재니까 임금을 제대로 안 줘도 된다는 선입견이 깔려 있는 거예요. 또 여자는 결혼을 하면 직장을 그만두라고 하는 것도 그런 전제 위에서 하는 소리고 노동력의 수요가 줄어들 때 여자들이 제일 먼저 감원조치의 대상이 되는 것도 그 때문이지요. 그리고 어느 계층을 막론하고 여자의 경제적 위치와 관련해서 중요한 것은 여자가 집안에서 하는 가사노동은 전혀 경제적으로 인정을 못 받는다는 사실이에요. 단적인 예로 요즘 중산층에서 특히 문제가 되는 것이 소위 증여세 문제예요. 남편이 벌어온 돈으로 집에서 여자가 알뜰살뜰히 살림을 해서 돈을 모았는데 그 돈으로 집을 한 채 더 산다고 할 때 그걸 부인 이름으로 산다면 증여세라는 걸 내야 되잖아요? 왜냐하면 여자는 직업이 없고 수입원이 없으니까 거저 얻은 돈이라는 거지요.(웃음) 가사노동이라는 게 따지고 보면 남자들이 직장에 나가 노동을 할 수 있도록 해주는 건데 이것이 공적으로 인정이 안되기 때문에, 예컨대 노후문제만 해도 남편이 은퇴해서 살아 있으면 연금이 나오다가도 남편이 죽으면 여자는 연금도 없어지는 실정이지요. 이렇게 여성의 경제적인 입장이 중산층에서나 근로층에서나 기본적으로 인정이 안되어 있다고 보아요.

백낙청 지금 이선생님 말씀에서 여러가지 중요한 문제들이 많이 제기되었다고 봅니다. 가사노동을 어떻게 볼 것이냐는 문제도 그렇고, 그보다 앞서 중산층 여성과 근로층 여성의 연결 문제에 관해 다른 분들의 견해도 들어봤으면 합니다. 아까 서선생도 잠깐 말씀하셨지만 중산층 여성은 비록 중산층에 속한다고 하지만 여성이기 때문에 중산층 남성과 스스로 다른 입장임을 느끼게 되고, 그래서 오히려 근로층의 여성하고, 또는 근로계층 전체하고 유대감을 느낄 수 있다는 주장도 나옵니다. 그런데 그 유대감이라는 것이 실제로 어떤 현실문제가 일어났을 때 중산층 여성들이 자기 계층이 아닌 그들과 이해를 같이할 만큼 내용있는 것인지, 아니면 여자로 태어나서 남자한테 억압을 받은 슬픈 경험 때문에 중산층의 남자들보다는 근로계층 사람들과 비교적 더 공감을 느낄 수 있다는 정도인지, 「성과 노동」(『문학과지성』 1978년 겨울)이란 글도 쓰신 서정미 선생께서는 어떻게 생각하시는지요?

성(性)의 문제와 노동의 문제

서정미 중산층 여자가 여성으로서 노동계층의 여성들과 함께 느끼는 여성의 문제를 더 강조할 것이냐 아니면 노동계층의 노동문제를 더 강조할 것이냐는 식으로 여성문제를 양분시킬 필요는 없을 것 같아요. 진정한 여성운동은 그 둘을 다 포괄해야 할 테니까요.

백낙청 양자를 다 포괄해야 옳은데, 현실적으로 중산층 여성들이 여성이기 때문에 근로계층 전체의 상태에 대해 느낄 수 있는 공감이 자신의 중산층적인 한계를 넘어설 만큼 강력하다고 볼 것이냐는 거지요.

서정미 그러니까 앞서도 나온 이야기지만, 중산층 여성 의식화의 첫번째 단계에 머무를 것이냐 아니면 중산층 이념의 허구성을 깨닫는 데까지 나갈 것이냐는 문제인데 물론 깨닫는 데까지 나가야만 진정한 여성운동의 본질에 도달할 수 있겠지요.

이효재 여성운동의 어려움이 바로 거기에 있어요.

이창숙 그래요.

김행자 그런데 문제는 남성본위의 사회가 그걸 깨달을 수 없게 만들었다는 거지요. 보부아르가 『위기의 여자』에서 말하는 게 그런 것 아니에요? 가정주부와 직장여성을 서로 경쟁의식과 질투심을 갖게 만들지요. 또 예를 들면 먹고사는 문제를 해결해야 하는 계층의 여성들은 근로자와 창녀로 분리시켜서 서로 비웃고 불신하게 만드는 거 아니에요?

이창숙 그러니까 여성의 의식화라는 게 얼마큼 올바르게 돼 있느냐에 따라서 근로여성의 문제를 내 문제로 느끼느냐 안 느끼느냐가 결정되는 것 같아요. 그런데 지금 우리 사회에서 일부이긴 하지만 정말 의식화가 제대로 되어가고 있는 여성들의 경우는 중산층 생활의 허구성 내지는 자기가 그 속에서 살아야 한다는 데 대해서 가책까지도 느끼면서 근로여성들과의 연대감을 이룩해나가려는 단계에 가 있다고 봐요. 물론 소수이고 또 우리 사회의 여러가지 사정 때문에 실제보다도 더 안 알려져 있지만, 우리 역사가 한 단계 지나갔을 때 그 가치를 인정해줄 수 있는 그런 기회도 오지 않겠느냐고 저는 보거든요. 그런데 그렇지 않고 일차적인 단계에 머물고 있는 것이 현재 우리나라의 현상이지요. 현재의 여성단체에서는 근로자 문제를 사업항목으로 잡고는 있어도 그게 자기가 살고 있는 처지의 허구성에 대한 의식이나 무슨 부끄러운 생각에서 오는 게 전혀 아니에요. 적어도 표면에 드러난 대다수 여성단체에서는 강력한 유대감이라는 게 없고 그냥 업적을 과시하는 한 방법으로 그런 항목을 잡아놓고 있는 것 같아요. 실제로 여성지도자라는 사람들 대부분이 기업주하고 더 가깝고 사장 부인의 친구들이고 그래서, 제가 보기에는 그 사람들이 여성근로자 문제에 적극성을 안 보이는 데 대해 부끄러운 생각도 안하는 것 같아요. 사람의 심리라는 게 예를 들면 정부와 가깝게 사는 사람은 자기가 정부가 된 것 같은 어떤 착각에 빠지지 않아요? 그러니까 괜히 자기는 기업주가 아니면서도(웃음) 기업주를 비판하는 소리를 들으면 마치 자기가 욕을 먹은 것 같은 현상이 일어난단 말이에요. 자기방어적인 태세가 콱 생겨서 부끄러운 마음도 안 나는 거예요.

이효재 근로여성들과 연대를 의식하고 그들을 위한 여성운동을 벌여야 한다는 것은 물론 우리가 추구해야 할 목표지만, 그러기 전에 중산층 여성들이 자기들이 직장에서 당하는 문제를 내걸고 인간적인 대우를 요구하는 운동을 우선 벌여야 한다고 봐요. 그 점에 있어서는 좋은 선례가 하나 있지요. 은행의 여행원들이 혼인하면 그만두겠다는 각서를 썼었는데 여성단체들의 뒷받침으로 여행원들이 주장을 해서 각서 쓰는 일을 철회시키고 여성들도 공개시험에 참여해서 채용될 수 있도록 만들었지요. 이런 문제에서 투쟁이랄까 운동의 경험이 자꾸 쌓여야 할 것 같아요. 그렇게 되면 중산층 여성들이 근로여성의 인권을 위한 투쟁도 모두 우리 여성의 문제라는 점을 자연히 느끼고 유대감을 다져나갈 수 있겠지요.

여자들의 '대리인생'

김행자 여성지도자가 기업가가 아니면서도 마치 자기가 기업가인 것처럼 느끼고 행동하는 현상은 여성이 자신의 행복이라는 것을 어떤 차원에서 보도록 길들여져 있는가 하는 문제와도 연관시켜 생각해볼 수 있을 것 같아요. 여자는 남편이 잘되고 자녀가 잘되는 것이 곧 자기의 행복이라는 생각으로, 말하자면 '대리인생'을 살아왔기 때문에, 기업가의 문제에서도 계층이 비슷하면 자기가 본인이 아닌데도 자기 일처럼 생각하는 경향이 있지 않을까 해요. 그러기 때문에 보부아르가 '행복'이라는 차원에서 생각하면 여성문제를 해결할 수 없다, '기회'라는 차원에서 생각해야 한다라고 말하고 있는 것 아니에요? 그런데 이효재 선생님이 남녀은행원들이 똑같이 공개시험을 볼 수 있게 되었으니 진보라고 말씀하셨는데, 처음에는 다들 그렇게 생각했는데 최근에 와서 반드시 그렇지만도 않다는 게 나타났어요. 형식적으로는 기회를 주지만 실제로는 이런저런 구실로 여자들을 거의 안 뽑는 거예요. 작년에 우리가 아는 어느 경우에도 여자와 남자의 채점을 따로 해서, 여자 중에 최고득점을 한 사람이 우리 학생이었는데 그 애 하나만 붙여주었어요. 그러니까 소위 말하는 토큰이즘(tokenism, 名目主義)이죠. 악을 쓰니까 하나쯤 구색으로 기회를 주고 나머지는 점수가 나빴다, 남녀 점수가 각기 어떻게 나왔는지 그건 비밀이다, 이런 식이거든요. 미국이나 영국에서도 비슷한 식으로 한다는 거예요. 여자고 남자고 평등하게 채용해야 된다는 조항이 통과된 뒤에 어떻게 하느냐 하면, "자격이 있는 여자가 있을 경우에는 여자를 우선적으로 쓴다"고 규정을 만들어놓고서 여자가 자격이 있는지 없는지를 판정하는 일은 남자가 하기 때문에, 기존질서 속의 사람이 하기 때문에, 결국 "자격이 있는 여자가 없어서 못 뽑고 남자를 뽑았다" 그러고 마는 거예요. 그러니까 기회라는 것도 쟁취했다고 그냥 놔두다 보면 이렇게 내용이 없어져버리는 거예요. 또 한가지 문제는 여자들 자신이 일단 들어간 뒤에 어려움이 있어도 극복하고 계속해줘야 그게 이어지는데, 선생님 말씀대로 조금 시련이 오면 그만둬버리고, 주위에 좀 괜찮은 사람이 있으면 시집이나 가자 하고 나오니까 지속이 안되는 문제도 심각한 것이라고 보아요.

서정미 아까 기업가와 기업가 아내의 경우를 두고 '대리인생'이라는 말씀을 하셨죠. 가정의 이데올로기 자체가 허구에 입각해 있다는 증거로서 말이에요. 그런데 그 가정에 대한 이데올로기는 중산층 여성과 관련된 것만 아니라, 아까 노동계층 여성들도 자기 직업에 대해서, 자신의 사회적 노동활동에 대해서 충실한 직업의식을 못 가지고 있다고 그러셨잖아요? 그러니까 그들 역시 가정 내지는 결혼의 도그마로부터 벗어나지 못하고 있기 때문에, 그 여자들이 비록 바깥에서 사회활동을 하고는 있지만 그 활동 자체의 성격을 변질시키는 면이 있지 않은가 해요.

김행자 진정한 사회활동을 갖지 못하는 게 아니라 가질 필요를 느끼지 않는 거예요. 그게 없으면 안되겠다고 생각해야 되는데, 가정에서 성공하는 것이 여자의 행복이라고 되어 있고 그것이 자기 주변에서 얼마든지 손쉽게 얻어질 수 있다고 느끼는데 무엇 때문에 그 힘든 일을 해야 하느냐, 그 필요성을 안 느끼는 거예요.

여성노동자들이 공감해줄지

백낙청 중산층 여성의 의식문제를 제가 너무 짓궂게 물고 늘어지는지는 모르겠습니다만, 중산층 여성 스스로가 근로계층과의 연대의식을 느낀다는 것과 객관적으로 진정한 연대관계가 성립하는 것과는 좀 다른 문제가 아닌가 해요. 예컨대 주부로서 가부장의 억압을 받고 있다거나 직장을 얻으려 해도 잘 얻기도 힘들뿐더러 얻은 뒤에도 부당한 대우를 많이 받기 때문에 우리는 여성노동자들과 비슷한 입장이다 ─라는 생각 자체도 어디까지나 중산층 여성들 쪽의 생각이고 중산층적 의식의 한계 내에 머물고 있는 게 아니냐는 질문이 나올 수 있겠습니다. 직업에 대한 정당한 인식을 갖게 안되어 있다는 문제만 해도, 여공생활을 하루바삐 벗어나서 가정을 꾸며보고 싶다는 경우하고 가정생활에 여가가 생겨서 직장에 나왔지만 가정이 더 중요하니까 고달프면 직장 쪽을 포기하겠다는 경우는 전혀 다르지 않은가 싶어요. 그러니까 입장을 바꿔서 근로자 자신들이 보면, 우리는 이러이러한 고충을 겪고 있기 때문에 당신들과 같은 처지입니다라고 나올 때, 그 사람들이 과연 공감을 하겠는가? 그건 역시 댁들의 사정이고 그게 행복이든 불행이든 우리하곤 상관없는 이야기다라고 대답하지 않을까 하는 겁니다. '가정의 이데올로기'라는 것만 해도 그래요. 당장에 돈이 없어서 자기네가 갈구하는 가정생활을 못하고 있는 마당에 이런 이야기가 얼마나 실감을 지닐 수 있을는지요? 돈없는 사람들은 우선 가족끼리 모여 사는 것도 힘들지 않아요? 농촌의 자녀들이 돈 벌러 객지로 나와야 되고 나온 사람들끼리도 뿔뿔이 흩어져 살고, 또 한 집에 살면서도 제 아이를 제대로 못 돌봐주는 어머니들도 많고, 이런 처지에 있는 사람들에게 가정의 이데올로기를 파괴해야 된다는 이야기가 어느 정도 실감을 띨 수 있겠느냐는 겁니다.

서정미 그러니까 가정의 이데올로기와 여자들이 하고 있는 생산활동의 조건과 성격 사이의 연결을 이야기해줄 필요가 있다는 거죠.

백낙청 네, 그건 좋은데, 연결이 되어 있다는 점을 실감나게 전달할 수 있어야 되지 않느냐는 겁니다.

김행자 누가 실감을 해야 되는 거냐가 문제지요. 우리가 지금 이러쿵저러쿵 말하는 '가정'이라는 것 자체가 누구한테 통용되는 개념이냐 이거예요. 저는 그게 주로 중산층한테 통용되는 개념이라고 봐요. 기존질서나 가치관은 상류계층이나 하류계층이 유지하는 게 아니고 중산층이 유지하는 거거든요.

백낙청 그렇게 본다면 여성 중에서도 압도적인 다수를 차지하는 서민층의 여성에게는 해당 안되는 특수한 문제에 그친다는 말이 되지 않겠어요?

김행자 그러니까 저는 무슨 생각을 하느냐 하면, 예를 들어 성도덕 같은 것을 우리가 많이 얘기하지만 그게 어느 계층에서 이야기되어지는 거냐는 문제예요. 소설에서도 황석영(黃晳暎)씨의「돼지꿈」같은 데 나타나는 것을 보면 그 가정에 '내 아이'가 있고 '네 아이'가 있고 '우리 아이'가 있어요. 그런데 그런 문제에 있어서 하나도 이상하다고 생각 안하는 거고 ― 먹고사는 문제가 더 시급하기 때문에 ― 동시에 그 집의 딸이 나가서 바람피우고 온 것을 동네의 이상한 남자와 결혼시키는데 그 결혼비용을 걱정들 하지, 이게 도덕적으로 옳으냐 그르냐는 문제를 걱정하고 있지를 않거든요. 또 최근의 윤흥길(尹興吉)씨의「창백한 중년」에 나오는 이야기도, 폐결핵이 있다는 사실을 들킨 여공이 그 권씨라는 남자에게 뭐라 그러느냐 하면, 아저씨가 여관에라도 가자면 가겠다는 거예요. 그러니까 말하자면 우리가 도덕이나 가정을 생각하는 것과 이 계층에서 생각하는 건 차원이 다른 이야기라고 봐요.

서정미 그런데 일하고 있는 노동계층의 여자들이 가정이나 성의 문제에 대해 중산층보다 자유롭게 생각하는 것을 부정적으로 많이 얘기하지만, 어떤 점에서는 그런 것을 통해서 가정의 이데올로기로부터 더 해방된 점도 있지 않아요?

백낙청 사회계층에 따라 그 가치관과 가정개념·성도덕 등이 다른 것은 분명하지만, 먹고사는 문제가 절박해서 도덕적인 문제 자체가 대두되지 않는다는 말과는 좀 다르겠지요. 「돼지꿈」의 경우만 해도 저는 그게, 살림이 넉넉한 사람들이 집착하는 윤리나 체면의 문제가 제기되지 않는다는 거지 윤리 이전의 세계로 돌아간 것은 아니라고 봐요. 오히려 더 근원적인 윤리의식이 생동하고 있음을 작가가 보여주려 하지 않았나 싶은데, 작품에 대한 해석의 문제를 떠나서 '가정의 이데올로기'라는 것에 대해 이 자리에서 유일하게 아내이자 어머니의 입장에 계신 이창숙 선생님은 어떻게 생각하시나요?

이창숙 그러니까 가정주부로서의 행복이란 게 반드시 진정한 행복이 아니잖느냐는 이야긴가요?

백낙청 글쎄요, '가정의 이데올로기'라고 하면 현재 가정생활 내부에 부분적으로 이런저런 문제점들이 있다는 이야기에서 한 걸음 더 나가서, 가정이라는 것을 그처럼 소중히 아는 태도 자체가 문제다라는 생각까지 제기되는 것 아닐까요? 그렇지요?

서정미 네, 그렇지요.

이효재 여자의 행복은 가정에 달렸다라든가 여자는 반드시 혼인해서 가정생활을 해야 한다는 기존의 우리 관념 자체가 문제시되는 거겠지요.

가정은 억압의 현장인가

이창숙 아직까지는 가정에 대한 일반적인 생각이 지금 유지되고 있는 형태의 가정에 머물고 있지 않나 해요. 그것 자체에서 벗어나야 한다고 말하면 대부분의 여성들이 거부감을 갖지 않겠는가, 저는 그렇게 생각해요. 그런데 저는 그 문제보다 사실은 근로여성의 문제를 생각하고 있었는데 (웃음) 백선생님 말씀이 중산층 여성이 근로계층 여성더러 우리가 너희와 같은 입장이다라고 했을 때 저쪽에서 어떻게 느낄 건가 그러셨는데, 그 얘기를 들으니까 갑자기 찔끔해졌어요.(웃음) 난 어떤 반발이 분명히 있으리라고 생각해요. 있는 것이 당연하지요. 벌써 그 살고 있는 형태가 다르고 자본주의사회에서 소유관계가 다르잖아요? 그러니까 중산층 여성들이 먼저 자기들이 그들보다 더 많이 갖고 산다는 데 대해서 어떤 회개하는 심정 같은 게 있어야 되지 않을까 해요. 자기들이 태어날 때부터 입어온 여러가지 혜택에 대한 보상을 하겠다는 자세가 말하자면 의식화의 출발이 되어야 될 것 같아요. 그런 자세로 근로계층을 위한 복지사업도 하고 그들의 의식화에 기여하는 교육활동도 ── 그게 어떤 자선사업으로서가 아니라 당연한 의무로서 나와야 된다고 생각해요.

이효재 그러니까 근로층 여성들의 의식화를 위한 교육을 한다는 생각에 앞서서, 우리가 다 같은 입장이라는 자각을 갖고 중산층 여성 스스로가 속해 있는 직장에서 노동조합에 들어가서 자신의 근로자로서의 권리를 찾기 위한 운동을 벌인다면, 나는 이것이 노동계층에까지 파급이 되어서 다 같이 주체성을 갖고 움직일 수가 있으리라고 봐요. 그게 아니고 여성노동자들을 '위해서' 뭘 한다고 하고 이들을 피교육자적 대상으로서 도와준다고 하면 ──

이창숙 그건 안되죠. 그러나 근로자들이 불리한 환경 때문에 미처 배우지 못한 것을 스스로 깨닫는 계기를 여성단체 쪽에서 마련해줄 수도 있을 텐데 대부분이 그러지를 않고 있다는 말이죠. 어떤 여성단체가 수출공단에서 근로여성들을 위한 사업을 하는 것을 본 일이 있어요. 그런데 중산층 여성을 기반으로 한 이 단체가 근로여성을 위해서 무얼 하느냐 하면, 근로여성들 스스로 자각해서 자기의 복지를 위해 노동조합을 만든다든가 하는 일을 돕는 게 아니라, 그 애들이 남는 시간을 어떻게 하느냐 — 예를 들면 그 프로그램 중에 하나는 그룹 지도자가 여공들을 데리고 해준다는 이야기가, 이 아이들은 대학도 못 가고 서울도 못 가보고 있기 때문에 서울의 여자대학생들은 어떤 경험을 하고 있느냐는 이야기를 들려준다는 거예요.(웃음) 그래서 나는 이건 근로여성을 돕는 게 아니고 기업주 편에 서서 저 사람들이 그 어려운 노동을 견디게끔 마쳐시키는 운동이다, 이들을 정말 도우려면 가령 노동조합을 하도록 도와준다든지 해야 된다, 그렇게 말했어요. 그랬더니 대답이, 노동조합을 하게 도와준다면 우리는 공단 문간에도 못 들어간다는 거예요. 그러나 그런 식의 사업밖에 못하는 거라면 차라리 안하는 게 나을 듯싶어요. 여공 아이들이 꽃꽂이나 배우고 서울의 여대생들이 어떻게 지내느냐는 이야기나 듣는 맛에 공장에 다니게 만든다는 것은 그 열악한 노동조건에 순응하도록 만드는 것밖에 아니니까요.

서정미 그런데 근로여성들이 결혼을 통해서 정말 구원을 받는다고 할 수 있나요? 가정 안의 역할까지 맡음으로써 이중의 억압을 받는 경우도 있지 않을까요?

이창숙 글쎄요, 이런 말을 하면 나중에 우리 남편한테 야단을 맞을지도 모르지만(웃음), 엄격하게 말해서 그런 면이 있지요. 결혼을 하느냐, 결혼을 않고 나와서 사회생활을 하느냐는 것이 결국은 한 남자에게 억압당하느냐, 나와서 많은 남자들한테 억압을 당하느냐는 차이밖에 없고, 자신이 당하고 있는 억압을 일정한 수단과 방법으로 약간씩 피하는 개인적인 신축성이 있을 뿐이지 억압 자체가 없어진다거나 결혼이 여자의 인간다운 삶의 튼튼한 방법이라고 잘라 말하기는 어려운 것 같아요. 그러나 다른 한편으로는 사람이 사는 게 이념만 갖고 사는 게 아니잖아요? 정서라는 것도 있고 감정이라는 것도 있는 건데, 예를 들면 자식을 통한 '대리인생'이란 말을 하셨지만 자식에 대한 사랑이 삶을 유지시켜주는 — 아니, 삶 그 자체일 수도 있단 말이에요. 자녀를 양육하면서 '대리인생'밖에 못 사는 측면이 없는 건 아니지만 자식이 잘되는 데서 맛보는 기쁨 같은 것을 반드시 '대리적'인 성격으로 보아야만 하느냐는 생각도 나요. 그래서 결혼해서 사는 것이 반드시 온전한 삶이냐는 문제도 있지만, 그렇다고 혼자 사는 것이 반드시 온전한 삶이냐는 반문도 나온단 말이에요.

김행자　남편한테 야단맞을 이야기는 하나도 안하시네요.(웃음)

백낙청　오히려 칭찬 들으시겠어요.(웃음) 그런데 이선생님 말씀을 조금 일반화해서 이렇게 말해볼 수 있을는지요? 가족제도를 순전히 억압관계로만 이야기하는 경향이 있는데 반드시 그렇게만 규정할 수는 없지 않느냐는 거지요. 물론 인간과 인간이 어떤 관계를 맺는다는 것 자체가 상호간에 일정한 구속을 받게 됨을 뜻하고, '남존여비'라는 상황에서는 여자 쪽에서 받는 구속과 억압이 훨씬 더 크다는 뜻이 되겠지만, 그런 가운데서도 인간으로서 무시할 수 없는 어떤 성취를 맛보고 자기실현을 이루게끔 허용해주는 기능도 있지 않느냐는 이야기가 되겠습니다.

산업화에 따른 남녀관계의 변화

이효재　여성해방의 중요한 문제가 바로 그거예요. 서양 여성들을 보면 현재 살고 있는 부부관계에서 자기가 예속된 것을 느끼면 그걸 청산하고 나가버리잖아요? 일단 나가서 자기 혼자 자유를 누리고 살다가 또 사랑을 찾아서 재혼을 하기도 하거든요. 그러니까 여성들의 입장에서는 딱히 가정에서의 해방이라기보다 서로 억압하는 상태의 가정을 어떻게 하면 더 인간적인 사랑을, 인격적인 관계를 실현하는 가정으로 만드느냐는 것이 궁극적인 목표라고 하겠지요.

서정미　그러니까 기존하는 가정의 구조를 타파하고 새로운 남녀간의 결합상태를 모색해야 한다는 거죠.

이효재　네, 그래요.

백낙청 우리가 한마디로 '가정'이다, '남녀관계'다 하지만 그것도 역사의 시대마다 그 모습을 달리해왔다는 점에도 유의할 필요가 있을 것 같습니다. 설령 그것이 어느 시대, 어느 사회에서나 늘 억압적인 것이었다 하더라도 그 억압하는 방법과 정도가 각기 달랐다는 점을 고려하지 않으면 이야기가 추상적인 논의에 머물고 말 테니까요. 또 '부권제사회' 또는 '가부장제사회'라는 말을 많이 씁니다만, 인류 역사상 알려진 대부분의 사회가 부권제였던 것은 틀림없다 해도 그 부권이 어떤 방식으로 지배관계를 행사했느냐는 것은 각 시대의 경제구조나 정치제도에 따라 다른 것이거든요. 우리의 경우에 현재 가정생활의 억압적 성격을 말할 때에도 봉건사회의 잔재가 남아서 여성에게 억압적인 면이 있고 옛날에는 없던 제약이 자본주의사회의 발달과 더불어 새로이 생긴 것들도 있을 것입니다. 이런 것들을 좀 구별하면서 이야기를 해야만 문제를 구체적으로 파악하고 진정으로 우리에게 필요한 운동의 이론이 성립되지 않을까 합니다.

이효재 산업사회의 발달과 더불어 여성의 억압이 강화된 면 하나는 아까도 잠깐 언급했었지만, 부부간의 역할분담이라는 구조적인 문제가 있어요. 남자는 직장에 나가서 공적인 역할을 맡고 여자는 가정에서 사적인 분야를 담당한다는 것 말이지요. 그런데 핵가족의 행복이니, 부부간의 사랑이니 하는 것이 바로 이런 역할분담으로 인해 오히려 깨지는 거예요. 우리 사회학과 선생님 한 분이 농촌연구를 하고 돌아와서 하시는 말씀인데, 농촌여성들이 우리가 보기에는 너무나 고생스러운 삶을 사는데도 그래도 참 행복하더라는 거예요. 아침 일찍 일어나서 남편하고 농장에 나가서 일을 하고는 저녁에 돌아오는데, 그때부터 남편은 씻고 앉아서 텔레비전을 보지만 여자들은 밥을 하고 밤늦게까지 빨래를 하고 그러니 이중으로 고달프지요. 그러나 남편하고 함께 노동을 하고 또 시장에 물건을 갖고 나가서 흥정을 하고 팔고 하는 생활을 그들은 참 좋아하더라는 거예요. 도시에서는 여자들이 아무리 편하게 산다고 하지만, 남편들의 생활에서 소외되고 있다는 것이 결국 부부간의 생활의 리듬을 완전히 다르게 만들어버리잖아요? 그래서 연애를 하고 결혼을 처음 했을 때 온갖 대화를 나누던 부부가 의사소통을 할 소재가 점점 희박해지는 거예요. 5년, 10년 지나다 보면 결국 자식밖에는 공통관심사가 안 남고 실질적으로 부부관계가 약화돼버리는 거예요. 산업사회의 가정이라는 것이 옛날처럼 농사도 같이 짓고 가내수공업을 같이한다든가 소비활동에 남편도 참여를 한다든가 대가족이 함께 모여 산다든가 하는 곳이 아니거든요. 가정에서 사회생활의 요소를 다 빼앗기고, 주부는 하숙생활을 하는 것과도 같은 남편과 자식을 위해 물건을 사고 빨래나 하고 빈 집을 지키는 하숙집 여주인 꼴이 되는 거예요. 이것 자체가 단조롭기 짝이 없는 일이고 하나의 억압적인 상황이지요. 부부간의 사랑이 없어서보다도 산업사회의 하나의 구조적인 문제라고 봐요.

그런데 사실 남편의 입장에서도 문제가 있어요. 핵가족이 산업사회에서는 절대로 필요하고 대가족보다 기능적이라고 사회학에서 말하는 이유 중의 하나가 공적인 분야에서 남성들이 커다란 기계의 일부분으로서 제각기 맡은 조각일만을 하고 있지 않아요? 또 모두가 직장에서의 상하관계라든가 동료와의 경쟁관계에서 엄청난 심리적인 압력을 받고 있거든요. 그래서 이들이 어디 가서 마음을 푹 쉬고, 엄마 품에 안긴 어린아이처럼 사랑의 보금자리로(웃음) 돌아갈 수 있으면서 동시에 아버지로서 부성을 표현도 하고 그럴 필요성이 인간으로서 있는 거지요. 그걸 제공해주는 데가 바로 가정인데, 남자가 직장에서 한참 시달리다가 집으로 돌아오면 그때부터 애들이 어떻고 뭐가 어떻고 하면서 바가지를 긁어대니까(웃음) 못 견딜 일이라는 거지요. 또 하나는 최근에 어떤 청년 남성이 그 문제를 지적을 해요. 도대체 요즘 남자들이 집에 가면 설 땅이 없다는 거예요. 여자들이 너무 설치고 내주장을 해대고(웃음), 자기는 늘 늦게 들어가니까 뭐라고 한마디 하려고 해도 말할 입장도 못되고, 모자관계라는 게 너무 밀착이 돼 있고, 그래서 남성들이 소외감을 느낀다 그거죠.

여자가 해방돼야 남자도 해방돼

김행자 김진옥(金眞玉)씨의 『나신(裸身)』을 읽으면서 그런 걸 느꼈는데, 여자에게 무언가 할 일을 주었을 때 남자가 굉장히 자유롭지 않았어요? 그런데 어느 순간에 지금 자기가 만족하고 있는 생활에 ―

이효재 아니 만족은 아니었지 ―

김행자 어떻든 직장을 그만두라고 하지 않고 시집살이를 그만두라고 그랬으면 이 여자가 그렇게 화를 안 냈을 거 아니에요?(웃음) 시아버지한테 그 말을 듣고 남편한테 하소연하려고 갔다가 평소에 모르고 있던 남편의 엄청난 일들을 알게 되는 거 아니에요? 그러니까 저더러 대남성투쟁이 아니라고 하면서 왜 자꾸만 남자들을 공격하느냐고 하는데, 제가 말씀드리고 싶은 건 이거예요. 여자한테 정말 하나의 인간으로서 자아실현을 하도록 기회를 주면 결국 남자도 같이 해방될 수 있지 않느냐, 그야말로 인간해방이라는 게 가능해지지 않느냐는 거예요. 지금 이선생님 말씀대로 여자에게도 문제가 많고 남자에게도 문제가 많은 것 아니에요?

이효재 결국 남자든 여자든 잘못된 사회구조의 피해자예요.

서정미 그런데 자본주의 생산양식이 발달하면서 가족이라는 게 더 강화된 걸까요, 약화된 걸까요?

이효재 가족 유대들이 많이 약화됐지요.

서정미 하지만 아까 말씀하신 대로 남자가 가정에 돌아와서 푸근한 것을 찾는다거나 하나의 왕국처럼 군림하고 싶은 마음이 있다는 점에서는 더 강화된 것 아니에요?

이효재 그러니까 백선생 말씀대로 한마디로 '가정'이라 하지만 옛날식 대가족의 유대는 약화된 반면에 근대적 핵가족의 관계는 강화되었다고 말해야겠지요. 그런데 핵가족의 부부관계 자체가 진정으로 안정될 수 없다는 데 문제가 있어요. 예를 들어 대가족 안에서 부부라는 것이 단 두 사람만의 관계가 아니고 윗사람을 섬기고 여러 친척들과도 얽힌 관계일 때에는 배우자가 나를 버리고 가리라는 불안이 오히려 적었지요. 그런데 지금은 두 배우자가 서로 선택해서 애정이라는 것을 기반으로 가정의 안정을 이룩하는데, 이것이 남녀간의 역할분담이라는 구조적 요인 때문에 자꾸 약화되니까 여자들은 얼마나 불안하게 남편한테 매달리게 돼요? 그런데 가끔 남성들에게서 또 그런 말을 듣기도 해요. 늙어갈수록 이상하게 여자들은 혼자 살 수 있는데 남자들은 그럴 자신이 없다는 거예요. 그래서 자기 부인이 내가 늙으면 나를 버리지 않을까 하고 불안해진다는 거예요.(웃음)

백낙청 남자들의 온갖 불안을 다 대변해주셔서 감사합니다.(웃음) 그런데 그 문제는 이런 측면도 있어요. 우리 상식으로, 아버지가 돌아가시면 어머니 혼자 모시면 그만이지만 어머니가 돌아가시면 아버지께 새 마나님을 구해드려야 한다는 것 아니에요? 이게 남존여비사상의 표현인 측면도 있지만 현실적으로도—제가 여성해방운동가 비슷한 말을 하게 됩니다만—현실적으로 종을 두고 살던 사람은 종이 죽으면 불편해서 못 살지만(웃음) 종살이를 하던 사람은 주인이 죽었다고 큰 불편이 없는 것과 같은 이치지요.

일동 그렇지요.(웃음)

가사노동에 임금을 달래야 하나

백낙청 여기서 이야기가 다시 가사노동의 문제로 돌아온 셈인데, 이 문제 역시 그때그때의 역사적 조건과 관련시켜서 이해하고 비판할 문제라고 봐요. 가사노동이라는 것이 어느 시대에나 여자들에게 큰 짐이 되었던 것이 사실이지만 유독 근대사회에 와서 그것이 특히 심각하게 대두하는 데는 그만한 이유들이 있다고 봅니다. 주부의 가사노동이 경제적으로 인정을 못 받는다는 문제만 해도, 전근대적인 사회에서는 비단 가사노동만이 아니고 인간활동의 상당히 많은 부분이 소위 '현금거래망' 밖에 있었으니까 가사노동을 돈으로 환산 안해주는 게 큰 문제가 안됐었지요. 그러나 자본주의사회에서는 매사를 돈으로 계산하면서 왜 우리 주부들의 집안일만은 계산을 안하느냐라는 소리가 나올 법하지요. 거기다 이효재 선생님 말씀대로 구조적 요인으로 인한 노동의 소외, 남편의 생활에서 소외되고 그것은 곧 공적인 사회활동으로부터의 소외를 의미하니까 이걸 왜 우리더러만 그나마 돈도 안 주면서 하라는 거냐는 반발이 나오는 것은 당연한 것 같습니다. 다만 이 가사노동의 문제에 있어서도 일단 그것이 문제임을 인식하는 데서 출발해서 그 문제의식을 계속 심화시켜나가는 게 중요할 것 같습니다. 예를 들어 가사노동도 노동으로 인정돼야겠다고 해서 여자가 남편더러 왜 당신네 사장은 당신이 일해주면 월급을 주는데 당신은 내가 집안일 한 데 대해 옳은 임금을 안 주는 거요 하고 대든다면, 이건 너무 피상적인 의식화 단계에 머무는 셈이 되겠지요. 그래 봤자 가정불화밖에 생길 게 없거든요. 박봉에서 어떻게 생활비 말고 그 돈이 따로 나와요? 그러니까 그 돈도 사장한테 달라고 해야지요,(웃음) 고용주가 어떤 사람의 노동력을 쓸 때는 그 사람의 노동뿐 아니라 그 노동을 가능케 하는 그 사람 집안 여자의 가사노동까지 자기가 사용하는 것으로 쳐서 정당한 임금을 지불해야 된다는 거예요. 그런데 노동자 가족이 먹고살 만큼 임금을 주는 경우에도 가사노동의 댓가는 지불되지 않고 있거든요. 소위 '잉여가치'의 큰 부분이 거기서 나온다고 말할 수도 있지요. 만약에 가사노동에 대한 임금을 기업주가 계산해줘야 하게 된다면 기업주 자신들이 기계화된 공공 세탁공장이라든가 무료 탁아소, 유치원 같은 시설을 앞을 다투어 만들 겁니다. 왜냐하면 그런 걸 만드는 비용이 주부들한테 가사노동 임금을 계산해주는 것보다 몇 배 싸게 먹힐 테니까요.

김행자 가사노동의 문제에 대해서는 보부아르와 프리던의 대담에서도 언급됐는데 서로 의견이 엇갈리더군요. 프리던은 가사노동에 임금이 지급돼야 한다는 거고 보부아르는 그래서는 안된다는 주장이에요. 보부아르 이야기는 그렇게 되면 여자들로 하여금 가정에 머물면서 현재 생활을 계속할 수 있는 조건을 마련해준다는 거지요. 이렇게 기계화되어가는 사회에서 가사노동이란 것이 점점 분량이 줄어갈 테니까, 우리가 아침에 일어나서 세수를 자기 손으로 하듯이 필요한 사람이 가정 안에서 서로 나누어서 해가야지 그게 임금으로 환산되면 안된다는 주장을 보부아르가 하고 있거든요. 어떻게 보면 일리가 있는 말 같아요.

이효재 그러니까 남녀가 다 같이 가정에도 참여하고 공적인 분야에도 참여하게 하는 게 중요한 거지요.

이창숙 그런데요, 저는 가사노동의 가치가 임금으로 꼭 표현이 돼야 하는 거냐는 문제까지는 확실히 모르겠지만 어떻든 가사노동의 가치가 공식적으로 인정은 돼야 된다고 봐요. 가사노동을 공적으로 인정함으로써 여자를 가정에 몰아넣는다는 주장도 있지만, 문제는 여자가 직장을 가졌을 경우에도 가사노동을 남자와 여자가 분담하게 되어 있지가 않아요. 우선 심리적으로 여자 자신이 미안하고 남자가 제대로 일답게 하지도 못하기가 쉽지요. 그러니까 가사노동이라는 것이 다른 생산적인 노동과 똑같이 인정을 받아야 여자가 남자에게 분담을 시켜도 떳떳하지, 그렇지 않으면 너 하기 싫은 일을 왜 나더러 하라느냐, 네가 하느냐 내가 하느냐는 싸움밖에 안될 수가 있지요. 임금으로 표시를 하는 것이 공적인 인정을 하는 하나의 방법일 수도 있지 않느냐는 거예요. 사람들의 태도를 바꾸는 한 계기가 될 수도 있을지 모른다는 말이죠. 또 증여세 문제 같은 것도 해결되는 실마리가 되지 않겠어요?

백낙청 현실적으로 지금처럼 주부들이 따로따로 하는 가사노동에 대해 정당한 임금을 지불한다는 건 아무도 해낼 수 없는 일이라고 봐요. 그러니까 임금으로 표시한다고 해서 여자들이 그 임금을 받으면서 가정에 안주할까 걱정할 필요도 없는 거지요. 보부아르의 이야기는 오히려 다른 각도에서 받아들일 수 있지 않을까 싶군요. 자본주의사회에서 모든 인간관계나 인간활동이 금전으로 표시되는 경향인데 그래도 남아 있는 것이 세수를 한다거나 숟가락질을 한다거나 하는 자기에게 직접 필요한 동작들하고, 또 한 집안에서 같이 사는 사람들끼리 서로 도와주고 아이들 옷을 입혀주고 노인을 부축해주고 하는 행동들인데, 그리고 궁극적으로 인간다운 삶이라는 건 이른바 '현금거래망'에서 벗어난 것이어야 할 터인데, 이제 가사노동까지 현금으로 표시하면 어떻게 하겠느냐는 뜻으로 해석이 돼요. 그러나 저는 이런 생각도 해봅니다. 가사노동이 인정을 못 받고 있다는 인식에서, 그 보상은 남편에게서 구할 게 아니라 기업주한테서 받아야 한다는 인식까지 나가는 것이 의식화의 진전이라고 한다면, 그것을 한 단계 더 진전시킬 필요가 있지 않느냐는 거예요. 그러니까 가정 안에서 하는 필요한 일까지 꼭 현금으로 계산해 받아야 맛이 아니라, 그것까지 금전관계로 일단 인식해봄으로써 정말 인간다운 삶의 성격과 그 실현방법을 더 분명히 깨닫게 되지 않겠는가 하는 겁니다. 또 현실적으로 아까도 말씀드렸듯이, 기업주가 가사노동에까지 정당한 임금을 지불하려다 보면 이런 식으로는 도저히 못해먹겠다(웃음) ―

김행자 다 같이 하자(웃음) ―

백낙청 하여간 뭔가 좀 달리 돼나가지 않고는 못 배기겠지요.

김행자 그런데 이 이야기는 꼭 좀 하면 좋겠어요. 줄리에트 미첼(Juliet Mitchell)이 쓴 『여성의 지위』(*Woman's Estate*)의 이 부분이 '창비'에서 내실 여성관계 논문집*에도 나오는 모양인데, 여성이 산업분야에서 일하는

---

* 이효재 엮음 『여성해방의 이론과 현실』(창작과비평사 1979) ― 편자.

시간이 12억 9천만 시간인 데 비해서 23억 4천만 시간을 가사일에 소비하고 있다는 거예요. 그리고 체이스맨해턴은행에서 추산하기를 여성이 일주일에 99.6시간을 일한다고 했어요. 이런 계산을 했다는 이야기는 가사노동이 임금으로 환산되느냐 안되느냐는 문제에 앞서, 여성의 가사노동이 이처럼 엄청난 분량이라는 인식이 생기고 있다는 뜻이 되겠고 이 노동이 어떤 식으로든 인정을 받아야 될 것 같아요.

이효재 그래요. 문제는 그 인정을 누구한테 받느냐는 건데(웃음)—

김행자 그러니까 백선생님 말씀대로 줄 사람이 없으니까 다 같이 하자, 골치 아파진다, 이렇게 될지도 모르죠.(웃음)

일부일처제의 의미

백낙청 그럼 시간도 많이 지났고 하니까 아직 제대로 언급하지 못한 한두 가지, 예를 들어 '성의 해방'이라든가 하는 문제들을 좀 이야기해보고, 또 가능하면 문학작품에 나타난 그런 문제들도 살펴보고 결론 부분으로 넘어갔으면 좋겠습니다.

이효재 여성이 예속상태에서 벗어나야 한다고 말할 때는 여성의 성적 해방과 자녀양육의 문제가 부각되기 마련이지요. 제가 좀 알고 싶은 것은 문학의 입장에서 이것을 어떻게 보는지 서선생님 이야기를 들은 뒤에 사회학의 입장에서 이야기를 할까 싶습니다.

서정미 그런데 구체적인 문학작품에 그 문제가 제대로 다루어진 게 별로 없지 않아요?

이효재 이번에 김진옥씨의 『나신』을 읽고 나로서는 인상 깊었던 게, 결혼생활을 8년 하고 나서 여자가 이혼을 택하고 그러고 나서 새로이 사랑하는 남자를 찾는다는 이것 자체가 우리 사회에서는 아직도 공포감의 대상이 되어 있거든요. 얼마 전에 내가 연세대학에 가서도 이런 문제를 이야기했더니 한 여학생이 묻는 게 바로 그거예요. 여성의 사회참여를 자꾸 논하게 되면 앞으로 이혼이 많아질 텐데 그 문제를 어떻게 하느냐는 거였어요. 그래서 이렇게 대답했지요. 당신네들의 세대가 앞으로 살아가는 데서는 결국 부부간의 인격적인 사랑이 만족할 만해서 이혼이 필요없는 상태가 되어야지, 지금껏 여자들이 자립적으로 살 수 없기 때문에 또는 체면 때문에 남편에게 온갖 학대와 수모를 받으면서 할 수 없이 끝까지 살아야 하고 이혼을 못하는 그런 처지는 넘어서야 되지 않겠느냐고요. 거기서는 그렇게밖에 대답을 못했는데, 결국 여성이 인간으로서 자기 삶의 주인이 된다고 할 때 성생활에서도 인격적인 관계가 확보되어야 할 것 같고, 또 일부일처제의 기본윤리에도 남녀 배우자가 서로 사랑한다는 것이 전제가 되어 있다고 보아요. 배우자를 선택한다는 것 자체가 사랑을 강조하는 윤리가 있는 것이에요. 이걸 바꾸어 생각하면 일부일처제라는 결혼제도는 이혼을 전제로 하는 거예요. 부부가 서로 사랑하고 인격적으로 존중하지 않게 된 결혼은 부도덕한 것이 되는 셈이니까요. 그래서 이 문제를 우리 사회에서 어떻게 받아들여야 하느냐는 건데—

서정미 그런데 우리 사회가 온전한 일부일처제 사회도 아니잖아요?(웃음)

이효재 아니지요. 배우자 선택이라는 것 자체도 우리 사회에서는 안되어 있는 거예요. 여러가지 압력 속에서 마지못해 결혼하는 일이 얼마나 많아요. 게다가 결혼한 뒤에도 남자와 여자에게 요구되는 규범이 전혀 다르지요. 공공연한 축첩제도는 없어졌다고 하지만 그것이 이런저런 형태로 지속되고 있지요. 또 남자들이라는 건 혼외로 좀 외도를 해도 그건 남자다운 것이다라는 관념—그런데 이것은 여자들이 진정으로 남편을 사랑해서 아량으로 그러는 것도 아니고 그저 어떻게든 매달려 살아야 하니까 아량을 베푸는 현실인 것 같아요. 그러면서 여자만은 한 남자를 평생 섬겨야 하고 정조를 지켜야 하는 이조사회의 이중도덕윤리가 우리의 일부일처제도를 지배하고 있는 거지요. 그래서 지금 단계에서는 이런 이중적인 윤리규범을 배격하는 것이 여성운동의 한 과제가 되어야 하지 않은가 생각돼요. 남성에게 혼인 외의 성생활의 가능성이 있다면 여자에게도 그런 가능성이 있다는 걸 인정을 해주고, 그렇다고 해서 남자가 그러니까 여자도 꼭 바람을 피워야겠다는 것보다는(웃음) 일부일처제의 윤리를 남녀가 서로 요구하고, 거기서 어떤 실수가 왔다고 할 때는 서로 사랑으로 용서를 하고 이해를 할 수 있으면 하는 것이고, 정 안되겠다고 할 때 헤어지자는 결단을 남녀가 똑같이 당당하게 내릴 수 있는 자세와 여건이 마련되어야겠다고 보아요. 그런 의미에서 결혼 이전이나 이후를 막론하고 성관계라는 데는 막중한 책임감이 강조되어야 하는데 아직 그렇지 못한 것 같아요. 이것 없이 지금 성해방을 자꾸 이야기를 하니까 남녀관계는 다만 서로 향락하는 거라는 풍조가 문제가 되고, 남자들은 내 아내만은 그래서는 안되고 다른 여자만은 얼마든지 향락의 대상으로 삼을 수 있다고 하게 되고, 또 여자들은 몸 파는 것이 무어가 잘못이냐는 식으로 성관계를 처리하는 일도 많이 생기는 거예요.

서정미 그런데 남자들에게 어떤 청교도적인 가치를 요구하기보다는 여자 자신이 성적인 대상이랄까 그런 구속 상태를 면하기 위해서 그것을 청산할 수 있는 독립적인 능력을 갖춰야겠지요. 성 자체의 해방만은 기대할 수 없는 일이고 그 토대가 될 수 있는 어떤—

이효재 사회경제적인 뒷받침이 따라야지요.

성(性)의 해방을 어떻게 볼까

김행자 그런데 성해방이란 게 도대체 무어냐는 것도 문젠데요, 성해방이라고 하면 많은 사람들이 '성 문란'을 생각하는 것 같아요. 케이트 밀레트처럼 성해방을 주장하는 사람들이 말하는 것은 성혁명을 통해 이중규범을 깨뜨려야 한다는 거거든요. 그러니까 왜 처녀성이라는 게 여성에게

만 요구되고 남성에게는 요구되지 않느냐라든가 성적 금압이 어째서 여성에게만 적용되느냐라고 해서 이중규범을 없애야 된다는 거지요. 그렇기 때문에 자칫 잘못하면 성 문란으로 오해되곤 하지요. 그리고 아까 제가 여성해방운동이 대남성투쟁이 아니라고 했던 이야기가 여기서도 나오는데, 남성문화권적 전통의 가장 충실한 계승자가 어떻게 보면 여자들이에요, 어머니들. 어머니들이 딸 단속은 굉장히 하는데 아들 단속은 별로 안 하잖아요. 그러면 아들들은 어디 가서 누구하고 뭘 하라는 건지 나는 잘 모르겠어요.(웃음) 단속을 하려면 다 같이 하고 풀어주려면 둘 다 풀어줘야지요.

백낙청 김선생님은 어느 쪽이세요? 둘 다 단속을 해야 된다는 거예요 아니면 둘 다 풀어주라는 건가요?(웃음)

김행자 그건 나중에 이야기하지요.(웃음)

서정미 여자들한테는 성의 착취인 것을 뒤집어보면 남자들에게는 성의 자유거든요. 그러니까 남자들의 성의 자유라는 것을 적어도 일대일의 관계로까지 조정을 할 필요가 있지요, 지금 단계에서는.

이효재 이중도덕의 타파와 더불어 결혼제도에 있어서도 성해방을 구현하고 있는 상태로는 북구라파의 예를 들 수 있을 것 같아요. 맑스(Marx)가 주장하던 성해방이 스칸디나비아 나라에서는 실천이 되고 있는데 오히려 공산주의사회는 그렇지가 않아요. 공산주의사회는 아직도 굉장히 청교도적인 성격이거든요. 서양서적들을 통해서 보면 중공 같은 데서도 혼전·혼외의 개방된 성관계는 부르주아적인 것으로 배격을 하고 있어요. 거기서는 진정한 사랑은 '사회주의 사랑'이라는 거지요. 남녀가 사회주의 건설을 위해서 헌신하는 두 사람이 만나서 결혼했을 때의 사랑이라는 거지요. 굉장히 청교도적인 거예요.

서정미 그런데 북구나 미국보다 동구권이 이혼율이 더 높다는 게 사실이에요?

이효재 그건 잘 모르겠어요. 물론 소련도 한때 굉장히 이혼율이 높았는데 그 후로 억제하는 경향이고 동구라파권에 대해서는 별로 자료를 못 보았어요. 그런데 자유로운 결혼생활이랄지 남녀간의 애정적인 결합이라는 문제와 관련해서 한 가지 짚고 넘어갈 것은 소위 '사생아'의 문제예요. 더구나 아동의 해를 맞아서 우리가 한번 생각해볼 일인데, 이 사생아라는 아이는 도대체 어떻게 해서 난 거예요?(웃음) 영어로 'illegitimate'(불법적인, 합당치 못한)인데, 아이가 아버지의 성씨를 물려받아야 합법적인 지위가 인정이 되는 거예요. 아이를 낳기는 엄마가 낳는데 엄마 성을 따면 뭐가 어때요? 이게 바로 가부장적인 사회에서 남성들이 만든 거예요. 한 개인의 사회적인 지위를 인정받는 것이 아버지와의 관계가 확립됨으로써 가능하게 되어 있는 거거든요. 그런 점에서 마가레트 미드(Margaret Mead)가 하는 말이 부성(父性)이라는 게 인간의 사회적 창안이라는 거예요. 동물사회에서는 자식의 아버지라는 게 무슨 인정을 받느냐 말이에요. 그런데 스웨덴에서는 자식이 반드시 아버지 성을 따라야 된다는 제도를 없애버렸지요. 그런 점에서 소위 미혼모라는 게 당당한 거지요.

이창숙 그런 예외적인 사회도 있지만 일반적으로는 자녀라는 게 아버지 것으로 되어 있지 않아요? 더구나 우리나라에서는 여자가 이혼을 할 경우 친권(親權)이라는 게 아버지에게 있다는 조항이 지난번 가족법 개정 때도 개정이 안되지 않았어요? 그런데 아버지의 소유인 자녀를 낳고 기르는 일에서는 여자 쪽이 더 희생이 많은데, 그것 때문에 사회활동을 포기해야 하는 일도 많고, 이혼할 때는 아무 권리주장도 못하니, 그러니 여기서도 이중으로 착취당하는 면이 있어요. 그리고 저는 아까 이선생님이 말씀하신 배우자 선택과 결혼의 문제가 문학작품에서 다루어진 예로 박완서(朴婉緖)씨의 『휘청거리는 오후』를 생각해봤는데, 배우자 선택이 일대일의 인격적인 선택으로 이루어지지 않는다는 단적인 예가 거기 나오는 큰딸 초희의 경우이지요. 세속적인 조건에 따라서 결혼을 하는데 초희라는 개인의 문제가 굉장히 실감나게 그려져 있으니까 그 한 사람의 일로만 생각할 수도 있지만 사실은 그런 결혼을 불가피하게 만드는 사회적인 여건이나 통념들의 집약적인 표현이라 볼 수 있거든요. 그리고 둘째딸 우희는 말하자면 연애결혼을 하지만 거기서도 진정한 선택을 어렵게 만드는 여러가지 사정들이 드러나지요. 우희는 결혼 전에 성관계가 있는데, 그런 관계가 유지되는 동안에 별로 결혼을 하고 싶지 않다는 생각도 들지만 한번 성관계를 가진 이상 결혼을 해야 된다는 주위의 압력이랄까 그런 것도 있어서 결국 그 남자와 혼인을 하는데 그 결과가 썩 바람직하지는 못하잖아요? 일단 혼전에 성관계를 갖고 나니까 저쪽에서도 네가 이제 이렇게 됐는데 결혼 안할 수 있겠느냐고 나오고, 이쪽 아버지도 자기 딸이 이미 처녀가 아니어서 떳떳하지 못하다는 비애를 느낄 뿐이지, 그렇다면 어떻다는 거냐, 내 딸이 처녀가 아니라고 딴 데 시집 못 보낼 줄 아느냐라고 그 통념을 타파하려는 의지는 전혀 안 보여주거든요. 허성씨가 그런 성격이라는 것뿐만이 아니고, 그 소설 전체가 우리 사회 여성들의 현실이 어떻다는 것을 참 잘 드러내주면서도 그걸 타파하려는 의지가 안 나타나 있기 때문에 저는 여성운동이라는 관점에서는 좀 안타깝기도 하더군요.

김행자 그런 관점에서 보면 조해일(趙海一)씨의 『겨울 여자』의 여주인공 같은 인물은 남자들이 바라는 여자상을 하나 그려놓은 것 같아요. 책임은 안 져도 되고 마음대로 해도 괜찮은 여자.(웃음) 『겨울 여자』만이 아니라 영화에, 소설에 히트를 치는 게 온통 그런 거예요. 최인호(崔仁浩)의 『별들의 고향』 같은 것도 그렇고—

서정미 『겨울 여자』에 나오는 여자의 경우는 바로 '성의 자유'라는 게 잘못하면 여자들에 대한 새로운 성의 착취가 될 수 있다는 예를 보여주는 셈이지요.

김행자 네, 그런데 그걸 그런 관점에서 해석하는 사람이 거의 없단 말이에요. 문제는 거기 있지요. 그러니까—

서정미 그건 작가가 그런 관점에서 드러내주지를 않았거든요.

김행자 작가는 그걸 원하지 않았겠지요. 모르겠어요. 그 사람하고 얘기는 안해봤으니까.(웃음)

백낙청 그러니까 '성해방'이라든가 '성의 자유'라는 것도 주어진 현실의 구체적인 여건 속에서 그것이 띠는 의미를 고려하지 않다가는 엉뚱한 결과가 되기가 쉽다는 이야긴 것 같습니다. 아까 제가 '이중규범의 타파'를 어느 방향으로 실현할 거냐는 질문을 던졌습니다만, 사실 저 자신도 어느 쪽이어야 한다는 뚜렷한 주견을 가진 건 아닙니다. 그러니까 남녀가 똑같이 균등하게 청교도적인 생활을 지향하는 것과 또 하나는 성적인 자유를 남녀가 동등하게 향수하도록 하는 스칸디나비아식의 변화를 지향하는 두 가지 방향으로 대별되는 셈인데, 제가 말하고 싶은 것은 이 경우에도 딱히 어느 것이다라고 한마디로 잘라 말하기보다는 두 가지가 각기 우리 처지에서 가질 수 있는 의미와 가능성을 좀 구체적으로 검토해서 우리 입장에서 정말 필요한 길을 찾아나가는 게 중요하겠다는 겁니다. 예를 들어서 청교도적 방향이라는 것도, 줄리에트 미첼도 그런 말을 합니다만, 영국의 청교도혁명을 통해서 그전에 비하면 상당히 엄격한 일부일처제가 성립되었는데 청교도 윤리라는 것이 그 자체로서는 성의 자유를 제약한 것이었지만 장기적인 역사발전에서는 변증법적인 과정을 거쳐 진정한 성해방에 기여한 측면이 있었다는 거예요. 사실 엄격히 말하면 일부일처제라는 것과 연애결혼이라는 것은 별개의 것이지만, 아까 이효재 선생님 말씀처럼 일부일처제의 기본윤리로서 남녀간의 상호존중과 사랑에 입각한 결혼이라는 관념이 굳어져온 것도 사실이지요. 동시에 청교도혁명을 통한 일부일처제의 성립에는 사유재산의 개념이 강화되고 핵가족을 통한 산업노동력의 효과적인 동원을 지향하는 면도 있지요. 사생아 이야기가 나왔습니다만, 사생아의 개념은 근본적으로 자식이 아버지의 재산이라는 생각에 뿌리박고 있고 나아가서는 재산상속의 문제라든가 축적된 사유재산을 보유하는 문제와 직결된 거거든요. 이런 여러 측면을 고려해서 우리 역사의 현단계에서는 청교도적인 방향을 택하더라도 어떤 식으로 어느 만큼 할 것인지를 결정해야겠지요. 스칸디나비아식의 자유화라는 문제도 마찬가지겠지요. 사실 저 자신은 스칸디나비아 사회가 정말 건강한 사회인지에 대해 상당한 의문을 갖고 있습니다만, 여하간 미국 같은 나라에서도 크게 말썽이 되고 있는 사생아문제라든가 여러가지 사회문제들이 합리적으로 해결되어 있고 사회보장이 충분히 되어 있다는 점에서 배울 바가 많은 것만은 틀림없지요. 그러나 우리 현실에서 섣불리 스칸디나비아식 성해방 운운한다는 것은 스칸디나비아식도 못되면서 그야말로 통속소설에서 판을 치는 성의 더 철저한 착취—그건 성의 자유화라기보다 '성의 상품화'라고 보아야 옳지 않아요? 이런 풍조만 조장하고 말기 쉽지요. 더구나 오늘의 우리 상황에서 성해방이라는 문제는—여권운동 자체가 그런 측면도 없진 않습니다만—외래문화의 침투, 문화적인 식민지화라는 현상과도 떼어 생각할 수는 없는 거거든요.

또 한 가지, 저는 '인격적인 사랑'이라는 말과도 관련해서 저 나름의 느낌을 말씀드리고 싶은데, 남녀관계가 서로 사랑하고 존중하는 인격적인 관계가 되는 것이 바람직스러운 것은 물론 더 말할 필요도 없지요. 그러나 결혼이 인격적인 사랑의 관계가 되어야 한다는 데에 너무 힘을 주다가는 자칫하면 현실과 동떨어진 이야기가 되기 쉬운 것 같아요. 현실과 동떨어졌다는 말은 너무나 상투적으로 쓰여서 어떨는지 모르겠는데, 아무튼 여러 선생님들 이야기를 들으면서 어딘가 생활하는 민중의 기본적인 욕구가 외면된 면이 있다는 느낌이 들었어요. 결혼관계만 하더라도 이건 인격적인 관계이기 이전에 문자 그대로 남녀간의 관계, 동물적으로 암·수가 다른 두 인간의 본능적인 관계 아니겠어요? 동시에 경제적인 관계거든요. 결혼제도의 경제적인 성격이 흔히 비판의 대상이 됩니다만 인간관계가 경제적인 성격을 띠는 것 자체가 나쁜 건 아니지요. 그것이 인간다운 관계의 밑받침이 되지 못하는 비뚤어진 경제적인 관계일 때 부부관계가 사실상은 '매음'이나 다름없다는 비난도 나오지만, 건전한 인간관계는 언제나 인간의 본능적이고 경제적인 욕구들이 충족된 위에서 성립되는 것 아닙니까? 그래서 인격적인 사랑을 제가 배격하자는 것이 아니라, 그 바탕이 되는 기초적인 사실들을 외면한 이상주의가 되어서는 안되겠다는 거지요. 더구나 대다수 민중은 아직도 기본적인 욕구충족의 기회마저 제대로 못 갖고 있는 상태에서 인격적인 사랑을 너무 강조하다 보면, 옳은 이야기라도 민중들이 안 따라와주어서 민중이 주체가 된 여성운동이 성립하지 못할 우려가 있고, 또 몇몇 지도자들이 민중보다 우위에 서서 자기 구미에 맞는 해결책을 민중에게 제시하면서 민중의 수준이 낮다고 내려다보기나 하는 결과가 될 수도 있지요. 이런 문제는 한국 여성운동의 장래를 논하는 대목에서 좀더 논의가 되어야 하리라고 보는데, 어떨까요, 지금 그 대목으로 넘어갈까요 아니면—

이효재 그전에 문학 이야기를 좀더 했으면 좋겠어요. 여성운동의 입장에서 우리 소설들이 여성을 어떻게 부각시키고 있고 왜곡시키고 있느냐든가, 소설 쓰는 분들이, 특히 여류소설가들이 이런 문제를 너무 의식하지 않고 있다든가를 좀 이야기하고 넘어갔으면 좋겠어요.

서정미 그런데 작품이 충분히 안되어 있는 경우는 이야기하기가 힘들어요. 『나신』을 말씀하셨지만—

이효재 그러니까 작품으로 부족한 것은 부족한 대로 비판을 하면서—

김행자 예를 들면 『독신녀(獨身女)』* 같은 걸 보세요. 선생님 『독신녀』 보셨어요?

이효재 아니, 난 못 봤어요.

김행자 『독신녀』를 보면 이건 혼자 사는 여자를 너무너무 우습게 만들

---

* 전병순(田炳淳, 1929~2005) 장편소설 — 편자.

어났어요.(웃음) 그래서 제가 남성문화권적인 전통의 유력한 수호자가 바로 여성들이라고 그랬는데, 여류소설가들의 경우도 그래요.

「수라도」와 『휘청거리는 오후』 속의 여성상

서정미 그런 점에서 김정한(金廷漢) 선생의 「수라도(修羅道)」 같은 작품이 오히려 논의할 만한 게 아닌가 해요. 거기 나오는 가야부인의 경우는, 전통적인 여자의 덕목들이 당시의 식민지현실 속에서 한층 적극적인 의미를 가지게 되지요. 그건 전통적인 부덕이 식민지현실 속에서는 저항과 부정의 힘으로 작용할 수도 있기 때문인데, 사실 이때의 부덕은 이미 옛날의 삼종지의(三從之義)니 하는 식의 피동적인 부덕과는 거리가 먼 새로운 내용을 가지게 되겠지요. 가야부인은 일제의 탄압 속에 저항하며 몰락해가는 수구적인 양반 가문의 맏며느리인데 수난을 겪는 동안 집안을 지탱하는 대들보 같은 노릇을 하지요. 집안 대소사를 결정할 뿐만 아니라 필요하다면 무섭고 완고한 시아버지와 맞서서 미륵당을 세우는 것 같은 바깥 일도 해내는데, 중요한 것은 가야부인의 부덕이 양반집 맏며느리라는 전통적인 바로 그 자리에서, 어려운 세월을 식민지배세력과 맞부딪치며 살아나가는 동안, 비전통적인 적극적인 가치로 탈바꿈하게 된다는 사실이지요. 이것은 이광수(李光洙)의 『무정(無情)』과 같은 데서 보이는 개화여성·자유결혼 따위가 표방하는 가치와는 그 발상부터가 다른데, 그런 식의 성의 개화론자는 대다수 여성의 삶이 역사적으로 어떻게 조건지어졌는가를 이해하지 못하여 바로 대다수 여성의 삶의 현실적인 ― 전통적인 것은 아니지만 현실적인 질곡을 만들어내는 일제 지배이데올로기의 형식적인 가치들을 들고 나옴으로써 결과적으로 일제의 문화정책을 긍정하고, 그것이 정당화하려는 식민지수탈, 즉 대다수 여성의 억압적인 삶의 조건을 긍정하는 셈이 되는 거지요. 한 가지 지적할 것은, 「수라도」는 한 집안 여러 대의 이야기인데, 그리고 여자의 생애가 중심이 되어 있는데도, 여자의 전통적인 역할 속에 드러나는 가장 어려운 관계, 시어머니와의 관계라든지 남편·자식과의 관계 따위가 별로 심각하게 다루어지지 않는다는 점입니다. 여자의 영역이라고 하는 가정 내의 여러 인간관계가 수월하고 가볍게 처리된 것은 물론 작가가 식민지지배세력에 대한 한 집안의 저항과 몰락에 촛점을 맞추고 있기 때문인데, 그러나 어떻게 보면 그 때문에 가야부인의 전통적인 부덕이 그 집안의 저항과 몰락 속에서 새롭고 적극적인 의미를 가지게 되는 과정이 너무 추상적으로 이루어지지 않았나 하는 생각이 들어요. 저항과 몰락의 세월은 가정 내의 여러 인간관계, 꼭 가족관계뿐 아니라 주종관계나 상민들과의 관계 같은 것들을 뒤흔들고 갈등상태로 만들 것이며, 바로 그러한 갈등 속에서 전통적인 부덕이 새로운 차원으로 전개될 수가 있었을 테니까요. 그러니까 그러한 갈등을 냉정하게 그려 보여줌으로써 그 집안에 대한 집 바깥의 사회, 식민지현실이 어떻게 구체적으로 개개인에게, 가야부인에게 작용하고, 거기에 대한 반작용 속에서 낡은 도덕이 새로운 가치로 태어나는가를 드러낼 수가 있었을 것입니다. 그런데 「수라도」에 그러한 갈등이 절실하지가 않고, 가야부인의 그러한 비전통적인 능동적인 부덕은 가야부인 개인의 어떤 영웅적인 덕성이랄까, 그의 타고난 의젓하고 떳떳함이랄까 하는 것으로 많이 설명이 되고, 그 큰 테두리는 그 시대의 지배현실이라는 추상적인 관념으로 이루어져 있어서 가야부인 개인과 식민지현실이 밀접하게 얽혀 있는 느낌이 덜하고, 다소 이야기 전체가 추상적이 되어버린 것 같아요. 여기에 대해서, 요즈음 세태를 그린 『휘청거리는 오후』를 보면 거기서 다루어진 것은 주로 세 딸의 결혼에 얽힌 중산층 가정 내 인간관계인데, 돈과 결혼이 야합하는 중산층 결혼풍속이 각기 성격이 다른 세 딸의 결합을 통해 실감있게 드러나 있는 것 같아요. 그런데 이런 종류의 소설이 단순한 세태소설을 면하려면 작가가 후기에 이야기하듯이 어떠어떠한 것들이 그 집안의 몰락에 작용하였는가를 보여주어야 할 것 같습니다. 그런데 사실 이 소설에는 세 딸의 결혼과 관련되지 않은 바깥세상 일은 별로 나오지 않지요. 이를테면 딸들의 학교나 직장 얘기는 거의 안 나오고 나오더라도 단순히 삽화적일 뿐, 깊은 관련을 드러내지는 않아요. 허성씨가 경영하는 작은 공장 얘기도 마찬가지지요. 공장 얘기는 꽤 나오는 편이지만 다만 허씨네 가정사의 일부로 주로 나타나고 그 영세한 공장이 어떻게 부대끼며 근근이 식구의 밥줄뿐 아니라 결혼줄까지를 이어대는지 별로 깊이 이야기되어 있지 않거든요. 그래서 부실공사가 드러나 막판에 허씨의 파멸이 오는데도 그것이 사태의 객관적인 냉혹한 전개라는 느낌이 별로 오지 않고 허씨의 주관적인 정서 속에 적당히 함몰이 되어버려요. 이렇게 바깥세계와의 관련이 깊이 있게 드러나 있지 않기 때문에, 중산층의 결혼과 삶의 양식 자체를 작가는 매우 신랄한 어조로 이야기하지만, 결혼밖에는 달리 뾰족한 길이 없고, 오로지 결혼의 운수에 매달리는 중산층 여자들의 처지가 어떻게 그 개개인의 악덕과 상관없이 바깥으로부터 강요되어 있는가를 시원하게 드러내주지는 못한 것 같습니다.

매스컴은 어떤 여성상을 조장하나

김행자 문학작품도 작품이지만 신문·잡지·방송 들을 통해 주입되는 여성상이 참 문제인 것 같아요. 단적인 예로 일일연속극을 보세요. 밤낮 여자들이 남자 하나를 놓고 서로 잘 보이려는 경쟁이나 하고 대가족제도 안에서 여자가 벌벌 기는 거나 잘한다고 그러고(웃음), 이건 여성의 의식화를 퇴보시켜도 이만저만이 아니에요. 그런 점에서 저번에 KBS의 「기러기」나 「행복의 문」 같은 것은 일일연속극의 패턴에서는 약간 벗어나서 새로운 가치관을 추구하는 면도 없지 않았지만, 대부분의 텔레비전 드라마라는 것이 판에 박은 듯한데 거의가 여자들이 써내는 거에요. 신문도 지금

신문이 8면밖에 안되는데도 그중에서 여성란이 차지하는 비중이 점점 늘어난대요. 그런데 그 내용은 어떻게 하면 더 가정적으로 사느냐, 어떻게 하면 남자한테 더 멋있게 보이는 옷을 입느냐 이런 것만 추구하고 있잖아요?

이창숙 신문이나 잡지에서 여성문제가 자각된 여성상을 추구하기보다는 가정적이고 예속적인 여성상을 조장한다는 현상이 반드시 그 여성란을 담당한 기자들이나 편집자들의 문제만은 아니고 결국은 언론자유의 문제와 관련이 있다고 보아요. 그게 무슨 정치적인 문제도 아니잖느냐, 언론자유의 문제하고 무슨 관련이 있느냐, 표면적으로는 그렇게 볼 수도 있지만 정말 여성의 의식화 문제에 깊이 들어가면 정치와 관련이 안될 수 없고 거기서 제한을 받는 거거든요. 그러니까 이 문제는 언론자유가 제한이 되어 있다는 기본적인 상황인식에서 보아야 할 것 같아요.

이효재 그런데 '가정적인 여인상'을 부각시킨다고 하지만 실제로는 그것도 극히 특수한 형태의 것이라는 문제도 있어요. 오히려 과거의 대가족사회에 있어서의 맏며느리 같은 여성상에는 자기가 집안의 주인이고 자기 자식들은 단순히 내 남편과 나만의 것이라는 생각보다 가문의 후계자이고 나아가서는 국가사회의 인재를 길러낸다는 자부심이 있었는데, 요즘 매스컴에서 전파하는 여성상에서는 그런 측면은 전혀 안 들어 있어요. 그런 자부심 같은 것도 부각이 되면서 여성이 가정의 주인이면서 민족공동체라든지 사회의 주인이라는 의식으로까지 확대되면 오히려 가정적이면서도 굉장히 뜻있는 여성상이 가능하지 않을까 싶어요.

서정미 그런데 그런 전통적인 여인상이란 것은 전통적인 생산양식하고 결부된 것이기 때문에 이미 생산양식이 달라진 지금에 와서 그런 여성상을 바람직한 가치로 제시하기에는 때늦은 감이 있지 않아요? 새로운 여성상이 모색되어야겠지요.

이창숙 신문 지면의 현황에 대해 독자들의 책임도 없지는 않다고 봐요.

말하자면 닭이 먼저냐 달걀이 먼저냐 하는 이야기하고 비슷하기도 한데, 신문이 독자들의 취향을 무시하지 못해서 그러는 측면도 있고, 그러나 독자들이 그런 것을 원하도록 만든 것은 다시 언론 자체의 책임이거든요. 일종의 악순환이지요.

백낙청 우리네 언론사업이라는 게 경제계 문자로 해서 '독과점기업'이니까 독자가 무얼 원하고 말고가 없지요. 물론 연속극이나 신문의 여성란을 즐겨 보는 사람들 수가 상당한 것도 사실이겠지만요.

서정미 신문이나 잡지에서 여성의 전통적인 모습이라든가 가정의 도그마를 강조하는 것은, 언론기관을 이용하는 측도 마찬가지고, 지배층이 현상의 변개를 전혀 원하지 않기 때문에 기왕의 관념들을 보강해나가는 측면이 있지요. 그게 여성문제에서뿐만 아니라 다른 면에서도 마찬가지겠지요.

이창숙 그래서 아까 제가 언론자유하고 관계가 된다고 말했던 거지요. 예를 들면 여자들이 여성으로서 자각이 생긴다면 국민으로서의 자각도 생기는 거거든요. 동시에 생겨야지 그게 올바른 자각이지, 주위의 남자들을 향해서만 나도 하나의 인간이다라고 그러면서 정치권력을 향해서는 안 그럴 수가 없는 것 아니에요? 정치적인 주권의식과 여성으로서의 자아의식이라는 게 같이 생기는 거거든요. 물론 개인에 따라서는 그게 단계적일 수도 있고 앞뒤 순서가 다를 수도 있지만 결과적으로는 같은 것 아니에요? 그런데 그런 걸 싫어하니까 잘 안되는 것 아니에요? 그래서 제가 언론자유와 관련이 있다는 거지요.

백낙청 네, 시간이 너무 많이 흘렀는데, 이제 결론 부분으로 넘어가지요. 한국 여성운동에 대한 평가와 전망을 이야기했으면 좋겠는데, 지금까지 기존 여성운동이나 여성단체들에 대한 비판과 반성이 나왔습니다만 한두 마디 덧붙여주시고 또 앞으로 나갈 방향을 제시해주셨으면 합니다. 토론의 편의상 아까 제가 잠깐 제기했던 문제에 논평해주시면 어떨까요?

사실은 이창숙 선생님께서 첫머리에 꺼내셨던 이야기이기도 합니다만 여성운동과 민중의 관계 말입니다. 현재의 한국 여성운동이 과연 대중운동의 성격을 띠고 있느냐, 그리고 띠는 것이 옳으냐, 이런 문제를 좀 생각해보았으면 합니다.

여성운동은 대중운동인가

이효재 대중운동이라든지 민중운동의 성격을 띨 수 있는 여지가, 여성운동가들이 근로여성들과의 일체감을 갖고서 직업에 있어서의 여권문제를 해결하고자 함으로써 근로여성대중의 운동으로 나갈 가능성도 있지만, 다른 한편으로 저는 여성운동 자체가 단지 여성운동으로만 그치는 것이 아니고 이 시대의 중요한 대중운동·민중운동에 참여한다는 길이 있다고 봐요. 말하자면 과거 일제하의 애국운동이나 항일독립운동에 여성들이 대거 참여했듯이 민족분단의 시대에 살고 있다는 의식, 우리 국토가 분단되어 있고 민족이 분열되어 있다는 사실 자체가 우리 민족 전체의 삶을 제약하고 있고 동시에 각 개인의 삶을 억압하고 있다는 인식에서 통일을 향한 민족의지를 기저로 삼고 나간다면 민중적인 여성운동이 가능하지 않을까 생각됩니다.

김행자 현재 진행되고 있는 여성운동이 대중운동의 성격을 띠고 있느냐는 질문에 대해서는 전혀 — 전혀라고 하면 좀 곤란하지만 현재 여성들의 대중적인 움직임이 있다고 해도 그것이 기존 여성단체들이 주축이 돼서 진행하는 것은 아니니까 그런 점에서 여성운동이 대중운동의 성격을 띠지 못하고 있다고 하겠어요. 다음에 대중운동의 성격을 띠어야 옳으냐는 데 대해서는 당연히 그렇다고 말해야지요. 그래야만 진정한 여성의 인간해방을 이룩할 수 있고 남성들의 인간해방을 가져올 수 있을 테니까요. 그러나 진정한 대중운동이 되려면 상당히 깊이있는 의식화작업이 있어야 되고 그 의식이 자기의식만이 아니고 자기의식과 사회의식이 하나가 된 방향으로 운동이 진행되어야 하겠지요. 자기의식만을 강화해놓으면 아까 이창숙 선생님도 비슷한 말씀을 하셨지만 여성운동이 오히려 더 많은 사회혼란만 가져오는 결과가 될 것 같아요. 동시에 저는 이런 문제도 생각하는데요. 여성운동을 대중운동으로 발전시키는 과정에서 근로여성의 문제를 중요시하는 집단과 중산층 여성문제도 시급하다고 생각하는 집단 사이에 자칫하면 전략적인 문제에서 마찰이 생길 위험이 있고 제가 보기에는 이미 어느정도 생긴 것이 아닌가 하는 느낌이에요. 그래서 잘못하면 여성문제를 해결하지 못하고 오히려 악화시키는 결과가 될 가능성도 있는 것 같아요. 그러니까 피차가 서로의 입장을 한번쯤 다시 생각해보는 노력이 필요하다고 봐요.

이창숙 저는 여성운동이라는 것이 인간해방운동의 어떤 과정이라고 생각해요. 또 인간해방이라는 것 자체도 어떤 의미에서는 인간의 완전한 해방이 이루어질 수 있는 거냐, 사람이 인간해방이라는 것을 향해서 가고 있는 것일 뿐이 아니냐, 그런 생각도 들어요. 여하튼 저는 이제 여성운동이 우리한테 어떤 교훈을 남길 필요가 있지 않느냐, 여성운동가들이 단순히 자기네들이나 자기들과 가까운 몇몇 사람들의 이익을 위해서 움직이는 것만이 아니고 대중에 뿌리를 박고서, 어느 시기가 지난 뒤에 돌이켜볼 때 그 사람들이 이 나라를 위해서, 올바른 민주사회를 위해서 이러이러한 투쟁을 했었다는 기록과 투쟁을 남겨줄 필요가 있다고 보아요. 그런데 지금 현재는 그런 걸 기대하기가 참 힘들거든요. 가까운 예로 요즘 신문에서 떠드는 율산(栗山)사건만 해도 올바른 여성운동이라면 제일 먼저 들고 일어나야 할 게 여성단체라고 생각해요. 왜냐하면 초등학교 아이들까지 다 동원해서 저축해라, 저축해라 하고, 또 많은 여성단체들이 하는 일이 알뜰하게 살기, 소비절약·저축운동 들을 해왔잖아요. 그런데, 아니, 그렇게 해서 들어간 은행돈이 어떤 재벌의 자기 자본의 몇십 배가 넘는 대출금이 돼서 이렇게 뻥 터지는 걸 보면서도 —

백낙청 몇십 배가 뭐예요?(웃음)

이효재 백만 원 갖고 시작해서 은행돈 떼이는 것만 수백억 원이라지요?

이창숙 그럼 그게 몇 배가 되는 거죠?(웃음)

여성운동이 남겨야 할 교훈

하여간 정말 천문학적인 이런 걸 보고도 가만히 있단 말이에요, 여성단체가. 이런 걸 봐도 우리 시대에 남겨야 할 교훈이 남겨지고 있지 않다는 걸 느끼게 되지요. 저는 파농(Frantz Fanon)의 『몰락하는 식민주의』에서 알제리의 식민통치자들이 회교여성들의 베일을 그렇게 벗기려고 해도 안 벗겨지던 것이 자기네 독립운동에 필요할 때 벗겨졌다는 이야기를 읽고 많은 걸 느꼈어요. 똑같은 건 아니지만 우리 여성운동 내부에서도 그런 어떤 역사적인 과정이 이루어져야 하지 않겠느냐는 생각이에요. 거기 보면 그것이 지난 뒤에 알제리 민족운동 지도자들이 여성들의 공로가 컸다는 것을 인정하지 않을 수 없었다는 이야기도 나오지 않아요? 그러니까 여자들도 민족과 국가 전체를 위해 그럴 수 있다는 교훈이 우리한테 한번 남겨져야 그다음에 남자들을 여자 편으로 만들 수 있지 않느냐. 지금 현재 여성운동 지도자들이 자기편으로 만들고 싶어하는 남자들은 우리 사회의 지배층이고 말하자면 우리가 극복하려는 부조리를 만들어내는 쪽이거든요. 그러니까 많은 남자들이 여자들 너희는 별수없구나 하는 생각을 불식시키기 위해서도 교훈이 남겨져야 하고 차차 그렇게 되어간다고 믿어요. 아까도 말했지만 기존 여성단체나 그 지도자들이 일제시대에 어떤 활동을 했고 민족의 역사에서 어떤 위치에 있는가 하는 것이 근년에 와서야 공개적으로 논의되게 되었는데, 그런 반성이 나오게 된 것이 결코 우연이 아니라고 보아요. 그런 글을 쓴 개인들은 각자가 자기 나름의 특별한 이유와 계기가 있었겠지만, 크게 보면 그게 그동안 여러 사람들이 해온 일, 겪어온 일들이 다 원인이 돼서 필연적으로 나온 거라고 보아요. 이런 반성을 토대로 우리 시대의 여성운동이 후세를 위해 어떤 교훈을 남겨야 되고 그것이 진정한 대중운동으로 나가는 길이라고 저는 생각해요.

서정미 그런데 여성운동을 노동운동과 같은 방식의 대중운동으로는 생각하기 어려운 점도 많지 않아요? 우선 중산층 여성들 자신이 소외된 면이 있고, 또 여성의 문제가 순전히 노동조건에만 기인하고 있는 것이 아니고 여성 특유의 억압적인 경험이 있으니까 노동운동 같은 대중운동과 평면적으로 등식화시킬 수는 없을 것 같아요. 그렇긴 하지만 중산층 여성들의 소외가 노동의 질서라든가 패턴과 관련이 있으니까 근로여성들의 관점을 공유할 수도 있겠지요.

백낙청 여성운동이라는 것이 실제로 우리 사회에서는 중산층 중심으로 전개되고 있고, 또 운동이라는 건 누구든 먼저 깨달은 사람이 먼저 하게 마련이니까 여러가지 사정으로 중산층에서 먼저 깨달은 사람들이 나왔다면 그들이 하는 건 당연한데, 그렇다고 여성운동이란 원래 그렇게 전개될 수밖에 없다고 단정할 필요는 없지 않을까요? 예를 들어 여성노동자들이 노동운동을 하다 보니까 노동자의 문제와 여성으로서의 문제가 중첩되어 있다는 걸 깨닫고 노동운동 내부에서도 여성해방운동이 시작될 수 있는 것이고, 또 이른바 '급진적 여성해방론'(Radical Feminism)의 지도적 인물의 하나인 슐라미스 파이어스톤(Shulamith Firestone) 같은 여자는 원래 반체제적인 학생운동을 하던 사람이거든요. 베트남전쟁 반대운동을 하고 반체제운동을 하다 보니까 남자 동료들이 입으로는 자유와 평등을 부르짖지만 여자들을 대하는 태도가 형편없더라는 거예요. 그래서 오히려 대남성투쟁이 중요하다는 생각을 갖고 『성의 변증법』(*The Dialectic of Sex*)이라는 책도 쓰고 자기 나름의 여성운동을 전개해온 것 아니에요? 그러니까 문제는 중산층 내부에서 출발한 것이든 어디서 출발한 것이든 이것이 여성운동의 성격을 띠면서 대중적인 기반과 지지를 획득하느냐는 것이지, 가령 중산층 여성들의 여성운동이 대중화되기 어렵다고 해서 모든 여성운동이 그런 여성들의 한계를 벗어나기 힘들다고 못박을 일은 아니라고 봐요.

이창숙 저는 여성운동을 하는 시각이 어디서 출발하느냐가 중요하다고 보는데요. 그게 자기 이익만을 위한 거라면 중산층 여성운동에 머물러야 하고—

서정미 중산층 여성이 자기 이익을 철저히 옹호하기만 해도 그 과정에서 전체적인 평등을 추구하게 되는 측면이 있지 않아요?

이창숙 그러니까 내 생각에는 어떤 사회운동을 할 때 직접적인 이익을 목표로 해서 내가 안 가진 것을 네게서 뺏겠다고 하면 또 빼앗긴 쪽이 있게 마련이거든요. 그러니까—

서정미 하지만 이익에 기초하지 않은 운동은 실질적인 힘을 발휘하지 못하잖아요? 문제는 다수의 이익에 따르는 것이냐 아니냐—

이창숙 네, 그렇죠. 그러니까 바로 그거예요. 다수의 이익이란 대중운동으로 돼야지 대변할 수 있는 건데, 중산층만의 이익이라면 이미 꽤 가진 쪽에서 좀더 많이 갖자는 것밖에 안되지 않아요?

이효재 그러니까 그 이익이 인간으로서의 이익이라고 하게 되면 출신계층을 막론하고 일체감을 가질 수 있는 문제의식이 가능하겠지요.

이창숙 글쎄, 그래서 운동의 출발이 그런 문제의식에서 나온다면 중산층 여성이라고 해도 근로자의 문제에 관심을 안 가질 수 없다는 거지요.

분단시대와 여성운동

이효재 여성들이 인간적인 존재로서 진정한 자각을 가진다면 그가 속한 사회라든지 민족공동체에 대한 진정한 의식을 가질 수 있고 그 둘이 당연히 같이 와야 된다고 봐요. 한 가지 단적인 예를 들자면 우리가 분단시대를 극복한다는 문제하고 여성의 인권문제라든지 여성을 위한 제도적인 변혁의 문제가 직결되는 것이, 몇해 전에 YWCA의 회장단들이 국회 법사위원들을 찾아간 일이 있어요. 나도 거기 참여를 했는데, 그때 범여성가족법개정추진위원회에서 개정안을 국회에 내놓고 기다리는데 거기서 아무 움직임이 없으니까 말하자면 좀 침을 놓자는 뜻에서 갔지요. 이야기하는 과정에 먼저 나온 이야기가 호주제도를 없애야 된다는 것이었어요. 그랬더니 위원 중에 한 사람이 하는 말이, 호주제도를 없애는 건 공산주의 사회가 되자는 것 아니냐, 빨갱이 사회가 되는 것이다, 이렇게 잘라 말해요. 나는 그게 너무나 갑작스럽게 오는 말이 돼서, 호주제도가 없는 미국도 그럼 빨갱이 사회냐는 대답을 했어야 했는데 너무너무 충격을 받아서 그 말도 못하고 딴 여자들도 그만 멍청하게 앉아만 있었어요.(웃음) 지나고 생각하니 얼마나 화가 나는지요.(웃음) 그러니까 이게 말이에요, 이 가부장적인 사회에서 국회가 여자들의 초보적인 권리주장마저 이렇게 묵살하고 나갈 수 있는 게 분단시대의 구호에 결부시켜서 그러는 거예요. 이런 걸 봐도 우리가 여성운동을 철저히 하려면 통일도 우리가 나서서 해야 되겠다는 정도까지 우리 의식이 가야 되는 거예요. 여성은 인간으로서 내 개인의 삶의 주인일 뿐 아니라 내가 사는 사회의 주인이고 내가 속한 이 민족사의 주인이라는 의식에까지 이르러야 한다는 거지요. 그게 사실은 항일운동에 참가한 여성들 속에서 소수지만 그런 선례가 이미 있었던 거예요. 그런데 이 시대의 대다수 여성들은 아직껏 남자들의 정치놀음과 강대국들의 권력놀음의 피해자로서 당하기만 하고, 또 때로는 우매한 백성으로 동원되어오기나 했지요. 통일을 향한 우리 여성의 의지라는 것이 반드시 우리가 정치나 외교 일선에 나서서 통일문제 논의를 맡아야겠다는 것보다 사회생활의 온갖 분야에서 그런 의지를 집약하고 표현하는 노력을 해야겠지요. 그리고 또 한 가지는 이것이 평화적인 통일이어야겠다는 것 —사실

남성들에게는 호전성이라는 게 있어요.(웃음) 여성들도 길들여지면 얼마든지 호전적일 수 있지만, 아무튼 지금으로서는 남자들은 정치적인 문제를 전쟁으로 해치우려는 습성이 있거든요. 그러니까 우리 여성들이 역사적으로 길러진 그야말로 여성다움·모성애를 발휘해서 한번 멋들어지게 써먹을 기회라는 것이 —

백낙청 없애버리기 전에 써먹자(웃음) —

이효재 어쨌든 평화적인 민족통일을 해야겠다는 의지가 우리 여성들한테서 치솟아 올라와야 되겠지요. 그런데 구체적으로는 가족법개정운동이나 근로여성의 운동들이 모두 통일사회를 이룩하기 위한 여권운동의 일부라고 보아요. 통일된 사회가 누가 누구를 착취하고 억압하는 사회가 되어서는 안되거든요. 그러니까 우리 민족이 모두 자유와 평등과 사랑을 누리며 살 수 있도록 이 분단시대 안에서도 바람직한 통일사회의 바탕이 되는 제도적인 기틀을 하나하나 다져나가야 된다고 봐요. 그런 의미에서 여성단체들이 우선적으로 가부장적인 법제도를 개정하려는 노력을 계속해야 하고, 또 경제적인 불평등을 제거하려는 사회운동에 여성들이 참여해야 하고, 이런 것을 통해서 통일되기 이전에도 우리 삶에서 자유·평등·사랑을 조금이라도 더 누리게 될 뿐 아니라 그것이 통일된 사회에도 그대로 민족공동체의 저력으로 계승될 것이고 또 이런 노력 자체가 통일을 향한 우리의 의지를 더욱 단단히 해준다고 봐요. 그런 의미에서 나는 우리의 여성운동이 분단시대의 민중운동이 되고 진정한 민족운동과 일치할 수 있다고 생각합니다.

중산층 여성운동의 한계를 넘어서는 길

백낙청 마지막으로 서정미 선생도 한말씀 해주시지요.

서정미 여성문제 하면 주로 중산층 여성과 관련시켜 생각하게 되는데 여성 대다수가 중산층이 못될 뿐 아니라, 여성문제에 있어서 중산층 여자들이 여러가지 약점을 가지고 있다는 것을 인정해야 될 것 같습니다. 중산층 여자들은 중산층 남자들과 갖는 특별한 관계 때문에 그들에 대한 억압을 분명하게 이해하기가 쉽지 않고, 자기기만적인 만족에 빠지거나 자기분열 상태라고 할까 그런 처지에 놓이기 쉬운 것 같아요. 물론 그중에서 직업여성들은 일의 기회 자체가 드물고, 일이 주어져도 그 일이 남자들 일보다 저열하기 때문에 일의 성격이라든지 보상에 대해 불만과 자각을 가질 수도 있는 반면에 다른 한편으로는 하류층 여자들의 일보다는 상대적으로 나은 일이기 때문에 일과 보상의 전체적인 체계가 깨어지기를 바라지 않고 기존의 이득에 만족하려는 태도도 가질 수 있겠지요. 여기에 대해서 하류층 여자들은 볼 수만 있다면 보다 분명하게 사태를 볼 수 있을 것 같습니다. 여자들 중에서도 농사를 짓는 여자들은 대개 자기 땅에서 자기 가족과 함께 일하기 때문에 좁은 소유의식과 강한 가족관념을 버리기 어렵고 비교적 보수적인 태도를 보이겠지만, 공장노동자로 일하는 여자들은 남의 회사에 나가서 가족이 아닌 사람들과 집단으로 일하기 때문에 자신의 이익을 개별 가족단위로 생각하는 것을 넘어서, 함께 일하는 집단 전체의 이익으로 보편화시킬 수가 있을 것이고, 사실상 그들보다 못한 처지가 없으니까 그들이 일과 보상에 있어서 불평등을 자각하고 그것을 수정하려 든다면 그것은 그러한 불평등과 억압의 현상을 전면적으로 수정하려는 것이 될 수 있겠지요. 그러한 여자들이 단순히 자기들의 이익을 위해서 불평등한 조건들을 거부하는 것처럼 보이는데도, 그러한 거부가 곧 불평등한 전체 구조를 거부하는 것과 같은 효과를 갖는다는 얘기지요. 아까 여성해방운동의 주체 얘기가 나왔는데 물론 주체는 모든 여성임에는 틀림없지만 이런 점에서 보면 여성노동자가 가장 전진적인 위치에 있는 것 같습니다. 사실 이 공장노동자로서의 여자들은 우리의 경제구조의 어떤 모순을 전형적으로 드러내주는 점이 있어요. 우리나라가 수출을 통해 고도성장을 해서 이만큼 살게 되었다는 것은 다 아는 일이고, 그 수출이 섬유나 전자 같은 경공업제품 수출이 주축을 이루는데 바로 그런 제조업 분야가 가장 저임금지대거든요. 그리고 또 이상하다면 이상한 것은 그런 제조업 분야에 대다수 여성노동자들이 모여 있다는 사실이지요. 74년 통계지만 공장노동자로 일하는 여자의 84%가 섬유·의복·전자 같은 제조업 분야에 모여 있습니다. 수출의 핵심부문에 종사하는 사람들이 수출로 인한 이득을 가장 적게 보게 되어 있다는 현상은 어쩌면 경제전문가들이 잘 설명해줄 수 있을지 모르지만, 그 사람들도 왜 여자들이 그런 희생적인 분야에 몰려 있는지는 설명할 수 없을 겁니다. 그건 여자들의 전반적인 열등한 지위와 상관이 되겠지요. 전통적으로 여자는 가정을 지키는 것이 무슨 원리처럼 되어 있기 때문에 바깥에서는 실속있는 일이 주어지지 않고, 노동계층의 경우에는 가장 값싼 업종이, 중산계층의 경우에는 비서니 타이피스트니 하는 종속적인 직종이나 좀 괜찮으면 교사나 은행원 같은 '여성적인' 것으로 생각되는 직종이 제공되지요. 여자의 가정적 역할을 절대시하는 가정의 도그마를 깨뜨리지 않는 한 바깥 생산활동에서 여자의 불평등한 조건은 사라지지 않을 것이고, 거꾸로 바깥 생산활동에서 그 불평등한 구조가 변하지 않는 한 여자를 가정적인 동물로 규정하는 가정의 도그마는 사라지지 않을 것 같아요. 그러니까 여성해방운동은 현재의 생산양식이 갖는 문제점들을 바로 여성해방의 기본사항으로 다루어야 할 것이고 동시에 가정적 역할을 절대적인 것에서 선택적이고 상대적인 것으로 바꾸려고 노력해야 할 것 같아요. 무엇보다 먼저 양자의 상호관련성을 올바르게 이해하는 것이 필요할 것 같습니다.

백낙청 네, 좋은 말씀들 참 감사합니다. 민족의 분단을 극복하고 온갖 부자유와 불평등을 이겨내기 위해서 여성들의 주체적인 참여가 필요하다는 것이, 단순히 그런 일에 동원되는 사람 수를 늘려야 된다는 뜻이 아니고 문제 자체를 좀더 철저하고 정확하게 인식하기 위해서도 여성의 자각을 통한 문제의식의 확대가 따라야 된다는 점을 저 자신도 거듭 느끼게 됩니다. 오늘의 토론도 그러한 목표를 향한 하나의 모색에 지나지 않는다면 않는 것이지만, 지금 우리 현실에서 의당 제기되어야 할 문제들이 상당수 제기되지 않았는가 생각됩니다. 오랜 시간 동안 정말 너무나 수고가 많으셨습니다.

1980년대를 맞이하며

서남동(기장 선교교육원장, 전 연세대 교수)
송건호(전 동아일보 편집국장)
강만길(고려대 교수, 한국사)
백낙청(『창작과비평』 편집위원, 전 서울대 교수)
1980년 1월 11일

백낙청 새해 벽두부터 바쁘신 시간을 이렇게 내주서서 감사합니다. 1980년대의 첫호가 되는 저희 『창작과비평』 이번 봄호의 좌담 제목은 「1980년대를 맞이하며」라고 잡아보았습니다. 흐르는 시간에다 숫자를 달아놓은 것은 원래 인간들이 제멋대로 한 짓입니다만, 어쨌든 1970년대라는 이름이 붙은 세월이 가고 1980년이라고 불리는 싯점에 접어드니까 아무래도 감회가 좀 다른 것 같습니다. 특히 우리나라는 지난 1979년이 그야말로 격동의 해였고 그러다가 드디어는 10·26사태라는 획기적인 사건을 겪게 되었습니다. 그래서 1980년대가 다른 어느 10년기보다 새로운 시대라는 느낌을 갖게 되고, 그렇잖아도 요즘 우리 사회에서는 '새 시대'라

■이 좌담은 『창작과비평』 1980년 봄호(제55호)에 특집 '80년대를 위한 점검'의 첫 꼭지로 수록될 예정이었으나 당시 비상계엄 하에서 군 검열로 삭제된 것이다.

왼쪽부터 시계방향으로 송건호, 강만길, 백낙청, 서남동

는 말이 많이 들리고 있습니다. 그런 의미에서 오늘 여러 선생님들을 모시고 1980년대를 맞이하여 우리의 지난날을 돌이켜보며 앞날을 설계해보는 것이 매우 뜻깊은 일이라 믿습니다. 『창비』의 많은 독자들이 특별한 관심을 가져왔던 민족문화운동과 민주화운동의 관점에서도 지금은 굉장히 중요한 고비인 것 같습니다. 지금이야말로 우리가 처한 상황을 냉정하게 분석하고 우리 자신을 점검하며 앞날의 갈 길을 새로 다짐할 때라고 믿습니다. 여기 한 가지 덧붙인다면, 이미 여러 사람들이 지적한 사실입니다만, 금년이 남북이 분단된 지 만 35년 되는 해입니다. 세는 햇수로 36년째, 그러니까 우리가 흔히 '일제하 36년'이라고 말하는 것과 똑같은, 분단 서른여섯 해째 되는 해입니다. 그 점에서도 오늘 이 땅에 사는 한국인으로서는 남다른 감회를 갖지 않을 수 없고 새삼스럽게 자세를 가다듬을 필요를 느끼게 됩니다. 대개 이런 취지에서 여러 선생님들을 모셨는데요. 잡지의 성격으로나 참가자들의 전문분야로 보나 오늘 이야기는 정치·경제 문제

를 직접 다룬다기보다 아무래도 문화의 문제, 민족문화운동의 차원에 치중하게 되지 않을까 싶습니다. 물론 민족문화운동의 앞날을 내다보고 그 방향을 설정하기 위해 지난날의 온갖 문제들에 대한 폭넓은 검토와 평가가 있어야겠지요. 아직 비상계엄 하에 있기는 합니다만 되도록 기탄없이 말씀해주시기 바랍니다. 그러면 먼저 세 분 선생님들로부터 1980년 새해를 맞는 신년소감이랄까, 짤막하게 한말씀씩을 듣고 거기서 제기된 문제들을 중심으로 토론을 진행할까 합니다. 먼저 서남동 목사님께 한말씀 부탁드릴까 합니다.

민족사의 큰 전환기

서남동 신년소감이라 해도 저 나름의 문제제기 정도밖에 안되겠습니다만, 몇 가지를 우선 생각해보았습니다. 지금 백선생이 분단 36년이란 말씀을 하셨는데, 여하간 10·26사태로 인해 18년간의 1인 장기집권이 종식되었으니까 1980년대는 민족사의 큰 전환기가 되지 않겠느냐, 또 돼야 하지 않느냐, 이렇게 다들 생각하고 이런 공통의 기대를 갖고 있다고 보는데, 저도 새해에 들어와서 제일 중요한 기대나 소감은 이제부터 민족사 발전의 그러한 새 단계가 되는 80년대가 되어야겠다는 것입니다. 그래서 직접적으로는 속히 새 헌법이 만들어지고 새 정부가 들어서서 속히속히 그 작업이 시작되어야 하지 않겠느냐, 그래서 특별히 금년은 그러한 새 단계의 매우 중요한 시기가 되지 않겠느냐 생각됩니다. 그러기 위해서는 새해의 시작부터 언론의 자유라고 할까요, 역사의 방향에 대해 정말로 공론을 집약해서 형식적이거나 상투적인 의미가 아니고 진정한 의미로 '국민적 합의'를 찾는 작업이 절실하게 필요하다고 봅니다. 지금 모든 사람들의 기대가 부풀어 있으니까 각자가 자유스럽게 자기의 지혜를 발표하면 좋은 역사의 새 단계를 만들 수 있으리라 생각합니다. 그렇기 때문에 언론자유의 창달에서부터 시작해야 하지 않겠느냐는 것이 첫째 소감이고요. 둘째는 말석에서 지금까지 봉사해왔지만 역시 대학인의 입장인데, 얼어붙은 대학사회가 80년대 들어감으로써 대학의 자율화가 실현돼서 학문연구의 자유, 학생활동의 자유, 모든 방면의 자유가 회복되고, 지금까지 학원 안의 여러 겹의 감시가 제거되면서 학원의 억압적인 분위기가 활짝 다 걷히고 자유스러운 풍토가 이룩돼야 되지 않겠느냐는 것이 제 소감이자 기대입니다. 무덤을 가로막고 있는 돌덩이는, 이건 예수님의 부활과 관련해서 쓰는 표현입니다만, 이런 돌덩이는 굴려졌으니까 대학 안에 있는 사람들이 자각을 하고 자기의 자유를 되찾겠다는 결심만 하면 해낼 수 있지 않겠느냐, 이런 자유를 자꾸 남이 주는 양으로만 생각하지 말고 스스로 노력하면 이룩할 수 있지 않겠느냐, 이런 기대를 갖고 새해를 맞는 것이 둘째고요. 셋째는 저는 역시 기독교 목사로서 그리고 종교인으로서 기대나 소감이나 마음가짐이 있는데, 전체로서 교회와 종교가 지금까지 너무 개인의 내면적인 문제에만 머물렀고 또 '신'이라고 하면 속세를 떠난 타계적인 쪽으로만 생각해왔는데, 그러한 것을 탈피하고 모든 종단·종교가 — 기독교 신학적으로 표현하면 '하느님의 선교'라고 하고 그 일부를 쉬운 말로 하면 '사회선교'인데요, 역사와 사회 속에서 일어나는 일, 인간해방의 과정 그 자체가 하느님이 인간구원을 해가시는 사업이라는 내용이 되는데 — 이러한 하느님의 선교를 적극적으로 알고 찾아내고 거기에 참여하는 사회선교를 적극적으로 해서 교회가 민족사회에 기여하는 갱신이 있어야 하지 않겠느냐는 것입니다. 그리고 같은 이야기의 다른 측면입니다만, 나는 신학에 종사하는 사람이니까 기구로서의 교회에 대한 기대 외에 신학에 대한 기대를 특별히 갖게 되는데, 신학의 토착화라고 할까 신학의 현실화라고 할까 하는 그러한 작업이 80년대에는 적극적으로 이루어져야 하리라고 생각합니다. 강만길 선생님이 최근 한국 역사의 3단계를 이야기하신데 대해 제가 퍽 공감을 느끼고 많이 배우고, 설교를 하면서 많이 팔아먹기도 했습니다만,(웃음) 1876년의 개항에서 1910년의 일제강점까지의 35년, 그리고 일제 36년, 그리고 1945년의 해방에서부터의 제3단계도 이제 36년, 이렇게 되었으니까 문자 그대로 민족사의 전환기에 왔다는 것이 숫자상으로도 맞는 셈인데, 교회사에서 보면 제1단계에는 근대화에 — 어떤 것이 진정한 근대화일지는 나중에 정리를 해나가십시다만, 여하튼 근대화에 교회가 상당한 공헌을 했고, 둘째 단계에서 일제에 대한 항거에 기독교가 나름대로 어떤 공헌을 해왔지요. 그런데 제3단계인 해방 후에 기독교 신학이 비록 수입신학일망정 상당히 본격적으로 연구되어왔는데 민족사의 현실과는 오히려 유리되었던 느낌이에요. 이제는 우리 신학이 좀더 구체적으로 현실화를 해야 되지 않느냐, 밤낮없이 그저 수입하고 모방하고 진리의 척도를 외국의 신학자를 많이 안다는 것 등에 두지 말고 우리 민족역사에 뿌리박은 교회에 알맞고 현실적인 의미도 있는 그러한 진정한 의미의 토착화 내지 현실화가 시작되어야겠습니다. 그래서 신학계의 일각에서는 '민중의 신학'을 전개하고 있습니다. 사실 이 문제에 있어서 저는 『창비』를 중심으로 여러 분이 많이 연구하고 발표해온 그러한 문맥에서 전통적인 기독교신학을 재검토하고 다시 정립하는 것으로 생각하고 지금까지 『창비』에서 많이 배워왔는데, 여하간 신학의 토착화 내지 현실화도 80년대에 본격적으로 진행되어야 하리라 봅니다. 마지막으로 우리가 다 같이 느끼고 이야기하는 점입니다만, 지금부터 정말로 이 36년간의 분단을 뼈저리게 의식하고 그 극복을 위한 노력을 구체적으로 해가야 되지 않겠느냐는 겁니다. 특히 나는 기독교회의 목사로서 어떤 면에서는 부끄러워요. 외세에 의존하는 기독교세력의 한 사람이니까요. 그래서 기독교가 분단극복을 촉진하기보다 저해하는 역기능을 하지 않느냐는 비판과 반성도 많이 하게 되는데, 80년대에는 교회도 민족사의 흐름을 옳게 포착하고 적극적인 노력을 해야 하리라 봅니다. 이 문제는 나중에 다시 논의할 기회가 있겠지만, '통일'이란 말은 좀 너무 성급하고 '분단극복'이라는 말이 좀더 현실적이고 우리의 지속적인 노력을 대변해줄 말이 아닌가 하는 생각도 해봅니다. 어쨌든 새해에는 이 분단극복의 노력이 활발하게 진행되어야겠고 교회와 신학에 있어서도 이것을 사명으로 알고 연구하고 토론하고 추진해야 되지 않겠느냐는 것입니다. 이상 네 가지가 제가 설정해본 80년대의 목표이자 신년소감이기도 합니다.

백낙청 중요한 문제들을 거의 다 제기해주신 것 같습니다.(웃음) 이미 말씀하신 것만 차례차례 토의해나가도 매우 충실한 좌담이 되겠습니다만, 우선 송국장님과 강교수님의 신년소감도 듣고 진행하기로 하지요.

다시 확인된 역사의 진실성

송건호 80년대를 일반적으로 희망에 벅찬 10년으로 보고 있습니다. 80년대를 맞는 소감은 70년대 초와는 매우 대조적인 면이 있습니다. 70년대가 시작하기 직전 1969년 9월에 야당을 비롯한 많은 국민들의 반대를 무릅쓰고 공화당만으로 국회 별관에서 삼선개헌안을 변칙적으로 통과시켰는데, 이것은 자기들이 만든 헌법을 자기네 스스로가 부정한 것이었고 그 목적은 정권을 연장하겠다는 것이 가장 큰 것이었다고 말할 수 있습니다. 그렇기 때문에 그다음에 올 70년대는 국민에 대한 정권의 압력과 비리(非理)가 자행될 전망이었고 그래서 1970년을 맞는 심경은 암담한 것이었습니다. 이러한 70년대의 물리적 힘과 비리가 10·26사태로 일단 종막을 고했기 때문에 80년대를 희망에 찬 10년이다, 이렇게들 보고 있는 것입니다. 그러나 지난 10년간 누적된 온갖 구조적 또는 정신적 비리와 모순, 갈등, 이런 70년대의 나쁜 유산을 청산해야 할 과제를 안고 있기 때문에 80년대는 또한 많은 파란과 어려움이 예상되는 시기이기도 합니다. 구체적인 문제는 차차 이야기하기로 하고 우선 그 정도로 제 소감을 말해두지요.

강만길 저는 역사공부를 하는 사람이라서 그런지 모르겠습니다만 역사의 진실성에 대한 확인을 좀더 철저히하고 싶은 욕심이 있습니다. 여태까지도 그것을 믿고 공부하고 또 가르쳐왔습니다만 솔직히 말해서 한때나마 역사의 진실성에 대한 믿음이 약화한 경우도 있었습니다. 그러나 작금의 상황을 통해서 그 믿음이 한층 더 뚜렷해졌다는 느낌입니다. 역사는 정직하게 흘러가고 진실성을 가지고 있다는 것을 한번 더 확인하는 계기가 되었는데, 금년에도 그런 확인이 점점 더 번져나가는 한해가 되었으면 좋겠다는 생각입니다. 다음에 역사공부를 하는 사람들 특히 젊은 사람들에게 흔히 하는 이야긴데, 우리가 이조 후기쯤에 살았던 사람이라면 평생에 한번도 못 겪을 역사의 실험장이랄까 실험대상을 짧은 기간 동안에 많이 겪고 있다는 겁니다. 그렇게 생각해보면, 이처럼 많은 것을 겪으면서 우리가 과연 무엇을 해야 할까를 묻지 않을 수 없습니다. 올바른 역사의식을 가지는 데 누구보다도 떨어지지 않아야겠다는 생각을 하게 됩니다. 이조 후기 사람들이라면 평생에 한번도 당하기 어려운 역사의 실험을 계속 겪는 우리는 따로이 역사공부를 하지 않더라도 높은 역사의식을 가질 수 있는 하나의 좋은 역사공부의 도장에 살고 있는 셈입니다. 그래서 나 자신도 물론입니다만 금년은 우리나라의 지식인들, 특히 젊은 지식인들이 역사를 바로 보는 눈을 기를 수 있는 한해가 되기를 바랍니다. 다음으로 우리가 역사를 움직이는 원동력이 민중의 힘이라고 흔히 말하기도 하고 저 자신 그렇게 믿고 있고 또 가르치기도 했습니다만, 앞으로 우리의 역사가 과연 무엇에 의해, 누구의 힘에 의해 진행되어나갈 것인가를 작금의 사태에서 한번 더 확인해보고 그런 인식을 더욱 다져나가는 일이 앞으로 필요할 것 같다는 생각을 해보았습니다.

백낙청 진행의 편의상 이렇게 하면 어떨까요? 송선생님께서 70년대의 누적된 비리와 모순을 청산하는 것이 희망에 찬 80년대를 실현하는 길이라고 말씀해주셨는데 이 점에 대해서는 아무도 다른 생각이 없으리라 믿습니다. 그런데 이것을 좀더 구체적으로, 70년대의 비리라는 것은 역사적으로 어떤 것이며 또한 70년대에 긍정적인 측면은 없었던가 하는 점도 우리가 살펴봐야겠지요. 저 자신만 해도 70년대 내내 우리 현실을 너무 부정적으로 본다는 말을 들으면서 살아온 편인데 송국장님도 아마 그런 힐난을 많이 들으신 분의 하나겠지요.(웃음) 그런데 70년대를 마감하는 마당에서는 종전에 70년대를 밝게만 보던 이들조차 70년대의 비리를 이야기하는 일이 많아진 것은 우리 입장에서 다행이라면 다행입니다만, 이런 때일수록 그 '비리'라는 것이 어떤 것이었는지 더욱 정확하고 솔직하게 밝혀보는 동시에 70년대에 긍정적인 측면이 있다면 그것은 또 그것대로 정확하게 짚고 넘어가는 것이 중요하다고 생각됩니다. 그래서 지금 강선생님 말씀처럼 역사를 바로 보는 눈을 기르는 연습 삼아서라도 우선 70년대, 그리고 필요하다면 그 이전의 역사도 좋지요, 이것을 어떻게 성격지을 것인지를 먼저 이야기하고, 그러한 분석에 입각해서 우리의 당면과제들과 장래전망을 논의해보는 것이 좋을 것 같습니다.

어두웠던 70년대

강만길 해방 후 분단된 상태에서 우리 역사가 다시 시작을 했는데 처음부터 많은 불합리한 점을 안고 있었고, 사실 그런 시작을 해서는 안될 시작을 했던 셈입니다. 출발점부터 잘못된 그런 역사가 점점 쌓여 내려오면서 분단시대의 모순이 어떤 절정에 달했던 시기가 70년대가 아니었던가 합니다. 아까 분단시대 36년이란 말이 나왔습니다만 대충 한 세대라고 볼 수 있는데 그것을 또 세분할 수 있을 것 같습니다. 45년에 해방이 되어서 50년에 전쟁이 시작되었고 그 전쟁이 끝나고 60년대에 들어가면서 군사정부가 시작되었지요. 다음에 70년대에 들어가면서 72년부터 유신체제라는 것이 시작됐는데, 가만히 보면 물론 4·19 직후에 약 1년 동안의 예외가 있습니다만 결국 해방 후부터 전쟁과 군사정권과 유신체제, 이렇게 출발점부터 있었던 불합리성이 여러 면에서 점점 더 증가되어왔다, 그래서 70년대라는 것이 해방 이후 우리 역사가 안고 온 비리가 하나의 절정기에 다다랐던 시기가 아니겠는가, 이렇게 일단 정리해놓고 이야기해보면 비교적 쉽게 풀리지 않을까 싶군요.

백낙청 역시 비리 쪽으로만 계속……(웃음)

송건호 아까도 말씀이 나왔듯이 개항 이후의 역사를 3단계로 나누어보았을 때 개항에서 망국까지의 제1단계와 해방까지의 제2단계는 주권수호 내지 주권회복이라는, 말하자면 외세에 저항하는 단계라는 점에서 비교적 단순한 시대였습니다. 물론 상황이야 어려웠지만 비교적 단순한 시대였는데, 일단 명목상으로 해방이 되었지만 국토가 분단이 되고 그것도 외세와 이데올로기를 배경으로 한 분단이 되고 나서는 민족해방을 위한 저항도 1단계나 2단계의 저항과는 달리 대단히 복잡한 양상을 띠게 되었습니다. 그래서 민족의 정확한 진로를 찾자면 고도의 사회과학적 인식이 필요할 만큼 상황이 어려워졌습니다. 그런데 3단계인 분단시대 — 이 분단시대라는 용어는 여기 계신 강만길 선생의 글에서 처음 씌어진 이래(『창작과비평』1974년 겨울호 「실학론(實學論)의 현재와 전망」 참조) 유행어가 되다시피 했는데 저도 이 말을 듣고는 야 이거 참 근사한 말이다, 과연 역사학자는 다르다고 생각을 했었습니다.(웃음) 이 분단시대에서 남쪽만을 볼 때에 이것을 다시 제1기와 제2기로 나눌 수 있는데, 제1기는 이승만통치시댑니다. 이때는 정부를 유지하는 데 주로 미국의 원조를 받아서 해왔기 때문에 비교적 단순했습니다. 국제적인 냉전이 양극화 상태에 있었고 한국은 미국의 진영에 들어 있었기 때문에 비교적 단순했는데, 이 양극화체제가 무너지고 국가의 이익이 이데올로기를 우선한다는 1960년대 이후의 상황 속에서는 자유당시대처럼 일방적인 원조 속에 안주하기가 어렵게 되었다 이거예요. 그래서 60년대 이후로 자주니 주체성이니 하는 말이 유행하게 되었는데 이것은 국내적으로 민중이 자각하게 되었다는 측면과 더불어 국제적인 조류의 영향을 받아서 그렇게 되었다고도 볼 수 있습니다. 그런데 이 자주와 주체의 시대에 남쪽의 우리 민족은 어떤 과정을 밟아왔느냐? 저는 이것을 표면적·관념적으로는 자주를 내세우며 살아왔지만 우리의 특수한 상황으로 해서 현실적으로는, 즉 경제·군사 등의 여러 면에서 구조적으로는 예속화가 점점 심화되어왔다고 봅니다. 그래서 집권층은 이와같은 상황에 대처하기 위해서 윤리주의·정신주의를 강조했습니다. 가령 정신문화원을 만든다든가 한국학을 장려한다든가 충효사상이니 새마음운동이니 해서 문제를 윤리의 차원에서, 정신적 차원에서 다루고 이해하고 극복하려는 태도를 보여주었지요. 그러니까 구조적인 예속과 이를 은폐하려는 정신주의적 문화풍토로 인해서 70년대는 양심적인 지식인의 입장에서는 일종의 암흑기였습니다. 암흑기라는 것은—밤이라는 것은 반드시 밝은 날을 전제로 하지만, 새벽 무렵이 가장 춥습니다. 특히 70년대 후반기는 가장 견뎌내기 어려운 시기였고 이 새벽녘에 많은 지식인들이 전신(轉身)을 했습니다. 말하자면 권력에 뒤늦게 참여를 하고 나쁘게 말하면 변절하는 현상이 벌어지고 학원의 양심과 양식이 마비되고 언론은 거의 일사불란하게 독립을 포기했습니다. 그런데 이상하다면 이상하게도 출판계는 묘한 활기를 띠었지요. 이것은 결국 지식인사회가 위축되면서 거기에 반발하는 세력이 생겼는데 기존 언론기관들이 완전히 장악되고 보니 출판계에서나마 탈출구를 찾게 되었다고 해석됩니다. 그러니까 70년대 후반기 출판계의 활기라는 것도 전반적인 시대상을 반영했던 셈이지요.

백낙청 한 분은 '비리의 절정기'라고 하시고 또 한 분은 '암흑기'라고 하시는데 이렇게 되면 곤란한데요.(웃음) 서목사님께서나마 좀 긍정적인 말씀을 해주셔야 할 것 같습니다.

민주역량의 축적

서남동 저는 역사적으로 더듬어서 고찰할 능력이 없기 때문에 그냥 저 나름대로 보태고 싶은 이야기를 할까 합니다. 지금 한 시대가 가고 또 한 시대가 오는 마당에 탈피해야 할 독소 내지 비리에 대해 저는 대단히 추상적이고 고답적인 언어입니다만 우리가 3중의 질곡으로부터 벗어나야 한다는 점을 생각해본 적이 있어요. 하나는 봉건주의, 하나는 식민주의, 또 하나는 신식민주의지요. 다른 나라는 이것을 하나씩 벗어나기도 했는데 우리는 셋을 한꺼번에 벗어나야 새 시대를 맞이한다는 생각을 해봤습니다. 이렇게 설정만 해놓고 제대로 연구는 못해봤습니다만, 우리가 아직도 봉건주의에서 맴돌고 있다고 하는 단적인 예의 하나는 소작제도라고 생각합니다. 전국 농가의 30% 이상이 소작농이라 하고 수확의 반을 지주한테 바치는 경우도 많다는데, 이름이야 달라졌다 해도 이것은 근대사회에서 용납할 수 없는 봉건제도가 그대로 남아 있는 거거든요. 이런 것에서 명실공히 탈피를 해야겠다는 것이지요. 또 아직도 충효니 뭐니 하는 거라든가, 국민의 공복과 봉건사회의 지배자를 혼동하는 온갖 용어들이 천연스럽게 쓰이고 있습니다. 다음에 식민주의로부터의 탈피라고 하면 나는 특히 역사학자들이 식민지사관으로부터의 탈피를 위해 값진 노력을 하신 데서 많이 배웠는데, 일제 잔재의 청산 문제가 그대로 남아 있고, 또 그것 과는 좀 차원이 다른 이야깁니다만 신학에서도 사사건건 외국의 권위나 되뇌고 하는 풍조에서 탈피해야 되지 않느냐는 생각입니다. 신식민주의라는 것은 제3세계 전체가 새로운 형태의 식민주의로부터 침해를 받고 있다는 이야긴데, 특히 한국 같은 경우는 그 대표적인 예가 되겠지요. 지금까지 농촌과 근로자를 전적으로 희생하다시피 하면서 외국인을 위한 상품을 만들어 수출해온 것을 그런 측면에서도 보아야겠지요. 새 시대에는 이런 것에서도 벗어나는 과제가 남아 있다고 봅니다. 그러면 70년대에 긍정적인 면은 없었느냐고 볼 때, 나는 역사는 잘 모릅니다만, 70년대의 우리 사회에는 그 어느 때보다도 민주투쟁의 고난과 경험 — 고난이 곧 우리의 밑천이니까요 — 민주투쟁의 경험과 밑천을 쌓은 시기가 아니었는가 합니다. 언론인들·학생들·교수들·문인들·종교인들, 나아가서는 그전까지 우리가 생각을 못했던 노동자들·농민들이 일어나서 — 언론이 무너지고 학원이 무너지고 지식인들이 무너지니까 마지막에는 노동자들이, 농민들이 바통을 이어받아서 직접 자기들의 권리를 찾겠다고 노력을 하기에까지 이르렀지요. 여기까지 끌고 온 경험과 업적은 역시 70년대의 큰 성과가 아닌가 하는 겁니다. 그런데 아까 강선생님 말씀이 역사를 움직이는 근본적인 힘이 민중이라고 하셨는데, 이와 관련해서 10·26사태가 과연 정보부장의 총 한 방으로 이루어진 것이냐 아니면 민중의 힘이 그렇게 결과된 것이냐를 잘 분석해나가야겠지요. 저는 그런 분석의 능력이 없습니다만, 역시 70년대에 민중의 힘이 성장하고 민주투쟁의 자본이 늘어났다는 긍정적인 측면은 인정해야 되리라 봅니다.

강만길 아까 저도 '비리의 절정기'라는 이야기를 했습니다만 그것은 체제 자체에다 촛점을 맞춰서 보고 더구나 분단상황이라는 측면에서 보니까 그렇게 된 것이고 사실은 서목사님이 지적하신 다른 측면이 있지요. 우리가 국내에서만 볼 때에는 70년대에 우리의 모든 지식인이나 노동자나 국민 일반이 철저한 강압에 눌려서 아무것도 못하고 살았던 것처럼 느껴진 경우가 있었습니다. 그렇게 생각하며 대단히 안타까워하기도 했었습니다만, 가까운 일본에만 나가보아도 전혀 다른 인상이었어요. 그 사람들이 70년대의 우리의 민주화투쟁의 연표(年表)를 만들어놓았는데 그걸 보니까 우리 국민이 정말 대단한 노력을 했다는 것을 새삼스럽게 느꼈습니다. 사실 우리가 4·19 때와 비교를 해본다고 하더라도 그때는 지식인들의 역사의식이 극히 일부분에 한정되어 있었던 셈입니다. 또 우리 나름의 자본주의의 규모가 그다지 확대되지 않았었기 때문에 노동계층의 수도 별로 많지 않았고 솔직히 말해서 질도 높았다고 볼 수 없습니다. 농촌의 피해라는 것도 대체로 일제시대의 피해가 그대로 연속된 것이었기 때문에 농민의식이 그다지 성장될 시간적인 여유도 없었던 셈이지요. 그런데 70년대에 들어와서 어찌되었건 자본주의의 규모가 확대되었고 노동자들의 수가 많아졌을 뿐 아니라 질적으로도 대단히 높아졌다는 점이 우선 지적되어야겠고, 농민들도 새마을운동 같은 체제측의 장치가 있었지만 오히려 그것을 통해서도 더 자의식이 높아졌다고 봅니다. 거기다 특히 주목할 점은 체제 밖에 있는 지식인층이 질적으로도 아주 예민해졌고 양적으로도 증가되어 4·19 당시와 비교하면 대단한 차이를 보여주게 되었습니다. 결국 이런 여러 요소들이 70년대의 역사를 청산할 만한 능력을 이미 갖추고 있었고 80년대를 위한 하나의 밑거름을 장만해놓았다고 볼 수 있겠습니다.

70년대 정권의 긍정적 업적

송건호 저도 긍정적인 이야기를 좀 하지요.(웃음) 우선 하나는 70년대 초에 대통령선거를 실시하기 위해 국민에게 약간의 자유를 줬습니다. 그러니까 각종의 사회적인 사건이 폭발했습니다. 유명한 광주단지사건이라든가 KAL건물사건이라든가, 상당히 심각한 각종 사고가 터졌어요. 그리고 71년 선거에서 박·김 두 후보가 대결했을 때도 박정희(朴正熙) 후보가 압도적으로 유리한 온갖 여건에도 불구하고 아슬아슬하게 승리를 했을 뿐이었습니다. 그래서 이대로 가서는 75년에 있을 다음 선거에서 도저히 이길 수 없다는 위기의식을 정권적인 차원에서 느꼈고 여기서 두 가지 타개책을 구했습니다. 하나는 선거를 치르고 난 그해 8월에 남북적십자회담을 제의해서 남북대화가 열리고, 72년 7월에는 드디어 7·4공동성명이 나오게 되었지요. 그런데 48년 김구(金九) 선생의 남북협상 노력이 있었던 이래로 남북대화의 길을 열어보려는 민간인들의 노력이나 토론은 정부로 부터 박해를 받았는데, 집권층이 직접 대화를 했다는 것 — 물론 남북대화는 73년에 가서 이미 한계점에 부닥치고 또 그럴 수밖에 없게 되어 있었습니다만 — 하여간 남북의 대화의 길을 터놓았다는 것은 오늘날에도 우리가 긍정적으로 평가해야 할 박정권의 업적이라고 생각합니다. 위기 타개책의 또 한 가지는 물론 대내적으로 유신체제를 구축하는 것이었지요. 박정권의 긍정적인 업적으로 또 하나 꼽을 수 있는 것은 자유당정권 12년간은 하는 일이라는 게 미국의 더 많은 원조를 받아오는 것이 고작이었습니다. 그런데 국제적인 상황도 달라졌지만 군사정권이 들어선 이후부터는 미국의 원조도 원조려니와 자체적으로 건설하려는 어떤 의욕을 보였어요. 그래서 '일하는 해'니 '건설'이니 하면서 일한다는 분위기를 조성했어요. 그런데 그 일이라든가 건설이라는 것이 결과적으로 밖으로는 대외의 존도·예속도를 심화시키고 안으로는 빈부의 격차를 넓혀서 계층적인 대립을 격화시켰습니다만, 여하튼 건설적인 분위기, 일하는 분위기를 조성했다는 점은 오늘의 싯점에서도 우리가 평가해야 할 것입니다.

백낙청 7·4공동성명이 박정권의 큰 업적임은 더 말할 것 없습니다만 그것은 유신 이전의 일이고, 유신체제를 확립함으로써 집권층은 70년대 나머지를 통해 비슷한 업적을 더 쌓지 않고도 정권을 유지할 수 있게끔 되었던 셈이지요. 따라서 72년 10월 이후 역사의 가장 긍정적인 측면을 들라면 저 역시 국민의 민주적 역량의 향상, 지식인과 민중들의 의식수준의 향상과 민주투쟁 경험의 축적을 꼽지 않을 수 없습니다. 그러나 이것은 70년대를 부정적으로 보는 평가와 통하는 이야기이고, 집권층 자신이 내세운 명분과 직결되는 것으로는 역시 송선생님 말씀하신 건설하려는 의욕, 일하는 분위기를 꼽아야겠지요. 공화당정권의 주된 명분은 '근대화'였지요. 72년 이후로는 '유신'이라는 낱말을 더 내세웠습니다만 60년대·70년대를 통해 일관되게 내걸었던 것은 '조국근대화'였고 그 내용은 경제성장·경제건설이었지요. 이것이 근본적으로는 방향을 잘못 잡았다는 데 송국장님과 같은 의견입니다만, 건설의 분위기를 만들었을 뿐 아니라 실제로 건설을 많이 하고 민중생활에 어떤 직접적인 향상을 가져오기도 했지요. 빚을 얻어서지만 굶던 사람들이 먹게 되었다는 것은 당사자들로서는 엄청난 향상이고, 일자리가 없던 사람들이 일자리를 갖게 되었다는 것 — 이런 것은 그 자체로서 커다란 인간적인 의미를 가질 뿐 아니라 이것 없이는 우리가 자랑하는 민주투쟁의 업적과 경험도 축적될 수 없었을 것입니다. 그러니까 집권층이 내세운 '근대화'의 본질이 비록 그들의 생각과 거리가 먼 것이었다 해도, 그것 나름의 어떤 성과를 떠나서 70년대 역사의 진짜 긍정적인 측면을 이해하기도 어렵지 않느냐는 거지요. 따라서 60년대 이래의 근대화정책이 잘못되었다는 우리의 판단도, 그 정책의 성과는 성과대로 인정하고 또 다른 시기나 다른 나라의 비슷한 정책보다 상대적으로 어떤 면에서 나았다면 나았는가를 인식하고 난 뒤의 판단이라야 그 판단이 진정으로 설득력을 지니고, 어째서 70년대의 근대화노선이 그러한 비리를 낳을 수밖에 없었는가가 뚜렷해지리라 봅니다.

'근대화'의 의미와 동력

송건호 근대화라는 구호가 일반대중에게 어느정도 먹혀들어간 것을 저도 시인합니다. 과거 이승만정권시대는 그런 캐치프레이즈 같은 것이 별로 없었는데 공화당정권은 상당히 세련된 대중조종 기술을 갖고 대중에게 어필할 만한 구호를 내세웠지요. 그중에서도 비교적 대중의 호응도가 있었던 것이 역시 '근대화'라는 것이었지요. 그러나 저는 이것을 인정하기가 어렵습니다. 왜냐하면 우리나라 같은 후진국의 경우 가장 절실한 것은 자립경제의 구축 곧 '자립'인데, 근대화란 발상은 본래 미국적인 것입니다. 따라서 근대화의 구호 밑에 이루어지는 건설은 자립이 아니라 예속의 길을 걸어왔습니다. 건설이 되면 될수록 예속도가 심화됐던 겁니다. 그러므로 저는 70년대 근대화정책의 공로는 좀 엉뚱한 것 같지만 빈부의 격차를 극대화시킴으로써 근로대중을 오히려 의식화시켰다는 데서 찾아야 된다고 봅니다.

강만길 우리가 흔히 근대화라고 부르는 문제를 역사적으로 추구해온 것은 벌써 1세기가 넘었습니다. 대체로 '한일합방' 이전 우리 근대화운동의 목표는 문화적인 근대화였습니다. 그때는 정치적인 근대화도 별로 생각하지 못했고 경제적인 근대화도 그다지 내세우지 못했었지요. 일제시대 36년간은 우리가 근대화라는 말을 표면에 내세울 형편도 못되었습니다만, 사실은 주권을 회복한다는 것도 정치적인 근대화의 한 목표가 될 수 있습니다. 왜냐하면 우리가 주권을 회복해서 대한제국을 다시 만들자는 것은 아니고 어디까지나 공화주의국가를 만들자는 것이었으니까요. 해방 후에는 공화주의 정부가 설립되기는 했지만 정치적인 근대화는 표면으로만 내세워졌고, 결국 주목표는 경제적인 근대화랄까 공업화랄까 하는 것이 앞세워졌지요. 특히 70년대에는 다른 것을 모두 희생시키더라도 이것만은 이루어야 한다고 했고, 또 그것을 이루어놓은 것은 당시 집권세력의 하나의 공적이다, 이렇게 대체로 이야기해왔지요. 그러나 사실은 어느 것을 말하는 경우에도, 문화적인 근대화든 정치적인 근대화든 경제적인 근대화든, 그것이 이루어졌다면 그것은 우리가 큰 눈으로 볼 때 전체 민족적인 역량의 축적 때문입니다. 이런 역량의 축적 없이 몇몇 관료 엘리뜨나 한두 지도자가 그것을 이루어놓았다고 한다면 이것은 역사를 보는 눈이 너무 좁아진 것입니다. 그동안 이루어진 경제의 양적 확대가 토착화될 수 있느냐 없느냐의 문제는 차치하고라도, 그만한 확대를 가져왔다는 것은 백년 이전부터 추구해오던 근대화를 향한 민족적 역량이 이 시기에 발휘되었던 것이고 — 이 시기만이 아니라 일제시대에는 그 축적된 역량이 독립운동에 집중되었던 거고 해방 후 36년간은 주로 경제적인 기반을 잡는데 집중되었던 겁니다. 아까 7·4공동성명 이야기가 나왔습니다만, 이것도 사실은 우리가 독립운동의 과정에서 사상적인 대립을 해소시키면서 한층 역사적인 방향으로 우리의 민족국가를 성립시켜야겠다는 운동이 상당히 뿌리 깊었던 겁니다. 그것이 해방과 함께 분단체제가 들어서면서 깨져버렸는데, 그러나 분단시대라고 하지만 그 밑바닥에는 분단을 해소하고 하나의 통일된 민족국가를 만들겠다는 민족적인 열망과 그런 역량이 꾸준히 깔려왔던 것입니다. 일부의 집권층도 그것을 도저히 무시할 수 없는, 또 그것을 무시하고서는 도저히 집권체제를 유지해나갈 수 없는 대목에 이르게 된 겁니다. 그러니까 역사를 보는 눈을 어디에 두는가에 따라서 상당히 차이가 나게 마련입니다.

인간해방을 외면했던 근대화 논의

백낙청 집권층뿐 아니라 많은 학자들도 70년대에 근대화를 이야기할 때 강선생님 말씀하시는 그러한 민족사의 흐름에 눈을 둔 것이 아니라 송선생님 표현대로 미국적인 발상으로서의 근대화이론에 매여 있었던 것이 사실인 듯합니다. 그런데 저는 송선생님의 판단에 동의하면서도, 근대화 개념이 본래 미국적인 발상이기 때문에 70년대의 근대화가 잘못되었다기보다 70년대의 근대화가 인간해방의 대의라든가 민족사의 흐름을 외면한 것이었기 때문에 미국적 근대화 개념에 안주하고 말았다고 표현을 바꿔보고 싶습니다. 왜냐하면 인류의 역사가 이른바 '중세'라는 시대에서 '근대'라는 시대로 옮겨오는 것은 인간이 중세적인 질곡, 인간의 삶을 억압하는 중세 특유의 질곡에서 벗어나서 한 차원 높은 인간해방의 단계로 나아가는 것이라고 보고 싶거든요. 소작제도의 철폐라든가 산업화라든가 하는 것들도 그러한 역사적 발전의 일환으로서 의미가 있는 거지요. 그런데 문제는 60년대·70년대 한국의 근대화는 인간해방을 전제하지 않았단 말이에요. 근대화의 대전제는 어디까지나 인간해방이고, 이것을 우리의 입장에서 좀더 구체적으로 규정한다고 할 때 저는 아까 서남동 교수께서 말씀하신 삼중의 질곡이란 것이 퍽 적절한 지적이었다고 봅니다. 서양의 선진국들에게는 봉건주의의 질곡에서 벗어나는 것이 곧 근대화였습니다. 그러나 남의 식민지가 된 사회에서는 봉건주의에서 벗어나는 일과 식민지상태에서 벗어나는 일이 동시에 이루어져야 근대화가 됩니다. 그런데 오늘의 세계에서는 식민지상태에서 명목상 독립국이 되는 것만으로 부족하고 약소국에 대한 새로운 형태의 지배와 착취로부터 안전해질 태세를 독립과 더불어 갖춰야 되는데, 우리의 경우 분단이라는 치명적인 약점까지 겹쳐 이것이 안되어 있지요. 이런 문제들이 70년대의 근대화정책에서는 제대로 논의조차 되지 않았지요.

서남동 60년대 이래의 근대화에 대해 내 나름대로 느끼는 바가 몇 가지 있습니다. 하나는 공업화 자체에 대해선데, 내가 뒤늦게 미국 유학을 간 것이 1955년이었어요. 배를 타고 쌘프란씨스코에 내려서 대륙을 횡단해 갔는데, 그때 차 옆자리에 미국 노인 한 분이 앉아서 창밖을 내다보면서 막 감탄을 해요. 자기가 젊었을 때는 여기가 허허벌판이었는데 지금 이렇게 굉장히 발전을 했다는 겁니다. 그게 25년 전이거든요. 근대화·현대화의 최첨단이라는 미국서의 일입니다. 지금 나는 가까운 일본에도 못 가본 지가 여러 해지만, 외국에 자주 드나드는 사람들 이야기를 들으면 가는 데마다 붐이라는 거예요. 건축이고 도로고 공장이고 — 한국만 그러는 게 아니라는 거예요. 그런데 외부와 차단돼서 지식이 천박한 사람들은 한국만 이런 줄 알아요. 물론 공정하게 이야기해서, 강력하게 밀고 나가니까 템포가 좀 빠르겠지요. 그러나 집권자가 위대해서 여기만 그런 건 아니란 말예요. 이건 퍽 상식적이고 피상적인 이야기지만 중요한 점이라고 생각됩니다. 지금 전세계가 그런 변화의 시대를 살고 있는데 우리가 고립되어 있다

보니 남들과 비교할 줄 모르는 겁니다. 둘째로는, 근대화 근대화 해서 얻은 것이 무어냐 할 때 나쁜 의미의 소비문화, 사치문화예요. 건실하게 경제건설을 시켰으면 자립경제도 되고 건실한 생활을 하게 됐을 텐데 이런 식으로 외국에의 의존도를 높여놓고 국민의 주체의식과 성실한 생활태도를 후퇴시켜놓았지요. 셋째번 이야기는 이미 말씀들 하셨지만 근대화란 것이 근본적으로 인간해방의 과정이어야 하지 않습니까? 강만길 선생이 어디선가 역사담당 주체세력의 확대과정이란 말을 하셨는데, 그동안 국민의 참여는 점점 줄어들었잖아요? 근대화의 전진이 아니라 역행이었어요. 이런 걸 우리가 반성해야 할 것 같습니다.

국민주권의 확립 문제

강만길 근대화라는 것을 저는 이렇게 보고 싶어요. 대체로 세계사적인 흐름으로 보아서 우리의 경우 근대 이후 약 백년 — 실학까지 넣어서 이백년쯤 되겠지요. 결국 이 기간 동안에 우리 역사가 추구해야 할 올바른 문제를 제대로 추구해나가는 방향, 이런 데서 올바른 근대화를 찾아야겠다는 겁니다. 물론 대전제는 인간해방입니다. 중세인간보다 근대인간이 훨씬 해방도가 높은 인간이 되어야 한다는 것은 두말할 여지가 없는데, 우리 역사 속에서는 무엇이 그러한 인간해방이며 근대화의 길이었느냐? 저는 이렇게 생각합니다. '한일합방' 전 구한국시대에는 뭐니뭐니해도 국민주권이 이루어져야 할 때였습니다. 다시 말해서 시민혁명·국민혁명을 달성해야 할 때였습니다. 이것이 근대화의 최고 목표였고 그 속에 물론 경제적인 문제, 사회적인 문제 등 여러가지가 포함되어 있었지요. 다음에 일제시대는 주권독립이었지요. 독립이 안되고서는 다른 어떤 근대화도 가능할 수 없었던 것이지요. 마찬가지로 해방 이후 분단시대에도 통일이 안되고서는 어떠한 근대화를 어떤 수식어나 대명사를 갖다놓더라도 올바른 근대화는 안되는 거지요. 그러니까 역사가 그 시기시기마다 이루어놓아야 할 과제를 옳게 파악하지 못하면, 마치 엉뚱한 측면이 근대화인 것처럼 착각하게 되는 거지요.

송건호 옳은 말씀입니다. 근대화의 내용을 단순히 산업화로 보아서는 안되고 인간해방으로 보아야 한다고 백선생이 말씀하셨는데, 인간해방이란 특히 제3세계에 속하는 후진국의 경우에 민족해방을 실현해야만 가능하다고 봅니다. 우리가 막연히 인간해방 인간해방 하는데 우리가 강조할 것은 민족해방이고 그것을 좀더 구체적으로 말하면 민족통일인 것입니다.

백낙청 물론이지요. 인간해방의 구체적인 내용은 역사의 단계마다, 때와 장소에 따라 새롭게 이해되고 추구되어야 하는데 우리의 경우 민족해방으로서의 민족통일이 급선무라는 점에 저도 전적으로 동의합니다. 그런데 강조할 점은 강선생께서 구한말의 역사적 과제로 설정했던 국민주권의 확립이라는 과제도 여전히 우리 앞에 남아 있지 않느냐는 것입니다. 요즘 우리 사회에서는 새 헌법을 만드는 일에 누구나 관심을 모으고 있는데 당면한 개헌작업의 골자가 바로 뒤늦게나마 국민주권을 확보하자는 것 아니겠어요? 이제 70년대에 대한 평가, 근대화의 명분과 내실에 대한 평가에 이어 80년대의 당면과제에 대한 토론으로 옮겨갔으면 하는데, 이 헌법문제부터 좀 논의하는 게 어떨까 합니다. 물론 나중에 각자의 전공분야·활동분야 중심으로 80년대를 내다보는 이야기를 해주시기 바랍니다만, 우선 헌법문제는 바로 눈앞에 닥친 일이고 국민 모두가 궁금해하는 일이니까 각기 한말씀씩 해주시면 좋겠습니다. 어떻습니까, 헌법 초안 같은 것 장만해 오신 분 안 계신가요?(웃음)

새 헌법 제정의 대원칙

송건호 지금 개헌논의가 한창입니다. 80년대를 민주시대로 건설하려면 지금까지의 비민주적 시대를 가능케 한 헌법을 대폭 개정하는 작업이 필요합니다. 그런데 저는 '개정'보다도 '제정'이라는 각도에서 이 작업에 임해야 한다고 봅니다. 그 이유는 하나의 독재체제에서 민주정치로 180도의 방향전환을 하는 마당에 헌법이 개정이 아니라 근본적으로 새로 제정하는 방향에서 손질이 되어야 하는 것이 논리적으로 당연하기 때문입니다. 이른바 개헌논의에서 가장 큰 관심의 촛점이 되고 있는 것은 권력 형태를 어떻게 할 것이냐 하는 문제인 것 같습니다. 정치인들에게는 당연히 중요한 문제가 되겠지요. 하지만 헌법은 정치인만을 위한 것이 아니고 3천 7백만 전체 국민의 헌법입니다. 그렇다면 헌법제정 작업도 국민적인 입장 내지 시각에서 다루어져야 한다고 봅니다. 하지만 헌법 조문 하나하나를 따진다면 이른바 '개헌논의'는 끝이 없을 것입니다. 아마 명년까지 가도 이 논의는 끝이 나지 않을 것입니다. 그러니 너무 세부까지 따지는 데는 약간 문제가 있다고 봅니다. 헌법제정 논의를 위해서는 우선 하나의 대원칙이 필요합니다. 이 원칙 아래 제5공화국의 새 헌법이 제정되어야 할 것입니다.

저는 이 대원칙을 다음과 같이 주장하고 싶습니다. 첫째로 비상계엄을 하루빨리 해제해야 한다는 것입니다. 이제 10·26의 '유고(有故)'사태도 정상화되고 모든 국민도 안정된 상태에서 사회생활을 하고 있는데 무엇 때문에 비상계엄령이 필요한지 모르겠습니다. 최규하(崔圭夏) 대통령은 국민의 각계각층의 여론을 개헌에 광범히 반영하겠다고 국민에게 공약했습니다. 그렇다면 비상계엄은 하루속히 해제되어야 합니다. 지금과 같이 신문이 일일이 사전검열을 받아야 하고 집회가 일일이 사전허가를 받아야 하는 상황에서는 각계각층의 여론이 자유롭게 개헌작업에 반영될 수는 없습니다. 명색 정치발전을 한다면서 계엄령 하에서 이런 작업을 한다면 역사적으로도 그렇고 국제사회에서도 납득하지 못할 것입니다. 둘째는 헌법제정의 주역이 누구냐는 문제입니다. 지금 국회와 정부 사이에는 어느 쪽이 '개헌'의 주도권을 잡느냐로 이견을 보이는 듯한 인상이지만 엄격히 말해 정부나 국회가 다 같이 명분상 도저히 '개헌'에 주역 노릇을 하기 어려운 입장이라는 것을 알아야 합니다. 10·26사건 전까지 유신의 기수 노릇을 한 인사들이 어떻게 민주헌법 제정의 주역 노릇을 한다는 것인지 국민이 어리둥절할 것입니다. 명분상으로는 지금까지 온갖 수난을 겪으면서도, 끝내 유신체제를 반대하고 민주화를 주장한 인사들이 개헌작업에 주역이 되는 것이 명분에 맞습니다. 다만 현실적으로 그들이 주역이 된다는 것은 어려움이 있으므로, 국회니 정부니 할 것이 아니라 국민적 차원에서 헌법제정 특별협의체 같은 것을 구성하고 이 협의회에서 그간의 재야인사들의 발언권을 강화시켜 여기에서 헌법제정문제가 논의되었으면 합니다. 셋째는 제헌기일을 4월 말쯤으로 잡고 7월에 총선을 실시, 8·15에 정권 이양을 하는 것이 이상적인 것 같습니다. 제가 이렇게 주장하는데는 이유가 있습니다. 지금 정부는 어디까지나 과도정부입니다. 길어야 1년 남짓이면 퇴진할 임시정부입니다. 오늘과 같이 정치적·경제적 난국에 과도정권 기간이 너무 길어진다는 것은 난국수습에 별 도움이 되지 않을 것입니다. 과도정부는 하루속히 정상화돼야 합니다. 그래야 국민이나 무엇보다도 공무원들의 자리가 잡힐 것입니다. 과도체제 하에서는 안정을 기대하기가 어렵기 때문입니다. 국민여론이 정권이양기간 즉 과정기간이 빠를수록 좋다고 생각하는 것도 그 이유가 이런 점에 있을 것입니다. 넷째는 헌법의 조문을 언제까지고 하나하나 따질 것이 아니라 새 헌법의 대강을 정해놓은 다음 조문 하나하나에 관해서는 전문위에서 다루도록 하되 후에 다시 협의체에서 검토하는 식으로 작업을 추진해야 일이 빨라질 것입니다. 아무튼 새 헌법제정은 빠를수록 좋다는 것이 국민여론이며 빠를수록 정국안정도 기대할 수 있다고 봅니다. 지연되면 국민간에 또 어떠한 불평이 생길지 염려됩니다.

서남동 송선생님이 잘 말씀해주셔서 별로 더 할 말이 없는데 한마디만 덧붙이지요. 이번 헌법에서는 국민의 주권을 찾는 데 그 기본적인 의미가 있다는 것은 당연한 얘긴데, 지금과 같이 새 헌법의 내용이 어떻게 하면 국민주권이 되느냐는 논의만을 할 것이 아니라, 그런 논의에 앞서서, 물론 다른 일에서도 항상 그렇습니다만, 그 헌법을 만드는 과정 자체가 민주적이라야 하지 않겠습니까. 그런데 지금은 그렇지 않단 말이에요. 계엄령 하에다가, 유신헌법 하던 사람들이 자기네가 고치겠다고 그러고, 일반적으로 국민의 자유로운 참여가 거부되고 있고, 이렇게 여러모로 제약되어 있으니까 이것은 국민주권을 정말 되찾는 헌법이 될 수가 없지요. 그래서 나는 이런 식으로 말할 수 있지 않을까 하는데, 지금 하는 사람들이 만들려는 것은 민주주의 헌법이 아니고 기껏해야 '민본주의' 헌법이다, 윗사람들이 우리 천한 사람들을 위해서 은혜를 베풀어 만들어주는 것이고 민주주의 헌법이 될 수가 없다는 것입니다. 또 각계각층의 여론을 다 듣는다고 하는 것도, 높은 사람이 누구누구를 만나기로 선발해서 의견을 듣는다는 것은 인위적이어서 옳은 민의를 집약할 수가 없는 것이지요. 현대사회에서 여론을 아는 길은 주로 매스컴을 통해 국민들 상호간의 자유스러운 대화와 토론을 하게 해놓고 그것을 통해 민의를 청취하는 것이지, 무슨 단체를 지명해서 대표자를 만나본다든지 또는 찾아오는 사람들이나 만나는 것으로 그게 제대로 되겠어요? 그런 의미에서 저는 민주헌법을 만들 수 있는 정지작업이 아직 안돼 있고 그것이 선행되어야 한다고 생각합니다.

'안정'과 '혼란'

백낙청 그런데 지금 정부당국에서 토론과정을 완전히 개방하지 않는 명분은 역시 '안정'이라는 겁니다. 혼란이 와서는 안되겠다는 거지요. 이 '안정'과 '혼란'에 대해 강선생님이 역사가의 견지에서 짤막하게 언급하신 것을 어느 신문에서 잠깐 읽은 기억이 있는데, 헌법에 관한 강선생님 자신의 의견에 곁들여 이 문제에 대해서도 좀더 자세히 말씀해주시면 고맙겠군요.

강만길 네. 저는 여기서 기본적인 문제가 10·26사태를 어떻게 보느냐 하는 데 있다고 생각합니다. 그것이 단순히 정치권력 내부에 있어서의 충돌이요 권력자의 교체로만 본다면 민주적 헌법을 만들겠다는 것부터가 좀 이상한 이야기가 되겠지요. 그런데도 민주화된 헌법을 만들겠다고 하는 것은 10·26사태가 단순한 권력 내부의 암투가 아니라는 것을 전제하고 하는 이야깁니다. 결국 YH사건이니 부산·마산사태 같은 것을 통해 민중의 정치개혁 의지가 표면화되었다는 것을 전제로 하고 있는 건데, 그런 측면에서 본다면 어째서 기존의 정치세력이 그들만으로 헌법을 바꾸어야 하느냐? 이건 논리적으로 대단히 모순된 이야깁니다. 또 설령 그들이 헌법을 바꾸더라도 그것은 수명이 긴 민주헌법이 될 수 없는 것이고 수명이 긴 민주헌법을 다시 만들 계기를 필요로 한다고 볼 수 있는 거지요. 결국 백선생이 말씀하신 안정과 혼란의 문제도 이것과 직결된 이야긴데, 저는 개인적으로는 안정 운운하는 데 상당한 저항감을 느낍니다만 이것이 또 일반 시정에서는 꽤 설득력있게 받아들여지고 있다는 문제도 간과할 수 없지요. 어디서 비슷한 이야기를 썼습니다만, 우리가 역사적인 변혁기라고 하면ㅡ10·26사태 이후의 시기를 두고는 정부측 사람들도 역사적인 변혁기라는 말을 쓰고 있는 것으로 압니다만ㅡ역사적인 변혁이라는 것은 당시의 기성세력의 입장에서 보면 언제나 혼란으로 보이게 마련입니다. 역사적으로 당연히 가야 할 길인데도 불구하고 기성의 눈으로 보면 혼란으로 보이고 따라서 그것을 막으려고 하는 겁니다. 왜냐? 기성세력이 자신의 위치를 유지하려니까 그것이 혼란으로 보이고 또 혼란이라고 선전하게 마련이지요. 그런데 기성세력은 그럴 수밖에 없지만 여기에 대다수 국민이 현혹되어 따라간다면 우리 시대의 국민이 아직도 역사적 의식수준이 낮은 국민이었다는 후세의 평가를 받게 되지 않을까 합니다. 저는 항상 국민 일반의 역사의식보다 지식인의 역사의식이 더 문제가 많다는 말을 합니다만, 이 문제에 있어 지식인들이 사태를 바로 보고 선명히해주어야 되겠다는 느낌입니다. 헌법문제와 관련해서 한 가지 덧붙이고 싶은 것은, 우리 시대의 역사적 과제가 분단극복이라고 아까 말했고 그런 의미에서 지금 우리의 정치·경제·문화·사회적인 모든 활동이 장차 역사적인 평가를 받기 위해서는 역시 민족통일이라는 데서 구심력을 찾아야 된다고 보겠는데, 이번 헌법개정에서 거기까지는 바랄 수 있을는지 모르겠습니다만, 전문에서건 본문 안에서건 통일을 대비하는 헌법을 만든다는 그런 입장이 되어야 할 것 같습니다.

10·26사태를 어떻게 볼까

백낙청 통일을 대비하는 헌법이 될지 어떨지는 몰라도 우리 자신이 통일을 대비하는 자세로 헌법개정 논의에 임해야 하는 것만은 분명하겠지요. 그러기 위해서는 현재의 개헌작업이나 그 계기가 된 10·26사태를 분단과 연관해서 이해해야 할 것 같아요. 10·26사태에 대해 여러분이 이미 해주신 말씀에 기본적으로 동의하면서 저는 그 사태의 성격을 세 가지 차원에서 한번 정리해볼까 합니다. 첫째로 가장 단순하고 명백한 차원에서 10·26은 한 특정 자연인에 의한 장기집권의 종말이었습니다. 이건 '국민적 합의' 운운할 필요도 없는 과학적인 사실입니다. 문제의 자연인이 10월 26일 사망했으니까 그것으로 끝난 겁니다. 여기에 약간의 혼란이 따르기도 했습니다만, 사실 놀라운 것은 평소에 사람들이 누누이 강조하고 경고하던 데 비해서는 너무나 혼란이 적었다는 점입니다. 결국 나라의 운명이 단 한 사람의 손에 달린 것이 아님이 입증된 셈이지요. 두번째로 한 차원 높여서 보면 10·26은 특정인의 집권뿐 아니라 그 개인을 구심점으로 구축됐던 지배체제의 종말입니다. 이 사실을 부정하거나 내놓고 부정은 안하면서도 그 체제를 약간 수정·개편만 해서 연장하려는 움직임이 아직도 강력합니다. 그러나 지금 강선생님 말씀대로 10·26사태 이후에 유신의 주역들 자신이 유신체제를 철폐하겠다고 나서는 것만을 보더라도 왕년의 비민주적인 지배체제에 종말이 왔다는 데는 국민적 합의가 이루어져 있는 게 분명합니다. 다만 그러한 국민적 합의를 실천에 옮기는 일이 남았는데 송국장님이나 서목사님 지적하신 대로 이것이 지금 이 평계 저 평계로 그 출발에서부터 난항을 겪고 있습니다. 저는 그 이유가 10·26사태를 또 하나의 차원에서 보는 데에 아직도 국민적 합의가 이루어지지 않았기 때문이 아닌가 합니다. 10·26사태에 대해 세번째로 말할 수 있는 것은, 우리가 이 자리에서 거듭 이야기해왔듯이, 8·15 이후로, 특히 1960년대 이후로 소위 근대화작업이 본격적으로 제창되면서 우리 사회가 추구해온, 분단을 전제로 한 근대화노선의 파탄을 드러낸 사건이었다는 것입니다. 물론 분단이 되어 있는 상태에서 분단을 전제로 하고 우선 꾸려나갈 것을 꾸려나가는 일은 불가피합니다. 그러나 분단은 일종의 자연적인 조건처럼 제쳐놓고 그 터전 위에서 남쪽에서만이라도 경제건설을 하고 자주국방을 하고 복지사회를 만드는 일이 도저히 불가능하다는 진실이 10·26이라는 사건을 통해 극적으로 드러난 것입니다. 도대체가 안될 일을 하려니까 누구 한 사람이 시키는 대로 따라만 가면 될 수도 있을 텐데라는 무리한 생각도 나오게 되고, 그러다 보면 한 인간의 허무하다면 허무한 죽음이 엄청난 역사적 사건으로 확대되고 마는 거지요. 그런데 이 점에 대해서는 솔직히 말해 아직 '국민적인 합의'에까지는 이르지 못하고 있다고 봅니다. 70년대의 온갖 부정적 현상의 뿌리를 민족의 분단에서 찾는 일부 식자층이 그것을 인식하고 있을 뿐이고, 수많은 민중들이 생활상의 고통을 통해 그 진실을 막연하게 피부로 느끼고 있을 따름입니다. 이제 경제성장을 통해 잘살게 된다는 꿈이 깨어지고 앞으로 국민의 생활고가 가중될수록 사태의 진실이 점점 드러나리라 믿습니다만, 어쨌든 다수 민중의 체험과 일부 지식층의 인식이 일치되어 이 문제에 대한 그야말로 국민적인 합의를 이루는 일이 80년대의 과제로 남아 있다고 봅니다. 이번 헌법개정 작업의 과정에서 이러한 합의가 어느정도나마 이루어지면 상당히 좋은 헌법, 강선생 표현대로 통일을 대비하는 헌법이 나올 것이고, 그렇지 못하면 명이 짧은 헌법이 될 위험이 많지요. 그래서 혼란이라는 문제에 대해서도 저는 그렇게 생각해요. 혼란이 아닌 것도 기성세력이니까 혼란으로 잘못 보는 게 있고 다수가 바라는 변화를 위해 당연히 겪어야 할 과정이니까 혼란은 혼란이라도 크게 문제가 안되는 것이 있는데, 여기서 우리가 한 가지 유의할 점은 분단극복이라는 기본적인 변화를 겪기 전에는 어떤 헌법을 갖고 어떤 민주적 개혁을 단행하든지 얼마간의 혼란이 불가피하다는 것입니다. 그러므로 분단문제를 제쳐놓고 이 사회의 혼란을 근절하겠다고 하면, 그것이 어떤 헌법 어떤 방법을 통해서건, 결국 이미 파탄에 도달한 잘못된 근대화노선에 되돌아갈 수밖에 없지 않느냐는 거지요. 그래서 저 자신은 새 헌법에 관해서, 아까 송선생님께서도 비슷한 말씀을 하셨습니다만, 그 세부적인 조항에 대해서는 아직도 그다지 마음이 쓰이지 않습니다. 심지어 대통령중심제냐 내각책임제냐 하는 문제에 대해서도, 유신헌법만 제대로 없어지면 됐지 아무렴 어떠냐 하는 다소 무책임한 생각마저 하게 됩니다. 누가 하든 옛날처럼 대통령의 권한이 비대해서는 안되겠다 ― 이건 누구나 인정하겠지요. 게다가 대다수 국민이 자기네가 직접 뽑지도 않은 대통령한테 그런 식으로 지배를 받아왔으니까, 대통령을 한번 내 손으로 직접 뽑아보고 싶다는 것이 포한(抱恨)이 된 것 같고, 그런 점에서 대통령 직선제는 일종의 국민적 합의가 아닌가 합니다만, 저로서는 그 이상의 세부적인 논의에는 큰 관심이 없는 셈이에요. 물론 주위의 많은 분들이 차제에 이상적인 민주헌법을 만들어야지 않느냐고 말씀하시는 충정은 이해가 갑니다만, 이 '차제'라는 것이 어떤 '차제'냐, 어떤 대목이냐를 스스로 반문해볼 때, 분단극복을 전제한 완전한 민주헌법을 우리 마음대로 만들 기회가 우리에게 주어진 그런 복된 상황은 아니거든요. 아니, 이미 달성된 국민적 합의를 실현할 수 있다는 보장조차 없는 상태 아닙니까? 민주주의와 민족통일로 가는 험난한 과정에서 어떤 한 고비에 다다른 것뿐이니까, 이상적인 헌법을 너무 자세히 이야기하다 보면 오히려 엉뚱한 결과가 되기 쉽다고 봅니다. 어디까지나 우리의 지속되는 민주화운동·분단극복운동을 한 걸음 더 진전시키는 개헌작업을 해나가야겠다는 생각이고, 그런 점에서도 새 헌법의 내용보다 그 제정과정이 더 중요하다는 말씀에 공감을 합니다.

서남동 혼란과 질서에 관해 저도 한마디 한다면, 요즘 우리가 듣는 것은 지배자의 언어·지배자의 논리라고 나는 생각합니다. 또 소시민층은 자기가 지배자도 아닌데 항상 이 남의 언어인 지배자의 언어를 내면화하고 있는 경향인데 우리가 이것을 의식해야 할 것 같아요. 지금 말하고 있는 것은 지배자들이나 소시민들이지 대다수 민중은 말할 기회도 없고 통로도 없으니까 과연 그들이 지금 지배자들이 제시하는 질서와 그런 식의 안정을 원하고 있는지는 측정할 길이 없는 거지요. 다음에 이 '혼란'이란 것이 무언지 좀 분석해볼 필요가 있는데 이걸 세 가지로 나누어 생각해볼 수 있습니다. 하나는 안보문제지요. 이런 틈을 타서 북에서 남침을 해오면 대혼란이 난다는 것이고, 다음에는 경제적인 혼란을 모두 우려하고 있지 않습니까? 그런데 셋째는 언론자유 같은 것을 자꾸 혼란으로 착각하고 있단 말이에요. 남침에 의한 혼란은 국민이 누구나 경계하고 있는 것이고, 경제적인 혼란이라는 것도 지금 언론자유를 준다고 해서 경제적인 혼란이 피해진다든지 가속화된다든지 하는 것과 일단은 상관없는 문제 아니겠어요? 지금 이런 문제들과 언론자유의 문제를 하나로 두루뭉수리로 만들어서 국민을 위협하는 경향이 있는데, 이걸 좀 분석을 해서 실제로 지배자가 혼란이라고 말하는 것은 안보문제도 아니고 경제문제도 아닌 언론자유마저 안 주겠다는 일종의 언어의 마술이라는 것을 우리 국민이 깨달아서 그런 마술에 걸려들지 않아야겠다는 이야기를 추가하고 싶습니다.

백낙청 결국 헌법문제 자체보다도 언론의 자유를 비롯해서 사회 각계에서 실질적인 체질개선이 이루어지고 진정한 안정을 위한 기반이 마련되어야겠는데 이제부터 그런 이야기를 분야별로 좀 해보면 좋겠습니다. 사실은 헌법이라는 말이 영어로는 '콘스티튜션'(constitution)인데 이 낱말은 개인에게 적용될 때는 '체질'이란 뜻이지요. 그러니까 입헌정치의 모국이라고 하는 영국에서 헌법이라는 것을 생각할 때에 그것을 사회적 체질, 국가적 체질의 집약적 표현으로 보았던 셈이지요. 그러니까 오늘날 우리들의 개헌작업도 당연히 사회전역에 걸친 체질개선운동을 집약하는 작업이 되어야겠고 동시에 각 분야에서 우리가 당면한 과제에 대한 논의는 당연히 개헌논의의 일부를 이루어야 한다고 보겠습니다. 그럼 언론계에 대해 먼저 송국장께서 말씀해주시고 이어서 대학문제도 논의해보기로 하지요.

언론자유를 위한 당면과제들

송건호 언론문제를 말하기 전에 혼란과 질서에 대해 나도 한마디 하고 싶은데(웃음), 집권층에서 말하는 질서란 민중더러 자기주장을 하지 마라, 가만히 있으라는 거예요. 그런데 나는 어디서 혼란을 보느냐 하면 가치질서가 엉망이 된 데서 봅니다. 예전에 일본제국만세·천황폐하만세를 부르던 사람이 해방 후에 물러가고 민족의 독립을 주장하던 사람이 나서야 되는데 이것이 뒤바뀌었어요. 그게 진짜 혼란이었습니다. 가치관에 혼란을 가져왔거든요. 그런데 지금도 10·26 이전에 유신을 주장하던 사람들이 개헌의 주역이 되겠다는 것 — 이게 바로 혼란이라고 봐요.(웃음) 그건 그렇고, 언론이 독립해서 자기주장을 하는 것도 항상 혼란이라고 부르면서 책임감을 느껴라, 미리 자율규제를 해라 하는데, 지금까지의 언론의 문제를 저는 대략 1965년 전과 후로 갈라서 보게 됩니다. 그전에는 권력이 언론을 억압하면 언론이 마지못해 굴복하고 자기주장을 양보하는 그런 양상이었는데, 65년 이후 특히 70년대에 들어와서는 마지못해 추종한다기보다는 안에서부터 자발적으로 협조하는 경향이 많았다 이겁니다. 이것이 상당한 질적 변화입니다. 그럼 왜 그렇게 됐느냐 하면, 65년 한·일 국교 정상화가 이루어지고 일본 차관이 들어오면서 언론이 권력으로부터 차관 등의 특혜를 받아서, 그전에는 민중을 위해 좋은 신문을 만드는 것이 언론기업이 발전하는 길이었는데 이제는 권력과 유착하고 권력에서 특혜를 받아서 다른 사업도 하는 것이 기업발전의 길이 되었던 겁니다. 그래서 70년대에 와서는 언론기업주가 적극적으로 언론자유를 탄압하는 현상이 많이 벌어졌습니다. 그래서 신문기자들은 언론자유를 주장할 때 권력하고만이 아니라 기업주와 대결하고 기업주는 그들을 탄압하게 되었는데, 그것은 소위 '산·군 복합체'처럼 '권·언 복합체', 그러니까 권력과 언론의 복합 현상을 이루었기 때문입니다.(웃음) 따라서 앞으로 언론은 우선 기업적으로 독립을 해야 됩니다. 즉 한편으로 권력과의 유착관계에서 독립을 해야 되고, 또 하나는 지금 언론기업들이 대부분은 큰 재벌기업체의 일부로 계열화되어 있는데 다른 기업으로부터의 독립이 되어야 합니다. 그래서 어떤 정치적 현상에 대해 찬성을 하든 그것을 비판하고 반대를 하든 이것이 언론 자체의 양식과 책임에 따른 판단으로 언론을 펴야 되겠습니다. 이것이 첫번째의 급선무고, 둘째로는 언론시설 기준에 관한 법적 규제의 문제가 있습니다. 헌법에 유보 규정이 있고 그것을 근거로 신문사를 만들려면 이러이러한 기준이 있어야 한다, 윤전기가 있어서 한 시간에 몇십만 부면 몇십만부씩 찍어낼 수 있는 시설이 갖춰져야 한다는 등을 규제하는 언론관계 법률이 생겼습니다. 그래서 신문 하나를 만들려면 사실상 수십·수백억 원이 있어야 하고 재벌이나 권력층 아니면 손을 못 대도록 해 놓았어요. 이런 언론의 독점을 막게끔 관계조항들을 폐기하는 문제가 있지요. 또 하나는 전파관리법(電波管理法)입니다. 5년 이내로 대통령령에 의해서 전파사용권 즉 라디오나 텔레비전의 방송·방영권을 다시 줄 수 있다고 되어 있는데, 얼마 전까지만 해도 3년인가 2년마다 허가를 갱신하게 되어 있던 것이 작년부터는 해마다 하는 것으로 바뀌었습니다. 그러니까 지금 라디오나 텔레비전은 완전히 정부당국에게 장악되어 있는 셈이에요. 이런 전파관리법을 대폭 수정해서 방송국들이 매년 정부로부터 새로 허가를 얻어야 하는 현상이 없어져야 되겠습니다. 80년대의 우선 시급한 과제로 이런 세 가지를 들겠습니다.

대학은 새로운 철학과 행동을 기르는 곳

강만길 대학문제, 학생문제, 학문문제 이런 이야기를 제가 좀 해야 할 것 같습니다. 아마도 5·16 이후에 가장 두드러진 문제가 대학교수의 현실감이라고 할까요, 사실은 현실참여라는 말이 부적합하기도 합니다만, 어쨌든 대학교수가 정부 체제 속에 들어간다는 것이 두드러졌지요. 우선 대학교수의 현실참여라는 것이 꼭 체제 속에 들어가서 이론적인, 기술적인 뒷받침을 해주어야 하는 일이라고 생각하는 것부터가 잘못이 아닌가 합니다. 정치현실·경제현실·문화현실을 객관적으로 보고 그것을 비판하는 일이 더 중요한 현실참여가 아닌가 합니다. '참여 속의 비판'이라는 말도 있습니다만(웃음) 옳은 비판이란 역시 체제 밖에 있으면서 그 체제가 가진 역사성을 올바로 이해하고 객관적인 비판을 하는 데 있다고 생각합니다. 일단 참여해서는 그 체제가 반역사적 성격을 가졌는지 어떤지를 잘 못 보게 돼버린단 말이지요. 하나의 시대나 체제에 대한 객관적 가치판단을 전제로 하지 않은 기계적인 학문 및 기술의 제공이 가져오는 결과에 대한 책임의식을 가지지 못한다면 지식인으로서의 위치를 유지할 수 없게 되겠지요. 이러한 교수의 수가 많아진다는 사실은 결과적으로 대학 안에 있어서 교수와 교수 사이, 특히 학생과 교수 사이에 하나의 커다란 괴리현상을 가져오지 않을 수 없게 되겠습니다. 대학이라는 것은 미래를 담당할 젊은 학생들을 기르는 곳이므로, 그곳에는 당연히 기성의 가치체제와 다른 철학이 있게 마련이고 또 그것이 용납되고 조성되어야 합니다. 현실적인 정치체제 및 그것과 연결되고 있는 교수들이 그들의 가치관과 다르다고 하여 대학과 학생을 불순하게 보거나 억압한다면 대학사회는 물론 더 나아가서 국가사회의 앞날이 암담할 수밖에 없습니다. 젊은 사람들이 기성세대와 꼭 같은 생각을 가지고 현실 속에 안주하게 된다면 그 나라 그 민족의 장래는 더 바라볼 것이 없게 되지 않겠습니까? 대학은 언제나 현실을 더 나은 것으로 만들기 위한 철학과 행동을 기르는 곳입니다. 기존체제를 뒷받침하는 대학, 현실에 안존하는 인간을 만드는 대학은 대학 본래의 사명을 잃어버린 대학임을 정부당국은 물론, 대학에 몸담고 있는 교수들도 깊이 인식할 필요가 있습니다. 대학이 그 본래의 사명을 다하기 위해서는 또 무엇보다도 그곳에서의 학문의 자유가 지켜져야 함도 더 말할 나위가 없습니다. 대학의 자유, 학문의 자유를 인정하지 못하는 정권이 역사적으로 바른 길을 걸은 예는 없는 것이 아닌가 합니다. 정권이 학문의 자유를 존중하는 일이 바람직함은 더 말할 것 없습니다만 정권이, 체제가 그것을 용납하지 않을 때 대학이 그것을 스스로 지키기 위한 자기희생을 다해야 함도 당연합니다. 학문의 자유가 결코 안이하게 얻어지는 것이 아님을 우리는 역사를 통하여 많이 배웠습니다만 대단히 유감스럽게도 우리의 대학이나 학계는 학문자유를 얻기 위한 자기희생에 인색했던 것이 아닌가 합니다. 학문자유의 절실성을 느끼지 않고도 학문 할 수 있는 환경이었던 것이 아니라, 학문자유 같은 것 생각하지 않고도 할 수 있는 '학문'만을 해 온 것이 아닌가 하는 생각도 없지 않습니다. 지금 헌법이 달라지고 민주화가 된다고 하지만 앞으로도 학문의 자유는 싸워서 얻어내야 된다는 점을 좀더 실감을 하고 또 그렇게 싸워서 학문의 자유를 얻어낸다면 그 속에서는 선생과 학생이 비록 나이 차이는 있지만 그다지 거리가 크지는 않게 되리라 믿습니다.

백낙청 대학문제에 대해서는 우리 해직교수들도 할 말이 좀 있으니까 (웃음), 서목사님도 한마디 해주십시오.

80년대 대학의 과제

서남동 강선생님 말씀 가운데 저로서 한 가지 의견이 좀 다르다 할까 논평을 하고 싶은 게 있는데, 대학인이 정부체제에 참여한다는 것 자체는 얼마든지 있을 수 있는 일이고 해도 좋지 않은가 해요. 교수가 장관이 돼도 좋고 대사로 가도 좋고 청와대 고문도 좋고, 그럴 능력이 있고 필요가 있어서 가는 것은 다 좋은데, 다른 사람은 비판할 자유가 없지 않습니까?(웃음) 그것이 문제라고 생각합니다. 체제 안에 들어올 자유만 있고 비판할 자유는 전혀 없는 체제라는 데 문제가 있었던 거지요. 물론 유신정권이란 특수한 것이니까 일반화해서 이야기하는 게 어떨지 모르지만, 평가교수단 같은 것도 원칙적으로는 학문의 자유, 언론의 자유가 활발해지면 별문제가 안되지 않을까 해요. 참여할 사람이 참여해도 그만이고, 사실은 교육계가 어떻다든가 5개년계획이 성공하고 있느냐라든가 이런 걸 알아보기 위해 딱히 평가교수단을 둘 까닭도 없는 겁니다. 각 분야에서 자유롭게 연구하고 평가하고 발표하고 하노라면 정부측에서 몇 사람의 전문가를 두어서 그 여론을 들어서 짐작해야 올바로 짐작이 되는 것이지, 자기 업적을 평가한다고 일부러 고용인을 사듯이 해서 평가를 하니 좋게 평가하지 나쁘게 평가하겠어요? 그러니까 제가 강조하고 싶은 이야기는 본질적으로 체제 자체의 문제이지 참여하는 것 자체를 너무 나무랄 것은 없다고 봅니다.

강만길 참여 이전에 그 체제가 역사적으로 정당한 체제냐 아니냐, 이런

데 대한 판단이 있어야 할 것 같아요. 권력에 참여한다고 다 나쁜 것은 아니겠지만 그 권력의 성격에 대한 가치판단이 앞서고 그다음에 참여를 하든 관망을 하든 해야겠지요. 그런데 결국 역사의식의 문제겠습니다만, 우리나라의 지식인들은 하나의 기성권력이 생기고 나면 가치판단을 단념하고 일단 그것을 정당한 권력으로 인정하고 순응하려는 경향이 왕조시대부터 뿌리 깊은 것 같습니다. 앞으로는 어떤 권력이 형성되었을 때 그것이 역사적으로 이 싯점에서 정말 있어야 할 권력인가 아닌가를 판단하고 난 다음에 지식인들이 자기 행동을 선택해야 할 것입니다.

송건호 저는 '참여'와 '편승'을 구별하고 싶습니다. 자기가 가진 지식이 옳든 그르든 자기가 권력에 참여해서 자기의 의식과 이념을 정책에 반영시킬 수 있다면, 반영시키도록 노력을 하고 또 결과적으로 반영이 된다면, 그것은 주체성을 띤 '참여'라고 하겠습니다. 그런데 영어에 '히치하이크'(hitch-hike)란 말이 있지요? 지나가는 자동차에게 좀 태워주시오 하는 겁니다. 그 자동차가 어느 방향으로 갈 것인지는 이미 결정되어 있는 겁니다. 거기 좀 얻어 타자 이건데,(웃음) 주체적인 참여라면 자동차에 함께 타서 이리 갑시다 저리 갑시다 하는 결정까지 같이할 수 있어야 하는 거지요. 그러니까 지식인이 권력에 참여를 한다고 하면서, 권력 자체가 나가는 방향은 이미 정해져 있는데 지식인이 거기 가담해서 그 정해진 방향으로 나가는 방법을 좀더 기술적으로, 나쁘게 말하면 좀더 교활하게 나가도록 자신의 지혜와 기술을 제공한다고 하면, 그것은 참여가 아니라 편승입니다. 그런 의미에서 이제까지 우리나라 지식인들이 정권에 가담한 것도 사실은 참여가 아닌 편승이었다, 저는 그렇게 봅니다.(웃음)

백낙청 참 재미있는 구분을 해주셨습니다. 그런데 70년대 우리 대학의 비극은 상당수 학자들이 반역사적인 정치권력에 편승해서 참여 아닌 참여를 함으로써 대학인의 본분을 저버렸다는 사실보다도, 그런 일을 안하고 자기 나름으로 대학인의 본분을 지킨다고 하는 교수들조차도 말하자면 자동적으로 참여 아닌 편승을 하게끔 사태가 진행되었다는 사실이 아닐까 저는 생각해봅니다. 물론 저는 대학 내에 남아 계신 분들, 강선생님 포함해서(웃음)—훌륭한 분들이 많은 것을 모르지 않습니다. 사실 평가교수로 일하신 분들 중에도 훌륭한 대학인이 계신 것을 개인적으로도 알고 있습니다. 문제는 오히려 바로 이런 훌륭한 분들조차 자신이 대학에 남아 있다는 사실 자체가 이미 편승을 하고 있는 게 아니냐는 갈등을 맛보면서 지내지 않을 수 없었고 또 많은 학생들 눈에 그렇게 보이게 되었던 그런 객관적 현실이었다는 겁니다. 이것이 물론 일차적으로는 학문의 자유문제이고 학원의 자율성 문제인 건 사실인데, 다만 80년대에 우리가 학문의 자유를 되찾는 과정에서는 학문의 자유에 대해 우리가 종전에 교과서적으로 이해하던 것과는 그 개념부터가 많이 달라져야 하고 또 그렇게 되리라고 봅니다. 이전처럼 학원의 자유가 철저히 봉쇄된 상황에서는 그 자유의 의미에 대한 깊은 생각 없이 그냥 학문의 자유, 학원의 자유를 주장하고 그러한 자유의 결여를 지적하는 것만도 의의있는 일이었고 또 벅찬 일이었습니다. 사실상 우리의 인권운동이라는 것도 그런 것이었지요. 인권이라는 말은 얼마든지 폭넓고 다양하게 해석할 수 있는 거지만, 우리가 주로 요구해온 것은 아주 초보적인 시민권이거든요. 사람을 잡아가더라도 영장이나 떼어와서 잡아가달라든가, 말로만 반대하는 것 정도는 참아줘야 되지 않느냐라든가, 학자가 학문은 자유롭게 할 수 있어야지 않느냐, 예술가가 예술 하는 것은 너무 간섭하지 말아야 되지 않느냐, 이런 기본적인 것들이었어요. 물론 이것은 지금도 유효한 주장이지만요. 그러나 앞으로 새 시대의 대학에서 우리가 학문의 자유를 되찾고 실현한다고 하는 단계에서는, 유신 이전에 그나마 있었던 자유를 회복하고 그것을 단순히 양적으로 확대하는 것과는 좀 다른 차원의 문제가 될 것 같아요. 대학 자체에 어떤 질적인 변화가 일어나야 하지 않을까 합니다. 아까 강선생님도 지적하셨지만 4·19 직후보다 오늘의 민주역량이 더 높아져 있다는 사실이 이런 데서도 드러나리라고 보는데, 4·19 직후에는 대학을 개혁하려는 움직임이 활발하기는 했지만 사실상 대학을 제대로 쇄신할 만한 역량이 학생들과 교수들 사이에 축적되어 있지 못했어요. 물론 지금도 문제가 많지만 그때와는 많이 다르다고 봅니다. 적어도 학생 쪽은 그래요. 우선 그동안에 학원사태로 제적됐던 학생들이 소위 일류대학이라는 데일수록 수십 명 수백 명씩 됩니다. 옛날에 더러 그랬던 것처럼 공부하기 싫어서 데모나 하는 학생들도 아니고 오히려 우수한 학생들이 제적과 투옥을 각오하고 나섰던 거거든요. 그렇게 해서 학원을 떠난 뒤에, 물론 그중에는 학구적 자세와 거리가 멀어진 경우도 있습니다만, 많은 수가 사회경험을 쌓으면서 자기 나름대로 공부를 계속했습니다. 그리고 지금 정치발전을 한다는 마당에 다른 것은 몰라도 이 사람들이 다시 학교에 되돌아가게는 되어야 한다는 점에는 그야말로 국민적인 합의가 이루어져 있습니다. 지금 다른 민주화개혁에 대해서는 이러쿵저러쿵 말이 있지만 제적학생의 복학 원칙만은 이미 확정된 것으로 누구나 알고 있습니다. 말하자면 현정부나 집권세력으로서는 최소한의 양보, 자기보존을 위해서도 불가피한 가장 기본적인 조처에 해당하는 것이 이것인데, 실제로 그 결과는 적어도 학원으로서는 엄청나게 획기적인 조처가 될 것 같아요. 그래서 제가 듣기에 학교당국이나 치안당국의 일각에서는 학생들 다시 넣어주는 건 좋지만 그 친구들이 이렇게 몰려 들어오면 우리는 어떻게 일해 먹으라는 거냐고 걱정하는 사람도 있다고 하던데, 저 개인으로서는 그런 고민이 충분히 이해가 가고 동정이 가는 면도 없지 않습니다.(웃음) 이런 학생들이 학교에 돌아왔을 때 이들을 정말 가르치고 이들에게 스승노릇을 할 실력과 도덕적 권위를 갖춘 교수가 대한민국에 과연 몇이나 되겠는가? 저는 해직교수들이 그런 권위와 실력을 갖추고 있다고 말하려는 게 아니고 또 그렇게 생각지도 않습니다. 무언가 교수와 학생의 관계 자체가 달라지고 학문의 방법과 내용이 달라져야지, 누구를 복직시키고 누구를 배척하는 정도로 감당할 수 없는 상황이 그간의 역사에 의해 창출되었다는 것입니다. 60년대와 70년대에—사실은 그전부텁니다만—분단을 전제한 근대화정책의 일환으로 길러낸 교육요원이나 공부하는 방법은, 실제로 그것이 권력에의 편승이 아닌 제 나름의 성실한 공부였던 경우에도, 이 학생들을 제대로 다루기에는 이미 낡아버린 거예요. 아까 제가 인간해방을 외면하고 민족분단을 전제한 60년대·70년대의 근대화정책의 파탄이 앞으로 시간이 흐를수록 점점 분명해지리라고 말했습니다만, 당장 대학의 현장에서 그것이 드러나게 되어 있다고 봐요. 70년대의 역사가 창출해서 우리 사회의 구석구석에 비축했다가 이제 한꺼번에 대학에다 떠안겨주는 새로운 힘을 기존의 대학으로서는 감당할 수 없게 되어 있는 겁니다.

'새 대학'은 가능할까

송건호 저는 대학이 점점 시끄러워지는 원인이 대학 안에 있는 것이 아니라 대학 밖에 있다고 보는데요. 근대화 슬로건을 내세우고 경제건설을 추진했는데 실제로는 경제성장이 되면 될수록 모순이 확대되는 잘못된 길이었지요. 민족주의가 위기에 빠지고 빈부격차가 심해지고, 그러니 자연히 국민의 불만이 커지고 그렇게 되면 지식인은 비판을 하게 되니까, 여기서 자신의 약점을 감추고 정권을 유지하기 위해서 탄압을 하고, 민주주의가 억압되는 것과 정비례해서 학문의 자유도 억압당했지요. 그러니까 학생들은 여기에 반발을 해서 항의를 하는데, 물론 그 방법에는 문제점이 있었는지 몰라도 기본적으로 그들의 주장은 옳았다 이겁니다. 학원의 양식과 진리를 대표하는 것이었는데, 권력당국이 이걸 탄압할 때 교활하게도 학교당국에 떠맡겨서 총장과 교수들이 '자율적으로' 처벌을 하고 탄압을 하도록 만들었어요. 그러니까 결과적으로는 학원의 진리와 양식을 대표하는 학생들을 교수들은 권력을 대변해서 양심을 배반하고 억압하는 꼴이 됐다 이겁니다. 그러니까 학생들이 볼 적에 교수들은 도대체 뭐냐 이거예요. 예를 들어서 교수들의 권위를 가장 추락시킨 제도적 장치의 하나가 교수가 일정수의 학생들 '담당'을 해서, 자기가 담당한 학생 중에 누가 시끄럽게 굴면 즉각 그 교수가 책임을 지도록 하지 않았어요? 이렇게 제도적으로 조직적으로 학생들 앞에서 모든 교수들의 권위를 추락시키고 양심을 마비시킨 근본책임은 권력의 개입에 있다, 저는 그렇게 봅니다.

백낙청 네, 그런데 그것이 대학이 오늘 이 지경에 이른 과정에 대해서는 정확한 진단이신데요, 저는 앞으로 권력의 개입이 그치는 것만으로 일이 저절로 풀리지 않는다는 이야기지요. 지금으로서는 권력의 개입이 그치리라는 보장도 없는데 공연히 성급한 이야기가 아니냐고 하실지 모르지만, 권력의 개입을 제대로 막아내기 위해서도 이 점을 분명히해둘 필요가 있다고 봐요. 그렇지 않으면, 일이 다 잘되게 되어 있었는데 몇몇 아이들이 또 시끄럽게 굴어서 망쳐놓았다는 식으로 권력의 개입이 새로 정당화될 위험이 큰 겁니다. 아까 송선생님께서 70년대에 빈부격차의 극대화로 노동자들의 의식이 높아지는 엉뚱한 공로도 있었다는 말씀을 하셨는데, 70년대의 대학이 겪은 불행도 저는 일방적인 수난으로 개탄만 할 게 아니라 새로운 대학 건설의 밑천을 거기서 찾아보자는 겁니다. 사실 우리나라의 대학들이 70년대의 상황에서 학문의 자유를 누릴 수도 없었지만 설령 그런 상황 속에서 대학만이 아무 피해 없이 학문에 몰두할 수 있었다고 치더라도, 과연 그것이 민족을 위한 대학이 되고 우리 시대가 요구하는 인재를 배출할 수 있었을까 하면 그건 의심스럽습니다. 우리 사회에서처럼 일류대학 진학을 목표로 어린 나이부터 과외를 하고 시험공부를 하고 또 무수히 많은 시험을 치른 끝에 대학생이 되었을 때, 일류대학에 간 학생은 간 학생들대로, 또 못 간 학생은 못 간 학생대로 어떤 의미에서는 이 민족과 민중을 위해 공부다운 공부를 하고 일다운 일을 하기에는 상당히 부적합한 인물이 되어 있는 셈입니다. 이런 사람들이 대학에서 또 열심히 책을 읽고 강의를 듣고 시험을 친다고 해서 정말 민족의 역사에 기여하는 지식인이 되기는 힘들거든요. 그런데 행인지 불행인지 권력이 개입해서 이런 학생들을 학교에서 쫓아내주었단 말입니다. 정말 생생한 교육의 현장으로 몰아내주었어요. 그래서 더러는 감옥에도 가고 취직도 하고 장사도 하고, 그러면서 독학을 해서 글을 쓰거나 번역도 하고, 또 이 모든 것이 자신의 당초의 신념과 합치되도록 끊임없는 자기반성과 자기점검을 할 기회를 주었던 것입니다. 이렇게 성장한 학생들이 대량으로 학원에 돌아왔을 때, 이제 권력이 학원개입을 중단하는 것만으로 옛날의 상태가 복원될 수는 없는 겁니다. 그렇다고 어떤 개인적인 보복 같은 것을 시도한다면 그건 물론 그동안의 성장이 별것 아니었다는 증거밖에 안되겠지만, 지금 종교계에서 서목사님 같은 분들이 '새 교회'를 이야기하고 있듯이 우리의 대학도 — 나아가서는 중고등학교와 국민학교도 — '새 대학' '새 학교'가 됨으로써만 이런 학생들을 받아들여서 제대로 학문을 해나갈 수 있으리라 믿습니다. 그래야만 그 학생들의 고난과 경험도 대학의 밑천이 되고 학교에 남아 있던 사람들의 고생은 고생대로 보람을 찾게 되지, 그렇지 않으면 그야말로 난장판이 될 수밖에 없어요. 그냥 떠났던 사람들이 돌아오는 것만이 아니고 대학의 개념과 학문 하는 방식 자체가 새로워져야 돼요. 가령 학문이라는 것도 종전처럼 실천과 동떨어진 지식을 교수라는 사람이 잔뜩 축적해놓고 앉아서 학생들한테 조금씩 나눠주면서 그들 위에 군림하는 그런 게 학문이 아니라, 어디까지나 실천과 하나가 된 — 그러니까 물론 역사적으로 정당한 실천이라야지요 — 실천과 일치된 학문을 교수도 하고 학생도 한다고 하면 교수와 학생의 유대감은 저절로 되살아날 것이고, 기본적으로 같은 역사적 실천을 하는 사람들로서 서로 배우고 존중하게 되고, 그러한 실천의 일부가 되는 지식을 교수 쪽이 더 많이 축적하고 있을 때 학생들이 존경하고 승복하지 않을 수 없게 되겠지요. 그래서 저는 80년대의 대학이 '새 대학'이 되느냐 난장판이 되느냐는 갈림길에 와 있다고 보고, 적어도 상당수의 학생들에게서는 '새 대학'을 만들 기본적인 역량이 축적되어 있다고 믿습니다. 제가 하고 싶었던 건 그런 이야기예요.

송건호 네, 아주 좋은 말씀입니다.

대학의 자유와 새로운 학문내용

강만길 아까도 말했지만 학문의 자유, 대학의 자유를 대학 스스로가 지키지 못하였기 때문에 권력의 학원지배가 이루어졌다고 볼 수 있는데, 결국 앞으로 학문의 자유, 대학의 자유를 지키기 위한 기초적인 일이 무어냐 할 때 역시 대학 내부의 민주화라고 할까 대학 자체의 민주화라 하겠습니다. 지금 우리나라 대학의 체질이 그런 말을 내놓을 형편이 전혀 안되는 대학들입니다만, 조만간 대학 내부에서의 민주화가 이루어져야 그것이 선생과 학생들 자신의 대학이 되고 외부에서 어떤 침해가 이루어질 때 지킬 가치가 있는 자신의 대학이 되니까, 그럴 때 비로소 대학의 자유가 지켜지리라고 봅니다.

서남동 대학의 자유라든가 학문의 새로운 방법에 대해서 좋은 말씀들을 많이 하셨는데 특히 제가 종사하고 있는 신학의 분야에서는 학문의 내용부터가 달라져야 할 형편인 것 같아요. 민주화라든가 여러가지 행정적인 변화와 겹쳐서 말이지요. 지금 가톨릭이나 프로테스탄트를 막론하고 신학의 지배적인 새로운 흐름이 혁명의 신학, 해방의 신학이거든요. 그것은 제3세계의 신학뿐 아니라 미국이나 유럽도 마찬가지예요. 바로 엊그제 독일에서 온, 칼 바르트의 아들인 크리스토프 바르트의 강연이 있었는데 저는 다 듣지는 못했습니다만, 구약학자인데 구약성경을 인간해방이라는 관점에서 철저하게 다시 읽거든요. 세계적인 조류가 그런데도 한국의 사정은 체제 안에 들어 있던 신학교에서는 마음이 있어도 그걸 못했단 말입니다. 해방의 신학을 입 밖에 낼 수가 없었거든요.

송건호 지금도 그런가요?

서남동 아니 이제는 좀 달라지겠지만 지금까지는 그랬거든요. 늘 감시를 하고 있으니까요. 『해방신학』이라는 책도 판금되고요. 내가 쓴 책(한국신학연구소 펴냄 『전환시대의 신학』)은 해방의 신학에 종사하기 이전의 글만 모았는데도 내 이름이라고 해서 신학교에서 못 파는 정도였으니까. 그런데 지금은 그렇게까지 터부가 아니지 않습니까? 그러면 선생들 자신이 내용을 바꿔야 할 형편이란 말입니다. 구약이고 신약이고 교회사도 다시 읽어야겠고 그러고 새로운 해석을 시도하는 책들을 이제 새삼스레 찾아 읽어야 되니까, 학문의 자유라는 게 없었던 데서 있게 되는 변화가 신학의 세계에서는 읽어야 할 책까지 달라지게 되니까, 아주 고민이지요.

백낙청 그건 결코 신학의 세계에 한정된 문제가 아니지요. 오히려 신학계에서는 그러한 학문적 전환의 필요성이 비교적 널리 인식되었다는 점에서 제가 종사하는 영문학 같은 것에 비하면 훨씬 고민이 적다고 볼 수 있지 않을까 싶은데요. 70년대의 민주화운동에 영문학자들보다는 신학자들이 더 많이 활약했고 자신의 학문을 민주화운동의 일환으로서 해온 분들이 더 많으니까 당연한 결과지만요. 그런데 진정으로 새로운 대학, 민족사의 요구에 부응하고 세계사의 첨단에 서는 대학이 되려면 신학이나 사회과학, 국사학 등의 분야뿐 아니라 가령 영문학이나 불문학 같은 학문의 세계도 달라져야지요. 단순히 종전에 별로 취급 안하던 흑인문학을 더 연구한다든가 하는 것만이 아니고, 구약과 신약을 전부 다시 읽는다고 서목사님이 말씀하신 것과 똑같은 뜻으로 이제까지 읽어온 서양의 고전들을 인간해방의 관점에서, 구체적으로는 제3세계와 우리 자신의 민족해방이라는 관점에서 새로 읽을 수 있어야 하지 않을까 합니다. 물론 아무거나 민족해방에다 갖다 붙이는 식이 아니고 학구적인 자세로 읽어야 하는데, 저 자신 영문학을 어느 정도 그렇게 해낼지 자신이 없습니다만 그런 방향으로 각 분야에서 우리의 과제를 설정해야겠다는 거지요.

비신도가 본 한국기독교

대학 이야기는 우선 이 정도로 하고 종교계 — 주로 기독교계가 되겠습니다만 — 종교계 이야기로 화제를 돌려보지요. 기왕에 서남동 목사님을 이 자리에 모신 김에 우리가 비기독교인으로서 궁금한 것, 불만스러운 것들을 기탄없이 말씀드려서 목사님 답변을 듣도록 해보지요.(웃음) 예를 들어 송선생님이 — 송선생님은 교인이 아니신데도 엔씨씨(NCC, 한국기독교교회협의회) 인권위원이시죠? 인권위원으로서 함께 일하시면서 송선생님이 보신 인권운동에서 기독교의 역할이라든가, 또는 역사가로서 강선생님이 보시는 민족사의 흐름 속에서 기독교의 위치라든가, 이런 데 대해서도 의견을 나눠보면 좋겠습니다.

송건호 제가 1975년에 직장에서 나와서 보니까 당시의 민주세력이란 거의 분산이 돼서 의지할 곳이 없었습니다. 그래도 유신체제에 저항하는 조직체는 NCC가 가장 확실했습니다. 왜 그렇게 됐느냐고 할 때, 저는 기독교가 아닌 사람, 기독교가 아닌 민주화단체는 존속이 거의 불가능했다고 봐요. 그건 사상불온으로 때려 잡힌단 말이에요. 최근에 와서는 뭐 기독교인들도 사상이 의심스럽다고 몰리게 됐을 정도니,(웃음) 기독교가 아닌 사람은 "너 의심스럽다" 하면 뭐라고 답변할 길이 없어요.(웃음) 그래서 기독교단체가 아니면 거의 없어지고 NCC만 남다시피 되었으니 자연히 저는 본의든 본의 아니든 NCC에 접근이 돼가지고 이제까지 NCC를 등 삼고 살아왔습니다.(웃음)

서남동 NCC도 송선생님 덕을 많이 봤습니다.(웃음)

송건호 그렇게 살아왔는데 제가 거기 가서 비로소 기독교를 많이 배웠습니다. 그전에는 제가 기독교에 대해 많은 편견을 갖고 있었는데, 기독교에 이런 점이 있었는가고 깜짝 놀랄 정도로 훌륭한 점을 많이 발견하고 홀륭한 분들을 많이 알게 되었는데, 그러나 한 가지 또 확인한 것은 그런 분들이 지극히 소수더라 이겁니다. 대부분은 역시 기독교에서 안일을 찾고 현실과 타협하고 현실에 추종하고 체제를 두둔하는 바람직하지 못한 세력이 많은 것 같더군요. 그러니까 기성세대는 그렇고, 이것이 젊은 세대로 올수록 양심적이고 좋은 의미의 기독교사상이 저변확대가 됩디다. 예를 들어서 기독교에도 '기장'이 있고 — 저는 이런 걸 예전에는 몰랐는데 지금은 내막을 좀 압니다.(웃음) 기장(기독교장로회)이 있고 예장(예수교장로회)이 있는데 예장은 또 통합이 있고 합동이 있고(웃음), 그밖에 성공회도 있고 감리교도 있고 그런데, 나이 자신 분들은 이분이 기장이냐 감리교냐 예장이냐, 예장이면 합동이냐 통합이냐 대강 짐작이 가요. 예를 들어 기장 쪽 분들이 대체로 인권운동에도 제일 적극적인 편이지만 우리가 볼 때에 기독교적인 색채가 비교적 희박합니다.(웃음) 40 이상에서는 그런데 젊은 사람들은 그렇지가 않아요. 기장인지 예장인지 구별이 안될 정도로 저변확대가 잘되어 있어요. 그런 면에서는 한국기독교의 장래가 밝다고 보겠는데, 한국의 6백만 크리스천 가운데서 의식있는 기독교인이 과연 몇만이나 되겠느냐, 저는 이게 아직도 극소수라고 봅니다. 앞으로 젊은 세대에 점점 저변확대를 해서 황무지를 개척해야 할 것이다, 저는 이렇게 보는데, 기독교에서 저 자신이 깜짝 놀랄 그런 좋은 점이 어디서 나오는가 보니까 성서에 대한 새로운 해석이더군요. 성서를 제가 보니까 그 내용이 워낙 무궁무진해서 나쁘게 말하면 그게 해석하기에 따라서, 어느 부분을 중요시하느냐에 따라서 귀걸이도 되고 코걸이도 돼요. 그러니까 성서를 좋게 해석할 수도 있고 나쁘게 해석할 수도 있는데, 역시 이것을 기독교 본래의 정신으로 돌아가서 — 기독교라는 게 원래는 가난하고 불우하고 뺏기고 헐벗은 사람 위주의 종교였다고 보는데, 기독교의 그 원시사상에 돌아가서, 기독교의 본래정신으로 돌아가서 성서를 새로 해석하는 거지요. 이런 방향의 의식화가 젊은 층에서 광범위하게 벌어지고 있는 것을 제가 목격

했고, 또 한 가지 제가 놀란 것은 젊은 사람들의 민족의식이 강합니다. 제가 민족문제에 대한 강연이나 글을 많이 부탁받는데, 기독교인이 어떻게 이런 문제에 관심을 가질 수 있는지 의심이 날 정도로 젊은 세대의 민족의식이 투철해지고 있습니다. 이것이 한국기독교가 앞으로 발전해나갈 수 있는 희망이라고 저는 보고 있습니다.

강만길 우리나라에 구교가 들어온 지 한 이백년 되었고 신교는 백년이 채 못 됐습니다만, 어느 쪽이 더 토착화되었다는 느낌을 우리가 받느냐 하면 오히려 역사가 짧은 신교 쪽이 더 토착화되었다는 느낌을 저는 받고 있습니다. 왜 그런가 생각해보면, 신교가 구교보다 토착사회 민중의 괴로움을 같이 괴로워한 역사가 더 많기 때문인 것 같습니다. 특히 일제시대에 가령 3·1운동 때—물론 여러가지 문제점과 한계성이 있습니다만—3·1운동을 계기로 그 이후의 독립운동 과정에서 개신교가 우리 토착사회의 괴로움을 함께한 경우가 많았다고 보겠지요. 구교는 상당히 오랫동안 교회가 외국인의 손에 쥐어 있었기 때문인지 몰라도, 들어온 당초에도 그렇고 일제시대에도 그렇고 자기 교인이 아닌 토착사회 민중의 괴로움을 함께 나눈 경우가 훨씬 적었던 것 같습니다. 3·1운동 때도 별다른 공헌이 없었고 독립운동에 가담한 일도 거의 없었지요. 그런데 해방 후의 우리나라 기독교 신교가 양적으로 팽창하면서 오히려 우리 토착사회의 절실한 역사적 요구와는 동떨어져버린 것 같은 느낌을 얻었습니다. 자유당 때 개신교는 정권과 깊숙이 관련되어 있었고 구교도 크게 보아 체제 편에 선 세력이었지요. 어떤 의미에서는 요즘 와서 비로소 신교와 구교를 막론하고 다시 한번 우리 역사의 절실한 요구와 부합되는 길을 찾고 있는 것이 아닌가 합니다. 하나는 이백년이 됐고 하나는 백년 되었지만 이제야 비로소 본격적으로 토착화되어가는 단계가 아닌가 생각합니다. 그리고 토착화의 길을 찾았다면 신교든 구교든 종래적인 교회활동 내지 종교활동 가지고는 어려운 것이고 새로운 활동이 있어야겠는데, 그러면 그것이 무엇이겠는가? 내 욕심 같아서는 그래요. 일제시대 기독교가 특히 개신교가 독립운동을 음으로 양으로 돕고 어느정도 보조를 같이해서 일단의 토착화를 했었는데, 해방 후에는 남북통일문제가 가장 큰 민족적인 과제라고 누구나 이야기하고 있지만 여태까지는 기독교가 그것을 저해해왔던 것이 아닌가 합니다. 기독교가 너무 정치이데올로기화했다고 할까요. 따라서 앞으로 기독교의 활로는, 우리 민족사회에 토착화할 수 있는 길은 역시 통일문제에 도움을 주고 보조를 같이할 수 있는 기독교가 되는 길이라고 생각합니다. 신·구교를 막론하고 말이지요. 그렇게 하기 위해서는, 저는 잘 모릅니다만, 민중을 주체로 하는 교회가 되어야겠지요. 한국기독교가 한국에서 발을 더 굳건히 붙이려면 안 가려야 안 갈 수 없는 방향이 민중주체의 교회 내지 신학 쪽일 것 같군요. 그렇지 않고서는 통일문제와 연결되기가 대단히 어려울 테니까요.

민족문학과 민중신학

백낙청 민중신학 쪽으로 가지 않으면 통일문제와 연결될 수 없다는 말을 뒤집으면, 통일문제와 연결시킴으로써만 적어도 한국에서는 진정한 민중의 신학이 성립할 수 있다는 이야기도 될 수 있겠지요. 저는 여기서 우리 문학과 관련된 이야기를 함으로써 민중신학의 문제에 대한 저 나름의 소견을 보탤까 하는데요. 70년대를 통해서 많은 문인들이 노력해온 것이 우리 문학이 좀더 민중적이면서 민족적으로 되어야겠다는 것이었고 이것은 80년대에도 지속되는 우리의 과제입니다. 우리 세대에서 그 시작을 따진다면 4·19 직후부터 그런 노력이 본격화된 셈인데, 처음에는 주로 '참여문학'이라는 말을 중심으로 전개되었지요. 그러다가 60년대 후반에 들어와서 민족문학 이야기도 나오고 민중문학 이야기도 나왔는데, 애초의 참여문학론에서부터 우리 문학이 민중의 것이 되어야겠다는 주장이 나왔지만 70년대로 올수록 이것이 구체화되는 과정에서 일단 '민족문학'의 개념을 중심으로 점점 토의가 집약이 되는 경향이 보였어요. 왜냐하면 우리 민중의 문제가 정말 구체적으로 인식되고 형상화되려면 민족분단의 문제를 중심으로 살펴나가야지 그렇지 않으면 추상적이고 관념적인 민중론에 그칠 염려가 많았기 때문인 것 같습니다. 그래서 70년대 후반에 오면 민족문학이라는 것이 많은 양심적이고 재능있는 작가들의 지향하는 바가 되고 문학논의의 구심점으로 되었는데, 일단 민족문학의 개념이 어느정도 정립이 되고 난 단계에서 그것이 좀더 내실을 기하고자 할 때, 민족문학이 더욱 철저히 민중적이 됨으로써만 제대로 민족문학이 될 수 있다는 이야기가 새로 절실해지는 것 같아요. 이렇게 '민족문학'과 '민중문학'이 일종의 변증법적 관계에서 상호대화하면서 전진하는 셈인데, 민족문학이 더욱 민중적이어야겠다는 관점에서 저 자신은 민중신학에서, 특히 서목사님 글을 포함해서 민중신학자들의 글에서 많은 것을 배우고 있습니다. 거기서 한 가지 느껴지는 것은, 많은 경우에 민중의 개념이라든가 민중에 관한 문제들이 신학 쪽에서 훨씬 선명하게 정리되어 있는 것을 봅니다. 가령 복음서에서 말하는 '오클로스'(ochlos)가 곧 민중이다라고 할 때, 많은 것이 단김에 분명해지는 면이 있거든요. 「출애굽기」의 이야기도 그렇고, 예언자들의 어떤 발언들을 우리 상황에 적용해놓은 경우에 아직껏 대다수 문인들이 도달한 민중적 입장보다 앞섰다는 느낌을 가질 때가 흔히 있습니다. 또 실제로 산업선교의 현장에서 들려주는 이야기에 맞먹을 작품을 써낸 시인·작가들이 아직 우리 주변에서 극소수에 지나지 않거든요. 그런 의미에서 우리의 민족문학이 한층 민중적이 되기 위해 민중신학에서 더 많은 것을 배워야 하리라고 봅니다. 그러나 민중신학이 과연 얼마나 민족적이냐, 세계적인 조류로서의 해방신학·정치신학을 한국에 소개하는 차원을 넘어서 과연 얼마만큼 우리 민족의 현실에 밀착해 있느냐—강선생이 제시하신 기준으로 통일문제를 두고 보더라도 어느 정도 그 문제가 민중신학의 직접적 과제가 되고 비기독교도에게도 도움이 되는 분단극복의 이론이 제시되어 있느냐? 이 점에서는 역시 민중신학이 우리의 문학보다 미흡한 게 아닌가 합니다. 물론 서목사님 이외에 박형규(朴炯圭) 목사라든가 문익환(文益煥) 목사 같은 분들이 통일논의에 선구적인 역할을 하셨고, 가톨릭 쪽에서는 —가톨릭 쪽에서는 평신도인 김지하(金芝河) 시인의 경우가 문단에서도 괄목할 만합니다만 성직자나 신학자 편에서는 확실히 적은 것 같습니다. 제가 과문한 탓도 물론 있겠지요만, 함세웅(咸世雄) 신부가 김지하에 대해 언젠가 원주에서 강론을 하면서 통일 이야기를 한 것이 퍽 감명깊었고 그밖에는 별로 모르고 있습니다. 막연히 통일에 대한 염원을 표현하는 정도는 우리 사회 어디서나 들을 수 있는 것이고요. 아무튼 개신교 쪽이 좀더 많다고는 하지만 분단극복을 위한 신학이론의 전개라는 점에서는 아직 시작에 불과한 것 같고, 그런 점에서는 문단의 민족문학 논의가 본격화되기 이전에 다분히 추상적이던 민중문학론을 연상시키는 면이 없지 않습니다.

송건호 제가 한마디만 곁들이지요. 기독교는 사대주의의 상징처럼 여겨져왔었는데 —

서남동 지금도 그렇지요.(웃음)

송건호 지금 백선생이나 강선생 말씀이 기독교가 토착화되려면 민족주의의 정신을 받아들여야 한다, 민중의 기독교가 되려면 역시 통일을 위한 기독교가 되어야 한다는 것인데, 그러면 통일을 위한 기독교란 구체적으로 무엇이냐고 할 때, 제가 보기에 현단계에서는 한마디로 7·4공동성명을 지지할 수 있는 기독교가 되어야겠다고 말하고 싶습니다. 앞으로 기독교의 귀착점은 민족을 위한 봉사이고 이것은 곧 통일을 위한 봉사인데, 그것을 저는 7·4공동성명의 정신에 투철한 기독교인이 되어야 한다는 말로 표현하고 싶은 것입니다. 다음에 해방신학·혁명신학이 있는데 우리나라에서는 민중신학이라고 부르고 그 민중신학의 말하자면 챔피언으로서 서목사님을 꼽는 걸로 아는데(웃음), 남미에서는 '해방신학'이라 그러지만 우리나라에서는 '민중신학'이지요. 이것이 말하자면 일종의 토착화과정이라 봅니다. 그 나라 그 나라에서 구체적인 민족적 과업에 대한 기독교의 자세, 이것이 우리의 경우에 민중신학이라는 우리 나름의 명칭과 개념을 낳지 않았는가 합니다. 그리고 이건 나중에 잡지에 정리할 때 빼도 좋은 이야긴데(웃음) 우리 집에 어떤 기관 사람이 온 적이 있었어요. 그 사람이 기독교를 맹렬히 공격을 합니다. 기독교인들 빨갱이들이다 이거예요. 그래서 내가, 아 여보시오, 난 뭐 기독교를 두둔할 생각은 없지만, 기독교를 보고 빨갱이라니, 기독교가 공산주의를 반대한다는 건 국제적으로 시인을 받고 있는데, 당신이 의심받으면 받지(웃음), 기독교인이 용공분자라 할 수는 없소, 그랬더니 아 그건 모르시는 말씀이라는 거예요. 목사라는 것은 교회에서 신자들 데리고 목회나 하고 설교나 할 일이지 지금은 목사라는 사람들이 공장에 가서 노동자들 데리고 조직사업을 한다 이거예요. 이게 공산당이지 어떻게 목사로 보느냐는 이야기였어요. 하긴 기성관념에서 보면 그런 말이 나올 법도 하겠다고 생각했는데, 저는 이거야말로 기독교의 역사적 발전가능성이 무궁무진하다는 증거로 보고 기독교에 경의를 표합니다.(웃음)

성서적 신앙과 '정치'의 영역

백낙청 자, 이제 서목사님 답변하실 일이 참 많은 것 같습니다. 사대주의에서 '빨갱이' 운운까지(웃음) ─ 좀 정리해서 말씀해주십시오.

서남동 정리해서 써야 되겠습니다.(웃음) 제대로 쓸 역량도 없습니다만……

백낙청 쓰시는 건 나중에 따로 쓰시고 ─

서남동 단편적으로 이야기해보지요. 대체로 '해방신학'이라 하면 남미의 신학이나 흑인해방신학이고, 물론 또 여성해방신학이 있지요. 그건 모두 'liberation'이지요. 이런 새로운 경험을 유럽이나 미국에서는 주로 '혁명신학'이라고 하지요. 그런데 우리 한국에서는 '민중신학'이라 못박았고 그것이 이런 형편 아래에서도 그럭저럭 오래 지속되면서 하나의 학파 형성에 가까운 단계까지 되었는데, 해방신학과 민중신학은 대체로 비슷하지만 그래도 차이점이 있다고 한다면 남미의 해방신학은 그 언어나 사고의 틀이 맑시즘에 너무 가깝다는 비난을 더러 받아요. 그런데 그렇게 되는 큰 이유 중의 하나가 남미 쪽은 우리처럼 긴 민중해방투쟁의 문화적 전통이 약해서 당대의 사회적·정치적 상황에 국한되는 경향이 있어요. 그래서 교회가 쇄신을 하자면 맑시스트 사상이나 적어도 그 언어를 활용해서 성경을 다시 읽는 길밖에 없는데, 우리는 그런 나라에 비하면 굉장히 긴 역사적·문화적인 민중전통이 있으니까 구태여 맑시즘이 아니더라도 민중전통이라는 그 열쇠, 그 언어를 가지고 신학을 새로 할 수 있단 말입니다. 그러니까 새 시대에 맞고 훨씬 우리 상황에 맞는 새 신학을 할 수 있다고 우리는 '민중신학'을 자부하고 있지요. 그런 차이가 있긴 하지만 '혁명신학'이나 '해방신학'이나 '민중신학'이나 공통된 특징은 '정치'라고 말하지요. '정치신학'이 더 포괄적인 개념이거든요. 신학의 주된 영역이 어떤 타계(他界)적인 것이 아니라 정치다, 물론 좁은 의미의 정치활동이 아니고—기독교는 늘 역사적인 계시를 말합니다. 성서적인 계시는 원래 신비체험이 주류가 아니고 역사적인 계시거든요. 역사 활동에 하나님이 거기 일하신다는 것인데, 현재의 역사적인 사건의 주요한 부분은 정치거든요. 그러니까 결국 하느님이 하시는 일이 판가름 나는 것은 정치의 영역에서다라는 생각에서 정치신학이 되는 거지요. 그런데 아까 송선생님 말씀이 기독교계에 가보니 성경을 새롭게 해석하더라고 하신 데 대해 한두 마디 하고 싶습니다. 지금까지 기독교의 핵심이 예언자의 사상과 예수 그리스도의 생애라고 했는데—물론 지금도 핵심입니다만 과거에는 읽기를 달리 읽었지요. 예언자 사상은 뭐 달리 읽을 도리가 없습니다. 그건 씌어져 있는 그대로 눌린 자·고아·과부·약자의 편에 서서 집권자를 항상 비판하는 거니까요. 그런데 예수의 생애와 십자가의 죽음은 기독교에서 완전히 달리 읽었거든요. 압도적인 주류가 잘못 읽었어요. 부자의 편에서 타계적·개인구원적으로 읽었거든요. 그런데 신학이 지난 한 백년간 명실공히 근대적인 학문으로 등장하고서는 그 연구방법이 역사적인 방법입니다. 이걸 좀더 명세해서 '사회경제사적 접근'이라고도 하겠습니다만, 그런 방법으로 규명해보면 예수 그리스도의 생애와 십자가사건이라는 것이 문자 그대로 가난한 사람, 소외당한 사람들과 같이 섰던 것이고, 십자가라는 것 자체가 천민 국사범에게 가해지는 형벌이었습니다. 그러니까 의심의 여지 없이 정치적인 사건이고 예수가 약자 편에 섰다가 처형당한 거거든요. 그런데 요즘은 한 걸음 더 나가서, 첫째는 예수 그리스도의 생애를 보면 그야말로 '오클로스' — 요즘 우리말로는 '민중'이지요 — 민중들하고 그처럼 밀접하게 자신을 동일화할 수 없었고 그렇기 때문에 그 세력이 요원의 불과 같이 번져나갔는데, 여태까지 이 사실을 늘 간과했어요. 다음에 또 하나는, 최근에 서인석(徐仁錫) 신부가 『성서의 가난한 사람들』이라는 책에서 잘 밝혀주었습니다만, 이스라엘사람들의 역사에서 하나님과 이스라엘민족과의 관계를 항상 계약관계라고 하는데, 제일 처음 맺은 가장 구체적인 계약법전이 「출애굽기」 20장 22절에서 23장 19절까지지요. 어떤 의미에서 모든 계약의 시초고 법의 시초인데, 기원전 13세기에 된 거지요. 말하자면 계약의 출발이고 기본정신인데, 그 역사적인 근원은 물론 출애굽사건입니다. 애굽에서의 탈출이라는 이 사건 자체가 노예들의 반란사건 아닙니까? 그것이 해방이고 구원이었지요. 그러니까 이스라엘역사에서 구원이란 것은 노예들의 반란과 탈출이고 민족의 해방이었지 천당 가는 이야기가 아니었어요.

송건호 나중에 그렇게 변질됐단 말이지요?

서남동 그렇지요. 지금까지 그래왔지요. 그래서 계약법전을 씌어진 그대로 지금 다시 읽어보면 처음부터 마지막까지가 과부의 권리, 고아의 권리, 떠돌이의 권리, 병약자의 권리, 한마디로 약한 사람들의 권리 보호를 규정한 문서거든요, 처음부터 끝까지가. 그것은 이스라엘사람들이 그때까지 목축생활을 하며 유랑하다가 가나안땅에 12세기에 정착하면서 왕정도 수립되고 부익부·빈익빈의 사회적 부조리가 심화됨에 따라서 공동체의 총화가 깨어지니까 그것을 막고 공동체의 단결을 회복하기 위해서 최초의 사회법전 곧 계약법전을 만들게 된 것입니다. 말하자면 성경은 이렇게 해서 씌어진 것입니다. 기독교에서는 성서에 씌어진 것이 절대적인 권위를 가지고 있으니까 특히 보수적인 교우들의 생각을 마음에 두고 한마디만 덧붙이겠는데, 연세대학교 신과대학장 박준서(朴俊緖) 박사가 학회에서 발표한 겁니다. 물론 그분 혼자 연구한 건 아니지만, 아주 핵심적인 이야긴데, '히브리'라는 이스라엘민족의 명칭 말이지요. 자세한 설명을 이 자리에서 드릴 수는 없지만, 이 '히브리'라는 말이 원래는 민족집단이나 문화집단의 명칭이 아니고 성서뿐 아니라 고대 근동 전역에 걸쳐 당시에 안정된 사회질서에서 소외된 사회집단이에요, 계급이에요. 그 일부분이 이스라엘민족을 형성한 겁니다. 그래서 이스라엘의 왕정이 시작되기 이전까지는 대개 '히브리'로 기록되고 기원전 12세기~11세기에 국가건설을 하면서 '이스라엘'이 됩니다. 그런데 구약성경의 하느님 이름이 '야훼' 아닙니까? '야훼'는 원래 히브리사람들의 신이에요. 다시 말해서 노예와 하층민과 소외당한 사람들의 신이란 말입니다. 다시 말해 '히브리'의 어원을 캐보니 민족개념이 아니라 일종의 계급개념이라 할 때 성경의 하느님이 처음부터 약한 자, 눌린 자의 하느님이라는 사실이 더욱 명백해지는 겁니다.

제가 이제까지 열거한 몇 가지 사실만을 보더라도 성서적인 신앙이라는 것은, 지금 우리가 아는 교회가 시작된 뒤의 기독교 교리하고는 다른 신앙이거든요. 그것이 기독교가 생기면서 다분히 비정치화됐어요. 어떤 의미에서 ─ '어떤 의미에서'라는 조건을 답니다만 ─ 그런 성서적인 신앙을 배반하고 비정치화된 겁니다. 집권자의 종교가 되고 로마제국의 국교가 되어버렸어요. 집권자의 지배이데올로기의 구실을 하고 민중들에게는 현세에선 집권자에게 순종하고 복은 나중에 천당 가서 받으라 하는 타계적인 종교가 된 겁니다. 이렇게 비정치화됨으로써 기독교가 비성서적으로 된 거예요. 성서의 종교는 십자가를 보나 출애굽을 보나 '히브리'의 신을 보나 정치의 영역에서 구원이 판가름 나고 인생의 죽고 사는 것이 결정되는 거지 그걸 떠나서 되는 게 아니거든요. 기독교 2천 년의 역사가 성서를 배반한 역사라고 말할 수 있거든요. 그래서 이제 해방의 신학이다, 민중의 신학이다, 혁명의 신학이다 하는 것은 성서의 신앙으로 되돌아가자는 겁니다. 물론 어째서 지금 와서 그런 것을 깨달았느냐고 하면, 그거야 뭐 신학자들 개인이 특별한 혜안이 있어서겠습니까, 사회발전 때문에 그렇게 된 것이지만, 역사발전의 분위기라든가 사회사상가들의 영향 같은 것을 넘어서서, 알고 보니까 성서 자체가 핵심이 그렇더란 말입니다. 그러니까 지금 와서 기독교의 갱신이랄까, '새 교회'라는 것이 탄생될 수밖에 없어요. 지금 전통적인 형태로서의 교회는 유럽이나 미국에서 쇠퇴해가고 있거든요. 교회당이 텅텅 빈다고 하지 않습니까? 나도 독일 쾰른 성당에 가봤지만 어마어마하던데 주일날엔 20~30명밖에 안 모이고……(웃음) 그러나 성서에 혁명신학·민중신학의 저력이 있으니까 문제는 형태변화지, 그 사람들의 조직교회에 대한 충성심이 약화되었다고 해서 제3세계의 인권운동이나 민중의 고난에 대해 그전보다 침묵하거나 무관심한 것은 아니거든요. 오히려 그전 이상으로 물심양면으로 더 관심 갖고 더 사명감을 느끼지요. 그러나 어쨌든 옛 교회는 쇠퇴하는데 제3세계에서 기독교인들이 독립운동을 하고 저항을 하고 하는 데서는 기독교가 흥왕하거든요. 그러니까 무언가 '새 교회'가 형성되고 있고 특히 제3세계에서 새 교회가 나온다고 저는 생각합니다.

백낙청 참 좋은 말씀인데요. 불교에 관해서도 이와 비슷한 시각에서 한번 살펴주실 분이 이 자리에 안 계신 것이 유감입니다. 물론 불타의 생애는 예수 그리스도의 생애처럼 뚜렷한 정치적 저항과 희생의 드라마는 아니었지만 그의 활동이 당시로서는 상당히 혁명적인 면이 있었다고 역사학자들도 인정하는 것으로 압니다. 그런데 현대 신학에서 출애굽사건이나 예수의 일생을 보는 것과 같은 사회경제사적 눈으로 석가모니의 생애도 엄밀히 살펴볼 필요가 있을 것 같은데, 대승불교를 내세우는 사람일수록 그런 과학적 검토를 안하는 것 같습니다. 역사적인 불타에 대한 관심은 전통적으로 소승불교 쪽이 더 강한데 그것은 주로 대승경전들이 얼마나 허황된가를 강조하고 전래된 계율이나 조직을 옹호하는 관점에 치중해 있어서 '새 교회'다운 관심과는 거리가 먼 것 같아요. 이 분야에 저는 전혀 문외한입니다만, 서목사님 이야기를 들으면서 석가모니의 생애도 그 시대의 여건 속에서 그 해방불교적이랄까 민중불교적인 측면, 또는 그렇지 않은 면은 그렇지 않은 면대로 정확히 평가해보고, 특히 서력기원 전후해서 일어나서 인도 전역에 확대되었던 대승불교운동의 사회경제사적 성격과 그것이 인도에서 토착화되지 못한 원인 — 이런 것들을 누군가가 밝혀주었으면 하는 생각이 드는군요. 한국의 불교도 그 갱신의 열쇠는 어디까지나 오늘의 역사 속에서 얼마나 민중의 괴로움을 함께 나누고 민족의 통일에 공헌하느냐에 달렸겠습니다만, 그리스도교가 본래의 성서적 신앙에 되돌아가는 것과 같은 불교 자체로서의 자기점검이 필요하리라는 생각입니다.

그리스도교 토착화의 전망

서남동 그런데 기독교의 경우는 지금 성서적 신앙을 새로이 하면서 가난한 자, 약한 자의 편에 선다는 원칙은 단호히 내세우고 있는데, 그것이 민족문제로 오면 아무래도 미약하지 않느냐는 느낌입니다. 이것이 기독교의 큰 숙제인 것 같아요. 기성교회를 하는 한, 지금까지 전통적인 기독교에서 떨어지지 못하고 심지어 사대주의도 청산하지 못해서 결국 여러가지로 민족분단을 고정화하는 데 이바지하지, 극복하는 데 적극적인 역할을 못하지 않느냐, 그 점에 대해서는 저 자신이 상당히 비관적입니다. 다만 한 가지는, 민중신학 방면으로 기독교가 갱신되면 사회주의나 공산주의 문제에 대해서 새로운 이해를 하지 않겠느냐 — 이건 오해받기 쉬운 말입니다만, 지금까지 우리 사회에서는 이런 문제를 전혀 역사적으로 보지 않으려는 것이 하나의 고질이었고 특히 기독교측에서 그런 사고의 벽이 두꺼웠지요. 앞으로 기독교가 지금 제가 말씀드린 성서적 신앙을 새로이 하면 그래서 그런 벽을 좀 제거하고 나면, 통일까지는 몰라도 분단극복에의 저해요소는 상당히 제거되지 않겠느냐, 이런 생각입니다.(웃음)

백낙청 그리스도교가 적극적인 통일추진세력이 되기를 바라는 마음에서 제가 한두 마디 바깥에서 느낀 바를 말씀드리지요. 이건 신학이론의 문제도 아니고 순전히 세속적인 문젠데, 하나는 돈 문젭니다. 현실에서는 무슨 일을 하든 돈이 없이는 안되고 무슨 일을 주체적으로 하려면 원칙적으로 자기 돈으로 해야 합니다. 남의 돈을 받아서는 주체성이 보장이 안됩니다. 그런데 지금 한국에서 민중신학 또는 산업선교 같은 활동에서 문제점이, 비정치화된 보수적인 교회들은 외국원조 없이 연보돈 걷어서 번창하는 경우가 많은데, 민중신학 연구라든가 산업선교 활동은 외국의 재정원조 없이 지탱이 잘 안되지 않습니까? 물론 이건 권력이 한쪽은 맘 놓고 돈벌이를 하도록 허용하고 다른 한쪽은 탄압을 하니까 현재로서는 어쩔 수 없는 현상이긴 합니다만, 어떻든 외국 돈이 끊어져도 우리 돈으로 꾸려나갈 수 있는 준비가 되기 전에는 진정한 토착화는 어려우리라 봐요. 이런 재정적인 문제가 하나 있고 — 우리같이 교회나 신학 내용을 잘 모르는 사람들이 이게 어떻게 돌아가는지를 대강 짚어볼 수 있는 기준이 누구 돈을 얼마나 쓰느냐는 문제일 것 같고요. 또 한 가지는 약간 다른 이야깁니다만, 통일을 위한 기독교가 된다고 할 때 역시 기독교인들로서 가장 염려되는 것은 통일 후 잘못되면 교회가 없어지지 않을까 하는 것이라고 봐요. 이런 염려를 확신을 갖고 이겨내는 교인이 얼마나 되느냐 하는 것이 민중적이고 민족적인 기독교의 성패를 가늠하는 또 하나의 시금석이 되리라 봅니다. 산업선교 같은 것도 그래요. 지금 산업선교가 우리 민중의 권익을 위해 막대한 공헌을 하고 있습니다만, 장기적으로는 분단을 전제로 한 지난 20년간의 근대화정책이 성공하지 못했듯이 분단극복이 없는 산업선교도 성공할 수 없다고 봅니다. 그러나 다른 한편 기독교인 쪽에서 나올 수 있는 이야기는, 휴전선 이남이니까 그나마 이 정도의 산업선교라도 하지 이북에 무슨 산업선교가 있느냐, 통일하자고 하다가 이것마저 못하게 되면 어떻게 하느냐? 이런 염려는 사실상 교회뿐 아니라 다소나마 기득권을 가진 모든 사람들의 걱정이고 또 당연한 심리지요. 우리가 말하는 통일은 어디까지나 민주적이고 평화적인 통일이지만 어쨌든 그것은 현상타파를 의미하는 것이고 하나의 미지의 세계니까요. 그래서 기독교인뿐 아니라 많은 국민들이 일종의 공포감을 갖고 있기도 한데, 이와 관련해서 저는 서목사님이 쓰신 「한(恨)의 사제(司祭)」라는 글에서 이런 대목을 감명깊게 읽었습니다. "정의구현을 위해서 필요하고 불가피하다면 교회의 존속까지도 희생하는 각오가 있어야 그 교회를 다시 새롭게 새로운 교회로 돌려받을 수 있다." 「히브리서」11장 이야기를 하시면서 아브라함 이야기를 두고 하신 말씀이지요. 아브라함이 하나님의 명령에 순종해서 외아들 이삭까지 희생할 각오를 보였기 때문에 오히려 아들을 희생 안하고 되돌려받았다는 거지요. 통일에 임하는 우리의 자세가 바로 이래야 한다고 보는데, 한국교회의 전부가 아니고 상당한 부분만이라도 "우리 민족의 지상과제인 통일을 위해서라면 교회가 없어진들 어떠랴" 하는 각오를 일단 세운다면, 그리스도교가 적극적인 통일추진세력이 되고 민족의 통일이 실제로 이루어짐은 물론, 통일된 한국에서 교회가 없어지기는커녕 새로운 민족의 교회로서 더욱 융성하리라고 믿습니다. 그래서 첫번째 말한 돈의 향방과 둘째로 우리 교회보다 민족의 통일이 더 중요하다고 생각하는 교인들의 수 — 이 두 개가 일종의 편리한 시금석이 되지 않겠느냐 생각해봅니다.

서남동 백선생님 말씀 중에 외국 선교비를 받지 않는 보수교단에서는 자립해서 더 왕성하지 않느냐고 하신 게 정확한 말씀은 아닌 것 같아요. 보수교단도 인권운동 하는 사람들보다 더 받으면 더 받았지 덜 받지는 않습니다, 전체적으로 봐서요. 그러나 보수적으로 푸닥거리식으로 해가는 것이 교회도 더 잘되고 왕성한 것은 사실이지요. 그 점은 나는, 지금도 많은 신학자들이 새롭게 되씹는 말이 그만한 가치가 있다고 생각하는데, 종교가 역시 민중의 아편인 면이 있거든요. 한편으로는 아편이고 동시에 다른 한편으로는 억눌린 자의 항의며 탄식이고, 그 양면이 분명히 있거든요. 그런데 그 아편 역할을 해서 왕성하니까 문제지요. 그렇다고 그쪽을 다 걷어버리라는 이야기는 아니고, 민중을 위로해주면서 주체적인 생각을 갖도록 일깨워줘야지, 민중을 마취시키고 그 주체성을 박탈하는 것은 민중신학이나 민중의 교회라는 입장에서 볼 때는 죄악이지요. 새 교회는 이런 것을 거부하니까 당장에 덜 왕성한 측면도 있지만, 나는 지난 10년간의 경험이 있고 적어도 젊은 사람들을 길렀기 때문에 앞으로 특별히 인권운동을 위한 외국의 선교비가 줄어지고 없어진다 할지라도 우리의 인권운동은 계속되어나가리라 봅니다. 또 하나, 통일 후 교회의 존속 문제는, 그것은 물론 통일이 어떤 형태로 되느냐에 달렸지만 존속한다는 것은 의심할 여지가 없다고 봅니다. 국가도 조락(凋落)하고 종교도 조락한다는 말이 있는 모양인데 사실이 그렇다 해도 국가가 먼저 조락한다고 봐요. 종교가 그다음 조락할지 어떨지 몰라도.(웃음) 국가형태가 아직 존속한다면 종교도 존속하리라는 건 분명하다고 봅니다. 인간이 종교를 넘어설 수 있도록까지 성장하는 것이 우리가 예견할 수 있는 장래에 올 것인가, 아무래도 종교는 남지 않겠는가 해요. 그런데 유럽의 사회주의국가에서는 교회가 존속하기는 하지만 제대로의 사회적 기능은 못하고 있어요. 하려야 할 수도 없는 형편이고요. 고작해야 자신의 전통을 고수하고 있는 정도인데, 그렇지만 그런 식의 교회존속도 어떤 중간기간에서 의의가 있지 않을까 합니다. 왜냐하면 긴 안목에서 인류역사가 어디로 갈지 모르니까, 어떤 전통이 완전히 다 꺼졌다가 새로 생기는 것보다 무언가 남아 있다는 것 자체가 중요하니까, 형태는 변하더라도 교회는 존속하리라 보고 또 어떤 식으로든 존속할 필요가 있지 않은가 합니다.

경제사정과 분단문제

송건호 첫째 돈 문제에 관해서, 우리가 외세라고 할 때는 외국의 지배세력을 말하는 것이지 외국의 민중을 말하는 게 아닙니다. 오늘날 지구가 하나인 세상에서 자주·주체라고 해서 우리만이 고립해서 살 수는 없는 겁니다. 그러므로 외세배격이란 어디까지나 외국의 지배세력을 배격하는 것이고, 외국의 민중으로부터 오는 선의의 지원이라면 얼마든지 받아도 좋다고 봐요. 다음에 통일에 대해서, 통일은 두 개가 하나로 되니까 둘 중의 하나는 죽는다고 흔히 생각하는데 우리는 그 생각을 버려야 합니다. 통일됨으로써 둘이 다 살 수 있다는 생각을 가져야 하고, 그런 점에서 기독교도 통일 속에서 새로운 역사적 지향과 사명을 가진 종교로서 살아남는다, 이렇게 생각해야지요. 통일은 우리가 살기 위해서 하는 거지 죽기 위해서 통일하는 게 아닙니다. 그러니 기독교도 살아야 합니다. 물론 권력에 기생하고 악의 권력을 연장시키는 그런 기독교가 되려면 죽어야지요.(웃음) 하지만 —

백낙청 생명이 없는 것은 죽고 생명 있는 것은 살고, 그렇게 되는 거지요?(웃음) 아직도 미진한 이야기가 많습니다만 시간이 너무 많이 흘렀습니다. 이제 마무리를 지을 단계인데, 지금까지의 이야기를 돌이켜볼 때 특히 눈에 띄게 빠진 것이 몇 가지 있는 것 같습니다. 하나는 우리가 모두 남자라서 그런지, 인간해방을 말하면서 여성해방 이야기는 안 나왔군요. 아마 여성독자들로부터 항의가 들어오기 쉬운데(웃음) 사실은 짧은 시간에 섣불리 논의할 수 없는 복잡한 문제가 많은 것으로 압니다. 『창비』로서는 작년 여름호에 따로 좌담을 한 것도 있으니 우선 그 정도로 용서를 빌지요. 또 하나는 우리가 역시 중산층 출신의 지식인으로서 노동문제나 농민문제는 매우 추상적으로밖에 못 건드렸는데, 어떤 한계를 자인해야 할 것 같고요. 또 유감스럽게도 경제전문가가 한 분도 안 계셔서 경제문제를 제대로 다루지 못한 것 같습니다. 이것도 『창비』에서 바로 지난 겨울호에 변형윤(邊衡尹)·전철환(全哲煥)·임재경(任在慶) 세 분을 모시고 좌담을 한 것과 이번 호에 나가는 유인호(兪仁浩) 교수의 논문이 독자들의 참고가 되리라고 믿는데, 10·26사태 이전에 했던 그 좌담에서도 기왕의 경제개발정책·근대화정책이 막다른 길에 들었다는 점이 꽤 명백해졌다고 봅니다. 사실이 '경제'라는 것은 — '경제학'이라고 하면 누구나 어려운 학문이라 생각합니다만 — '경제' 그 자체는 '생활'과도 동의어나 다름없고 온갖 인간활동의 기반이 되는 셈인데, 우리가 통일을 논의하면서 적어도 통일의 경제적 측면에 대해서는 한마디 거론하기는 해야 할 것 같아요. 어떻습니까, 강선생님 여기 대해서 한말씀 해주시지요.

강만길 나도 전혀 경제문제에는 문외한입니다. 다만 최근 몇년 동안 소위 경제성장만이 마치 근대화의 전부인 것처럼 생각하는 사람들이 많은 데에 몹시 저항감을 느끼고 있었습니다. 60년대 이후, 특히 70년대에 들어와서 유례없는 성장, 경이적인 성장을 하고 국내에서는 물론 국외에서까지 찬사를 아끼지 않았습니다만 갑자기 금년부터는 또 국내외의 모든 경제전문가들이 한결같이 경제사정이 어려울 것이라 하고 그 성장이라는 것도 갑자기 영으로 떨어질 것이라 전망하게 되었습니다. 그 원인은 대부분 원유값이 오른 데다 돌리는 모양입니다. 성장정책을 적극적으로 추진하던 대통령이 없기 때문에 경제적 위기가 닥쳤고 성장도가 떨어진다고 말하지 않는 것만은 다행입니다만, 소위 '오일쇼크'라는 것도 다른 나라보다도, 예를 들면 일본이나 대만의 경우보다 훨씬 더 심하게 겪고 있는 것이 아닌가 싶은데 그 이유도 알고 싶습니다. 경제를 잘 모르는 사람의 생각입니다만 작금의 우리 경제사정 역시 분단체제 아래서는 어쩔 수 없는 한계점에 다다른 결과가 아닌가 합니다. 경제학적인 이론으로는 풀기 어려운 단계에까지 왔다고 걱정하는 경제학자의 말도 들었습니다. 남북간의 경제교류도 이 경제학적 이론 속에 포함되는지 모르겠습니다만 경제문제 역시 민족통일문제와 연결되는 방향을 잡을 때 비로소 옳은 의미의 민족경제로 자리잡히는 것이라 믿고 있습니다. 이 문제는 남북간의 경제교류에서 시작되어 점차 경제체제 문제로까지 확대되어나가야 하리라 생각됩니다.

백낙청 네, 감사합니다. 이제 80년대를 내다보며 결론적으로 한말씀씩 해주시는 것으로써 마무리를 지을까 합니다. 지금 하신 이야기에 이어 강선생님 계속 말씀해주시고, 다른 분들도 결론 비슷하게 준비해주시지요.

통일에의 두려움부터 해소해야

강만길 첫머리에 제가 1979년의 여러가지 정치적인 변화는 일시적인 변화가 아니고 그동안 30년 동안의 체제모순의 결과다, 70년대라는 것이 분단체제가 갖는 모순이 하나의 절정에 다다랐던 시기라고 말했는데, 모순이 절정에 다다랐다는 것은 곧 그것이 해결되어야 할 시발점에 이르렀다는 이야기가 됩니다. 따라서 80년대는 분단체제를 해소하는 하나의 시발점이 되어야겠습니다. 문제는 아까도 잠깐 이야기가 나왔습니다만 은연중에 우리들 개개인의 마음속에, 특히 지식인 일반에게 통일에 대한 두려움 같은 게 들어 있는 것 같습니다. 입으로는 통일돼야 한다고 하지만 막상 통일이 된다고 했을 때 각자가 흔히 말하는 그다음에 오는 혼란을 걱정하면서 두려움을 은근히 가지고 있는 게 아닌가 생각됩니다. 이것을 해소하는 방법을 빨리 제시해야겠는데 어떻게 해야 될지는 잘 모르겠습니다만, 앞으로는 통일이 민족사의 과제니까 남북이 합쳐야 된다고 막연히 말하지만 말고, 그 역사적인 위치를 구체적으로 규정지어야겠다고 생각합니다. 우리 근대사가 당연히 가야 할 방향이다, 그리고 우리 근대사가 발전하는 과정에서 반드시 거쳐야 할 하나의 단계다. 어디서 제가 그런 이야기를 했습니다—중세에서 근대로 가는 과정도 중세인에게는, 중세체제에서 덕을 입고 있는 사람은 물론이고 사실은 중세체제를 지겨워한 사람들에게도, 중세가 근대로 간다는 것이 어딘지 모르게 두렵게 느껴질 때가 있었을 겁니다. 새로운 미지의 세계로 가는 거니까. 그와 마찬가지로 우리도 약간의 두려움을 느끼고 있지만, 우리가 통일로 간다는 이야기는 인류역사가 중세에서 근대로 가는 것처럼 너무도 당연한 길이요, 또 반드시 거쳐야 할 과정이라 생각할 때 통일에 대해 좀더 역사적인 적극성을 보여주게 되지 않겠는가 합니다. 그리고 그것을 위해서는 우리 민족사 속에서 통일이 어떤 위치를 차지하게 될까, 통일에서 우리 민족사가 여태까지 해결하지 못한 무엇무엇을 해결해야 되겠는가, 이런 문제를 좀 구체적으로 연구해서 이야기할 필요가 있다고 봅니다. 통일이라는 것이 우리 역사의 연속선상에서 그 단계를 한 차원 높이는 그런 과업이라고 할 때만 그것에 대한 두려움이 없어질 것 같습니다. 상당히 어려운 일입니다. 그러나 아무리 어려워도 우리가 가야 할 길이고, 80년대는 그러한 길의 시발점이 되어야 하지 않겠는가 생각해봅니다.

송건호 지금 강선생 말씀대로 통일에 대한 막연한 불안이나 두려움 같은 심리상태가 있는 것은 사실입니다. 저는 그것이 교육에 가장 큰 원인이 있다고 봅니다. 우리나라에 있어서 통일교육이라는 것은 남북의 이질화(異質化)가 이렇게 심화되었다, 이래서 통일이 어렵다 — 이런 식으로 말하자면 통일의 곤란성·불가능성을 강조하는 게 통일교육처럼 돼 있습니다. 오늘날까지의 현실이에요. 그런데 앞으로 80년대의 우리의 과제는 참된 민족의 해방, 참된 의미의 민족의 자유와 주체성은 통일에서만 가능하다는 것을 국민 모두가 인식하게 해야 합니다. 이것이 80년대의 통일을 위한 교육인데, 그러기 위해서는 남북민족의 동질성을 강조하고, 이질화라는 것은 피상적이며 일시적이요, 민족의 동질성은 본질적이요 근본적이라는 것을 가르쳐야 합니다. 그리고 이런 교육은 냉전의식을 극복하는 겁니다. 이질화를 강조하는 것은 냉전시대의 잔재입니다. 국제적으로 이미 냉전시대가 종결된 지 오랜데 유독 우리만 냉전의식에 사로잡혀 같은 민족끼리 이질성을 강조하고 통일에의 불안을 기를 필요가 어디 있겠습니까? 앞으로는 민족의 동질성을 강조해야 하고, 이제 강선생님이 경제교류 이야기도 하셨습니다만 남북이 협조할 수 있는 공통점들을 찾아내야겠다 이겁니다.

강만길 거기 한마디만 추가하겠는데요. 우리는 분단시대 30여 년이 지나는 동안에 남과 북이 완전히 이질화했다고 듣고 있고 또 그렇게 이야기하고 있는데, 이웃나라의 어느 신문기자가 — 그는 한국에 와서 특파원생활을 3년을 했고 얼마 전에는 북한에 가서 1개월여 취재를 하고 돌아온 사람입니다. 양쪽을 다 잘 아는 사람인데, 그 사람이 여러 번 자기 신문에다 연재를 했는데 마지막 부분에 이런 이야기가 인상적이었습니다. 아무리 30년 동안 전혀 다른 체제 속에 살았다 해도 결국 양쪽을 가서 보니까 긴 역사적 배경 때문인지 민족의 동질성은 없어지지 않았다는 것이 바로 그의 결론이었어요. 정책입안자들은 서로 다른 길을 가고 있는데도 민중세계는 오히려 동질성을 유지하는 방향으로 나가고 있다는 것이었어요. 그래서 양쪽을 다 보고 나서는 우리가 흔히 말하는 것보다도 낙관적으로 봤어요. 우리 자신도 눈을 좀더 크게 떠보면 통일이 그렇게 어려운 일만도 아니라는 걸 깨닫게 되리라고 봅니다. 앞으로 이런 문제를 좀더 자유롭게 논의할 수 있었으면 좋겠습니다.

송건호 거듭 말해서 죄송합니다만, 통일을 위한 80년대의 교육에서 가장 중요한 것은, 우리가 살기 위한 통일이지 죽기 위한 통일이 아니다, 이 것을 분명히해야 합니다. 통일이 되면 죽는다고 생각하는 사람은 통일이 안된 사회에서도 물러서야 할 사람들입니다. 있어서는 안될 사람이지요. 그리고 또 한 가지, 통일에는 물론 우리의 주체적인 역량이 핵심이고 주변 정세가 이걸 지원해줘야 되는데, 80년대에는 한반도의 주변국가도 그들의 국가 이익을 위해 우리의 통일을 필요로 하고 있다고 보고, 이데올로기를 위해 국가 이익을 참는 시대는 지나갔다는 것이 미국과 중공 관계라든가 이란사태, 아프가니스탄사태 등을 통해서 더욱 느껴집니다. 그런 면에서도 주변정세도 통일을 위해 긍정적으로 변하고 있다고 봅니다.

민주와 통일은 역사의 흐름

서남동 저는 별로 더 할 말도 없습니다만 차례가 왔으니 한마디 하지요.(웃음) 자연과 역사를 똑같이 놓고 유추할 수는 없지만, 겨울이 가면 봄이 오지 않습니까? 이제 비민주적인 체제가 지났으니까 아무리 그 독소들이 떨치고 있다고 해도 머지않아 민주주의가 오리라고 모두들 기대하고 또 오고야 말 것이라고 생각해요. 물론 가만히 앉아서 오기를 기다리자는 이야기는 아니고 각자가 적극적으로 힘써야겠지요. 분단문제도 80년대라는 앞으로의 10년간 비록 통일이 안되더라도 분단 고착의 상태가 그대로 유지될 것 같지는 않아요. 아무래도 무슨 변화가 있을 수밖에 없다고 보는데, 이것을 긴 안목으로 내다보며 대비를 해야지요. 그리고 분단이라는 것을 제가 역사학자는 아니지만 민족사의 맥락에서 보면—우리가 자꾸 주변 세력이나 국제정치만을 볼 게 아니고 주체적으로 우리 역사를 보면은—삼국시대가 있다가 통일신라가 있고 이런 식으로 자꾸 변하는데 분단이라고 영원히 고정되어 있으라는 법은 없지요. 언젠가 민족사의 판도가 바뀌어질 것 아닙니까? 많은 사람들이 그렇게 보질 않고 눈앞의 현실이 영원히 갈 것으로 착각하고 거기에 안주하려고 하는데 그런 게 아니거든요. 다음으로, 저는 통일에의 길은 역시 단계적이라 생각합니다. 무력통일은 아무도 바라지 않는 것이고 평화적으로 하려면 서로 양보해가면서 접근해가는 것 아니에요? 서로 주고받고 배울 것은 배우고 하면서 가까워져가야 된다고 보는데, 지금은 저쪽에서 쓰는 말을 여기서 쓰기도 조심스러울 정도니 그래가지고 언제 통일이 있습니까? 이건 안보와도 다른 문제라 생각해요. 평화통일을 위해서는 단계적인 상호접근이 중요한데, 우리로서 제일 선결 단계는 역시 진정한 민주정권을 수립하는 일이라고 봅니다. 국민이 주권을 가지고 있어야 민족의 문제를 자유롭게 의논하고 민족의 장래를 진지하게 걱정을 하지, 민중에게 권한이 없고 정권 잡은 사람이 마음대로 하게 되면 자기의 정권을 연장하기 위해 자꾸 통일을 저해하고 방해하는 일을 하게 된단 말입니다. 그러니까 첫째 과업은 역시 국민이 인권을 누리고 필요에 따라 정권을 교체할 수 있어야 통일의 길이 가까워진다고 봅니다. 끝으로, 단계적이라고 한 말을 좀더 구체적으로 생각한다면, 천관우(千寬宇) 선생이 일찍이 '복합국가론'이라는 것을 제기하기도 했습니다만(『창조(創造)』 1972년 9월호 참조) 통일로 가는 어떤 중간 단계에 대한 검토가 진지하게 행해져야 하리라고 봅니다. 그냥 통일이라 하면 너무 막연해서 두려움이 앞서는데 중간 단계들에 대한 구체적인 이론이 자꾸 나와서 우리 생각을 정리해주어야겠지요. 80년대에는 그런 논의가 좀더 활발해지기 바랍니다.

백낙청 중요한 원칙들을 모두 말씀들 해주신 셈이니까 저는 몇 마디 심정적인 이야기로 끝맺기로 하지요. 1980년대 첫머리에 우선 시급히 바라는 일은, 문학인의 한 사람으로서 아직도 옥중에 있는 김지하 시인이 빨리 가족들에게로 돌아와서 건강을 회복하고 정상적인 문학활동을 할 수 있게 되었으면 하는 것이고요, 잡지 편집에 관여하는 입장에서는 제발 이 사전 검열을 받는 일을 안할 수 있게 되기를 고대하고 있습니다. 다음으로 통일운동에 임하는 우리의 자세랄까, 특히 지식인들이 새해에 다져야 할 각오에 대해 한마디 하고 싶은데요. 통일이 살기 위한 통일이지 죽기 위한 통일이 아니라는 것은 참으로 지당한 말씀입니다. 그러나 복음서에도 그런 말이 있고 우리 동양에서도 예부터 말해왔듯이, 죽고자 할 때 살고 살고자 할 때 죽는다는 것 또한 사실입니다. 통일이라는 것이 적어도 서남동 교수께서 당초에 열거하신 3중의 질곡에서 벗어나는 역사적 과업이라고 할 때는, 그것은 살기 위한 일이지 죽자는 일이 아니다라는 대원칙으로만 쉽사리 생각할 수도 없다고 봅니다. 제가 이런 말을 군이 하는 이유는 특히 10·26사태 이후로 제 주변에서나, 또는 솔직히 말씀드려서 저 자신의 어느 한구석에서, 묘한 심경의 동요 같은 것을 목격했기 때문입니다. 70년대를 통해 우리가 민주회복을 주장해왔고 70년대 후반으로 올수록 민주회복뿐 아니라 민족통일을 요구해왔습니다. 그런데 정작 10·26사태가 나서 한 사람의 장기집권이 더이상 불가능하다는 사실이 명백해진 순간, 많은 지식인들의 마음속에는 민주회복이나 민족통일을 완수하지 않은 채 주저앉고 싶은 욕망도 문득 일어났던 것 같습니다. 흔히 우리 주위에서 주고받던 말 그대로, "이제 누가 한들 전보다야 낫겠지!" 하는 선에서 만족하려는 태도 말이지요. 민주주의가 확립이 되든 안되든, 민중의 고생은 계속되든 안되든, 나 자신은 어쨌건 박해도 덜 받고—복직까지 안되더라도 최소한 감시받고 연행되고 하던 일은 덜하지 않겠나, 하는 생각이 많은 지식인들의 자세를 흩어놓았던 것 같습니다. 또 민족통일을 말하고 민족문화운동을 말하던 사람들도 갑자기 분단극복의 문제는 잊어버리고 분단체제 속에서 어떻게 잘사는 길을 찾아보려는, 이미 깨져버린 꿈에 다시 빠져들기도 하고, 민족의 주체성 운운하던 이들이 민주회복을 우리 민중의 힘으로 하기보다, 이럴 때 우방이 좀 안해주고 뭘 하고 있나 하는 식의 헛된 기대를 품는 것도 보게 됩니다. 어떻게 보면 70년대 내내 민주회복과 민족통일이 너무 요원하게 느껴졌기 때문에 마음 놓고 그걸 주장했던 면도 있지 않은가, 이런 반성도 하게 돼요. 따라서 민주회복과 민족통일이 구체적인 당면 과제로 눈앞에 펼쳐진 80년대를 맞아 우리의 각오를 한번 새로이 하고, 지식인으로서의 기득권을 더러 희생하더라도 올바른 역사에 기여하겠다고 할 때 진정으로 사는 길도 열리리라 믿습니다. 이런 말은 만사가 지식인들의 결단에 달렸다는 식의 도덕주의적 호소로 들릴 수도 있지만, 사실은 민주회복과 민족통일 없이는 민중생활의 현실을 타개할 수 없는 객관적 흐름이 개별 지식인들의 결단에 앞서는 문제이기 때문에, 기성의 지식인들이 그 길을 택하든 안 택하든 민중은 그 방향으로 나아갈 것이고 거기에 부응하는 새로운 지식인들이 나타날 것입니다. 그야말로 우리들 자신을 위해서도 민중과 더불어 사는 길을 찾자는 이야기지요. 그럼 오늘 좌담은 여기서 끝맺기로 하지요. 너무나 오랜 시간 수고해주셔서 대단히 감사합니다.

민족문학론의 우렁찬 발걸음

백낙청 비평역정의 초창기 풍경

염무웅

1

지난 40여년에 걸친 백낙청 선생의 활동과 업적은 이제 부연설명의 필요가 없는 공공연한 것이 되었다. 그러나 막상 그가 어떤 사람인지 규정하려 들면 그는 종래의 일반적인 개념에 간단히 포획되지 않는다. 그가 1960년대 중반에 영문학 교수이자 문학평론가로 공적 활동을 개시한 것은 잘 알려져 있고, 곧이어서 계간 『창작과비평』을 창간하여 지금까지 이 잡지를 주도해온 것도 공지의 사실이다. 그러나 이것은 그를 이해하기 위한 하나의 윤곽 내지 일종의 표지판일 뿐, 그 윤곽 안에 무슨 내용이 들어 있고 표지판을 따라가서 무엇을 마주치게 될지는 자명하게 드러나 있는 것이 아니다.

사실 오늘날 대학에서 문학을 연구하고 가르치는 일과 문단현장에서 평론활동을 하는 일은 엄격하게 분리되어 있다기보다 긴밀하게 연결되어 있는 수가 많다. 학벌사회 특유의 엉뚱한 부작용이 더러 나타나기도 하지만, 근본적인 차원에서 이론적 연구와 실제비평이 한 사람의 작업영역 안에서 맞물려 이루어지는 것은 양자 모두의 내실있는 발전을 위해 바람직한 일이라 할 수 있다. 하지만 1960년대만 하더라도 대학교수가 신문이나 잡지에 비평적인 글을 발표하는 것을 일종의 외도로 여겨 백안시하는 풍조가 있었다. 이헌구·백철·조연현·곽종원 등 당시의 이른바 대가급 평론가들이 모두 대학에 문학교수로 자리잡고는 있었으나, 그들의 학자·평론가 겸업은 사실상 편의적인 것이라고 볼 수밖에 없다. 오히려 일제 말 최재서(崔載瑞)가 강단비평이란 험담을 들어가면서도 잠시나마 이론비평과 실제비평의 통합의 예를 보여주었고, 이와는 아주 다른 경우이지만 고전연구가인 김태준(金台俊)과 현장활동가인 임화(林和)가 출판사 학예사(學藝社)를 무대로 일정한 이념적 결합을 이룩함으로써 새로운 가능성을 시험했다고 생각한다. 그러나 그러한 맹아적 시도마저도 일제 말의 억압적 상황과 해방 후의 남북분단 과정을 거치는 동안 자취를 감추거나 기형적으로 왜곡되고 말았던 것 같다. 돌이켜보면 이것은 아직 어설프기 짝이 없던 우리 대학제도 안에서의 명색 문학연구 및 문학교육이 그 나름으로 치열했던 동시대의 문학현장을 이론적으로 감당할 준비를 갖추지 못했음을 반영하는 것이다.

이렇게 살펴보면 4·19혁명을 겪고 난 1960년대 중반은 한국사 전체에서 그러하듯 문학사에서도 중대한 전환의 시기였다고 할 수 있다. 한마디로 이 시기에 이르러 한국은 전쟁의 직접적인 피해와 절대적 빈곤에서 벗어나 '근대화'라는 구호로 요약되는 새로운 국가발전 방향을 모색했는바, 그 결과 이 나라는 이 무렵부터 질적으로 다른 사회로, 즉 전통적인 농업사회에서 근대적인 산업사회로 급격하게 변모하기 시작하였다. 그리고 지난 수십년 동안의 생생한 경험이 말해주듯이 우리는 엄청난 물량적 발전과 유례없는 사회적 변화의 시대를 통과하였다. 그러나 주지하는 바와 같이 이러한 변화·발전은 쿠데타로 권력을 잡은 군사정권에 의해, 농민·노동자 등 기층민중의 광범한 희생을 기반으로, 그리고 외국자본의 도입과 수출산업을 중심으로 추진된 것이었으므로 내부적으로 허다한 모순과 문제점을 양성할 수밖에 없었다. 따라서 '근대화' 초기부터 대학생·지식인 등을 전위로 하는 비판세력과 군사정권 사이에는 사사건건 크고 작은 충돌이 벌어졌고, 이 충돌은 69년의 삼선개헌, 71년의 대통령선거, 72년의 10월유신 같은 정치적 사변을 거치면서 점점 더 뚜렷한 전선을 형성하게 되었다.

한편, 문학사적으로 볼 때 60년대 중반은 좁은 의미에서 전후문학(戰後文學)이 마감되는 싯점이라고 말할 수 있다. 물론 이 전후문학이란 용어도 단순한 것만은 아니다. 4·19 직후 일단의 젊은 문인들이 '전후문학가협회'를 결성하고 그동안의 문단 기득권층이 주도해온 문인협회 중심의 어용적인 풍토에 반기를 들고자 했던 것을 보면, 이들의 '전후문학'이란 개념 안에는 이승만정권의 50년대적 현실 및 그 시대의 주류문학에 대한 반성과 비판의 의식이 담겨 있다고 할 수 있다. 그렇다면 이들의 도전 대상이었던 당대의 주류문학이란 어떤 것인가. 이 자리에서 길게 논의할 여유는 없지만, 해방 후 좌우익 간의 치열한 이념투쟁과 6·25전쟁의 참화를 거치는 동안 한국문단에서는 진보적 역사관 내지 비판적 사회의식을 가진 문학이 싹쓸이되다시피 사라지고 김광섭·모윤숙·이헌구 등 보수적인 민족주의 성향의 문인들과 김동리·서정주·조연현 등을 중심으로 하는 소위 순수문학 주창자들이 일방적으로 주도권을 장악했다. 1955년 예술원 발족과 『현대문학』 창간을 계기로 그 양파 간에도 오랫동안 헤게모니 쟁탈전이 전개되지만, 사실상 그것은 문학이념과 상관이 없는 이권다툼에 불과했다. 요컨대 당시의 주류문학이란 기성체제에 비판적이기보다 순응적이고 고통스러운 현실을 직시하기보다 현실의 문제들을 외면하려는 문학이며, 외국의 유행사조를 추종하는 데 급급하여 그것을 주체적으로 소화할 자세도 능력도 갖추지 못한 문학이었다. 과거를 미화하는 복고주의적 태도와 서구문학에 대한 일방적 추종주의는 일견 상반된 지향처럼 보이지만, 자신의 당면한 현실에 적극적·주체적으로 부딪치려 들지 않는다는 점에서, 즉 자신의 현재로부터 다른 곳으로 눈을 돌리려 한다는 점에서 일맥상통한다고 할 수 있다.

물론 그 시기에 이러한 현실타협적인 문학만 있던 것은 아니다. 오히려 손창섭·장용학·이범선·선우휘·오상원, 김수영·신동문·전봉건, 이철범·홍사중·이어령 등 전쟁의 포연 속에서 젊음을 보낸 세대의 절망의 심연에서 솟아오른 문학, 현장의 증언이 생생하게 담긴 저항의 문학이 전후의 폐허 같은 문단에 새로운 활기를 불어넣고 있었다. '전후문학'이라는 말로 우리가 떠올리는 것은 바로 이러한 문학이다. 그러나 따지고 보면 황순원(黃順元)은 이들보다 선배세대이지만 그의 『나무들 비탈에 서다』(1960)는 전형적인 전후문학이라 할 수 있으며, 반면에 구자운(具滋雲)은 전후문학가협회 간사를 맡았음에도 그의 시에 어떤 전후문학적 특징이 있다고 말하기 어렵다. 그런가 하면 분단과 전쟁의 상처를 지니고 그 아픔의 근원을 천착하는 데 문학적 생애를 바치는 이호철·김원일·이문열의 작품세계를 전후문학이라 명명하는 것은 개념의 지나친 확대임이 분명하다. 어떻든 전후문학이란 용어는 좀더 한정적인 개념으로, 즉 휴전 이후 10여년 동안의 독특한 시대적 상황에 결부된 특정한 문학세계를 가리키는 역사적 개념으로 사용하는 것이 합당할 것이다. 그리고 그런 의미의 전후문학은 50년대 주류문학의 근본적인 허점 즉 비주체적이고 체제순응적이며 몰역사적인 성향을 비추는 거울 노릇을 하기는 했으나, 그 허점을 본격적으로 의식화하여 극복하는 데까지 나아가지는 못했다. 따라서 4·19혁명이 열어놓은 공간에서 활발하게 벌어진 60년대의 소위 참여문학 논쟁은 50년대 전후문학의 무의식적 문제제기가 70년대 이후의 민족문학론으로 진화하는 과정에서 겪어야 했던 이론적인 통과의례로서의 필수적인 중간단계였다고 생각한다.

2

이상의 간략한 서술을 통해 나는 백낙청 비평의 출발지점이 해방 후 한국문학사의 결정적 전환기에 위치해 있었다는 사실을 지적한 셈이다. 물론 비슷한 시기에 평론가로 데뷔한 사람은 한둘이 아니며, 예컨대 나도 그중의 한 명이다. 그러나 백선생의 경우 그의 비평활동과 시대적 배경 사이에 유달리 긴밀한 연관이 있음을 어렵지 않게 간취할 수 있다. 아마 그만큼 자기 시대의 구체적인 현실을 끊임없이 민족사의 커다란 맥락 안에서 통찰하여, 그때그때의 현실이 요구하는 이론적 필요에 최선을 다해 자신의 삶과 사색을 투입한 예를 찾기는 어려울 것이다. 그가 발표한 주요 평론들—물론 이것은 그의 저작의 일부이다—의 표제가 「민족문학의 현단계」(1975) 「민족문학론의 새로운 과제」(1980) 「민족문학의 새로운 고비를 맞아」(1983) 「오늘의 민족문학과 민족운동」(1988) 「지구시대의 민족문학」(1993) 「분단시대의 최근 정세와 분단체제론」(1994) 등인 것만 훑어보아도 그가 늘 긴장된 역사감각과 일관된 사명의식을 가지고 당면한 현실과의 연관 속에서 당대문학의 성취와 과제를 점검하고 있음을 알 수 있다. 그런 점에서 그의 글과 말은 언제나 시대적 상황에 밀착되어 있고, 또 그런 뜻에서 그의 글과 말은 그야말로 시대의 소산이다. 따라서 그를 이해하자면 다른 누구의 경우보다 더 본질적인 의미에서 그가 살아온 시대를 파악할 필요가 있다.

그러나 물론 이렇게 말하는 것은 그의 글과 말의 뿌리에, 즉 그의 사색의 바탕에 강력한 현실성이 작동하고 있음을 지적하는 것이지 그의 글과 말이 시대의 표면을 외면적으로 또는 기계적으로 반영하고 있다는 뜻은 결코 아니다. 오히려 많은 경우 그의 사색은 굳어진 관습과 피상적인 유행에 정면으로 도전하는 요소를 늘 함축하며, 따라서 흔히 말하는 전복적이고 논쟁유발적인 성격이 그의 글과 말에 늘 내재해 있다고 할 수 있다. 그의 초기 비평에 상투형의 파괴, 상투형과의 싸움이라는 주제가 그처럼 자주 중요한 화두로 대두되었던 것도 이런 면과 관련이 있을 것이다.

여기서 '초기'라고 하는 것은 1965년 문단등장부터 1969년 다시 도미하기까지, 즉 『창작과비평』 창간호의 「새로운 창작과 비평의 자세」부터 「시민문학론」까지를 가리키는데, 말하자면 이 시기는 백낙청 비평의 요람기라고 할 수 있다. 그 시절의 평론들을 다시 읽고 나서 말해야 책임있는 발언이 되겠지만, 이 글을 쓰고 있는 내 형편상 도저히 그럴 수 없어 대강의 짐작으로 말한다면, 그의 초기 비평에는 70년대 이후 오늘에 이르기까지 한결같은 집중도로써 전개되어온 이념적 모색과 실천적 자세가 이미 맹아적으로 잠재해 있는 듯하다. 물론 초기의 글에는, 『창작과비평』 10년을 돌아보는 좌담에서 스스로 인정했듯이, 우리 현실에 발딛는 자세가 아직 확고하지 못하고, 설사 현실인식을 강조하더라도 그것을 바로 민족현실이라는 말로 개념화하는 데까지 나아가지 못하며, 무엇보다 여러 면에서 외래지향적 취향이랄 수 있는 측면을 벗어던지지 못하고 있다. 한마디로 서양에서 공부하고 돌아온 사람의 체취가 어쩔 수 없이 풍긴다고 할 수 있다. 당연히 그런 측면 자체는 자랑이 아니다. 그러나 백낙청의 인생역정 전체에서 볼 때에는 초기의 그런 요소야말로 오히려 귀중한 가치가 있다고 여겨지는데, 왜냐하면 당시 우리 문학이 해결해야 할 역사적 과제인 현실성의 회복과 외래지향성의 극복이 그 개인에게는 동시에 자신의 절실한 내적 과제였기 때문이다. 그런 점에서 그가 수도자와도 같은 성실함과 철저성으로 휴식 없는 자기확장의 길을 걸어간 것은 동시대를 함께 산 우리 모두에게 복된 일이다. 이번에 3, 40년 전의 대담과 좌담들을 읽고 나는 새삼 그 점을 느낄 수 있었다.

한 사람의 대담·좌담·인터뷰 등을 모은 것으로는 이 다섯 권의 『백낙청 회화록』은 내가 아는 한 우리나라 초유의 것이 아닌가 한다. 이렇게 모아놓고 보니 그동안 그가 꼼꼼하고 빈틈없는 문장으로 구축해온 비평의 세계와 본질적으로 동일하면서도 형식상 구별되는, 또 하나의 커다란 지적 영토를 일구어왔음을 발견하고 경탄하게 된다. 동시에 이 도도한 담론의 항해는, 백선생이 조타수(操舵手)로서 전체적인 방향을 잡고 나아가기는 했지만, 여러 분야에서 그때그때 차출된 선원들의 적극적인 협동 없이는 성사될 수 없는 것이었으므로, 드물게 집단적인 참여로 이루어진 한국 현대의 지성사(知性史)라고 해도 과언이 아니다. 아울러 다섯 권의 목차만 보더라도 그의 사상적 심화와 활동영역의 확대를 한눈에 개관할 수 있는데, 뒤로 갈수록 신문이나 방송과의 인터뷰가 잦아지고 있어, 그의 지도적 역할에 대한 사회적 기대치가 높아짐을 짐작할 수 있다.

생각해보면 말은 글로 쓰는 것이든 입으로 내뱉는 것이든 누군가 읽거나 들어줄 상대를 향해서 하는 발화의 형식이다. 잘 알고 있듯이 글은 집필—발표—독서의 과정을 거치는 동안 매단계 특유의 제약과 장점을 아울러 지니게 마련이다. 어떻든 지식의 생산과 유통, 보존에 있어 글(책)은 지금까지 우리가 알고 있는 최선의 방책이다. 그런데 강연·강의, 대담·좌담, 각종 토론, 인터뷰 등은 그 공공성에 있어서 우리의 일상적 언어생활과 다르고 동시에 음성언어를 매개로 한다는 점에서 글과도 구별된다. 써놓은 원고를 읽는 강연이라 해도 그 자리의 청중에게 직접 소리로 전달된다는 현장성·일회성을 전제로 하며, 더욱이 대담이나 좌담의 경우 서로 다른 입장과 견해를 가진 참석자들 간에 교환되는 주장과 반론은 불가피하게 현장성과 즉흥성을 강화할 수밖에 없다. 그런 점에서 이번 회화록은 백선생이 훌륭한 문장가임에 못지않게 뛰어난 변설가(辯說家)임을 입증하는데, 특히 70년대 중반 '백낙청 민족문학론'의 이론적 얼개가 형성되어갈 무렵에는 유난히 그의 어조가 치열하고 논리가 전투적이어서, 다른 어느 시기의 좌담보다 흥미진진하게 읽힌다.

3

이 책에서 백선생이 처음 참석한 회화는 「작가 선우휘와 마주 앉다」(1968)라는 대담이다. 애초에 잡지사에서 붙인 제목은 '작가와 평론가의 대결'인데, 그 제목의 선정성으로 보나 대담이 이루어진 싯점으로 보나 부제인 '문학의 현실참여를 중심으로'가 더 중요할 것이다. 이 부제가 말해주듯 대담은 60년대 내내 문단을 달구었던 참여문학 논쟁의 와중에서 이루어졌고, 실상 이 대담 자체가 그 논쟁의 일부라고 할 수 있다. 돌이켜보면 그 전해 한 쎄미나(1967. 11)에서 불문학자 김붕구(金鵬九) 교수가 「작가와 사회」라는 논문을 발표하여, 한국의 참여문학론자들이 주체성 없이 서구문학 사조를 맹목적으로 수용하는 주체성 없는 태도를 보이고 있으며 특히 싸르트르식 참여론을 추종하는 것은 결국 프롤레타리아 혁명의 이데올로기로 귀착될 수밖에 없다는 요지의 주장을 펼쳤다. 이를 계기로 김 교수의 주장을 찬동·반박하는 글들이 여러 신문–잡지에 발표되어 참여문학 논쟁은 해방공간의 좌우투쟁을 연상케 하는 위험수위까지 고조되었는데, 그러한 김붕구의 주장을 속화된 언어로 재탕한 것이 선우휘였다. 「분지(糞地)」사건(1965)과 관련하여 소설가 남정현(南廷賢)의 구속에 항의하는 글을 발표하고 이로 인해 당국에 연행되는 것으로 문단 이력을 시작한 백선생이 선우휘와의 대담에서 왜 그처럼 방어적인 자세로 시종했는지 하는 것은 이러한 상황적 배경을 상기할 때 제대로 납득할 수 있다.

하지만 그러한 방어적인 자세에도 불구하고 이 대담은 백낙청 비평의 한두 가지 기본전제를 분명하게 천명하고 있다. 가령 다음과 같은 발언이 그러하다. "한국의 지식인의 입장에서 볼 때 저는 우선 싸르트르가 문학의 본질이 자유이며 도구가 아니고 바로 그런 속성 때문에 문학이 사회에 어떤 영향을 미치고 현실에 참여할 수밖에 없다 하는 것을 이론적으로 밝혀준다는 것이 상당히 도움이 되는 것 같습니다" "한국에서의 '현실'을 선생님(선우휘—인용자)은 편의상 이남과 이북으로 갈라서 말씀하셨는데, 사실은 그뿐만이 아니죠. 한국 바깥의 세계라는 것도 '한국현실'의 일부를 이루고 있고요."(본서 13, 29면) 어떤 점에서 이 발언에 담긴 문학관과 세계적 관점은 더욱 발전된 형태로 오늘까지 견지되고 있다고 할 수 있다. 그러나 이 대담에서 나를 특히 괄목케 하는 것은 그가 선우휘의 주장을 직설적으로 반박하기보다 상당 부분 수용하고 있다는 점인데, 그렇게 함으로써 그는 도리어 상대방의 냉전논리를 해체하는 논쟁의 기술을 발휘하는 것이다.

생각건대 백낙청 문학비평의 본격적 전개는 미국에서 돌아와 문단에 복귀한 1973년부터일 것이다. 이 해에 그는 신경림(申庚林)의 첫시집 『농무』에 발문을 썼고 이어서 김종길·김우창과 함께 「시집 『농무』의 세계와 한국시의 방향」이라는 좌담에 참가했다. 이 좌담은 30년이 훨씬 넘는 세월이 지난 지금 읽어도 신경림 시의 문학사적 의의에 대한 낡지 않은 관찰들을 담고 있다. 이 무렵부터 20년 동안 백선생의 비평적 사유는 한마디로 민족문학론으로 수렴된다고 할 수 있는데, 그리 들어가는 초입에 신경림 시의 발견이 놓여 있다는 것은 매우 흥미로운 일이다. 좌담에서도 그는 김수영·신동엽과 비교하여 신경림 시에서 성취된 민중성과 현대성의 독특한 결합을 지적하고 있지만, 예술성과 운동성의 결합이라는 개념으로 치환할 수 있는 이런 측면이야말로 평론 「민족문학 이념의 신전개」(1974), 대담 「리얼리즘과 민족문학」(1974), 평론 「민족문학의 현단계」(1975), 좌담 「어떻게 할 것인가—민족·세계·문학」(1976) 등을 통해 본격화되는 민족문학론의 주요한 골격이 되는 것이다.

다른 한편, 한국 참여론자들의 싸르트르 추종에 대한 선우휘의 비판을 부분적으로 수용하되 그것을 외국문학의 주체적 수용이라는 일반명제로 승급시킨다든가 한반도의 분단된 양쪽뿐 아니라 한국 바깥의 세계도 한국현실의 일부를 이룬다고 발언하는 데서 나타나는 개방적이면서도 세계적인 관점은 그의 민족문학론의 또다른 구성부분이다. 주로 리얼리즘 논의와 연관된 발언 속에서 그는 보기에 따라 아주 대담한 주장을 펼친다. "우리가 '리얼리즘'이라는 개념을 꼭 어떤 시대, 어떤 부류의 사실주의적인 문학에 구애됨이 없이 우리의 입장에서 새로 이해하고 살려나가려고 한다면 이제는 서구문학의 테두리 밖으로 시선을 돌리는 일이 19세기 서구 대가들에 대한 재평가 못지않게 중요하지 않을까 합니다."(「리얼리즘과 민족문학」, 본서 107면) 이런 생각은 때로는 문학론의 범위를 넘어 현 세계질서의 정당성에 대한 근원적 의문으로 발전한다. "약육강식의 세계질서에 의해 희생되고 있는 민족의 경우에는 (…) 이러한 부당한 질서에 대해 자기방어를 해야겠다는 소극적인 의미에서 출발해서 이것과는 다른 차원의 세계질서가 이루어져야겠다는 생각에까지 나아갈 수가 있을 것 같습니다."(「어떻게 할 것인가」, 본서 229면) 제3세계 문학의 일원으로서의 한국 민족문학의 세계사적 의의와 남다른 사명을 강조하는 문맥에서 나온 이 발언은 아마 백낙청 사유의 전개과정에서도 가장 급진적이고 근본주의적인 대목일 것이다.

4

주지하는 바와 같이 백선생은 1987년 6월항쟁을 겪고 난 다음부터 분단현실의 구조적·역사적 이해에 몰두하여 이를 분단체제론으로 정식화한 바 있다. 잘 알고 있듯이 그는 여기서 더 나아가 오늘날 분단극복을 위한 국민적 실천운동의 최전선에서 지도적인 역할을 맡고 있고, 그런 활동을 통해 그의 분단체제론은 이제 이론의 영역을 넘어 현실을 변화시키는 물질적 힘의 영역으로까지 진입하고 있다. 분명한 사실은 그의 경우 적어도 분단문제에 대한 사유가 결코 돌출적인 것이 아니라 오랜 연원을 가진 것이며, 그의 분단체제론이 면밀하고 점진적인 준비과정의 생성물이라는 점이다.

이번 책에서 보더라도 이미 그는 1976년 『세계의 문학』 창간호 좌담에서 이렇게 말하고 있다. "이런 중대하고도 험난한 작업임을 생각할 때 오늘날 우리 민족 대다수가 통일이라는 명제 앞에서 자연발생적으로 느끼는 절실한 감정을 존중한다는 것은 단순한 도덕적인 당위의 문제도 아니요 (…)"(「어떻게 할 것인가」, 본서 237면). 이듬해인 1977년 『독서신문』 주최의 좌담 「하나의 세계를 지향하는 한민족의 이상」에서는 이렇게 발언한다. "통일을 지향하면서 통일을 저해하는 문제를 하나하나 생각하고 이것을 해결해나가려고 하는 노력과 세계 전체가 진정으로 하나가 되기를 지향하는 노력 간에 어떤 구조적·본질적인 일치점이 있다고 믿기 때문입니다."(본서 271면) 물론 이만한 정도의 발언에 과도한 무게를 둘 필요는 없을지 모른다. 왜냐하면 적어도 좌담 「분단시대의 민족문화」(1977)까지만 하더라도 분단문제에 관한 이론적 주도권은 '분단시대'라는 용어의 창시자인 강만길(姜萬吉) 교수에게 있어 보이기 때문이다.

돌이켜보면 1970년대의 문학운동은 10·26과 5·18이라는 결정적 고비를 맞아 일시적인 위축기를 경험했다. 그리고 그 시기에 이어진 폭발과 분출의 장관(壯觀) 또한 어느덧 역사 속의 페이지로 옮겨지고 있다. 백낙청의 이름과 불가분하게 연결된 민족문학론은 당연히 이 7, 80년대의 격변을 온몸으로 통과했다. 그리하여 21세기를 맞은 오늘 마침내 세상은 달라져 남북분단의 벽은 흔들리고 있다. 그러나 이 모든 긍정적 변화의 조짐들에도 불구하고 우리의 일상생활을 얽어매고 있는 모순의 그물은 여전히 강고하고 사회적 양극화는 극단적으로 심화되고 있으며 정의로운 세계의 꿈은 더욱 희미해지고 있는 것 같다. 백선생 자신은 여전히 희망과 낙관의 행진을 멈추지 않고 있지만, 7,80년대에 우리 문학도들의 지도이념이었던 민족문학론은 어느덧 광휘를 잃고 그 역사적 사명의 소실점이 보이는 지점까지 온 것이 분명하다. 그런 점에서 이 책은 지식인들의 의식의 역사라는 형식으로 한 시대를 정리하는 조망대(眺望臺)의 구실을 맡을 것이다.

廉武雄 | 영남대 명예교수

강만길(姜萬吉)　1933년 경남 마산에서 태어나 고려대 사학과를 졸업하고 동대학원에서 박사학위를 받았다. 고려대 교수와 상지대 총장, 친일반민족행위진상규명위원회 위원장을 역임했다. 저서 『조선후기 상업자본의 발달』 『분단시대의 역사인식』 『한국민족운동사론』 『조선시대 상공업사 연구』 『일제시대 빈민생활사 연구』 『통일운동시대의 역사인식』 『조선민족혁명당과 통일전선』 『고쳐 쓴 한국근대사』 『고쳐 쓴 한국현대사』 『역사는 이상의 현실화 과정이다』 등이 있다.

김동리(金東里)　1913년 경북 경주에서 태어나 서울 경신고보를 중퇴하고 『시인부락』 동인으로 활동했다. 1934년 『조선일보』에 시가 입선되었고, 1935년 『조선중앙일보』 신춘문예에 「화랑의 후예」가, 이듬해 『동아일보』 신춘문예에 「산화」가 당선되었다. 대표작 「바위」 「무녀도」 「황토기」 「역마」 「등신불」 『을화』 『사반의 십자가』 등이 있다. 1995년 작고했다.

김우창(金禹昌)　1937년 전남 함평에서 태어나 서울대 영문과를 졸업하고 미국 하바드대에서 박사학위를 받았다. 서울대 교수와 고려대 대학원장 등을 역임하고 현재 고려대 명예교수로 있다. 저서 『궁핍한 시대의 시인』 『지상의 척도』 『시인의 보석』 『법 없는 길』 『이성적 사회를 향하여』 『심미적 이성의 탐구』 『정치와 삶의 세계』 등이 있다.

김윤수(金潤洙) 1936년 경북 영일에서 태어나 서울대 미학과와 동대학원을 졸업했다. 이화여대와 영남대 교수를 역임하고 미술평론가로 활동했다. 민족미술협의회 창립을 주도하고 한국민족예술인총연합 공동의장을 지냈다. 현재 국립현대미술관 관장으로 있다. 저서 『한국 현대회화사』 『한국미술 100년』(공저), 역서 『미술의 역사』 『바우하우스』 『호모 루덴스』 『현대회화의 역사』 『현대미술의 원리』 등이 있다.

김종길(金宗吉) 1926년 경북 안동에서 태어나 고려대 영문과를 졸업했다. 1947년 『경향신문』 신춘문예로 등단했다. 고려대 교수 및 문과대학장, 한국시인협회장을 역임하고 현재 고려대 명예교수, 대한민국 예술원 회원으로 있다. 시집 『성탄제』 『하회에서』, 시론집 『시와 삶 사이에서』 『시를 어떻게 읽을 것인가』 『현대의 영시』 『시와 시인들』 등이 있다.

김행자(金幸子) 1943년에 태어나 이화여대 정외과를 졸업하고 미국 하와이대에서 정치학 박사학위를 받았다. 크리스찬아카데미 여성사회연구회 회장, 이화여대 교수, 11대 국회의원을 지냈다. 저서 『인격과 발전의 정치문화』, 역서 『정치문화론』 『정치발전시설』 『여성의 신비』 등이 있다. 1982년 작고했다.

리영희(李泳禧) 1929년 평북 운산에서 태어나 국립해양대학을 졸업했다. 『합동통신』 『조선일보』 기자를 거쳐 한양대 문리대 교수를 역임했다. 저서 『전환시대의 논리』 『우상과 이성』 『분단을 넘어서』 『베트남전쟁』 『역설의 변증』 『自由人·자유인』 『새는 좌우의 날개로 난다』 『한반도와 국제정세』 『역정(歷程)』 『스핑크스의 코』, 편역서 『8억인과의 대화』 『중국백서(中國白書)』 등이 있다.

박태순(朴泰洵) 1942년 황해 신천에서 태어나 서울대 영문과를 졸업했다. 1964년 『사상계』 신인문학상에 「공알앙당」이 당선되며 등단했다. 장편소설 『어제 불던 바람』 『어느 사학도의 젊은 시절』, 소설집 『무너진 극장』 『정든 땅 언덕 위』 『신생』 등이 있다.

박형규(朴炯圭) 1923년 경남 창원에서 태어나 부산대 철학과를 중퇴하고, 일본 토오꾜오(東京)신학대와 뉴욕 유니온신학대에서 수학했다. 한국기독교교회협의회 인권위원장을 비롯해 기독교사회문제연구소 이사장, 제2의건국 범국민추진위원회 공동위원장, 민주화운동기념사업회 이사장 등을 역임했다. 현재 서울제일교회 목사로 있다.

백철(白鐵) 1908년 평북 의주에서 태어나 신의주고보를 거쳐 일본 토오꾜오고등사범학교 문과를 졸업했다. 잡지사와 신문사에서 근무하다 해방 후 서울대 교수로 재직했으며,

펜클럽 한국본부 회장을 역임했다. 저서 『국문학전사(全史)』 『신문학사조사(新文學思潮史)』 『문학개론』 『문학의 개조』 『한국문학의 이론』 『진리와 현실』 등이 있다. 1985년 작고했다.

서남동(徐南同) 1918년 전남 신안에서 태어나 전주 신흥중학교를 거쳐 일본 도오시샤(同志社)대 신학부를 졸업했다. 귀국 후 대구에서 목사로 시무하고, 한신대와 연세대 교수를 역임했다. 저서 『전환시대의 신학』 『민중과 한국신학』 『민중신학의 탐구』, 역서 『기독교 교리사』 『기독교 신학사』 등이 있다. 1984년 작고했다.

서정미(徐廷美) 1949년 전남 순천에 태어나 서울대 불문과와 동대학원을 졸업하고 프랑스 빠리7대학에서 박사과정을 수료했다. 성심여대(현 가톨릭대) 교수를 역임했다. 역서 『보부아르 보부아르』 등이 있다. 2005년 작고했다.

선우휘(鮮于煇) 1922년 평북 정주에서 태어나 경성사범학교를 졸업했다. 한국전쟁에 참전했다가 대령으로 예편한 뒤 『한국일보』를 거쳐 『조선일보』에서 오랫동안 근무했다. 1955년 단편 「귀신」을 『신세계』에 발표하며 등단했다. 소설집 『불꽃』 『반역』과 장편소설 『사도행전』 『노다지』 등이 있다. 1986년 작고했다.

성내운(成來運) 1926년 충남 공주에서 태어나 서울대 교육학과를 졸업했다. 문교부 수석장학관, 국가재건최고회의 교육정책담당 전문위원, 연세대 교수 등을 역임했다. 해직교수협의회 회장, 한국인권운동협회 회장, 민주교육실천협의회 공동대표로 활동했다. 저서 『한국교육의 증언』 『숙희에게: 미국과 그 교육』 『분단시대의 민족교육』 『세 학교의 이야기』, 역서 『민주주의를 위한 집단교육』 『교육철학』 『민중교육의 본질』 등이 있다. 1989년 작고했다.

송건호(宋建鎬) 1927년 충북 옥천에서 태어나 서울대 행정학과를 졸업하고 베를린신문연구원에서 수학했다. 『조선일보』 『한국일보』 『경향신문』 논설위원, 『동아일보』 편집국장 및 논설위원, 민주언론운동협의회 의장, 『한겨레신문』 사장을 지냈다. 저서 『민족지성의 탐구』 『분단과 민족』 『변혁과 통일의 논리』 『민중과 자유언론』 등이 있다. 2001년 작고했다.

신경림(申庚林) 1935년 충북 충주에서 태어나 동국대 영문과를 졸업하고 1956년 『문학예술』에 「갈대」 등이 추천되어 작품활동을 시작했다. 현재 동국대 석좌교수이다. 시집 『농무』 『새재』 『달 넘세』 『가난한 사랑노래』 『길』 『쓰러진 자의 꿈』 『어머니와 할머니의 실루엣』 『뿔』, 산문집 『민요기행』 『신경림의 시인을 찾아서』 『바람의 풍경』 등이 있다.

신동문(辛東門) 1928년 충북 청주에서 태어났다. 서울대 문리대를 중퇴하고 1956년 『조선일보』 신춘문예에 시 「풍선기(風船期)」가 당선되어 등단했다. 신구문화사 주간, 창작과비평사 대표 등을 역임했다. 저서 『풍선과 제3포복』이 있다. 1993년 작고했다.

염무웅(廉武雄) 1941년 강원도 속초에서 태어나 서울대 독문과를 졸업하고 동대학원에서 박사학위를 받았다. 1964년 『경향신문』 신춘문예로 등단했고, 영남대 독문과 교수와 민족문학작가회의 이사장을 역임했다. 현재 영남대 명예교수와 6·15민족문학인협회 공동대표로 있다. 저서 『한국문학의 반성』 『민중시대의 문학』 『혼돈의 시대에 구상하는 문학의 논리』 『모래 위의 시간』 등이 있다.

유종호(柳宗鎬) 1935년 충북 충주에서 태어나 서울대 영문과를 졸업하고 미국 뉴욕주립대를 거쳐 서강대 대학원에서 박사학위를 받았다. 인하대와 이화여대 교수를 역임하고 현재 연세대 석좌교수로 있다. 저서 『비순수의 선언』 『동시대의 시와 진실』 『사회역사적 상상력』 『문학이란 무엇인가』 『문학의 즐거움』 『시란 무엇인가』 『나의 해방전후』 등이 있다.

이우성(李佑成) 1925년 경남 밀양에서 태어나 성균관대 문과대를 졸업하고 동대학원에서 박사학위를 받았다. 성균관대 교수 및 대학원장, 대동문화연구원 원장, 연세대 석좌교수를 역임하고 현재 퇴계학연구원 원장, 민족문화추진회 이사장으로 있다. 저서 『한국의 역사상』 『한국고전의 발견』 『한국중세사회연구』 『실시학사산고(實是學舍散藁)』 『벽사관문존(碧史館文存)』 등이 있다.

이창숙(李昌淑) 1941년에 태어나 서울대 불문과를 졸업했다. 『대한일보』 『한국일보』 기자로 일했으며 동국대 대학원에서 불교학 박사학위를 받았다. 불교여성개발원 창립준비위원회 부위원장을 역임하고 현재 불교여성개발원 자문위원으로 있다. 저서 『1974년 겨울: 유산치하 한국일보 기자노조 투쟁사』 등이 있다.

이호재(李昊宰) 1937년에 태어나 미국 애덤스대와 시카고대에서 수학하고 고려대 대학원에서 정치학 박사학위를 받았다. 고려대 교수를 역임하고 현재 고려대 명예교수와 우암평화연구원 원장으로 있다. 저서 『한국 외교정책의 이상과 현실』 『약소국 외교정책론』 『한국인의 국제정치관』 『통일한국과 동북아 5개국체제』 『21세기 통일한국의 이상론』 등이 있다.

이호철(李浩哲) 1932년 함남 원산에서 태어났다. 한국전쟁 때 인민군으로 동원되어 국군의 포로가 되었다가 풀려나 월남했다. 1955년『문학예술』에 단편 「탈향」을 발표하며 등단했다. 자유실천문인협의회 대표를 역임했다. 대표작 「탈향」 「관문점」 「부시장 부임지로 안 가다」『소시민』『물은 흘러서 감』『남녘사람 북녘사람』 등이 있다.

이효재(李効再) 1924년 경남 마산에서 태어나 이화여대 영문과를 졸업하고 미국 컬럼비아대와 버클리 캘리포니아대 대학원에서 사회학을 전공했다. 이화여대·서울여대 교수와 여성민우회 회장, 한국여성단체연합회 회장, 한국정신대문제대책협의회 공동대표, 한국여성사회교육원 원장 등을 역임했다. 저서『아버지 이약신 목사』『한국의 여성운동』『여성의 사회의식』『한국여성의 지위』『도시인의 친족관계』 등이 있다.

임형택(林熒澤) 1943년 전남 영암에서 태어나 서울대 국문과와 동대학원을 졸업했다. 계명대 교수와 민족문학사연구소 공동대표를 역임하고 현재 성균관대 교수와 대동문화연구원 원장으로 있다. 저서『한국문학사의 시각』『실사구시의 한국학』『한국문학사의 논리와 체계』, 편역서『이조한문단편집』『이조시대 서사시』, 공역서『역주 백호전집』 등이 있다.

전광용(全光鏞) 1919년 함남 북청에서 태어나 일제 말기에 일본에서 유학하다 전쟁으로 귀국한 뒤 서울대 국문과를 졸업했다. 해방 후『시탑』『주막』 동인으로 활동하고 1955년『조선일보』 신춘문예에 단편 「흑산도」가 당선되어 등단했다. 서울대 교수를 역임했다. 대표작『나신』『젊은 소용돌이』『흑산도』『목단강행 열차』 등이 있다. 1988년 작고했다.

정창렬(鄭昌烈) 1937년 만주에서 태어나 서울대 사학과와 동대학원을 졸업하고 연세대 대학원에서 박사학위를 받았다. 한양대 교수와 한국사연구회 회장을 역임하고 현재 한양대 명예교수로 있다. 공저『다산의 정치경제 사상』『한국민중론의 현단계』 등이 있다.

주종택(朱宗澤) 1959년에 태어나 서울대 인류학과를 졸업하고 미국 텍사스대를 거쳐 코네티컷대에서 박사학위를 받았다. 국립민속박물관 학예사를 역임하고 현재 순천향대 국제문화학과 교수로 있다.

최규덕(崔圭德) 1955년에 태어나 서울대 국문과를 졸업했다. 국민은행에 입사해 대전콜센터장과 콜센터관리부장을 역임하고 현재 숭례문점 지점장으로 있다.

최동희(崔東熙) 1925년에 태어나 고려대 철학과와 동대학원을 졸업했다. 고려대 철학과 교수를 역임하고 현재 고려대 명예교수이다. 저서『교양철학 입문』『윤리』『천도교』

『철학개론』(이상 공저), 역서 『실존철학』 『형이상학이란 무엇인가?』 『동학경전』 등이 있다.

홍현설(洪顯卨)　1911년 평양에서 태어나 감리교신학교와 일본 칸사이(關西)학원 신학부를 졸업했다. 감리교신학교 교수를 지내다 미국 드류대와 유니온신학교 대학원에서 수학했다. 감리교신학대 학장, 세종대 재단이사장을 역임했다. 1990년 작고했다.

황인하(黃寅夏)　1958년에 태어나 서울대 사회학과를 졸업했다. 기독교청년협의회(EYC), 기독교사회문제연구원 등에서 민주화운동을 벌였고 『전통과현대』 편집위원을 역임했다. 1998년 작고했다.

백낙청 회화록 간행위원회

—

염무웅 영남대 명예교수
임형택 성균관대 교수
최원식 인하대 교수
백영서 연세대 교수
유재건 부산대 교수
김영희 한국과학기술원 교수

—

백낙청 회화록 1

초판 1쇄 발행 2007년 10월 20일

엮은이/백낙청 회화록 간행위원회
펴낸이/고세현
펴낸곳/(주)창비
등록/1986년 8월 5일 제85호
주소/413-756 경기도 파주시 교하읍 문발리 513-11
전화/031 955 3333
팩시밀리/영업 031-955-3399 · 편집 031-955-3400
홈페이지/www.changbi.com
전자우편/human@changbi.com
인쇄처/한교원색

ISBN 978-89-364-8322-7 03080
ISBN 978-89-364-7981-7(세트)